Johann Hinrich Claussen

Die Jesus-Deutung
von Ernst Troeltsch
im Kontext
der liberalen Theologie

Mohr Siebeck

Die Deutsche Bibliothek – CIP-Einheitsaufnahme

Claussen, Johann Hinrich:
Die Jesus-Deutung von Ernst Troeltsch im Kontext der liberalen Theologie /
von Johann Hinrich Claussen. – Tübingen : Mohr Siebeck, 1997
  (Beiträge zur historischen Theologie ; 99)
  ISBN 3-16-146744-2

© 1997 J.C.B. Mohr (Paul Siebeck) Tübingen.

Das Buch wurde von Computersatz Staiger in Pfäffingen aus der Bembo Antiqua be-
lichtet, von Gulde-Druck in Tübingen auf alterungsbeständiges Werkdruckpapier der
Papierfabrik Weissenstein in Pforzheim gedruckt und von der Großbuchbinderei Heinr.
Koch in Tübingen gebunden.

ISSN 03040-6741

Meinen Eltern

„Es ist niemals in der Welt so gekommen, wie die Propheten und die Führer meinten und wollten; aber ohne die Propheten und Führer wäre es überhaupt nicht ‚gekommen‘." (GEORG SIMMEL)

Aus Georg Simmels nachgelassenem Tagebuch, in: Logos Bd.8 (1919/20), 151.

Vorwort

Die vorliegende Untersuchung wurde im Wintersemester 1995/96 vom Fachbereich Evangelische Theologie der Universität Hamburg als Dissertation im Fach Systematische Theologie angenommen. Sie wurde für die Drucklegung geringfügig überarbeitet.

Zunächst möchte ich meinen besonderen Dank Herrn Prof. Dr. Hermann Fischer aussprechen, der das Erstgutachten verfaßt hat. Mit fachlichem Rat, gemeinsamer theologischer Arbeit sowie vielfältigen Hilfestellungen hat er mich intensiv und mit der ihm eigenen Freundlichkeit gefördert. Für die Übernahme des Zweitgutachten bin ich Herrn Prof. Dr. Traugott Koch verpflichtet.

Dem Herausgeber der „Beiträge zur Historischen Theologie", Herrn Prof. Dr. Johannes Wallmann, und dem Verleger, Herrn Georg Siebeck, danke ich sehr herzlich für die Aufnahme meiner Arbeit in diese Reihe.

Die Studienstiftung des Deutschen Volkes hat mir ein Promotionsstipendium gewährt und mich mit vielfältigen anderen Zuwendungen intensiv unterstützt. Ein Abschlußstipendium sowie einen außerordentlich großzügigen Druckkostenzuschuß hat freundlicherweise die Axel-Springer-Stiftung bewilligt.

Ganz besonders fühle ich mich Herrn Prof. Dr. Ulrich Barth (Halle/S.) verpflichtet, der meine theologische Ausbildung über Jahre hinweg geprägt hat. Er hat mir entscheidende Anstöße für die Beschäftigung mit Ernst Troeltsch gegeben und meine ersten Schreibversuche kritisch-konstruktiv begleitet. Ohne ihn wäre diese Arbeit nicht geschrieben worden.

Meinen Hamburger Freunden, den Herren Dres. Matthias Lobe, Arnulf von Scheliha und Markus Schröder, danke ich für inhaltliche Kritik, formale Korrekturen und viele anregende Gespräche.

Von Herrn Prof. Dr. Hans-Georg Drescher (Dortmund), Herrn Prof. Dr. Friedrich Wilhelm Graf (Augsburg) und Herrn Dr. Hartmut Ruddies (Göttingen) habe ich hilfreiche Hinweise auf versteckte Troeltsch-Texte sowie inhaltliche Impulse erhalten. Sie haben mir in ausgesprochen großzügiger Weise ihre Transkriptionen von Briefen Ernst Troeltschs zur Verfügung gestellt. Bei den Korrekturarbeiten hat mir Herr Prof. Dr. Klaus Rühl (Hamburg) sehr geholfen. Herzlichen Dank!

Diese Arbeit ist meinen Eltern gewidmet.

Hamburg, März 1997   Johann Hinrich Claussen

Inhaltsverzeichnis

Siglenverzeichnis der Schriften von Ernst Troeltsch

AdC	Die Absolutheit des Christentums und die Religionsgeschichte
BdG	Die Bedeutung der Geschichtlichkeit Jesu für den Glauben
BdP	Die Bedeutung des Protestantismus für die Entstehung der modernen Welt
ChrW	Die christliche Weltanschauung und die wissenschaftlichen Gegenströmungen
GdE	Grundprobleme der Ethik
GL	Glaubenslehre
GuM	Geschichte und Metaphysik
GS	Gesammelte Schriften
HuÜ	Der Historismus und seine Überwindung
MG	Moderne Geschichtsphilosophie
PC	Protestantisches Christentum und Kirche in der Neuzeit
PE	Politische Ethik und Christentum
RuK	Religion und Kirche
SL	Die Soziallehren der christlichen Kirchen (1. Fassung)
SdR	Die Selbständigkeit der Religion
ThL	Zur theologischen Lage
WdC	Was heißt „Wesen des Christentums"?
WdmG	Das Wesen des modernen Geistes

Die nachgestellten römischen Ziffern bezeichnen den jeweiligen Band bzw. die jeweilige Lieferung.

Es wird grundsätzlich nach den Erstveröffentlichungen zitiert. Nur dort, wo dies werkgeschichtlich irrelevant ist, wird mit den besser zugänglichen, späteren Auflagen und Ausgaben, etwa in den Gesammelten Schriften, gearbeitet.

Die Sperrungen im Original sind grundsätzlich nicht berücksichtigt, da sie sich einem anderen Kontext verdanken. Die Hervorhebungen des Verfassers werden mit „Hhg. v. Vf." gekennzeichnet.

Einleitung

Eine Religion lebt von ihren Bildern. Ihre „Überzeugungskraft" hängt entscheidend daran, ob es ihr gelingt, ihre spezifische Auffassung des Göttlichen anschaulich werden zu lassen. Das zentrale Bild des Christentums ist die Gestalt Jesu von Nazareth. Christlicher Glaube ist primär keine theologische oder moralische Lehre, sondern eine religiöse Lebensposition, die ihre Kraft und Bestimmtheit durch den Bezug auf die Person und Predigt Jesu gewinnt. Das Bild, das in Erzählungen, Hymnen und bildnerischen Darstellungen von ihm gezeichnet wird, „visualisiert" den Ideengehalt des Christentums in einzigartiger Weise. Im Jesusbild wird eine individuelle Gestalt mit einer konkreten Geschichte vorgestellt, die die Idee des Christentums plastisch werden läßt. Was als Offenbarung Gottes gelten soll, wird hier sichtbar. Hier nimmt der ewige Logos „Fleisch" an und läßt die Menschen seine „Herrlichkeit" sehen.

Das Jesusbild regt Phantasie und Imaginationsvermögen der Gläubigen an, es bietet die Möglichkeit individueller Ausmalungen und immer neuer Färbungen und Akzentuierungen. Jede Zeit entwirft ihr eigenes Jesusbild, in dem sie sich theologisch auslegt und in dem sie ihre Wesensbestimmung des Christentums Gestalt annehmen läßt. Zugleich aber ist das Jesusbild ein Einheitsmoment zwischen den Zeiten und gewährleistet die Kontinuität unter den verschiedensten Christentümern. Denn es verpflichtet die unterschiedlichen Frömmigkeitsformen und Theologien zu einer gewissenhaften Wahrnehmung des geschichtlichen Ursprungs des Christentums und bindet das gegenwärtige Frömmigkeitsleben an den von Jesus von Nazareth grundgelegten Anfang zurück.

Das Jesusbild hat gegenüber den kritischen Angriffen auf traditionelle Formen der Christologie eine erstaunliche Überlebensfähigkeit bewiesen. Als die Zwei-Naturen-Christologie der altprotestantischen Orthodoxie einer radikalen Kritik unterzogen wurde, verlor das Jesusbild keineswegs seine religiöse Zentralstellung. Vielmehr gewann es in modernen Perspektiven eine neue Bedeutung. Als die Versuche der frühen liberalen Theologie, ein „Leben Jesu" zu schreiben, der historischen Kritik ausgesetzt wurden, wurde das Jesusbild damit nicht obsolet. Die Tatsache, daß man keine Biographie Jesu schreiben kann, bedeutet nicht, daß man nicht wenigstens die Hauptmerkmale der Predigt und Person Jesu rekonstruieren kann. Die kritischen Reduktionen christologischer Lehrbildung haben die Jesus-Deutung vor neue schwierige Aufgaben gestellt, aber nicht sinnlos werden lassen.

Wenn auch von den prächtigen christologischen Ölgemälden der altprotestantischen Orthodoxie und der frühen liberalen Theologie die Farbe längst abgeblättert ist und nur noch leere Leinwände übriggeblieben sind, besitzt doch die skizzenhafte Zeichnung der Gestalt Jesu eine bleibende Aktualität.

Es ist die Theolgie des neuzeitlichen Protestantismus gewesen, die sich in besonderer Weise um eine historisch reflektierte Jesus-Deutung bemüht und von ihr aus einen kritischen Neubau der Theologie unternommen hat. Das Aufkommen des historischen Bewußtseins hat als Speerspitze der theologischen Modernisierung gewirkt. Der Übergang vom dogmatischen zum historischen Zugang zu Jesus ist darum kein christologisches Spezialproblem, sondern schlägt in die übrigen Theoriebereiche durch. Die Überwindung des altprotestantischen Lehrsystems ist in pointierter Weise als Destruktion seines Christusbilds durchgeführt worden. Wie ein Fanal hat der von Gotthold Ephraim Lessing inszenierte Streit um die „Wolfenbüttler Fragmente" (1774–78) des Hamburger Orientalisten Hermann Samuel Reimarus gewirkt. Eine Neuauflage dieses epochalen Skandals erfolgte etwa sechzig Jahre später mit der heftigen Kontroverse um David Friedrich Strauß und sein großes, überaus erfolgreiches Werk „Das Leben Jesu kritisch bearbeitet" (zwei Bände 1835/6). In diesen beiden Texten offenbarte sich die ungeheure Sprengkraft, die der neuen historischen Betrachtung der biblischen Überlieferung innewohnt und der die alte dogmatische Theologie konzeptionell nur wenig entgegenzusetzen hatte.

Aber die historische Jesus-Deutung war von Beginn an nicht ausschließlich destruktiv konzipiert. Die Rückbesinnung auf den historischen Jesus war immer auch das Programm eines postkonventionellen Christentums, das sich jenseits traditioneller Kirchlichkeit auf die ursprünglichen Grundlagen des Christentums besinnen und diese in ein fruchtbares Verhältnis zur Neuzeit setzen wollte. Der Rekurs auf den historischen Jesus war mit der Intention verbunden, die eigene Frömmigkeit neu auszusagen und die religiöse Praxis positiv umzugestalten. So besaß Lessings kritische Unterscheidung zwischen der Religion Christi und der christlichen Religion durchaus konstruktive Ansätze für eine an der religiösen Idee Jesu orientierte, nachdogmatische Christentumstheorie. Die intensive historische und philologische Feinarbeit an einer Geschichte des Urchristentums, wie sie nach Johann Salomo Semler vor allem von Ferdinand Christian Baur und Heinrich Julius Holtzmann klassisch repräsentiert wird, war nie ein nur antiquarisches Geschäft, sondern zielte auf eine historisch verantwortete theologische Bezugnahme auf den Stifter des Christentums. Dies geschah oft im Bewußtsein, der reformatorischen Ausrichtung auf die biblischen Quellen auf einer höheren Ebene zu entsprechen. Hatte Luther die Orientierung der Theologie am Ursprung des Christentums gefordert, diese aber aufgrund zeitbedingter Hemmungen selbst nicht vollständig durchführen können, so wollte man nun das theologische Programm des Reformators mit den neuen Mitteln der historisch-kritischen Wissenschaft einlösen. Besonders eindrücklich hat dies Adolf von Harnack formuliert: „er ⟨Luther⟩ wollte überall auf das Ursprüngliche, auf das Evangelium selbst zurückgehen, und soweit das durch Intuition und innere Erfahrung möglich war, hat er es geleistet ⟨...⟩ Aber eine gesicherte Kenntnis ihrer ⟨der Dogmen⟩ Geschichte war damals noch eine Unmöglichkeit, und noch unerreichbarer war eine geschichtliche Erkenntnis des Neuen Testaments und des Urchristentums."[1]

Für eine historisch reflektierte Rückbesinnung auf die religiöse Idee und die Person Jesu war es unumgänglich, einerseits ein gesichertes Wissen über das literarische Verhältnis der Evangelien zueinander und damit eine Einschätzung ihres Quellenwertes zu gewinnen und andererseits ein umfassendes Bild der Geschichte des Urchristentums zu erarbeiten. Die ungeheure historiographische Arbeit, die die protestantischen Theologen des 19. Jahrhunderts leisteten, ist die Konsequenz eines eindrücklichen Wahrhaftigkeitspathos.[2] Sie ist der Versuch, ohne alle Ausflüchte vor dem Forum neuzeitlicher kritischer Reflexion die Wahrheit des eigenen Glaubens zu bewähren.

Dieses Unternehmen wurde in den zwanziger Jahren dieses Jahrhunderts durch die theologischen Vertreter einer antihistoristischen Wende radikal in Frage gestellt.[3] Historiographischer Skeptizismus verband sich hier mit bestimmten dogmatischen Motiven, die einer historischen Orientierung der Theologie widersprachen. Doch schon der in den fünfziger Jahren folgende Einspruch der von Ernst Käsemann geführten Schüler Bultmanns gegen dessen Verabschiedung des „historischen Jesus" zeigt an, daß damit das grundsätzliche Problem nicht gelöst war.[4] Die wachsende Skepsis gegenüber den Möglichkeiten der Geschichtswissenschaft erledigt die historische Frage nach Jesus nicht, sondern schärft nur um so mehr ihre Dringlichkeit ein. Die Rückbesinnung auf den „historischen Jesus" bleibt für die neuzeitliche evangelische Theologie eine ständige Herausforderung, die immer auch einen Impuls zur positiven Neugestaltung von theologischer Reflexion und gelebter Religion in sich trägt.

Ein Blick auf den religiösen Buchmarkt der Gegenwart belegt das nicht nachlassende Interesse an einer historisch orientierten Jesus-Deutung. Allein in diesem Jahr hat wieder eine ganze Reihe bekannter Exegeten neue Jesusbücher vorgelegt.[5] In hohen Auflagen wird zudem eine breite Palette

---

[1] A. v. HARNACK: Das Wesen des Christentums, 182.
[2] Vgl. H. FISCHER: Das Wahrheitsbewußtsein in seiner dogmatischen Funktion, bes. 56–58; D. LANGE: Das Prinzip der Wahrhaftigkeit in der Theologie der Jahrhundertwende.
[3] Vgl. H. FISCHER: Systematische Theologie, 15–45; F. W. GRAF: Die „antihistoristische Revolution" in der protestantischen Theologie der zwanziger Jahre; K. NOWAK: Die „antihistoristische Revolution".
[4] Vgl. E. KÄSEMANN: Das Problem des historischen Jesus (1954); DERS.: Sackgassen im Streit um den historischen Jesus.
[5] Es sei nur verwiesen auf „Wer war Jesus wirklich?" von KLAUS BERGER, „Jesus von Nazareth" von JÜRGEN BECKER, „Jesus. Ein revolutionäres Leben" von JOHN DOMINIC

von zumeist weniger soliden Publikationen angeboten, die das Jesusbild
aus der Perspektive aktueller Fragestellungen zeichnen. Jesus der Jude, Jesus
als neuer Mann, der esoterische oder der politische Jesus – jede dieser
Richtungen wird von mehreren Autoren versorgt. Immer wiederkehrende
Sensationen über angebliche Entdeckungen (Qumran) setzen mit verblüf-
fender Regelmäßigkeit Erregtheiten frei und stoßen auf ein großes Presse-
echo, wie die alljährlich – meist zu den großen kirchlichen Festen – erscheinenden Jesustitel der bekannten Nachrichtenmagazine belegen. Sicherlich besteht ein Großteil dieses publizistischen Jesus-Booms aus bloßer
Mode, Effekthascherei sowie Freude am Abseitigen und trägt die Anzeichen eines gesunkenen Kulturguts. Dennoch äußert sich hier ein sehr be-
rechtigtes Interesse am Jesusbild, das die wissenschaftliche Theologie nicht
unberührt lassen kann. Viele der gegenwärtigen Fragen und Thesen zur
Jesus-Deutung finden ihre – zum Teil präzisere – Präfiguration in den Diskussionen, die evangelische Theologen zu Beginn dieses Jahrhunderts geführt haben. Will man also das aktuelle Interesse am „historischen Jesus"
theologisch reflektiert aufgreifen, dann lohnt sich der Rückblick auf die
Debattenlage der Jahrhundertwende.

Die vorliegende Untersuchung verfolgt am Jesusbild von Ernst Troeltsch
exemplarisch, welche Probleme und Chancen eine Historisierung der Christologie für die theologische Theoriebildung insgesamt mit sich bringt. Damit will sie einen Beleg für die allgemeine These liefern, daß die historische
Rückbesinnung auf die Person und Predigt Jesu von Nazareth für die evangelische Theologie eine prinzipielle Bedeutung besitzt. Troeltsch hat nun
allerdings keine eigenständige christologische Monographie geschrieben,
die die verschiedenen Aspekte vollständig und in systematischer Ordnung
aufführt. Dennoch fällt auf, daß das Jesusbild bei Troeltsch in den verschiedensten gedanklichen Zusammenhängen und dort jeweils an profilierten
Stellen auftaucht. Für die Frage nach den Möglichkeiten einer historisch
orientierten Jesus-Deutung ist Troeltsch insofern besonders interessant, als
er sein Jesusbild einerseits in der intensiven Auseinandersetzung mit der
zeitgenössischen Exegese entwirft und andererseits dessen theologische
Bedeutung in unterschiedlichsten systematischen Perspektiven diskutiert.
Troeltschs Jesusbild läßt sich in den Schnittpunkt von Debatten stellen, in
denen um die Jahrhundertwende die Frage nach dem historischen Jesus eine
neue Stufe erreicht.

Damit kann auch eine wichtige Lücke in der bisherigen Troeltsch-Forschung geschlossen werden. Die vorliegende Arbeit baut auf den inzwischen
erreichten Standards der neueren Troeltsch-Forschung auf und versucht zudem, das theologische Werk von Troeltsch in eine neue Perspektive zu stellen.

CROSSAN sowie „Der historische Jesus. Ein Lehrbuch" von GERD THEISSEN und ANNETTE
MERZ.

Die Troeltsch-Renaissance, von der Eduard Spranger 1951 noch im Modus der bloßen Ankündigung sprach[6], ist inzwischen fest etabliert. Ausgangspunkt und Grundlage einer wissenschafts- und werkgeschichtlich reflektierten Troeltsch-Interpretation ist die von Friedrich Wilhelm Graf und Hartmut Ruddies erarbeitete „Ernst Troeltsch Bibliographie" (1982). Eng mit ihr verknüpft sind die bisher erschienenen Bände der Troeltsch-Studien, Dokumentationen der Troeltsch-Kongresse, vor allem der erste Band „Untersuchungen zur Biographie und Werkgeschichte" (1982). Durch die Entdeckung bisher unbekannter Texte Troeltschs – vornehmlich Vorlesungsmitschriften und Briefe – hat sich die Ernst-Troeltsch-Forschungsstelle der Universität Augsburg verdient gemacht. In den „Mitteilungen der Ernst-Troeltsch-Gesellschaft" sind einige dieser Funde ediert und der Öffentlichkeit zugänglich gemacht worden.[7] Einen breiten Überblick über Leben und Werk gibt schließlich die Biographie von Hans-Georg Drescher „Ernst Troeltsch" (1991).[8] Aber die neuere Troeltsch-Forschung hat nicht nur biographische und werkgeschichtliche Erkenntnisse gebracht, sondern auch das Denken Troeltschs neu diskutiert. Vor allem seine historiographischen, kultur- und neuzeittheoretischen Arbeiten wurden einer Neubewertung unterzogen.[9] In diesem Rahmen kam es zu einer theologiegeschichtlich präziseren Einordnung Troeltschs zwischen den klassischen Gestaltungen liberaler Theologie und den neuen Formen von Krisentheologie.[10]

Um die Eröffnung einer die verschiedenen Einzelaspekte integrierenden Gesamtschau haben sich in besonderer Weise die Arbeiten zweier katholischer Forscher verdient gemacht: Karl-Ernst Apfelbachers „Frömmigkeit und Wissenschaft. Ernst Troeltsch und sein theologisches Programm" (1978) sowie Gerhold Beckers „Neuzeitliche Subjektivität und Religiosität. Die religionsphilosophische Bedeutung von Heraufkunft und Wesen der Neuzeit im Denken von Ernst Troeltsch" (1982). Dabei hat Apfelbacher sich stärker mit Troeltschs Frömmigkeitsprofil befaßt, während Becker sich auf Fragen der religionsphilosophischen Grundlegung konzentriert hat. Auch wenn die Interpretationsthesen beider Autoren kritisch zu diskutieren sind, muß doch hervorgehoben werden, daß sie den Versuch unternommen

---

[6] „Eine Troeltsch-Renaissance wird sicher einmal kommen. Sein Problem ist abgebrochen, aber nicht erledigt worden" (EDUARD SPRANGER an Friedrich Meinecke am 26. 5. 1951, in: F. MEINECKE: Ausgewählter Briefwechsel, 630).
[7] Besonders hingewiesen sei auf die Editionsteile der Bände VI (1991), VII (1993) und VIII (1994) der „Mitteilungen".
[8] DRESCHERS Monographie löst die klassische biographische Gesamtdarstellung von W. KÖHLER „Ernst Troeltsch" (1941) ab.
[9] Vgl. bes. Troeltsch-Studien III „Protestantismus und Neuzeit" (1984); Troeltsch-Studien IV „Umstrittene Moderne. Die Zukunft der Neuzeit im Urteil der Epoche Ernst Troeltschs"(1987); Troeltsch-Studien VI „Ernst Troeltschs Soziallehren. Studien zu ihrer Interpretation" (1993).
[10] Vgl. die zusammenfassenden Orientierungen von H. FISCHER (Systematische Theologie, 9–75) und K. NOWAK (Geschichte des Christentums in Deutschland, 149–235).

haben, das Ganze des Troeltsch'schen Werks in den Blick zu nehmen und
seine gegenwärtige Relevanz zu bewähren.[11]

In prononciert kritischer Absicht dagegen hat sich Michael Murrmann-
Kahl in seiner Dissertation mit dem Titel „Die entzauberte Heilsgeschichte.
Der Historismus erobert die Theologie 1880–1920" (1992) mit Troeltschs
Geschichtsphilosophie befaßt. Murrmann-Kahl gelingt es, Troeltsch als Ver-
treter des deutschen Historismus zu profilieren. Allerdings leidet seine Ar-
beit daran, daß sie von einer – selbst unausgewiesenen – absolutheitstheore-
tischen Position aus argumentiert und ihrem Thema kaum ein produktives
Interesse abgewinnen kann. Zudem bleibt die wissenschaftsgeschichtliche
Einordnung Troeltschs schwankend.

Der konstruktiven Bedeutung von Troeltschs Christentumstheorie für
die heutige Praktische Theologie sind Volker Drehsen „Neuzeitliche Konstitutionsbedingungen der Praktischen Theologie. Aspekte der theologischen Wende zur sozialkulturellen Lebenswelt christlicher Religion" (1988)
und Kristian Fechtner „Volkskirche im neuzeitlichen Christentum. Die
Bedeutung Ernst Troeltschs für eine künftige praktisch-theologische Theorie der Kirche" (1995) nachgegangen. Sie zeigen die Potentiale auf, die
Troeltschs Denken für eine pluralisierte Volkskirche besitzt.

Neben diesen beiden ekklesiologischen Studien gibt es weitere Arbeiten,
die ein verstärktes Interesse an den im engeren Sinn theologischen Gehalten
von Troeltschs wissenschaftlichem Oeuvre signalisieren. Zu nennen sind hier
vor allem zwei Monographien aus dem angelsächsischen Sprachraum: Walter
Eduard Wymans Jr. „The Concept of Glaubenslehre. Ernst Troeltsch and
the Theological Heritage of Schleiermacher" (1983) und Sarah Coakleys
„Christ Without Absolutes. A Study of the Christology of Ernst Troeltsch"
(1988). Allerdings bleibt Wyman zu stark an methodischen Fragen orientiert,
als daß er die materialen Inhalte von Troeltschs „Glaubenslehre" ausreichend
diskutieren könnte. Der vorliegenden Untersuchung am nächsten steht die
Studie von Sarah Coakley, die allerdings durchgehend am traditionellen Modell dogmatischer Christologie orientiert bleibt [12] und darum schon im
Ansatz das epochal Neue von Troeltschs Unternehmen einer religionsge-
schichtlich-geschichtsphilosophischen Rekonstruktion des Jesusbilds verfehlt.[13] Die eigentlichen systematischen Pointen kann man nicht erfassen,

---

[11] Für die Frage der Neuzeitdeutung ist noch hinzuzuziehen E. STOLZ: Die Interpretation der modernen Welt bei Ernst Troeltsch (1979).

[12] Man beachte COAKLEYS Rüge, Troeltsch habe die patristische Christologie nicht angemessen studiert (DIES.: Christ without Absolutes, 190) und das Chalcedonense übereilt
verabschiedet (aaO., 129, 131).

[13] Aus dieser grundsätzlich problematischen Wahl der Interpretationsperspektive folgen weitere Defizite. Zentrale Fragen der Historiographie des Jesusbildes werden von
Coakley nur gestreift. Eine angemessene wissenschaftsgeschichtliche Kontextualisierung
findet nicht statt. Das Kapitel über die Christologie des frühen Troeltsch (DIES.: Christ
without Absolutes, 45–79) thematisiert lediglich das Verhältnis zu Ritschl, nicht aber zu
Wellhausen, Duhm oder zur Religionsgeschichtlichen Schule. Systematische Konsequen-

wenn man Troeltschs Ausführungen zum Jesusbild über den Leisten einer konventionellen Schulchristologie schlägt.

Die Beiträge im siebten Band der Troeltsch-Studien „Liberale Theologie. Eine Ortsbestimmung" (1993) bieten naturgemäß sehr unterschiedliche Annäherungen an Troeltsch als Theologen, ohne zu einem Gesamtbild zu gelangen, wie es von einem Sammelband auch kaum erwartet werden kann. Wesentliche Aspekte von Troeltschs Theologie warten noch auf eine angemessene systematische Aufarbeitung. Diese aber setzt eine genaue wissenschaftsgeschichtliche Grundlegung voraus.

Im Überblick über die Forschungslage fällt jedoch auf, daß bei der wissenschaftsgeschichtlichen Einordnung Troeltschs noch viele offene Fragen verbleiben. Besonders schwerwiegend ist, daß eine Monographie über seinen primären Kontexte, nämlich die Religionsgeschichtliche Schule, bisher nicht geschrieben worden ist, obwohl sich von hier aus Troeltschs Verhältnis zur Ritschl-Schule, zur idealistischen Geschichtsphilosophie, zum deutschen Historismus sowie zur Historischen Theologie erschließt.[14] Um aber Troeltsch als eigenständiges Mitglied der Religionsgeschichtlichen Schule zu profilieren, genügt es nicht, lediglich seine grundsätzlichen methodologischen Erwägungen zu diskutieren.[15] Vielmehr müssen zugleich die Fragen der materialen Geschichtsdeutung thematisiert werden. Dies aber kann nur gelingen, wenn Troeltsch in die weit verzweigten exegetischen Debatten seiner Zeit integriert wird. Indem die vorliegende Arbeit Troeltschs Jesusbild im Kontext der Religionsgeschichtlichen Schule rekonstruiert, versucht sie, einen noch fehlenden Grundbaustein für seine theologiegeschichtlich präzise Verortung zu liefern und somit ein dringendes Desiderat der Troeltsch-Forschung einzulösen. Damit möchte sie die Grundlage für eine wissenschaftsgeschichtlich reflektierte Diskussion der systematischen Thesen Troeltschs zur Christologie bereiten. Darüber hinaus soll aber auch ein Beitrag geleistet werden zu einer Geschichte der Religionsgeschichtli-

---

zen des historiographischen Befunds, etwa für die Geschichts-, Sozial- oder Kulturphilosophie, werden nicht diskutiert. Da Coakley Christologie nur im Sinn traditioneller Dogmatik auffaßt, kann sie in der historischen Jesus-Forschung nur eine Destruktion des alten Dogmas, aber nicht den Ansatz zu einer konstruktiven Neugestaltung erkennen (vgl. aaO., 103, 135). Das Kapitel zum historischen Jesus (aaO., 136–163) zeigt dies deutlich: das Jesusbild wird nicht gedeutet als Zusammenwirken von historischer Kritik und gegenwartsbewußter, geschichtsphilosophischer Deutung, sondern biblizistisch mißverstanden als „the picture presented of Jesus' ‚personality' in the Gospels" (aaO., 143, vgl. 166). Entsprechend fehlt die Behandlung von Troeltschs Geschichtsphilosophie als eines neuen und eigenständigen Versuchs, die Bedeutung Jesu im Rahmen einer nachdogmatischen Theologie zu explizieren.

[14] Es ist erstaunlich, daß diesem Aspekt bisher nur wenig Beachtung geschenkt worden ist. Ein erster Ansatz ist die Edition des Briefwechsels mit WILHELM BOUSSET „Ernst Troeltsch: Briefe aus der Heidelberger Zeit an Wilhelm Bousset 1894–1914" (1976).

[15] Die Arbeit von MURRMANN-KAHL beschränkt sich weitgehend auf diese Fragestellungen.

chen Schule selbst, die in weiten Teilen noch der Aufarbeitung harrt.[16] Diese höchst innovative Gruppe junger Theologen markiert eine neue Etappe in der Geschichte des eingangs skizzierten christologischen Problems. Indem Troeltschs Jesusbild interpretatorisch in den Mittelpunkt verschiedener Debattenstränge dieser Richtung und ihrer Gegner gerückt wird, soll der Auseinandersetzung über die Möglichkeiten einer historisch orientierten Christologie ein wichtiger Aspekt hinzugefügt werden.

Trotz der intensiven Bemühungen der neueren Forschung bleibt das Bild von Troeltsch ambivalent und das Urteil über die Gegenwartsbedeutung seines Werks schwankend. Zwar wurde seine eindeutige Verabschiedung, wie sie innerhalb des Einflußgebiets der Dialektischen Theologie üblich war, inzwischen weitgehend aufgegeben. Aber die Frage, welchen Stellenwert Troeltsch für die heutige evangelische Theologie besitzt, ist immer noch Gegenstand kontroverser Auseinandersetzung. Dieser Sachverhalt schuldet sich nicht allein dem fragmentarischen Charakter von Troeltschs Oeuvre, das in weiten Teilen mehr Programmankündigungen und Projektskizzen als tragfähige materiale Entfaltungen bietet. Für Troeltschs Schriften ist auch eine inhaltliche Unbestimmtheit kennzeichnend, die ihre klare systematische Beurteilung und Einordnung erschwert. Man kann sie auf höchst unterschiedliche Weise lesen. Troeltschs Werk besitzt viele Gesichter, je nachdem welches seiner vielen Arbeits- und Interessengebiete man in den Vordergrund stellt. Man kann Troeltsch als thesenreichen Historiker des Christentums profilieren, als krisenbewußten Neuzeittheoretiker, als innovativen Religionssoziologen, als kritischen Theologen, als konstruktiven Kulturphilosophen, als sozial-konservativen Politiktheoretiker oder als systematischen Religionsphilosophen. Unterschiedliche Tendenzen kreuzen sich in seinen Schriften und erschweren eine eindeutige Zuordnung. Ist Troeltsch ein radikaler Historist gewesen oder ein aporetischer Metaphysiker, konsequenter Religionsgeschichtler oder bürgerlicher Spätidealist? Muß man ihn deuten als Pluralismustheoretiker oder als Einheitsideologen, als Kritiker orthodoxer Dogmatiken oder als Apologeten des Christentums? Troeltsch ist immer auch ein „Rezeptionsgenie" gewesen und hat unzählig viele fremde Ansätze und Konzeptionen eigenständig zu integrieren versucht. Die vielen Rezeptionslinien, die seine Texte durchziehen, laden dazu

---

[16] Vgl. W. KLATT: Hermann Gunkel. Zu seiner Theologie der Religionsgeschichte und zur Entstehung der formgeschichtlichen Methode (1969); T. KOCH: Theologie unter den Bedingungen der Moderne. Wilhelm Herrmann, die „Religionsgeschichtliche Schule" und die Genese der Theologie Rudolf Bultmanns (1970); B. LANNERT: Die Wiederentdeckung der neutestamentlichen Eschatologie durch Johannes Weiß (1989); G. LÜDEMANN: Die Religionsgeschichtliche Schule (1987); DERS.: Das Wissenschaftsverständnis der Religionsgeschichtlichen Schule im Rahmen des Kulturprotestantismus (1992); DERS. und M. SCHRÖDER: Die Religionsgeschichtliche Schule in Göttingen. Eine Dokumentation (1987); A. F. VERHEULE: Wilhelm Bousset. Leben und Werk. Ein theologiegeschichtlicher Versuch (1973).

ein, ihn abwechselnd als Ritschl- oder Dilthey-Schüler, als Hegelianer oder
Neukantianer, als Freund Webers oder als Leser Simmels zu charakterisieren.
Jede dieser Interpretationsperspektiven besitzt ihr eigenes Recht und kann
wichtige Aufschlüsse liefern. Doch besteht die Gefahr, Troeltschs Werk aufzulösen in eine bloße Summe von untereinander nicht verbundenen Re-
zeptionsfäden. Demgegenüber muß darauf hingewiesen werden, daß es für
Troeltsch zentrale Grundfragen gegeben hat, die seinem Denken trotz aller
systematischen Unebenheiten eine gewisse Geschlossenheit geben.[17] Doch
diese innere Einheit kann nicht als kohärentes System rekonstruiert werden.
Troeltschs Frage, wie historisches Bewußtsein und normative Wertsetzungen ins Verhältnis zu bringen sind, gibt seinen Schriften hinsichtlich der
Problemorientierung eine große Stringenz. Aber damit ist der Streit über
die Plausibilität und Gegenwartsbedeutung seiner Lösungsversuche nicht
beantwortet, sondern allererst eröffnet.

Was ist Troeltsch nun gewesen? Stellt er die tragische Endgestalt liberaler
Theologie dar? In der Tat ist es mehr als ein Zufall, daß zwei seiner Hauptwerke Fragment geblieben sind. Das auf zwei Bände angelegte Werk über
den Historismus ist über den ersten, problemgeschichtlichen Teil nicht hin-
ausgelangt. Und seine Geschichte der „Soziallehren der christlichen Kirchen und Gruppen" bricht weit vor der eigenen Gegenwart ab. Hierfür sind
nicht nur kontingente Sachverhalte verantwortlich, sondern auch tiefe konzeptionelle Schwierigkeiten. Troeltsch beläßt vieles bei Ankündigungen, die
den Leser ratlos lassen. Er analysiert die Probleme mit bewundernswerter
Scharfsinnigkeit, ohne doch ebenso gültige Lösungen anzubieten. Insofern
ist der Eindruck nicht von der Hand zu weisen, daß mit Troeltsch, der sich
selbst als Epigonen charakterisieren konnte[18], eine Epoche zu Ende gegangen ist.

---

[17] Angesichts des offenkundigen Drangs von Troeltsch, die jeweils neuesten Theorie-
angebote zu nutzen, sollte man nicht den Blick für die sich durchhaltende geschichtsphilosophische Grundfrage seines Werks verlieren. Auf die innere Einheit der Troeltsch'schen
Christentumstheorie – trotz wechselnder Rezeptionsverhältnisse – haben schon frühzeitig
H. BENCKERT (Der Begriff der Entscheidung bei Ernst Troeltsch, 12 Anm. 3; 1931) und
auch E. SPRANGER (Das Historismusproblem an der Universität Berlin seit 1900; 1960)
hingewiesen. Die zentrale Bedeutung des Historismus-Problems bei Troeltsch hat vor allem – wenn auch in einseitig kritischer Absicht – W. BODENSTEIN (Neige des Historismus,
34–49, 66–69, 141–209; 1959) hervorgehoben. Auf die historistische Grundfrage als ein-
heitsstiftendes Band von Troeltschs Werk hebt auch H. G. LITTLE ab (Ernst Troeltsch and
the Scope of Historicism, bes. 343f.; 1966; DERS.: Ernst Troeltsch on History, Decision and
Responsibility; 1968). Gegenüber verschiedenen Periodisierungsversuchen haben K.-E.
APFELBACHER (Frömmigkeit und Wissenschaft, bes. 8f., 106–109, 223–226; 1978), G.
BECKER (Neuzeitliche Subjektivität und Religiosität, 69–116, 1982) sowie F. W. GRAF und
H. RUDDIES (Ernst Troeltsch: Geschichtsphilosophie in praktischer Absicht, 132f.; 1986)
dies wiederholt.

[18] „Was wir heute treiben, ist in dieser Hinsicht [im Vergleich zu klassischen philosophischen Systemen der Vergangenheit] alles Epigonenwerk, wenn auch kein totes und
überflüssiges" (GS IV, 17).

Paul Tillich hat Troeltschs theologische und philosophische Konzeption „die negative Voraussetzung für jeden künftigen Aufbau"[19] genannt. Diese Einschätzung gibt eine berechtigte Wahrnehmung des problematischen Charakters von Troeltschs Werk wieder. Aber sie verdankt sich auch dem Bedürfnis der Nachfolgegeneration, einen radikalen Neuanfang zu inszenieren. Demgegenüber wäre zu fragen, ob auf diese Weise die Janusköpfigkeit von Troeltschs Werk angemessen begriffen wird. Der faktische Kontinuitätsabbruch in der evangelischen Theologie nach dem Ersten Weltkrieg jedenfalls gibt noch keine zureichende Klärung der Frage, ob von Troeltsch nicht auch Konstruktives zu lernen sei. Die gegenwärtige Neubesinnung auf Troeltsch signalisiert jedenfalls nicht nur ein vertieftes theologiegeschichtliches Interesse, sondern auch das Bemühen, an systematische Thesen Troeltschs positiv anzuknüpfen.

Wie aber kann man das Doppelprofil von Troeltsch systematisch in den Griff bekommen? Die interpretatorische Schwäche, das zwiespältige Werk Troeltschs in klaren positiven oder negativen Urteilen zu vereindeutigen, teilen methodisch vor allem diejenigen Ansätze, die sein gesamtes „System" in Augenschein nehmen wollen, sich also auf die wissenschaftstheoretischen Konstitutionsprinzipien allein konzentrieren. Diese Globalperspektive steht in der Gefahr, die Brüche, das Zugleich von konstruktiven und aporetischen Elementen bei Troeltsch zu harmonisieren zugunsten der Rekonstruktion eines Systems, das dann als ganzes entweder verabschiedet[20] oder akzeptiert[21] wird. Plausibler als einsinnig affirmative oder einsinnig negative Urteile wäre eine selektive Rezeption.[22] Diese aber hat zur Voraussetzung, daß man erstens die Elemente benennen kann, die man für aktualisierbar hält, daß man zweitens präzise die Momente aufführt, die man als überholt ansieht, und daß man drittens den spezifischen systematischen Ausgangspunkt ausweist, von dem aus man eine solche differenzierende Urteilsbildung betreibt.

Die vorliegende Untersuchung glaubt nicht, daß Troeltsch ein fertiges System konzipiert hat, das sich heute bruchlos rezipieren ließe. Aber sie geht von der Vermutung aus, daß sich bei ihm gleichwohl Bausteine für eine gegenwärtige theologische Theoriebildung ausfindig machen lassen. Um diese

---

[19] P. TILLICH: Zum Tode von Ernst Troeltsch, 175. Es wäre zu untersuchen, ob diese Formulierung Tillichs eigenes Verhältnis zu Troeltsch, das zwischen kritischer Überbietung und konstruktiver Anknüpfung schwankt, präzise beschreibt. Vgl. H. RUDDIES: Ernst Troeltsch und Paul Tillich (1987).

[20] Vgl. die klassische verfallsgeschichtliche Deutung von W. BODENSTEIN „Neige des Historismus" oder die Studie von M. MURRMANN-KAHL „Die entzauberte Heilsgeschichte".

[21] Vgl. die Interpretationen von K.-E. APFELBACHER „Frömmigkeit und Wissenschaft" und G. BECKER „Neuzeitliche Subjektivität und Religiosität".

[22] Zur selektiven Rezeption der Theologie Troeltschs vgl. H. FISCHER: Systematische Theologie in liberaler Perspektive, bes. 51.

konstruktiven Momente zu begreifen, nimmt sie ihren Ausgang bei der Frage nach dem Jesusbild. Diese Arbeit intendiert also keine systematische Gesamtübersicht über Troeltschs Werk, sondern will von einem einzigen, aber zentralen Punkt aus nach Ansätzen für eine heutige evangelische Theologie fragen. Sie hofft, daß das Jesusbild nicht nur eine präzisere wissenschaftsgeschichtliche Kontextualisierung Troeltschs ermöglicht, sondern zugleich die Frage klären hilft, was heute systematisch von Troeltsch als Theologen zu lernen ist. Sie zielt nicht auf eine Aktualisierung einer längst historisch gewordenen Theoriegestalt „in toto", sondern will von einem spezifischen theologischen Thema aus Vergangenes und Gegenwärtiges bei Troeltsch argumentativ sondern. Die Arbeitshypothese lautet, daß gerade das Jesusbild einen geeigneten Einstieg bietet, weil es wesentliche Elemente und Perspektiven seiner Theologie bündelt und auf den Begriff bringt. An seinem Jesusbild soll sich zeigen, inwiefern Troeltschs Werk als Modell für eine neuzeitbewußte protestantische Theologie gelten kann. Von hier aus sollen einige wesentliche Grundelemente seiner Christentumstheorie rekonstruiert werden, die es erlauben, Troeltsch als produktiven postdogmatischen Theologen zu profilieren.

Es wird sich zeigen, daß das Nebeneinander von Kritik und Konstruktion, das die neuprotestantische Jesus-Deutung allgemein auszeichnet, auch für Troeltschs Jesusbild bestimmend ist. Die Fragestellung der vorliegenden Arbeit bedenkt darum über die Grenzen einer immanenten Troeltsch-Interpretation hinaus den von ihm repräsentierten Theologietypus, der mit den Begriffen „Neuprotestantismus", „liberale Theologie", „Kulturprotestantismus" oder „theologischer Historismus" plakativ überschrieben ist.[23] „Neuprotestantismus" weist auf eine epochale Gestalt der Christentumsgeschichte hin, die mit Beginn der Aufklärung und den ihr folgenden geistes-, mentalitäts- und sozialgeschichtlichen Umwälzungen entsteht. „Liberale Theologie" bezeichnet die spezifische, keineswegs auf den akademischen Bereich beschränkte Reflexionskultur dieser neuen Gestalt von Christentum. „Kulturprotestantismus" ist der Oberbegriff für die vielfältigen Versuche, diesen neuzeitlichen Frömmigkeitstypus in ein konstruktives Verhältnis zu der ihn umgebenden modernen Gesellschaft und Kultur zu setzen. „Theologischer Historismus" schließlich gibt den Titel für den theologischen Versuch, wesentliche Gehalte des Christentums im Rahmen des historischen Bewußtseins neu zu begründen. Alle diese Begriffe bezeichnen einen Neueinsatz in der Christentumsgeschich-

---

[23] Alle vier Begriffe sind historisch-systematische Mischkategorien, die einerseits bestimmte theologiegeschichtliche Phänomene beschreiben, andererseits aber auch das diese Phänomene tragende theologische Programm auf den Begriff bringen. Zur begrifflichen Orientierung vgl. H.-J. BIRKNER: Über den Begriff des Neuprotestantismus; DERS.: „Liberale Theologie"; F. W. GRAF: Kulturprotestantismus. Zur historischen Orientierung vgl. G. HÜBINGER: Kulturprotestantismus und Politik; sowie den von HANS MARTIN MÜLLER herausgegebenen Sammelband „Kulturprotestantismus".

te, eine Epochenwende, die aber zugleich von einem starken Kontinuitäts-
bewußtsein bestimmt war, von der Ansicht nämlich, genuin reformatorische Anliegen zu verwirklichen. Innerhalb dieser in sich wiederum sehr
vielschichtigen und divergenten Strömung ist das jeweilige Jesusbild von
entscheidender Bedeutung. Es bestimmt Möglichkeit und Charakter der
kritischen Umformung des traditionellen Protestantismus.

Troeltschs Jesusbild eignet sich in besonderer Weise als Ausgangspunkt
für eine Diskussion des durch die genannten Begriffe bezeichneten Pro-
blemkomplexes. Denn die stärkere Einbettung Jesu in seinen religionsgeschichtlichen Kontext sowie die neue Wahrnehmung der eschatologischen
Ausrichtung seiner Predigt führten Troeltsch dazu, die grundlegenden Auffassungen klassischer liberaler Theologie einer kritischen Überprüfung zu
unterziehen. Damit steht Troeltschs Jesusbild paradigmatisch für eine Re-
flexionsstufe, auf der der neuzeitliche Protestantismus sich seiner selbst in
stärkstem Maße fraglich geworden ist, ohne sich jedoch aufzugeben.
Troeltschs Jesusbild wirft somit ein Schlaglicht auf die zukunftsträchtigen
wie überholten Gehalte dieser Gestalt des Protestantismus.

Troeltsch war kein streng systematisch, sondern ein sehr viel stärker dialogisch arbeitender Denker. Hierin liegt der eigentümliche Reiz seiner Texte. Im Gegenüber zu verwandten oder entgegengesetzten Positionen entwickelt Troeltsch den eigenen Standpunkt, die eigenen Fragestellungen.
Wer ihn verstehen will, muß ihn darum in seine wissenschaftliche Situation
integrieren und aus den damaligen Debattenlagen heraus deuten. Der Charakter von Troeltschs Arbeiten macht eine wissenschaftsgeschichtliche Einbettung der systematischen Rekonstruktion notwendig. Die vorliegende
Arbeit hat darum ein historisch-systematisches bzw. wissenschaftsgeschicht-
lich-gegenwartsbezogenes Doppelgesicht. Sie ist darin in Troeltschs eigenem Sinn „historistisch". Denn auch in der Troeltsch-Deutung bietet sich
das Systematische im Historischen dar, wenn denn das Historische auf seinen systematischen und für die Gegenwart relevanten Sinngehalt befragt
wird.

Die Untersuchung gliedert sich in drei große Hauptabschnitte. Der erste
bietet eine wissenschaftsgeschichtliche Annäherung und diskutiert die systematischen und methodologischen Grundlagen von Troeltschs Jesusbild.
Dies geschieht in drei Schritten. Erstens wird Troeltsch als theologischer
Historist im kritischen Gegenüber zur Ritschl-Schule sowie zur idealistischen Geschichtsphilosophie Hegelscher Prägung profiliert. Zweitens wird
sein Verhältnis zur Historischen Theologie und zur Religionsgeschichtlichen Schule erläutert. Und drittens werden seine Beiträge zu einer historisch orientierten Wesensbestimmung des Christentums als des Rahmens
der Jesus-Deutung vorgestellt.

Der zweite Hauptteil bringt den Durchgang durch die historiographischen Diskussionen über die Propheten-, Jesus- und Paulus-Deutung, an
denen Troeltsch teilgenommen hat. Hier werden sehr viel minutiösere

werk- und wissenschaftsgeschichtliche Operationen nötig sein als in den anderen beiden Hauptteilen. Aber wenn fachexegetische Fragen ausführlich behandelt werden, sollen doch zugleich die Weichen für die systematische Ausdeutung gestellt werden. Die werkgeschichtlichen Rekonstruktionen und die wissenschaftsgeschichtlichen Kontextualisierungen richten sich auch an Alt- und Neutestamentler. Dieser Teil versteht sich als ein Beitrag zur Wiederentdeckung einer Glanzzeit protestantischer Theologie, in der Exegese und systematische Theologie eng kooperieren konnten, weil die Exegese systematisch „interessante" Geschichtsbilder erarbeitete und die systematische Theologie historisch orientiert war.

Der dritte Hauptteil schließlich diskutiert die systematischen Funktionen von Troeltschs Jesusbild. Er will sich bewußt auf gegenwartsrelevante „Aspekte" der Christologie Troeltschs beschränken in dem Wissen, daß hier kein vollständiges christologisches „System" vorliegt. Das heißt aber nicht, daß nicht nach der Gegenwartsbedeutung von Troeltschs Thesen zum Jesusbild gefragt werden könnte. Diese Frage wird darum nicht für die zusammenfassende Schlußbemerkung aufgespart, sondern schon hier in vier Schritten diskutiert. Am Anfang steht die Geschichtsphilosophie mit ihrer Frage nach der Geltung der Botschaft und der Person Jesu im Vergleich zu den anderen Weltreligionen. Zweitens wird das sozialphilosophische Thema behandelt, welche Bedeutung der jesuanische Reich-Gottes-Gedanke für die Prinzipien des „Individualismus" und „Universalismus" besitzt. Es folgt drittens das kulturethische Problem, wie sich die eschatologische Botschaft Jesu auf ein gegenwärtiges kulturpraktisches Engagement des modernen Protestantismus beziehen läßt. Viertens wird die eigentliche Glaubenslehre in ihrer – von Troeltsch eigentümlich bestimmten – Bedeutung für die Praktische Theologie untersucht, und es werden die Konsequenzen seines Jesusbilds für eine zeitgemäße religiöse Praxis benannt. In diesen vier systematischen Aspekten, die wiederum auf die methodologischen und historiographischen Reflexionen zurückverweisen, wird sich zeigen, welch innovative und weiterführende Beiträge Troeltsch für die neuzeitliche Diskussion der Christologie geleistet hat.

I. Christologie unter den Bedingungen des Historismus

A. Die Historisierung des Theologiebegriffs

1. Einleitung

Der Name Ernst Troeltschs steht in der Geschichte der evangelischen Theologie für den Versuch einer umfassenden Historisierung des Theologiebegriffs.[1] Über seine ursprüngliche Disziplin hinaus gilt er zugleich als Repräsentant der klassischen Ausprägung wie der krisenhaften Zuspitzung des deutschen Historismus.[2] Troeltsch trat mit dem Anspruch auf, die bisherigen Ansätze einer historisch bewußten Theologie gegen dogmatische Widerstände zu Ende zu führen. Was ihn schon auf den ersten Blick auszeichnet und seinen Texten ein sehr bestimmtes Pathos gibt, ist das Interesse an konsequenter „historistischer Aufklärung"[3]. Die moderne Historiographie

---

[1] Zur Einführung vgl. F. W. GRAF und H. RUDDIES: Ernst Troeltsch: Geschichtsphilosophie in praktischer Absicht; F. TÖNNIES: Tröltsch und die Philosophie der Geschichte; F. MEINECKE: Ernst Troeltsch und das Problem des Historismus; O. HINTZE: Troeltsch und die Probleme des Historismus; K. MANNHEIM: Historismus, 16–30. Über Troeltschs Verhältnis zu Meinecke und Hintze informiert M. ERBE: Das Problem des Historismus bei Ernst Troeltsch, Otto Hintze und Friedrich Meinecke. Immer noch hilfreich E. FÜLLING: Geschichte als Offenbarung, 61–81; sowie W. KÖHLER: Ernst Troeltsch, bes. 331–379. Weiterhin zu berücksichtigen T. RENDTORFF: Religiöser Pluralismus und die Absolutheit des Christentums; R. BERNHARDT: Der Absolutheitsanspruch des Christentums, 128–149; M. PYE: Ernst Troeltsch and the end of the problem about „other" religions; G. KÖNIG: Die systematische Funktion der historischen Forschung bei Wilhelm Herrmann, Ernst Troeltsch und Karl Barth, 70–143; hierzu H. RUDDIES: Karl Barth und Ernst Troeltsch, 13–16; K. MÜLLER: Theologie als Theorie der Gegenwart; H. FISCHER: Christlicher Glaube und Geschichte, 13–64; E. LESSING: Die Geschichtsphilosophie Ernst Troeltschs; T. W. OGLETREE: Christian Faith and History, 19–77; hierzu H. RUDDIES: aaO., 11–13; F.-J. VON RINTELEN: Der Versuch einer Überwindung des Historismus bei Ernst Troeltsch. In ideologiekritischer Absicht und hegelianischer Perspektive H. ENGELMANN: Spontaneität und Geschichte, und H. BOSSE: Marx – Weber – Troeltsch, sowie neuerdings M. MURRMANN-KAHL: Die entzauberte Heilsgeschichte, bes. 156–168.

[2] Für die begriffsgeschichtliche Orientierung vgl. O. G. OEXLE: „Historismus", sowie K. HEUSSI: Die Krisis des Historismus, 1–38. Auf die gegenwärtige Aktualität des Historismus verweist bes. V. STEENBLOCK: Transformation des Historismus, 19–49, 181–183. Eine grundlegende Interpretation der klassischen Stationen deutscher Geschichtsmethodologie bietet U. BARTH: Die Christologie Emanuel Hirschs, 171–211.

[3] Mit diesem Begriff versucht H. SCHNÄDELBACH (Geschichtsphilosophie nach Hegel,

markiert ihm zufolge einen Epochenwechsel. Denn als „Zentralherd der Bildung aller Weltanschauung" (AdC, 2) ist das historische Denken der eigentliche Faktor gegenwärtiger ethischer und religiöser Konflikte. Die Theologie ist durch den Historismus besonders bedroht. Da sie in ausgezeichnetem Sinn normativen Prinzipien verpflichtet ist, muß der Gedanke der historischen Relativität aller Geltungsansprüche sie auf das höchste gefährden. Hier erfährt das Grundproblem des Historismus, wie unter der Bedingung des historischen Bewußtseins Normen begründet werden können, seine schärfste Zuspitzung. Troeltsch profiliert die neuprotestantische Theologie zu derjenigen Disziplin, in der die historistische Moderne in prinzipiellster Weise durchdacht wird. Die Theologie steht exemplarisch für die Suche nach einem konstruktiven Umgang mit dem neuzeitlichen Geschichtsbewußtsein überhaupt: hier wird „die Entscheidungsschlacht" (MG I, 7) ausgetragen.

Troeltschs Unternehmen einer „Historisirung der Theologie" (ThL I, 629) verdankt sich nicht einer bestimmten dogmatischen Vorgabe.[4] Es hat seinen Grund vielmehr in einer Analyse der Moderne und artikuliert ein spezifisch neuzeitliches Wahrheitsbewußtsein.[5] Mit der Umformung der Theologie zur historisch orientierten Religionsphilosophie ist für Troeltsch „ein aus der Gesamtlage notwendig folgendes, höchst verwickeltes Problem formulirt, nicht das Programm einer neuen dogmatischen Richtung" (ThL

47, vgl. 28, 54ff.) den sachlich berechtigten Gehalt des Historismus von seinen Fehlformen und von einem bloß pejorativen Gebrauch des Begriffs abzuheben (aaO., 19–30). Vgl. DERS.: Philosophie in Deutschland 1831–1933, 51–55. Wenn M. MURRMANN-KAHL (Die entzauberte Heilsgeschichte, 84–94) den Historismus als antiaufklärerische Bewegung deutet, so übersieht er, daß gerade Troeltsch wiederholt und eindringlich auf die Entstehung der modernen Historiographie aus der Aufklärung und damit auf das emanzipatorische Profil des Historismus hingewiesen hat. Troeltsch ist der eigentliche Kritiker der von MURRMANN-KAHL bekämpften „historistischen Gründungslegende" (aaO., 91), die die Geschichtswissenschaft des 19. Jahrhunderts einseitig aus der Romantik hervorgehen läßt. Vgl. GS II, 745; E. Troeltsch: Die historischen Grundlagen der Theologie unseres Jahrhunderts; Ders.: Theologie und Religionswissenschaft des 19. Jahrhunderts; Ders.: Religionswissenschaft und Theologie des 18. Jahrhunderts; Ders.: Das Historische in Kants Religionsphilosophie, 112f. Anm. 1. MURRMANN-KAHLS Kritik ist eine Wiederauflage von IGGERS These über die gegenaufklärerische Genese, die soziale Bedingtheit und den strukturellen Konservatismus des deutschen Historismus; vgl. G. G. IGGERS: Deutsche Geschichtswissenschaft, bes. 16–42. Dagegen F. JAEGER und J. RÜSEN: Geschichte des Historismus, 10. Gegenüber Versuchen, den Historismus aus der Klassenlage seiner wichtigsten Repräsentanten abzuleiten, muß an die von T. NIPPERDEY (Historismus und Historismuskritik heute, 66f.) vorgebrachte Forderung erinnert werden, die Historismusdebatte zu ent-soziologisieren und auf Geltungsfragen zu konzentrieren.

[4] Dies insinuiert der Metaphysik-Vorwurf von J. KAFTAN: Die Selbständigkeit des Christenthums, 385–394.

[5] Vgl. seine Verteidigung der Absolutheitsschrift gegen T. KAFTAN: „Ihr ⟨der Absolutheitsschrift⟩ kommt es auf Wahrheit an und nicht auf Theologie, und Wahrheit hält sie nur für möglich auf dem Boden der allgemeinen wissenschaftlichen Methoden" (AdC[2], 89 Anm. 16). Vgl. D. LANGE: Das Prinzip der Wahrhaftigkeit in der Theologie der Jahrhundertwende.

I, 629). Troeltsch befürwortet keine Anpassung an einen Zeitgeist – „Im Gegenteil, es gilt hier gerade Lieblingsvorurteile der Zeit ernstlich zu bekämpfen" (ThL I, 630). Es gilt, die Grundlage für eine Verteidigung des Christentums zu legen, die sich allerdings auf der Höhe ihrer Zeit befindet.[6] Die wichtigste Voraussetzung für eine überzeugende Apologie des Christentums ist die theologische Bewältigung des Problemfelds „Historismus". Troeltsch versteht Historismus dabei primär als historische Aufklärung. Die moderne Geschichtswissenschaft führt „das Ende der dogmatischen Begriffsbildung" (AdC, 2) dadurch herbei[7], daß sie die historische Bedingtheit absoluter Wahrheitsprätentionen aufzeigt. Troeltsch zufolge führt der Historismus des ausgehenden 19. Jahrhunderts damit die Ideologie- und Dogmenkritik der Aufklärungsbewegung des 18. Jahrhunderts fort, deren Kind er ist. Am stärksten von der Historisierung ist innerhalb des klassischen Lehrbestandes die Christologie betroffen, die in ganz anderem Maße als etwa die Gotteslehre auf die Geschichte verweist. Der Beginn eines historischen Verständnisses der Person Jesu markiert das definitive Ende der dogmatischen Christologien und stellt den Theologen vor die schwierige Aufgabe, mit den Mitteln der Geschichtsphilosophie und einer historisch orientierten Religionsphilosophie die Bedeutung der Person Jesu neu zu fassen.[8] An die Stelle der christologischen Spekulation tritt damit das Jesusbild, d.h. eine plastische Darstellung der Person und Botschaft Jesu, die in sich kritische historiographische Rekonstruktion und geschichtsphilosophische Würdigung verbindet.

Um die Plausibilität von Troeltschs Konzeption zu erfassen, ist es notwendig, sich zunächst ihre kritische Pointe zu vergegenwärtigen. Troeltsch setzt sich in eine doppelte Frontstellung[9]: Er wendet sich mit der Forderung nach Historisierung sowohl gegen die theologische Rezeption der idealistischen Geschichtsphilosophie als auch gegen grundlegende Prämissen der Ritschl-Schule.[10] In den Diskussionen zur historischen Theologie spitzt er die einzelnen Differenzen jeweils zu prinzipiellen Alternativen zu. Troeltsch hat weniger theologiegeschichtliche Einzelgestalten als generelle Argumentationstypen vor Augen, denen er seine Kontrahenten zuordnet – oft gegen

---

[6] Zum apologetischen Profil des Troeltsch'schen Werkes U. BARTH: Troeltsch et Kant, 67–70.

[7] Die gravierenden Konsequenzen der Geschichtswissenschaft für die Theologie hat Troeltsch plastisch mit seiner berühmten Metapher des Sauerteigs beschrieben: „Die historische Methode ⟨...⟩ ist ein Sauerteig, der alles verwandelt und der schließlich die ganze bisherige Form theologischer Methoden zersprengt" (GS II, 730).

[8] Zur Frage des historischen Jesus vgl. jetzt G. E. Griener: Ernst Troeltsch and Herman Schell, 100–107.

[9] Auf die Auseinandersetzung mit naturalistischen Modellen wird im folgenden nicht eingegangen.

[10] Diese Konstellation liegt auch dem späten Aufsatz „Die Stellung des Christentums unter den Weltreligionen" zugrunde (HuÜ, 66–70).

deren Selbstverständnis.[11] Seine aktuellen Kritiken bringen – gerade durch ihr typisierendes Vorgehen – immer auch sein eigenes Theologieverständnis zum Ausdruck und besitzen deshalb Bedeutung über den damaligen Argumentationskontext hinaus.

Im folgenden können nicht alle Aspekte von Troeltschs Grundlegung einer geschichtsphilosophischen Betrachtung des Christentums gleichermaßen berücksichtigt werden. Methodologie und Geschichtslogik werden nur ausschnittsweise verhandelt, die ebenso fragmentarischen wie problematischen Versuche einer metaphysischen Letztbegründung des historischen Bewußtseins werden bewußt weitgehend ausgeblendet.[12] Auch die vielfältigen Wandlungen aufgrund sich verschiebender Rezeptionsverhältnisse können nur insoweit Berücksichtigung finden, als sie den zentralen Gegenstand der Untersuchung, Troeltschs Jesusbild, betreffen.

2. Die Kritik der Ritschlschen Schultheologie

Seine erste große Debatte über die moderne Historie und ihre Folgen für die Theologie führt Troeltsch mit Vertretern der Ritschl-Schule. Er eröffnet die Diskussion mit dem programmatischen Aufsatz „Die Selbständigkeit der Religion" (1895/6). In dem späteren Text „Ueber historische und dogmatische Methode in der Theologie" (1900) [13] hat er seine Argumente zusammengefaßt. Troeltsch inszeniert seine Auseinandersetzung mit Julius Kaftan, Friedrich Niebergall und anderen als Prinzipienstreit epochalen Ranges.[14]

---

[11] Ob Troeltsch dem jeweiligen Widerpart gerecht wird, kann hier nicht verfolgt werden. Vgl. die späte Revision früherer Urteile über Hegel in E. Troeltsch: Der Aufbau der europäischen Kulturgeschichte, 47 Anm.1.

[12] Eine ausführliche Darstellung der geschichtslogischen Probleme bietet G. Becker: Neuzeitliche Subjektivität und Religiosität, 117–167. Zur Kritik seiner Deutung vgl. F. W. Graf: ⟨Rez.:⟩ G. Becker: Neuzeitliche Subjektivität und Religiosität. Eine stärkere Berücksichtigung der metaphysischen und enzyklopädischen Aspekte findet sich vor allem bei E. Lessing: Die Geschichtsphilosophie Ernst Troeltschs. Allerdings hebt Lessing einseitig Troeltschs Widerspruch gegen die Theologie Ritschls als den entscheidenden „Ausgangspunkt" hervor (aaO., 9, vgl. 9–14). Troeltschs Argumentation gegen den Idealismus tritt dementsprechend ebenso in den Hintergrund wie das historistische Problem der Normenbegründung (vgl. aaO., 29–33). Zur Kritik von Troeltschs metaphysischer Fassung des Entwicklungsbegriffs vgl. H. M. Baumgartner: Kontinuität und Geschichte, 153–160. Völlig fehl geht A. Wittkau: Historismus, 147–160. Sie unterstellt Troeltsch eine vorkantianische, „scholastische" Erkenntnistheorie (aaO., 157) sowie den naiven Glauben, „durch die geschichtsphilosophische Deutung der wissenschaftlichen Geschichtserkenntnis zu einem objektiv-gültigen Wertsystem gelangen zu können" (aaO., 155).

[13] Aufgrund der schlechten Zugänglichkeit der Erstveröffentlichung wird der Text, sofern er nicht wesentlich von der Erstauflage abweicht, nach GS II, 729–753 zitiert.

[14] Es ließe sich fragen, ob angesichts der Persistenz der dogmatischen Methode und der Dauerhaftigkeit ihres Konflikts mit der historischen Wissenschaft eine einfache epochenmäßige Zuordnung sinnvoll ist. Es handelt sich wohl weniger um die Entgegensetzung zweier Epochen als um den Streit zwischen zwei gegenwärtigen, aber ungleichzeitigen Theologietypen.

Zwar leugnet er nicht das Bemühen seiner Kontrahenten, sich überhaupt auf neuzeitliche Fragen einzulassen, aber er kritisiert schroff die Halbherzigkeit, mit der sie sich dem Problem des Historismus nähern. Sich selbst verortet Troeltsch auf seiten der modernen Geschichtswissenschaft. Die geschichtsphilosophischen Versuche der im einzelnen durchaus unterschiedlichen Ritschl-Schüler reduziert er auf eine im Grunde supranaturalistische Position mit dem Begriff des Wunders als Leitkategorie. Die Abgrenzung zwischen beiden Methoden vollzieht er aber nicht so, daß er – in positivistischer Manier – die Historiographie als wertfreie Tatsachenforschung der voraussetzungsgebundenen Dogmatik gegenüberstellte. Denn auch die historische Methode bedeutet „eine bestimmte Stellung zum geistigen Leben überhaupt" (GS II, 731).[15] Die Differenz besteht darin, daß die historische Methode mit ihren drei Grundprinzipien der Kritik, der Analogie und der Korrelation die „prinzipielle Gleichartigkeit alles historischen Geschehens" (GS II, 732; vgl. 731–734) aussagt. Die dogmatische Heraushebung eines einzelnen geschichtlichen Faktums als „Wunder" wird dagegen ausgeschlossen. Relative Differenzen werden nicht geleugnet, sondern im Rahmen einer allgemeinen Menschheitsgeschichte zugelassen.[16] Der Unterschied zwischen historischer und dogmatischer Methode bezieht sich also nicht darauf, ob die Geschichte überhaupt einer normativen Beurteilung unterzogen wird, sondern auf die jeweilige Art, wie geurteilt wird: hier aufgrund eines konkreten religionsgeschichtlichen Vergleichs und mit nur relativem Geltungsanspruch – dort aufgrund dogmatischer Setzungen und mit absolutem Geltungsanspruch. Die mit historischer Betrachtung unweigerlich gegebenen Restriktionen sind Troeltsch zufolge nicht gleichbedeutend mit einer Verunmöglichung christlicher Werturteile. Die historische Methode als solche führt nicht notwendig zum weltanschaulichen Relativismus, sondern zielt zunächt nur auf die Relationierung der geschichtlichen Ereignisse. Diese Relationierung ergibt sich aus der Analogie und der Korrelation zwischen allen historischen Erscheinungen. Sie bedeutet zwar eine Erschwerung, aber kein Ende wertender Deutung überhaupt: „Sie ⟨die historische Methode⟩ relativiert Alles und Jedes, nicht in dem Sinne, daß damit jeder Wertmaßstab ausgeschlossen und ein nihilistischer Skeptizismus das Ender-

---

[15] Dem von dogmatischer Seite vorgebrachten Ideologieverdacht kann Troeltsch entspannt entgegentreten. Weder leugnet er die weltanschaulichen Gründe der modernen Geschichtswissenschaft, noch versucht er in diesem Zusammenhang ihre erkenntnistheoretische Letztbegründung. Er begnügt sich mit einer pragmatischen Rechtfertigung: „Diese Methode ist natürlich in ihrer Entstehung nicht unabhängig von allgemeinen Theorien gewesen. Das ist bei keiner Methode der Fall. Aber das Entscheidende ist die Bewährung und Fruchtbarkeit einer Methode, die Durchbildung im Verkehr mit den Objekten und die Leistung zur Herstellung von Verständnis und Zusammenhang" (GS II, 734). Der Erkenntnisgewinn ist „ihr einziger, aber auch ihr völlig ausreichender Beweis" (ebd.).

[16] Die historische Methode zielt also nicht auf eine inhaltliche Nivellierung der Geschichte, wie die Deutung des Analogieprinzips von W. PANNENBERG (Heilsgeschehen und Geschichte, 49–54) unterstellt.

gebnis sein müßte, aber in dem Sinne, ⟨...⟩ daß jede Bildung von Wertmaß-
stäben deshalb nicht vom isolierten Einzelnen, sondern nur von der Ueberschau des Ganzen ausgehen kann" (GS II, 737). Die historische Methode
steht der Theologie nicht als Repräsentantin säkularer Weltanschauung
feindlich gegenüber, sondern kann selbst „theologische Methode" (GS II,
729) sein.

Wendet man die so verstandene Unterscheidung von historischer und
dogmatischer Methode auf die Christologie an, so bieten sich zwei Wege,
den Ursprung des Christentums in der Person Jesu theologisch zu deuten:
die Christologie läßt sich entweder historisch oder dogmatisch aufbauen.
Für den ersten Weg spricht, daß er eine stärkere Berücksichtigung neuerer,
religionsgeschichtlicher Kenntnisse gewährleistet. Er hat den „Zwang der
Objekte" (GS II, 735) auf seiner Seite. Dies ist das Argument gegen den
Einwand Kaftans, der Supranaturalismus sei Jesus und dem Christentum wesentlich[17], die historische Methode gehe also notwendig an der inhaltlichen
Bestimmtheit des Christentums vorbei. Gegen diese Behauptung der Inkongruenz von Gegenstand und Methode argumentiert Troeltsch historisch. Er ordnet den supranaturalistischen Absolutheitsanspruch der späteren
kirchlichen Theologie zu und rückt Jesus weit davon ab: „Die ganze, für
eine solche Theorie ⟨des Supranaturalismus⟩ notwendige Lehre von der
sündhaften Natürlichkeit alles Außerchristlichen ist der Predigt Jesu vollkommen fremd und gerade darin liegt ihre naive Größe gegenüber den
theologisirenden Betrachtungen, die das Heil des Evangeliums nur dann erst
sicher zu haben glauben, wenn sie nirgends sonst die Möglichkeit des Heils
zugestehen" (GuM, 14). Troeltsch erkennt die dogmatische Isolierung Jesu
als integralen Bestandteil einer kirchlichen Theologie, die sich in einem
markanten, sachlichen Abstand zum Ursprung des Christentums befindet.
Wie Troeltsch das „undogmatische" Selbstverständnis Jesu deutet, wird später zu zeigen sein.[18]

Obwohl für Troeltsch der Begriff der Individualität im Zentrum seiner
Geschichtsphilosophie steht[19], widerspricht er scharf den Versuchen von
Vertretern der Ritschl-Schule, die prinzipielle Relationierung geschichtlicher Ereignisse durch eine neukantianisierende Profilierung der Kategorie
historischer Individualität zu durchbrechen.[20] Die Einzigartigkeit Jesu auszusagen, ist nicht gleichbedeutend mit einer Behauptung seiner prinzipiellen Unvergleichbarkeit. Troeltsch erkennt hinter der etwa von Julius Kaftan
oder Niebergall betriebenen Polemik gegen die Verwendung von Allge-
meinbegriffen in der Religionsgeschichte, durch welche die Person Jesu

---

[17] J. KAFTAN: Die Selbständigkeit des Christenthums, 378; F. NIEBERGALL: Ueber die
Absolutheit des Christenthums, 48.
[18] S. u. II. B. 3. d.).
[19] S. u. I. A. 3.
[20] Vgl. bes. AdC, 43–48.

vergleichbar wird, eine apologetische Strategie und verschleierte Neuauflage der alten dogmatischen Isolierung des Christentums: „Die Einzigartigkeit des historischen Faktums und die ausschließliche Begründung auf das Eine Geschichtsfaktum im Gegensatz zu jeder Begründung in dem inneren Wesen des geistigen Lebens soll nur den älteren Supranaturalismus ersetzen und doch den Zusammenhang mit der rein wissenschaftlich-historischen Methode aufrecht erhalten" (SdR I, 374). Demgegenüber verteidigt Troeltsch die Hegelsche Geschichtsphilosophie, die das methodische Instrumentarium für eine Integration des Auftretens Jesu in die Religionsgeschichte bereitgestellt habe. Ein allgemeiner Religionsbegriff bleibt trotz der Gefahr ungeschichtlicher Rationalisierung eine Grundbedingung historischer Arbeit, weil ohne ihn „eine Auflösung der Geschichte in zusammenhangslose Phänomene" (SdR II, 85 Anm.1) droht. Troeltsch begibt sich damit in eine Mittelposition, die sowohl die Relationierung aller religionsgeschichtlichen Ereignisse wie auch ihre Einzigartigkeit aussagen will. Gegenüber dem supranaturalistischen Modell und seiner positivistischen Reformulierung bringt er den ersten Gesichtspunkt zur Geltung. Der zweite Aspekt bildet sein Hauptargument gegen das idealistische Modell eines theologischen Umgangs mit der Religionsgeschichte.

3. Die Kritik der idealistischen Geschichtsphilosophie

Der zweite Typ theologischer Geschichtsdeutung, gegen den Troeltsch sein historistisches Programm formuliert, beruht auf einer – seiner Meinung nach oftmals uneingestandenen[21] – Rezeption idealistischer Geschichtsspekulation Hegelscher Prägung in „der sog. modernen oder liberalen Theologie" (AdC, 8). Deren Versuche, die Absolutheit des Christentums geschichtsphilosophisch zu begründen, versteht er als Fortsetzung kirchlicher Apologetik mit modernen Mitteln.[22] Demgegenüber bringt er den Gedanken der Unableitbarkeit und Irrationalität geschichtlicher Ereignisse kritisch zur Geltung. Seine diesbezüglichen Ausführungen beruhen auf einer eigentümlichen Fassung und Pointierung des geschichtsphilosophischen Individualitätsprinzips. Da Troeltsch aber an der Aufgabe einer begrifflich allgemeinen Deutung der Geschichte festhält, bleibt er den geschichtsphilosophischen Modellen des deutschen Idealismus dauerhaft verpflichtet.[23]

---

[21] „Die bei vielen Theologen heute beliebte Verachtung dieser Theorien ⟨die dogmatische und die spekulative Absolutheitsapologetik⟩ ist sehr oberflächlich und unbesonnen. Sie rächt sich dadurch, dass sie trotzdem fortwährend widerspruchsvolle Anleihen bei ihnen machen, und, so oft die Orthodoxie und die Hegelsche Spekulation mit schwer verständlichem Ueberlegenheitsgefühl todtgesagt worden ist, so oft haben ihre Leichenredner die todtgesagten Formeln selbst benützt, nur dass sie dann freilich bei ihnen die Begründung und das innere Leben verloren hatten" (AdC, 16).

[22] Den Begriff der Absolutheit hält er für „einen rationalisierten und verkleideten Rest der dogmatischen Methode" (GS II, 747).

[23] Seine Konzeption läßt sich darum als „ein historistisch gebrochener Hegelianismus"

Troeltsch sieht das Modell einer spekulativen Geschichtsphilosophie durch drei Argumentationsschritte gekennzeichnet. Den eigentlichen Grundschaden bildet zunächst der essentialistische Religionsbegriff, der zum objektiven Gesetz geschichtlicher Abläufe erhoben wird. Der Begriff wird als „tathsächlich Allgemeines" (AdC, 25) verstanden, aus dem das konkrete Besondere abgeleitet wird.[24] In einem zweiten Schritt wird dieser Begriff normativ gewendet.[25] Das Werturteil erhält dadurch Anteil an der vermeintlichen Objektivität des Begriffs. Dem normativ gefaßten, objektiven Allgemeinbegriff wird drittens kausale Kraft zugesprochen. Es kommt zur „Deckung von Kausalität und Finalität" (AdC, 35). Daraus ergibt sich eine Konstruktion der Religionsgeschichte, nach der sich das Allgemein-Normative objektiv in sukzessiven, kausal aufschlüsselbaren Phasen realisiert.[26] Am Ende dieser Entwicklung steht die absolute Realisation des Allgemeinen in einer besonderen historischen Einzelerscheinung, dem Christentum. Troeltschs Kritik läuft gegenüber allen drei Schritten des spekulativen Modells über den Begriff historischer Individualität. Zunächst wendet er sich gegen die Verobjektivierung des begrifflich Allgemeinen: „Die Historie kennt keinen Allgemeinbegriff, aus dem sie Inhalt und Reihenfolge des Geschehenden ableiten könnte, sondern nur konkrete, individuelle, jedesmal im Gesamtzusammenhang bedingte, im Kerne aber unableitbare und rein thatsächliche Erscheinungen" (AdC, 27). Die Geschichte ist der Bereich des Individuellen.[27] Aus der irrationalen Faktizität des individuellen histori-

---

bezeichnen (F. W. GRAF und H. RUDDIES: Ernst Troeltsch: Geschichtsphilosophie in praktischer Absicht, 135) bzw. als „Geschichtsphilosophie nach Hegel" (vgl. H. SCHNÄDELBACH: Geschichtsphilosophie nach Hegel, bes. 7–33). MURRMANN-KAHLS Kritik der vermeintlichen Positionalität des Historismus ist insofern selbst positionell, als sie auf einer unausgeführten Theorie des Absoluten beruht. Vgl. die beiläufige Bemerkung: „Eine haltbare Lösung ⟨des historistischen Problems⟩ hätte ohnehin nur über den genannten Umweg einer Theorie des Absoluten gefunden werden können" (DERS.: Die entzauberte Heilsgeschichte, 184). Wenn aber der Ausgangspunkt der deutschen Geschichtsphilosophie nach Hegel in einer begründeten Skepsis gegenüber einem solchen „Umweg" bestand, ist es kaum sinnvoll, sie von hier aus zu interpretieren.

[24] „Sie ⟨die idealistische Konstruktion⟩ bringt die Historie auf einen Allgemeinbegriff, der eine einheitliche, gleichartige, gesetzmäßig sich bewegende und die Einzelfälle hervorbringende Kraft bedeutet." (AdC, 27).

[25] „Sie ⟨die idealistische Konstruktion⟩ erhebt diesen Allgemeinbegriff zum Norm- und Idealbegriff, der das Wertvolle und Bleibende in allem Geschehen bedeutet." (AdC, 27).

[26] „Sie ⟨die idealistische Konstruktion⟩ verbindet beide Fassungen durch eine Entwikkelungstheorie, die die vollständige Deckung des gesetzmässigen kausalen Ablaufes bedeutet, wie er aus dem Allgemeinbegriff folgt, mit der successiven Herausbildung des Wertvollen, wie es in dem Begriffe der absoluten Verwirklichung ausgesagt ist" (AdC, 27).

[27] Troeltsch hält der idealistischen Konstruktion eine Verwechslung von Geistes- und Naturwissenschaften vor: „Ein strenger und einfacher, allgemeingesetzlich formulierbarer Kausalzusammenhang findet hier nachweisbar nur statt in den an die Naturgrundlagen der Existenz gebundenen Wahrnehmungen und Begehrungen" (AdC², 31). Eine Entwicklungskonstruktion nach dem für die Naturwissenschaften grundlegenden Kausalitätsprin-

schen Objekts, das sich aus keinem Allgemeinen deduzieren läßt, folgt die strikt idiographische Perspektive der Geschichtswissenschaft. Zweitens macht Troeltsch gegen die Identifikation von Allgemein- und Normbegriff den individuellen Charakter geschichtlicher Normbegriffe geltend. Die Historiographie kennt Normen „immer nur als allgemein giltige oder Giltigkeit beanspruchende Gedanken, die stets in individueller Form auftreten und ihre Allgemeingiltigkeit nur im Kampfe gegen das bloss Thatsächliche kund thun" (ebd.). Der rationalen Entwicklungskonstruktion, dem dritten Schritt, wird von Troeltsch „der durchgängige Widerspruch gegen das wirkliche Geschehen" (AdC, 36) nachgewiesen. Individuelle Ereignisse lassen sich nicht in eine logische Sukzession bringen und vertragen keine Mediatisierung zugunsten einer vermeintlichen absoluten Realisation dieses Prinzips. Damit ist vom geschichtsmethodologischen Individualitätsgedanken her jeder Versuch, das Christentum als absoluten Höhepunkt der Religionsgeschichte zu deuten, als eine „doktrinäre Vergewaltigung der wirklichen Geschichte" (AdC, 37) abgewiesen.[28]

Mit dem geschichtsmethodologischen Individualitätsbegriff verbinden sich, wie die Debatte um ihn gezeigt hat, komplizierte Problemzusammenhänge. Zudem ist er immer wieder einer scharfen Ideologiekritik ausgesetzt worden.[29] Hier gilt es hervorzuheben, daß bei Troeltsch diese Kategorie gegenüber dem spekulativen Idealismus[30] selbst eine eminent kritische Funktion besitzt. Das Prädikat „unableitbar" markiert den Gegensatz zur spekulativen Deduktion und zu Versuchen, die konkrete Geschichte als Entwicklung der Selbstrealisation des Begriffs aufzuschlüsseln und damit die eigene religiöse Position absolut zu setzen. Troeltschs Rede von der Unableitbar-

---

zip scheitert an der „Wurzelung der entscheidensten und bedeutsamsten individuellen Hervorbringungen in selbständigen höheren Kräften, die nicht in einen konstruirbaren Verlauf eingereiht werden können" (AdC, 37).

[28] Ein weiteres Argument gegen die Konstruktion objektiver Entwicklungen und die Behauptung einer absoluten Realisation ist die Betonung des fragmentarischen Charakters allen historischen Wissens. Ein dies illustrierender „Lieblingsgedanke" Troeltschs ist der Hinweis auf die zeitliche Ausdehnung geologischer Entwicklungen und die Vorstellung eines klimatisch bedingten Abbruchs der Geschichte (SdR III, 168; AdC², 48f.; GL, 89f., 94f.; vgl. E. Troeltsch: Glaube: IV. Glaube und Geschichte, 1452, 1455; Ders.: Über Maßstäbe zur Beurteilung historischer Dinge, 40; Ders.: Der Aufbau der europäischen Kulturgeschichte, 3f.).

[29] H. ENGELMANN (Spontaneität und Geschichte) sieht in der Konzentration auf den Individualitätsbegriff und der Auflösung übergeordneter Kriterien bei Troeltsch den Grund für eine prinzipielle Affirmation gesellschaftlicher Gegebenheiten (bes. aaO., 33, 64, 79–84). Ebenso H. BOSSE: Marx – Weber – Troeltsch, 135.

[30] Der Individualitätsbegriff ist bei Troeltsch also nicht antiaufklärerisch, sondern antispekulativ profiliert. Diese Interpretation richtet sich gegen die von M. MURRMANN-KAHL (Die entzauberte Heilsgeschichte) geäußerte Auffassung, wonach das Individualitätsprinzip des Historismus „die Operationalisierung der Abwendung von der Aufklärung ⟨ist⟩; daher der Haß ⟨!⟩ auf alles Generalisieren" (aaO., 128). Daß die individualitätstheoretisch gefaßte Historik keineswegs zu einer urteilslosen Narrativität und zum „Rückzug aufs Deskriptive" (ebd.) führen muß, wird sich zeigen.

keit historischer Ereignisse besitzt ein tiefes geschichtsmethodologisches
Recht darin, daß sie die Nichtverrechenbarkeit geschichtlicher Innovationen einschärft. Die Funktion des Individualitätsbegriffs besteht darin, den
im letzten unaufklärbaren Ursprung des historisch Neuen offenzulassen, seine Kontingenz[31] sowie die Sprunghaftigkeit und Gebrochenheit geschichtlicher Verläufe festzuhalten. Es ist darum durchaus sinnvoll, wenn Troeltsch
– in der Kontinuität Herders, Fichtes und Schleiermachers – historische Innovationen mit einem geschichtsphilosophischen Offenbarungsbegriff beschreibt.[32] Indem diese als nicht-deduzible Manifestationen des Absoluten
gekennzeichnet werden, wird ihre bloße Faktizität hervorgehoben, und zugleich werden sie einer absoluten Instanz zugeordnet. Der Offenbarungsbegriff markiert in besonderer Weise die Irrationalität von innovativen, historischen Individualbildungen, ohne ihnen jedoch untereinander einen inneren Zusammenhang abzusprechen.

„Individualität" steht also bei Troeltsch in geschichtsphilosophischer
Hinsicht primär für das nicht-deduzible Phänomen des historisch Neuen.
Darin ist ein weiteres Moment enthalten: „Der Charakter des Einmaligen
und Individuellen aber, den alles Historische an sich trägt, stammt seinerseits
aus einer unableitbaren inneren Bewegung des geistigen Lebens und aus
dem korrelativen Zusammenhang alles historischen Geschehens, vermöge
dessen die besonderen Bedingungen der zusammenwirkenden Kräfte in jedem Falle jede Hervorbringung ⟨…⟩ als eine nur an dieser Stelle mögliche und daher innerlichst besonders modificirte Offenbarung des geistigen
Lebens erscheinen lassen" (AdC, 23f.). „Individualität" bedeutet somit immer auch eine spezifische Korreliertheit. Die Einzigartigkeit einer historischen Größe verweist immer auf eine einmalige Konstellation, innerhalb
deren sie entsteht. Der von Troeltsch durch die Merkmale „Originalität"
und „Korrelation" erläuterte Individualitätsbegriff leitet dazu an, historische Innovationen nicht durch eine einseitige Heraushebung aus ihrem
Kontext als singulär zu verstehen, sondern ihre Besonderheit gerade in ihrer
besonderen Zeitgebundenheit zu erfassen. Individualität steht bei Troeltsch
nicht für ein atomisiertes Einzelnes, sondern ist ein komplexer methodologischer Strukturbegriff.[33] Schon diese ersten Erwägungen sprechen dagegen, bei Troeltsch von einem weltanschaulich hypertrophen Individualitätsbegriff zu sprechen.[34]

---

[31] Vgl. E. Troeltsch: Die Bedeutung des Begriffs der Kontingenz, bes. 426f.
[32] Vgl. bes. ChrW II, 205 ff.; SdR II, 80–110; E. Troeltsch: Offenbarung, dogmatisch;
Ders.: Über Maßstäbe zur Beurteilung historischer Dinge, 29.
[33] Vgl. T. NIPPERDEY: Historismus und Historismuskritik heute, 69f.
[34] Dies ist übersehen von M. MURRMANN-KAHL (Die entzauberte Heilsgeschichte,
172 f.), der Troeltsch vorwirft, einer „Aseität" (aaO., 172) der großen Männer das Wort ge-
redet zu haben. MURRMANN-KAHL kann in Troeltschs Individualitätsbegriff nur eine un-
erlaubte Irrationalisierung der Historiographie und des Freiheitsgedankens sehen.

Exkurs: Die Auseinandersetzung mit Heinrich Rickert

Das Interesse am Individualitätsbegriff als dem Grundbaustein seiner Historik hat Troeltsch in große Nähe zur Geschichtsmethodologie von Heinrich Rickert geführt.[35] Doch ist sein Verhältnis zum südwestdeutschen Neukantianismus ambivalent.[36] Das Ergebnis einer ersten intensiven Auseinandersetzung ist der Aufsatz „Moderne Geschichtsphilosophie" (1903). Schon hier finden sich die für den vorliegenden Kontext einschlägigen und auch später noch bestimmenden Aspekte seiner Rickert-Rezeption. Rickerts Geschichtsmethodologie kam Troeltschs Anliegen einer normativen Geschichtsdeutung unter Wahrung der Individualität historischer Ereignisse entgegen.Sie erschien ihm geradezu als „eine Erlösung und Befreiung" (MG III, 107). Rickert unterscheidet „zwei Grundformen der wissenschaftlichen Darstellung"[37], die sich nicht der jeweiligen Beschaffenheit des Objektbereichs, sondern der Perspektive des erkennenden Subjekts verdanken. Die nomothetische, naturwissenschaftliche Betrachtung sucht nach allgemeinen Gesetzmäßigkeiten. Die idiographische, kulturwissenschaftliche Betrachtung fragt nach individuellen Ereignissen. Den methodischen Individualismus der Kulturwissenschaft begründet Rickert werttheoretisch. Er erkennt in der Bezogenheit auf Werte eine Struktur menschlicher Rationalität überhaupt. Die Historiographie als die Wissenschaft von der geschichtlichen Realisation von Werten ist darum eine notwendige Erkenntnisbemühung und besitzt trotz ihres von den exakten Naturwissenschaften unterschiedenen Rationalitätsstandards eine eigene wissenschaftstheoretische Legitimität.

Troeltsch schließt sich dieser logischen Begründung der Geschichtswissenschaft an.[38] Seine Differenz zu Rickert aber zeigt sich in der Frage nach der materialen Geschichtsphilosophie, „wenn die Geschichte nicht bloss eine notwendige Wissenschaft, sondern auch eine *wirkliche* Erkenntnis des in ihr gewollten Zieles sein soll" (MG III, 62; Hhg. v. Vf.). Eine Wissenschaftslogik, die die bloße Struktur von Wertbezogenheit expliziert, ist für Troeltsch untauglich, das Problem des Historismus zu lösen. Um über Rickerts formalen Wertbegriff hinaus einen Zugang zu den materialen Wertbildungen der Geschichte zu gewinnen, fordert Troeltsch eine „Ergänzung" (MG III, 110)[39]: „In der Darstellung der Begriffe des historischen Zusam-

[35] H. RICKERT: Kulturwissenschaft und Naturwissenschaft; DERS.: Die Grenzen der naturwissenschaftlichen Begriffsbildung; W. WINDELBAND: Geschichte und Naturwissenschaft. Vgl. U. BARTH: Die Christologie Emanuel Hirschs, 204–211.
[36] Vgl. hierzu Ernst Troeltschs Briefe an Heinrich Rickert, bes. 109 f. und 113. Vgl. K.-E. APFELBACHER: Frömmigkeit und Wissenschaft, 100–106; E. LESSING: Die Geschichtsphilosophie Ernst Troeltschs, 57–75; G. BECKER: Neuzeitliche Subjektivität und Religiosität, 117–157.
[37] H. RICKERT: Kulturwissenschaft und Naturwissenschaft, 8.
[38] Vgl. MG III, 107–109.
[39] MG III, 110–113. In der 2. Auflage wird hieraus das Programm einer kritischen

menhangs und der Entwickelung vermisst man jede Rücksicht auf das, was
Ranke in einem empirischen Sinne die Ideen genannt hat, und aus dem
eine Reihe von Grundsätzen der Gliederung und Zusammenfassung der
Thatsachen hervorgeht" (ebd.). Es geht Troeltsch um die Begründung von
historischen Allgemeingedanken, die einen geschichtsphilosophischen Vergleich allererst möglich machen. Diese Allgemeingedanken faßt er aber
nicht als rationale Begriffe, sondern wiederum als historische Individualbildungen. Die Idee bezeichnet Troeltsch zufolge ein konkretes Allgemeines,
eine historische „Großindividualität", die andere Einzelbildungen und
übergreifende Entwicklungsverläufe bestimmt. Troeltsch möchte die idiographische Perspektive um Begriffe wie historische Idee, Analogie, Typus
und Tendenz erweitern (MG III, 111f.). Die für die normative Geschichtsdeutung zentralen Fragen, wie das Prinzip einer komplexen Kulturgröße zu
erheben, wie Entwicklungsstufen, -tendenzen und -konvergenzen sowie
kulturwissenschaftliche Vergleiche zu konstruieren seien, meint Troeltsch
nicht mit Rickerts Theorieangeboten lösen zu können.[40]

Diese Differenz verweist zurück auf einen erkenntnistheoretischen Dissens. Troeltsch bestreitet, daß sich der idiographische Charakter der Geschichtswissenschaft nur der Perspektive des erkennenden Subjekts und
nicht auch der Beschaffenheit des Gegenstandes verdankt. Es handelt sich
„nicht mehr bloß um die Verschiedenheit der Methode, sondern auch um
solche der Objekte" (GS II, 720; = MG[2]). Er lehnt entsprechend Rickerts
Ersetzung des Diltheyschen Begriffspaars Geistes- und Naturwissenschaft
durch die Unterscheidung von Kultur- und Naturwissenschaft ab.[41]
Schließlich intendiert er eine metaphysische Letztbegründung der materialen Geschichtsphilosophie, die sich mit Rickerts kritizistischer Position
nicht vereinbaren läßt.[42] Er hält es für unerläßlich, die Geschichtsdeutung in
einen „innerlich begründeten objektiven Zusammenhang" (MG III, 114) zu
stellen: „Eine solche Metaphysik der Geschichte ist in der That unentbehr-

---

Überbietung: „Hier scheint mir Rickerts Theorie noch manche sehr wichtige Fragen offen zu lassen, die aber vielleicht bei Beschränkung auf seine rein erfahrungsimmanent-
logischen Voraussetzungen überhaupt nicht beantwortet werden können" (GS II, 724;
= MG[2]).
    [40] In Troeltschs Erweiterung des Gedankens historischer Individualität zur individuel-
len Totalität hat P. TILLICH (Der Historismus und seine Probleme, 207) den entscheidenden
Fortschritt gegenüber Rickert gesehen.
    [41] Vgl. E. Troeltsch: ⟨Rez.:⟩ H. Rickert: Kulturwissenschaft und Naturwissenschaft, 377.
Troeltsch selbst unterscheidet zwischen „historisch-ethische⟨n⟩ Wissenschaften" und Naturwissenschaften; vgl. GS III, 80 Anm. 34, 83f. Anm. 34a.
    [42] Besonders deutlich wird Troeltschs Überbietungsanspruch gegenüber Rickert im
Historismus-Band: „Aber unsere Art ist nun einmal grundverschieden. Ich glaube sehen
zu können, was er nur denken zu können meint" (GS III, 238 Anm. 102; vgl. bes. 119–122,
150–158, 227–239, 559–565). Rickert erkennt entsprechend hinter dem Dissens weltan-
schauliche und nicht methodologische Unterschiede (H. RICKERT: Die Grenzen naturwis-
senschaftlicher Begriffsbildung[4], 298f. Anm. 2, 321f. Anm.1, 410f. Anm. 1).

lich für jede umfassendere historische Vergleichung und Beurteilung 〈...〉"
(MG III,115).

Troeltsch hat seine Gegenposition zu Rickert, die selbst erkenntnistheoretisch problematisiert werden müßte, leider nicht ausgeführt.[43] Hier genügt es festzuhalten, daß Troeltsch in erkenntnistheoretischer Hinsicht zwischen der spekulativen Geschichtsphilosophie und dem neukantianischen
Kritizismus zu stehen kommt. Letzterer stabilisiert mit der wissenschaftslo-
gischen Klärung der idiographischen Methode das Hauptargument gegen
die Hegelsche Geschichtsphilosophie. Dennoch bleibt für Troeltsch das
Motiv leitend, über den kritizistischen Standpunkt hinaus für die Geschichtsdeutung ein fundamentum in re nachzuweisen. Ob eine vage Metaphysik hierfür das geeignete Mittel ist, mag dahingestellt bleiben. Troeltschs
Intention jedenfalls bestand darin, in der logischen Grundlegung der Geschichtsdeutung das Problem der Sachhaltigkeit und Gegenstandsadäquat-
heit zu thematisieren.

4. Die Historisierung der Christologie

Troeltschs Forderung nach einer undogmatischen und „spekulationsfrei-
en Historie" (AdC[2], 8) zielt nicht auf eine Suspension der Deutungsaufgabe,
sondern auf ihre neue Fassung unter den Bedingungen des historischen Bewußtseins. Dies hat für die Frage nach der Bedeutung Jesu weitreichende
Folgen. Denn wenn zwischen dogmatischer und historischer Begriffsbildung ein prinzipieller Gegensatz besteht, wie Troeltsch eingeschärft hat,
dann kann es keine Vermittlung zwischen der historischen Rekonstruktion
Jesu und den Kategorien dogmatischer Christologie geben. Angesichts der
historistischen Revolution in der Theologie muß darum eine konsequent
geschichtsphilosophische Deutung Jesu, gewissermaßen eine posttraditionale Christologie formuliert werden.

Die Historisierung der Christologie bedeutet zunächst die Integration
Jesu in die Religionsgeschichte Israels und der hellenistischen Spätantike:
„Jede Forschung, die die allgemeinen Maßstäbe der Geschichtsforschung
anlegt, zeigt wohl eine gewaltige und überwältigende Persönlichkeit, aber
eine solche, die so sehr in Lauf und Bedingtheit der Geschichte eingeschlossen ist, daß es unvermeidlich ist, das, was sie gebracht hat und ist, erst in Vergleichung mit anderem zu würdigen, was die gleiche Geschichte ebenfalls
hervorgebracht hat."[44] Diese Relationierung Jesu macht es unmöglich, ihm

---

[43] Troeltsch ist über schwankende Ankündigungen nicht hinausgekommen. Dies
macht die Bestimmung des Verhältnisses zu Rickert so schwierig. Denn Troeltsch behauptet wiederholt, durch Rickert von einem stärkeren Hegelianismus in seinen Frühschriften
abgebracht worden zu sein; vgl. AdC[2], 11 Anm. 4, AdC, 70 Anm. 1. Dennoch ist auch in
der 2. Auflage der Absolutheitsschrift noch von einer ontologischen Begründung der Geschichtsphilosophie die Rede; vgl. AdC[2], XXI.

[44] Troeltschs Brief an Paul Wernle vom 22. 6. 1898, in: Ernst Troeltschs Briefe und

von vornherein eine geschichtliche Sonderstellung zuzusprechen. Die Wahrnehmung seiner historischen Besonderheit innerhalb der Religionsgeschichte aber führt zu einer neuen Berücksichtigung des Inhalts seiner Botschaft. Die Bedeutung Jesu wird nicht länger durch dogmatische Setzungen a priori expliziert, sondern aus dem religionsgeschichtlichen Material heraus entwickelt. Am Anfang der christologischen Reflexion steht nicht mehr die Interpretation kirchlicher Lehrbestände, sondern eine minutiöse historiographische Arbeit. Was nun vom dogmatischen Standpunkt aus als Verlust gewertet werden muß, erscheint in der Perspektive des historischen Bewußtseins als Gewinn. Eine historische Rekonstruktion Jesu erlaubt eine neuartige, inhaltliche Auseinandersetzung mit seiner Botschaft.

Es wird nun zu zeigen sein, wie nach dem Abschied von absoluten Wertzuschreibungen der Person und Botschaft Jesu eine bleibende Bedeutung zugesprochen werden kann. Die traditionellen christlichen Geltungsansprüche erfahren durch die Historisierung eine tiefgreifende Transformation. Es verändert sich das Verfahren, das zum wertenden Urteil führt, ebenso wie dessen Geltungsgrad. Wenn eine isolierende Betrachtung unzulässig ist, dann verweist die Jesus-Deutung zurück auf die Aufgabe, die Entwicklung der Religionsgeschichte überhaupt zu deuten. Wesen und Wert der Person und Botschaft Jesu kann nur bestimmen, wer in eins damit Wesen und Wert des Christentums und der vorangegangenen Religionsgeschichte bestimmt. Die Frage nach Jesus muß also in den Zusammenhang einer vergleichenden Theorie der Religionsgeschichte und einer Wesensbestimmung des Christentums integriert werden. Komplexe hermeneutische Operationen treten damit an die Stelle vorgeblicher „christologischer Konzentrationen".

Troeltschs Jesus-Deutung gibt pointiert Aufschluß über seine gesamte geschichtsphilosophische Konzeption. Seine häufig fragmentarischen Reflexionen gewinnen angesichts der zentralen Frage nach der Bedeutung Jesu eine besondere Schärfe. Hier schürzen sich die grundlegenden Probleme seines „christlichen Historismus". Am behaupteten Zielpunkt der Religionsgeschichte muß Troeltsch zeigen können, was er unter einer nicht-spekulativen und nicht-dogmatischen Geschichtsphilosophie versteht.

B. Die Religionsgeschichtliche Schule und die Historische Theologie

Nachdem Troeltsch in den weiteren Horizont der evangelischen Theologiegeschichte eingeordnet wurde, soll nun sein engerer, wissenschaftsgeschichtlicher Kontext beleuchtet werden. Diese weitere Klärung seiner Position ist notwendig, um zu erkennen, im Rahmen welcher Debattenlage er

---

Karten an Paul Wernle, 104f.; ihre Transkriptionen von Troeltschs Briefen an Wernle haben mir freundlicherweise H. Ruddies sowie F. W. Graf frühzeitig zur Verfügung gestellt.

sein Jesusbild sowohl in historiographischer wie systematischer Hinsicht entwickelt hat. Seine wissenschaftsgeschichtliche Stellung ist durch seine Zugehörigkeit zur Religionsgeschichtlichen Schule plakativ bezeichnet. Zugleich aber hat sich Troeltsch auch den Arbeiten der Historischen Theologie verpflichtet gefühlt. Sein Ort innerhalb einer Wissenschaftsgeschichte der Historiographie des Christentums ist also mit dem Hinweis auf die Religionsgeschichtliche Schule keineswegs zureichend bestimmt.

Von Beginn seiner wissenschaftlichen Karriere an hat sich Troeltsch intensiv mit den jeweils aktuellen Diskussionsverläufen der alt- und neutestamentlichen Exegese befaßt. Aber erst verhältnismäßig spät hat er seine Sicht der Geschichte der israelitischen Religion und des Urchristentums in geschlossenen Darstellungen vorgestellt. Sein Jesus-[45] und Paulus-Bild[46] entfaltet er erstmals 1908 zusammenhängend in den „Soziallehren der christlichen Kirchen und Gruppen". Seine Deutung der altisraelitischen Prophetie findet erst acht Jahre später in dem großen Aufsatz über „Das Ethos der hebräischen Propheten"[47] seine literarische Fixierung. Will man Troeltschs Jesusbild genetisch verstehen, müssen jedoch seine frühen Texte hinzugezogen werden. Sie enthalten vielfältige Verweise auf exegetische Gewährsleute und verstreute historiographische Bemerkungen. Oft allerdings sind diese Äußerungen fragmentarischen Charakters und stehen in anderen systematischen Zusammenhängen. Darum müssen sie im Kontext des zeitgenössischen Forschungsdiskurses gelesen werden.

Troeltsch ist ein dialogisch arbeitender Denker. Seine Maxime, vor die Ausarbeitung des eigenen religionstheoretischen Systems die Auseinandersetzung mit den Einzelwissenschaften zu stellen[48], hat sich besonders in religionsgeschichtlichen Fragestellungen als fruchtbar erwiesen. Denn auf diesem Gebiet haben sich um die Jahrhundertwende entscheidende Umbrüche vollzogen. Troeltsch gilt als „Systematiker und Dogmatiker" der Religionsgeschichtlichen Schule (GS II, S. 500)[49]. Er gehört also zu jener Gruppe von

---

[45] E. Troeltsch: Die Soziallehren der christlichen Kirchen I, in: Archiv für Sozialwissenschaft und Sozialpolitik 26 H. 1 (1908), 1–55.

[46] E. Troeltsch: Die Soziallehren der christlichen Kirchen II, in: Archiv für Sozialwissenschaft und Sozialpolitik 26 H. 2 (1908), 292–342.

[47] E. Troeltsch: Das Ethos der hebräischen Propheten, in: Logos Bd. 6 H. 1 (1916/17).

[48] Vgl. sein Diktum: „Die neuen Wege und Durchbrüche liegen heute vorerst auf dem Gebiete der Einzelwissenschaften, da, wo sie sich mit philosophischem Geiste und universalem Zuge erfüllen" (GS IV, 17 f.).

[49] Zur Einschätzung dieser Etikettierung vgl. F. W. GRAF: Der „Systematiker" der „Kleinen Göttinger Fakultät", 235–237. M. MURRMANN-KAHL läßt Troeltsch außerhalb der Religionsgeschichtlichen Schule zu stehen kommen. Als Systematiker mit normativen Erkenntnisinteressen und einer ideologisierten Persönlichkeitshistorik habe er mit den rein historisch orientierten religionsgeschichtlichen Exegeten wenig gemein: „Troeltsch hypostasiert im Gegensatz zu den methodischen Einsichten der Exegeten (der Religionsgeschichtlichen Schule) typisch historistisch in einseitiger Weise die ‚Persönlichkeit' zum Quellpunkt der Religion, womit freilich die exegetische Problematik vergleichgültigt werden kann. Es ist evident: Troeltsch teilt das historische Erkenntnisziel der Exegeten nicht,

theologischen „Stürmern und Drängern"[50], die sich um 1890 parallel in Göttingen habilitieren und unter der Anführung von Albert Eichhorn einen Neubeginn in der evangelischen Theologie proklamieren.[51] Neben Eichhorn und Troeltsch gehören Wilhelm Bousset, Wilhelm Bornemann, Heinrich Hackmann, Alfred Rahlfs, William Wrede, Hermann Gunkel sowie – mit Vorbehalt – Johannes Weiß[52] zum engeren Kreis dieser theologischen Avantgarde. Die vorliegende Untersuchung wird sich aber nicht auf die Religionsgeschichtliche Schule im engeren Sinne beschränken, sondern auch jüngere bzw. nicht in Göttingen arbeitende Parteigänger wie Wilhelm Heitmüller, Rudolf Otto, Adolf Deißmann, Adolf Jülicher, Heinrich Weinel, Otto Pfleiderer, Hans Lietzmann und Paul Wernle einbeziehen. Die Be-

---

sondern subordiniert es seinen normativen Absichten" (DERS.: Die entzauberte Heilsgeschichte, 356, vgl. 354–356, 364). MURRMANN-KAHL verkennt nicht nur die normativen Interessen der exegetischen Freunde Troeltschs, er übersieht zudem die begründete Indifferenz Troeltschs gegenüber dem Anspruch von Gunkel, Wrede u.a. auf methodische Originalität. MURRMANN-KAHLS Studie leidet an der entdifferenzierenden Unterstellung einer bürgerlichen Persönlichkeitsmetaphysik – man beachte die häufige Verwendung des Adjektivs „typisch" –, die sich einer sozialgeschichtlichen Einseitigkeit schuldet (vgl. aaO., 462–491). Die Frage nach dem Recht einer auch an Persönlichkeiten orientierten Historik wird einer „antibürgerlichen" Ideologiekritik geopfert. Dies und die Engführung des Begriffs der Religionsgeschichtlichen Schule (aaO., 296) läßt Troeltsch bei MURRMANN-KAHL wissenschaftsgeschichtlich ortlos werden. Zudem verwickelt MURRMANN-KAHL sich in Selbstwidersprüche, wenn er in seiner Interpretation der „Soziallehren" Troeltsch doch wieder unter das historische „Paradigma" der Religionsgeschichtlichen Schule subsumiert (aaO., 365, 378, 384).

[50] A. JÜLICHER: Moderne Meinungsverschiedenheiten über Methode Aufgaben und Ziele der Kirchengeschichte, 6.

[51] Jeder Versuch einer Wissenschaftsgeschichte der Religionsgeschichtlichen Schule sieht sich mit einer höchst problematischen Quellenlage konfrontiert (zur Orientierung G. LÜDEMANN / M. SCHRÖDER: Die Religionsgeschichtliche Schule in Göttingen; am präzisesten F. W. GRAF: Der „Systematiker" der „Kleinen Göttinger Fakultät"). Dies liegt nicht nur an dem kontingenten Verlust einzelner Nachlässe, sondern hat seinen Grund in der Natur der Sache. Die Religionsgeschichtliche Schule ist aus einem Freundeskreis und d.h. aus heute nicht mehr nachvollziehbaren Gesprächen erwachsen. Dies zeigt sich besonders deutlich im Fall von Eichhorn, der als älterer Mentor gilt, aber krankheitsbedingt kaum literarische Spuren hinterlassen hat. Zudem war der Kontakt zu ihm durch äußere Umstände erschwert. Denn seit 1886 lebte er, bis zu seiner Berufung nach Kiel 1901, in Halle. In Göttingen hielt er sich häufig, aber nur besuchsweise auf. So kam Wrede, der Eichhorn wiederholt in Halle aufsuchte, eine wichtige Vermittlungsfunktion zu; vgl. hierzu H. GRESSMANN: Albert Eichhorn und die Religionsgeschichtliche Schule, 5 f., 12. Troeltsch schreibt über den Einfluß Eichhorns brieflich am 4. 7. 1913 an H. Gressmann: „Die Wirkung von Eichhorn ist schwer zu fixieren" (zitiert nach: W. KLATT: Hermann Gunkel, masch. Diss., 400). „Es waren ja Anregungen, Wortblitze, gelegentliche Bemerkungen, paradoxe Einfälle, klug gestellte Fragen, was wir von ihm hörten. Und das wirkte dann nach, Gott weiß wie u. wann" (aaO., 401). H. GRESSMANN rückt den Protagonisten seines Buches stark in den Vordergrund. Zur Beurteilung dieser Auffassung vgl. F. W. GRAF: aaO., 247 Anm. 42. Vgl. M.. MURRMANN-KAHL: Die entzauberte Heilsgeschichte, 317–320.

[52] Zur Zuordnung von J. Weiß zur Religionsgeschichtlichen Schule vgl. F. W. GRAF: Der „Systematiker" der „Kleinen Göttinger Fakultät", 259–265; sowie M. MURRMANN-KAHL: Die entzauberte Heilsgeschichte, 447–452.

rücksichtigung der Beiträge zur Geschichtsschreibung des Urchristentums auch derjenigen, die sich nicht als eigentliche Mitglieder der Religionsgeschichtlichen Schule betrachtet haben, erlaubt es, eine Brücke zur religionsgeschichtlichen Forschung der Historischen Theologie zu schlagen.

Hier soll keine Liste mit allen Religionsgeschichtlern gemeinsamen Merkmalen vorangestellt werden.[53] Dies würde den Blick auf die internen Differenzen der Religionsgeschichtlichen Schule sowie auf die Übereinstimmung mit der akademischen Vätergeneration verstellen. Jede der aufgeführten Figuren besaß ein spezifisches Profil sowie eigene Thesen und wehrte sich schon um der Wahrung der wissenschaftlichen Eigenständigkeit willen dagegen, unter eine „Schule" subsumiert zu werden.[54]

Für den Anfang genügt es festzustellen, daß die Religionsgeschichtler sich gegenseitig verbunden wußten durch das Anliegen einer radikalen Historisierung des Christentums. Im Kampf mit einer durch Ritschlsche Kategorien gegenüber der historischen Kritik immunisierten Schultheologie[55]

---

[53] G. W. Ittel (Die Hauptgedanken der „Religionsgeschichtlichen Schule", 78) stellt in einem der ersten Versuche einer Präzisierung des Begriffs „Religionsgeschichtliche Schule" drei gemeinsame „Grundanschauungen" fest. Es sind dies die Berücksichtigung fremdreligiöser Einflüsse, die Historisierung der Theologie und der Ansatz, erst über religionsgeschichtliche Vergleiche die Gültigkeit des Christentums zu erweisen. G. Lüdemann (Das Wissenschaftsverständnis der Religionsgeschichtlichen Schule, 87, 98) kommt auf drei bzw. vier gemeinsame Charakteristika, nämlich die Historisierung der Theologie, die Konzentration auf religionsgeschichtliche Analogien, die Hervorhebung urwüchsiger Religiosität gegenüber der theologischen Lehre bzw. einen religionspsychologischen Ansatz und ein gesteigertes Interesse an Volks- und Kultfrömmigkeit. Eine ausführliche analytische Definition der Religionsgeschichtlichen Schule mitsamt einem Katalog von sechs systematischen Grundthesen hat G. Sinn (Christologie und Existenz, 5–25, 25–36) vorgelegt. Stärker als Ittel und Lüdemann hebt er die Entwicklung einer besonderen religionsgeschichtlichen Methode (aaO., 25–28) sowie hermeneutische und geschichtsphilosophische Interessen hervor (aaO., 33–36). K. Müller (Das Judentum in der religionsgeschichtlichen Arbeit am Neuen Testament, 38–41) gruppiert die schon genannten Aspekte mit nur geringfügigen Modifikationen zu vier methodischen Grundanschauungen. Alle vorgestellten Definitionsversuche leiden daran, die Religionsgeschichtliche Schule abstrakt und eindeutig von der Historischen Theologie absetzen zu wollen. Dadurch werden Kontinuitäten ebenso ausgeblendet wie Unterschiede innerhalb der „kleinen Göttinger Fakultät". Es empfiehlt sich deshalb, die inhaltlichen Auseinandersetzungen zur Grundlage einer wissenschaftsgeschichtlichen Verortung der Religionsgeschichtlichen Schule zu machen.

[54] H. Gressmann (Albert Eichhorn und die religionsgeschichtliche Schule, 25) schreibt: „Das Wort ‚Schule' ist daher, wenn es überhaupt einen Sinn haben soll, allgemeiner zu verstehen als Bezeichnung eines Kreises von wesentlich gleichgestimmten Forschern, die in demselben Geiste schaffen, mit verwandten Fragestellungen arbeiten und im Großen und Ganzen dieselben Grundanschauungen vertreten." Bousset spricht deshalb im Titel seines Aufsatzes über die Mission von der „sogenannten" Religionsgeschichtlichen Schule, und Troeltsch gebraucht in seinem Bousset-Nachruf den ironisch gemeinten Ausdruck „die kleine Göttinger Fakultät". Brieflich allerdings spricht er einmal von „der jungen Göttinger Schule" (E. Troeltsch: Briefe aus der Heidelberger Zeit an W. Bousset, 27). Vgl. F. W. Graf: Der „Systematiker" der „Kleinen Göttinger Fakultät", 288f.

[55] Zur partiellen Opposition der jungen Religionsgeschichtler gegenüber Ritschl vgl. F. W. Graf: Der „Systematiker" der „Kleinen Göttinger Fakultät", 279–290.

wollten sie die bedingungslose Einstellung des Christentums in die allgemeine Religionsgeschichte durchsetzen.

Die Selbsteinschätzung der Religionsgeschichtlichen Schule ist jedoch zweideutig. Zum einen war sie von dem Bewußtsein getragen, einen epochalen Umbruch in der evangelischen Theologie zu inszenieren und wirklich „revolutionär zu arbeiten"[56]. Troeltsch bringt dies dadurch zum Ausdruck, daß er die Frontstellung der Religionsgeschichtlichen Schule gegenüber der Ritschl-Schule mit dem Bruch zwischen David Friedrich Strauß und Friedrich Daniel Schleiermacher parallelisiert (BdG, 19f). Es fehlt nicht an programmatischen Ankündigungen, einen „neue⟨n⟩ Weg"[57] zu gehen. Zum anderen aber wird von allen Vertretern der Religionsgeschichtlichen Schule der Anschluß an die klassischen Vertreter der Historischen Theologie gesucht. Vor allem an die Arbeiten von Julius Wellhausen und Adolf von Harnack, den wohl wichtigsten Schülern Ritschls, will man anknüpfen. Man will sie erweitern, aber keineswegs ersetzen.[58] Von ihnen erhofft man Anerkennung und verständnisvolle Unterstützung – und ist um so enttäuschter, wenn sie ausbleibt.

Untersucht man Troeltschs Frühschriften nach expliziten Bezugnahmen auf seine – methodisch wie inhaltlich – historiographischen Gewährsmänner, so fällt auf, daß es bei ihm keine scharfe Abgrenzung zwischen Religionsgeschichtlicher Schule und der älteren Historischen Theologie gibt. Naturgemäß überwiegt in diesen Texten, zu einer Zeit, als die religionsgeschichtlichen Freunde sich gerade an die Konzeptionierung ihrer ersten Arbeiten machten, der Verweis auf klassische Werke. Hier stehen an prominenter Stelle vor allem Julius Wellhausen[59], Abraham Kuenen[60], Bernhard Duhm[61], Rudolf Smend[62], Eduard Reuß[63] und Paul de Lagarde[64] sowie der

---

[56] M. RADE: Religionsgeschichte und Religionsgeschichtliche Schule, 2186.

[57] W. BOUSSET: Jesu Predigt in ihrem Gegensatz zum Judentum, 6.

[58] „Unterscheidendes Merkmal ist nicht, daß sie ⟨die Religionsgeschichtliche Schule⟩, sondern wie sie Religionsgeschichte treibt" (H. GRESSMANN: Albert Eichhorn und die religionsgeschichtliche Schule, 26).

[59] Verweise auf WELLHAUSENS „Abriß der Geschichte Israels und Juda's": Chr W I, 505; ohne Literaturangabe: Chr W II, 226; SdR I, 412; SdR II, 102.

[60] Verweise auf KUENENS „Volksreligion und Weltreligion": Chr W II, 226; SdR III, 173; HuÜ, 72; ohne Literaturangabe: SdR I, 412.

[61] Verweise auf DUHMS große Vorträge: Chr W II, 226; ThL II; 650ff.; ohne Literaturangabe: SdR II, 102; GuM, 52 Anm. 1.

[62] Ohne Literaturangabe: Chr W II, 226; SdR I, 412; SdR II, 101f.

[63] Vgl. GS IV, 5.

[64] In seinem Brief an Gressmann nennt Troeltsch neben Eichhorn und Usener Lagarde den eigentlich Verantwortlichen (W. KLATT: Hermann Gunkel, masch. Diss., 401). Lagardes Einfluß bestand, so Troeltsch in seiner Begründung für die Lagarde-Widmung des zweiten Bandes der Gesammelten Schriften, darin, „daß die Weite seines historischen Blickes, die wesentlich historische und nicht spekulative Erfassung des Religiösen, die starke selbstgewisse Religiosität und die Zusammenschau des Religiösen mit den Gesamtbedingungen des Lebens, insbesondere den politischen Verhältnissen, mir seiner Zeit eine ganz außerordentliche, fast erschütternde Anregung gaben" (GS II, VIII; vgl. GS IV, 5). Wahrscheinlich

Philologe Hermann Usener[65]. Bemerkenswert ist aber, daß Troeltsch gerade
in methodischer Hinsicht keinen Unterschied zwischen älteren und jüngeren Exegeten macht. So erinnert er „an die Untersuchungen über die israelitische Religionsgeschichte von Smend, Duhm, Gunkel u.a. und insbesondere an die *Forschungsmethode* Wellhausens, von der ich sagen würde, daß die
hier vorliegende Abhandlung der Versuch ist, sie in die Theorie zu übersetzen, wenn ich nicht fürchtete, daß Wellhausen von einer Theorie überhaupt
nichts wissen will" (SdR II, 101f; Hhg. v. Vf.). In einer Anmerkung fügt er
hinzu: „Das Werk von Gunkel ‚Schöpfung und Chaos‘ 1894 halte ich trotz
Smends Widerspruch und trotz vieler sehr phantastischer Konstruktionen
ebenfalls für ein *methodisch* höchst fruchtbares" (SdR II, 102 Anm. 1; Hhg. v.
Vf.). Auf die methodologische Differenz zwischen Gunkel und Wellhausen,
nämlich Gunkels Versuch einer Erweiterung der zeitgeschichtlichen um die
traditionsgeschichtliche Methode[66] und Wellhausens scharfe Kritik[67], geht
Troeltsch nicht ein. Ohne jede Problematisierung stellt er so unterschiedliche Historiker wie „Lagarde, Wellhausen, Duhm, Smend, Jülicher und Eichhorn" nebeneinander.[68] Auch Harnack und Carl Weizsäcker führt Troeltsch
in seinen frühen Schriften als religionsgeschichtliche Vorläufer auf.[69] Er erkennt das Anliegen der Religionsgeschichtlichen Schule – im Unterschied
zum Selbstverständnis anderer ihrer Mitglieder – nicht in einer methodologischen Erweiterung oder gar Ersetzung der bisherigen Historischen Theologie. Religionsgeschichte firmiert für ihn vielmehr nur als Bezeichnung für
eine konsequent historische Auffassung der Geschichte der israelitischen,
jüdischen und christlichen Religion.[70] Darum wendet sich Troeltsch in sei-

---

bestand zwischen beiden in Göttingen kein direkter, sondern nur ein vermittelter Einfluß
(vgl. H.-G. DRESCHER: Ernst Troeltsch, 48; sowie DERS.: Ernst Troeltsch und Paul de
Lagarde).

[65] Verweis auf Usener in Troeltschs Brief an Gressmann in W. KLATT: Hermann Gunkel, masch. Diss., 401; sowie in AdC³, 36.

[66] H. GUNKEL: Schöpfung und Chaos, 207–209.

[67] J. WELLHAUSEN: Skizzen und Vorarbeiten H. 6, 225–234.

[68] E. Troeltsch: Das Historische in Kants Religionsphilosophie, VII (= A 1904/4b!).
Vgl. auch A. EICHHORN, der „nach andrer Methode, als sonst üblich ist, verfahren will"
(DERS.: Das Abendmahl im Neuen Testament, 5). Sein methodischer Wechsel besteht in
einer Ersetzung dessen, was er historisch-kritische Methode nennt, durch die religionsgeschichtliche Methode (aaO., 7).

[69] „Auf christlichem Gebiete erscheinen mir Harnacks ‚Dogmengeschichte‘ und
Weizsäckers ‚Apostolisches Zeitalter‘ die religionsgeschichtlich fruchtbarsten Werke" (SdR
II, 102 Anm.1; vgl. AdC, 24; GS IV, 5).

[70] So schreibt Troeltsch am 23. 7. 1895 an Bousset über dessen Buch „Der Antichrist
in der Überlieferung des Judentums, des Neuen Testaments und der alten Kirche" (1895):
„Ich spüre in der Arbeit einen, wenn ich so sagen darf, der jungen Göttinger Schule gemeinsamen Zug, eine rückhaltlos religionsgeschichtliche Methode, welche den verschie-
denartigen Stoff der das Christentum tragenden und umgebenden religiösen Bewegungen
rein historisch und philosophisch untersucht" (E. Troeltsch: Briefe aus der Heidelberger
Zeit, 27). Troeltschs Auffassung von der eigenen Funktion innerhalb der Religionsgeschichtlichen Schule kommt durch das Adjektiv „philosophisch" zum Ausdruck.

nen grundsätzlichen Auseinandersetzungen mit Harnack nicht gegen dessen „Methode", sondern gegen dogmatische Reste in dessen Geschichtsdeutung. Im Aufsatz über „Die Dogmatik der ‚religionsgeschichtlichen Schule'" schreibt Troeltsch rückblickend: „Nun ist freilich vor allem zu sagen, daß die durch diesen Ausdruck ⟨Religionsgeschichtliche Schule⟩ bezeichnete Sache weder in irgend einem Sinne etwas spezifisch Deutsches ist, noch etwas wirklich Neues, noch ein eindeutiger und einheitlicher Grundsatz, auf den sich eine Schule im eigentlichen Sinne des Wortes erbauen könnte. Der Ausdruck bedeutet vielmehr im allgemeinen nichts anderes als die in der ganzen wissenschaftlichen Welt verbreitete Erkenntnis, daß die Religion der Menschheit nur in einer Vielzahl einzelner religiöser Bildungen vorliegt, die sich in vielfacher gegenseitiger Berührung und Beeinflussung entwickeln und zwischen denen nicht mit dem alten dogmatischen Mittel der Unterscheidung einer natürlichen und übernatürlichen Offenbarung die Entscheidung getroffen werden kann" (GS II, 500 f).[71]

Damit ist das Pathos des Neuen entscheidend relativiert. Natürlich hat die Bezugnahme auf die großen historischen Theologen bei Troeltsch auch eine strategische Funktion. Im Konflikt mit der Ritschl-Schule dient die Berufung auf anerkannte Autoritäten der eigenen wissenschaftlichen Absicherung. So trägt Troeltschs emphatischer – wenn auch nicht unkritischer – methodologischer Anschluß an Duhm apologetische Züge. Auf Julius Kaftans Metaphysik-Vorwurf antwortet Troeltsch mit einem Rückblick auf die eigene wissenschaftliche Herkunftsgeschichte: „Die eigentlich entscheidende Richtung hat schließlich B. Duhm gegeben, dessen Sonderbarkeiten ich natürlich nicht alle mitmache. War ich aber einmal damit auf den Begriff der Entwickelung gewiesen, dann mußte von Hegel und den Hegelianern gelernt werden" (GuM, 52 Anm. 1). Mit dieser Rezeptionssequenz will Troeltsch den Verdacht vorgängiger spekulativer Entscheidungen entkräften und zeigen, daß der Ausgangspunkt seiner Religionstheorie sachgemäß in der Historiographie und nicht in der Metaphysik liegt.[72] Dennoch ist Troeltschs Anschluß vor allem an Wellhausen und

---

[71] ALBERT SCHWEITZER hat diesen Sachverhalt folgendermaßen treffend beschrieben: „Die ‚religionsgeschichtliche Methode' vertritt die Forderung, daß man die einzelnen Religionen nicht isoliere, sondern den gegenseitigen Beeinflussungen, die offen oder insgeheim spielen, nachzugehen entschlossen sei. Es handelt sich im Grunde also um eine selbstverständliche Voraussetzung wissenschaftlicher Methode, die nur deswegen einen besonderen Namen erhielt, weil die theologische Forschung sich ziemlich lange verschloß. Im Grunde arbeitet jeder wissenschaftlich verfahrende Forscher nach der religionsgeschichtlichen Methode. Er braucht deswegen aber nicht alle gewagten Unternehmungen der letzteren gutzuheißen und die entfernten Analogien den näherliegenden vorzuziehen" (DERS.: Geschichte der Leben-Jesu-Forschung, 528 Anm.1).

[72] Ausführlich stellt Troeltsch sein Verhältnis zu Duhm in dem Aufsatz „Zur theologischen Lage" (1898) dar, seiner Antwort auf die Kritik von FERDINAND KATTENBUSCH. Vgl. F. KATTENBUSCH: In Sachen der Ritschlschen Theologie II, 78–81.

Harnack berechtigt. Denn in seiner Perspektive bestand ein methodologischer Grundkonsens.

Wellhausens Darstellung der Geschichte Israels und des Frühjudentums ist auch ein Modell religionsgeschichtlicher Arbeit. Obwohl als Historiker aller abstrakten Methodenreflexion abgeneigt, stellt er seinem zusammenfassenden Text über „Die Israelitisch-jüdische Religion" methodologische Erwägungen voran: „Das israelitische Altertum kann nicht mehr isoliert werden; man sieht zu deutlich, wie eng es auf allen Seiten mit der näheren und entfernteren Umgebung zusammenhängt. Auch über die historisch nachweisbare Berührung hinaus muß es unter die Analogie der allgemeinen Kulturentwicklung gestellt werden."[73] Dies entspricht dem Programm der Religionsgeschichtlichen Schule. Die Vorstellung einer ausgegrenzten Heilsgeschichte ist verabschiedet, Israel konsequent in die allgemeine Religionsgeschichte eingestellt. Doch Wellhausen fährt fort: „Nur hat die weltgeschichtliche und die vergleichende Betrachtung nicht die Aufgabe, alles zu nivellieren. Sie darf nicht darauf ausgehen, nachzuweisen, daß an der israelitisch-jüdischen Religion nichts Besonderes sei. Sie darf über der Ähnlichkeit der Anfänge und der Analogie der Entwicklung die Differenz des Endergebnisses nicht übersehen."[74] Dies kann als implizite Kritik an bestimmten Tendenzen in der Religionsgeschichtlichen Schule gelesen werden. Wellhausen gibt der Grundauffassung klassischer Historik Ausdruck, daß das Ziel der Geschichtsforschung im Verstehen von historischen Individualbildungen liegt. Da Individualitäten aber nur durch Vergleiche in ihrer Eigenart erfaßt werden können, bleibt die Erforschung einer Religion immer auf die Kenntnis anderer Religionen verwiesen: „Auf anderem Wege als durch Vergleichung läßt sich sogar der eigentümliche Wert einer Religion überhaupt nicht erkennen und dartun."[75] Lediglich gegenüber einer religionsgeschichtlichen Forschung, die in einen Analogienrausch verfällt und Gemeinsamkeiten konstruiert, die nichts zum Verständnis des Spezifischen beitragen, insistiert Wellhausen auf der Notwendigkeit der Konzentration auf die zu untersuchende Individualgestalt: „Immer wird darum das genaueste historische Studium der einzelnen Religion der Anfang und die Hauptsache bleiben müssen."[76] So bildet es keinen Widerspruch gegen die „religionsgeschichtliche Methode", wenn Wellhausen die Entwicklung der Religion Israels vorwiegend aus der inneren Logik der Geschichte Israels rekonstruiert. Denn analoge Phänome besitzen nur dann einen historiographischen und nicht nur strukturalen Erkenntniswert, wenn sie als Kausalfaktoren in Anschlag gebracht werden können. Darum unterzieht Wellhausen Gunkels „Schöpfung und Chaos" – von den inhaltlichen Thesen abgesehen

---

[73] J. WELLHAUSEN: Die Israelitisch-jüdische Religion, 1.
[74] AaO., 2.
[75] Ebd.
[76] Ebd.

– einer methodologischen Kritik.[77] Traditionsgeschichtliche Erwägungen haben für ihn nur „antiquarisches Interesse"[78]. Der Historiker hat „zu ermitteln, in welchem Sinne der Apokalyptiker selber seinen Stoff verwertet; darüber hinauszugehn hat er nicht nötig."[79] Eine Ideen-Etymologie, die Traditionszusammenhänge rekonstruiert, ohne den je eigenen Sinngehalt zu erhellen, ist für Wellhausen historiographisch irrelevant.

Dies ist ebenfalls die methodologische Position Harnacks, der neben Wellhausen als der zweite „unfreiwillige Schöpfer"[80] der Religionsgeschichtlichen Schule gilt. Die Auseinandersetzung mit den Religionsgeschichtlern ist für ihn ein Dauerthema[81], das in der Diskussion über die Einrichtung religionsgeschichtlicher Fakultäten zu handgreiflichen, wissenschaftspolitischen Konsequenzen führt.[82] Auch wenn sich bei Harnack systematische Motive finden, die zu konsequent historischer Arbeit quer stehen[83], ist seine partielle Opposition gegen die Religionsgeschichtler primär durch Differenzen in der Methodik und der historiographischen Einschätzung begründet. In der Rezension von Boussets „Kyrios Christos" erklärt er seine Stellung zur Religionsgeschichte: „Weil ich mich aus sachlichen Gründen seit Jahren genötigt sehe, gegen Übertreibungen bei Heranziehung des antiken religionsgeschichtlichen Materials zur geschichtlichen Erklärung des Urchristentums Einspruch zu erheben, werde ich fort und fort als ‚Gegner' der religionsgeschichtlichen ‚Methode'(?) oder ‚Schule' bezeichnet."[84] Diese Kritik trifft Harnack in seinem Selbstverständnis als Historiker. Ihm gehe es nicht darum, dogmatische Wälle gegenüber der historischen Kritik aufzuwerfen: „Ich ⟨…⟩ habe auch niemals den Schatten eines prinzipiellen Bedenkens dagegen gehegt, antik-religionsgeschichtliches Material zur Erklärung der ältesten Entwicklung heranzuziehen – nur da-

---

[77] Zum Streit Wellhausen – Gunkel vgl. H. ROLLMANN: Zwei Briefe Hermann Gunkels an Adolf Jülicher, 276–278, 279 Anm. 4; W. KLATT: Hermann Gunkel, 70–74; H. PAULSEN: Traditionsgeschichtliche Methode und religionsgeschichtliche Schule, bes. 22–29.

[78] J. WELLHAUSEN: Skizzen und Vorarbeiten H. 6, 233.

[79] AaO., 234. Gunkel hatte sich gegen diese Kritik im Vorwort verwahrt, vgl. H. GUNKEL: Schöpfung und Chaos, VI.

[80] M. RADE: Religionsgeschichte und Religionsgeschichtliche Schule, 2191.

[81] Vgl. A. v. HARNACK: Lehrbuch der Dogmengeschichte I⁴, bes. 67f., 68 Anm. 1. Das Jesus-Kapitel ist durchzogen von einer Kritik an der Religionsgeschichtlichen Schule, auch wenn HARNACK nun die eschatologischen Momente bei Jesus stärker als in früheren Auflagen berücksichtigt.

[82] A. v. HARNACK: Die Aufgabe der theologischen Fakultäten und die allgemeine Religionsgeschichte. Vgl. H. ROLLMANN: Theologie und Religionsgeschichte; C. COLPE: Bemerkungen zu Adolf von Harnacks Einschätzung der Disziplin „Allgemeine Religionsgeschichte".

[83] Hiermit ist vor allem sein Anliegen gemeint, das Christentum nicht als eine Religion unter anderen, sondern als die einzige Religion im Vollsinn zu erweisen. Vgl. A. v. HARNACK: Das Wesen des Christentums, 41.

[84] A. v. HARNACK: ⟨Rez.:⟩ W. Bousset, Kyrios Christos², 147.

von konnte ich mich häufig nicht überzeugen, daß die Hinzuziehung geschichtlich gerechtfertigt sei, weil mir die Dinge teils überhaupt keiner ‚Erklärung' bedürftig schienen, teils sich mir einfacher erklärten."[85] Harnacks
Einspruch richtet sich gegen die Überbewertung des Analogieprinzips.
Ebensowenig wie Wellhausen kann er in der bloßen Feststellung von Ähn-
lichkeiten einen historiographischen Fortschritt erkennen. Unbeeindruckt
vom „Blitzlicht der Analogie"[86] gilt es, nur dann Vergleiche anzustellen,
wenn erstens tatsächliche Rezeptionslinien nachgezeichnet, d.h. traditionsgeschichtliche Kausalzusammenhänge konstruiert werden können, und
wenn zweitens „innerhalb der Entlehnungen das Suum cuique"[87] erfaßt
wird. Werden diese beiden methodischen Grundbedingungen vernachlässigt, droht ein exegetischer Exotismus, für den nach Harnacks Meinung die
Arbeiten Boussets und des von Troeltsch gelobten Usener abschreckende
Beispiele abgeben.[88] Harnack sieht in den Forschungen der älteren Historischen Theologie einen sachgemäßen Umgang mit dem Analogieprinzip
und damit das religionsgeschichtliche Anliegen gewahrt und beurteilt den
Originalitätsanspruch seiner jüngeren, religionsgeschichtlichen Kollegen
dementsprechend ironisch: „das Neue ⟨…⟩ erwies sich meistens nicht als
wahr und das Wahre nicht als neu ⟨…⟩."[89]

Troeltschs Auskünfte über seine historiographischen Quellen zeigen, daß
man aus seiner Sicht – und der seiner Lehrer Wellhausen und Harnack – die
Historische Theologie mittels eines abstrakten methodologischen Gegensatzes nicht von der Religionsgeschichtlichen Schule abgrenzen kann. In
dieser Perspektive stellt sich die Religionsgeschichtliche Schule nicht als
epochaler Einschnitt, sondern als Fortsetzung der älteren Historischen
Theologie dar. Darüber hinaus zeigt sich noch ein zweites: Troeltschs exegetische Informanten aus der theologischen Vätergeneration sind vornehmlich Alttestamentler bzw. Altorientalisten. Es fehlen die Neutestamentler. Im
Bereich alttestamentlicher Forschung war wegen des geringeren Vorwaltens

---

[85] Ebd.

[86] A. v. HARNACK: Lehrbuch der Dogmengeschichte I[4], 45.

[87] AaO., 46.

[88] „Das wilde Verfahren, Parallelen für uralte kirchliche Ueberlieferungen ⟨…⟩ aus der
Mythologie aller Völker zu sammeln, ist werthlos" (A. v. HARNACK: ⟨Rez.:⟩ H. Usener:
Religionsgeschichtliche Untersuchungen I, 205). „⟨…⟩ noch immer werden religionsgeschichtliche Materialien verwertet, die schon aus chronologischen Gründen in Bezug auf
die Erforschung des Urchristentums den Mülleimern nicht entzogen werden sollten, in
denen sie uns erhalten sind; noch immer treten die jüdischen Voraussetzungen der ältesten
Erfassung der neuen religiösen Erlebnisse ungebührlich hinter den antiken zurück und
endlich noch immer fehlt jeder geschichtliche Nachweis, daß und wie fremde Stoffe, die
der Verf. einführt, in das religiöse Gewebe und die Traditionsbildung überhaupt einzu-
dringen vermochten ⟨…⟩" (DERS.: ⟨Rez.⟩ W. Bousset: Kyrios Christos[2], 146). Vgl. DERS.:
⟨Rez.:⟩ W. Anz: Zur Frage nach dem Ursprung des Gnostizismus; DERS.: ⟨Rez.:⟩ H. Weinel: Die Wirkungen des Geistes und der Geister im nachapostolischen Zeitalter bis auf
Irenäus.

[89] A. v. HARNACK: Lehrbuch der Dogmengeschichte I[4], 46.

dogmatischer Interessen schon sehr viel früher konsequent historische Arbeit möglich. Aus diesem Grund erkennt Troeltsch dieser Teildisziplin eine für die gesamte Theologie fundamentale Bedeutung zu: „Dem Studium des Alten Testaments scheint eine besonders erfrischende und erneuernde Kraft beizuwohnen. Es ist nach und nach zum Jungbrunnen der Theologie geworden ⟨…⟩" (ThL II, 650).

Mit Wellhausens Arbeiten und mit Emil Schürers dreibändiger Darstellung der „Geschichte des jüdischen Volkes im Zeitalter Jesu Christi" (1886ff) lagen gesicherte Konzeptionen der alt- und zwischentestamentlichen Religionsgeschichte vor. Auch für die nach-jesuanische Zeit konnte Troeltsch auf ein inzwischen klassisches Werk zurückgreifen: Weizsäckers „Das apostolische Zeitalter der christlichen Kirche" (1886). Und schließlich bot Harnacks Dogmengeschichte in ihrem ersten Band (1886[1]) eine große Exposition der Entstehung des Frühkatholizismus aus den urchristlichen Wurzeln. Nur für den Kernbereich der christlichen Religionsgeschichte fehlte nach Troeltschs Urteil eine vergleichbare Arbeit: „eine Geschichte der in der Predigt Jesu und im Neuen Testament vereinigten Begriffe, von der wir bis jetzt wegen der üblichen dogmatischen Isolirung des Neuen Testamentes nur Fragmente haben ⟨…⟩" (GuM, 7), war Desiderat. Es ist darum kein Zufall, daß die jungen Religionsgeschichtler – mit der Ausnahme von Gunkel – sich weitgehend auf das Neue Testament konzentrierten und hier ihre wichtigsten Ergebnisse erzielten.

C. Die Wesensbestimmung des Christentums als methodischer Rahmen des Jesusbilds

Will man die Methodologie von Troeltschs Jesusbild interpretieren, liegt es nahe, seine aspektenreichen und häufig modifizierten Reflexionen im Anschluß an den Aufsatz „Was heißt ‚Wesen des Christentums‘?" zu ordnen. Dieser Text bringt die verschiedenen Momente in eine übersichtliche Sequenz. Außerdem kommen in ihm gleichsam prismatisch seine Auseinandersetzungen mit Hegel und der Ritschl-Schule sowie das eigene Theologieprogramm zum Ausdruck. Auch werden hier schon die Weichen gestellt für die später darzustellenden historiographischen und material geschichtsphilosophischen Ausführungen zum Jesusbild.

1. Die historische Abstraktion

Jesus kann man nur verstehen, wenn man ihn ins Verhältnis setzt zu der welthistorischen Größe, die ihn als ihren Gründer verehrt. Die Person und Botschaft des „Stifters" ist erst dann vollständig begriffen, wenn auf seine „Stiftung" reflektiert wird. Die Jesus-Deutung verweist zurück auf die Wesensbestimmung des Christentums. Um aber zu verstehen, was der historische Allgemeinbegriff „Christentum"[90] meint, bedarf es verschiedener hermeneutischer Operationen. Die erste ist die historische Abstraktion. Damit ist für Troeltsch ein früher Übergangspunkt von der Historiographie zur Geschichtsphilosophie bezeichnet. Aus den mannigfaltigen Gestaltungen des Christentums muß ein Zentralbegriff als „die bestimmende und treibende religiöse Idee und Kraft" (WdC II, 484) herausgehoben werden. Dieses Identitätsprinzip ist als das Gemeinsame einer Vielzahl von historischen Individualbildungen aus der Christentumsgeschichte zu gewinnen. Da historische Individualbildungen sich nicht auf einen rationalen Allgemeinbegriff deduktiv beziehen lassen, sie vielmehr „unableitbar" und doch Teil eines größeren historischen Ganzen sind, gilt es, das Prinzip „herauszufühlen" (ebd.). Damit wiederholt sich auf der Ebene der Rekonstruktion größerer historischer Komplexe, was auch für die Deutung von Einzelgestalten gilt. Das Individuum Jesus läßt sich ebenso wie die „Kollektivindividualität" Christentum[91] nur auf dem Wege der einfühlenden Divination oder – im Anschluß an die Terminologie Wilhelm Diltheys[92] – des nacherlebenden Verstehens im Unterschied zum rationalen Erklären deuten. Indem der Historiker im divinatorischen Durchgang durch das Mannigfaltige das Gemeinsame sucht, relativiert er zugleich die eigene vorgängige Vorstellung dessen, was als Prinzip zu gelten hat. Hierin äußert sich ein allgemeiner geschichtsmethodologischer Sachverhalt: „Das Wesen der Historie ist ja gerade das hypothetische Nacherleben und Nachempfinden, vermöge dessen man fremdartig bedingtes religiöses Leben wirklich erleben und das eigene bisherige hypothetisch objektiviren und das heisst in seiner schlechthinigen alleinigen Geltung in Frage stellen kann" (AdC, XV). Troeltsch verweist hier auf den experimentellen Charakter geschichtsphilosophischer Reflexion, die nicht darauf zielt, eine Normalität mit rationaler Strenge zu fixieren, sondern erst im forschenden Nacherleben fremder Wertwelten und historisch entfernter Gestalten zu einer Identitätsbeschreibung gelangt.

Dem Vorwurf des inhaltlichen Subjektivismus auf der Ebene der Abstraktion hält Troeltsch zweierlei entgegen. Zum einen erklärt er, daß es aufgrund der Individualität des historischen Gegenstandes keine Alternative zum intuitiven Zugang gibt. Intuition meint keine Deutung des Gegenstandes nach dem subjektiven Vorverständnis des Deutenden, sondern ist eine ästhetisch produktive Weise, sich einem Gegenstand – bei gleichzeitiger Relativierung des eigenen Standpunkts – auszusetzen. „Intuitiv" ist für Troeltsch ein profilierter Gegenbegriff zu „subjektiv".[93] Zum ande-

---

[90] Zusammenfassend E. Troeltsch: Prinzip, religiöses.

[91] Vgl. GS III, 33.

[92] Über Troeltschs uneindeutiges Verhältnis zu Dilthey vgl. H. SIEMERS: „Mein Lehrer Dilthey"?.

[93] „The system ⟨das System einer ethischen Geschichtsdeutung⟩ would be more accurately described as intuitional rather than subjective" (E. Troeltsch: Historiography, 722).

ren fordert Troeltsch für die Wesensbestimmung des Christentums als historische Abstraktion neben der Divination eine strenge Sachorientierung im Sinne einer „true homage to the facts"[94]. Ein induktiver historischer Allgemeinbegriff gelingt nur beim Zusammenspiel „subjektiver" und „objektiver" Elemente: „Das ‚Wesen' kann nur gefunden werden aus dem Ueberblick über die Gesamtheit aller mit diesem Gedanken zusammenhängenden Erscheinungen, und seine Auffindung erfordert die Uebung der historischen Abstraktion, die Kunst der das Ganze zusammenschauenden Divination, zugleich die Exaktheit und Fülle des methodisch bearbeiteten Einzelmaterials" (WdC II, 484).

2. Die Wesenskritik

Ein Gegengewicht besitzt die Abstraktion in dem zweiten hermeneutischen Moment der Kritik. Die Wesensbestimmung nur als intuitive Abstraktionsleistung zu verstehen, hätte zur Voraussetzung, daß sich alle Realisationsgestalten in gleicher Weise auf ihr Prinzip beziehen ließen – im Fall des Christentums, daß alle seine Ausformungen gleichermaßen christlich wären: „Aber dagegen protestiert nun zunächst und vor allem unsere protestantische Ueberzeugung" (WdC III, 533). Troeltsch bringt hiermit keinen konfessionalistischen Einwand vor. Vielmehr zeigt er am Beispiel des Protestantismus ein methodologisches Grundproblem. Historische Komplexe entwickeln sich nicht nach einer harmonischen Teleologie, sondern enthalten unvermittelbare Antagonismen. Innovationen treten häufig als Abrogationen auf. Der Protestantismus ist das herausragende Beispiel für einen solchen normativen Kontinuitätsbruch[95], der zu einer ganz neuen Wesensbestimmung führt. Der Katholizismus kann vom protestantischen Standpunkt aus nicht im Sinne einer schwachen Kritik als Mischgebilde von Wesentlichem und Unwesentlichem aufgefaßt werden, sondern muß im Sinne einer starken Kritik als „ein Abfall vom Wesen und ein Werk der dem Wesen entgegengesetzten Tendenzen" (ebd.) verstanden werden. Am Konfessionenstreit wird der allgemeine Sachverhalt der dialektisch nicht auflösbaren, antagonistischen Struktur historischer Kollektivindividualitäten einsichtig: „Es sind nicht bloß vorübergehende, relative, die Entwickelung bloß vorwärtstreibende Gegensätze, sondern es sind auch innerliche und absolute Gegensätze vorhanden, die keine Wesensformel zu überwinden vermag und an deren Verarbeitung keine Wesensformel zu gewinnen ist" (WdC III, 534).[96]

---

[94] Ebd.

[95] „Der Protestantismus bleibt unter allen Umständen eine historische Katastrophe und ein Rückgriff auf verlassene urchristliche Ideen" (WdC III, 533).

[96] Diese allgemeine Einsicht wird von Troeltsch noch verschärft durch die später hinzugewonnene Einsicht in die soziologische Binnenpluralität des Christentums (WdC², 405f.).

Troeltschs methodologische Konsequenz ist das Konzept einer kritischen Wesensbestimmung im Sinne „einer Scheidung des dem Wesen Entsprechenden und des Wesenswidrigen" (ebd.). Er intendiert hiermit nicht die hermeneutische Festschreibung vorausgesetzter Positionalitäten, sondern schärft im Gegenüber zur divinatorischen Abstraktion die normative Leitperspektive der Wesensbestimmung ein. Dies befähigt ihn zu einer realistischen Einschätzung unvermittelbarer Gegensätze und zur geschärften Wahrnehmung gegenwärtiger weltanschaulicher Konflikte. Im Moment der Kritik offenbart sich das neuprotestantische Profil von Troeltschs Geschichtsmethodologie, die die protestantische Erfahrung des „Prinzipienbruchs" gegenüber dem Katholizismus ebenso integriert wie die spezifisch moderne Erfahrung bleibender Antagonismen.

Die Frage, wie das Kriterium der Wesenskritik zu bestimmen sei, ist ein Dauerproblem von Troeltschs Geschichtsphilosophie. Hier kann nur einleitend seine Intention beschrieben werden.[97] Troeltsch schwebt eine „immanente Kritik" (WdC III, 534, 535) vor, eine „Kritik historischer Gebilde aus dem ihrem Haupttrieb innewohnenden Ideal" (WdC III, 534). Das Kriterium kann weder ein überhistorischer Maßstab noch das Ergebnis bloßer Induktion sein. Die Kritik „mißt das Historische am Historischen, die Einzelbildung an dem intuitiv und divinatorisch erfaßten Geiste des Ganzen. Damit ist die Mitwirkung unfaßbarer, persönlicher Betrachtungen, die schon in dem Gedanken einer so weiten historischen Abstraktion lag, noch gesteigert" (ebd.). Voraussetzung dafür, daß die Kritik eine immanente – und damit unter den Bedingungen des Historismus mögliche – ist, ist erstens auf der Seite des Objekts eine gewisse Selbstevidenz des normativen Kriteriums selbst, „der Eindruck der Sache" (ebd.), und zweitens auf der Seite des deutenden Subjekts eine bestimmte Qualifikation. Der Deutende muß „eine zugleich exakt-historisch gebildete und religiös-ethisch durchgearbeitete Persönlichkeit" (ebd.) sein. Sach- und Wertorientiertheit müssen in einem ausgewogenen Verhältnis zueinander stehen. Ein positivierbares Kriterium hat Troeltsch damit allerdings nicht benannt.

3. Die Entwicklungskonstruktion

Der Gedanke einer immanenten Kritik verweist auf das dritte hermeneutische Element der Wesensbestimmung: den Entwicklungsgedanken. Denn eine „Immanenz" der Beurteilung läßt sich nur dadurch gewährleisten, daß das Kriterium nicht als externer Wertmaßstab gedacht wird, sondern als ein Prinzip, das sich in der Geschichte selbst durchsetzt. Dieser Gedanke einer Selbstdurchsetzung des normativen Prinzips im Verlauf der Geschichte führt zur Vorstellung einer teleologischen Entwicklung. Mit dem Entwick-

---

[97] Zum Problem des Maßstabs des geschichtsphilosophischen Urteils s. u. I. C. 4.

lungsgedanken ist nun der „Kristallisationspunkt" des Historismus[98] erreicht. In vielfältigen Anläufen hat Troeltsch versucht, ihn neu zu bestimmen. Dabei ist er einer der profiliertesten Kritiker idealistischer Geschichtsteleologien gewesen. Gegenüber einem spekulativen Modell der Geschichtsphilosophie bestritt er sowohl, daß man eine geschichtliche Entwicklung als einlinigen Fortschritt[99] deuten könne, und betonte den subjektiven Charakter von Entwicklungskonstruktionen.[100] Die Verabschiedung objektiver Teleologien hat Troeltsch aber nicht dazu geführt, den Entwicklungsbegriff überhaupt als spätidealistisches Relikt und bürgerliches Ideologem zu verabschieden, sondern vielmehr vor die Aufgabe seiner Reformulierung gestellt. Denn diese Kategorie gilt ihm trotz aller Schwierigkeiten als „eines der sichersten Werkzeuge und eine der Grundvoraussetzungen der Historie" (AdC, 34). Die Unaufgebbarkeit des Entwicklungsbegriffs gründet zunächst in der schlichten Gegebenheit übergreifender historischer Prozesse. In diesem entspannten Sinn ist Entwicklung „nicht bloss ein Postulat alles Glaubens an das Geistesleben, sondern auch eine partiell deutlich bekundete Erfahrungsthatsache ⟨...⟩" (AdC, 65). Sodann hält Troeltsch den Entwicklungsbegriff als funktionale Ordnungskategorie für alternativlos.[101] Es gibt kein geeigneteres hermeneutisches Mittel, unter den Bedingungen des historischen Bewußtseins Kontinuität im Wandel und Einheit in der Differenz auszusagen. Deshalb ist der Entwicklungsbegriff für Troeltsch integraler Bestandteil einer jeden Historiographie, die – wenn auch unter strengen Restriktionen[102] – an der Leitvorstellung einer übergreifenden Einheit der Geschichte festhält.

---

[98] K. Mannheim: Historismus, 3.

[99] Die Differenz zwischen den Begriffen „Entwicklung" und „Fortschritt" hat Troeltsch schon in seinen Frühschriften eingeschärft, etwa in seinem Protest gegen das „Dogma vom Kulturfortschritt" (CuR, 445). Seine Distanz zu dem „spießige⟨n⟩ Wort ‚Fortschritt'" (GL, 37) rührt also nicht erst aus den Eindrücken des Ersten Weltkriegs her, wie M. Murrmann-Kahl (Die entzauberte Heilsgeschichte, 180) meint, sondern ist begründet zum einen in geschichtsmethodologischen Erwägungen und zum anderen in seiner grundlegenden religionstheoretischen Auffassung von der Differenz zwischen Kultur und Religion.

[100] „Der Entwicklungsbegriff bleibt eine Intuition und eine Ahnung" (AdC[2], 59). In dieser Untersuchung wird bewußt abgesehen von den Versuchen einer metaphysischen Begründung des Entwicklungsgedankens, wie sie Troeltsch vor allem in seinen Frühschriften – mit geringem Erfolg – versucht hat. Es sollen hier vielmehr der von Troeltsch explizierte konstruktive Charakter und die heuristische Funktion des Entwicklungsbegriffs hervorgehoben werden: „Es hat sich dabei gezeigt, wie die genetische Methode eine der großen wissenschaftlichen Konzeptionen ist, die an den Tatsachen, aber nicht aus denselben, sondern aus einer ahnungsvollen Voraussnahme ihrer Erklärung durch die Phantasie entstanden ist und deren Wahrheit sich durch ihre Fruchtbarkeit für das Verständnis des Wirklichen rechtfertigt" (ChrW II, 228).

[101] Vgl. dazu aus der neueren Diskussion W. Wieland: Entwicklung, 228.

[102] Troeltschs Entwicklungskonstruktionen sind dreifach sektorial restringiert. Erstens konzentrieren sie sich auf die Geschichte der Religion. Andere kulturelle Bereiche kommen nur insoweit in Betracht, als sie für die religiöse Entwicklung relevant werden. Schon

Das zentrale Problem eines historistischen Entwicklungsbegriffs ist die Frage, wie er mit dem Individualitätsgedanken in Übereinstimmung gebracht werden kann. Wie können historische Sprünge und Brüche in eine genetische Sequenz integriert werden? Die einzelnen Entwicklungsstationen enthalten einen jeweils irrationalen Kern, der ihre Mediatisierung als Stufen einer aufsteigenden Linie unmöglich macht. Das Verhältnis verschiedener geschichtlicher Innovationen zueinander beinhaltet neben sachlichen Parallelitäten auch plötzliche Verschiebungen und schroffe Gegensätze. Die Entwicklung ist „das an verschiedenen Punkten *nebeneinander* erfolgende Hervorbrechen der auf das absolute Geistesziel gerichteten Kräfte, deren jede daher den Reichtum des in ihr gesetzten Inhaltes zunächst *nur in ihrem eigenen Bereiche* entwickelt, bis in ihren Zusammenstössen der freie geistig-sittliche Kampf ihre Wertabstufungen misst und ein Zentrum der Beurteilung aus ihrer geschichtsphilosophischen Zuordnung gewinnt" (AdC, 66; Hhg. v. Vf.). Wie also kann das gesuchte Einheitsprinzip als „ein alles durchwaltendes, reiche Entwickelungsmöglichkeiten in sich enthaltendes Kontinuum" (WdC², 419) gefaßt werden, ohne die Einmaligkeit und Vielgestaltigkeit religionsgeschichtlicher Ereignisse zu unterschlagen? Teleologisch läßt sich die Pluralität der Religionsgeschichte nur dadurch einfangen, daß aus ihrem tatsächlichen Verlauf gemeinsame Tendenzen und Konvergenzen herausgelesen werden. In Troeltschs reformuliertem Entwicklungsgedanken löst der Begriff der Tendenz den der Kausalsequenz ab, und die Rede von Konvergenzpunkten ersetzt die Behauptung einer absoluten Realisation des Religiösen. Eine historistische Entwicklungsdeutung hat, so Troeltsch, „das Ziel da zu suchen, wo *es sich selbst* durch die Macht der Thatsachen, durch Ueberlegenheit über die Vorstufen, die innere Kraft der Begeisterungsfähigkeit und durch die Weite seiner Anpassungsfähigkeit *bekundet*" (SdR II, 78; Hhg. v. Vf.). Die Religionsgeschichte selbst zeigt eine gewisse Zielgerichtetheit. Sie auf den Begriff zu bringen bzw. aus ihr „a posteriori" (SdR III, 167) ein Entwicklungsprinzip zu gewinnen, das ist für Troeltsch die Aufgabe einer Geschichtsphilosophie unter der Bedingung des Historismus.

Das eigentümliche methodologische Profil seines Entwicklungsbegriffs wird dort deutlich, wo sich Troeltsch der Christentumsgeschichte zuwen-

---

aus diesem Grund liegt eine Fortschrittsideologie, die die bürgerliche Zivilisation Westeuropas zum Zielpunkt der Geschichte stilisiert, außerhalb seines Blickpunkts. Zweitens beschränkt er sich auf die Religionsgeschichte der europäischen Antike, ein Gesichtspunkt, der in seinen späten Schriften gegenüber universalhistorischen Formulierungen der frühen Aufsätze noch gesteigert wird (s. u. III. A. 4.). Die sogenannten primitiven Religionen werden kaum erwähnt, und auch die asiatischen Hochreligionen werden nicht selbst genetisch gedeutet, sondern lediglich als alternative Typen zum Zweck der Profilierung europäischer Religionen vorgestellt. Drittens schärft Troeltsch ein, daß Entwicklungskonstruktionen nur für den Zeitraum erkennbarer Geschichte aufgestellt werden können. Die Unabgeschlossenheit der Geschichte und die Unvorhersehbarkeit der Zukunft lassen darüber hinausgehende Aussagen nicht zu (vgl. SdR III, 168; AdC², 48).

det.[103] Dies hat einen inhaltlichen Grund. Die Frage, wie die Mannigfaltigkeit der Religionen sich auf eine Einheit zurückführen läßt, verkompliziert sich, wenn man die interne Vielgestaltigkeit der positiven Religionen ins Auge faßt. Es gibt nicht nur eine Vielzahl historischer Religionen, die auf ein allgemeines Prinzip der Religion bezogen werden muß. Es findet sich darüber hinaus in jeder Weltreligion selbst eine ungeheure Vielgestaltigkeit, die gedanklich zu bewältigen ist. Vor die Aufgabe, das Prinzip der Religion überhaupt zu bestimmen, tritt das Problem, wie die einzelnen Religionen jeweils auf ein Prinzip gebracht werden können. Wer das Entwicklungsprinzip der Religionsgeschichte aufstellen will, muß zuvor die Prinzipien des Christentums, des Islam, des Buddhismus etc. rekonstruiert haben. Intensiv ist Troeltsch nur der Suche nach dem christlichen „Teil-Prinzip" nachgegangen. Hier hat er allerdings in methodologischer Hinsicht eine besondere Deutlichkeit erreicht.

Um Troeltschs Konzeption zu profilieren, soll zuerst ein alternativer, im Neuprotestantismus verbreiteter Ansatz vorgestellt werden. Dieser folgt einer allgemeinen geschichtsphilosophischen Annahme, die auch Troeltsch grundsätzlich teilt: „Der originale Sinn einer historischen Erscheinung ist in den Ursprüngen am kräftigsten und reinsten enthalten ⟨...⟩" (WdC IV, 579). Dieser Satz erhält bei seiner Anwendung auf Stiftungsreligionen besondere Plausibilität. Denn diese leiten sich von einer historischen Einzelgestalt ab und sind darum stärker als andere historische Bildungen auf ihren Ursprung bezogen. In diesem Sinn konnte Adolf von Harnack seine Wesensbestimmung des Christentums inhaltlich mit der Predigt Jesu zusammenfallen lassen. Das Wesen des Christentums als das normativ Gültige und Kontinuitätstiftende, als das „Wertvolle und Bleibende"[104], ist durch Jesus und sein Evangelium vollständig beschrieben.[105] In seiner Stiftung eines neuen religiösen Lebenszusammenhangs liegt das Kriterium vor, nach dem die Christentumsgeschichte zu deuten ist. Allerdings hält auch Harnack es für „unmöglich, eine vollständige Antwort auf die Frage: was ist christlich? zu gewinnen, wenn man sich lediglich auf die Predigt Jesu Christi beschränkt."[106] Harnack wird vom Gedanken der geschichtsmächtigen Persönlichkeit selbst zu einer erweiterten Perspektive geführt. Denn: „je gewaltiger eine Persönlichkeit ist und je mehr sie in das innere Leben

---

[103] Am programmatischsten hat Troeltsch seinen Entwicklungsbegriff in den Frühschriften entwickelt (bes. ChrW. II, 198–228; SdR II, 71–110). Allerdings konzentriert er sich hier sehr stark auf dessen metaphysische Absicherung durch eine Theorie der „Gottmenschlichkeit" der Religionsgeschichte (SdR II, 110, GuM, 29). Die methodologische Klärung tritt demgegenüber zurück. Plausibel wird Troeltschs Konzeptionierung einer Entwicklungsgeschichte der Religionen erst, wenn man sie als Ansätze zu einer materialen Ausführung betrachtet (s. u. III. A.).

[104] A. v. HARNACK: Das Wesen des Christentums, 8.

[105] AaO., 6.

[106] Ebd.

anderer eingreift, um so weniger läßt sich die Totalität ihres Wesens nur an ihren eigenen Worten und Thaten erkennen. Man muß den Reflex und die Wirkungen ins Auge fassen, die sie in denen gefunden hat, deren Führer und Herr sie geworden ist."[107] Die Christentumsgeschichte als Wirkungsgeschichte Jesu muß zum Verständnis ihrer „Ursache" in Jesus mitberücksichtigt werden. Doch von einer Entwicklung des christlichen Prinzips selbst kann Harnack nur in einem sehr bedingten Sinn sprechen. Wohl durchläuft das Wesen des Christentums eine Geschichte verschiedenartiger metamorphotischer Ausprägungen, aber es bleibt dabei in sich einfach und identisch. Die Christentumsgeschichte ist die Geschichte seiner wechselnden Verschalungen bzw. die Geschichte des Explizitwerdens dessen, was bei Jesus nur implizit angelegt war. Dem Kern selbst wird nichts hinzugefügt.[108] Zwar fordert Harnack eine methodische Doppelbewegung im Sinne einer wechselseitigen Kontrolle von Evangelium und Christentumsgeschichte[109], doch bleibt dabei der prinzipielle Vorrang der Urgestalt für die Bestimmung des Prinzips gewahrt.

Gegenüber dieser „jesuzentrischen" Wesensbestimmung, die keineswegs nur von Vertretern der älteren Historischen Theologie vorgetragen wurde[110], hat Troeltsch Einspruch erhoben. Sein wichtigstes historisches Gegenargument bildet die These von der inneren Pluralität des Urchristentums: „Die Urzeit ist nicht das Neue Testament und überhaupt nicht ohne weiteres ein völlig einheitlicher Komplex" (WdC IV, 580). Mit der Ausarbeitung der Unterscheidung zwischen Jesus und Paulus in den „Soziallehren" und in der zweiten Auflage des Wesensaufsatzes verschärft sich das Problem der Uneindeutigkeit des Christlichen.[111] Wenn schon die Urgestalt vielspältig ist, kann sie nicht allein das Kriterium zur Beurteilung der Christentumsgeschichte abgeben. Mit der historiographischen Differenz zu Harnack verbindet sich die unterschiedliche Pointierung einer gemeinsamen hermeneutischen Grundauffassung. Auch Troeltsch fordert, daß zum Verständnis einer geschichtsmächtigen Figur ihre Wirkungsgeschichte mitreflektiert wird, denn: „vielfach beleuchtet erst diese Entfaltung das, was die historische Persönlichkeit in Wahrheit gewesen ist" (WdC IV, 580). Aber er stellt Ursprung und Wirkungsgeschichte in ein anderes Verhältnis zueinander. Im Unterschied zu Harnack erscheint die Christentumsgeschichte bei

---

[107] Ebd.

[108] Zur Hermeneutik von Kern und Schale vgl. aaO., 7, 35, 40, 113 und DERS.: Lehrbuch der Dogmengeschichte I⁴, 64 Anm. 1.

[109] A. v. HARNACK: Das Wesen des Christentums, 10.

[110] Vgl. die prägnante Formulierung des frühen BOUSSET: „In der Predigt Jesu liegt schon das ganze volle Evangelium in allen seinen Stücken. Wir brauchen seine Grundgesetze nicht erst mühsam zusammensuchen aus verschiedenen Jahrhunderten und von verschiedenen Männern Gottes dieses oder jenes Volkes" (DERS.: Jesu Predigt in ihrem Gegensatz zum Judentum, 78).

[111] S. u. II. C. 3. d.).

Troeltsch als echte Entwicklungsgeschichte: das Prinzip des Christentums selbst entwickelt sich. Indem es sich in einer Vielzahl individueller Bildungen realisiert, erfährt es nicht nur äußerliche Verschalungen, sondern auch wesensmäßige Modifikationen. Es kann darum nicht vollständig aus der Urgestalt abgeleitet werden. In Antithese zu „Harnacks schöne⟨r⟩, aber unhistorische⟨r⟩ Auffassung vom Wesen des Christentums" (GL, 30) fordert Troeltsch methodisch eine Erweiterung der Induktionsbasis und inhaltlich eine stärkere Berücksichtigung der Pluralität der Christentümer. Das Entwicklungsprinzip des Christentums muß die Vielgestaltigkeit der Christentumsgeschichte in sich abbilden. Die Christentumsgeschichte wiederum muß auf das eine christliche Prinzip, als ihre innere, wenn auch nicht eindeutig positivierbare Einheit, hin befragt werden können. Das christliche Prinzip ist als eine Größe zu verstehen, die zugleich Identität stiftet und Pluralität generiert.[112] Die Differenzen können nicht allein – wie in Harnacks Modell von Schale und Kern – den kontingenten Realisationsbedingungen zugeschrieben werden, sondern sind in die Wesensbestimmung selbst einzurechnen: „Es gilt vielmehr die Urgestalt und die in den Fortentwicklungen hervortretenden Offenbarungen des Wesens zusammenzufassen. Das Wesen kann nicht eine unveränderliche und ein für alle Mal in der Lehre Jesu gegebene Idee sein" (WdC IV, 581).

Das Wesen des Christentums ist für Troeltsch nicht der fixe Einheitspunkt hinter einer divergenten Wirkungsgeschichte, sondern ein „sich entwickelndes geistiges Prinzip" (ebd.). Troeltsch beschreibt es als „ein germinative principle oder ein Keimgedanke, wie Caird sagt, eine historische Idee im Sinne Rankes, das heißt nicht ein metaphysischer oder dogmatischer Gedanke, sondern eine Lebensziele und -Werte in sich enthaltende und in ihrer Konsequenz und Anpassungsfähigkeit entfaltende geistige Triebkraft" (ebd.). An herausgehobener Stelle sucht Troeltsch den Anschluß an Eduard Cairds Konzeption eines „germinal principle".[113] In seinen Gifford-Lectures unternimmt Caird den Versuch, einen allgemeinen Religionsbegriff

---

[112] Gegen C. COLPE, der Troeltsch vorwirft, sein Wesensbegriff gründe auf einer Pluralitäts-"Verachtung" (DERS.: Der Wesensbegriff Ernst Troeltschs und seine heutige Anwendbarkeit auf Christentum, Religion und Religionswissenschaft, 239) und reflektiere „keinerlei Epigenesis" (aaO., 236). Vgl. G. PFLEIDERER: Theologie als Wirklichkeitswissenschaft, 44 Anm. 4.

[113] SdR II, 76; AdC², 7; vgl. SdR I, 376–379; SdR III, 173–175, 178–181. M.W. gebraucht CAIRD eine andere adjektivische Form als Troeltsch, nämlich germinal statt germinative; s. DERS.: The Evolution of Religion I, 170, vgl. II, 244. Der Bezug auf CAIRD scheint überall dort vorzuliegen, wo Troeltsch die Metapher des Keims bemüht; vgl. etwa: „Mit ‚Prinzp' soll dasjenige bezeichnet sein, was einem großen Komplex geschichtlicher Erscheinungen die innere, über die einzelnen Momente übergreifende Einheit giebt, was in sich die vorwärtstreibende, in Anpassung und Folgerung sich auswirkende *Entwickelungskraft* enthält, das Grundgeheimnis des geistigen Lebens, in dem es begründet ist, daß der große geschichtliche Zusammenhang eines Lebensgebietes trotz aller Mannigfaltigkeit als in sich zusammenhängende Einheit und als von einer ihn hervortreibenden *Keimkraft* geleitet betrachtet werden darf" (GuM, 56; Hhg. v. Vf.; vgl. GL, 74).

zu formulieren. Er setzt ein mit der Ablehnung des statischen Ansatzes, über die Benennung einzelner, universal vorfindbarer Elemente zu einem universalen Begriff von Religion zu gelangen. Dieser Weg scheitert, so Caird, an der faktischen Mannigfaltigkeit der Religionsgeschichte. Sein eigener Lösungsversuch besteht in einer Dynamisierung der Identitätsbeschreibung. Die entwicklungstheoretische Fassung des religiösen Prinzips als „germinal principle" soll dazu verhelfen, das Identische gerade im Disparaten zu erfassen. Den Begriff der Religion versteht Caird als „a productive principle which explains difference and at the same time overcomes it".[114] Die organologische Metaphorik[115] dient dazu, die Differenzen der Religionsgeschichte hervorzuheben und zugleich als Entwicklungsphasen in einer übergeordneten Einheit zu verorten. Die organische Struktur der Entwicklung gewährleistet ihre Einheit: die Religionsgeschichte ist „the development of a germ which never adds anything to itself without transsubstantiating it or changing it into its own form ⟨...⟩."[116] Der Vorteil von Cairds Konzeption besteht darin, daß er nicht wie die Vertreter eines statischen Religionsbegriffs die Mannigfaltigkeit des Religiösen unterbestimmen muß. Denn er faßt das Prinzip der Religion als ein solches, das zugleich Differenz generiert und integriert: „Development is a process in which identity manifests itself *just in change,* and returns upon itself *just by means of change".*[117]

Für seine Theorie der Christentumsgeschichte rezipiert Troeltsch Cairds methodologisches Konzept einer dynamisierten, Pluralität integrierenden Identitätsbeschreibung.[118] Es ermöglicht ihm, auf neue Weise Differenz- und Einheitsbeschreibungen zu verbinden. Die Komplexität der historischen Großindividualität „Christentum" wird nicht auf einen spekulativen Begriff oder eine historische Gestalt reduziert. Es ist vielmehr die Komplexität selbst – im Sinne eines vielschichtigen Lebensprozesses –, die zu Identitätsaussagen führt. Die Einheit ist nicht vorgegeben, sondern vollzieht sich allererst in einer spannungsvollen und vielfältigen Entwicklungsgeschichte. Das Prinzip ist nicht in seiner Urgestalt vollständig enthalten, sondern durchläuft eine Entwicklung. Es kann darum erst dann verstanden werden, wenn man seine gesamte Geschichte überschaut.[119] Mit Hilfe des Keimbe-

---

[114] E. CAIRD: The Evolution of Religion I, 122.

[115] CAIRD bezeichnet das Prinzip als „germ" (aaO., 44, 69, 76 u.ö.) bzw. als „germinal principle" (aaO., 170) oder als „fertile source" (aaO., 151).

[116] AaO., 165.

[117] AaO., 172; Hhg. v. Vf.

[118] CAIRDS inhaltlicher Ausführung, wonach das religiöse Prinzip die Idee Gottes als Versöhnung von Objektivität und Subjektivität ist (aaO., 69, 60–83), hat Troeltsch ebensowenig zugestimmt wie der hegelianischen Argumentation für eine Absolutheit des Christentums (vgl. E. CAIRD: The Evolution of Religion II, 263–267).

[119] Schon CAIRD hatte aus dem Begriff des germinal principle die methodische Konsequenz gezogen, daß die religionsgeschichtliche Entwicklung von hinten her rekonstruiert werden müsse. Da das Prinzip zu Beginn nur als Keim vorhanden ist, kann es erst in seiner

griffs ist also beides ausgesagt: die Vielschichtigkeit der Entwicklung wie ihre immanente Zielgerichtetheit. Wenn man mit Troeltsch das christliche Prinzip im Sinne des Keimbegriffs als ein „Prinzip der Besonderung und Individualisierung" (SdR II, 76) begreift, dann kann man Divergenzen innerhalb der Christentumsgeschichte nicht nur tolerieren, sondern sogar konstruktiv in eine Theorie des Christentums integrieren. Denn nach Troeltsch sind es konstitutive Spannungen, die die spezifische Dynamik des Christentums begründen. Troeltsch ergänzt die organologische Metaphorik Cairds um ein antagonistisches Moment. Dadurch gelingt es ihm, die historische These von der Differenz zwischen Jesus und Paulus für die Methodologie der Christentumsgeschichte fruchtbar zu machen. Er vergleicht die Urzeit methodisch mit einer Ellipse zwischen zwei Polen[120], aus deren Spannung die Pluralität der Folgezeit erwächst.

Ein gravierendes und kaum zu vermeidendes Problem dieser vitalistischen Beschreibung des christlichen Entwicklungsprinzips besteht darin, daß sie seine präzise sprachliche Positivierung nahezu unmöglich macht. Es ist der hermeneutische Vorteil der Harnackschen Konzeption, daß sie ein prägnantes Kriterium an die Hand gibt. Der Preis hierfür ist allerdings hoch. Wer das Prinzip mit dem Evangelium Jesu gleichsetzt, wird viele Erscheinungen innerhalb der Christentumsgeschichte nicht mehr als christlich verstehen können. Mit der kriteriologischen Eindeutigkeit verbindet sich bei Harnack ein inhaltlicher Reduktionismus. Troeltschs kriteriologische Offenheit dagegen erlaubt es, sehr viel unbefangener die Binnenpluralität des Christentums wahrzunehmen. Problematisch wird sie aber dann, wenn es gilt, das Entwicklungsprinzip inhaltlich zu bestimmen. Troeltsch hat dies selbst gesehen: „Dann aber besteht dieses Kontinuum überhaupt nicht in einem formulierten Gedanken, in einer einfachen Haupt-Idee, sondern in einer geistigen Kraft, die an sich von Hause aus mehrere Ideen enthält und nirgends unmittelbar zu einfacher Formulierung bereit liegt, sondern selbst schon die Tendenz zu mehrfacher Formulierung in sich trägt" (WdC IV, 582).[121] Angesichts der „Oscillation" (WdC IV, 583) und der inneren Antinomik[122] des Prinzips zwischen zwei Polen besteht die einzige Möglichkeit seiner sprachlichen Darstellung darin, daß man seine Geschichte nacher-

---

Endgestalt vollständig erkannt werden: „we must read development backward and not forward, we must find the key to the meaning of the first stage in the last ⟨...⟩" (E. CAIRD: The Evolution of Religion I, 45).

[120] „Das Wesen des Christentums enthält also in sich eine Polarität und seine Formel muß dualistisch sein. Es gleicht ⟨...⟩ einer Ellipse, die nicht wie der Kreis ein Zentrum, sondern zwei Brennpunkte hat" (WdC IV, 583).

[121] Ein negatives Beispiel für eine unbestimmte Wesensbestimmung bietet folgender Satz: „Das Christentum ist Erlösungsethik mit einer Verbindung optimistischer und pessimistischer, transzendenter und immanenter Weltbetrachtung, mit schroffer Entzweiung und innerer Verbindung von Welt und Gott, der prinzipielle und doch in Glaube und That aufgehobene Dualismus" (WdC IV, 583).

[122] Vgl. E. Troeltsch: ⟨Rez.:⟩ A.D. Dorner: Grundriß der Dogmengeschichte, 275.

zählt. Es muß narrativ entfaltet werden. Troeltsch hat dies zwar methodologisch nicht weiter reflektiert. Aber die fast tausend Seiten seiner „Soziallehren der christlichen Kirchen und Gruppen" können als eine ausgeführte narrative Wesensbestimmung des Christentums in ethischer Hinsicht gelesen werden. Diese Problemgeschichte des Christentums reduziert dessen Prinzip nicht auf einen Punkt, sondern sieht das wesentlich Christliche in einer dauerhaften inhaltlichen Antinomik, die ihren Grund in einem bipolar aufgebauten Urprung hat. Für die Christentumsgeschichte ist kein unendlicher Pluralismus kennzeichnend, sondern das Zugleich deutlich konturierter Gegensätze in einer Spannungseinheit. Innerhalb dieser bilden sich verschiedene Ausprägungen, die jeweils mehr dem einen oder dem anderen Pol zuneigen. Man kann mit Troeltsch das Wesentliche am Christentum gerade in dieser ebenso produktiven wie kritischen Dynamik erkennen: „das Wesentliche ist allein der aus seiner historischen Erscheinung selbst erhellende, seine Entfaltung bewußt und unbewußt bestimmende, für sein eigenes Denken und Wollen im Mittelpunkt stehende Inbegriff religiöser Grundgedanken, der niemals fertig und abgeschlossen ist, so lange er lebendig der Geschichte angehört" (WdC II, 485).

Indem Troeltsch das christliche Prinzip als germinal principle begreift, vergrößert er dessen Abstand zur Person Jesu.[123] Allerdings hat er in einem

---

[123] Einen Vorläufer für seine Unterscheidung zwischen christlichem Prinzip und Person Jesu hat Troeltsch in ALOIS EMANUEL BIEDERMANN gesehen (SdR III, 205 f. Anm. 1). BIEDERMANN schärft in seiner „Christliche⟨n⟩ Dogmatik" (1884/5²) die formale Differenz zwischen der Person Jesu und dem Prinzip des Christentums ein (vgl. A. E. BIEDERMANN: Christliche Dogmatik I, 328–382, DERS.: Christliche Dogmatik II, 580–600). Er sieht hierin den Ausweg aus den Aporien der traditionellen Christologie (aaO., 580 f.). Wer das christliche Prinzip als Bestimmtheit des Wesens Gottes von der historischen Gestalt Jesu abhebt, gerät nicht vor die unlösbare Aufgabe, Jesus in einem ontologischen Sinn als Gottmenschen denken zu müssen. Das Konstitutionsprinzip des Christentums ist auf der Ebene Gottes die Gottmenschheit, d.h. die Versöhnung von absolutem und endlichem Geist (aaO., 583). Auf der Ebene des Menschen muß es als die Idee der Gotteskindschaft expliziert werden, die sich in einer „wirklichen Einheit persönlichen Geisteslebens" (aaO., 583) vollzieht. Jesus kann BIEDERMANN zufolge mit diesem Prinzip nicht identifiziert werden, muß aber als dessen vorzüglichste Realisationsgestalt in größte sachliche Nähe zu ihm gestellt werden. Der formalen Differenzierung steht bei BIEDERMANN also die Aussage inhaltlicher Identität gegenüber: der Inhalt der Idee hat „unmittelbar das Wesen der religiösen Persönlichkeit Jesu ausgemacht ⟨…⟩" (aaO., 582). Ohne mit dem Konstitutionsprinzip zusammenzufallen, ist Jesus dessen wichtigster Realisationsfaktor. Erst durch ihn konnte das Prinzip eine „religiöse Lebensmacht" (aaO., 581) werden. Das Leben des Erlösers ist der „Quellpunkt" seiner Wirksamkeit (aaO. , 593). Troeltsch schließt sich BIEDERMANN an, auch wenn seine systematische Perspektive eine andere ist. Biedermann profiliert die Differenzierung von Person und Prinzip in Antithese zum christologischen Dogma. Für Troeltsch ist die geschichtsmethodologische Frage nach einer entwicklungstheoretischen Fassung des Prinzips leitend: „Es ist eben die notwendige Folge der Anwendung des Entwickelungsgedankens, daß das Christentum in erster Linie als Prinzip, d.h. als die einheitliche, über seine historischen Einzelgestalten übergreifende und sie ursächlich wie teleologisch verbindende Grundidee seines religiösen Lebens in Betracht kommt" (SdR III, 205 Anm.1). Der Abstand zu BIEDERMANN vergrößert sich für Troeltsch durch die Einsicht in

frühen Text auf einen damit verbundenen apologetischen Gewinn aufmerksam gemacht. Eine „jesuzentrische" Wesensbestimmung des Christentums ist nämlich belastet „mit allen Problemen der Evangelienforschung und des Lebens Jesu, insbesondere mit den aus den apokalyptisch-eschatologischen Bestandteilen der Evangelien folgenden Schwierigkeiten."[124] Eine ganz auf die Person Jesu konzentrierte Christentumstheorie ist von der historischen Kritik besonders betroffen: „Hier hängt das Damoklesschwert über einer Theologie, die nur Eindruck und Selbstanspruch der isolirten Person Jesu zu ihrer Basis hat."[125] Erweitert man aber die theologische Perspektive über die Stiftergestalt hinaus, kann man den Anfragen der historischen Kritik entspannter entgegensehen. Denn die Wesensbestimmung des Christentums steht und fällt nicht mehr mit der historischen Beurteilung eines einzelnen Ereignisses. Dieses ist vielmehr eingebunden in den Zusammenhang seiner großen, vielschichtigen Wirkungsgeschichte und wird von dieser getragen.

Mit seiner Unterscheidung zwischen christlichem Prinzip und Person Jesu schließt sich Troeltsch auf seine Weise an den berühmten Satz Harnacks an: „Nicht der Sohn, sondern allein der Vater gehört in das Evangelium, wie es Jesus verkündigt hat, hinein."[126] Harnack hat später hinzugefügt: „Aber es ist im Sinne Jesu und ist zugleich eine Thatsache der Geschichte, dass er als der Weg zum Vater erlebt und anerkannt wird ⟨..⟩."[127] Troeltsch würde demgegenüber einwenden, daß Jesus nicht allein den ganzen christlichen Weg zu Gott ausmacht. Damit ist eine provokative Reduktion der Bedeutung Jesu gegeben. Nicht nur formal, sondern auch inhaltlich wird das Prinzip des Christentums von der Person Jesu abgerückt – bis hin zu der problematischen Formulierung: „An der Predigt Jesu ist für uns schließlich gerade das wesentlich, was für sie selbst nicht unmittelbar wesentlich gewesen war ⟨…⟩" (WdC IV, 582). Sucht Troeltsch die Kontinuität zu Jesus im expliziten Widerspruch zu dessen eigenem Selbstverständnis? Plausibler erscheint diese Äußerung, wenn man einen nachfolgenden Satz hinzunimmt: „Nicht das für das jeweilige Bewußtsein im Vordergrund Stehende, sondern das darin eingeschlossene Keim- und Wachstumsfähige ist das Wesen und sein Kontinuum" (ebd.). Demnach leitet die Metapher des Keims dazu an, nicht die Bedeutung Jesu für das christliche Prinzip zu leugnen, sondern sie vielmehr präziser zu verstehen. Das, was man als das Wesentliche aufstellt, muß nicht explizit von Jesus selbst formuliert worden sein. Aber es muß implizit mitgemeint sein. Die späteren Anreicherungen müssen sich immer auch als Folgen seiner Botschaft und seines Wirkens erweisen lassen. Die Deutung

---

die interne Polarität des christlichen Prinzips. Sie macht es ihm unmöglich, den Inhalt des Prinzips allein aus der Gestalt Jesu herauszulesen.

[124] E. Troeltsch: Religionsphilosophie und theologische Principienlehre, 380 (A 1896/5).

[125] AaO., 380f.

[126] A. v. HARNACK: Das Wesen des Christentums, 91.

[127] A. v. HARNACK: Lehrbuch der Dogmengeschichte I⁴, 81.

Jesu bleibt notwendiger Bestandteil einer Wesensbestimmung des Christentums, auch wenn sie nicht hinreichend ist: „Hier genügt es nun aber keineswegs sich auf den historischen Quellpunkt zu beschränken. Die Anfänge sind grundlegend, aber nur Keime, deren Inhalt erst aus der Gesamtentwikkelung übersehen werden kann"(SdR I, 430). Der Ursprung in Jesus begreift nicht alle weiteren historischen Ausgestaltungen des Christentums in sich. Aber als historischer Ausgangspunkt und als einer der bleibenden Pole der Spannungseinheit „Christentum" bleibt ihm eine konstitutive und kriteriologische Funktion erhalten. Auch wenn neben ihm andere Pole etabliert werden, stellt doch Jesus für eine Wesensbestimmung des Christentums einen unentbehrlichen „Ueberschuß" (WdC IV, 584) dar, der allererst den spezifischen, kontinuitätstiftenden Antagonismus im Christentum bildet. Sein systematisches Interesse an der internen Pluralität des Christentums führt Troeltsch dazu, in neuer Weise Jesus aufzuwerten. Denn er sieht in dessen eschatologischer Botschaft den Faktor, der die Dynamik der Christentumsgeschichte begründet: „die Bedeutung der klassischen Urzeit bleibt immer die, die Herzen aus aller Kultur und Immanenz immer wieder zu dem zu rufen, was über beiden ist" (ebd.).[128] Ebenso wie es sich ihm verbietet, die Polarität des christlichen Prinzips dadurch aufzulösen, daß er es auf das Evangelium Jesu reduziert, ist es ihm unmöglich, in der Wesensbestimmung Jesus und seine Botschaft einfach zu übergehen. Denn: „die Wesensformel ⟨ist⟩ nicht bloß dualistisch, sondern der Dualismus enthält einen eigentümlichen Zirkel in sich, vermöge dessen die Urzeit immer im Lichte der weiteren Entwickelung, aber diese letztere auch immer wieder von der Urzeit aus betrachtet werden muß" (ebd.). Gerade weil Troeltsch in seiner Konzeption des christlichen Prinzips Differenzen und Antagonismen zusammendenken will, kann er weder ein „Zurück zu Jesus" noch einen „Abschied von Jesus" propagieren.

4. Der normativ-praktische Aspekt der Geschichtsdeutung

Es muß nun nach dem Grad und der Art der Gültigkeit gefragt werden, die Troeltsch für seine Deutung der Religionsgeschichte beansprucht. Es wird damit das vierte hermeneutische Moment erreicht: die Explikation der Wesensbestimmung als eines Idealbegriffs. Hier zeigt sich, daß die Geschichtsphilosophie Troeltschs ihren plausiblen Zielpunkt in der Ethik besitzt.[129]

---

[128] Dieser Gedanke wird besonders für Troeltschs Kulturtheorie bedeutsam (s. u. III. C.).

[129] Diese Untersuchung versucht eine Interpretationsalternative zu der gängigen Lesart vorzustellen, die Troeltschs Geschichtsphilosophie in einer aporetischen Metaphysik enden und scheitern sieht. Stellvertretend für viele E. FÜLLING: Geschichte als Offenbarung, bes. 77–81, 88; H.-G. DRESCHER: Das Problem der Geschichte bei Ernst Troeltsch, 229 f.; V. STEENBLOCK: Transformation des Historismus, 160 f.; M. MURRMANN-KAHL: Die entzau-

Eine Wesensbestimmung ist nicht nur das Ergebnis historischer Abstraktion, Kritik und einer Entwicklungskonstruktion. Sie ist immer auch ein Idealbegriff. An dieser Stelle markiert Troeltsch deutlich den Übergang von der Historiograhie zur Ethik. Eine Geschichtsdeutung besitzt immer eine praktische Intention. Sie zielt auf die „historische Erziehung unseres Denkens und die durch sie zu gewinnenden Richtlinien für die Zukunft" (WdC V, 651). Troeltschs bekannte Formel für den Zusammenhang von Geschichtsdeutung und gegenwärtigem Kulturaufbau lautet: „Wesensbestimmung ist Wesensgestaltung" (WdC V, 654). Dieser kulturpraktische Aspekt bezeichnet keine nur sekundäre Anwendung, sondern ist integraler Bestandteil der historiographischen Arbeit selbst: „man verwendet die als Ideal vorgestellte Zukunft mit als Induktionsmaterial für die Feststellung des sich entwickelnden Wesens" (WdC V, 650). Die normative Perspektive richtet in Auswahl und Anordnung das historische Material auf eine bestimmte Teleologie hin aus: „Die zukünftige Entwicklung wird in das sich entwickelnde Wesen mit eingerechnet werden müssen, und, da die zukünftige Entwicklung von unserer Einsicht in das nach dem Wesen und nach dem Trieb der christlichen Idee Sein-Sollende geleitet wird, so wird das Wesen aus einem Abstraktionsbegriff ganz von selbst zu einem Idealbegriff" (WdC V, 651). Die normative Geschichtsphilosophie ist für Troeltsch nicht eine nur abschließende Systematisierung, sondern sie erwächst aus der historischen Arbeit selbst. Der Historiker, der von der Detailforschung zur Deutung von gegenwartsrelevanten historischen Großindividualitäten fortschreitet, bezieht unweigerlich eigene Wertempfindungen in seine Reflexionsleistung mit ein. Geschichte und Gegenwart stehen in engem Zusammenhang. Die Geschichte ist nicht das nur Vergangene, sondern auch das gegenwärtig Bedeutsame. Die Gegenwart ist nicht ein einfach Gegebenes, sondern ein aus der Geschichte Gewordenes. Die normative Geschichtsphilosophie, die diesen Zusammenhang aufzuhellen sucht, ist somit die Konsequenz einer gegenwartsbewußten Historiographie.[130]

Indem Troeltsch den Wesensbegriff als Idealbegriff bestimmt, hebt er den subjektiven Charakter der Geschichtsdeutung noch stärker hervor als in seiner Beschreibung des ersten hermeneutischen Elements, der divinatorischen Abstraktion. Es geht um mehr als bloße Intuition, es geht um eine wertende Stellungnahme. Troeltsch hat diesen Gedanken zunehmend mit existentialistischer Terminologie beschrieben: „Entscheidung" (WdC V, 652), „Sprung und Wagnis", „schöpferische Tat" (WdC V, 653) werden zen-

---

berte Heilsgeschichte, 184. Vgl. I. E. ALBERCA: Die Gewinnung theologischer Normen aus der Geschichte der Religion bei E. Troeltsch. Zur Kritik von ALBERCA vgl. G. KÖNIG: Die systematische Funktion der historischen Forschung bei Wilhelm Herrmann, Ernst Troeltsch und Karl Barth, Anmerkungsteil, 23 f. Anm. 223; und E. LESSING: Die Geschichtsphilosophie Ernst Troeltschs, 81 f. Anm. 113.

[130] Vgl. Troeltschs bekanntes Diktum: „So ist das Verständnis der Gegenwart immer das letzte Ziel aller Historie" (BdP, 6).

trale Begriffe.[131] Um zu einer normativen Aussage über das Wesen einer historischen Größe zu gelangen, ist ein existentieller Akt notwendig: „Nur der Mut der That verknüpft das Vergangene und Zukünftige ⟨...⟩" (ebd.). Unbeschadet ihrer idiographischen Perspektive geht die Historiographie nicht in der Untersuchung isolierter Einzelgestalten auf, sondern richtet sich auf das Verstehen von historischen Großindividualitäten, d.h. „der grossen abgeschlossenen Kreise menschlicher Gesittung, der führenden Völker, der bedeutenden Kulturkreise, der wichtigen Kulturzweige" (AdC, 51). Um diesen gegenwartsmächtigen Größen ein „Wesen" zuzuschreiben, ist ein normativer Zugriff notwendig. Wer das Wesen des Christentums bestimmen und Jesus religionsgeschichtlich verorten will, wird von seiner Stellung zum gegenwärtigen Christentum und der eigenen religiösen Position nicht absehen können. Die Einsicht in die Unmöglichkeit einer wertfreien Geschichtsdeutung ergibt für Troeltsch nicht die Konsequenz, daß sein Programm einer historisch aufgebauten Theologie nur zu einer dogmatischen Voraussetzungshaftigkeit anderer Art führe. Sein Historismus-Konzept sieht er dadurch gerechtfertigt, daß es gerade wegen seiner ethischen Pointierung der Geschichte angemessen sei. Denn das geschichtlich Wirksame ist selbst ethisch bestimmt. Geschichtliches Verstehen bedeutet das Verstehen historischer Wertsetzungen, das sich nur in einem Prozeß der Aneignung und Abstoßung vollzieht. Das voluntative Moment in der Wesensbestimmung führt deshalb nicht notwendig zur Verzerrung des historischen Materials, sondern spiegelt lediglich am Ort des deutenden Subjekts den der Geschichte eigenen voluntativen Charakter: „Indem von Willenswerten und ihren Verhältnissen nicht bloß ein Abbild gesucht wird, sondern indem das das Wesen aussprechende Urteil den eigenen Willen bestimmt, bekommt es Anteil an der Willensnatur alles Historischen, es wird eine That" (WdC V, 653). Troeltsch sieht das normative Moment seiner Geschichtsphilosophie durch diese Entsprechung von Gegenstand und Deutung legitimiert. Sie besteht darin, „dass also die verschiedenen Wertbildungen der Menschheit etwas Gemeinsames haben, das mit innerer Notwendigkeit dazu zwingt, die Werte gegen einander abzuwägen und, wie die eigene Persönlichkeit, so die

---

[131] Besonders deutlich wird dieser existentialistische Zug in E. Troeltsch: Die Zufälligkeit der Geschichtswahrheiten, 40–47. Er ist herausgearbeitet worden vor allem von R. RÖHRICHT: Zwischen Historismus und Existenzdenken, bes. 140, 123–134; sowie H. BENCKERT: Der Begriff der Entscheidung bei Ernst Troeltsch. RÖHRICHT folgt einer Anregung von EDUARD SPRANGER; vgl. dessen Brief an Friedrich Meinecke vom 26. 5. 1951 (F. MEINECKE: Ausgewählter Briefwechsel, 63). SPRANGER bezeichnet Troeltschs Geschichtsphilosophie als „existentiellen Historismus" (E. SPRANGER: Das Historismusproblem an der Universität Berlin seit 1900, 438). D. D. PERKINS (Explicating Christian Faith in a Historically Conscious Age, bes. 4–19) spricht sogar von einer „historicist-exisentialist method" bei Troeltsch. Vgl. Troeltschs Auseinandersetzung mit Kierkegaard in GS III, 214; hierzu H.-G. DRESCHER: Entwicklungsdenken und Glaubensentscheidung, 81–90.

menschliche Geschichte von der hierbei gewonnenen Ueberzeugung aus zu normiren und zu beurteilen" (AdC, 53).[132]

Das dezisionistische Moment zielt also nicht darauf, die geschichtsphilosophische „Dauerreflexion" gewaltsam abzubrechen.[133] Vielmehr will sich Troeltsch hiermit von einer defizienten Gestalt des Historismus, nämlich einer nur positivistischen Wissenschaftspraxis, abgrenzen. Diejenige Historiographie, die sich auf eine wertfreie Faktenerhebung beschränkt, verkennt die ethische Bestimmtheit menschlicher Geschichte und Subjektivität. Sie ist darum in einem tieferen Sinn uninteressant, weil das „historisch Wichtige" (AdC, 52) im „Wert" des historischen Gegenstandes liegt.

Neben der positivistischen Wissenschaftspraxis setzt sich Troeltsch noch mit der weltanschaulich relativistischen Ausdeutung des Historismus auseinander. Es wäre für ihn eine falsche Konsequenz des neuzeitlichen Ge-

---

[132] Es stellt sich die Frage, ob diese Strukturähnlichkeit von Subjekt und Objekt metaphysisch abgesichert werden muß, wie Troeltsch vorschlägt: „Denn das in der hypothetischen Anempfindung sich vollziehende historische Denken wäre zu dieser Anempfindung nicht fähig, wenn nicht in allen historischen Gestaltungen etwas von den Idealen Ausdruck fände, die wir selbst empfinden oder die wir in der Nachempfindung als eigene entdecken lernen könnten" (AdC, 59). Hier wird eine inhaltliche Übereinstimmung vorausgesetzt, die wiederum ihren Grund haben soll in der geschichtstheologischen Voraussetzung verschiedener, relativer Offenbarungen des Absoluten, die eine irgendwie geartete Identität aufweisen: „Dieses in seiner wandellosen Freiheit der Historie transzendente Ziel kann doch in ihr an den verschiedenen Stellen der Erhebung zu höheren Lebensinhalten in einer der historischen Voraussetzung und Lage angemessenen Weise sich offenbaren und diese verschiedenen Offenbarungen können mit einander sich messen und vergleichen in Bezug auf die Einfachheit, Kraft und Tiefe, mit der sie ein höheres, überweltliches Leben in Gott eröffnen" (AdC, 58f.). Bedingung der Möglichkeit einer normativen Deutung der Religionsgeschichte wäre demnach nicht allein die bloße Bezogenheit auf Werte, sondern „der in jeder höheren Religion lebende Gottesglaube" (AdC, 59) bzw. „Werte von gemeinsamer Grundrichtung" (AdC, 53). Troeltsch zielt auf eine letzte Begründung der Verbindung von Historiographie und Ethik durch den Gottesgedanken. Dieser sichert als geschichtsexterner Wertgrund die normative Struktur der Geschichte ab: „Der absolute, wandellose, durch nichts temporär bedingte Wert liegt überhaupt nicht in der Geschichte, sondern in dem Jenseits der Geschichte, das nur der Ahnung und dem Glauben zugänglich ist" (AdC, 54; vgl. die spätere Rezeption der Monadologie von Leibniz GS III, 675ff.). Diese metaphysische Figur wird allerdings von Troeltsch wieder historistisch zurückgenommen zugunsten der Vorstellung einer regulativen Idee, der in der Anordnung der historischen Tatsachen eine nur heuristische Funktion zukommt: „Die konvergirenden Richtungen aber dieser Grundlinien weisen auf ein dem Ganzen vorschwebendes allgemeingiltiges, normatives Ziel, dessen Wesen trotz aller Unterschiede der individuell gearteten Anbahnungen erkannt werden kann, das durch seine überall erkennbare Idee der Beurteilung der stärkeren und schwächeren Verwirklichung erlaubt, und das als Ganzes und Fertiges doch der Geschichte jenseitig ist und in ihr immer nur auf eine jeweils bedingte und individuelle geartete Weise erfasst wird" (AdC, 63). Der absolute Maßstab wird in seiner reinen Jenseitigkeit und formalen Letztbegründungsfunktion zu einem bloß regulativen Abschlußgedanken, der die eigentliche Deutungsarbeit nicht mehr berührt. Denn „da muss sich jede Wertung und Abstufung unmittelbar an den historischen Befund anschliessen und aus ihm erwachsen ⟨...⟩" (AdC, 54).

[133] So die Deutung des theologischen Existentialismus von H. SCHELSKY: Ist Dauerreflexion institutionalisierbar?, 257.

schichtsbewußtseins[134], die Geschichte als eine unendliche und begrifflich
nicht zu organisierende Fülle unterschiedlichster Wertauffassungen anzusehen, die eine wertende Betrachtung schlechterdings nicht zuläßt. Demgegenüber weist Troeltsch auf die faktische Begrenztheit normativer Deu-
tungsmöglichkeiten hin: „Diejenigen, die der Menschheit wirklich etwas
Neues zu sagen hatten, sind immer überaus selten gewesen, und es ist erstaunlich, von wie wenig Gedanken die Menschheit in Wahrheit gelebt
hat" (AdC, 56).[135] Troeltsch möchte die Vorstellung, daß die Geschichte
einen unbegrenzten Wertepluralismus darbiete, als haltlos entlarven. Sein
Beitrag zu einer normativen Orientierung besteht nicht allein im Programm einer Kultursynthese als einer letzten Integration der differenten
Werte.[136] Seine Bewältigung des religiös-ethischen Pluralismus setzt früher, nämlich schon bei der Deutung des historischen Materials ein. Sie beginnt damit, daß sie die Mannigfaltigkeit historischer Wertbildungen auf
eine begrenzte Zahl weltanschaulicher Typen reduziert. Die geistige Lage
seiner eigenen Zeit sieht Troeltsch deshalb weniger durch die Chaosvision
einer „Anarchie der Werte" (Dilthey) gekennzeichnet als durch die Alternative zwischen personalistischer und monistischer Weltanschauung. Zwischen diesen scharf konturierten, gegensätzlichen Werttypen, die jeweils
allerdings eine Fülle von Binnendifferenzierungen enthalten, ist eine wertende Stellungnahme sehr wohl möglich. So konzentriert Troeltsch – wie
zu zeigen sein wird – seinen religionsgeschichtlichen Vergleich auf die
Gegenüberstellung des „monistischen Ostens" und des „personalistischen
Westens".[137] Troeltschs normative Orientierung im Pluralismus beginnt
also damit, daß profilierte typologische Alternativen herausgearbeitet werden, zwischen denen eine bestimmte Wahl ebenso nötig wie möglich ist.
Wenn demgegenüber die Vertreter eines historistischen Relativismus sich
vor eine nicht zu bändigende Möglichkeitsfülle gestellt sehen, begehen sie
den Fehler, eine Oberflächenwahrnehmung unkritisch zu vergrundsätzlichen.

Historistische Aufklärung und normative Positionalität sind Troeltsch zufolge keine Gegensätze. Der dogmatische bzw. antihistoristische Einspruch,
nach dem eine Begründung der eigenen Weltanschauung nur durch eine
„Überwindung" des Historismus zu erreichen sei, besitzt eine bloß vordergründige Plausibilität. Troeltschs ethisches Historismus-Konzept ermöglicht
dagegen eine nachdogmatische Standpunkt-Bezogenheit. Nachdogmatisch
ist die Restriktion der Geltungsaussagen auf den Status subjektiver Wertempfindungen. Auf Allgemeingültigkeit wird verzichtet. Die Geschichts-

---

[134] Vgl. H. Schnädelbach: Geschichtsphilosophie nach Hegel, 19–30.
[135] „Die Variationen menschlichen Lebens und Denkens sind im Einzelnen unabseh-
bar, im Großen sehr gering" (CuR, 442).
[136] S. u. III. C. 3.
[137] S. u. III. A. 4.

philosophie sieht sich mit einer Pluralität von Normvorstellungen konfrontiert, die sie nicht objektiv auflösen kann. Dennoch ist sie keine bloße Verdoppelung des Pluralismus. Als historische und systematische Kulturtheorie stellt sie die gedanklichen Instrumente dafür bereit, die eigene Position im „Kampf der Werte" diskursiv vertreten zu können.

Es stellt sich die Frage, ob die vierte hermeneutische Explikationsstufe der Wesensbestimmung die materiale historiographische Arbeit nicht herabstuft. Welche Funktion besitzt diese, wenn die Letztinstanz der Beurteilung eine subjektive Entscheidung ist? Die Bestimmung des Wesensbegriffs als Idealbegriff führt zu dem brisanten Problem, wie Subjektivität und Objektivität in der Geschichtsdeutung einander zuzuordnen sind. Es ließe sich fragen, ob Troeltsch nicht den je eigenen Wertempfindungen eine zu große Bedeutung zuerkennt und damit eine unverantwortliche Auflösung von objektiven Identitäten einleitet.

Troeltsch hat nun eine Verhältnisbestimmung von Objektivität und Subjektivität vorgenommen, nach der beide Momente nicht aufeinander reduziert und doch in einer unlöslichen Spannungseinheit miteinander verknüpft sind. Das Objektive ist nur im Modus der subjektiven Aneigung gegeben. Die subjektive Wertsetzung dagegen baut sich am objektiv Gegebenen auf und muß sich am Objekt ausweisen, wenn sie intersubjektiv anschlußfähig sein will: „Das Objektive liegt nicht bereit, um jedesmal einfach aufgenommen zu werden, sondern es wird jedesmal neu geschaffen und hat seine Verbindlichkeit in dem Ineinander des historischen Besitzes und der persönlichen gewissenmäßigen Fortbildung und Umwandlung" (WdC VI, 680). Damit verkompliziert sich die historistische Leitfrage nach dem Maßstab der Deutung.[138] Das geschichtsphilosophische Kriterium ist nicht etwas nur geschichtsimmanentes, das der Historiker vorfindet, sondern immer auch eine normative Perspektive, die der Historiker an seinen Gegenstand heranträgt.[139] Wie aber verhalten sich Objektivität und Subjektivität des Maßstabs zueinander? Troeltsch unterscheidet gelegentlich „eine Beurtei-

---

[138] Die von O. HINTZE (Ernst Troeltsch und die Probleme des Historismus, 60f.) vorgetragene Kritik an Troeltschs Begriff des Maßstabs ist dadurch begründet, daß Hintze diesen immer in einem absoluten Sinn versteht. Demgegenüber ist zu bemerken, daß es durchaus sinnvoll sein kann, standortgebundene und somit nur relativ gültige Kriterien dann als Maßstäbe zu bezeichnen, wenn sie zur normativen Beurteilung geschichtlicher Gegenstände verwendet werden.

[139] Die objektivistischen Formulierungen besonders der Frühschriften müssen von hier aus zurückgenommen werden. Hier hatte Troeltsch behauptet: „Der Maßstab erwächst in und mit der Geschichte selbst ⟨...⟩"(SdR II, 78). „Die innere Dialektik der religiösen Idee weist in die Richtung der vollkommen individuellen und daher universalistischen Erlösungreligion ⟨...⟩. Die Tatsachen zeigen von allen Religionen die in dieser Richtung sich bewegenden als die allein vordringenden und die am schärfsten sie verfolgende als die lebendigste, siegreichste und den höchsten Kulturen verbundene. Damit ist der Beurteilungsmaßstab, den wir suchen, gefunden ⟨...⟩" (SdR III, 200).

lung ersten und eine solche zweiten Grades"[140], d.h. eine immanente und eine konstruktive Perspektive. Beide Betrachtungsweisen stehen nicht in einem Folgeverhältnis, sondern durchdringen sich wechselseitig. Ihre Differenz wird dadurch relativiert, daß sich auch die Deutung zweiten Grades nicht einer geschichtsexternen Instanz verdankt. Der Wertmaßstab des deutenden Subjekts ist nicht ein übergeschichtlicher Begriff, sondern selbst eine „Schöpfung des geschichtlichen Momentes" (AdC^2, 60). Der Beurteilungsmaßstab baut sich also aus zwei Momenten auf. Er ist „die in der Lebensbewegung selbst durch Ueberschau und Mitleben sich erzeugende Einstellung in die große geschichtliche Hauptrichtung. Er ist selbst erst das Erzeugnis der besonderen geschichtlichen Lage und das Mittel ihrer Weiterbildung ⟨...⟩" (AdC^2, 53). Das Urteil ist keine einfache Konsequenz des historischen Tatsachenwissens, wie es ebensowenig die Exekution persönlicher Wertempfingungen sein darf. In ihm muß die „axiomatische Stellungnahme" (AdC, 45f Anm.1) mit einer religionsgeschichtlichen „Abwägung" (AdC, 46 Anm.1) verbunden sein. Auch wenn dem subjektiven Moment bei Troeltsch ein Primat zukommt[141], bleibt der Gegenstandswahrnehmung eine konstitutive Bedeutung erhalten. Zwar basiert die Geschichtsbetrachtung auf normativen Voraussetzungen des deutenden Subjekts. Zugleich aber besteht die Forderung der „Sachlichkeit" bzw. einer „möglichst objektiven Versenkung in das Fremde und die damit verbundene Relativierung des eigenen Standpunktes".[142] Die Wertsetzungen des deutenden Subjekts sind keine unhinterfragbaren „Axiome", über deren subjektive Geltung hinaus nichts gesagt werden könnte. Vielmehr unterliegen sie, wenn sie auf geschichtliche Gegenstände angewandt werden, einer Bewährungsprobe. Zum einen werden sie angesichts des historischen Fremden in Frage gestellt. Zum anderen müssen sie in der Anwendung auf den historischen Gegenstand zeigen, ob sie eine angemessene Deutung ermöglichen. Sie müssen zu gelungenen Wesensbestimmungen führen. Die „Wahrheit" einer Geschichtsdeutung läßt sich zwar nicht mittels eines methodischen Testverfahrens objektiv erweisen. Aber die Frage nach der Adäquatheit subjektiv bedingter Deutungsperspektiven ermöglicht eine diskursive Überprüfung. Innerhalb der Polarität von Subjektivität und Objektivität dominiert nicht nur das erste Element, sondern auch in umgekehrter Richtung können Bestätigung, Kritik und Korrektur vollzogen werden.

Der methodische Subjektivismus findet bei Troeltsch ein weiteres Gegengewicht in einem gewissermaßen inhaltlichen Objektivismus. Denn Troeltsch läßt seine hermeneutische Leitdifferenz nicht mit der Unterscheidung von Autonomie und Heteronomie zusammenfallen. Autonomie

---

[140] E. Troeltsch: Über Maßstäbe zur Beurteilung historischer Dinge, 31.

[141] „Ein solcher Masstab ist dann freilich Sache der persönlichen Ueberzeugung und *im letzten Grunde* subjektiv" (AdC, 60; Hhg. v. Vf.).

[142] E. Troeltsch: Über Maßstäbe zur Beurteilung historischer Dinge, 31.

bezeichnet „ein rein formales Prinzip", das nur den Geltungsgrund betrifft[143]. Inhaltlich bleibt die deutende Subjektivität an das historische Material verwiesen. Troeltsch vertritt die These, daß das Autonomieprinzip keine hinreichende Instanz zur Generierung von Inhalten darstellt.[144] Auch die autonome Subjektivität bleibt an traditional vermittelte Gegenstände gebunden: „Unsere Maßstäbe entstehen in Wahrheit durch eine kritische Auslese aus dem Kulturbesitze eines ganzen großen Wirkungszusammenhanges ⟨…⟩."[145] Der Maßstab ist keine reine Setzung eines isolierten Subjekts, sondern erwächst aus der Auseinandersetzung mit der Geschichte, deren Teil er ist: „Im Mitleben der grossen menschlichen Kämpfe, in dem hypothetischen Nachempfinden der verschiedenen kämpfenden Gestaltungen muss er praktisch und persönlich gewonnen werden" (AdC, 60). Gegenüber Max Webers „Polytheismus"[146] der Werte, innerhalb dessen die jeweiligen Positionen nur noch dezisionistisch behauptet werden können, soll das von Troeltsch beschriebene Zusammenspiel von Subjektivität und Objektivität zumindest ein Minimum an rationaler Diskursivität sichern.

Die Geschichtsphilosophie ist also „keine strenge Wissenschaft" (AdC, 70) und doch auch keine nur subjektive Weltanschauung: „Von einem bloßen Subjektivismus der Einfälle und Gewaltsamkeiten sind solche Maßstabbildungen getrennt durch ihre tiefe und lebendige Einfühlung in das historische Ganze, aus dem sie erwachsen, und durch die Gewißheit, darin einen inneren Zug der Entwicklung, eine innere Lebensbewegung des Alls oder der Gottheit zu ergreifen."[147] Der Hinweis auf die Sachbezogenheit und den Glauben an das Recht der eigenen Deutung zeigen, daß Troeltsch eine Auflösung der Polarität von Subjektivität und Objektivität für unmöglich hält. Zwischen beiden Polen besteht eine zirkuläre Dynamik: „Das Problem des Verhältnisses der normativen Werte, nach denen wir die Auswahl und Gliederung des historischen Stoffes treffen, zu der Historie, aus deren Beschauung und Durchdenkung wir doch erst die anerzogenen Wertideen endgültig ausgestalten, ist ein unausweichliches Zirkelverhältnis, aus dem ein Ausweg gefunden werden muß."[148] Der „Ausweg", den Troeltsch empfiehlt, ist kein Ausstieg aus der polaren Spannung. Vielmehr sieht er die Lösung darin, die Zirkularität selbst als Merkmal historischer Existenz konstruktiv zu wenden: „Den bezeichneten Zirkel löst nur die That auf, aber die That einer gewissensmässigen Urteilsbildung auf Grund grösstmöglicher

---

[143] E. Troeltsch: Autonomie und Rationalismus in der modernen Welt, 202.

[144] „Die moderne Autonomie kann niemals autonome Hervorbringung des Geistesinhaltes sein, sondern kann sich nur auf die Form der Aneignung beziehen ⟨…⟩" (E. Troeltsch: Glaube: IV. Glaube und Geschichte, 1453).

[145] E. Troeltsch: Über Maßstäbe zur Beurteilung historischer Dinge, 29; vgl. E. Troeltsch: Autonomie und Rationalismus in der modernen Welt, 207–209.

[146] M. Weber: Wissenschaft als Beruf, 603f.

[147] E. Troeltsch: Über Maßstäbe zur Beurteilung historischer Dinge, 29.

[148] E. Troeltsch: ⟨Rez.:⟩ A. Grotenfelt: Die Wertschätzung in der Geschichte, 644.

wissenschaftlicher Erkenntnis der Erfahrung" (MG II, 71). Die Geschichtsdeutung wird zurückgebunden an die ethische Eigenverantwortung des
deutenden Subjekts, das wiederum an die Geschichte gebunden bleibt.[149]
    Im existentiellen Umgang mit der Geschichte zeigt sich die Gegenwarts-
relevanz des historischen Bewußtseins. Die Einsicht in die Relativität aller
Wertsetzungen sowie in die ethische Bestimmtheit aller historischen Gebilde leitet dazu an, die Freiheit zu eigener Lebensgestaltung und Wertsetzung
zu gewinnen. Geschichte und Gegenwart befruchten und begrenzen einander. Die Maßstabsfrage führt zur Entdeckung der Gegenwart als eines historisch geprägten und zugleich selbstgestalteten Orts. Der Historismus ist keine Krankheit zum Tode, wie Nietzsche meinte[150], sondern zielt auf die aktive, ethische Gegenwartsbewältigung aus dem Geist der Geschichte. Jenseits
von allem Traditionalismus will Troeltschs Konzept zu einer individuell verantworteten Lebensführung und Kulturgestaltung im konstruktiven Umgang mit der Geschichte anleiten. Nicht die pathologische Verdrängung der
Gegenwart durch eine verselbständigte Beschäftigung mit Vergangenem ist
das Ziel von Troeltschs Historismus, sondern die freie Orientierung der Gegenwart aus der Geschichte: „Der historische Ballast, der in der heutigen
Theologie manchmal die Arbeit schwer bedrückt, sinkt nieder, und der
Geist der Geschichte kann sich klarer und kräftiger, begeisterter und zusam-

---

[149] Das Gegenbeispiel für eine gewaltsame Auflösung des Zirkels zugunsten des subjektiven Pols bietet NIEBERGALL. Er meint, angesichts des Urteilscharakters jeder geschichtsphilosophischen Aussage auf historische Objektivierung überhaupt verzichten zu
sollen. Er interpretiert Troeltsch als scheinbaren Induktionisten, der seine Voraussetzungs-
gebundenheit objektivistisch verschleiert (vgl. F. NIEBERGALL: Ueber die Absolutheit des
Christenthums, 52, 54–57). NIEBERGALL empfiehlt entsprechend den Rückzug in die vermeintlich methodisch ehrlichere, dogmatische Subjektivität: „So dient uns die Religionsphilosophie ⟨d.h. die Geschichtsphilosophie der Religionen⟩ blos dazu, den Rang unserer
Religion festzustellen, nachdem wir zu ihrer Schätzung als des Ideals und der Wahrheit auf
anderem Wege gekommen sind. Die Versetzung auf die oberste Stufe beruht schon auf einem Vorurtheil, das unser Glaube mit seiner Entscheidung getroffen hat, nicht auf objecti-
ver Erwägung" (aaO., 57). Der Zirkel wird aufgehoben: „Geschichtsphilosophie giebt es
erst auf Grund des Glaubens, nicht als Grund des Glaubens: sonst dreht man sich im Kreis
und merkt es nicht" (aaO., 61). Der Hinweis auf die Antinomik der Troeltsch'schen Geschichtsphilosophie soll die Rückkehr zu einer Theologie der Offenbarungsautorität plausibilisieren. Ebenso urteilt KAFTAN: „Entweder empirische Analyse und am rechten Ort
der Uebergang zum Standpunkt im Ideal, d.h. zur persönlichen Ueberzeugung, zum Glauben – oder dann Religionslehre und Metaphysik; ein Mittleres giebt es nicht" (J.
KAFTAN: Die Selbständigkeit des Christentums, 391, vgl. 383f.; DERS.: Erwiederung,
73ff.). Troeltsch hält dagegen, daß die Einsicht in die Problematik der Geschichtsphilosophie unter den Bedingungen des Historismus allein diese noch nicht zu verabschieden
mag, wenn eingesehen wird, daß die genannte Problematik eine unhintergehbare ist:
„Aber diese Schwierigkeiten können nichts dagegen beweisen, daß es der einzige Weg ist,
wenn ein anderer uns durch *die Thatsachen des geschichtlichen Lebens* unmöglich gemacht
wird" (GuM, 40; Hhg v.Vf.).
    [150] F. NIETZSCHE: Vom Nutzen und Nachtheil der Historie für das Leben. Vgl.
Troeltschs freundlichen, wenn auch bibliographisch fehlerhaften Verweis auf diese Schrift
in GS II, 735.

menfassender als wirklicher Geist, als lebendige Tat, bekunden" (GS II, 451; = WdC²). Troeltschs Programm, „Geschichte durch Geschichte 〈zu〉 überwinden"[151], stellt sich gegen alle Fluchtversuche aus den Aporien des historischen Bewußtseins. Es unterscheidet sich von ideologischen Versuchen einer sogenannten Überwindung des Historismus dadurch, daß es die wechselseitige Durchdringung von ethischer Existenz und historischer Reflexion in der Geschichtsphilosophie empfiehlt.

Durch die existentialistische Zuspitzung lenkt Troeltsch die geschichtsphilosophische Reflexion zurück auf den vorfindlichen, weltanschaulichen Pluralismus. Troeltsch betreibt Geschichtsphilosophie in „praktischer Absicht"[152]. „Historismus" ist für ihn kein ästhetischer Stil, sondern eine Form ethischer Auseinandersetzung. Seine Geschichtsphilosophie ist ein Reflex auf lebensweltlich spürbare Antagonismen, zu deren intersubjektiver Klärung sie einen Beitrag leisten will. Vollständig integrieren lassen diese sich allerdings nicht: „Vor allem werden diese Entscheidungen nicht rein theoretisch in den Gedanken einiger europäischer Gelehrten und Denker getroffen, sondern sie werden in immer weiterem Umfang und praktischem Kampf der Religionen ausgekämpft werden müssen, und hier wird das in der Idee gefällte Urteil sich praktisch bewähren müssen" (AdC, 61).[153] Nach dem Ende vermeintlich objektiver Geschichtsphilosophien bleibt die praktische Bewährung das letzte Kriterium: „Der Tatbeweis der Energie, der Beweis des Geistes und der Kraft ist alles" (SdR I, 376). Mit dieser Anspielung auf Lessing wird die historistische Geschichtsphilosophie auf die Lebenswelt verwiesen als den Ort, an dem sich die Sinnhaftigkeit normativer Positionen und die Angemessenheit von Geschichtsbildern entscheiden. Trotz dieser Selbstbegrenzung ist die Geschichtsphilosophie kein nutzloses Geschäft. Auch wenn Troeltsch keine „Lösungen" bietet, erbringen seine Erwägungen doch eine kulturpraktisch wichtige Leistung. Zum einen geben sie selbstkritischen Aufschluß über die ethische Bestimmtheit und strukturelle Verfaßtheit des historischen Bewußtseins und verhelfen diesem zur Aufklärung seiner selbst.[154] Zum anderen werden Voraussetzungen benannt, die erfüllt sein müssen, damit die geschichtsphilosophische Auseinandersetzung diskursiv geführt werden kann. Nur wenn die Geschichtsbilder sich ihrer jeweiligen subjektiven Bedingtheit bewußt sind und sich zugleich

---

[151] E. Troeltsch: Der Aufbau der europäischen Kulturgeschiche, 48.

[152] Vgl. hierzu bes. F. W. Graf und H. Ruddies: Ernst Troeltsch: Geschichtsphilosophie in praktischer Absicht.

[153] Von hier aus muß der von S. W. Sykes (Ernst Troeltsch and Christianity's essence, 170 f.) geäußerte Vorwurf, Troeltschs Geschichtsphilosophie sei elitär, kritisch hinterfragt werden.

[154] „Solche ‚Überwindung' des Historismus bedeutet somit nicht die positive Beantwortung aller Fragen, die zu ihm geführt haben, sondern das Stehen zu seinen Aporien in Gestalt einer radikalen Selbstkritik der historischen Vernunft" (U. Barth: Troeltsch et Kant, 96; Übersetzung U. Barth).

dem Gebot der Sachlichkeit unterwerfen, können sie intersubjektiv vermittelt werden.

Bei Troeltsch ist der Historismus „anerkannt und überwunden zugleich."[155] Ein resignatives Scheitern muß allerdings derjenige diagnostizieren, der eine endgültige Auflösung der Aporien des historischen Bewußtseins für möglich hält.[156] Wer dies nicht tut, kann die konstruktiven Elemente der Troeltsch'schen Konzeption rezipieren. Er muß in Troeltsch nicht nur einen vorzüglichen Diagnostiker der Krise des Historismus sehen, sondern vermag in seiner ethischen Pointierung der Geschichtsphilosophie einen konstruktiven Beitrag zu einer Kultur des Pluralismus zu erkennen.

Abschließend ist zu fragen, wie sich die Methodologie von Troeltschs Geschichtsphilosophie der Religionen zum Selbstverständnis christlicher Religiosität verhält. Troeltsch selbst gesteht ein, daß zwischen dem religiösen Bewußtsein und der geschichtsphilosophischen Reflexion eine Differenz besteht: „Der Fromme bedarf des Absoluten ⟨...⟩" (AdC, 85) – aber der Geschichtsphilosoph kann keiner Religion das Prädikat „absolut" zuerkennen. Doch indem Troeltsch diese Differenz bekräftigt, bringt er nicht die christliche Heilsgewißheit ins Wanken, sondern schärft die grundlegende neuprotestantische Unterscheidung zwischen Religion und Theologie ein. Eine historisch aufgebaute Theologie kann die unbedingte Geltung des Christentums nicht erweisen. Ihre Aufgabe besteht vielmehr darin, das religiöse Bewußtsein über sich selbst aufzuklären und in ein Verhältnis zu konkurrierenden Auffassungen zu setzen. Theologie ist eine Meta-Reflexion, die den Glauben weder konstituieren noch destruieren, sondern nur diskursiv bewähren kann.

---

[155] E. Troeltsch: Die Zufälligkeit der Geschichtswahrheiten, 45.

[156] Die These, „daß die Resignation den Grundton bildet in diesen ‚Lösungen'", wie sie etwa in HuÜ vorgestellt werden, hat besonders F. TÖNNIES (Tröltsch und die Philosophie der Geschichte, 409) vertreten. Die Kritik an Troeltsch, wie sie von Vertretern der nachfolgenden Generation formuliert wurde, ist insofern selbst ideologisch bzw. dogmatisch bestimmt, als sie zur Überwindung der Wissenschaftskrise „den wirklichen Austritt aus der ganzen geistigen Situation" proklamiert (S. KRACAUER: Die Wissenschaftskrisis, 208, vgl. 198–203). Auf derselben Linie liegt Paul TILLICHS berühmtes Diktum, Troeltsch sei „die negative Voraussetzung für jeden kommenden Aufbau" (P. TILLICH: Zum Tode von Ernst Troeltsch, 175). Auch diese Verabschiedung von Troeltschs konstruktiven Ansätzen beruht auf der Hoffnung, selbst eine transhistorische Position aufbauen zu können: „Es ist ⟨bei Troeltsch⟩ ein geschichtlicher Standpunkt, von dem aus die Geschichte beurteilt wird, und nicht der übergeschichtliche, der doch allein imstande ist, die Geschichte zu deuten" (DERS.: Zum Tode von Ernst Troeltsch, 178; vgl. DERS.: Ernst Troeltsch). Andererseits kann sich TILLICH auch in große Nähe zu Troeltsch setzen, etwa wenn er in Anlehnung an dessen existentialistische Zuspitzung der Geschichtsphilosophie formuliert: „Geschichtsbewußtsein ist Erfülltsein mit den Kräften und Spannungen des Geschichtsprozesses und Bewußtsein um die schöpferische Bedeutung des gegenwärtigen Augenblickes" (DERS.: Das System der Wissenschaften nach Gegenständen und Methoden, 217). Diese frühe Programmschrift aus dem Jahr 1923 läßt sich als Parallelentwurf zu Troeltschs Geschichtsmethodologie lesen. Vgl. H. RUDDIES: Ernst Troeltsch und Paul Tillich.

Insofern der Glaube das Bewußtsein der Gemeinschaft mit Gott ist, ist er von der Geschichte und ihrer wissenschaftlichen Erforschung und Deutung unabhängig: „Das religiöse Gefühl kann und darf die Historie wieder vergessen und lebt mit naiver Absolutheit nun auch seinerseits in der Gegenwart Gottes, alle Zeit verzehrend in der Anschauung des Einen uns eröffneten göttlichen Zieles" (AdC, 128). Insofern jedoch der Glaube eine christliche, inhaltliche Bestimmtheit besitzen und innerhalb einer Gemeinschaft praktiziert werden soll, kann er ohne historische Vorgaben nicht auskommen: „Soweit es aber wieder der Stärkung an der Geschichte und den großen religiösen Persönlichkeiten bedarf, soweit insbesondere für Zusammenhalt und Fortpflanzung der Gemeinschaft und für die Möglichkeit eines Kultus die Vergegenwärtigung seiner Grundlagen unentbehrlich ist, wird es ⟨das religiöse Gefühl⟩ sich wieder zurückwenden zu diesen und die historisch-kritische Gelehrsamkeit fern halten können von einer lediglich der Erbauung und Vertiefung dienenden Vergegenwärtigung der Geschichte" (AdC^2, 120).[157] Indem Troeltsch die Verwiesenheit des Glaubens auf die Geschichte betont, verneint er zugleich die suggestive Frage, ob denn nun der einfache Laie vom historisch gebildeten Fachtheologen abhängig sei. Denn Troeltsch unterscheidet zwischen einem religiös ausgedeuteten Geschichtsbild und der historisch-kritischen Fachwissenschaft. Deren Detailarbeit ist für den christlichen Glauben gleichgültig. Es geht lediglich um die „Hauptpunkte"[158] der Geschichte des Urchristentums, die erkennbar und einer religiösen Ausdeutung fähig sein müssen. Ein gewisser historiographischer „Konservativismus" ist also die Voraussetzung eines christlichen Glaubens unter den Bedingungen des Historismus. Troeltsch ist trotz aller exegetischen Probleme davon überzeugt, daß die wesentlichen Gesichtspunkte des Urchristentums und vor allem der Predigt Jesu historisch rekonstruierbar sind und daß ihre radikalen Infragestellungen sich als Ergebnis einer „sensationelle⟨n⟩ Überkritik"[159] erweisen werden.

Eine völlige Sicherheit ist damit dem christlichen Glauben jedoch nicht gegeben. Aber Troeltsch zufolge kann und soll nicht erwartet werden, daß man die prinzipielle Strittigkeit des christlichen Glaubens mit wissenschaftlichen Mitteln überwinden werde: „In kritisch-wissenschaftlichen Zeitaltern lebt eben der G. ⟨Glaube⟩ unter andern Bedingungen als in überwiegend unkritischen und hat seine besonderen Kämpfe, die sich von den Kämpfen unterscheiden, die ja auch ein unkritisches Zeitalter ihm aufer-

---

[157] Diese Passage ersetzt eine Formulierung, die das Verhältnis zwischen Geschichte und Glauben weniger problematisch einschätzt: „Nicht Theologie und Apologetik, sondern die einfache Stimme des von der Last der Historie befreiten Herzens wird das Paulus-Bekenntnis sprechen: Einen anderen Grund kann niemand legen, ausser dem der gelegt ist, welcher ist Jesus Christus" (AdC, 128).

[158] E. Troeltsch: Glaube: IV. Glaube und Geschichte, 1454.

[159] Ebd.

legt."[160] In einer größeren geschichtlichen Perspektive erscheinen die Anfragen der modernen Geschichtswissenschaft nicht länger als beispielloses
Novum. Die wissenschaftliche Kritik des christlichen Glaubens setzt nicht
erst mit der Neuzeit ein, sondern hier wird die vormals metaphysische Problematik seiner Dogmen transformiert in eine historische Infragestellung
seiner zentralen Vorstellungsgehalte. In den metaphysischen Debatten über
den ontologischen Status Christi hat der Streit über die historische Deutung
Jesu seinen Vorläufer. Indem Troeltsch auch hier die letzte apologetische
Leistung dem Glauben selbst überläßt und keine geschichtsphilosophische
Immunisierung anstrebt, wahrt er auch angesichts der historistischen Krise
des Glaubens dessen Selbständigkeit gegenüber der Theologie.

Inwieweit nun die kritische Umformung der Christologie gelingen kann,
hängt nicht allein von methodischen und grundsätzlichen geschichtsphilosophischen Überlegungen ab, sondern muß sich immer auch in der jeweiligen inhaltlichen Durchführung zeigen lassen. Troeltsch hat sich nicht auf
die Klärung prinzipieller methodologischer und konzeptioneller Probleme
beschränkt, sondern sich zugleich tief in Fragen der materialen Historiographie eingearbeitet. In der Auseinandersetzung mit der exegetischen Diskussion seiner Zeit versucht er die Konstruktion eines religionsgeschichtlich
fundierten Jesusbilds, um den Steit über den christlichen Glauben klären zu
helfen. Dies soll im folgenden zweiten Hauptteil dargestellt werden.

---

[160] Ebd.

II. Die religionsgeschichtliche Einordnung Jesu von Nazareth

A. Die Propheten und der ethische Monotheismus

1. Einleitung

Am 14. 2. 1891 stellt Troeltsch für seine Promotionsdisputation 17 Thesen auf. Für die Rekonstruktion des historischen Jesus ist die dritte These bedeutsam. Sie lautet: „Die Religion des exilischen und nachexilischen Judentums ist der Mutterboden des Christentums, insofern erst jener die grossen religionsgeschichtlichen Grundlagen des letzteren entspringen, der Auferstehungsglaube, der Messiasbegriff, die Apokalyptik, der universale Monotheismus, der religiöse Individualismus, die Moral der Spruchweisheit."[1] Methodisch ist damit die Forderung erhoben, Jesus aus seinem religionsgeschichtlichen Kontext zu deuten. Dies jedoch bezeichnet in der Auseinandersetzung mit der akademischen Lehrergeneration noch keinen strittigen Punkt.[2] Fraglich ist, was inhaltlich als Voraussetzung des Urchristentums anzusehen ist. Ritschl und Schultz erkennen nur der alttestamentlichen Prophetie einen prägenden Einfluß zu, beschränken den religionsgeschichtlichen Kontext Jesu also ganz auf den biblischen Kanon.[3] Wellhausen, Schürer und Kuenen durchbrechen diese dogmatisch motivierte Wahl des religionsgeschichtlichen Bezugsrahmens und stellen Jesus in das Judentum seiner

---

[1] E. Troeltsch: Thesen zur Erlangung der theologischen Lizentiatenwürde an der Georg-Augusts-Universität in Göttingen 1888–1893, 299.

[2] Das zeigt die verbreitete Verwendung der Metapher „Mutterboden". So schreibt HERMANN SCHULTZ, Troeltschs Göttinger Lehrer: „Das Christentum ist ohne den mütterlichen Boden der frommen Gemeine Israels und ohne die Grundlage der früheren Offenbarung und der h. Schrift überhaupt nicht zu verstehen" (DERS.: Grundriß der christlichen Apologetik, 78). Schultz spricht auch vom späten Israel als dem „Entwicklungsboden der christlichen Religion" (DERS.: Alttestamentliche Theologie, IV). Vgl. auch A. E. BIEDERMANN: Christliche Dogmatik I, 376. Zu Troeltschs Verhältnis zu SCHULTZ: Troeltsch hörte bei ihm im Wintersemester 1886/87 eine Vorlesung zur Genesis, im folgenden Sommersemester die Apologie des Christentums und besuchte im Sommersemester 1887 und im Wintersemester 1887/88 sein dogmatisches Seminar (H. RENZ: Troeltschs Theologiestudium, 51f.). Eine erste Annäherung an Schultz bietet P. ULRICH: Hermann Schultz' „Alttestamentliche Theologie" im Zusammenhang seines Lebens und Werkes.

[3] Vgl. A. RITSCHL: Unterricht in der christlichen Religion, § 20, 25; DERS.: Die christliche Lehre von der Rechtfertigung und Erlösung II, IIIf. und 51.

Zeit ein. Wellhausen hat – von der knappen Studie über „Die Pharisäer und die Sadducäer" (1874) an – das zwischentestamentliche Judentum zu einem zentralen Gegenstand alttestamentlicher Forschung gemacht. Schürer schreibt seine „Geschichte des jüdischen Volkes im Zeitalter Jesu Christi" mit dem Interesse, die Gestalt Jesu besser zu verstehen. Dazu „genügt es nicht, nur jene ältere Literatur zu kennen, welche in dem Kanon des Alten Testamentes zusammengefasst ist. Vielmehr knüpft das Evangelium Jesu Christi gerade in erster Linie an die Verhältnisse der Gegenwart und an ihren Vorstellungskreis an."[4] Schürers Aussage: „Aus dem Schoosse des Judenthums ist in der Fülle der Zeiten die christliche Religion entsprungen ⟨...⟩"[5], benennt also präzise das zwischentestamentliche Judentum als die religionsgeschichtliche Voraussetzung des Urchristentums. Kuenen geht einen Schritt weiter. Um Jesus nicht zu einem „deus ex machina"[6] zu machen, betont er: „Bei der Stiftung des Christentums ⟨...⟩ sind Bausteine verwendet, die dem Judaismus entnommen waren."[7] Darum bestünde „kein Recht, Christentum und talmudisches Judentum zu einem diametralen Gegensatz zu machen und den Zusammenhang mit dem Judaismus früherer Zeit ⟨...⟩ zu leugnen."[8] Methodisch haben Wellhausen, Schürer und Kuenen also die Fixierung auf den biblischen Kanon durchbrochen. Inhaltlich aber bleibt ihr Jesusbild weiterhin stark von der Herleitung aus dem Alten Testament und von der Entgegensetzung zum zeitgenössischen Judentum bestimmt. Der religionsgeschichtliche Ort Jesu ist ihnen zufolge zwar das zwischentestamentliche Judentum. Die – im Sinne einer normativen Beurteilung – allein ebenbürtige Vergleichsgröße jedoch bleibt die alttestamentliche Prophetie.[9]

Demgegenüber besteht die Pointe von Troeltschs dritter Promotionsthese darin, zwei[10] gleichbedeutende religionsgeschichtliche Bezugsgrößen für Jesus zu behaupten. Zum einen vollendet Jesus den ethischen Monotheismus und religiösen Universalismus der Propheten. Zum anderen aber nimmt er die frühjüdische Eschatologie auf. Damit ist der religionsgeschichtliche Bezugsrahmen für die Konstruktion des Jesusbildes entschei-

---

[4] E. SCHÜRER: Geschichte des jüdischen Volkes im Zeitalter Jesu Christi I, 1.

[5] Ebd.

[6] A. KUENEN: Volksreligion und Weltreligion, 228.

[7] AaO., 189, vgl. 228.

[8] AaO., 188.

[9] Beim frühen BOUSSET sieht es nicht anders aus. Zwar erhebt er in seiner Schrift „Jesu Predigt in ihrem Gegensatz zum Judentum" (1892) die methodische „Forderung einer konsequent – nicht blos vereinzelt – angewandten Heranziehung der religiösen Gedanken- und Stimmungswelt des Spätjudentums zum Verständnis der geschichtlichen Erscheinung Jesu. Es wird die Aufgabe gestellt, die Persönlichkeit Jesu – soweit dies möglich – von dem Boden aus zu begreifen, auf dem sie erwachsen ist, *vom Boden des Spätjudentums*" (W. BOUSSET: Jesu Predigt in ihrem Gegensatz zum Judentum, 6 ; Hhg. v. Vf.). Aber schon der Titel zeigt, daß Bousset nicht an ein konstruktives, sondern an ein lediglich antithetisches Verhältnis denkt.

[10] Bzw. drei, wenn man die Weisheit als eigenständigen Faktor gelten lassen will.

dend erweitert. Troeltsch hat diese These vom zweifachen „Mutterboden"[11] erstmals in seinem Aufsatz über „Die christliche Weltanschauung und die wissenschaftlichen Gegenströmungen" (1893/4) einer größeren wissenschaftlichen Öffentlichkeit vorgestellt.[12] Bevor auf Troeltschs Bestimmung des Verhältnisses Jesu zur Eschatologie eingegangen wird, muß sein Verständnis der ersten Bezugsgröße, der altisraelitischen Prophetie, nachgezeichnet werden.

2. Wellhausens Propheten-Deutung

Es sind zwei Alttestamentler, die Troeltsch vor allen anderen als seine Lehrer bezeichnet hat: Wellhausen und Duhm. Obwohl er letzterem einen eigenen Aufsatz gewidmet hat[13], bleibt sein Verhältnis zu ihm ambivalent. Zudem bezieht sich Troeltsch nur auf die geschichtsphilosophischen und religionstheoretischen Thesen Duhms.[14] Für sein Verständnis der Religionsgeschichte Israels und des Judentums ist die Konzeption von Wellhausen sehr viel wichtiger. Sie soll darum ausführlich vorgestellt werden.

---

[11] „Es ist freilich nicht zu leugnen, daß das Christentum ⟨…⟩ seinen Mutterboden im prophetischen Hebraismus hat und daß mancherlei andere Einflüsse auf seine Bildung von Einfluß gewesen sind; der Messianismus und der Unsterblichkeitsglaube der nachmakkabäischen Zeit gehören mit zu seinen wesentlichen Wurzeln ⟨…⟩" (ChrW II, 226). Daneben werden von Troeltsch „der parsistische Dämonen- und Engelglaube, spiritualisirende und humanisirende Einwirkungen des Hellenismus ⟨…⟩" (ebd.) erwähnt, aber in ihrer Bedeutung stark nachgeordnet.

[12] „Die Predigt Jesu ⟨…⟩ knüpft überall unbefangen an den altisraelitischen Glauben und die prophetische Verkündigung sowie an die jüdische Apokalyptik und Moral an ⟨…⟩" (ChrW II, 226).

[13] E. Troeltsch: Zur theologischen Lage (1898).

[14] So diskutiert Troeltsch in „Zur theologischen Lage" nicht die exegetischen Arbeiten Duhms, wie etwa dessen „Theologie der Propheten", sondern die allgemeinverständlichen Vorträge: „Ueber Ziel und Methode der theologischen Wissenschaft", „Kosmologie und Religion", „Das Geheimnis in der Religion" und „Die Entstehung des Alten Testaments". Relevant ist vornehmlich die grundlegende Unterscheidung zwischen „Religion" als einem irrationalen, vorreflexiven Lebensphänomen und „Theologie" als ihrer dogmatischen Positivierung (ThL II, 651–653). Diese Unterscheidung hat den heuristischen Wert, zu einer Nachordnung von reflektierten Gehalten in der Religionsgeschichte anzuleiten. Aber Troeltsch notiert auch eine Differenz. Die von Duhm schroff herausgestellte Irrationalität des ursprünglich Religiösen scheint ihm zu einer Unterbestimmung der Inhaltlichkeit des Christentums zu führen und bei Duhm durch „etwas wie spiritistische und okkultistische Anschauungen" (ThL II, 654) mitbedingt zu sein. Schärfer formuliert Troeltsch seine Kritik in einer Rezension, die ebenfalls aus dem Jahr 1898 stammt. Er bemängelt, daß bei „Duhm der Begriff der theologiefreien Religion ein sehr undeutlicher und aller Wirklichkeit der höheren Religion widersprechender ⟨…⟩" sei (E. Troeltsch: ⟨Rez.:⟩ C. A. Bernoulli: Die wissenschaftliche und die kirchliche Methode in der Theologie, 432), da gerade entwickelte Religionen ihr Spezifikum in bestimmten, d.h. vor allem ethischen Inhalten besitzen. Vgl. E. Troeltsch: Vernunft und Offenbarung bei Johann Gerhard und Melanchthon, 3 Anm. 1.

Wellhausen geht zwei Leitfragen nach.[15] Zum einen fragt er nach der Entstehung der individualisierten, ethisch-monotheistischen Religion der Propheten und ihrer Nachgeschichte im Evangelium Jesu. Zum anderen untersucht er die Genese der frühjüdischen Hierokratie mit ihrem Zentralkult und der Fixierung der religiös-ethischen Tradition in der Tora. Da beide religionsgeschichtlichen Neubildungen sich auch den politischen Katastrophen Israels verdanken, verschränkt Wellhausen Ereignis-, Ideen- und Institutionengeschichte miteinander.

Die exegetische Grundlage von Wellhausens Konstruktion ist bekanntlich die These von der zeitlichen Priorität der Propheten gegenüber dem Gesetz. Im ersten Band seiner „Geschichte Israels" hat Wellhausen diese Auffassung erstmals einer ausführlichen Begründung zugeführt und die historiographischen Konsequenzen gezogen. Er markiert damit den eigentlichen Beginn einer modernen Religionsgeschichte Israels.[16] Die Spätdatierung des Gesetzes führt zu einer kopernikanischen Wende in der alttestamentlichen Wissenschaft. Das Gesetz ist nicht länger Ausgangspunkt, sondern Ergebnis der Entwicklung. Die Propheten erscheinen nicht mehr als Ausleger des Gesetzes, sondern als eigenständige Gestalten, deren Wirken allererst zur Entstehung der jüdischen Tora führt.

Wellhausen schildert die Geschichte der prophetischen Idee nicht als einsinnige Fortschrittsgeschichte, sondern als eine von äußeren Faktoren mitbedingte, mehrfach in sich gebrochene und in ihrem Resultat ambivalente Entwicklung. Er zeichnet die fortschrittlichen Momente ein in den Gesamtrahmen der religionssoziologischen Transformation der israelitischen Theokratie in die jüdische Hierokratie. Innerhalb dessen stellen die Propheten einen nur vorübergehenden Faktor dar. Der Strukturwandel, den die Propheten mitverursachen, richtet sich schließlich gegen sie selbst und bringt ihre eigenen Intentionen weitgehend zum Schweigen. Wellhausens spannungsvolles Bild der Geschichte Israels kann nicht die Grundlage einer ungebrochenen, geschichtsphilosophischen Bewertung der israelitischen Prophetie abgeben. Denn es beschreibt die Geschichte Israels als klassisches Beispiel für den Prozeß der Objektivierung von individueller, religiöser Originalität. Diese inhaltliche Ambivalenz resultiert auch aus der Koordinierung von ideen- und institutionsgeschichtlicher Perspektive, hinter der wiederum die religionstheoretische Einsicht in die grundlegende Antinomie von Individualität und Institutionalisierung steht.

---

[15] Troeltsch hat sich maßgeblich auf WELLHAUSENS „Abriss der Geschichte Israels und Juda's" (1884) gestützt. Die folgende WELLHAUSEN-Interpretation bezieht sich der Deutlichkeit wegen vornehmlich auf die Ausarbeitung des Abrisses in „Israelitische und jüdische Geschichte" (1894) und die Vorarbeiten in der „Geschichte Israels I" (1878; seit der zweiten Auflage „Prolegomena zur Geschichte Israels"). Zur Einführung in Leben und Werk WELLHAUSENS vgl. H. SPIECKERMANN: Exegetischer Individualismus.

[16] Zur Vorgeschichte bei de Wette, Graf, Vatke, Reuß und Kuenen vgl. J. WELLHAUSEN: Geschichte Israels, 4,10–14 und R. SMEND: Wellhausen in Greifswald, 106f.

Ausgangspunkt der Religionsgeschichte Israels ist die „Theokratie". Dieser unglücklich gewählte Terminus ist bestimmt als Gegenbegriff zum späteren religionssoziologischen Typus der Hierokratie. Er bezeichnet die organisatorisch unausgebildete Form des nationalreligiösen Partikularismus. Volk und Religion bilden einen unproblematischen Zusammenhang: „Die Religion war damals Patriotismus."[17] Erst mit der Bedrohung von außen und dem Auftreten der Propheten beginnt die Religion sich von der Nation zu lösen. Der Motor dieser Ausdifferenzierung ist die Theodizee der Nationalreligion. Jahve, der Gott Israels, schien sein Volk verlassen zu haben. Die Gefahr der politischen Vernichtung zuerst Nordisraels und dann Judas führte zu einer „Incongruenz der äusseren Erfahrung und des Glaubens"[18]. Der religiöse Fortschritt ist also krisenbedingt. Seine Träger sind charismatische Einzelgestalten.

Wellhausens Bestimmung des Verhältnisses von äußerem Anlaß und genuin religiöser Idee ist uneindeutig. In seiner Rezension von Duhms „Theologie der Propheten" hebt er die Bedeutung des politischen Faktors hervor: „Ich hätte gewünscht, daß der Verfasser ⟨…⟩ über den innern Gründen, welche die Prophetie des 8. Jahrh. möglich machen, die äußere Veranlassung nicht ganz und gar übersehen hätte, welche allein erklärt, daß die Möglichkeit zu dieser bestimmten Zeit in Wirklichkeit übergeht."[19] Andererseits betont er in seiner eigenen Darstellung die zeitliche Priorität der religiösen Entdeckung: „Nur die israelitischen Propheten liessen sich nicht von den Ereignissen überraschen, ⟨…⟩ sie lösten *zum voraus* das furchtbare Problem, das die Geschichte stellte. Sie nahmen den Begriff der Welt, der die Religionen der Völker zerstörte, in die Religion, in das Wesen Jahves auf, *ehe* er noch recht in das profane Bewußtsein eingetreten war."[20] Als „Sturmboten"[21] nehmen sie die kommende politische Katastrophe vorweg und finden antizipativ die religiösen Mittel zu ihrer Bewältigung. Das Verhältnis von religiöser Idee und politischem Anlaß wird bei Wellhausen also nach der Unterscheidung von Konstitution und Realisation beschrieben. Die religiöse Idee selbst ist unableitbar und geht dem äußeren Anlaß voraus. Ihre historische Durchsetzung jedoch verdankt sie der faktischen Lage. Die ethisch-religiös motivierte Diastase von Volk und Volksgott konnte nur

---

[17] J. WELLHAUSEN: Israelitische und jüdische Geschichte, 35.

[18] AaO., 70.

[19] J. WELLHAUSEN: ⟨Rez.:⟩ BERNHARD DUHM: Die Theologie der Propheten, 153. DUHM hatte als Anlaß der Prophetie nicht die außenpolitische Gefahr, sondern einen religiösen Faktor identifiziert, nämlich die religiöse Indifferenz, den Synkretismus und den ethischen Verfall (B. DUHM: Theologie der Propheten, 63–65). Demgegenüber schreibt WELLHAUSEN: „Ich halte es nicht für eine Nebensache, daß der drohende Zusammenstoß Israels mit der assyrischen Macht den Funken der Prophetie im 8. Jahrh. vor Chr. geweckt hat" (J. WELLHAUSEN: aaO., 153).

[20] J. WELLHAUSEN: Israelitische und jüdische Geschichte, 73; Hhg. v. Vf.

[21] AaO., 74.

wirksam werden, weil sie sich als das geeignete Mittel zur Bewältigung der Katastrophe erwies.

Der innovative Gedanke, mit dessen Hilfe die nationalreligiöse Krise verarbeitet wird, ist die ethische Bestimmung des Gottesverhältnisses, „der sogenannte ethische Monotheismus der Propheten; sie glauben an die sittliche Weltordnung, an die ausnahmslose Geltung der Gerechtigkeit als obersten Gesetzes für die ganze Welt."[22] Die Terminologie mag sich dem deutschen Idealismus verdanken. Die These ist dennoch keine modernistische Verzeichnung. Denn das Moralische bei den frühen Propheten wird von Wellhausen nicht als ein rationales Allgemeines, sondern strikt von ihrem Gottesgedanken her gedeutet: „Sie ⟨die Moral⟩ ist kein Postulat, keine Idee, sondern Notwendigkeit und Tatsache zugleich, die lebendigste persönliche Macht – Jahve der Gott der Mächte."[23] Die Bedeutung der ersten Propheten-Generation besteht darin, daß sie mittels der ethischen Bestimmung des Gottesverhältnisses den religiösen Partikularismus durchbricht. Nicht eine ethnische, sondern eine ethische Qualität garantiert göttlichen Beistand. Weil Israel gegenüber Jahve gesündigt hat, ist dieser berechtigt, sein Volk in die Hände der Feinde zu geben. Indem Jahve aber als Richter Israels gedacht wird, wird er zugleich als Herr der Weltreiche erkannt. Der Untergang Nordisraels bedeutet darum nicht den Untergang Jahves, sondern die Entdeckung seiner Universalität.

Von den ersten Propheten unterscheiden sich die Propheten der zweiten, Jerusalemer Phase dadurch, daß sie es nicht beim Protest bewenden lassen, sondern ihre religiöse Grundeinsicht praktisch umsetzen wollen: „Mit Jesaias betrat die Prophetie den Weg der Reform ⟨...⟩."[24] Der ethische Monotheismus wird über eine Reinigung und Zentralisierung des Kultus durchgesetzt. Dabei kommt es zu einer folgenschweren Kooperation von Propheten und Priestern. Ein Prozeß der Klerikalisierung beginnt, der die eigentlichen prophetischen Impulse zum Verschwinden bringt. Das Resultat der prophetischen Reform und des endgültigen politischen Zusammenbruchs ist die jüdische Hierokratie, die Etablierung einer „Heils- und Zuchtanstalt"[25] auf der Grundlage einer strikten Regulierung des Kultus und einer normativen Fixierung der religiös-ethischen Tradition im Gesetz. Dieser religiöse Herrschaftsverband ersetzt die verlorene Nation.

In dieser Perspektive gehören die Propheten – unfreiwillig – in die Vorgeschichte des Judentums, sind sie „die Begründer der Religion des Gesetzes, nicht Vorläufer des Evangeliums"[26]. Der universalistische Impuls, der in der ethischen Bestimmung des Gottesverhältnisses lag, wird durch Ritual

---

[22] AaO., 75.
[23] AaO., 73. Zur Beurteilung der philosophischen Voraussetzungen Wellhausens vgl. L. PERLITT: Vatke und Wellhausen, bes. 173–206.
[24] J. WELLHAUSEN: Israelitische und jüdische Geschichte, 91.
[25] AaO.,145.
[26] AaO., 77.

und Tora unwirksam gemacht. Das Frühjudentum ist für Wellhausen ein ambivalentes Gebilde. Zum einen stellt es durch seine Ablösung von der Nationalreligion einen wichtigen Universalisierungs- und Individualisierungsschritt dar.[27] Zudem bedeutet das Zurücktreten des Kultus gegenüber der Tora im Pharisäismus einen ethischen Fortschritt. Deshalb markiert das Frühjudentum bei Wellhausen eine religionsgeschichtliche Epochenwende: „Die jüdische Religion geht über den Begriff, den das Altertum mit Religion verband, hinaus."[28] Zum andern führt der bloße „Gegensatz zum Ethnicismus"[29] noch nicht zur konsequenten universalen und individualisierten Religion. Denn erstens bleiben in der materialen Ethik kulturelle Bedingtheiten relevant. Der nationalreligiöse Partikularismus ist nur durch einen kultisch-ethischen Partikularismus ersetzt. In diesem Sinn kann Wellhausen das Frühjudentum als „Sekte" bezeichnen.[30] Zweitens unterdrückten die Objektivierung des Ethischen im Gesetz und die Institutionalisierung des Religiösen in der Hierokratie das individualistische Moment der Verkündigung der Propheten. In diesen Zusammenhang gehören Wellhausens abschätzige Bemerkungen über die Epigonalität der frühjüdischen Religiosität.[31] Verrechtlichung und Ritualisierung bedeuten den Verlust alter prophetischer Freiheit.

Um Wellhausens gespaltenes Urteil über das frühe Judentum zu verstehen, ist es sinnvoll, zwischen formaler und materialer Individualität zu unterscheiden. Nur die erste ist im Frühjudentum gegeben. Sie besteht darin, daß die Mitgliedschaft zur religiösen Gemeinschaft durch individuelles, ethisches Verhalten erworben wird. Da aber der Inhalt des Ethischen objektiv vorgegeben ist und die Moral den Charakter überindividuellen Rechts angenommen hat[32], kann von materialer Individualität, die in freier gewissensmäßiger Bestimmung des Handelns besteht, keine Rede sein.

Die Ausbildung der Hierokratie begreift Wellhausen in doppelter Hinsicht als Prozeß religiöser Entfremdung. Zum einen bedeuten Rationalisierung, Fixierung und Ausdifferenzierung des Kultus[33] einen Verlust an religiöser Unmittelbarkeit: „nichts frei und naturwüchsig, nichts undeutlich

---

[27] WELLHAUSEN schreibt, „dass trotz Allem der Schwerpunkt des Judentums nicht mehr in der Gesamtheit liegt, sondern in dem Individuum. Der geborene Jude muß sich doch noch selbst zum Juden machen. Die gleichgesonnenen Individuen halten zusammen" (aaO., 169).

[28] AaO., 182.

[29] Ebd.

[30] J. WELLHAUSEN: Geschichte Israels, 29.

[31] J. WELLHAUSEN: Israelitische und jüdische Geschichte, 163ff.

[32] Im Frühjudentum und vollends im Pharisäismus „bekam die Frömmigkeit ⟨...⟩ ein vollkommen juristisches und zwar privatrechtliches Gepräge. Die Religion wurde zum bürgerlichen und geistlichen Recht" (aaO., 250).

[33] Vgl. J. WELLHAUSEN: Geschichte Israels, 78–84, 102–119, 123–156. WELLHAUSEN spricht von „fabrikmässige(r) Ausführung" (aaO., 80) sowie von „Generalisierung und Fixierung" (aaO., 106).

und embryonisch, alles statutarisch, klipp und klar."[34] Zum andern beendet die Herrschaft der Priester und Schriftgelehrten das spontan anarchische Charisma der Propheten. Die begeisterten Helden werden ersetzt durch beamtete Epigonen: „Mit dem Erscheinen des Gesetzes hörte die alte Freiheit auf, nicht bloss auf dem Gebiete des Cultus ⟨…⟩, sondern auch auf dem Gebiete des religiösen Geistes."[35] Aber dieser Vorgang ist für Wellhausen kein einfacher Sündenfall, sondern besitzt ein historisches Recht. Denn: „Die prophetischen Ideen ergaben nicht die Mittel zur Gründung einer Gemeinde; im Gegenteil bedurften sie selber einer Einschalung, um nicht der Welt verloren zu gehen."[36] Will man das Mißverständnis vermeiden, Wellhausen exekutiere in seinen Urteilen über das Frühjudentum historiographisch nur antiklerikale – oder gar antijüdische – Ressentiments[37], muß man beachten, daß Wellhausen den Vorgang der Objektivierung und Institutionalisierung erstens als einen organisationssoziologisch unvermeidlichen und nicht etwa als einen schuldhaft verursachten beschreibt und ihn zweitens von den Reformpropheten selbst initiiert sein läßt. Die Propheten liefern die fortschrittlichen Impulse, die in der Hierokratie auf Dauer gestellt werden müssen. Insofern gilt: „Die Stärke der Propheten ist die Schwäche der Schriftge-

---

[34] AaO.,106. „Dem Herzen ist er ⟨der Kult⟩ entfremdet ⟨…⟩", er ist „ein totes Werk" geworden (aaO., 442).

[35] AaO., 418.

[36] J. Wellhausen: Israelitische und jüdische Geschichte, 144.

[37] Der Vorwurf des Antijudaismus, wie ihn R. Rendtorff (Die jüdische Bibel und ihre antijüdische Auslegung, 107–109), bzw. des Antisemitismus, wie ihn E. Stegemann (Der Jude Paulus und seine antijüdische Auslegung, 128) gegen Wellhausen erheben, ist unberechtigt. Es ist erstaunlich, daß auch J. Levenson (Warum Juden sich nicht für biblische Theologie interessieren, 412f.) ihn trotz der Einsicht in den antiklerikalen Charakter der Wellhausenschen Urteile über das Frühjudentum aufrechterhält. Levenson zitiert zustimmend J. Blenkinsopps Aussage, daß Wellhausens Werk „seinen bescheidenen Beitrag leistete zur ‚Endlösung' des Judenproblems unter dem Dritten Reich" (aaO., 413). Wenn aber Wellhausens Werturteile nicht rassistisch motiviert sind (vgl. Wellhausens Diktum: „Noch weniger freilich werden die Israeliten dadurch begriffen, daß sie Semiten, oder die Griechen dadurch, daß sie Indogermanen sind", Ders.: Die israelitisch-jüdische Religion, 15), noch das Judentum in toto treffen, sondern nur den „officiellen und herrschenden" Teil desselben (Ders.: Israelitische und Jüdische Geschichte, 321) und sich schließlich nicht exklusiv gegen das Judentum richten, sondern ebenso auf jede andere Religion angewandt werden können, dann ist der Antijudaismus-Vorwurf sinnlos. Es reicht nicht, wie Rendtorff, einige Zitate suggestiv aneinanderzureihen, sondern es muß auch die systematische Funktion dieser Aussagen im Gesamtkonzept mitbedacht sein. Hier sei auch auf H. Cohens deutliches Zeugnis vom Anti-Antisemitismus Wellhausens verwiesen (Ders.: Jüdische Schriften, 463–468). Zur Kritik des „Pan-Antisemitismus" und zur Methodologie einer historisch präzisen Bestimmung des Antisemitismus im Protestantismus vgl. K. Nowak: Protestantismus und Judentum in der Weimarer Republik. Daß auch von einem christlichen Triumphalismus, wie ihn U. Kusche (Die unterlegene Religion, 30–74) bei Wellhausen erkennen will, nicht die Rede sein kann, zeigen die höchst ambivalenten Urteile Wellhausens zur Entwicklung des Christentums sowie seine Stellung zur Kirche; vgl. R. Smend, Wellhausen und die Kirche, bes. 230f. Vgl. zum Ganzen R. Smend: Wellhausen und die Juden; T. Rendtorff: Das Verhältnis von liberaler Theologie und Judentum um die Jahrhundertwende.

lehrten und umgekehrt."[38] Die Veralltäglichung des prophetischen Charismas[39] ist jedoch mit Folgekosten verbunden. Auf Dauer stellen lassen sich nur einige Aspekte der prophetischen Religion – andere gehen verloren. Für Wellhausen steht der Übergang vom Prophetismus zur Hierokratie exemplarisch für die grundlegende religionstheoretische Antinomie von Individuum und Institution, Person und Amt, Innovation und Alltag.[40]

Der Prophetismus hat in Wellhausens Deutung eine doppelte Wirkungsgeschichte. Zum einen führt er zur Ausbildung der jüdischen Hierokratie. Zum anderen entwickelt er Ansätze einer individualisierten Frömmigkeit, die im Evangelium Jesu zur vollen Entfaltung gelangen, teilweise aber auch im Frühjudentum tradiert wurden.[41] Außenseiter wie Jeremia und Deuterojesaja entdecken als den letzten Grund der Religion die je eigene Gottesgewißheit. Sie fassen die Gottesbeziehung als „ein religiöses Privatverhältnis".[42] Einen weiteren Schritt zur individualisierten Religiosität markiert die Krise der Weisheit bei Hiob.[43]

Diese zweite Wirkungslinie des Prophetismus führt zum Evangelium Jesu.[44] Auch wenn Wellhausen das zeitgenössische Judentum als in sich plurales Gebilde beschreibt und zugesteht, daß in ihm individualistische und universalistische Momente präsent sind, sieht er doch im Pharisäismus eine vorherrschende Strömung, auf die Jesus nicht positiv bezogen werden kann. Ebensowenig kann der jüdischen Eschatologie ein prägender Einfluß auf Jesus zukommen, denn Wellhausen deutet sie als bloße Verjenseitigung des modifizierten nationalreligiösen Partikularismus[45]. Die einzige positive Voraussetzung Jesu ist die altisraelitische Prophetie.[46] Deren antipartikularisti-

---

[38] J. WELLHAUSEN: Die Pharisäer und die Sadducäer, 15.

[39] Auf diese Begriffe brachte M. WEBER (Wirtschaft und Gesellschaft, bes. 283f.) diesen Sachverhalt.

[40] Der Entwicklung Israels entspricht die Entwicklung des Christentums. Auch hier wird der individualreligiöse Gedanke eines charismatischen Einzelnen institutionell verfestigt und modifiziert. Darum kann WELLHAUSEN schreiben, daß die jüdische Hierokratie „ihrem Wesen nach der altkatholischen Kirche nächstverwandt ⟨ist⟩, deren Mutter sie in der Tat gewesen ist" (DERS.: Geschichte Israels, 439). Troeltschs Wiederaufnahme dieses Gedankens findet sich in RuK, 218–221, 242–249.

[41] „So löste sich aus der Prophetie nicht bloss das Gesetz aus, sondern zum Schluß auch noch die individuelle Religiösität" (J. WELLHAUSEN: Israelitische und jüdische Geschichte, 106).

[42] AaO., 105.

[43] AaO., 174–178.

[44] Da WELLHAUSENS Jesusbild wegen der fehlenden Berücksichtigung der Eschatologie (vgl. J. WELLHAUSEN: Abriss der Geschichte Israels und Juda's, 100) auf Troeltsch nur geringen Einfluß gehabt hat, soll es hier nur knapp dargestellt werden. Auf seine Wandlungen und WELLHAUSENS wachsende Skepsis, wie sie sich in seinen Synoptikerkommentaren zeigt, wird nicht eingegangen. Zu WELLHAUSENS Jesusbild vgl. U. BARTH: Die Christologie Emanuel Hirschs, 110–114.

[45] Vgl. vor allem J. WELLHAUSEN: Abriss der Geschichte Israels und Juda's, 94–97.

[46] „Das Evangelium entwickelt verborgene Triebe des Alten Testaments, aber es protestiert gegen die herrschende Richtung des Judentums" (aaO., 98).

schen Protest wiederholt Jesus gegenüber Pharisäismus und Nationaleschatologie: „Er ist ein anderer Amos oder Jeremias. Er setzt den Inhalt der Religion den Formen ihrer Gemeinschaft entgegen, er bekämpft den gesetzlichen Chauvinismus der Pharisäer und den volkstümlichen der Patrioten."[47] Wie die Propheten knüpft Jesus die Zugehörigkeit zur Gottesgemeinschaft an ethische Bedingungen, faßt diese aber nicht in der Weise des Frühjudentums, sondern nimmt die Objektivierung und Positivierung des Ethischen wieder zurück. Er fordert nicht Heiligung, sondern „die gemeine Moral, Billigkeit und Treue und Güte"[48].

Wellhausen begreift die jüdische Religion als in sich antinomisch verfaßt. In ihr sind zwei entgegengesetzte Prinzipien – Partikularismus und Universalismus – zu einer Spannungseinheit zusammengeschlossen. Jesus wird dieser Religion nicht einfach antithetisch entgegengesetzt, sondern als interne Lösung dieser Aporie konstruktiv auf das Frühjudentum bezogen. Er erneuert den Prophetismus in seiner Opposition zur Nationalreligion und vollendet ihn dadurch, daß er dessen ethische Bestimmung des Gottesverhältnisses nun auch inhaltlich als ein Allgemeines begreift. Damit denkt er die universalistischen Ansätze der Propheten konsequent zu Ende. Seine Originalität ist dementsprechend eine relative. Das Neue der Person und Predigt Jesu besteht nicht in der Entdeckung eines bisher Unbekannten, sondern darin, daß er ein schon Bekanntes aus der Überformung und Kombination mit Widersprechendem löst und in neuer Vitalität präsentiert: „Er findet die Quelle unter der Verschüttung, er präcisirt die Quintessenz aus dem Niederschlag der geistigen Erfahrung von Jahrhunderten."[49] Diese Konzentration auf das Eine der universalen, individualistischen Religion unterscheidet ihn radikal von den Pharisäern, die nur vereinzelte Elemente dieser neuen Religion kennen.[50] Seine „hinreissende Einfachheit" unterscheidet Jesus graduell von den Propheten.[51] Als Vollender des israelitischen Prophetismus und als Kritiker des Pharisäismus ist Jesus – unbewußt und ungewollt – der Stifter von etwas qualitativ Neuem.

3. Troeltschs Beitrag zur Propheten-Deutung

In Troeltschs Ausführungen über den israelitischen Prophetismus lassen sich zwei Schwerpunkte unterscheiden. Zum einen verfolgt er die Frage nach dem Ursprung des ethischen, universalen Monotheismus. Hier schließt er sich eng an Wellhausen an. Zum anderen untersucht er die Wurzel reli-

---

[47] J. WELLHAUSEN: Israelitische und jüdische Geschichte, 308.
[48] AaO., 311.
[49] AaO., 317.
[50] „Die jüdischen Gelehrten meinen, Alles was Jesus gesagt habe, stehe auch im Talmud. Ja, Alles und noch viel mehr" (aaO., 317 Anm. 1).
[51] AaO., 316.

giöser Überweltlichkeit im prophetischen Theismus. Hier setzt er stärker eigene Akzente.

a) Der universale Monotheismus

Die prophetische Entdeckung des universalen Monotheismus begreift Troeltsch mit Wellhausen als einen dialektischen Prozeß. In seiner zweiten Promotionsthese bezeichnet er Jer 30f als „Ergebnis und Ende der prophetischen Nationalreligion Altisraels"[52]. Hier findet sich der Höhepunkt des prophetischen Bruchs mit der israelitischen Nationalreligion und zugleich der Umschlag zum modifizierten Heilspartikularismus des Judentums.

In seinem Aufsatz „Religion und Kirche" (1895) thematisiert Troeltsch die Ambivalenz des religiösen Fortschritts. Die Propheten haben, mitbedingt durch die äußere Katastrophe, Nation und Religion unterschieden. Damit hat die Religion die Bezugsgröße verloren, an der sie ihre soziale Selbstgestaltung aufbauen kann. Die nicht mehr ethnisch bestimmte Religion bedarf nun eines neuen „organisatorischen Mittelpunktes und einer festen Norm" (RuK, 226). Propheten und Priester schaffen darum die durch Tora und Zentralkult konstituierte „Kirche" (ebd.), „ein eigenthümliches Zwitterwesen" (ebd.) teils universalen, teils partikularen Charakters. Troeltsch bringt diese Spannung innerhalb des Frühjudentums auf die paradoxe Formel: „Die Religion Judas war eine Weltreligion in Form einer Volksreligion" (ebd.).

Im Anschluß an Duhm[53] und Wellhausen erkennt Troeltsch im Übergang vom Prophetismus zum Frühjudentum einen Prozeß der „Selbstentfremdung der Religion" (ThL II, 652). Das religiöse Leben verobjektiviert sich in theologischer Lehre und verliert seinen ursprünglichen Charakter. Aber Troeltsch macht hierfür nicht nur religionssoziologische Faktoren verantwortlich – bei Duhm war es der steigende Einfluß der Laien nach dem Abtreten der Charismatiker, bei Wellhausen die Bildung der Hierokratie. In einer zusammenfassenden Passage der Absolutheitsschrift benennt Troeltsch einen im engeren Sinn religiösen Grund: „Aber indem sie ⟨die israelitische Prophetie⟩ den willkürlichen Bund schließenden und Feindschaft ankündigenden Jahwe doch schließlich immer noch an erneuerte Reste des Bundesvolkes kettete und die Seelen von den Banden des Blutes und des Cultus nicht durchgreifend befreite, hat sie den ethischen Universalismus seiner festen Grundlage im göttlichen Wesen nicht völlig teilhaftig werden lassen und ihn doch wieder äusserlich an ein ins Grandiose zu erweiterndes Judentum gebunden" (AdC, 108). Die unvollständige ethische Bestimmung des

---

[52] E. Troeltsch: Thesen zur Erlangung der theologischen Lizentiatenwürde an der Georg-Augusts-Universität in Göttingen 1888–1893, 299. Vgl. J. WELLHAUSEN: Abriss der Geschichte Israels und Juda's, 76 f. Auch B. DUHM (Die Theologie der Propheten, 230ff.) beschreibt Jeremia als den tragischen Höhepunkt des Prophetismus.
[53] Vgl. besonders B. DUHM: Das Geheimnis in der Religion, 22f.

Gottesbegriffs ist die Ursache für das Ausbleiben einer vollen Realisierung der Universalreligion. Die Rückbildung universalistischer Momente in einen neuen religiösen Partikularismus geht also auch auf ein theologisches Defizit der Propheten selbst zurück und ist nicht erst ihrer Nachgeschichte anzulasten.

In seinem Aufsatz über „Glaube und Ethos der hebräischen Propheten"[54] (1916) faßt Troeltsch seine an Wellhausen geschulte Sicht der israelitischen Prophetie zusammen. Gegenüber einer nicht weiter spezifizierten, „heute herrschende⟨n⟩ Auffassung über den Prophetismus" (GS IV, 39) will er einige Modifikationen vornehmen. Die Meinung, Wesen und welthistorische Bedeutung der Propheten bestünden in der Überwindung der alten Volksreligion, ist für Troeltsch nicht falsch, sondern nur „viel zu allgemein und abstrakt" (GS IV, 42). Er fordert, daß „man in das Konkrete der wirklichen Vorgänge selbst eindringt, und erst mit dem Freiwerden von solchen Theorien zeigt die konkrete Lebendigkeit der Vorgänge ihren wirklichen welthistorischen Sinn" (GS IV, 42f). Troeltsch intendiert eine Deutungsweise, die sich als geschichtliches Sinn-Verstehen auf die tatsächliche Motivation der Propheten konzentriert und deren Selbstverständnis von ihrer späteren – geschichtsphilosphisch ausdeutbaren – Wirkungsgeschichte unterscheidet. In dieser Perspektive relativiert sich ihr Abstand zur israelitischen Volksreligion.

Troeltsch beschreibt die Entstehung des neuen religiösen Prinzips als die Geburt des Universalismus aus dem Geist des Partikularismus. Nicht der Widerspruch gegen die Korrelierung von Jahve und Israel ist der Ausgangspunkt der Propheten – dies ist auch für sie selbstverständliche religiöse „Grundsubstanz" (GS IV, 48). Sie lehnen den religiösen Partikularismus nicht als solchen ab, sondern bestimmen ihn nur anders. Sie sind Zukunftsdeuter in moralischer Absicht. Das drohende, politische Unheil wollen sie durch den Ruf zur Umkehr abwenden. Insofern steht eine religiöse „Politik" „im Mittelpunkt ihrer Interessen" (GS IV, 43) und nicht eine abstrakte Theologie der Theodizee. Es geht ihnen nicht um die Stiftung einer neuen Religion, sondern um die Bewahrung der alten. Der Universalismus ist eine unbeabsichtigte Konsequenz der prophetischen Pädagogik, die ihr wichtigstes Mittel in dem Gedanken besitzt, daß Jahve als Richter Israels zugleich der Lenker der Weltgeschichte ist: „Ganz von selbst rückt damit Jahve empor in die Stellung des Herrn der Völker und Götter ⟨...⟩. Er konnte Israels Stammgott nur bleiben, wenn er der Herr der Welt wurde und alles lenkte zur Strafe und Läuterung seines Volkes" (GS IV, 44). Die Diastase von Volk und Gott dient paradoxerweise ihrer festeren Vereinigung.[55] Die Universali-

---

[54] Der ursprüngliche Titel lautet „Das Ethos der hebräischen Propheten"; hier zitiert nach GS IV, 34–65.

[55] „Geschieht die Lösung Jahves vom Schicksal seines Volkes, um ihn zum Herrn statt zum Opfer der Katastrophe zu machen, so ist es eine Lösung doch nur vom Schicksal des Volkes, aber nicht von dem Volke selbst" (GS IV, 47).

sierung der Religion ist nicht expliziter Inhalt prophetischer Predigt, sondern findet sich dort nur in Form impliziter Ansätze, „die von den Voraussetzungen des Prophetismus sich lösen konnten und dann das eigene große
Leben weiter führten, das wir aus der religiösen Geschichte Europas kennen" (GS IV, 48).

Troeltschs Korrektur der „herrschenden Auffassung" richtet sich nicht
gegen Wellhausen, Duhm oder Kuenen, sondern gegen die von diesen
überwundene Forschungstradition. Kuenen etwa hatte ebenfalls die Propheten von der alten Volksreligion her gedeutet, deren Korrelation von
Jahve und Israel „das Wesen der israelitischen Religion ⟨darstellt⟩, dem
auch die Propheten nicht untreu werden konnten, ohne die Religion selbst
preiszugeben".[56] Die ethische Differenzierung des Gottesverhältnisses mit
ihrer universalistischen „Tendenz"[57] habe die alte Korrelation „gelok-
kert"[58], aber nicht aufgelöst. Mit Kuenen und Wellhausen findet Troeltsch
bei den israelitischen Propheten nur Ansätze zur Weltreligion. Im Unterschied zu seinen alttestamentlichen Lehrern aber stuft er das ethische Motiv
geringer ein. Dies zeigt sich darin, daß er Wellhausens Differenzierung von
prophetischem Protest (Amos), prophetischer Reform (Jesaja) und prophetischem Individualismus (Jeremia, Deuterojesaja) weitgehend unberücksichtigt läßt und alles Gewicht auf die Reformprophetie legt. Ebenso wie
in seiner Interpretation des Glaubens der Propheten begreift Troeltsch ihr
Ethos nicht als etwas Allgemeines im Sinne einer universalen praktischen
Vernunft, sondern als ein national Besonderes. Dies zeigt sich zum einen
bei den materialen Bestimmungen, die kulturell bedingt sind und nur innerhalb Israels Geltung beanspruchen können.[59] Zum anderen ist die prophetische Ethik durch das Interesse an der Sicherung der israelitischen Volksreligion motiviert. Auch hinsichtlich der Ethik unterscheidet Troeltsch streng
zwischen dem eigenen, historischen Sinn der Prophetie und ihrer Wirkungsgeschichte. Die Aufhebung der ethnischen Bedingtheit des Gottesverhältnisses durch die ethische ist bei den Propheten nur unbewußt angelegt:
„Sie gleichen Saul, der auszog, eine Eselin zu suchen, und eine Königskrone
fand" (GS IV, 58).

b) Die überweltliche Ethik

Wellhausens Rekonstruktion der Genese des religiösen Universalismus
und Individualismus bildet die Grundlage für Troeltschs geschichtsphilosophische Beurteilung der israelitischen Prophetie. Diese ist aber gekoppelt

---

[56] A. KUENEN: Volksreligion und Weltreligion, 110.

[57] AaO., 137.

[58] Ebd.

[59] „Diese Gebote ⟨der Propheten⟩ sind teils religiös-kultische und bedeuten den Aus-
schluß alles Heidentums, teils sind sie sittliche und rechtliche und bedeuten die gute alte
Sitte Israels" (GS IV, 49).

mit einer zweiten, eigenständigen Deutungsperspektive, die sich am Begriff
des voluntaristischen und personalistischen Gottesbildes der Propheten fest-
macht. Wellhausen hatte diesem Aspekt keine besondere Beachtung geschenkt, weil er darin keinen Unterschied zur Religion Altisraels erkennen
konnte.[60] Troeltsch stellt ihn ins Zentrum seiner Propheten-Deutung. Diese Troeltsch eigene Interpretationsperspektive aber weist eine markante Veränderung auf.

In seinen frühen Texten verschränkt Troeltsch die hermeneutische Leitdifferenz seiner alttestamentlichen Lehrer von Universalismus/Individualis-
mus – Partikularismus mit der religionstheoretischen Grundunterscheidung
seiner dogmatischen Lehrer Ritschl und Schultz von Geist und Natur. Die
Propheten, so hebt Troeltsch hervor, haben nicht nur die Religion ethisch
bestimmt und dadurch universal entschränkt. Sie haben auch einen Theismus formuliert, durch den Geist und Natur einander in besonderer Weise
gegenübergestellt werden können. Indem Gott als geistiger Wille vorgestellt
wird, wird seine strikte Überweltlichkeit ausgesagt. Dadurch daß Troeltsch
in seiner Propheten-Deutung die Überweltlichkeit Gottes pointiert hervorhebt, ergänzt er Wellhausens Prophetenbild um einen zentralen Aspekt der
Theologie Ritschls.[61]

Im Begriff des Theismus faßt Troeltsch die personalistische und voluntaristische Bestimmung des Gottesgedankens zusammen. Personalismus und
Voluntarismus sind gleichbedeutend mit einem scharfen Antinaturalismus.
Troeltsch erkennt die Bedeutung des Prophetismus und des Christentums
darin, über den Gottesgedanken eine „prinzipiell unkosmologische Religion" (ChrW II, 225) geschaffen zu haben. In „Die Selbständigkeit der Religion" stellt er ausführlich die These vor, daß die Vorstellung einer persönlichen Willensbestimmtheit Gottes der Motor des religionsgeschichtlichen
Fortschritts Israels ist. Denn dieser Voluntarismus führt zur Überwindung
einer immanenten Religiosität und zur Erfassung der Überweltlichkeit
Gottes. In der Bestimmung Gottes als eines überweltlichen, der Welt gegen-
überstehenden Willens wird die Naturreligion verabschiedet. Dies ist das
Spezifikum der israelitisch-christlichen Religion (SdR III, 205).

Der zentrale Gedanke der prophetischen Religion ist der Theismus: Gott
ist der über alle Natur erhobene und zugleich ethisch durchbestimmte Wille. Aus diesem Gottesbegriff ergeben sich die Ausbildung einer idealen
Ethik sowie einer Individualisierung und Universalisierung der Gottesbeziehung. Erst von hier aus versteht Troeltsch die ethische und universalistische Bestimmung der Religion durch die Propheten. Denn für ihn stellt
sich der ethische Monotheismus solange als „etwas sehr Leeres und Abstrak-
tes" (SdR III, 188) dar, als sein voluntaristisches und personalistisches Moment nicht erfaßt ist. Zum einen wird der prophetische Monotheismus nur

---

[60] J. WELLHAUSEN: Abriss der Geschichte Israels und Juda's, 50.
[61] S. u. III. C. 2.

so von einem philosophischen unterscheidbar. Zum anderen wird nur durch
diesen Aspekt die besondere religionsgeschichtliche Bedeutung der Prophetie deutlich. Diese beschreibt Troeltsch als religiöse Überweltlichkeit.[62]
Der als personaler Wille der Natur schlechthin enthobene Gott begründet
die naturunterschiedene Personalität des religiösen Subjekts: „Je mehr die
Religion aber den Menschen mit Gott verbindet gegen die Welt, umsomehr
wird die Seele zur Persönlichkeit, die Teil hat an der Unvergänglichkeit
Gottes" (SdR III, 194). Wenn die Propheten also Gott als überweltlichen,
ethisch bestimmten Willen begreifen, dann haben sie damit das Prinzip für
eine religiöse Konstitution menschlicher Personalität entdeckt.

Doch Troeltschs Verständnis des Begriffs der Überweltlichkeit wandelt
sich. Die Überweltlichkeit als religiöse Persönlichkeitskonstituierung wird
von ihm in seinen späteren Schriften zwar nicht verabschiedet, aber sie steht
nicht mehr allein im Vordergrund. Troeltsch unterzieht den Begriff der
Überweltlichkeit einer kulturtheoretischen Problematisierung. Religiöse
Überweltlichkeit, so seine These, legt sich bei den Propheten als ethische
Kulturdistanz aus. Diese neue Perspektive wird literarisch erst in „Glaube
und Ethos der hebräischen Propheten" manifest. Das überweltliche Ethos
der Propheten ist gegenüber aller innerweltlichen Zwecksetzung und Kultur indifferent. Es trägt utopischen Charakter (GS IV, 58).

Troeltsch unterscheidet zwei Gründe dieser Weltindifferenz, von denen
er den ersten – den Gottesbegriff – allerdings nur kurz anführt.[63] Die Hingabe an den überweltlichen Gott führt zu einer Verachtung der Kulturwerte. Der zweite Grund ist die materiale Bestimmtheit der prophetischen
Ethik.[64] Ihr Inhalt ist „das alte Recht und die alte Sitte der bäuerlichen Sip-
pen" (GS IV, 53). Die zentrale Stellung des Sippenethos ist religiös begründet, „weil zu dem engen Verhältnis zu Jahve und Stamm nur noch dieses
Ethos paßte, ja mit ihm selber unmittelbar gegeben war ⟨…⟩" (GS IV, 54).
Dem Bundesglauben kommt die Sippenethik in besonderem Maße entgegen. Die Propheten nehmen sie auf, radikalisieren und elargieren sie auf alle

---

[62] Vgl.: „Der schlechthin überweltliche Gott, dessen Wille mit dem Guten eins ist,
kann die Seinen, die sich mit ihm verbunden wissen, über die Furcht und Knechtschaft
der Welt erheben, und ihrem sittlichen Leben die unvergängliche Festigkeit und Kraft bieten" (H. Schultz: Grundriß der christlichen Apologetik, 73).

[63] „Aber es ist eine Kulturindifferenz, die aus der Höhenlage und dem Quellpunkt
dieser Willensreligion innerlich notwendig folgt ⟨…⟩" (GS IV, 61). „Aber diese Aktivität
und Willensanspannung ⟨der prophetischen Ethik im Unterschied zur quietistischen Aske-
se⟩ ist indifferent gegen Welt und Kultur im abendländischen Sinne, gegen alle ethischen
Werte, die außerhalb der persönlichen Gottbezogenheit des einzelnen und der gegenseitigen Gottverbundenheit der Gemeinde liegen" (ebd.).

[64] Hier befindet sich Troeltsch in großer Nähe zu Max Webers Religionssoziologie
des Judentums. Vgl. M. Weber: Wirtschaft und Gesellschaft, 350 und Ders.: Gesammelte
Aufsätze zur Religionssoziologie III, 281–336. Zudem nimmt Troeltsch Gedanken vorweg, die Arnold Gehlen in kritischer Absicht in seiner Interpretation des jüdisch-christ-
lichen Humanitätsethos formuliert hat (A. Gehlen: Moral und Hypermoral, 79–83, 121–
139).

Lebensbereiche. Die Folge dieser Verabsolutierung und Erweiterung der alten Nahethik ist der utopisch-kulturfeindliche Zug der prophetischen Ethik und ihre Distanz zur Politik. Das Sippenethos erfährt zudem eine inhaltliche Umformung.[65] Es kommt zu einer „Verherrlichung der Demut, des Gottvertrauens und der Selbstbescheidung" (GS IV, 54) und zur Transformation der alten Talionsmoral in eine „Ethik der „Brüderlichkeit" (GS IV, 57).[66] So entsteht eine „schroff und einseitig religiöse Ethik der Innerlichkeit Gott gegenüber und der Brüderlichkeit vor dem Angesichte Gottes" (GS IV, 58), die für Jesus fundamentale Bedeutung erhalten soll.

Troeltsch erkennt in dreifacher Hinsicht eine Kontinuität zwischen den altisraelitischen Propheten und Jesus. Jesus erbt von den Propheten erstens den religiös-ethischen Universalismus, zweitens den theistischen Gottesbegriff und drittens die ethische Kulturindifferenz. Die von Wellhausen übernommene und eigenständig erweiterte Zuordnung Jesu zum altisraelitischen Prophetismus bestimmt nicht nur einzelne Züge des Jesusbildes von Troeltsch. Sie stellt die Weichen für seine Rekonstruktion der Geschichte des Urchristentums überhaupt. Denn die Zuordnung Jesu zum Typus der prophetischen Religion gibt die Basis für die Deutung der frühen Kirche. Das spannungsgeladene Verhältnis von Propheten- und Kultreligion bestimmt nicht nur die Religionsgeschichte Israels, sondern auch die Anfänge des Christentums. In der Differenz zwischen charismatischen Propheten und institutionalisiertem Priestertum ist die Differenz zwischen Jesus und der entstehenden Kirche präfiguriert. Die Transformation des Evangeliums Jesu in die paulinische Christologie wiederholt auf einer höheren Ebene das Einmünden der prophetischen Predigt in die jüdische Hierokratie. Der ambivalente Prozeß der Verobjektivierung einer originalen religiösen Idee, der die Religionsgeschichte Israels bestimmte, wird in der Geschichte des Urchristentums noch einmal ablaufen.

B. Jesus und die eschatologische Predigt vom Reich Gottes

1. Einleitung

Die Geschichte der liberaltheologischen Jesus-Forschung der Jahrhundertwende ist die Geschichte ihrer Krise. Dennoch kann von einer Verfallsgeschichte nicht die Rede sein. Albert Schweitzer hat in seiner wirkungsmächtigen „Geschichte der Leben-Jesu-Forschung" ihr Ergebnis im „Irrewerden" an der Möglichkeit eines historischen Verstehens Jesu überhaupt

---

[65] Dieser Gesichtspunkt dient Troeltsch als Argument gegenüber „jeder einfachen Herleitung ⟨der prophetischen Ethik⟩ aus dem alten bäuerlichen Patriarchalismus" (GS IV, 56).

gesehen[67], und die Dialektische Theologie hat die wachsende historiographische Skepsis dogmatisch funktionalisiert als Argument für die Vertreibung des geschichtlichen Denkens aus der evangelischen Theologie[68]. Der Illusionsverdacht gegenüber den neuprotestantischen Historikern des Urchristentums ist immer auch systematisch motiviert gewesen. Die Frage nach dem Recht und der Möglichkeit einer historischen Rekonstruktion der Person und Botschaft Jesu ist also mit dem Hinweis auf den Skeptizismus von Martin Kähler, Karl Barth oder Rudolf Bultmann keineswegs beantwortet.

Schon Schweitzers Etikettierung der im folgenden zu verhandelnden Arbeiten als „Leben-Jesu-Forschung" ist irreführend und unterstellt ein mangelndes Problembewußtsein auf seiten der liberaltheologischen Exegeten. Es läßt sich aber leicht zeigen, daß spätestens seit den achtziger Jahren des vergangenen Jahrhunderts kein ernst zu nehmender Theologe mehr den Versuch einer Biographie Jesu unternommen hat.[69] Vielmehr wird einstimmig erklärt, daß die komplizierte Quellenlage keinen Einblick in die persönliche Entwicklung Jesu erlaube und daß darum eine biographische Rekonstruktion unmöglich sei.[70] Die historische Frage nach Jesus wird aber nicht aufgegeben, sondern reduziert auf den Entwurf eines Jesusbildes, das die charakteristischen Züge zu einem Ganzen vereinigt, ohne doch auf biographische Sequenzen zu rekurrieren.[71] Besonders deutlich markiert Wilhelm

---

[66] Zur Entstehung des Liebesuniversalismus vgl. M. WEBER: Wirtschaft und Gesellschaft, 350f.

[67] A. SCHWEITZER: Geschichte der Leben-Jesu-Forschung, VI und 632.

[68] Daß diese einseitige Rezeption der skeptischen Momente nicht dem Selbstverständnis Schweitzers gerecht wird, hat T. KOCH (Die sachgemäße Form einer gegenwärtigen Beziehung auf den geschichtlichen Jesus, bes. 37–40) gezeigt. Vgl. zum theologischen Antihistorismus der zwanziger Jahre K. NOWAK: Die „antihistoristische Revolution"; F. W. GRAF: Die „antihistoristische Revolution" in der protestantischen Theologie der zwanziger Jahre; H. FISCHER: Systematische Theologie, 15–46.

[69] Zu Schleiermachers Konzeption einer Lebensbeschreibung Jesu vgl. M. SCHRÖDER: Die kritische Identität des neuzeitlichen Christentums, 186–199.

[70] Eine theologische Absage an alle Versuche einer Biographie Jesu hatte schon ALBRECHT RITSCHL vorgetragen. Er erklärt ein „Leben Jesu" für illegitim, weil die Konzentration auf die eigentliche Lebensspanne Jesu dessen Wirkungsgeschichte außer acht läßt. Wenn aber die Bedeutung Jesu in der Stiftung des Christentums besteht, dann muß eine nur biographische Deutung zur Unterbestimmung seiner historischen Funktion führen. Vgl. A. RITSCHL: Die christliche Lehre von der Rechtfertigung und Versöhnung III, 2; vgl. R. SCHÄFER: Ritschl, 65–67; DERS.: Das Reich Gottes bei Albrecht Ritschl und Johannes Weiß, 79 Anm. 43. RITSCHL formuliert hiermit in theologischer Hinsicht eine Auffassung, die DROYSEN für die allgemeine Historik geltend gemacht hat; vgl. J. G. DROYSEN: Historik, 242–444.

[71] So macht ADOLF VON HARNACK klar, daß er schon deshalb kein „Leben Jesu" bieten könne, weil die synoptischen Berichte nur über einen kurzen Ausschnitt des Lebens ihres Helden Auskunft geben (DERS.: Das Wesen des Christentums, 19f.). Aber ein „Charakterbild Jesu" (aaO., 20) werde er zeichnen können. Auch ADOLF JÜLICHER hält es trotz der Aussichtslosigkeit biographischer Bemühungen für „kein vergebliches Beginnen, die Grundzüge seiner geistigen Eigenart und seiner religiösen Bestrebungen zu entwerfen; bei

Bousset den Unterschied zwischen „Leben Jesu" und „Jesusbild": „Wir werden darauf verzichten müssen, jemals das Leben resp. die öffentliche Wirksamkeit Jesu in pragmatischem Zusammenhange darzustellen. Die Gestalt Jesu in ihrer Entwickelung wird sich nicht zeichnen lassen. Wir können höchstens eine Darstellung des historischen Jesus erreichen, in der alles gleichsam auf eine Fläche aufgetragen ist. Wir gewinnen nur ein Mosaikgemälde."[72] Das Grundelement moderner Biographik, die „innere Entwicklung" bzw. die Einteilung des Lebens in eine nachvollziehbare Abfolge psychischer Stadien, läßt sich im Falle Jesu nicht aufstellen. Was bleibt, ist das „Auftragen auf einer Fläche", d.h. die Gestaltung eines synchronen Personenbildes mit nur marginalem Bezug auf diachrone Momente. Der systematische Unterschied zwischen „Leben" und „Bild" nimmt dem geläufigen Argument, die Unmöglichkeit einer Biographie Jesu falle zusammen mit der Unerkennbarkeit des historischen Jesus überhaupt, seine vordergründige Plausibilität.

Wenn Ernst Troeltsch 1909 konstatiert, daß seit „etwa zwanzig Jahren"[73] die „Leben Jesu" aufgehört hätten, schließt er damit die Möglichkeit eines Jesusbildes nicht aus. Zwar stehen bei ihm neben forschungsgeschichtlich konservativen Einschätzungen auch skeptische Bemerkungen. Aber selbst wenn er wesentliche Grundpfeiler der Jesus-Deutungen des älteren Liberalismus und der Ritschl-Schule für destruiert ansieht[74], hält er doch daran fest, „dass die Grundzüge der Predigt und der Überlieferung ⟨Jesu⟩ hinreichend erkennbar sind, um für jeden, der ihr eine grundlegende Bedeutung beimisst, einen religiösen Anschlusspunkt auch weiterhin zu bilden."[75]

---

seinem Lebensgang müssen wir uns mit matteren Umrissen begnügen" (DERS: Die Religion Jesu und die Anfänge des Christentums bis zum Nicaenum (325), 46).

[72] W. BOUSSET: Was wissen wir von Jesus?, 51f. und 62. BOUSSETs sachliche Voraussetzung ist – neben einem relativ positiven Urteil über den Quellenwert der Synoptiker – die Ansicht, daß Jesus in solchem Maß eine in sich einheitliche Person gewesen ist, daß für die Deutung seines öffentlichen Wirkens ein Rekurs auf die Vorgeschichte gar nicht nötig ist: „Die Gestalt Jesu ist so einfach und großzügig, so innerlich fertig und reif von Anfang ihrer Wirksamkeit bis zum Ende, daß sie das Auftragen auf eine Fläche verträgt und nicht unlebendig wird, wenn sie der Anschaulichkeit einer auf die Entwickelung gerichteten Darstellung entbehrt" (DERS: Jesus, 10).

[73] E. Troeltsch: Rückblick auf ein halbes Jahrhundert der theologischen Wissenschaft, 119.

[74] Es scheint nur zwei explizite Bezüge Troeltschs auf SCHWEITZERS „Geschichte der Leben-Jesu-Forschung" zu geben: einmal charakteristischerweise in einer späten (1921) Kritik an Harnacks Jesusbild (E. Troeltsch: Adolf v. Harnack und Ferd. Christ. v. Baur, 290) und ein weiteres Mal in GS II, 214 Anm. 8 (= Rückblick auf ein halbes Jahrhundert der theologischen Wissenschaft²).

[75] E. Troeltsch: Rückblick auf ein halbes Jahrhundert der theologischen Wissenschaft, 122. Auch in seinem Vortrag über „Die Bedeutung der Geschichtlichkeit Jesu für den Glauben", in dem er gegenüber einem theologischen „Jesuzentrismus" systematisch und historiographisch reduktionistische Töne anschlägt, betont er die Rekonstruierbarkeit der Botschaft Jesu: „Hier sind die entscheidenden Haupttatsachen trotz aller noch offener Fragen meines Erachtens in der Tat mit Sicherheit festzustellen" (BdG, 38). Die radikale Kri-

Will man Troeltschs Jesusbild im Zusammenhang der exegetischen Diskussion seiner Zeit interpretieren, liegt es nahe, eine inhaltliche Gliederung voranzustellen, um nicht in der Fülle des Materials unterzugehen.
Hierfür bietet sich eine Anordnung des Stoffes an, die Troeltsch – relativ
spät – als die „allein natürliche"[76] vorgestellt hat. Den Einsatzpunkt muß
die Darstellung der eschatologischen Botschaft vom Gottesreich bilden.
Von hier aus ist die sie bedingende Ethik als der zweite inhaltliche Schwerpunkt zu explizieren, um drittens den Gottesgedanken Jesu als die Voraussetzung der ersten beiden Punkte zu entfalten. Erst zum Schluß soll der
unsicherste Punkt, das Messiasbewußtsein, diskutiert werden. Die Pointe
dieser Gliederung liegt natürlich darin, daß das für eine neuprotestantische
Theologie problematischste Moment den systematischen Anknüpfungs-
punkten in der Ethik und im Gottesbegriff vorangestellt ist. Das Neue und
gegenwärtig Relevante bei Jesus soll aus den zeitgebundenen Momenten
heraus entwickelt werden. Jesus historisch verstehen, heißt für Troeltsch,
ihn unter Berücksichtigung seiner jüdischen Identität als den Anfänger des
Christentums anzusehen. Darum ist es sinnvoll, mit dem zu beginnen, was
ihn mit seinen Zeitgenossen verbindet. In kritischer Abgrenzung von der
vorherrschenden Meinung protestantischer Exegeten hat Troeltsch darum
nicht Jesu Konflikt mit den Pharisäern zum interpretatorischen Ausgangspunkt gemacht, sondern seine Eschatologie.[77]

---

tik des synoptischen Quellenwerts, besonders der Logienquelle, durch Wellhausen scheint
Troeltsch nicht überzeugt zu haben (vgl. seinen Brief an Harnack vom 19. 5. 1907; Deut-
sche Staatsbibliothek Berlin; Hinweis und Transkription H.-G. DRESCHER und Ernst-
Troeltsch-Forschungsstelle Augsburg). In den „Soziallehren" jedenfalls zitiert Troeltsch
zustimmend Harnacks Verteidigung von Q (GS I, 34 Anm. 22). Andererseits kann er
Wernles positive Einschätzung des Markusevangeliums nicht teilen (vgl. seinen Brief an
Wernle vom 29. 6. 1899, in: Ernst Troeltschs Briefe und Karten an Paul Wernle, 108–110).
[76] E. Troeltsch: ⟨Rez.:⟩ P. WERNLE: Jesus, 54. 1901 hatte Troeltsch noch – diesmal im
Anschluß an P. WERNLES „Die Anfänge unserer Religion" – eine andere Exposition favo-
risiert: In seinen Vorlesungen, so Troeltsch am 18. 3. 1901 brieflich an Wernle, habe er die
eigene Jesus-Deutung nach folgender Themensequenz vorgetragen: „Berufsbewußtsein,
Verheißung, Forderungen" (Ernst Troeltschs Briefe und Karten an Paul Wernle, 111). Die
Voranstellung der jesuanischen Selbsteinschätzung allerdings ist schon hier mit einer Skepsis hinsichtlich eines expliziten Messiasbewußtseins Jesu verbunden.
[77] Als unterstützendes Argument für seine Anordnung des Stoffs äußert Troeltsch den
Verdacht, daß jede gliederungsmäßige Nachordnung der Eschatologie apologetisch motiviert sei. So unterstellt er WERNLE eine dogmatische Verzeichnung des historischen Sachverhalts, wenn dieser Jesu Botschaft vom kommenden Gottesreich erst nach einer Interpretation des Gottesbegriffs und der Ethik entfaltet (E. Troeltsch: ⟨Rez.:⟩ P. WERNLE: Jesus,
54). Ob dieser Vorwurf WERNLE trifft, ist fraglich. Denn WERNLES Gliederung basiert auf
der These, daß die jesuanische Eschatologie nur von ihren theologischen Voraussetzungen
aus verstehbar ist. Auch WERNLE beginnt das Kapitel über Jesu Gottesglauben mit dem
Hinweis auf die Eschatologie: „das große Neue, was Jesus seinen Zeitgenossen zu sagen
hatte, war das Wort vom kommenden Gottesreich. Allein wir Heutigen tun gut, wenn wir
diese zentrale Botschaft recht verstehen wollen, einen etwas andern Gang der Untersuchung einzuschlagen. Wir werden die Verheißung Jesu vom kommenden Gottesreich erst

Im folgenden soll Troeltschs Jesusbild auf seine Entwicklung, die Rezeptionsverhältnisse und die eigenen systematischen Akzente hin untersucht werden. Darstellungstechnisch stellt sich die Aufgabe, die Exposition des Sachproblems mit der Werkgeschichte Troeltschs und der Rekonstruktion der zeitgenössischen Forschungslage zu verknüpfen.

2. Stationen der Diskussion über die Eschatologie Jesu

Die neue Sicht auf die Eschatologie Jesu, wie sie Troeltsch in seiner dritten Promotionsthese ausgesprochen hat, ist keineswegs eindeutig.[78] Nach Schweitzers „Geschichte der Leben-Jesu-Forschung" hat Johannes Weiß den entscheidenden Anstoß für eine eschatologische Jesus-Deutung gegeben. In seiner Untersuchung über „Die Predigt Jesu vom Reiche Gottes" (1892) habe er als erster die vergessenen Einsichten von Reimarus wiederentdeckt.[79] Diese These Schweitzers ist nicht nur chronologisch problematisch, sondern verdankt sich zudem dem Interesse, das eigene Konzept einer „konsequenten Eschatologie" zu profilieren.[80] Frühere, vermittelnde Positionen blendet Schweitzer mit Hilfe der Alternative „entweder eschatologisch oder uneschatologisch"[81] aus. Überschaut man aber die Diskussion über die Eschatologie aus Troeltschs Perspektive, ergibt sich ein differenzierteres Bild. Der Blick auf die verschiedenen, für Troeltsch relevanten Modelle, nach denen die neutestamentliche Eschatologie gedeutet wurde, zeigt,

---

recht verstehen, wenn wir seine Forderung an die Zuhörer zuerst kennen ⟨…⟩" (P. WERN-LE: Jesus, 41). Die Ethik aber verweist zurück auf den Gottesbegriff. Dieser ist „die Basis seiner ganzen Verkündigung und das Fundament seines ganzen Lebens und Wirkens" (ebd.) und muß als systematisches Grundprinzip zuerst dargestellt werden. Insofern Wernle eine systematische Hierarchie zwischen den einzelnen Elementen konstruiert, die Troeltsch teilt, darstellungstechnisch aber umgekehrt optiert, formuliert er eine hermeneutische Alternative. Da jedoch auch Troeltsch dem Gottesgedanken eine die Eschatologie begründende Funktion zuschreibt, kann die von ihm vorgeschlagene Reihenfolge nicht zu einer trennscharfen Aneinanderreihung der einzelnen Elemente der Predigt Jesu führen. Vielmehr müssen auch Troeltsch zufolge immer die gegenseitigen Verschränkungen aufgezeigt werden. Insofern relativiert sich die Differenz zwischen Troeltsch und WERNLE in der Architektonik der Jesus-Deutung.

[78] „Eschatologie" wird hier nicht als dogmatischer Terminus für die Lehre von den letzten Dingen im klassischen Sinn verstanden, sondern als Beschreibung des religionsgeschichtlichen Sachverhalts gesteigerter Enderwartung. Darum wird in diesem Zusammenhang die dreizehnte Promotionsthese von Troeltsch nicht berücksichtigt, obwohl sich allein in ihr der Begriff „Eschatologie" findet. Weil sie in einen dogmatischen Kontext gehört, wird sie hier nicht verhandelt. Ebenso wird die von Troeltsch in seinem RGG-Artikel gemachte Unterscheidung zwischen der Eschatologie und der Reich-Gottes-Hoffnung Jesu (E. Troeltsch: Eschatologie IV. Dogmatisch, 630f.), die sich dem dogmatischen Zusammenhang verdankt, hier nicht herangezogen.

[79] A. SCHWEITZER: Geschichte der Leben-Jesu-Forschung, 9, 23f., 234.

[80] Zur Kritik vgl. F. W. GRAF: Der „Systematiker" der „Kleinen Göttinger Fakultät", 259–265.

[81] A. SCHWEITZER: Geschichte der Leben-Jesu-Forschung, 232.

daß von einer „Entdeckung" der Eschatologie durch Weiß keine Rede sein kann.[82] Denn in der exegetischen Debatte, die um die Jahrhundertwende geführt wurde, ging es weniger um die Freilegung eines bisher unbekannten Sachverhalts als um dessen angemessene Deutung. Wie diese aber auszusehen habe, war unter den verschiedenen sogenannten Entdeckern der Eschatologie innerhalb der Religionsgeschichtlichen Schule strittig.[83]

Der Begriff des Gottesreichs verdankt seine Zentralstellung innerhalb der neuprotestantischen Theologie Albrecht Ritschl.[84] Ritschl hat die Ankündigung des Gottesreichs als die „Überschrift und Zusammenfassung der Verkündigung Jesu"[85] gedeutet. Er begreift das Reich Gottes bei Jesus als eine gegenwärtige, religiös-ethische Größe unter Ausblendung ihres neutestamentlich-apokalyptischen Apparats. Dieser kommt bei Ritschl nur innerhalb der Diskussion der Vorstellung vom Zorn Gottes in den Blick. Mit deren Verabschiedung fällt auch die Apokalyptik als systematisch relevanter Topos aus.[86] Ritschl restringiert die Enderwartung auf die Hoffnung einer Vollendung des ethisch-religiösen Gottesreichs.[87]

Es wäre zu einfach zu sagen, Ritschl trage nur eine bürgerliche Kulturethik in die Botschaft Jesu ein. Sein exegetischer Ausgangspunkt ist Jesu Verknüpfung von Reichsankündigung und Bußruf.[88] Das Reich Gottes ist zugleich Gabe und Aufgabe. Es „ist der allgemeine *Zweck* der durch Gottes Offenbarung in Christus gestifteten Gemeinde, und ist das gemeinschaftliche *Produkt* derselben, indem deren Glieder sich durch eine bestimmte gegenseitige Handlungsweise unter einander verbinden."[89]

Die Aussage der Gegenwärtigkeit des Gottesreichs ist somit christologisch motiviert. Jesus kündigt das Reich Gottes nicht nur an. Er führt es herbei. Die Präsenz des Gottesreichs ist abhängig von der Messianität Jesu: „Indem Christus in seinem Offenbarungsberufe tätig ist, verwirklicht er das Reich Gottes ⟨...⟩."[90] Mit dem Gedanken der Messianität ist der Gedanke

[82] Zur Rede von der Neu- bzw. Wiederentdeckung der Eschatologie vgl. S. Hjelde: Das Eschaton und die Eschata, 16 Anm. 2, 217–29, H. Kahlert: Der Held und seine Gemeinde, 15. Der Titel der Arbeit von B. Lannert „Die Wiederentdeckung der neutestamentlichen Eschatologie durch Johannes Weiß" zeigt, daß auch die neueste Monographie zum Thema die Auffassung Schweitzers unkritisch wiederauflegt.
[83] Es ist eine grobe Verkürzung, wenn U. Asendorf (Eschatologie VII, 328–330) in seiner Darstellung der Eschatologie-Deutung der Religionsgeschichtlichen Schule lediglich auf Weiß und Schweitzer eingeht.
[84] Vgl. hierzu grundlegend D. Korsch: Glaubensgewißheit und Selbstbewußtsein, 8–73; sowie R. Schäfer: Ritschl, 44–67; Ders.: Das Reich Gottes bei Albrecht Ritschl und Johannes Weiß.
[85] R. Schäfer: Ritschl, 44.
[86] Vgl. A. Ritschl: Die christliche Lehre von der Rechtfertigung und Versöhnung II, 119 ff.
[87] Vgl. A. Ritschl: Unterricht in der christlichen Religion, §76f., 63–65.
[88] A. Ritschl: Die christliche Lehre von der Rechtfertigung und Versöhnung II, 30.
[89] A. Ritschl: Unterricht in der christlichen Religion, §5, 15; Hhg. v. Vf.
[90] AaO., §5b, 15.

der Gemeinde verknüpft. Die Messiasprätention ist bezogen auf eine Gruppe von Messiasgläubigen. In abgestufter Form ist das Reich Gottes nicht nur in Jesus selbst präsent, sondern auch in denjenigen, die an ihn glauben: „Er ⟨Jesus⟩ verkündigt *das gegenwärtige Eintreten* der Herrschaft Gottes in dem Bundesvolk, indem er sich selbst als den berechtigten *Träger* derselben darstellt oder errathen läßt. Er denkt deshalb an die Vollziehung des göttlichen Reiches nur unter der Bedingung, daß eine *Jüngergemeinde* sich zu ihm als dem Inhaber der Gottesherrschaft bekennt."[91]

Zum anderen ist die Gegenwärtigkeit des Gottesreiches ethisch begründet. Das Reich Gottes ist nicht nur eine letzte Zielbestimmung, sondern auch eine ethische Realität, die allererst den Rahmen für das konkrete Handeln abgibt. Mit diesem Gedanken versucht Ritschl die Formalität der reinen Sollensethik Kants zu überwinden. Die Gemeinde als das Reich Gottes hält den sie begründenden Gottesgedanken in einer solchen Weise präsent, daß die aus ihm fließende Universalität und Überweltlichkeit als „Beweggrund"[92] ethischen Handelns wirksam sein kann. Handlungsbestimmend kann das Reich Gottes nur sein, wenn es keine weltferne Größe am Ende der Zeit ist. Eine rein eschatologische Deutung würde den Zusammenhang mit Jesu Aufruf zum Gesinnungswandel auflösen.[93]

Neben Ritschls systematisch-exegetischer Ausklammerung der Naherwartung Jesu steht ihre historiographische Unterbestimmung bei Emil Schürer. Dieser hatte in seiner „Geschichte des jüdischen Volkes im Zeitalter Jesu Christi" (1886) das apokalyptische Material in seinem damals bekannten Umfang aufgearbeitet.[94] Er erkennt in der Apokalyptik keinen selbständigen religiösen Gedanken. Denn als die Normalform frühjüdischer Frömmigkeit bestimmt er den Pharisäismus. Dieser ist „der legitime und classische Repräsentant des nachexilischen Judentums überhaupt"[95]. Die Apokalyptik ist ihm gegenüber abkünftig. Sie geht darin auf, den mit der Tora verknüpften Lohngedanken in einer Zukunftsperspektive zu formulieren: „Diese Hoffnung auf eine künftige Vergeltung war also die Haupttriebfeder alles gesetzlichen Eifers. Ja das ganze religiöse Leben des jüdischen Volkes in unserem Zeitalter bewegte sich geradezu um diese beiden Pole: Erfüllung des Gesetzes und Hoffnung einer künftigen Herrlichkeit."[96] Zwar gesteht Schürer zu, daß in der Apokalyptik religiöse Fortschrittsmo-

---

[91] A. RITSCHL: Die christliche Lehre von der Rechtfertigung und Versöhnung II, 39; Hhg. v. Vf.

[92] A. RITSCHL: Unterricht in der christlichen Religion, §10, 18; §19, 24.

[93] Das intrikate Problem, wie sich in Ritschls Reich-Gottes-Begriff die Momente der Teleologie und der Positivität zueinander verhalten, wird später diskutiert, s. u. III. B. 2.

[94] E. SCHÜRER: Geschichte des jüdischen Volkes im Zeitalter Jesu Christi II, 417–466, 609–691.

[95] AaO., 334.

[96] AaO., 389f. Ebenso hatte WELLHAUSEN die Apokalyptik aus einem nomistischen Vergeltungs- und Lohndenken gedeutet, vgl. J. WELLHAUSEN: Abriss der Geschichte Israels und Juda's, 94–97.

mente des Prophetismus – wie die Tendenzen religiöser Universalisierung, Individualisierung, Verjenseitigung[97] und Ethisierung[98] – weiterentwickelt werden. Aber im ganzen bleibt die Apokalyptik ein Folgephänomen des Pharisäismus und eine Verkümmerung der altisraelitischen Prophetie.[99] Legt man dieses Verständnis der Apokalyptik zugrunde, lassen sich keine relevanten Einflüsse auf die Predigt Jesu konstruieren.

Als erster hat Bernhard Duhm den Begriff der Eschatologie religionstheoretisch und -geschichtlich konstruktiv verwendet.[100] Was die Einsicht in die Bedeutung der Eschatologie für Jesus angeht, scheint Duhm Troeltsch die ersten Anstöße gegeben zu haben. Nachträglich stellt Troeltsch dies in „Zur theologischen Lage" (1898) unter besonderer Bezugnahme auf Duhms Vortrag über „Das Geheimnis in der Religion" (1896) heraus (ThL II, 655).[101]

In diesem Text bestimmt Duhm die vorreflexive Erfahrung eines göttlichen Offenbarungshandelns als den Kern aller Religion.[102] Da dieses religiöse Urgeheimnis sich immer zuerst an auserwählte Personen richtet, ist es korreliert mit dem Typ der Prophetenreligion. Das irrationale Zentrum des Religiösen wird besonders in der eschatologischen Erwartung eines baldigen Eingreifens Gottes in die Geschichte virulent. Wenn Duhm das Christentum ebenso wie die altisraelitische Prophetie als „eine wesentlich eschatologische Religion"[103] bezeichnet, dann meint er damit, daß in ihnen das

---

[97] E. SCHÜRER: Geschichte des jüdischen Volkes im Zeitalter Jesu Christi II, 420–423.

[98] E. SCHÜRER: Geschichte des jüdischen Volkes im Zeitalter Jesu Christi II[4], 647f.

[99] Vgl. E. SCHÜRER: Geschichte des jüdischen Volkes im Zeitalter Jesu Christi II, 284.

[100] So schreibt PAUL WERNLE im Rückblick auf seine Studienzeit in Basel, wo Duhm seit 1889 lehrte: „Duhm erschloß mir zum erstenmal den eschatologischen Hintergrund des ganzen neuen Testamentes, lenkte meine Aufmerksamkeit auf die pneumatischen und ekstatischen Erscheinungen und Erlebnisse, ließ mich Wunder und Geheimnisse als Wesenselemente des Urchristentums verstehen" (P. WERNLE: ⟨Autobiographische Skizze⟩, 213). Und im Vorwort zu seiner Habilitationsschrift heißt es: „Längst bevor sich der Streit um den eschatologischen Charakter der Predigt Jesu erhob, konnte man in Basel die zentrale Stellung der Zukunftshoffnung im ganzen Urchristentum würdigen lernen" (DERS: Der Christ und die Sünde bei Paulus, Vf.). Ausgerechnet Duhm wird von S. HJELDE (Das Eschaton und die Eschata), der eine Unmenge protestantischer Theologen nach ihrem Eschatologiebegriff untersucht, nicht berücksichtigt.

[101] Vgl. E. Troeltsch: Religionsphilosophie und theologische Principienlehre, 519f. (= A 1897/13). Die entscheidenden Texte Duhms, auf die sich Troeltsch beruft, sind zeitlich nach seinen eigenen Promotionsthesen und frühen Aufsätzen erschienen. Dennoch ist damit zu rechnen, daß Troeltsch die Thesen Duhms schon früher und zwar auf mündlichem Wege bekannt geworden sind. Denn in Göttingen hörte er im Sommersemster 1887 bei Duhm eine Psalmenvorlesung und im Wintersemester 1887/8 ein Kolleg über Religionsgeschichte (H. RENZ: Troeltschs Theologiestudium, 50). 1893 konnte Troeltsch ihn in Basel besuchen; vgl. Ernst Troeltsch: Bericht über die im Jahre 1893 ausgeführte Reise des Biarowskyschen Stipendiums, 98. Vgl. E. Troeltsch: Die „kleine Göttinger Fakultät" von 1890, 282.

[102] B. DUHM: Das Geheimnis in der Religion, 7f.

[103] AaO., 25.

Geheimnis der Religion besonders zur Geltung kommt. Eschatologie firmiert bei Duhm als Kategorie religiöser Vitalität und Ursprünglichkeit. Ihr gegenüber gestellt ist die in Theologie und Kult selbstentfremdete Religion. Von der Eschatologie wird weiterhin die Apokalyptik als steril-gelehrte Zukunftsspekulation unterschieden. Das Würdeprädikat „eschatologisch" spricht Duhm nur der alten Prophetie und dem Christentum zu. Die frühjüdische Apokalyptik ist für ihn eine Entfremdungsgestalt des Eschatologischen.[104] Duhms Aufwertung der Eschatologie führt dementsprechend zu einer stärkeren Berücksichtigung der Zukunftsvorstellung Jesu, aber noch nicht zu einer positiven Inbeziehungsetzung zum frühjüdischen Kontext, wie sie Troeltsch in seiner dritten Promotionsthese vorschwebt.

Erst Wilhelm Baldensperger bezieht die frühjüdische Zukunftshoffnung konstruktiv auf Jesus.[105] Darin – und nicht in dem vorkritischen Versuch einer genetischen Rekonstruktion des messianischen Selbstverständnisses Jesu[106] – besteht der Wert seiner Untersuchung über „Das Selbstbewußtsein Jesu im Lichte der messianischen Hoffnungen des Judenthums"(1888). Baldensperger lehnt Ritschls antithetische Profilierung Jesu gegenüber dem Frühjudentum ebenso ab[107] wie die Relativierung der Eschatologie durch die Unterscheidung von Kern und Schale. Für Jesus waren Eschatologie und Gottesbewußtsein eins: „In keinem Augenblicke des Lebens Jesu handelte es sich um eine blosse Rolle, im Sinne der Accomodationstheorie, so dass er selber der messianischen Hoffnung entwachsen gewesen wäre und darin nur eine Form erblickt hätte, in welche er einen neuen Inhalt goss."[108] Balden-

---

[104] AaO., 23 f.

[105] Zu Person und Werk Baldenspergers vgl.: A la mémoire de Guillaume Baldensperger (1856–1936). Daß Troeltsch Baldenspergers Thesen gekannt hat, ist nicht belegt. Er soll hier aber dennoch behandelt werden, weil er zum einen das Beispiel eines konstruktiven Umgangs mit der frühjüdischen Eschatologie abgibt, das Troeltschs Vorstellungen am nächsten kommt, und zum anderen, weil Baldensperger die Eschatologie-Debatte innerhalb der Religionsgeschichtlichen Schule entscheidend beeinflußt hat. Kritisch urteilt W. WREDE: ⟨Rez.:⟩ E. EHRHARDT: Der Grundcharakter der Ethik Jesu im Verhältniss zu den messianischen Hoffnungen seines Volkes und zu seinem eigenen Messiasbewusstsein, 75f. W. BOUSSET (Die Predigt Jesu in ihrem Gegensatz zum Judentum, 5 Anm. 1, 30 Anm. 1 u.ö.) bezieht sich durchgängig auf Baldensperger; vgl. A. F. VERHEULE: Wilhelm Bousset, 125, 127f. J. WEISS (Die Predigt Jesu vom Reiche Gottes, 50f. Anm.1, 64f.) knüpft emphatisch an Baldensperger an, um dessen These dann kritisch zu radikalisieren. Vgl. J. WEISS: ⟨Rez.:⟩ W. BALDENSPERGER: Die messianisch-apokalyptischen Hoffnungen des Judenthums.

[106] Wilhelm BALDENSPERGER: Das Selbstbewußtsein Jesu im Lichte der messianischen Hoffnungen des Judenthums, 155–189.

[107] Die anti-Ritschlsche Frontstellung zeigt sich sehr deutlich in W. BALDENSPERGER: Das spätere Judenthum als Vorstufe des Christenthums. Dort heißt es: „Statt der dunkle Hintergrund zu sein, auf welchem das Christenthum als etwas ganz anderes sich abhebt, erscheint heute das Judenthum als die Unterlage, auf welcher die jüngere Religion emporwächst und über welche sie sich erhebt" (aaO., 8).

[108] W. BALDENSPERGER: Das Selbstbewußtsein Jesu im Lichte der messianischen Hoffnungen des Judenthums, 190.

sperger versucht, wie Johannes Weiß später schreibt, eine „religiöse Würdigung"[109] des jüdischen Messianismus, indem er ihn als religiöse Größe sui generis faßt. Gegenüber der Torafrömmigkeit, die Gott als fern und die eigene Gegenwart als religiös entleert erfährt, mobilisiert der Messianismus alte prophetische Hoffnungen und sprengt damit die Geschlossenheit des Judentums. Dieses besitzt nun „zwei Pole"[110]. Die eschatologische Erweckungsbewegung ist ein Gegenmoment zum Nomismus. Jedoch verändert sie im Laufe ihrer Entwicklung durch die Angleichung an den Nomismus ihren Charakter und wird zur Apokalyptik. Diese ist eine aporetische Größe, die die beiden entgegengesetzten Pole in sich zu vereinigen sucht. Sie überformt die urwüchsige Eschatologie mit dem unglücklichen Gottesbewußtsein des Nomismus und bleibt darum ein hilfloser Protest gegen die religiöse Erstarrung: „Das Heilmittel ⟨der Eschatologie⟩ trug selbst wieder zum Theil das Gift der Krankheit in sich."[111] Ebenso wie Duhm unterscheidet Baldensperger wertend zwischen Eschatologie und Apokalyptik, allerdings mit dem Unterschied, daß er eschatologische Momente auch im zwischentestamentlichen Judentum findet, das darum zu einer wichtigen Voraussetzung für die Predigt Jesu wird. Diese trägt nun ebenfalls einen „Doppelcharakter"[112]. Sie verbindet den Glauben an die eigene Messianität mit der Idee religiös-ethischer Innerlichkeit. Der Messianismus ist dabei nicht nur eine Form, sondern „das active, gestaltende Princip"[113]. Er erfährt allerdings bei Jesus entscheidende Umprägungen, vor allem durch die Integration des Leidensgedankens[114] und durch die Verlagerung des Gottesreichs in die Gegenwart[115]. Auch Baldensperger muß letztlich zur hermeneutischen Grundunterscheidung von Form und Inhalt zurückkehren. Aber indem er einerseits das Nicht-Eschatologische bei Jesus als das sachlich Entscheidende bestimmt, andererseits die funktionale Notwendigkeit des Messiasglaubens für die Ausbildung eines gesteigerten Gottesbewußtseins herausarbeitet, dient ihm das Modell von Form und Inhalt nicht dazu, die Eschatologie zu verdrängen, sondern dazu, die „Continuität in der Fortentwicklung"[116] zu erfassen.

Im Vergleich zu Baldensperger stellt die Schrift von Johannes Weiß über „Die Predigt Jesu vom Reiche Gottes" eine ungeheure inhaltliche Radika-

---

[109] J. WEISS: ⟨Rez.:⟩ W. Baldensperger: Die messianisch-apokalyptischen Hoffnungen des Judenthums, 538.

[110] W. BALDENSPERGER: Das Selbstbewußtsein Jesu im Lichte der messianischen Hoffnungen des Judenthums, 57.

[111] AaO., 100.

[112] AaO., 111, 132.

[113] AaO., 192.

[114] AaO., 119–129.

[115] AaO., 110.

[116] AaO., 132.

lisierung dar.[117] Die historiographisch gegen Ritschl gerichtete These besteht bekanntlich darin, daß Jesus das Reich Gottes exklusiv eschatologisch gedacht habe als eine rein zukünftige und objektive, d.h. als „⟨... ⟩ eine schlechthin überweltliche Grösse ⟨...⟩, die zu dieser Welt in ausschliessendem Gegensatze steht"[118]. Spuren einer ethisch-immanenten oder spiritualisierenden Auffassung lassen sich bei Jesus nicht finden.[119] Die Gegenwartsaussagen sind nur paradoxe Redeweise, Äußerungen der Schau einer himmlischen Welt, in der das für die Erde noch Bevorstehende schon Realität ist.[120] Wegen der reinen Jenseitigkeit des Gottesreiches kann sich Jesus auch nicht als Messias gewußt haben. Er versteht sich selbst nur als vorbereitenden Bußprediger ohne inneren Zusammenhang mit dem Kommen der neuen Welt.[121] Lediglich in den Menschensohn-Worten spricht er sich für die eschatologische Zeit messianische Würden zu: „Ein Prophet ist er vor aller Augen, der Menschensohn soll er werden ⟨...⟩."[122]

Ohne diese forschungsgeschichtlich epochalen Thesen von Weiß im einzelnen zu beurteilen, soll hier auf einen dreifachen, methodischen Rückschritt hingewiesen werden.[123] Zum einen ist der religionsgeschichtliche Kontext weitgehend ausgeblendet. Später hat Weiß als Rechtfertigung zu Protokoll gegeben, daß er es angesichts des beschränkten Wissens über das zeitgenössische Judentum für vorsichtiger gehalten habe, „einfach ⟨!⟩ aus den Evangelien positiv zu entnehmen, was er ⟨Jesus⟩ meint, als durch den beständigen Seitenblick auf das Judenthum sich irgendwie beeinflussen zu lassen."[124] Aber durch das Fehlen der vergleichenden Beurteilung wird die

---

[117] Auf die Untersuchungen zur neutestamentlichen Eschatologie von E. ISSEL (Die Lehre vom Reiche Gottes im Neuen Testament) und von O. SCHMOLLER (Die Lehre vom Reiche Gottes in den Schriften des Neuen Testaments) wird im folgenden nicht eigens eingegangen; vgl. GUNKELS Sammelrezension und die Darstellung bei B. LANNERT: Die Wiederentdeckung der neutestamentlichen Eschatologie durch Johannes Weiß, 203–208.

[118] J. WEISS: Die Predigt Jesu vom Reiche Gottes, 49.

[119] So soll die Befreiung Palästinas von den Römern für Jesus „das Erste und die Hauptsache" gewesen sein (aaO., 40).

[120] AaO., 18.

[121] AaO., 22–24.

[122] AaO., 54.

[123] Zur exegetischen Kritik an Weiß vgl. R. SCHÄFER: Das Reich Gottes bei Albrecht Ritschl und Johannes Weiß.

[124] J. WEISS: ⟨Rez.:⟩ E. HAUPT: Die eschatologischen Aussagen Jesu in den synoptischen Evangelien, 643. Erst in der zweiten Auflage hat Weiß diesen Mangel durch die Vorschaltung eines religionsgeschichtlichen Kapitels zu beheben versucht (DERS: Die Predigt Jesu vom Reiche Gottes², 1–35). Seine Konzentration auf den Begriff des Gottesreiches ohne Berücksichtigung seines religionsgeschichtlichen Zusammenhangs hat H. GUNKEL (⟨Rez.:⟩ J. WEISS: Die Predigt Jesu vom Reiche Gottes etc., 44) als methodischen Grundschaden bezeichnet. WEISS wiederum hat seine Reserve gegenüber GUNKELS Traditionsgeschichte und seinen Widerspruch gegen dessen Monopolisierung des Prädikats „religionsgeschichtlich" nicht verheimlicht; vgl. J. WEISS: ⟨Rez.:⟩ W. BALDENSPERGER: Die messianisch-apokalyptischen Hoffnungen des Judenthums, 538.

Zentralfrage nach dem, was Jesus mit seiner Umwelt verband und und was ihn von ihr unterschied, unbeantwortbar.

Der zweite Mangel besteht in der – Weiß offenkundig unbewußt gebliebenen – Diastase von Historiographie und Systematik. Denn obwohl Weiß Ritschls historiographisches Verständnis der Vorstellung Jesu vom Reich Gottes destruiert, entschließt er sich nicht zur Verabschiedung oder Modifikation des systematischen Gebrauchs dieser Kategorie. Vielmehr hält er daran fest, daß der Ritschlsche Begriff „das eigentliche Losungswort der modernen Theologie"[125] sei. Er zieht lediglich eine negative systematische Konsequenz aus seiner historischen Arbeit: „Nur das Zugeständnis muss gefordert werden, dass wir ihn ⟨den Begriff des Gottesreiches⟩ in einem anderen Sinne anwenden als Jesus."[126] Die kulturprotestantische Fassung der Idee vom Reich Gottes wird von ihrem historischen Ursprung abgekoppelt, der damit jede Funktion für den Aufbau der Theologie verliert.[127]

Drittens zeigt sich ein positivistischer Zug bei Weiß in der Forderung, daß alles historisch Originale sich auch als solches gewußt und explizit gemacht haben muß: „Denn, wenn Jesus, wie man gewöhnlich annimmt, den populären Begriff ⟨des Gottesreiches⟩ so stark korrigiert hätte, so müßte dies, wenn es überhaupt verstanden werden sollte, wirklich oft und nachdrücklich bezeugt werden."[128] Ausgeschlossen wird die Möglichkeit, daß geschichtliche Neubildungen implizit und ohne Bewußtsein der eigenen weltgeschichtlichen Bedeutung auftreten. Es ist zu fragen, ob dies nicht insofern unhistorisch gedacht ist, als ein Zugleich von Innovation und Zeitgebundenheit nun unmöglich wird. Auf jeden Fall aber werden durch diese hermeneutische Voraussetzung Nuancierungen in der Deutung verhindert.

Nicht nur Gunkel und Bousset haben die Schrift von Weiß kritisiert.[129] Auch Troeltschs Urteil ist ablehnend. In einem Brief an Bousset vom 23. 7.1895 schreibt er: „Die Vorstellung von Joh. Weiss, dass Jesus sich nicht für den gegenwärtigen, sondern für den auf den Wolken kommenden Messias gehalten habe, scheint mir psychologisch absurd und geschmacklos."[130] In seinen späteren Schriften verweist Troeltsch nur einmal auf die Arbeit von

---

[125] J. Weiss: Die Predigt Jesu vom Reiche Gottes, 67.

[126] Ebd.

[127] Für die Diskussion dieses systematischen Problems ist es irrelevant, ob Weiß den Gegensatz von Historie und gegenwartsrelevanter Theologie in seiner Person vereinigt hat, wie B. Lannert (Die Wiederentdeckung der neutestamtentlichen Eschatologie durch Johannes Weiß, 214) und G. Lüdemann (Die Religionsgeschichtliche Schule, 361) mutmaßen.

[128] J. Weiss: Die Predigt Jesu vom Reiche Gottes, 14.

[129] W. Bousset hat sein Buch „Jesu Predigt in ihrem Gegensatz zum Judentum" als direkten Gegenentwurf zu Weiß konzipiert (Ders: Jesu Predigt in ihrem Gegensatz zum Judentum, 6 Anm. 1).

[130] E. Troeltsch: Briefe aus der Heidelberger Zeit an Wilhelm Bousset, 28. Troeltsch fährt fort: „Bei Weiss wird Jesus ein grauenhafter Schwärmer, was ja an und für sich möglich wäre, was aber zu seinem eigentlichen Wesen gar nicht passt" (aaO., 29).

Weiß.[131] Sie hat ihn trotz der gemeinsamen anti-Ritschlschen Akzentuierung der Eschatologie wegen ihrer methodischen Defizite und inhaltlichen
Vereinseitigung nicht überzeugt.[132]

Auch Boussets „Jesu Predigt in ihrem Gegensatz zum Judentum" (1892)
hat Troeltsch abgelehnt. Bousset setzt ein mit dem Pathos sachlicher wie
methodischer Originalität gegenüber einer ganz auf die Literarkritik konzentrierten neutestamentlichen Wissenschaft. Aber mit seiner an Thomas
Carlyle orientierten Historik der großen Männer vertritt Bousset gegenüber Baldensperger und Weiß eine wesentlich „konservativere" Position.[133]
Der religionsgeschichtliche Vergleich geht – wie der Titel zeigt – in einer
antithetischen Gegenüberstellung auf. Seine positive Funktion besteht nur
darin, „lebendes an lebendem"[134] zu erkennen und gegenüber einer an
Lehrbegriffen orientierten Jesus-Deutung die Vitalität des Gegenstandes zu
profilieren. Baldenspergers These von der Bipolarität des Frühjudentums
lehnt Bousset ab.[135] Nationalreligiöse Eschatologie und formalistischer Ge-
setzesdienst bilden ein Ganzes.[136] Hatte Wellhausen Jesus noch konstruktiv
auf eine interne Spannung des Judentums bezogen und hatte Baldensperger
ihn aus der messianischen Richtung eines in sich pluralen Judentums hevor-
gehen lassen, so setzt Bousset Jesus schroff vom Frühjudentum ab. Jesu Wirken und Leben ist eines, „das in seinem innersten auf dem Boden des Judentums durchaus unverständlich bleibt."[137]

Bei Bousset belastet die Konzentration auf das religiöse „Leben" den religionsgeschichtlichen Vergleich. Es werden nicht „Lehren" nebeneinander-
gestellt, sondern aus dem jeweiligen Gottesbewußtsein entspringende Le-
benshaltungen. Dies ist ein methodischer Fortschritt, aber bei Bousset ver-
stellt die dieser Perspektive entsprechende vitalistische Metaphorik den
Blick auf inhaltliche Kontinuitäten. Indem Bousset Jesu „Gottvaterglau-

---

[131] Verweis auf J. WEISS „Jesu Predigt vom Reiche Gottes[2]" in GdE II, 143 Anm. 1. In
der zweiten Auflage von GdE in GS II, 626 ist dieser Hinweis wieder getilgt.

[132] Wenn W. PANNENBERG Troeltsch den einzigen Theologen seiner Zeit nennt, „der
die umwälzenden Einsichten von J. Weiß ⟨...⟩ theologisch zu verarbeiten wußte ⟨...⟩"
(DERS.: Wissenschaftstheorie und Theologie, 110), dann äußert er eine undifferenzierte
Sicht der damaligen Eschatologie-Debatte (vgl. DERS.: Die Begründung der Ethik bei
Ernst Troeltsch, 83).

[133] Zu Boussets kritischer Carlyle-Rezeption H. KAHLERT: Der Held und seine Gemeinde, 171–202. Vgl. das Carlyle-Zitat in W. BOUSSET: Jesu Predigt in ihrem Gegensatz
zum Judentum, 1; sowie DERS.: Thomas Carlyle.

[134] W. BOUSSET: Jesu Predigt in ihrem Gegensatz zum Judentum, 9.

[135] AaO., 30 Anm. 1. Baldenspergers eschatologische Interpretation beruht nach
BOUSSETS Auffassung „auf einer falschen Ueberschätzung der Frömmigkeit des Judentums,
auf der Anschauung, dass im Messianismus des Judentums lebenskräftige Keime einer
neuen Frömmigkeit gegeben seien, die doch nicht vorhanden sind" (aaO., 130).

[136] „Gesetz und messianische, eschatologische Frömmigkeit haben sich im Spätjudentum an einander und mit einander entwickelt. Das Spätjudentum ist durchaus und ganz
Pharisäismus und nichts weiter als Pharisäismus" (aaO., 32).

[137] AaO., 58.

ben"[138] mit der frühjüdischen Auffassung eines fernen Gottes kontrastiert, setzt er Unmittelbarkeit gegen Entfremdung. Der Unterschied zwischen Frühjudentum und Jesus ist der zwischen „alt und faul"[139] sowie „frisch"[140] und „kerngesund"[141]. Bousset deutet Jesu Eschatologie ganz von seinem originalen Gottesbewußtsein her, so daß sie keine Verbindung, sondern einen „völligen Bruch"[142] mit der religiösen Umwelt markieren muß. Darüber hinaus bestimmt Bousset auch Jesu Verhältnis zur Prophetie als ein letztlich antithetisches. Zwar erkennt er in Jesu Verbindung von Ethik und Religion sowie der daraus folgenden Universalisierung ein prophetisches Erbe.[143] Aber gleichzeitig gewichtet Bousset das Einmünden der Prophetie in die Hierokratie in einer Weise, daß Jesus nach dem alten hermeneutischen Schlüssel „Gesetz – Evangelium" in scharfe Diskontinuität zu den Propheten gerät.[144]

Troeltsch hat trotz einer gewissen Übereinstimmung hinsichtlich der Bewertung des Gottesbewußtseins Jesu Boussets Konstruktion nicht akzeptiert. Er schreibt ihm: „Gleichwohl kann ich nicht verhelen, daß ich persönlich gegen das Ganze mich überwiegend ablehnend gestimmt fühle. ⟨...⟩ Du hast die Einzigartigkeit ⟨Jesu⟩ aus dem Doktrinären in das virtuell Persönliche des Lebensgefühls u⟨nd⟩ die Normalität in die rechte Mitte zwischen Askese u⟨nd⟩ Culturseligkeit ⟨...⟩ verlegt u⟨nd⟩ diese beiden Fliegen mit der einen Klappe der Loslösung Jesu vom Judentum zu schlagen beabsichtigt. Aus diesem Grunde hat die Einleitung das Judentum so absolut schwarz gemalt, um aus der unzweifelhaften relativen Neuheit u⟨nd⟩ Urkräftigkeit der Frömmigkeit Jesu eine absolut Neue machen zu können."[145]

---

[138] AaO., 41.

[139] AaO., 49.

[140] Ebd.

[141] AaO., 71.

[142] AaO., 85.

[143] „Jesu Predigt ⟨ist⟩ in dieser Hinsicht eine Erneuerung der alten prophetischen Predigt ⟨...⟩" (aaO., 50).

[144] „Es kann kaum ⟨...⟩ etwas bedeutsamer und charakteristischer für die Bedeutung des Lebens Jesu sein, als die Thatsache, dass, während die geschichtliche Nachwirkung des Prophetismus in dem Wort Gesetz sich zusammenfaßte, die Gemeinde Jesu für das, was er geschaffen und gehabt hatte, den zusammenfassenden Namen Evangelium fand" (aaO., 61).

[145] Brief vom 1. 10. 1892 (Niedersächsische Staats- und Universitätsbibliothek Göttingen; Hinweis H.-G. DRESCHER, Transkription Ernst-Troeltsch-Forschungsstelle Augsburg). Ebenso wie Baldensperger fordert Troeltsch die Unterscheidung von Nomismus und Apokalpytik sowie eine konstruktive Inbeziehungsetzung Jesu zur letzteren (ebd.). In einem Brief vom 5. 8. 1898 fragt Troeltsch mit deutlicher Distanz: „Kommst Du zu einer zweiten Auflage Deiner ‚Predigt Jesu'? Ich hoffe, dass dann recht vieles neu und anders wird" (E. Troeltsch: Briefe aus der Heidelberger Zeit an Wilhelm Bousset, 35). BOUSSET hat diese Kritik aufgenommen und in seiner elf Jahre später erscheinenden Schrift „Die Religion des Judentums im neutestamtentlichen Zeitalter" eine Selbstkorrektur angebracht: „Eine Charakterisierung der Gesamtfrömmigkeit des Spätjudentums habe ich in der ‚Predigt Jesu ⟨sic⟩ in ihrem Gegensatz zum Judentum' ⟨...⟩ versucht, bin aber dabei in

Während die ersten beiden Jesus-Deutungen von Mitgliedern der Religionsgeschichtlichen Schule Troeltsch nicht überzeugen, scheint ihm die Schrift eines heute vergessenen Theologen „zum grössten Teil aus dem Herzen geschrieben ⟨...⟩."[146] Eugen Ehrhardts[147] Buch „Der Grundcharakter der Ethik Jesu im Verhältnis zu den messianischen Hoffnungen seines Volkes und zu seinem eigenen Messiasbewusstsein" (1895) ist für Troeltsch ein erster gelungener Ansatz, die Eschatologie Jesu zu deuten.[148] Ehrhardt spricht der Eschatologie eine wichtige, wenn auch nur transitorische Funk-

---

den entgegengesetzten Fehler einer zu einseitigen Hervorhebung des Gegensatzes der jüdischen gegen die evangelische Frömmigkeit verfallen" (W. Bousset: Die Religion des Judentums im neutestamtentlichen Zeitalter, 52). Die neue Einsicht in die Pluralität des Frühjudentums macht eine eindeutig antithetische Entgegensetzung Jesu unmöglich. Wie Wellhausen sieht Bousset das Frühjudentum jetzt von einer inneren Spannung zwischen Universalismus und Partikularismus gekennzeichnet: „Das Judentum ist eine Religion der Gegensätze. Die in ihm vorliegende Entwickelung ⟨zur Weltreligion⟩ bleibt auf halbem Wege stehen, die Tendenz kommt nicht voll zur Erscheinung" (aaO., 185). Auf dem Gebiet der Zukunftshoffnung zeigt sich diese Antinomie im Gegensatz von nationalistischer Eschatologie und universalistischer Apokalyptik (aaO., 198f.). Bousset nimmt Baldenspergers Differenzierung auf, kehrt aber dessen Bewertung um. In anderer Perspektive kann er aber auch die Eschatologie positiv beurteilen. Bousset sieht in der religionssoziologischen Transformation zur Kirche (aaO., 54–184) die wichtigste Tendenz des Frühjudentums. Mit ihr geht eine steigende Individualisierung einher, die durch den eschatologischen Gedanken der individuellen Auferstehung ihre religiöse Stabilisierung erfährt (aaO., 279ff.). Aber obwohl Bousset wesentliche Fortschrittsmomente im Judentum benennt, auf die er Jesus als ihren Vollender bezieht, hält er auch in diesem späteren Text an seiner früheren Verwendung des Gottesbewußtseins als des diakritischen Prinzips in alter Schärfe fest. Der Unterschied zwischen Frühjudentum und Jesus ist der zwischen unglücklichem und glücklichem Gottesbewußtsein (aaO., 291–313). Auf Troeltsch hat diese Arbeit anscheinend keinen großen Eindruck gemacht. Er zitiert sie lediglich einmal in den „Soziallehren" als Beleg für die These von der frühjüdischen Tendenz zu Transzendenz und Individualisierung (GS I, 34 Anm. 21). Brieflich äußert er sich zurückhaltend und vermerkt als Defizit nur die unzureichende Behandlung und Kenntnis der frühjüdischen Ethik (Brief vom 8. 3. 1902, E. Troeltsch: Briefe aus der Heidelberger Zeit an Wilhelm Bousset, 41; die bibliographische Anmerkung 58 ist falsch). Auch Boussets Jesus-Buch regt Troeltsch nicht zu einer inhaltlichen Auseinandersetzung, sondern nur zu einem allgemeinen Lob an (Brief vom 30. 12. 1904, E. Troeltsch: Briefe aus der Heidelberger Zeit an Wilhelm Bousset, 43). Zu Boussets Rezeption der konsequent eschatologischen Interpretation von Weiß vgl. W. Bousset: ⟨Rez.:⟩ J. Weiss: Die Predigt Jesu vom Reiche Gottes², 565f.; sowie Ders.: Das Wesen des Christentums, 95f.

[146] Brief vom 23. 7. 1895, E. Troeltsch: Briefe aus der Heidelberger Zeit an Wilhelm Bousset, 28.

[147] Eugen Ehrhardt war protestantischer Theologe (vgl. Lachenmann: Ehrhardt, 1. Eugen, 43 f.) und nicht katholisch, wie F. W. Graf (Weltanschauungshistoriographie, 216) meint, der ihn mit dem katholischen Reformkatholiken Albert Ehrhard zu verwechseln scheint.

[148] Sein Verweis auf Erhardt ein Jahr später klingt schon etwas kühler: „Vgl. die z.T. zwar etwas künstliche, aber in Bezug auf die Ueberweltlichkeit der Ethik Jesu sehr feine Schrift von Ehrhardt, ‚Grundcharakter der Ethik Jesu im Verhältnis zu den messianischen Hoffnungen seines Volkes', Freiburg 1895" (SdR III, 198 Anm.1). 1902 fügt Troeltsch dem Hinweis auf Ehrhardt den auf Wredes kritische Besprechung hinzu (GdE III, 142 Anm. 1; die bibliographische Angabe ist unvollständig).

tion zu. Sie ist für Jesus das Mittel, eine religiöse Aporie zu lösen, die das Frühjudentum beherrscht. Diese besteht in der Spannung zwischen geistiger und heilsmaterialistischer Religiosität.[149] Die Apokalyptik verlagert die Heilshoffnung in die Zukunft, ohne sie jedoch zu spiritualisieren. Indem sie an den Lohngedanken der Torafrömmigkeit gebunden bleibt und das Eschaton als Erfüllung gegenwärtiger Sehnsüchte faßt, vermischt sie Zukunft und Gegenwart. Die Gegenwart wird religiös und ethisch entwertet, ohne daß dadurch eine reine Transzendenz erreicht würde. Weltflüchtigkeit geht nicht einher mit Vergeistigung: „Jesus sah sich einer Ethik gegenüber gestellt, die ein innerer Widerspruch lahm legte. Sie wusste sich weder auf das Diesseits, noch auf das Jenseits zu concentrieren ⟨…⟩ Ohne sich vom Diesseits loszumachen, stand sie doch dem Diesseits gleichgültig und mehr oder weniger verzweifelnd gegenüber, und wiederum wies sie auf ein überirdisches Heil, als auf das letzte Gut hin, ohne sich dem Jenseits zuzuwenden"[150]

Das religiöse Bewußtsein Jesu ist ebenfalls durch den Gegensatz von Gegenwart und Zukunft geprägt, jedoch gegenüber dem Frühjudentum in modifizierter Form: „Offenbar sind sich in Jesus zwei Strömungen begegnet: diejenige, die ihre Quelle hat in seiner eigenthümlichen Gotteserfahrung, in seinem Gefühl eines gegenwärtigen Genusses Gottes und seines Heils, und die messianische, die der Gegenwart enteilen möchte, um Gott zu finden."[151] Die eschatologische Zuspitzung seiner Botschaft hilft ihm, das Jenseits in die reine Überweltlichkeit zu heben und von allen materialistischen Momenten zu reinigen. Aber als letzter Grund der Eschatologie erweist sich bei Jesus das Bewußtsein gegenwärtiger, individueller Gottesgemeinschaft. Dieses ist ein Gegengewicht zur Weltdistanz und ermöglicht eine ethisch konstruktive Haltung. Durch die Bipolarität von Eschatologie und Gottesbewußtsein werden Zukunft und Gegenwart so voneinander gesondert, daß beide zu ihrem jeweiligen Recht kommen. Das Ergebnis ist eine spiritualisierte Religion und eine individualisierte Ethik. Die Eschatologie Jesu ist in Ehrhardts Deutung ein wichtiger Impuls des religiösen Fortschritts, der allerdings seinem Gottesbewußtsein untergeordnet ist.

Wrede hat diese nicht sonderlich durchsichtige Argumentation als Versuch charakterisiert, „die messianischen Elemente der Predigt Jesu ebenso formell in ihrem strengen historischen Sinne zur Geltung zu bringen, wie sachlich zur leicht entfernbaren Schale zu stempeln."[152] Dies ist insofern richtig, als Ehrhardt die beiden Pole von Gottesbegriff und Eschatologie sowie von Kulturethik und Überweltlichkeit nicht miteinander vermittelt

---

[149] E. EHRHARDT: Der Grundcharakter der Ethik Jesu im Verhältnis zu den messianischen Hoffnungen seines Volkes und zu seinem eigenen Messiasbewusstsein, 1–42.

[150] AaO., 45f.

[151] AaO., 86.

[152] W. WREDE: ⟨Rez.:⟩ E. EHRHARDT: Der Grundcharakter der Ethik Jesu im Verhältniss zu den messianischen Hoffnungen seines Volkes und zu seinem eigenen Messiasbewusstsein, 76.

denken kann. Sein Argument, die ethische Überweltlichkeit werde bei Jesus durch das Bewußtsein gegenwärtiger Gottesgemeinschaft relativiert, überzeugt nicht. Denn aus einer gesteigerten religiösen Innerlichkeit allein folgt noch keine Kulturethik. Dennoch kann man Ehrhardts Schrift würdigen als einen ersten Ansatz zu einem systematisch-konstruktiven Umgang mit der jesuanischen Eschatologie. Sie geht aus von der Wahrnehmung der eschatologischen Bestimmtheit Jesu und der Gespanntheit seiner Botschaft zwischen zwei Polen, versucht aber, diesem Sachverhalt dadurch einen Sinn abzugewinnen, daß sie in ihm die Antwort auf eine interne Aporie des Frühjudentums erkennt. Dadurch gelingt es Ehrhardt, Jesus in den frühjüdischen Kontext zu integrieren, ohne seine Originalität auszublenden.

Sehr viel einseitiger ist William Wredes Vortrag über „Die Predigt Jesu vom Reiche Gottes" (1894).[153] Er gliedert sich in zwei Teile. Der erste weist den eschatologischen Charakter der Vorstellung Jesu vom Gottesreich auf.[154] Der zweite versucht, von hieraus ein Bild seiner ganzen Botschaft zu zeichnen.[155]

Wrede identifiziert die religionsgeschichtliche Verortung Jesu mit der Frage nach der Bestimmung des Stellenwerts der Eschatologie.[156] Dabei teilt er die hermeneutische Voraussetzung von Weiß. Es ist ihm undenkbar, „daß jemand den einen Begriff in den andern umsetzte, ohne *das deutliche Bewußtsein* einer starken Neuerung; halb unter der Hand konnte es nicht geschehen. Hätte Jesus wirklich solche Wandlung vollzogen, so wäre es ein wahres Rätsel, daß in seinen Reden und überhaupt in den Evangelien diese für das jüdische Bewußtsein doch eminente Neuerung nirgends *als solche markiert* wäre."[157] Wrede behauptet entsprechend die Identität von frühjüdischer und jesuanischer Zukunftshoffnung. Das Reich Gottes wird jeweils verstanden als eine rein zukünftige, supranaturale Größe, die in dualistischer Spannung zur gottfernen Gegenwart steht. Wrede stimmt der These von Weiß zu, daß sich Jesus nur für die Zukunft als Messias bzw. Menschensohn gewußt hat.[158] Auf die Frage, worin das Eigene der Eschatologie Jesu besteht, gibt Wrede eine Antwort, die unausgeglichen zur Leugnung eines gegenwärtigen Messiasbewußtseins steht: „so ist er sich selbst oder ist ihm das Bewußtsein seiner Würde ja das lebendigste Unterpfand dafür, daß das Reich wirklich ganz nahe ist."[159] Damit ist gesagt, daß die Differenz Jesu

---

[153] 1907 posthum erschienen. Von Troeltsch für das grundsätzliche Verständnis der religiösen Idee Jesu angeführt in GS I, 34 Anm.22.

[154] W. WREDE: Die Predigt Jesu vom Reiche Gottes, 84–114.

[155] AaO., 114–126.

[156] AaO., 85.

[157] AaO., 93; Hhg. v. Vf. Ebenso DERS.: Über Aufgabe und Methode der sogenannten Neutestamentlichen Theologie, 52 Anm. 3.

[158] W. WREDE: Die Predigt Jesu vom Reiche Gottes, 101ff.

[159] AaO., 105f.

zur frühjüdischen Eschatologie in der Annahme eigener „messianischer" Würde besteht.

Problematisch ist Wredes Deutung, weil sie einseitig durch die Frontstellung gegen Ritschl bestimmt ist. Die Polemik gegen modernisierende Deutungen verhindert, daß Jesu Rezeption der frühjüdischen Eschatologie relativ zu seinen innovativen Elementen gesetzt wird. Darum verhält sich der zweite Teil des Vortrags spröde zur Eschatologie-Deutung. Wrede entfaltet hier die Originalität Jesu in vier additiv gereihten Punkten: der gesteigerten Naherwartung, dem quasi-messianischen Selbstbewußtsein Jesu, der Überwindung der Nationalreligion und der Ethik.[160] Eine spiritualisierende Tendenz entdeckt Wrede in der Ethik Jesu und erhebt damit ein im Vergleich zur Eschatologie fundamentaleres Prinzip.[161] Aus dem zuerst genannten Grundprinzip wird nun eine „eschatologische Farbe"[162]. Wrede verläßt die konsequent eschatologische Interpretation und kehrt zur Unterscheidung von Form und Inhalt, von implizit Neuem und traditionell Vorgegebenem zurück.[163] Da er das Verhältnis der beiden Pole nicht klärt, reduziert sich die Plausibilität seines Vortrags auf die Polemik gegen Ritschl.

Sehr viel differenzierter als Wrede stellt sich Paul Wernle dem Problem. Sein Buch „Die Anfänge unserer Religion" (1901) ist der erste Versuch, die programmatische Forderung der Religionsgeschichtlichen Schule umzusetzen, die an Lehrbegriffen orientierte Theologie des Neuen Testaments durch eine Geschichte der urchristlichen Religion abzulösen.[164] Dennoch ist Wernles Verhältnis zur „kleinen Göttinger Fakultät" keineswegs eindeutig. Als seine neutestamentlichen Lehrer hat er neben Duhm Bousset und Weiß bezeichnet[165], und im Hinblick auf christentumsgeschichtliche Arbeiten hat er sich einen „Troeltschschüler" genannt.[166] Aber seine weitere Ent-

---

[160] AaO., 124.

[161] „Tritt es ja zudem doch jedem schlichten Leser der Evangelien entgegen, daß der Hauptakzent der Worte Jesu auf den sittlichen Imperativen liegt, wogegen die Verkündigung der Seligkeit und der Gnade ⟨der Eschatologie?⟩ zurücktritt" (aaO., 116).

[162] AaO., 96. WREDE verwickelt sich in Selbstwidersprüche. Er gesteht Jesus zu, „im Prinzip" (aaO., 119) bzw. in einer „blitzartig aufsteigende⟨n⟩ Ahnung" (aaO., 118) den Partikularismus zugunsten eines „ganz absoluten Universalismus" (aaO., 119) überwunden zu haben. Damit verläßt er seine hermeneutische – positivistische – Grundforderung, religiöse Neubildungen nur dort festzustellen, wo sie sich explizit manifestieren.

[163] Vgl.: „Die ganze Predigt von Gericht und Verdammnis und Lohn ist ein *Ausdruck* für die absolute Schätzung der sittlichen Persönlichkeit" (aaO., 121; Hhg. v. Vf.).

[164] Vgl. vor allem W. WREDE: Über Aufgabe und Methode der sogenannten Neutestamentlichen Theologie.

[165] Vgl. die Bousset-Widmung von „Die Anfänge unserer Religion". Im Vorwort von „Der Christ und die Sünde bei Paulus" (Vf.) und in seiner autobiographischen Skizze (216 f.) hat er seine Schülerschaft zu Weiß und Bousset explizit gemacht. Über sein Verhältnis zu Weiß informiert B. LANNERT: Die Wiederentdeckung der neutestamentlichen Eschatologie durch Johannes Weiß, 35f.

[166] P. WERNLE: ⟨Autobiographische Skizze⟩, 245. Zum Verhältnis Troeltsch – Wernle vgl. die Einleitung von F. W. GRAF zu: Ernst Troeltschs Briefe und Karten an Paul Wernle, 85–99.

wicklung läßt eine Annäherung an Ritschlsche Positionen erkennen. In der Exegese zeigt sich dies in der Korrektur früherer Aussagen zur Eschatologie Jesu.[167] Für Troeltsch jedoch waren sowohl Wernles ursprüngliche wie seine modifizierten Beiträge zur Eschatologie-Debatte prägend.[168]

Wernle liefert ein Musterbeispiel abwägender religionsgeschichtlicher Vergleichung. Die Ambivalenz der eschatologischen Worte Jesu zwischen Übernahme und selbständiger Umformung zeigt er an drei Punkten auf. Die erste Ambivalenz ist die Spannung zwischen Heilsmaterialismus und Spiritualisierung. Wernle zufolge übernimmt Jesus Vorstellungen seiner Umwelt, reinigt sie jedoch von allem nationalen Ressentiment. Ohne jede Polemik formuliert er eine rein religiöse Fassung des Eschaton: „Einfach ausgedrückt, verheisst Jesus mit dem Reich Gottes die Ewigkeit, den Eintritt des Menschen in die ungetrennte Gemeinschaft Gottes."[169] Hinsichtlich der zweiten Ambivalenz zwischen Zukünftigkeit und Gegenwärtigkeit hebt Wernle das gemeinjüdische Moment der Zukunftshoffnung als das sachlich Primäre hervor. Aussprüche Jesu über das gegenwärtige Anbrechen der Gottesherrschaft sind nur Äußerungen eines kurzfristigen „Enthusiasmus."[170] Auch sie lassen keine spiritualisierende Ausdeutung zu: „Das Reich Gottes ist von Jesus unter allen Umständen supranatural gedacht worden. ⟨…⟩ Darin bleibt sich Jesus sein Leben lang treu; auch in den Gegenwartsaussagen ist das Gottesreich die eschatologische Grösse."[171] Aber Wernle wertet diesen Stein des neuprotestantischen Anstoßes positiv als „das beste in der jüdischen Religion"[172], da die Größe christlicher wie jüdischer Religiosität darin besteht, Hoffnungsreligion zu sein. Erst an der dritten Ambivalenz zwischen Universalismus und Partikularismus zeigt sich die Originalität Jesu. Sein Ausgangspunkt ist die Vorstellung der Beschränkung des Heils auf Israel. Aber seine religiös-ethische Unbedingtheit und die zunehmende Erfolglosigkeit seiner Predigt führen ihn zum Bruch mit der Nationalreligion. Aus der frohen Botschaft für Israel wird die Ankündigung des Gerichts über Israel.

Wernle gelingt es, die Übereinstimmung Jesu mit seiner religiösen Umwelt ebenso wie dessen Eigenart zur Geltung zu bringen. Er rechnet mit unausgesprochenen Verschiebungen[173] und kann darum im Unterschied zu

---

[167] Vgl. P. WERNLE: ⟨Autobiographische Skizze⟩, 223f.

[168] Verweise Troeltschs auf WERNLES Eschatolgie-Deutung in „Die Anfänge unserer Religion" in GdE, 142 Anm. 1 (in GdE² gestrichen); die zweite Auflage wird zustimmend zitiert in GS I, 32 Anm. 20 und 34 Anm. 22; in GS I, 110 Anm. 55 wird Bezug genommen auf WERNLES Schrift „Die Reichsgotteshoffnung in den ältesten christlichen Dokumenten und bei Jesus".

[169] P. WERNLE: Die Anfänge unserer Religion, 36.

[170] AaO., 38.

[171] AaO., 40.

[172] AaO., 42.

[173] „Er ⟨Jesus⟩ operiert durchweg mit alten Worten und zwar bona fide, glaubt, ihr wahrer Interpret zu sein, und entfernt gerade das Charakteristische, Jüdische aus ihrem Inhalt" (aaO., 55).

„modernen Archäologen"[174], wie Weiß, implizite Modifikationen aufspü-
ren, ohne andererseits – wie der frühe Bousset – Jesus aus seinem Kontext
zu reißen. Das Neue bei Jesus sieht Wernle im universalen Ewigkeitsglau-
ben. Diesen unterscheidet er aber nicht als Inhalt von der Eschatologie als
der bloßen Form. Vielmehr zeigt er die Verschränkung beider Momente
auf. Die universalisierte Eschatologie ist die neue religiöse Idee: „So behält
die Predigt Jesu von Anfang bis zu Ende ihren eschatologischen Charakter
⟨…⟩ Das Grosse und Neue bei Jesus liegt nicht in den Gedanken einer Gegenwart und Immanenz des Gottesreiches – Gedanken, die Jesus selbst bald
aufgab und die die Geschichte nicht bewegt haben – sondern in der Entna-
tionalisierung der jüdischen Hoffnung."[175]

Es hat sich gezeigt, daß sich unter dem Etikett „religionsgeschichtlich-
eschatologisches Jesusbild" eine Vielzahl unterschiedlicher Interpretationen
versammelt. So divergieren erstens die Beurteilungen der religiösen Umwelt Jesu. Ist das Frühjudentum eine in sich geschlossene Größe oder plural
bzw. bipolar strukturiert und von internen Spannungen gekennzeichnet? Ist
die frühjüdische Eschatologie sterile Zukunftsspekulation, Unterprinzip der
Torafrömmigkeit, Ausdruck nationalreligiöser Erlösungshoffnung oder religiöse Revitalisierungstendenz? Unterschiedlich fällt zweitens die Deutung
der Eschatologie Jesu und damit die Bestimmung seines Verhältnisses zur religiösen Umwelt aus. Hat sich Jesus nur als Bußprediger und Zukunftspro-
phet verstanden, hat er im eigenen Wirken den gegenwärtigen Anbruch der
Gottesherrschaft gesehen, oder ist die Frage nach Gegenwart und Zukunft
des Gottesreiches überhaupt irreführend? Ist demnach Jesu Verhältnis zum
Frühjudentum das einer distanzierten Überlegenheit, einer weitgehenden
Identität oder einer Mischung aus Rezeption und Modifikation? Strittig
bleibt drittens, wie die Zukunftshoffnung zu den anderen Grundpfeilern
der Predigt Jesu in Beziehung gesetzt werden soll. Ist die Eschatologie Impuls zur Entstehung bzw. Bestandteil eines neuen Gottesbegriffs und einer
neuen Ethik, ist sie untergeordnete, zeitbedingte Form oder stellt sie einen
selbständigen Pol dar? Dieses Problem führt zur hermeneutischen Frage, ob
die Unterscheidung zwischen Form und Inhalt illegitim oder unerläßlich ist
und nur differenzierter als bisher gehandhabt werden muß.

3. Troeltschs Beitrag zur Jesus-Deutung

a) Die Eschatologie

Es ist nicht einfach, Troeltsch diesen Modellen zuzuordnen, denn eine
grundsätzliche Erörterung des Themas hat er nicht vorgelegt. Angesichts
der Emphase, mit der er die Berücksichtigung der Eschatologie in der Jesus-

---

[174] AaO., 37.
[175] AaO., 44.

Deutung fordert, mögen seine andeutungsweisen Äußerungen enttäuschen. Man wird sich dies nur so erklären können, daß er mehr an systematischen Folgeproblemen interessiert war als an der historiographischen Rekonstruktion selbst. Aber die Kritik an den Jesusbildern von Ritschl und seinen Schülern allein sagt noch nichts über sein eigenes Verständnis der Eschatologie Jesu. Ebensowenig erklärt die bloße Zuordnung zur Religionsgeschichtlichen Schule, wenn man sich deren diesbezügliche, interne Differenzen und besonders Troeltschs Distanz zu Weiß vor Augen hält.

Schon die erste publizierte Bemerkung zur Eschatologie weist auf eine Mittelposition hin.[176] In „Die christliche Weltanschauung und die wissenschaftlichen Gegenströmungen" bestimmt Troeltsch den Messianismus als das Spezifikum Jesu. Auch wenn er schon bald hierüber reservierter urteilt, formuliert er mit der These, daß sich die Eigenart Jesu in seiner Eschatologie zeigt, eine Auffassung, die er auch später beibehalten wird.[177] Ebenso wie Duhm differenziert Troeltsch zwischen frühjüdischer Apokalyptik und jesuanischer Eschatologie: „Durch die Gleichsetzung des ‚Eschatologischen‘ mit dem ‚Jüdischen‘ ist die ganze Betrachtung unter den schiefen Gesichtspunkt geraten, daß dann das ‚Originale‘ und ‚Bleibende‘ in der Richtung der innerweltlichen Elemente der Predigt gesucht wurde, oder man hat sich dadurch zu einer höchst irreführenden Preisgebung Jesu an die jüdische politisch-religiöse Schwärmerei bestimmen lassen" (ChrW II, 227 Anm. 1). Jesus unterscheidet sich von seinen Zeitgenossen durch die Art seines Zukunftsglaubens, die begründet ist in einem spezifischen Gottesbewußtsein. Da sich im Messianismus das Gottesbewußtsein manifestiert, ist er „der eigentliche Schlüssel" (ChrW II, 227) zum Verständnis Jesu. Mit dieser Argumentation hat Troeltsch zwar die Zukunftshoffnung Jesu zur Geltung gebracht, gegenüber seiner dritten Promotionsthese aber einen Rückschritt vollzogen. Er unterläßt eine Kontextualisierung der Eschatologie Jesu, indem er die frühjüdischen Ideen zu bloß zeitbedingten „Formen" (ebd.) degradiert.

Derselbe Gedanke findet sich in einer längeren Anmerkung in „Die Selbständigkeit der Religion". Hier will Troeltsch die These widerlegen, die

---

[176] B. LANNERT (Die Bedeutung der religionsgeschichtlichen Forschungen zur Geschichte des Urchristentums, 93f.) behauptet, Troeltsch habe sich erst spätestens 1902, seit Boussets Forschungsrückblick zum Thema, die konsequente Eschatologie-These zu eigen gemacht. Diese Spätdatierung ist der schon problematisierten Konzentration LANNERTS auf die Eschatologie-Deutung von Weiß geschuldet. Troeltsch hat schon sehr viel früher als 1902 die Bedeutung der Eschatologie hervorgehoben, ohne mit Weiß einig zu sein, und hat auch später an diesem Punkt Distanz zu Weiß gehalten. Eine besondere Wirkung der angeführten Schrift von Bousset auf Troeltsch läßt sich nicht belegen.

[177] Die Originalität Jesu besteht „in dem Anspruch auf die Vollendung aller bisherigen Gottestaten, in der Gewißheit einer endgiltigen Gottesoffenbarung, der Stimmung des Weltendes und des Gerichtes ⟨…⟩ der Unterstellung und Konzentration des Lebens unter die höchsten und letzten Gesichtspunkte ⟨…⟩" (ChrW II, 226f.).

Eschatologie Jesu ließe sich – als Reaktion auf reale Not – aus kontingenten Zeitbedingungen erklären. Sein Gegenargument besteht darin, die Eschatologie Jesu durch den Aufweis ihrer ausschließlich religiösen Bestimmtheit von der Apokalyptik abzugrenzen: „Das Wesen seiner Predigt von der wahren Gerechtigkeit und dem wahren Gute (Reiche Gottes) ist gerade die Abwendung von den durch das politische Elend inspirirten Hoffnungen" (SdR III, 198 Anm. 1). Dennoch erkennt Troeltsch bei Jesus keine vollständige Spiritualisierung: „Sie ⟨die Predigt Jesu⟩ aber dann so zu erklären, daß Jesus überhaupt die weltlichen Hoffnungen aufgegeben hätte und nur ein ganz jenseitiges geistiges Gut mehr hoffen zu können glaubte, ist eine sehr oberflächliche Behandlung" (ebd.). Troeltschs Mittelposition besteht darin, Jesu Vorstellung vom Eschaton in ihrer Fremdheit als naiv-realistische Zukunftsschau stehen zu lassen, sie andererseits aber wegen ihrer Begründung durch das Bewußtsein gegenwärtiger Gottesgemeinschaft von der frühjüdischen Apokalyptik abzusetzen. Damit folgt Troeltsch den Auffassungen Ehrhardts und Wernles.

Weit entfernt, das Evangelium auf die Eschatologie zu reduzieren, versucht Troeltsch, den Zusammenhang der verschiedenen Elemente der Predigt Jesu herauszuarbeiten. In „Geschichte und Metaphysik" (1898) beschreibt er in Kategorien Duhms und der sogenannten Anspruchs-Theologie, wie das Fremde und das gegenwärtig Wertvolle bei Jesus eine Einheit bilden. Jesu Selbstverständnis, der letzte Gottesbote zu sein, ist der Motor einer bisher unbekannten, religiös-ethischen Unbedingtheit: „Indem er sich verknüpft mit dieser großen Entscheidung, stellt er alles, was er Altes und Neues aus seinem Schatze bringt, zugleich mit unter diese höchsten und letzten Gesichtspunkte der Entscheidung. Erst dadurch ist jene ungeheure Konzentration und Vertiefung rein individueller, auf Gott unmittelbar bezogener und rein sittlicher, aber auch das Sittliche nur in seiner letzten Abzweckung auf die Stellung zu Gott fassender Frömmigkeit entstanden ⟨...⟩" (GuM, 60f). Nicht die Spiritualisierung des Eschatons oder seine Verlagerung in die Gegenwart, sondern die messianische Radikalität ist das Fortschrittsmoment.

Ausführlicher diskutiert Troeltsch Jesu Verhältnis zum Frühjudentum in der Absolutheitsschrift. Hier wendet er das methodologische Prinzip der Korrelation auf Jesus an, um den unlöslichen Zusammenhang von vorgegebener Eschatologie und eigener Neuschöpfung aufzuzeigen: „Es ⟨das frühe Christentum⟩ ist selbst in seinem *Kerngedanken* aufs tiefste bestimmt durch die eschatologischen Ideen, die in dieser Lage ⟨des Untergangs der antiken Nationalstaaten⟩ sich Israels bemächtigten, und hat gerade erst im *Zusammenhang* mit ihnen seinen rein innerlichen und rein ethischen Gottesglauben ausgesprochen" (AdC, 32; Hhg. v. Vf.). Rezeption und Innovation sind so ineinander verschränkt, daß man zwischen überkommener Form und neuem Inhalt nicht trennscharf unterscheiden kann. Und doch fallen Eschatologie und Gottesglaube Jesu Troeltsch zufolge nicht zusammen, sondern erstere ist genetisch der Grund des letzteren, letzterer ist sachlicher Grund der ersteren.

In den „Soziallehren" geht Troeltsch erstaunlich kurz auf den religiösen „Grundgedanke⟨n⟩" (GS I, 34) Jesu vom Kommen des Gottesreiches und dessen religionsgeschichtlichen Kontext ein.[178] Nach Troeltsch ist das Reich Gottes für Jesus der „Inbegriff aller ethischen und religiösen Ideale" (GS I, 35). Es ist bei Jesus idealisiert und universal entschränkt.[179] Aber die Reichgottes-Vorstellung ist nicht der religiöse Grundgedanke Jesu: „In dieser Forderung der Bereitung ⟨auf das Gottesreich⟩ liegt die Ethik und der sie bedingende Gottesgedanke Jesu eingeschlossen, wobei die Frage nach der Neuheit gegenüber der jüdischen Umgebung hier gleichgültig ist" (ebd.). Troeltsch hält den systematischen Ort der Eschatologie bewußt in der Schwebe, um sie nicht durch die Abgleichung mit „prinzipielleren" Ideen abzuwerten.

Die letzte und vielleicht klarste Ausführung Troeltschs zum Thema ist in seiner Rezension des Jesus-Buchs von Wernle enthalten. Hier teilt er Jesu Predigt in drei Grundgedanken auf: Naherwartung, Ethik und Gottesgedanke.[180] Wernles Darstellung des ersten Punktes hält Troeltsch für „das Verständigste, was ich darüber überhaupt gelesen habe, ausgezeichnet durch natürlichen Sinn für die Tatsachen und durch das Feingefühl für ihren religiösen Inhalt."[181] Dabei hatte Wernle gegenüber seinen frühen Texten die Bedeutung der Eschatologie relativiert. So hebt er die Hinweise auf ein gegenwärtiges Anbrechen der Gottesherrschaft kräftiger hervor als in „Die Anfänge unserer Religion".[182] Er unterscheidet von der Zukunftshoffnung Jesu das Bewußtsein schon jetzt realisierter Gottesgemeinschaft. Neben be-

---

[178] Eine vorsichtige Modifikation früherer Äußerungen besteht darin, daß Troeltsch jetzt das Reich Gottes bei Jesus nicht als eine exklusiv zukünftige Größe begreift, sondern zugesteht, daß ihm ein Moment der Gegenwärtigkeit eignet, insofern es in Korrelation zur Jüngergemeinde steht: „Aller Nachdruck liegt auf der Bereitung für das Gottesreich, und diese Bereitung kann eine so tiefgreifende sein, daß die des Gottesreiches harrende *Gemeinde selbst schon in der Vorausnahme als Gottesreich bezeichnet werden kann*" (GS I, 35; Hhg. v. Vf.). Mit dieser Formulierung nähert sich Troeltsch wieder an Ritschl an.

[179] Troeltsch begibt sich in einen gewissen Selbstwiderspruch, wenn er später gegenüber zu stark spiritualisierenden Deutungen behauptet, die nationalreligiöse Eschatologie der Propheten sei der „Mittelpunkt der Predigt Jesu" (GuE, 48) gewesen. W. Stegemann (Zur Deutung des Urchristentums in den „Soziallehren", 65) wirft Troeltsch eine spiritualisierende Fehlinterpretation des Reich-Gottes-Gedankens Jesu vor. Troeltsch habe die Ausrichtung auf die Armen nicht berücksichtigt. Stegemann hat aber nicht beachtet, daß Troeltschs Deutung der jesuanischen Idee des Gottesreiches bestimmt ist von der Rückbeziehung der Eschatologie auf den Gottesgedanken. Zudem ist es nicht Troeltschs Intention, etwaige soziale Aspekte zu unterdrücken, sondern auf das ethische Grundproblem der Politikferne des Evangeliums aufmerksam zu machen, das auch Stegemann nicht leugnen kann.

[180] E. Troeltsch: ⟨Rez.:⟩ P. Wernle: Jesus, 54.

[181] AaO., 55.

[182] P. Wernle: Jesus, 226ff.

wegten Momenten stehen bei Jesus ruhende Momente.[183] Auch wenn Troeltsch diesen letzten Gedanken nicht mitvollzieht, teilt er doch die Auffassung Wernles, wonach Jesu Predigt zwischen Heilsmaterialismus und Spiritualität, Zukunft und Gegenwart, Partikularität und Universalität schwankt und ihr Spezifikum in der ethischen Überwindung der national-religiösen Begrenztheit und damit in einer Tendenz zu Universalisierung und Individualisierung besitzt.[184]

Troeltsch nimmt mit Wernle eine vermittelnde Stellung ein, die sich sowohl gegen Ritschl wie gegen eine konsequent eschatologische Ausdeutung[185] wendet und Jesus in einer unauflöslichen Ambivalenz stehen läßt. Einerseits bezeichnet Troeltsch die Eschatologie als den „eigentliche⟨n⟩ Kern- und Organisationspunkt" der Predigt Jesu[186]. In ihr liege „die eigentliche Triebkraft"[187]. Andererseits ist sie kein letztes Prinzip. Reichshoffnung und Ethik haben im Gottesgedanken ihre „immanente, in ihnen sich auswirkende Voraussetzung"[188]. Wie aber kann etwas „Kern" sein, das auf einem anderen aufruht? Worin besteht der Unterschied zwischen dem Grundprinzip und dem Folgegedanken, der nur als verstärkende „Triebkraft" relevant wird? Hier wiederholt sich bei Troeltsch das schon bei seinen Gesprächspartnern festgestellte Problem, wie bei Jesus die neubewertete Eschatologie plausibel auf diejenigen Elemente bezogen werden kann, die seit der Aufklärung mehr oder weniger als das „Wesentliche" seiner Botschaft aufgefaßt worden sind. Daß hier ein echtes Problem vorliegt, das sich nicht inhaltlicher Vereinseitigung oder mangelnder hermeneutischer Reflektiertheit der Religionsgeschichtler verdankt, läßt sich durch einen Seitenblick auf Harnack zeigen.

Harnacks Jesus-Bild ist das wohl wichtigste Gegenmodell zu den soeben diskutierten Versuchen einer eschatologischen Deutung.[189] Harnack versteht Jesus konsequent von seinem Gottesbewußtsein her und folgt damit bewährten Bahnen, wie sie bereits Schleiermacher gelegt hat. Die eschatologischen Aussagen der Synoptiker lastet Harnack der Urgemeinde an. Das exegetische Argument dafür liegt in seiner Hochschätzung der weitgehend uneschatologischen Logienquelle.[190] Dennoch hat er die Thesen der Reli-

---

[183] AaO., 100. Zur Differenzierung zwischen ruhenden und bewegten Momenten bei Jesus vgl. A. v. HARNACK: Das Wesen des Christentums, 41.

[184] Vgl. P. WERNLE: Jesus, 205–271, bes. 251–263.

[185] Mit Wernle legt Troeltsch Widerspruch ein gegen „das kalte Fieber der Modernisierungen und das heiße Fieber der Eschatologisierung" (E. Troeltsch: ⟨Rez.⟩: P. WERNLE: Jesus, 55). Wen Troeltsch allerdings als fiebrigen Eschatologen vor Augen hat, ist nicht recht klar. Wahrscheinlich wird er an Weiß und Schweitzer gedacht haben.

[186] E. Troeltsch: ⟨Rez.:⟩ P. WERNLE: Jesus, 54.

[187] Ebd.

[188] Ebd.

[189] Vgl. auch K. NOWAK: Bürgerliche Bildungsreligion?, 333–338.

[190] A. v. HARNACK: Lehrbuch der Dogmengeschichte I⁴, 68 Anm. 1; vgl. DERS.: Sprüche und Reden Jesu.

gionsgeschichtler in steigendem Maße in den Neuauflagen seiner Dogmengeschichte berücksichtigt. In der vierten Auflage (1909) schaltet Harnack
als Zugeständnis eine Reflexion über die Eschatologie vor[191], nachdem er
schon von der zweiten Auflage (1887) an in den Einzelausführungen diesbezügliche Erwägungen vorangestellt hatte.[192] Harnack sieht die gesamte
Jesus-Forschung um zwei Grundfragen kreisen. Die erste Frage ist, ob bei
Jesus dem Gottesgedanken oder der Eschatologie sachliche Priorität zukommt. Die zweite Frage ist das Problem des Messiasbewußtseins Jesu.[193]
Hinsichtlich des ersten Punktes optiert Harnack zugunsten des Gottesgedankens, läßt sich aber zunehmend zu einer stärkeren Berücksichtigung der
Eschatologie bewegen. Doch wie er dies tut, steht unausgeglichen neben
seiner eigentlichen Deutungsperspektive. Schon die einleitende Formulierung verrät Unsicherheit: „Das Evangelium ist *als* eine apokalyptisch-escha-
tologische Botschaft in die Welt getreten; das Apokalyptisch-eschatologi-
sche gehört *nicht nur* zur Form des Evangeliums, *sondern auch* zu seinem Inhalte."[194] Jesu Originalität manifestiert sich in der Umformung traditioneller Eschatologie zu einer individualisierten Frömmigkeit, die ihr Zentrum
im Bewußtsein gegenwärtiger Gottesgemeinschaft hat: „Er lebte und sprach
innerhalb des Kreises der eschatologischen Vorstellungen, die das Judenthum seit mehr als 200 Jahren ausgebildet hatte; aber er beherrschte sie, indem er sie in eine neue Richtung zwang."[195] Hermeneutisch zeigt sich bei
Harnack eine grundsätzliche Schwierigkeit, wenn er schreibt: „Wer die erste
Frage bejaht ⟨Überordnung des Gottesgedankens⟩, braucht die Eschatologie
keineswegs als ‚Schale' zu beurtheilen, sondern kann doch ihrer vollen Bedeutung gerecht werden."[196] Aber wie ist die Eschatologie zu verstehen,
wenn sie weder Kern noch Schale ist? Bei Harnack stellt sich damit ebenso
wie bei Troeltsch die Frage, wie die beiden Pole der Religion Jesu miteinander vermittelt gedacht werden können. Dieses Problem ist mit historiographischen Argumenten allein nicht zu lösen. Hier müssen grundsätzliche
hermeneutische Erwägungen hinzutreten.[197]

---

[191] A. v. HARNACK: Lehrbuch der Dogmengeschichte I[4], 65–68.
[192] AaO., 68–71. Zudem finden sich unter „2. Einzelnes" zahlreiche Einschübe und
neue Anmerkungen zur religionsgeschichtlichen Debatte (aaO., 71–85).
[193] AaO., 68 Anm.1.
[194] AaO., 67; Hhg. v. Vf.
[195] AaO., 71. Die konsequent-eschatologische Interpretation von Weiß und Schweitzer
wird abgelehnt (aaO., 68 Anm. 1).
[196] Ebd.
[197] Dies meint auch HARNACK, wenn er schreibt: man folgt „der Forderung der Sache
selbst, wenn man *in der Darstellung* des Evangeliums nicht das *in den Vordergrund* rückt, was
es mit den zeitgeschichtlichen Stimmungen des Judenthums verbindet, sondern das, wodurch es über sie erhoben ist" (aaO., 67. Hhg.v.Vf).

b) Die Ethik

Schärfere Konturen gewinnt Troeltschs Jesusbild, wenn man die Ethik betrachtet. Hier hat sich Troeltsch viel ausführlicher zu Wort gemeldet. Sein zentrales Interesse ist es, den Abstand Jesu zur Ethik des Kulturprotestantismus zu markieren. Dabei geht es ihm keineswegs darum, die Ethik Jesu zu verabschieden, vielmehr möchte er sie als dauernde Kritik des Neuprotestantismus stark machen. Es sind nun im wesentlichen zwei Hinsichten, nach denen Troeltsch die Ethik Jesu intepretiert. Die erste ist die Deutung der Ethik Jesu als einer eschatologisch bestimmten Güterethik. Die zweite besteht in der Herausarbeitung der Theozentrik der Ethik Jesu, d.h. ihrer durchgängigen Begründung durch den Gottesgedanken.

(1) Die erste Interpretationshinsicht hat ihren pointiertesten Ausdruck in „Grundprobleme der Ethik" (1902) gefunden, der Auseinandersetzung mit der „Ethik" von Wilhelm Herrmann (1901).[198] Sie dient Troeltsch als historiographisches Argument gegen Herrmanns Versuch, die Ethik Jesu mit dem Autonomieprinzip zu identifizieren (GdE II, 142–155). Troeltschs Interpretation gründet sich dabei auf zwei Annahmen: auf die Hervorhebung der Eschatologie und auf die Zuordnung der Ethik Jesu zum Typ der Güterethik.

Herrmann hat – in Troeltschs Deutung – mit seiner sollensethischen Interpretation der Predigt Jesu nur „einen Grundzug des Evangeliums" (GdE II, 142) zur Geltung gebracht. Das Ganze aber, so Troeltschs Gegenthese, erkennt man nur, wenn man neben dem sollensethischen auch das güterethische Moment der Ethik Jesu in den Blick nimmt.[199] Bestünde die Ethik Jesu nur im Autonomiegedanken, würde er „eine sehr unbrauchbare und sehr matte Moral verkündet haben, die jedem die eigentliche sittliche Orientirung erst überläßt und die Hauptsache, was denn eigentlich nun zu thun sei, völlig offen hält" (GdE II, 143). Mit dieser Zuordnung Jesu zu einem anderen Ethiktyp verbindet sich eine alternative Wahl des religionsgeschichtlichen Vergleichspunkts. Troeltsch hält es für falsch, den Konflikt mit dem Pharisäismus zum Generalschlüssel der Jesus-Deutung zu machen. Der Widerspruch gegen die Torafrömmigkeit betrifft nur die sollensethische Grundlage. Wichtiger ist Jesu Ausrichtung auf ein überweltliches Gut, wie sie auch bei den Propheten zu finden ist. Troeltsch sieht in Jesus darum weniger den Überwinder des Pharisäismus als den Vollender des Prophetismus.[200]

---

[198] Ansätze finden sich schon in den Frühschriften; vgl. bes. ChrW I, 528; GuM, 7; AdC, 32.

[199] S. u. III. C. 2.

[200] Dies ist wohl der eigentliche Grund für Troeltschs durchgängige Ausblendung des direkten religionsgeschichtlichen Kontexts Jesu, die vor allem P. WERNLE (Vorläufige Anmerkungen zu den Soziallehren der christlichen Kirchen und Gruppen von Ernst Troeltsch I, 344) moniert hat. Jesu Auseinandersetzung mit dem Pharisäismus wird in den

Im Zentrum der Ethik Jesu steht „ein konkretes Ziel und Gut" (ebd.), nämlich das Reich Gottes. Schon hier zeigt sich die Problematik der Troeltsch'schen Deutung. Thema der Güterethik sind die Realisationen ethischen Handelns. Das Sittliche beschränkt sich nicht auf die Bestimmung des Willens durch ein ideales Sollen, sondern verobjektiviert sich in Gütern, d.h. in ethisch qualifizierten Institutionen wie Familie, Staat, Kultur und Kirche, aus denen sich wiederum eigene Imperative ergeben. Wie kann also Troeltsch eine eschatologische Größe als ein objektives und konkretes Gut bezeichnen? Es fragt sich, ob das eschatologisch verstandene Reich Gottes in seiner Funktion für die Ethik Jesu im Rahmen einer Güterethik thematisiert werden kann, oder ob hier nicht eine Verwechslung von höchstem Gut als der letzten Zielbestimmung und objektivem Gut als einer Vergegenständlichung des Guten vorliegt.

Das Recht dieser problematischen Deutung besteht nun darin, daß sie über die Zuordnung zur Güterethik die Besonderheit der Ethik Jesu pointiert aussagt. Jesus hat Troeltsch zufolge keine formale Sollensethik vertreten, die aus einem allgemeinen Vernunftzweck abstrakte Pflichten deduziert. Vielmehr verkündet er eine material besondere Ethik, die aus einem spezifisch christlichen Gut, d.h. einem nicht allgemeinen, objektiven Zweck, konkrete Pflichten folgert: „Der objektive Charakter dieser Ethik liegt auf der Hand. Es ist eine spezifisch religiöse Ethik, der höchste und konsequent vollendete Typus der religiösen Ethik" (GdE II, 150).

Die Besonderheit der Ethik Jesu zeigt Troeltsch an ihren Hauptpflichten. Zentralgebot ist das Doppelgebot der Gottes- und Nächstenliebe und nicht die an den kategorischen Imperativ gemahnende „goldene Regel", wie Herrmann meint (GdE II, 145f.). Die Liebespflicht läßt sich nicht von ihrem religiösen Entstehungszusammenhang ablösen. Sie hat ihren Grund in der Idee des Gottesreiches. Aus diesem Zweckgedanken folgt zum einen eine spezifische Motivation und zum anderen eine besondere, inhaltliche Ausrichtung des Handelns. Herrmann hatte bei Jesus eine relative Überweltlichkeit erkannt und diese aus der Idealität des Sollens gefolgert. Troeltsch sieht bei Jesus eine radikale Überweltlichkeit vorliegen. Sie ist begründet durch zwei spezifisch religiöse Faktoren: die Eschatologie und das Gottesbe-

---

„Soziallehren" nicht berücksichtigt: „Die Eingewickeltheit dieses Gedankens ⟨Jesu Gesinnungsmoral⟩ in die Anerkennung des jüdischen Gesetzes, der üblichen Volksmoral und in die populären Erwartungen von Lohn und Vergeltung, zugleich mit den mancherlei kritischen Ausbrüchen gegen diese Ideenmassen, können hier auf sich beruhen" (GS I, 36). Statt dessen wird die für die weitere Christentumsgeschichte relevantere stoische Ethik, die jedoch für Jesus nur eine Analogie ohne jeden Rezeptionszusammenhang bildet, breit entfaltet (GS I, 52–58). Ein untergeordneter Grund für die fehlende Berücksichtigung der frühjüdischen Ethik mag die mangelnde religionsgeschichtliche Kenntnis sein, die Troeltsch in einem Brief an Bousset vom 8. 3. 1902 beklagt: „Auch ich empfinde es als die schwierigste Lücke bei diesen Studien, dass wir über die spätjüdische ‚Ethik' so wenig unterrichtet sind, d.h. aus den Zeugnissen so wenig ein kritisch gesichertes Bild gewinnen können" (E. Troeltsch: Briefe aus der Heidelberger Zeit an Wilhelm Bousset, 41).

wußtsein. Das Verhältnis beider Faktoren wird von Troeltsch allerdings nicht deutlich bestimmt. Die Eschatologie hat zum einen insofern eine negative, inhaltliche Funktion, als sie innerweltliche Zwecke kategorisch ausschließt. Zum anderen wirkt sie als Triebfeder innerhalb des Motivationszusammenhanges. Aber in beiden Funktionen ist sie dem Gottesbewußtsein untergeordnet. Troeltsch schreibt: „Natürlich steht die Motivierung des alles bedingenden höchsten Guts stark unter dem Einfluß der Eschatologie" (GS II, 626 Anm. 55; = GdE[2]), fügt aber sogleich hinzu: „der eigentlichste Grund liegt doch in der religiösen Innerlichkeit Jesu" (ebd.). Im Medium der Eschatologie spricht sich die im Gottesbegriff begründete religiöse Unbedingtheit in aller Schärfe aus: „In der nunmehr allseitig anerkannten Allmacht des eschatologischen Gedankens über das Evangelium erkennen wir daher nichts anderes als den grandiosen Ausdruck des alleinigen Wertes des religiösen Zweckes ⟨...⟩" (GdE II,151). Damit ist die Eschatologie dem Gottesgedanken und dem aus ihm folgenden religiösen Zweck untergeordnet. Höchstes Gut, Gottesbegriff und Eschatologie bilden also für Troeltsch in der Ethik Jesu einen unauflöslichen Zusammenhang: Grundprinzip ist der Gottesbegriff; das Gottesreich ist verstanden als vollendete Gottesgemeinschaft; dieser Gedanke wird nun besonders virulent durch das Bewußtsein der Nähe; in dieser Virulenz wirkt er material wie motivational auf die Ethik. Dieses Zusammenspiel zeigt sich für Troeltsch besonders deutlich in der güterethischen Perspektive, weil durch die Kennzeichnung des Gottesreiches als objektives Gut seine inhaltsetzende Funktion wahrgenommen wird. Gegenüber Herrmann leugnet Troeltsch die allgemein humane Plausibilität und Verbindlichkeit der Ethik Jesu sowie die Möglichkeit, deren Kulturindifferenz gegenüber dem neuzeitlichen Autonomiegedanken zurückzustufen.[201] Er stellt den eschatologischen Gedanken des Gottesreiches in den Mittelpunkt seiner Deutung der Ethik Jesu, um ihre Eigenart zur Geltung zu bringen. Es ist aber die Frage, ob es eine glückliche Entscheidung war, diese interpretatorische Option unter das Etikett „Güterethik" zu stellen. Die von Troeltsch herausgearbeiteten Gegensätze und sein Insistieren auf dem spezifisch religiösen Charakter der Ethik Jesu sind plausibel, aber die konzeptionelle Zuordnung vermag nur schwer zu überzeugen.

---

[201] Troeltsch bezeichnet Herrmanns Argumentation, die er im Vortrag von ARTUR TITIUS vor dem Evangelisch-sozialen Kongreß 1911 wiederentdeckt, als „Flucht in die Autonomie", als illegitime Eskamotierung des historischen zugunsten eines kantianisierend konstruierten, ewigen Evangeliums (GS II, 667 Anm. 59; = GdE[2]). Vgl. A.TITIUS: Wie lassen sich die sittlichen Ideale des Evangeliums in das gegenwärtige Leben überführen?, 12. Troeltsch verweist auf FRIEDRICH NAUMMAN, der in der auf den Vortrag von Titius folgenden Debatte „sehr richtig hervorgehoben hat, daß das historische Evangelium von Galiläa keine bloße zeitgeschichtliche Form für das ewige Evangelium Kants ist, sondern einen eigenen und dauernden religiös-ethischen Sinn besitzt, der nur mit unserem übrigen Ethos nicht zu einer glatten Einheit zu verarbeiten ist" (GS II, 667 Anm. 59; = GdE[2]). Vgl. F. NAUMANNS Debattenbeitrag in: Die Verhandlungen des zweiundzwanzigsten Evangelisch-sozialen Kongresses, 38.

Vielleicht wäre es sinnvoller gewesen, bei Jesus von einer materialen Zweck-Ethik als von einer eschatologischen Güterethik zu sprechen.

(2) Das Jesus-Kapitel der „Soziallehren" entfaltet die zweite Deutungsperspektive: die Bestimmtheit der Ethik Jesu durch den Gottesgedanken. Obwohl Troeltsch explizit auf die Kontinuität zu seinen Ausführungen in „Grundprobleme der Ethik" hinweist[202], fällt auf, daß hier sowohl die güterethische Zuordnung als auch die eschatologische Interpretation zurücktreten.

Die „Soziallehren" stellen die Summe von Troeltschs historiographischen Arbeiten dar. Hier untersucht er die Geschichte der christlichen Ethiken mit Hilfe eines methodischen Dreischritts. Nacheinander stellt er die jeweilige religiös-ethische Grundidee, die daraus folgende religionssoziologische Selbstgestaltung und schließlich die Kulturethik dar. Dieser Dreischritt ist im Ergebnis eine Modifikation des materialistischen Überbau-/ Unterbautheorems.[203] Einerseits wahrt das Gefälle vom ersten zum dritten Schritt die Eigenständigkeit des religiösen Faktors und verhindert eine Ableitung des Idealen aus dem Unterbau. Andererseits wird vor allem im dritten Schritt den realen soziologischen Faktoren Rechnung getragen (GS I, 4 Anm. 2 und 14).[204] Diese soziologische Perspektive der „Soziallehren" läßt

---

[202] „⟨...⟩ bezüglich der evangelischen Ethik halte ich auch hier fest an den Auseinandersetzungen in ‚Grundprobleme der Ethik' ⟨...⟩" (GS I, 34 Anm. 22).

[203] Zu Troeltschs Marx-Rezeption vgl. H. BOSSE: Marx – Weber – Troeltsch, bes. 70–98, zur Kautzky-Rezeption aaO., 98f.

[204] W. STEGEMANN will in der methodischen Berücksichtigung einer relativen Eigenständigkeit des Religiösen eine „petitio principii" (Zur Deutung des Urchristentums in den „Soziallehren", 61, 64, vgl. 63–70) erkennen. Troeltsch sei „negativ fixiert" (aaO., 70) auf die materialistische Urchristentums-Deutung und behaupte darum in unhistorischer Weise einen „absoluten Anfang" (aaO., 63) des Christentums in Jesus. STEGEMANN übersieht, daß die Rede von der Unableitbarkeit der religiösen Grundidee Jesu keineswegs das Prinzip geschichtlicher Korrelativität aufhebt. Will man eine Wechselwirkung zwischen religiösem und sozialem Faktor beschreiben, darf man eine gewisse Eigenständigkeit des ersteren nicht ausschließen, wie es die wohl mindestens ebenso ideologische Totalableitung des Religiösen aus dem Sozialen tut. Auch wenn es „absolute Anfänge" nicht gibt, stellt sich doch die Frage, wie relative historische Neuerungen zu verstehen sind. Man verschiebt diese Frage nur, wenn man die Innovationen den „Persönlichkeiten" von vornherein ab- und gesellschaftlichen Prozessen zuspricht. Es ist noch kein Indiz für das Vorliegen einer Ideologie der „großen Männer", wenn man religiöse Gedanken wie den der Gotteskindschaft und der Nähe des Gottesreiches nicht anonymen, soziologischen Größen zuschreibt, sondern im Falle Jesu eine persönliche, religiöse Kreativität in Anschlag bringt. Dies ist sehr wohl vereinbar mit der Intention, die Mitbedingtheit dieser Gedanken durch soziale Gegebenheiten zu reflektieren. Gerade Troeltschs religions- und sozialgeschichtliche Verortung der Predigt Jesu zeigt dies deutlich. STEGEMANN kann dementsprechend auch keine einleuchtende Gegenposition zu dem von ihm Kritisierten formulieren. Er befindet sich keineswegs im Gegensatz zu Troeltsch, wenn er „zwischen den spezifisch religiösen Überzeugungen dieser Gruppierungen und ihrem soziologisch definierbaren Milieu bzw. der bestimmten Lage ihrer damaligen Gesellschaft Zusammenhänge ⟨...⟩" (aaO., 68) annimmt. Das ist nicht strittig. Strittig ist, ob diese „Zusammenhänge" allein den Entstehungsgrund der Predigt Jesu bilden. Hier gibt es berechtigte Zweifel. Wenn STEGE-

sich auch auf dem Hintergrund von Troeltschs Wellhausen-Rezeption verstehen. Troeltsch nimmt Wellhausens Frage nach der Institutionalisierung
von religiösen Innovationen dadurch auf, daß er den Verschiebungen und
Spannungen zwischen der Botschaft Jesu und der entstehenden Kirche
nachgeht. Das antinomische und zugleich komplementäre Verhältnis zwischen den Polen dieser Entwicklung wird dadurch hervorgehoben, daß der
methodische Dreischritt deren jeweils eigenes Gewicht zur Anschauung
bringt. Ein Unterschied zu Wellhausen besteht allerdings darin, daß
Troeltschs Jesus-Deutung in den „Soziallehren" nicht durch eine einseitige
Option für eine rein individuelle Religiosität belastet ist.

(a) Im ersten Schritt der Jesus-Deutung, der Explikation der religiös-
ethischen Idee, setzt Troeltsch wie bisher mit Jesu Ankündigung des Gottesreiches ein. In der Eschatologie ist die Ethik eingeschlossen, ohne doch
durch sie begründet zu sein. Bestandteile der Predigt vom Reich Gottes sind
der Bußruf und die Forderung, sich durch „Selbstheiligung" für die Zeitenwende zu „bereiten" (GS I, 34f). So sehr diese Ethik aus der Gespanntheit
auf das Eschaton lebt, ihr „Prinzip" und „Grundgedanke" ist nicht die
Eschatologie, sondern der Gottesgedanke (GS I, 42 Anm. 24). Die Eschatologie begründet nicht den besonderen Charakter der Ethik Jesu, sondern
verstärkt ihn nur.[205]

Auch in den „Soziallehren" unterscheidet Troeltsch zwischen zwei
Aspekten der Ethik Jesu, ohne jedoch die „güterethische" Interpretation der
Herrmann-Kritik wiederaufzulegen. Der Grundzug der Ethik Jesu besteht
darin, reine „Gesinnungsmoral" (GS I, 35) zu sein. Dieser formale Charakter folgt aus der Konzentration auf den theistischen Gottesgedanken: „Die
Hauptsache ist, daß dieses ethische Ideal ⟨der Selbstheiligung⟩ *absolut durch-
drungen ist von dem religiösen Gedanken der* den Menschen innerlich durch-
schauenden und im Gewissensgebot an sich heranziehenden *Gottesgegenwart*
und von dem Gedanken eines in der Selbstopferung für Gott zu gewinnenden unendlichen und ewigen Wertes der Seele" (GS I, 36; Hhg. v. Vf.). Da-

---

MANN schreibt, daß das Urchristentum durch „sozialgeschichtliche Bedingungen erzeugt
und geprägt worden ⟨...⟩" (aaO., 70) ist, dann verwischt er den Unterschied zwischen primärer Konstitution und sekundärer Mitbedingung, an dem Troeltsch aus historiographischen Gründen gelegen war. Gegenüber STEGEMANN ist auch auf den wissenschaftsgeschichtlichen Kontext der „Soziallehren" zu verweisen. Hier fällt gerade der theologische
Einspruch gegen eine angeblich zu weitgehende Berücksichtung des Sozialen durch
Troeltsch auf. Vgl. hierzu J. MEHLHAUSEN: Ernst Troeltschs „Soziallehren" und Adolf von
Harnacks „Lehrbuch der Dogmengeschichte"; F. W. GRAF: Weltanschauungshistoriographie.
[205] „So wenig die Forderungen ⟨Jesu⟩ aus der Erwartung des Endes selber abgeleitet
werden dürfen, so sehr muß man doch bedenken, daß ihr Radikalismus und ihre Unbekümmertheit um Möglichkeit und Durchführbarkeit nur von hier aus zu verstehen sind"
(GS I, 40). HARNACK hat mit „Freude" die Übereinstimmung in der Ablehnung einer
konsequenten Eschatologie notiert (A. v. HARNACK: Das Urchristentum und die sozialen
Fragen, 267).

mit ist der auch von Herrmann vertretene Gedanke ausgesprochen, daß sich in der ethisch einheitlichen Gesinnung zugleich Persönlichkeitswerdung und Gottesbeziehung vollenden. Gegen Herrmann ist aber schon für den ersten, formalen Teil der Ethik eine religiöse Besonderheit behauptet. Denn die Konzentration der Ethik Jesu auf die Gesinnung geht nicht überein mit dem Autonomieprinzip der praktischen Vernunft, sondern folgt aus einem spezifischen Gottesgedanken.

Die Nicht-Verallgemeinerbarkeit wird noch offenkundiger, wenn man die Inhaltlichkeit der Ethik Jesu betrachtet.[206] Troeltsch stellt diese zweite ethische Hinsicht in den „Soziallehren" nicht als Güterethik der formalen Sollensethik gegenüber, sondern beschreibt sie als religiöse Pflichtethik. Er hält es für falsch, „die Ethik des Evangeliums für eine rein subjektivistische Gesinnungsmoral zu halten, für die bloße Forderung der autonomen Gewissensmäßigkeit des Handelns" (ebd.).[207] Jesus überläßt die ethische Entscheidung nicht allein dem autonomen Subjekt, sondern formuliert zwei Hauptgebote, die materiale Richtlinien vorgeben. Diese Bestimmungen des Doppelgebots der Liebe sind spezifisch religiös, weil sie aus dem Gottesbegriff deduziert werden. Das Besondere der Ethik Jesu verdankt sich also nach Troeltschs Ausführungen in den „Soziallehren" nicht primär der Eschatologie: „Diese konkrete und höchst charakteristische Richtung empfängt es ⟨das Evangelium⟩ durch die Stellung des Gottesgedankens im Zentrum alles sittlichen Wollens" (GS I, 36f.). Troeltsch expliziert bei Jesus die zweite ethische Hinsicht also nicht als Güterethik, sondern als Pflichtenlehre. Pflicht- und Gottesbegriff lösen als Leitkategorien der Jesus-Deutung weitgehend Eschatologie und den Begriff des höchsten Gutes ab.

Troeltschs Interpretation der Nächstenliebe hat nun eine intensive Debatte ausgelöst. Sie findet sich schon in „Grundprobleme der Ethik", ist aber in den „Soziallehren" stark zugespitzt.[208] Troeltsch versteht die Nächstenliebe als Konsequenz des Gottesbewußtseins: „Wie Gott die tätige schaffen-

---

[206] In seinen Ausführungen zur materialen Ethik Jesu meint Troeltsch nicht, daß bei Jesus von einer konkreten ethischen Inhaltlichkeit im Sinne einer Kasuistik die Rede sein könne. Jesus hat nicht „irgend eine besondere Liste sittlicher Forderungen" (GS I, 36) aufgestellt.

[207] Das Vorkommen des Lohngedankens bei Jesus wird von Troeltsch nicht – wie man hätte erwarten können – als Hauptargument gegen die kantianisierende Deutung Herrmanns in Anschlag gebracht. Der Lohngedanke bei Jesus ist für Troeltsch kein eudämonistischer Rest, sondern Ausdruck der religiösen Zielbestimmtheit seiner Ethik: „der eigentliche Lohn ist das Gottesreich selbst, das Ziel einer religiösen Vollendung ⟨...⟩" (GS I, 36; vgl. GdE II, 146).

[208] Brieflich formuliert er sie gegenüber Wernle schon am 18. 3. 1901: „Völlig stimme ich wieder mit Ihrer Darstellung der Ethik Jesu überein, die ich bisher in die zwei Hauptgebote der Herzensreinheit und der Bruderliebe geteilt hatte und wo ich daran festhalten möchte, keine besonderen Pflichten gegen Gott zu statuiren, sondern *die Pflichten gegen Gott eben in der Verpflichtung zur Herzensreinheit und zur Bruderliebe zu sehen, wodurch ja auch der spezifisch religiöse Charakter dieser beiden Pflichten zu Stande kommt*" (zitiert nach: Ernst Troeltschs Briefe und Karten an Paul Wernle, 111; Hhg. v. Vf.).

de Liebe ist ⟨…⟩, so sollen die Gott geheiligten Menschen ihre Liebe kund werden lassen an Freunde und Feinde ⟨…⟩" (GS I, 37). Das primäre Motiv ist nicht der Wunsch, die Not anderer zu lindern, sondern die Nächstenliebe ist eine Form, Selbstheiligung und unbedingte Hingabe an Gott zu realisieren.[209] Sie ist nicht Prinzip eines humanitären Ethos, sondern religiöse Pflicht. In ihr manifestiert sich ein spezifisches Gottesbewußtsein. Den Nächsten lieben heißt, „im Verkehr mit ihm die Gottesgesinnung der Liebe zu offenbaren oder zu wecken" (GS I, 38).

Die Schärfe dieser These zeigt sich in der Auseinandersetzung mit Harnacks Vortrag über „Die evangelisch-soziale Aufgabe im Lichte der Geschichte der Kirche" (1894).[210] Harnack sieht bei Jesus ein Nebeneinander zweier nicht aufeinander reduzierbarer Elemente. Auf der einen Seite steht die Kulturindifferenz der radikalen Hingabe an Gott. Auf der anderen Seite findet sich als Gegengewicht die Nächstenliebe.[211] Diese ist Ausdruck eines unmittelbaren, sozusagen vorreligiösen Berührtseins durch fremdes Leiden. Die Ethik Jesu formuliert deshalb eine doppelte Aufgabe, nämlich „irdische Not und Elend ebenso wie irdisches Glück für etwas Geringes zu achten und doch jeglicher Not zu steuern, das Haupt im Glauben mutig zum Himmel erheben und doch mit Herz, Mund und Hand auf dieser Erde für die Brüder zu arbeiten."[212] In seiner „Dogmengeschichte" hatte Harnack die These von der Gleichordnung der beiden Teile des Doppelgebots mit der Annahme eines gegenseitigen Verweisungs- und Begründungszusammenhangs gekoppelt: „Im Sinne Jesu stehen einerseits die Gottes- und die Nächstenliebe selbstverständlich neben einander, andrerseits kann die eine aus der anderen erkannt, also auch abgeleitet werden."[213] Die Intention hinter dieser problematischen Formulierung besteht darin, einen systematischen Zusammenhang der beiden Pflichten aufzuweisen, ohne die zweite zugunsten der ersten unterzubestimmen. Aber wie soll eine wechselseitige Ableitung gedacht werden?

---

[209] „Sie ist nicht Bekehrungsliebe, aber immer auch dann eine aus Gott und dem Gedanken des göttlichen Zieles stammende Liebe ⟨…⟩" (GdE II, 149).

[210] Troeltschs bibliographische Angabe (GS I, 42 Anm. 24) ist falsch.

[211] „⟨…⟩ wo nur immer der ‚Nächste' in Sicht kommt, da weiß das Evangelium nichts von jener Indifferenz ⟨…⟩" (A. v. HARNACK: Die evangelisch-soziale Aufgabe im Lichte der Geschichte der Kirche, 29).

[212] AaO., 30. Demgegenüber hatte Harnack in seinen Vorlesungen über „Das Wesen des Christentums" beide Pole des Doppelgebots in einen engeren Zusammenhang gebracht, ohne auf die These vom Selbststand der Nächstenliebe Rücksicht zu nehmen. Die Gottesliebe ist „Quellpunkt" der Nächstenliebe (A. v. HARNACK: Das Wesen des Christentums, 47). Die Nächstenliebe ist die Verwirklichung der Gottesliebe: „Von dieser Demut, welche die Gottesliebe ist, ⟨…⟩ meint Jesus ⟨…⟩, daß sie die stetige Stimmung des Guten ist, und daß aus ihr alles Gute quillt und wächst" (ebd.). Die Nächstenliebe ist nur noch „auf Erden die einzige *Bethätigung* der in der Demut lebenden Gottesliebe" (ebd.; Hhg. v. Vf.).

[213] A. v. HARNACK: Lehrbuch der Dogmengeschichte I⁴, 73 Anm. 2.

In seiner Kritik des ersten Teils der „Soziallehren" wendet Harnack seine These der Bipolarität der Ethik Jesu in modifizierter Form gegen Troeltschs Ableitung der Nächsten- aus der Gottesliebe und schreibt, „daß man die werktätige, jeder Not entgegentretende Nächstenliebe *nicht nur* als eine abgeleitete ‚soziale Anwendung' des Evangeliums betrachten darf, sondern daß sie als soziologisches Prinzip, welches *teils* aus der Gotttesliebe folgt, *teils* auch sein eigenes Recht besitzt, in das Wesen des Christentums einzurechnen ist".[214] Diese Aussage läuft auf eine partielle Zurücknahme der eigenen These hinaus. Sie steht in Spannung zur vorausgehenden Behauptung der prinzipiellen Selbständigkeit der Nächstenliebe: „In seiner ⟨Jesu⟩ Predigt tritt die Nächstenliebe und die Pflicht zur Hilfe schlicht und einfach auch als eine Pflicht auf, die *ganz auf sich selbst beruht* und nur ihr *Vorbild* an dem barmherzigen Wirken Gottes hat."[215] Damit aber verliert der Gottesgedanke seine Begründungsfunktion. Harnack kann schließlich das Gefälle zwischen erstem und zweitem Gebot umkehren: „wo jene ⟨die Nächstenliebe⟩ ist, ist alles, was nötig ist vorhanden ⟨...⟩."[216] Harnack hat Troeltsch vorgeworfen, zu stark zu systematisieren.[217] Ihm selbst könnte man vorhalten, das Verhältnis beider Gebote nicht genügend geklärt zu haben. Denn zum einen bleibt unklar, wie die „Duplizität in der Verkündigung Jesu"[218] exakt zu fassen ist. Meint Harnack eine Gleichordnung, eine wechselseitige Begründung oder nur eine Relativierung des Primats der Gottesliebe bzw. eine nur teilweise Begründung der Nächstenliebe aus ihr? Zum andern ließe sich fragen, wie die These der ethischen Bipolarität koordiniert werden kann mit der anderen These Harnacks, daß das Evangelium etwas in sich einfaches sei[219]? Troeltschs Rekonstruktion weist größere Stringenz auf.

Dennoch hat Harnack ein historiographisches Recht für sich, wenn er das „Heillandswirken" Jesu[220] durch die These zu Geltung bringt, daß die „Liebesgesinnung im Evangelium auch an dem Gedanken der Hilfe und Förderung um ihrer selbst willen hafte".[221] Sicherlich ist damit kein soziales Reformprogramm gemeint. Aber für den ethischen Nahbereich besitzt die Pflicht zur Hilfe in der Not ein eigenes Gewicht. Wernle schließt sich Harnack an, wenn er – unbeschadet der Vorordnung der Gottesliebe – in einem besonderen „Sympathiegefühl"[222] den selbständigen Grund der Nächstenliebe erkennt. Die Plausibilität dieser – ganz unsentimental gemeinten –

---

[214] A. v. HARNACK: Das Urchristentum und die sozialen Fragen, 271; Hhg. v. Vf.
[215] AaO., 268; Hhg. v. Vf.
[216] Ebd.
[217] AaO., 268f., DERS.: Lehrbuch der Dogmengeschichte I⁴, 73 Anm. 2.
[218] A. v. HARNACK: Das Urchristentum und die sozialen Fragen, 271.
[219] A.aO., 268.
[220] A. v. HARNACK: Das Wesen des Christentums, 60.
[221] A. v. HARNACK: Das Urchristentum und die sozialen Fragen, 269.
[222] P. WERNLE: Jesus, 32.

Deutung zeigt er anhand des für diese Frage sprechendsten Gleichnisses: „Der barmherzige Samariter, das muß auch Troeltsch zugeben, liebt doch nicht auf religiösem Umweg, sondern weil er die Not nicht mit ansehen und an ihr vorübergehen kann."[223]

Aber bei Wernle und Harnack stehen systematische Interessen hinter der Deutung der Ethik Jesu, die sich der zeitgenössischen sozialethischen Debatte verdanken. Beide heben die allgemeine Evidenz der ethischen Weisung Jesu hervor, der die unmittelbar religiösen Begründungen nachgeordnet sind, um die christliche Sozialethik nicht auf den binnenkirchlichen Bereich zu beschränken, sondern ihr eine gesamtgesellschaftliche Perspektive zu eröffnen. Den eigenen evangelisch-sozialen Bemühungen soll eine „jesuanische" Legitimität nachgewiesen werden: „Wer sich nach einer *direkten Anknüpfung* für soziale Tätigkeit im Evangelium umsieht, kann dieselbe niemals in der Reichsgotteshoffnung finden, wohl aber in der radikalen Liebesforderung."[224]

Gegen diese Auffassung richtet sich Troeltschs These.[225] Sein Motiv ist – neben dem Interesse an historiographischer Präzision – ein kulturtheoretisches. Er zielt auf die Problematisierung von Wernles „Anknüpfungspunkt" und auf die Einschärfung der Kluft zwischen sozialreformerisch engagiertem Neuprotestantismus und dem Evangelium Jesu. Dessen Nächstenliebe läßt sich nicht sozialethisch modernisieren: denn „diese Liebesgesinnung haftet mehr an dem Gedanken Gottes als der tätigen Vaterliebe und nicht an dem Gedanken der Hilfe und Förderung um ihrer selbst willen" (GS I, 42 Anm. 24). Sie ist Ausdruck der Überweltlichkeit des jesuanischen Ethos und keine Brücke zu modern-christlicher Sozialarbeit. Mit dieser Interpretation will Troeltsch einem Projekt wie dem Evangelisch-sozialen Kongreß

---

[223] P. WERNLE: Vorläufige Anmerkungen zu den Soziallehren der christlichen Kirchen und Gruppen von Ernst Troeltsch I, 335.

[224] AaO., 337f.; Hhg. v. Vf.

[225] Troeltschs Kritik an Harnack ist an diesem Punkt auch eine implizite Selbstkorrektur. Denn Troeltsch hatte noch 1899 im Rahmen einer Sammelrezension von NATHAN SÖDERBLOMS Vortrag über „Die Religion und die sociale Entwickelung" die Nächstenliebe als Gegengewicht zur Gottesliebe bezeichnet, ohne allerdings direkten Bezug auf die Ethik Jesu zu nehmen: „Sie (Söderbloms Schrift) zeichnet sich durch eine nicht allzuhäufige Einsicht in den *Doppelcharakter des Christenthums* aus, das ⟨…⟩ einerseits die Gemüther für die obere Welt sammelt und insofern eine Tendenz zu Askese und Weltflucht besitzt, andererseits aber in der Bruderliebe die Gemüther an allen menschlichen Geschicken und an deren für das persönliche Leben möglichst dienlicher Gestalt interessiert und insofern eine Tendenz zur Sichtung innerweltlicher Lebensordnungen besitzt" (E. Troeltsch: ⟨Rez.:⟩ A. SABATIER: Die Religion und die moderne Kultur u.a., 400; Hhg. v. Vf.). Harnacks Kritik hat Troeltsch nicht zu Modifikationen in der zweiten Fassung der ersten Kapitel der „Soziallehren" in GS I bewegen können. Er ist nur zu einer konzilianten, aber folgenlosen Formulierung bereit: „Die allgemeinen Einwendungen ⟨Harnacks⟩ gegen meine Auffassung des Liebesgebotes Jesu finde ich dagegen allerdings teilweise überzeugend und werden mich zu neuen Formulierungen veranlassen" (GS I, 81 Anm. 36e; neu gegenüber SL).

nicht die Berechtigung absprechen, sondern nur die Notwendigkeit aufzeigen, über die Ethik Jesu hinauszugehen.[226]

(b) Auch der zweite Schritt des Jesus-Kapitels, die Behandlung der soziologischen Struktur des Evangeliums, enthält wichtige Neuerungen. Troeltschs These lautet, daß aus der religiösen Idee Jesu ein absoluter Individualismus und ein absoluter Universalismus folgen (GS I, 41). Dies ist innerhalb des zweiten Deutungsschritts nicht auf den ersten Blick plausibel. Denn Troeltsch muß zugeben, daß das Evangelium als solches von einer eigenen Form der Vergemeinschaftung nichts weiß. Wenn aber das Evangelium keine organisierte Sozialgestalt aus sich heraussetzt, wird fraglich, welchen religionssoziologischen Status die strukturelle Gleichordnung von Individualismus und Universalismus hat. Die Pointe von Troeltschs These besteht nun darin, angesichts des „soziologischen" Desinteresses Jesu hervorzuheben, daß das Evangelium keineswegs sozialphilosophisch unfruchtbar ist. In ihm liegen vielmehr Impulse, die in der weiteren Christentumsgeschichte gerade deshalb relevant werden, weil sie vor und über der Etablierung christlicher Kirchen und Gruppen liegen.[227]

Das Evangelium leistet zweierlei. Zum einen steigert es Individualismus und Universalismus zu jeweils „absoluten" Größen. Zum andern vermittelt es beide Pole miteinander. Der Gedanke der Gemeinschaft mit Gott setzt einen unbedingten religiösen Individualismus aus sich heraus. Diese Schätzung des „unendlichen Wertes der Menschenseele" ist verbunden mit einer absoluten Schätzung religiöser Universalität. Beide Prinzipien sind gleichursprünglich. Begründet wird diese Gleichursprünglichkeit bei Jesus durch die Vorstellung der Berufung zum Reich Gottes: „Wie der absolute Individualismus aus der religiösen Idee der herzensreinen Selbsthingabe an den die Seelen suchenden und zur Kindschaft berufenden Vaterwillen ausgeht, so wird aus der gleichen Grundidee heraus der absolute Individualismus zu einer ebenso absoluten Liebesgemeinschaft der in Gott Verbundenen ⟨...⟩" (GS I, 40f). Damit ist einer einseitigen Überbewertung des Individualismus in der Jesus-Deutung, wie sie etwa bei Wellhausen vorliegt[228], von vornherein der Boden entzogen. Nach Troeltsch meint Individualismus bei Jesus ein transzendentes Begründetsein des Individuums durch seine Eingliederung in eine religiöse „Gemeinschaft", das Reich Gottes.[229]

Der Universalismus Jesu ist nach Troeltsch nicht grenzenlos. Er zielt vielmehr auf eine religiös qualifizierte Sondergemeinschaft, auf „die Verbundenheit der in Gott Geeinigten" (GS I, 41). Dies hat Konsequenzen für die Nächstenliebe. Auch aus sozialphilosophischer Perspektive erscheint sie

---

[226] S. u. III. C. 4.

[227] S. u. III. B.

[228] Vgl. etwa die Schlußpassage des Jesus-Kapitel von J. WELLHAUSEN: Israelitische und jüdische Geschichte, 320 f. S. o. II. A. 2.

[229] S. u. III. A. 4.

nicht als allgemeine Liebespflicht, sondern als Solidarität der religiös Gleichgesinnten und als Mittel religiöser Werbung. Diese Deutung des jesuanischen Universalismus enthält eine Schwierigkeit. Denn sie geht auf die Frage nicht ein, ob Jesus möglicherweise den religiösen Partikularismus überwunden hat. Die Zuordnung von Individualismus und Universalismus macht aber prima facie nur Sinn innerhalb der Konstruktion einer religionsgeschichtlichen Entwicklung von Volksreligion zu Weltreligion. Es ist für das Verständnis seines Universalismus keineswegs eine beliebige „Einzelfrage, wie weit Jesus die populäre Vorzugsstellung des Judentums wirklich aufgehoben hat ⟨…⟩" (ebd.), wie Troeltsch meint.

So hat etwa Wernle den Universalismus bei Jesus aus dem Konflikt mit der exklusiven Heilserwartung des Frühjudentums gedeutet. Für den Bruch Jesu mit dem religiösen Partikularismus macht Wernle einen lebensgeschichtlichen und zugleich sachlichen Anlaß verantwortlich: das Scheitern des Bußrufs. „Gerade im Konflikt mit seinem Volk, das ursprünglich als Ganzes für das Reich Gottes bestimmt sein wollte, nahm der Ruf Jesu seine bestimmte Wendung zu den einzelnen. Der Nationalismus geht völlig in Trümmer, und es erhebt sich ein religiöser und sittlicher Individualismus von höchster Strenge und innerlichstem Ernst."[230] Die Abwendung vom unbußfertigen Volk bedeutet die Hinwendung zum einzelnen und zwar ungeachtet seiner nationalen Herkunft: „Aus dem Individualismus ⟨…⟩ erhob sich der Anfang eines Universalismus ⟨…⟩."[231] Obwohl Jesus das neue Prinzip nicht konsequent ausformuliert hat, kann ihm doch eine innere Überwindung der Volksreligion zugeschrieben werden. Sein Universalismus ist nicht Resultat einer grundsätzlichen Reflexion, sondern Folge der ethischen Zuspitzung des alten Bundesglaubens. Sie führt Jesus zur Ansicht, daß nicht das Volk Israel als Ganzes für das Reich Gottes bereit sei, sondern nur wenige einzelne.[232] Es ergibt sich nun folgende Begriffssequenz: Ausgangspunkt ist der Partikularismus; er wird überwunden durch den Individualismus; dieser entläßt aus sich eine universalistische Tendenz.

Von hier aus erscheint Troeltschs Verwendung des Universalismusbegriffs ohne Berücksichtigung des Partikularismusproblems zumindest mißverständlich. Ein Motiv für die Ausklammerung dieser Frage mag eine größere Reserve gegenüber Behauptungen der Originalität Jesu sein. Der sachlich einleuchtendere Grund für die sozialphilosophische Verwendung des Universalismusbegriffs und die Ersetzung des Begriffspaars Individualität – Sozialität durch das Begriffspaar Individualismus – Universalismus[233] besteht

---

[230] P. WERNLE: Jesus, 256.

[231] AaO., 258.

[232] „Jesus hat den Nationalismus im Gottesglauben seines Volkes dadurch zerbrochen, daß er ihn ganz ernst genommen hat ⟨…⟩" (aaO., 45). Ähnlich hatte Troeltsch die Genese des Universalismus in GuE beschrieben (s. o. II. A. 3. a.).

[233] Lediglich in GS IV, 168f. spricht Troeltsch vom Ideal einer Vereinigung von radikalem religiösen Individualismus und radikalem religiösen Sozialismus.

aber darin, daß Troeltsch dadurch in der Lage ist, die soziologischen Konsequenzen des Evangeliums und seine religiöse Begrenztheit zu erfassen. Jesus predigt zu allen, aber mit dem Ziel der Sammlung derer, die ihm zustimmen. Die Universalität seiner Predigt enthält einen Impuls zu religiöser Sozialisierung und ist darum von aller humanen Allgemeinheit unterschieden.

(c) Erst im methodisch dritten Schritt, der Thematisierung der Sozial- und Kulturethik, kommt die Eschatologie zu ihrem Recht. Die methodische Dreiteilung der Jesus-Deutung verhilft Troeltsch dazu, die Eschatologie in ihrer Funktion systematisch genauer zu verorten. Sie hat ihre wichtigste Funktion nicht für die religiös-ethische Grundidee selbst, auch nicht für die soziologische Struktur, sondern für die ethische Beziehung zur nichtreligiösen Außenwelt. Hier ist sie einer von insgesamt drei Faktoren, die gemeinsam zu einer schroffen Kulturindifferenz führen. Der erste Faktor ist das Gottesbewußtsein Jesu und die mit ihm verknüpfte Konzentration auf den religiösen Wert, „der religiöse Radikalismus, der in allem nicht direkt auf religiöse Werte Beziehbaren einen ethischen Wert überhaupt nicht anzuerkennen im Stande ist" (GS I, 45). Die Erwartung einer baldigen Zeitenwende als zweiter Faktor steigert diese Überweltlichkeit. Die sozialen Probleme und Ordnungen, die Kultur und die Institutionen „gehören der Welt an und werden mit ihr vergehen" (ebd.). Als dritten Faktor nennt Troeltsch „die Unterschiede orientalischen Volksempfindens gegenüber allen Bedürfnissen höherer Kultur" (ebd.).[234]

Um die Überweltlichkeit Jesu präziser zu fassen, greift Troeltsch eine gängige Unterscheidung auf: „Jesu Ethik ist eher heroisch als asketisch" (ebd.).[235] Die Askese tritt erst in der weiteren Christentumsgeschichte als eine „Verwechselung" (GS I, 97) der heldenhaften Kulturindifferenz Jesu auf den Plan. Für Jesus ist es unmöglich, „Natur, Welt und Sinne als wesentlich und metaphysisch böse und gottfeindlich zu betrachten ⟨...⟩" (GS I, 101). Sein Abstand zur „Welt" ist nicht dualistisch vergrundsätzlicht, sondern besteht in einer kompromißlosen, inneren Unabhängigkeit gegenüber innerweltlichen Ordnungen (GS I, 45–49). Bei Harnack und anderen diente die Abgrenzung Jesu von der Askese und der Weltfeindschaft des katholischen Mönchstums dazu, Jesus in größere Nähe zum kulturethisch invol-

---

[234] Dieser Nebengedanke der kulturellen Bedingtheit der jesuanischen Überweltlichkeit ist von NAUMANN übernommen. Naumann veröffentlichte 1899 unter dem Titel „Asia" einen – von kulturchauvinistischen Momenten nicht freien – Bericht seiner Reise nach Palästina und Kleinasien, der besonders auf die Abständigkeit orientalischer Lebenshaltung gegenüber westeuropäisch-protestantischer Kulturarbeit abhob. Von dieser Differenzwahrnehmung aus wurde NAUMANN sich seiner Distanz zum „orientalischen" Jesus bewußt (s. u. III. C. 4.) Troeltsch rezipiert diesen Gedanken. Aber einerseits schwächt er ihn dadurch ab, daß er die kulturelle Bedingtheit nur als Nebenfaktor gelten läßt (GS II, 626 Anm. 55; = GdE²). Andererseits verschärft er ihn durch die Ablehnung der NAUMANNschen These, Jesus habe zumindest als Kämpfer gegen die Ausbeuter und Unterdrücker ein soziales Bewußtsein besessen (GS I, 47f.; vgl. 27f.).

[235] Vgl. GS I, 37f., 46 Anm. 26, 96f., 101ff.

vierten, aber eine religiöse Distanz zur Welt wahrenden Neuprotestantismus zu rücken. Bei Troeltsch verringert die Differenzierung zwischen Heroismus und Askese nicht das kulturethische Defizit Jesu, sondern beschreibt es nur angemessener.[236]

Die exklusive Bestimmtheit durch den religiösen Wert kann Troeltsch mit dem Hinweis auf die „Kindlichkeit Jesu"[237] ausdrücken, einer in der liberalen Jesus-Forschung häufig zu findenden Charakterisierung.[238] Jesus ist nicht infantil, sondern naiv in dem Sinne, daß sein Gottvaterglaube ihm eine innere Freiheit und Unbekümmertheit gegenüber den Angelegenheiten der Erwachsenen-Welt gibt. Wenn Troeltsch also Jesus als religiöses Heldenkind beschreibt, zielt er damit nicht auf seine Verniedlichung, sondern auf eine adäquate Erfassung seiner ethischen Einsinnigkeit und der unbedingten, aber unaggressiven Art seiner Kulturabständigkeit.

Im Zusammenhang der ideenpolitischen Auseinandersetzungen seiner Zeit nimmt Troeltsch weitere Klärungen vor. In dem vielbeachteten Vortrag vor dem Evangelisch-sozialen Kongreß über „Die christliche Ethik und die heutige Gesellschaft" (1904), der unter dem Titel „Politische Ethik und Christentum" als selbständige Schrift erscheint, stellt er die These auf, daß das Christentum zu gleichen Teilen eine demokratische und eine konservative Tendenz enthalte.[239] Dabei läßt er die Ethik Jesu weitgehend unberücksichtigt.[240] Auch wenn seine Ausrichtung des demokratischen Prinzips auf

---

[236] Vgl. vor allem A. v. HARNACK: Das Wesen des Christentums, 50–56, DERS.: Lehrbuch der Dogmengeschichte I⁴, 77, mit positivem Bezug auf Troeltschs „Soziallehren" aaO., 77 Anm. 2. Vgl. P. WERNLE: Jesus, 141. Vgl. W. BOUSSET: Jesu Predigt in ihrem Gegensatz zum Judentum, 48; und DERS.: Jesus 64ff. Die Rede vom moralischen Heroismus Jesu findet sich häufig in der neuprotestantischen Jesus-Forschung. Sie verdankt sich im weitesten Sinne Carlyles Konzeption des historischen Helden (s. u. III. A. 1.). Über die Carlyle-Rezeption der Religionsgeschichtlichen Schule informiert H. KAHLERT (Der Held und seine Gemeinde) insbesondere zum Verhältnis Weiß – Carlyle (aaO., 236–245). Zu Troeltsch und Carlyle: aaO., 250–267. K. TANNER (Der lange Schatten des Naturrechts, 104) bewertet einen Verweis Troeltschs auf G. SCHMOLLERS „Grundriß der allgemeinen Volkswirtschaftslehre I" (aaO., 79, Bezug auf GS I, 43 Anm. 24) zu stark, wenn er schreibt, Troeltsch habe erst von diesem die Bezeichnung „moralischer Heroismus" übernommen. TANNER scheint dieser Bezugnahme Troeltschs auf Schmoller nicht weiter nachgegangen zu sein. Seine bibliographische Angabe ist fehlerhaft.

[237] GS I, 27f., 46, 52,69 u.ö. GdE II, 147, GS II, 626 Anm. 55; = GdE². Vgl. die Aussage über „die großartige Kindlichkeit Luthers" (E. Troeltsch: Religionswissenschaft und Theologie im 18. Jahrhundert, 50).

[238] Es sei hier nur exemplarisch verwiesen auf HARNACKS Rede von der Sorglosigkeit und dem „kindliche⟨n⟩ Vertrauen" Jesu (A. v. HARNACK: Das Wesen des Christentums, 55) und dessen „kindliche⟨r⟩ Erhebung des Herzens zu Gott" im Gegensatz zu Askese und Schwärmerei (DERS.: Lehrbuch der Dogmengeschichte I⁴, 77) sowie Boussets Hervorhebung der „volkstümliche⟨n⟩ Kindlichkeit der Predigt Jesu" (W. BOUSSET: Jesus, 39). BOUSSET nennt Jesus zudem mit Bezug auf sein Verhalten gegenüber den Sündern „frauenhaft milde" (aaO., 74).

[239] S. u III. C. Exkurs I.

[240] Nur en passant erwähnt Troeltsch die Inanspruchnahme des historischen Jesus durch die Sozialdemokratie (PE, 17).

die Kategorie der Persönlichkeit implizit eine große Nähe zur eigenen Jesus-Deutung aufweist, ordnet Troeltsch Jesus keinem der beiden Grundprinzipien zu. Er begnügt sich damit, die Distanz des Evangeliums zur Politik überhaupt herauszustellen (PE 32f). Aber auch wenn das Evangelium keine direkte politische Option formuliert, enthält es doch sozialethische Impulse, die indirekt entsprechende Folgen zeitigen. Diese reflektiert Troeltsch in den „Soziallehren".[241]

Troeltsch setzt ein mit einer Auseinandersetzung mit der materialistischen Interpretation des Urchristentums. Es ist ihm ein leichtes, gegenüber Karl Kautsky[242], Albert Kalthoff[243] und Robert Pöhlmann[244] zu zeigen, daß das Evangelium keine sozialreformerischen Interessen besitzt und nicht aus den Klasseninteressen antiker Unterschichten abgeleitet werden kann. Das Urchristentum als Ganzes ist „keine Schöpfung einer sozialen Bewegung" (GS I, 15, vgl. 15–26). Auch die Option Jesu für die Armen und negativ Privilegierten ist religiös motiviert und eröffnet keine sozialpolitischen Perspektiven.[245] Das schlagendste historische Argument für Troeltsch ist Franz Overbecks Nachweis, daß das frühe Christentum keinerlei Anstalten zur Überwindung der Sklaverei unternommen hat.[246] Wenn die Wirkungsgeschichte Jesu eine völlige Tatenlosigkeit gegenüber einem so offenkundigen Unrecht aufweist, dann – so der Rückschluß – kann es selbst keine sozialethischen Forderungen formuliert haben. In der Abweisung soziologischer Erklärungen des Urchristentums wendet Troeltsch das sozialethische Defizit des Evangeliums positiv als Argument für seine Unableitbarkeit. Hier kann er auf einen breiten Konsens der liberalen Jesus-Forschung zurückgreifen.[247]

---

[241] In den „Soziallehren" ist die begriffliche Leitdifferenz nicht mehr die von demokratisch – konservativ, wie in „Politische Ethik und Christentum", sondern die von revolutionär – sozialkonservativ.

[242] Zu der Schrift von K. KAUTSKY „Die Sozialdemokratie und die katholische Kirche" vgl. GS I, 7; zu seiner Schrift „Die Vorläufer des neueren Sozialismus" vgl. GS I, 17f. Anm. 10.

[243] Zu der Schrift von A. KALTHOFF „Die Entstehung des Christentums" vgl. GS I, 18 Anm. 10, 20 Anm. 11.

[244] Zu der Schrift von R. PÖHLMANN „Geschichte des antiken Kommunismus und Sozialismus" vgl. GS I, 17 Anm. 10 (die bibliographische Angabe ist inkorrekt), 20f. Anm. 12, 32 Anm. 20, 51 Anm. 31.

[245] „Das Evangelium liebt die Armen, weil sie die Hilfe besonders nötig haben und daher Liebe zu fühlen geneigter sind als die Satten, gleichwie es die Kranken den sich gesund dünkenden vorzieht. Aber es stellt und löst keine sozialen Probleme ⟨...⟩" (GdE II, 152). Vgl. GS I, 16, 27f., 36.

[246] Zu der Schrift von F. OVERBECK „Über das Verhältniss der alten Kirche zur Sclaverei im römischen Reiche" vgl. GS I, 19 Anm. 10, 25, 51 Anm. 31, 132 Anm. 66(!).

[247] Vgl. die Bezugnahme auf A. v. HARNACK: Die Mission und Ausbreitung des Christentums in den ersten drei Jahrhunderten (GS I, 17 Anm. 10). Vgl. A. v. HARNACK: Das Urchristentum und die sozialen Fragen, 256–259.

Für Troeltsch schwankt die Botschaft Jesu zwischen Konservativismus und Revolution. Die revolutionäre Tendenz zeigt sich erst nach dessen Tod im Liebeskommunismus der Urgemeinde (GS I, 49). Dieser ist der Versuch, das unbedingte Liebesgebot wenn nicht gesellschaftlich, so doch wenigstens in der eigenen Kleingruppe umzusetzen. Als unpolitischer „Kommunismus der Konsumtion"[248] (ebd.) ist er vom modernen Sozialismus deutlich unterschieden. Dennoch steckt in ihm „ein revolutionäres Element ⟨...⟩, freilich an sich ohne jeden Willen zur Revolution" (GS I, 50). Diese Subversivität wider Willen ist begründet durch Eschatologie und ethisch-religiösen Heroismus. Aber die auf Jesus zurückgehende Weltindifferenz enthält ebenfalls ein konservatives Moment. Denn das Handeln wird auf den religiösen Nahbereich beschränkt und greift die gesellschaftlichen Strukturen nicht an. Troeltsch stellt Jesus in ein konservativeres Licht als etwa Harnack, der in der Karität einen starken, wenngleich ungrundsätzlichen Impuls zur Reform erkennt.[249] Wenn Harnack schreibt: „Das Auge des Christen sieht immer nur Personen, die unter wirtschaftlichen Zuständen leiden; ihnen aber soll geholfen werden"[250], dann ist für Troeltsch mit dieser Nichtberücksichtigung der sozialen Strukturen ein sozialkonservatives Moment gegeben. Persönliche Fürsorge verbindet sich mit der Fügung in die gegenwärtige Ordnung. Entsprechend richtet sich der Jesus nachfolgende Christ in der Welt ein „teils mit konservativer Ergebung in ihre Verhältnisse, teils mit ethisch-radikalem Widerspruch, teils mit aufopfernder Liebestätigkeit ⟨...⟩" (GS I, 81 Anm. 36e; neu gegenüber SL). Troeltsch ordnet Jesus nicht eindeutig dem konservativen oder dem demokratischen Gedanken zu. Er läßt ihn vielmehr sachlich vor der späteren Ausbildung der beiden Pole christlicher Sozialethik zu stehen kommen.

c) Der Gottesbegriff

Troeltschs Deutung des Gottesbegriffs Jesu ist in den bisherigen Ausführungen schon häufig mitverhandelt worden. Denn der Gottesbegriff ist als Grundprinzip des Evangeliums in der Eschatologie und der Ethik immer mitgesetzt. Darum sollen im folgenden nur die wichtigsten Aspekte noch einmal für sich vorgestellt werden.

In den neuprotestantischen Jesusbildern ist zumeist der Gottesgedanke Jesu zum beherrschenden Mittelpunkt der Deutung gemacht worden. Troeltsch schließt sich diesem Ansatz an und versucht, ihn in geschichtsphilosophischer Perspektive zu vergrundsätzlichen. Er möchte zeigen, daß der Gottesgedanke den Kern der Entwicklungsgeschichte der Religionen über-

---

[248] Diese Kennzeichnung hat Troeltsch von KAUTSKY übernommen, vgl. K. KAUTSKY: Die Sozialdemokratie und die katholische Kirche, 5; DERS.: Die Vorläufer des neueren Sozialismus 24–27; vgl. GS I, 18 Anm. 10.

[249] A. v. HARNACK: Das Urchristentum und die sozialen Fragen, 269–273.

[250] AaO., 270.

haupt darstellt. Seine zentrale Stellung innerhalb der Predigt Jesu ist also kein kontingenter Sachverhalt. Troeltsch expliziert diese These in geschichtsphilosophischen Prospekten, die hier nur auf die in ihnen enthaltenen Gedanken zum Gottesbegriff Jesu untersucht werden.[251]

Bei Troeltschs Wellhausen-Rezeption hatte sich ein großes systematisches Interesse am Theismus gezeigt.[252] In frühen Auseinandersetzungen mit modern-monistischer Immanenzreligiosität[253] und östlichen Religionen hatte er über Wellhausen hinaus auf die Bestimmung Gottes als überweltlicher Wille bei Jesus und den Propheten abgehoben. In diesem Gottesbegriff finden nach Troeltsch die beiden Grundtendenzen der Religionsgeschichte ihre höchste Ausbildung. Troeltsch spannt die gesamte Religionsgeschichte unter den Gegensatz von Geist und Natur. In den Religionen realisiert sich die wachsende Ablösung des Menschen von naturhaften Vorgaben hin zur Selbstverwirklichung als Persönlichkeit. Diese Entwicklungstendenz besitzt zwei Aspekte, zum einen die „Verschmelzung des Religiösen und des Sittlichen" und zum anderen die „verinnerlichende Ausbildung des Erlösungs- und Heilsgedankens" (ChrW II, 173). Die Versittlichung einerseits und die Soteriologisierung andererseits zielen auf die Überwindung des Naturhaften, auf den Aufbau einer geistigen Welt. Beide Momente finden ihren festesten Halt in der Idee eines ethisch bestimmten und den Menschen in Liebe zugetanen Gottes, der „als Geist und Persönlichkeit scharf unterschieden ⟨ist⟩ von der Welt ⟨…⟩" (ChrW II, 225). Der in seiner Personalität schlechthin überweltliche Gott ist der Garant menschlicher Transzendierung der Welt. Personale, ethische und soteriologische Bestimmung des Gottesgedankens bilden demnach einen engen Zusammenhang.

Jesu Gottesbegriff ist Höhe- und Konvergenzpunkt der religiösen Entwicklungsgeschichte, insofern in ihm diese drei Bestimmungen in besonderer Weise vereinigt sind. Jesus verkündet einen ethisch und soteriologisch qualifizierten Theismus. Sein theistischer Gottesbegriff hat im israelitischen Prophetismus eine Vorgeschichte, erhält aber nun eine originale Ausprägung: „Jesus knüpft überall aufs unbefangenste an die *Gottesoffenbarung* und Gotteserkenntnis an, die er vorfindet, und zieht sie hinein in die *Forderung* und die *Verheißung,* die er als das letzte Wort des *Vaters,* als die höchste über das ewige Schicksal entscheidende Wahrheit verkündet" (AdC, 87; Hhg. v. Vf.). Jesu Umformung des vorgegebenen Gottesgedankens liegt ganz auf der Linie der beiden von Troeltsch aufgestellten Haupttendenzen der Religionsgeschichte. Zum einen wird die ethische Bestimmung des Gottesgedankens vollendet, zum anderen wird durch die Eschatologie seine soteriologische Bestimmung verstärkt. Beide Aspeke finden ihren Ausdruck in der Metapher „Vater".

---

[251] S. u. III. A. 2.
[252] S. o. II.A. 3. b.).
[253] Vgl. Chr W II, 167–185.

In der Absolutheitsschrift verschränkt Troeltsch die Leitdifferenz von Natur- und Geistreligion mit der Unterscheidung von Gesetzes- und Erlösungsreligion (AdC, 75–78). Während die Gesetzesreligionen der Natur verhaftet bleiben, insofern sie auf die Fähigkeiten des natürlichen Menschen fixiert sind, vollendet das Christentum als Erlösungsreligion den Bruch mit der Natur. Denn nach christlichem Glauben entnimmt die Gnade Gottes das religiöse Subjekt ohne Rücksicht auf ethnische oder andere „natürliche" Bedingungen der Welt und führt es in die göttliche „Überwelt".

Die weiträumigen geschichtsphilosophischen Perspektiven der frühen Texte bis zur Absolutheitsschrift ließen nur Andeutungen zum Gottesbewußtsein Jesu zu. Das ändert sich in den „Soziallehren". Hier macht Troeltsch die allgemein gehaltenen Thesen für das Jesusbild fruchtbar. Es sind wieder die drei Momente des Theismus, der Sittlichkeit und der Erlösung, die für den Gottesbegriff Jesu in Anschlag gebracht werden. Die ersten beiden stellen das Erbe des Prophetismus dar: „Es ist der Herzen und Nieren prüfende, alles bis in den innersten Winkel und den feinsten Selbstbetrug hinein durchschauende Gott, der zugleich ein lebendig-tätiger Wille in der Weise des Prophetismus ist und den von ihm im innersten Wesenskern erfaßten Menschen in sein eigenes Schaffen und Wollen hineinzieht" (GS I, 37). Daneben steht der durchgängige Hinweis auf den Gedanken der Liebe Gottes. Gott ist für Jesus „die tätige schaffende Liebe" (ebd.). Diese Vorstellung findet ihren Ausdruck in der Eschatologie, der „große⟨n⟩ Erlösungshoffnung des kommenden Gottesreiches" (GS I, 16). Von der Geschichtsphilosophie fällt in Andeutungen ein – im Vergleich zur bisher primär ethischen Perspektive – neues Licht auf die Eschatologie. In der Eschatologie zeigt sich nun, daß Jesus mit seinem Gottesbegriff die höchste Stufe der Erlösungsreligion erreicht hat. Die Eschatologie gewinnt einen helleren Klang. Es ist nicht der strafende Richtergott, der apokalyptisch über die Welt herfällt, sondern der liebende „Vatergott" (GS I, 41), der die Menschen in die vollkommene Gemeinschaft mit sich führt. Für Troeltsch bilden im Gottesbewußtsein Jesu Ethik, Eschatologie und Theismus ein geschlossenes Ganzes. Von hier aus bestimmt sich das Verhältnis von Gottesbewußtsein und Eschatologie neu. Denn faßt man letztere als gesteigertes Erlösungsdenken, dann ist sie dem entwickelten Gottesbegriff nicht äußerlich, also keine bloße „Form". Vielmehr realisiert sich in ihr die höchste Ausbildung des Gottesbegriffs, nämlich die soteriologische Bestimmung des Wesens Gottes als Liebe, in der sich die religiöse Überwindung der Natur vollendet.

d) Das Messiasbewußtsein

Zuletzt muß Troeltschs Deutung des Selbstverständnisses Jesu nachgezeichnet werden. Mit „messianischem Selbstbewußtsein" ist natürlich kein innerpsychisches Phänomen gemeint, sondern die in seinem Handeln und Reden greifbare Auffassung Jesu von der eigenen religiösen Funktion. Sie muß historisch rekonstruiert werden, wenn ein geschlossenes Persönlichkeitsbild gezeichnet werden soll. Es genügt nicht, die Handlungen Jesu additiv zusammenzustellen. Wenn man sie in einen Zusammenhang mit dem Ganzen seiner Person bringen will, muß man sie als authentische Manifestationen seiner eigenen Intentionen deuten. Seine Taten und Worte können ihm nur zugerechnet werden, wenn sie sich als Konsequenzen seines „Selbstbewußtseins" verstehen lassen. Erst in der Darstellung des Selbstverständnisses Jesu vollendet sich das Jesusbild.[254]

Eine zweite Frage, die sich mit dem Selbstbewußtsein Jesu verbindet, ist das Problem der Christologie. Denn nach gängiger Auffassung bildete die messianische Selbstauffassung Jesu den Ausgangspunkt für die spätere Deutung Jesu als zweiter Person der Gottheit. Sie ist, wie Harnack es formulierte, die „Brücke" zum Christuskerygma der Urgemeinde.[255]

Harnack hatte also gute Gründe, als er die Frage des Messiasbewußtseins als das zweite Hauptproblem der Jesus-Forschung bezeichnete.[256] Demgegenüber überrascht die Dürftigkeit der diesbezüglichen Ausführungen Troeltschs. Seine Behandlung des Themas ist geprägt von zunehmender historiographischer Skepsis und parallel dazu von einem stetig abnehmenden systematischen Interesse. In einem Brief an Bousset vom 23.7.1895 stuft er die Bedeutung des Messianismus sehr niedrig ein: „Der wirkliche geschichtliche Jesus hat zur Eschatologie überhaupt wohl sehr nahe Beziehungen, aber zum Messias nur sehr lose."[257] Troeltsch verweist auf Ehrhardts Studie zur Ethik Jesu: „Auch er löst Jesum sehr stark von der Apokalyptik und betrachtet diese wesentlich als Mittel der Verstärkung der innerlichpersönlichen Gottesgemeinschaft und ihrer Forderungen und sieht *seine Annahme oder das Erdulden des Messiastitels* mehr in der neuen autoritären Gesetzesauslegung und der Sammlung der dem Gottesreich Entgegengehenden begründet."[258]

---

[254] K. BERGER (Exegetische Anmerkungen, 79) läßt sich von der Oberflächensemantik verwirren, wenn er in einer Besprechung von Boussets Promotionsthesen die Frage nach dem Selbstbewußtsein Jesu für eine Wirkung der – seiner Auffassung nach „überholten" – idealistischen Philosophie erklärt: „Vielmehr ist die Frage nach dem ‚Selbstbewußtsein' Jesu heute aus historischen Gründen verfehlt. Denn das ‚Selbstbewußtsein' Jesu für sich genommen ist kein Gegenstand der Forschung des Historikers, es ist bestenfalls eingebettet in den kommunikativen Prozeß zwischen Jesus und seinen Freunden und Gegnern. Nicht das Innere Jesu, sondern seine Wirkung bei Annahme oder Ablehnung, das Resultat dieser Kommunikation erst ist der messianische Anspruch" (ebd.). BERGER verkennt, daß es Bousset und anderen liberal-theologischen Jesus-Deutern nicht um subjektinterne Vorgänge zu tun war. Es bleibt bei BERGER unverständlich, wie dieser „kommunikative Prozeß" ein von Jesus gewollter und initiierter sein kann, wenn das messianische Selbstbewußtsein nur als sein Resultat und nicht auch als sein Motor gedacht wird.
[255] A. v. HARNACK: Lehrbuch der Dogmengeschichte I⁴, 67.
[256] AaO., 68 Anm. 1. Das erste war die Verhältnisbestimmung von Eschatologie und Gottesbegriff.
[257] E. Troeltsch: Briefe aus der Heidelberger Zeit an Wilhelm Bousset, 28.
[258] AaO., 28f.; Hhg. v. Vf.

Das stärkste Argument gegen ein Messiasbewußtsein Jesu ist die Problematisierung des Menschensohn-Titels. Während die anderen Hoheitstitel des Neuen Testaments weitgehend als Gemeindebildungen erwiesen waren, gab es nur beim Menschensohn-Titel starke Gründe dafür, ihn für eine authentische Selbstbezeichnung Jesu zu halten. In dem angeführten Brief bezieht sich Troeltsch nun auf die philologische Problematisierung dieses messianischen Terminus durch Wellhausen, Hans Lietzmann und den Heidelberger Kollegen Arnold Meyer.[259]

In der ersten Auflage seiner „Israelitischen und jüdischen Geschichte" erklärt Wellhausen, das dem synoptischen „Menschensohn" zugrundeliegende aramäische barnascha bedeute nur generalisierend „der Mensch" und sei kein messianischer Titel. Jesus habe von sich als Menschensohn gesprochen, um seine menschliche Natur zu betonen.[260] Die messianische Ausdeutung sei ein Mißverständnis der Urgemeinde. Hans Lietzmann geht einen Schritt weiter. Ihm zufolge besitzt barnascha keinen theologischen Gehalt und steht für „jemand". Für Jesus sei barnascha als Titel eine sprachliche Unmöglichkeit gewesen: „Da es nun kein anderes aramäisches Wort für Menschensohn giebt, so hat Jesus entweder nicht aramäisch gesprochen, oder aber sich nicht als Menschensohn bezeichnet. Da das Erste ausgeschlossen ist, muss das Zweite der Fall sein."[261] Sämtliche Menschensohn-Worte sind sekundäre Bildungen aus der griechischsprachigen, apokalyptischen Urgemeinde.[262] Wellhausen hat sich Lietzmann angeschlossen.[263] Arnold Meyer geht einen anderen Weg, kommt aber zum gleichen Ergebnis. Nach seiner Deutung hat Jesus mit „Menschensohn" nur „ich" gemeint.[264] Ungeachtet philologischer Differenzen[265] kommen alle drei darin überein, daß der Begriff „Menschensohn" keine messianische Selbstbeschreibung Jesu ist.

---

[259] AaO., 28.; die bibliographische Angabe zu Meyer (aaO., 29 Anm. 29) ist fehlerhaft. Verweis auf Lietzmann: aaO., 35; die bibliographische Angabe (aaO., 35 Anm. 44) ist sehr fehlerhaft. Zur Bonner Bekanntschaft mit Meyer vgl. Troeltschs Brief an Bousset vom 12. 10. 1894, aaO., 24.

[260] J. WELLHAUSEN: Israelitische und jüdische Geschichte, 312 Anm. 1. Wellhausen folgt hier einer Anregung Lagardes (ebd.).

[261] H. LIETZMANN: Zur Menschsohnfrage, 3. „Jesus hat sich selbst nie den Titel ‚Menschensohn' beigelegt, weil derselbe im Aramäischen nicht existiert und aus sprachlichen Gründen nicht existieren kann" (DERS.: Der Menschensohn, 85).

[262] AaO., 93f.

[263] J. WELLHAUSEN: Des Menschen Sohn, 187f.; DERS.: Israelitische und Jüdische Geschichte³, 381 Anm.1. Vgl. Wellhausens Brief an Lietzmann vom 3. 6. 1896 in: Glanz und Niedergang der deutschen Universität, 159.

[264] A. MEYER: Jesu Muttersprache, 91–101.

[265] Gegen MEYERS Auffassung, barnascha sei individualisierend und nicht generalisierend, vgl. J. WELLHAUSEN: Des Menschen Sohn, 199f. Gegen Lietzmanns und Wellhausens „Gewaltact" vgl. A. MEYER: ⟨Rez.:⟩ FRÉDÉRIC KROP: La pensée de Jésus sur le Royaume de Dieu, 272.

Troeltsch scheint die Gegengründe des wohl ausgewiesensten Speziali-
sten in Sachen aramäischer Philologie nicht zur Kenntnis genommen zu ha-
ben: Gustaf Dalman nämlich legte 1898 eine ausführliche Widerlegung der
Auffassungen von Wellhausen, Lietzmann und Meyer vor.[266] Im Aramäi-
schen bezeichnet barnascha seiner Auffassung nach den individualisierten
Teil eines Kollektivums, das „Glied der Gattung Mensch"[267]. Im jüdischen
Galiläisch findet das Wort jedoch nur noch in „der gehobenen Sprache der
Poesie und Prophetie"[268] Verwendung. Bei den Synoptikern bedeutet
„Menschensohn" weder allgemein „Mensch" noch „ich", noch kann dieser
Messiastitel Jesus als sprachliche Unmöglichkeit abgesprochen werden. Jesus
benutzt ihn, um in rätselhafter Weise seine religiöse Funktion zu beschrei-
ben und auf sein messianisches Leiden zu verweisen.[269]

Troeltsch geht auf Dalmans Einspruch ebensowenig ein wie auf Erwägungen, die den engeren Rahmen der Philologie überschreiten. Dabei hatte
schon Lietzmann darauf hingewiesen, daß die sprachliche Erklärung des
Terminus „Menschensohn" keine vollständige Aufklärung über das Selbstverständnis Jesu gibt.[270] Troeltsch hat sich auf eine Diskussion dieser Fragen
kaum eingelassen. Er zieht sich auf eine skeptische Position zurück. So
schreibt er am 5.8.1898 an Bousset: „Über das Wesen der Predigt Jesu, besonders ihre Beziehung zur Eschatologie in der Anwendung auf seine eigene Person, bin ich mir noch recht unklar. Es wäre mir nicht unwahrschein-
lich, dass man von eigentlich messianischem Bewusstsein gar nicht reden
kann, sondern nur von einem Sich-gefallen-lassen, dass der Messiastitel angewendet werde ⟨…⟩ Erst der Glaube der Urgemeinde hätte dann sein Wesen in den Messianismus gesetzt ⟨…⟩."[271] Ihren schärfsten Ausdruck findet
Troeltschs Zurückhaltung in der Wernle-Rezension: „In der Hauptsache
hat man hier eben doch den Glauben der Urgemeinde an den Messias Jesus

---

[266] G. DALMAN: Die Worte Jesu, 191–218.

[267] AaO., 192.

[268] AaO., 210.

[269] AaO., 213–218.

[270] „Die Frage nach Bedeutung und Echtheit des Titels ‚Menschensohn' ist auf's Eng-
ste mit der nach dem Messiasbewusstsein Jesu verknüpft: das weiss ein Jeder; eine Ueber-
treibung freilich ist es, sie mit dieser für identisch zu erklären" (H. LIETZMANN: Zur Men-
schenfrage, 2). Ebenso hatte sich JÜLICHER geäußert: „Aber auch wenn wir die Selbstbezeichnung Jesu als Menschensohn aus der Geschichte streichen ⟨…⟩ fest steht doch, daß
Jesus als Messias in Jerusalem eingezogen, als Messias von Pilatus gekreuzigt worden ist
⟨…⟩ Mit andern Worten: Jesus hat sich die im Himmelreich – nächst Gott – wichtigste
Rolle zugeschrieben" (A. JÜLICHER: Die Religion Jesu und die Anfänge des Christentums
bis zum Nicaenum (325), 55). Auch HARNACK bringt gegen Wellhausen vor, daß bestimmte Handlungen wie etwa der Einzug nach Jerusalem für ein messianisches Selbstbewußtsein sprechen und philologisch oder literarkritisch nicht aus dem Weg geräumt werden können (A. v. HARNACK: Das Wesen des Christentums, 82f.).

[271] E. Troeltsch: Briefe aus der Heidelberger Zeit an Wilhelm Bousset, 35.

vor sich, und, welchen Anlaß Jesus selbst diesem Glauben gegeben haben kann, ist nicht mehr zu erkennen."[272]

Diskussionswürdig ist bei Troeltsch das Auseinanderfallen von Eschatologie und Messianologie. Seine Rezeption von Wellhausens Problematisierung des Menschensohn-Titels gibt Anlaß zu kritischen Anfragen. Denn bei Wellhausen ist diese These integraler Bestandteil einer konsequent uneschatologischen Interpretation Jesu, die konträr zu Troeltschs Grundauffassungen steht. Wie also lassen sich Eschatologie und Messianismus trennen? Läßt es sich denken, daß Jesu Predigt einerseits eschatologisch bestimmt ist, Jesus andererseits aber seine eigene Rolle nicht eschatologisch, und das heißt messianologisch, gedeutet hat?

Troeltsch geht über dieses Problem hinweg: „Jedenfalls finde ich die Wühlerei im ‚Selbstbewußtsein' Jesu mehr dogmatisch als historisch."[273] Aber auch seine eigene Distanz zur messianischen Deutung Jesu ist nicht frei von systematischen Motiven. Zudem steht die zitierte Äußerung in Spannung zu den Frühschriften, in denen Troeltsch mit großem religionstheoretischen Interesse die Messianität Jesu behandelte. In aufgeladenen, existentialistisch anmutenden Passagen hebt er hier Jesu Messiasprätention hervor, um auf den irrationalen, dezisionistischen Charakter seiner religiösen Kreativität aufmerksam zu machen. Jesus bringt nicht eine aus Reflexion geborene Lehre, sondern ein neues religiöses Leben, das sich in seiner ei-

---

[272] E. Troeltsch: ⟨Rez.:⟩ P. WERNLE: Jesus, 55. Allerdings konnte Troeltsch brieflich am 17. 1. 1904 gegenüber Wernle auf Distanz zu Wrede und Lietzmann gehen und zwischen messianologischer Terminologie und messianischem Selbstbewußtsein bei Jesus unterscheiden: „Übrigens bin auch ich in Bezug auf den Messianismus keineswegs der Meinung Wredes oder Lietzmanns. Ich glaube daran festhalten zu müssen, daß Jesus sich eine besondere Beziehung auf das Kommen des Gottesreiches gegeben hat, daß er seinen Sieg als Wiederkunft aufgefaßt hat und daß der Messiasnamen sich als Ausdruck dieser Sache sich ⟨!⟩ hat gefallen lassen. Ich glaube aber allerdings, daß die Ausmalung aus der Menschensohn aus dem Glauben der Urgemeinde stammt" (zitiert nach: Ernst Troeltschs Briefe und Karten an Paul Wernle, 115). Troeltsch formuliert ein vorsichtiges Interesse an den Ableitungen von H. GUNKEL (Zum religionsgeschichtlichen Verständnis des Neuen Testaments, 89–95) und A. DIETERICH (Eine Mithrasliturgie) bleibt aber inhaltlich auf Distanz. Diese positive briefliche Stellungnahme Troeltschs zur Frage der Messianität Jesu steht in einer gewissen Spannung zu seiner sonst geübten diesbezüglichen Skepsis. Sie scheint sich dem Wunsch zu verdanken, von der radikalen Kritik abzurücken, die Wrede in seiner Schrift über „Das Messiasgeheimnis in den Evangelien" vorgetragen hatte. Eine Parallelstelle zum zitierten Brief ist ein Zusatz in ChrW²: Nun scheint Troeltsch „der inzwischen lebhaft gewordene Zweifel daran, daß Jesus sich selbst für den Messias bezeichnet habe, unberechtigt trotz allem Bestechenden, das namentlich in der Ausführung Wredes diese These hat" (GS II, 322 Anm. 19; = ChrW²). In einem Brief an Wernle vom 7. 3. 1916 stellt sich Troeltsch auf ähnliche Weise zwischen die Behauptungen der Historizität und Ahistorizität des jesuanischen Messiasbewußtseins: „Ich glaube zwar auch nicht, daß der Messianismus auf die Evangelien erst aufgepfropft ist. ⟨…⟩ Allein was ihm zu Grunde gelegen hat, getraue ich mir nicht mehr herauszufinden" (zitiert nach: Ernst Troeltschs Briefe und Karten an Paul Wernle, 137).

[273] E. Troeltsch: Briefe aus der Heidelberger Zeit an Wilhelm Bousset, 35.

genen Person herauskristallisiert: „So liegt gerade in seinem Messianismus als dem Bewußtsein um die absolute und siegessichere Gottesoffenbarung der eigentliche Schlüssel für die Tiefe und Macht des hier erschlossenen persönlichen Lebens und für den eigentümlichen, religiös überweltlichen Charakter der hier begründeten Werte des Daseins" (ChrW II, 227). Der „Anspruch auf die Vollendung aller bisherigen Gottestaten" (ChrW II, 226f.) ist das organisierende Zentrum der Botschaft Jesu.[274] Jenseits aller terminologischen Festlegung ist die eschatologische Aufwertung der Person Jesu der Exponent seiner religiösen Originalität: „Was er neues bringt, ist vielmehr er selbst, sein Anspruch und seine Bedeutung als der letzte der Gottesgesandten, an dem sich die Geister scheiden und dessen Ankunft das Kommen der oberen Welt und damit des Gerichtes verkündet" (GuM, 60). Dieser Anspruch wird zum Katalysator einer „großen Entscheidung" (ebd.) und zur vorösterlichen Grundlage des Christusglaubens. Denn: „seine Hauptwirkung auf die Genossen seiner Wanderpredigt ⟨war⟩ der Glaube an ihn, der durch die Auferstehung ihnen bestätigt wurde" (GuM, 61). Die Christologie der Urgemeinde ist nur eine Steigerung des messianischen Selbstverständnisses Jesu. Dies ist aber kein christliches Spezifikum, sondern wird von Troeltsch im Anschluß an Duhm im Zusammenhang der allgemeinen Religionsgeschichte gedeutet. Es ist ein allgemeiner Sachverhalt, daß das religiös Neue „bei allen Propheten und Sehern in allererster Linie mit dem Anspruch auftritt, daß die Gottheit sich offenbart habe und habe schauen lassen⟨…⟩" (ThL II, 653). Der Offenbarungsanspruch zeigt am Ort des religiösen Genies die Irrationalität ursprünglichen religiösen Bewußtseins, das Geheimnis aller Religion.[275]

Troeltsch gibt diese Gedanken in der Absolutheitsschrift – besonders seit der zweiten Auflage – weitgehend auf. Er unterscheidet nun zwischen dem natürlichen Absolutheitsanspruch Jesu und demjenigen der Kirche (AdC, 100–115). Diese Differenzierung dient als historiographisches Argument gegen die sogenannte Anspruchstheologie, die aus Jesu Messiasprätention folgert, daß dem Christentum der Anspruch exklusiven Offenbarungsbesitzes wesentlich sei.[276] Nicht das Selbstverständnis, letzter Offenbarungsträger

---

[274] „Sein Anspruch hat auf die gegebene Masse religiöser und sittlicher Ideen, wie ein Magnet auf Eisenteile, sondernd und umlagernd gewirkt und ihnen neuen Zusammenhang, neue Kraft und Wirkungsfähigkeit mitgeteilt" (GuM, 61).

[275] In „Zur theologischen Lage" zeigt sich allerdings schon die gewachsene Zurückhaltung Troeltschs gegenüber dem vermeintlichen messianischen Selbstbewußtsein Jesu. So in der vorsichtigen Formulierung: „Vor allem wird man erst von hier ⟨dem Offenbarungsanspruch der Religionsstifter⟩ aus den Eigentümlichkeiten der Propheten Israels gerecht und dem *Bilde,* das uns die *Ueberlieferung* von der Person und Wirkung Jesu zeigt" (ThL II, 654; Hhg. v. Vf.).

[276] Vgl. Troeltschs explizite Selbstrevision: „Es ist das vor allem entscheidend gegenüber der Anspruchstheologie der Ritschlschen Schule, die ich ursprünglich selbst geteilt habe und von der mich die angegebenen Analogien und Parallelen abgebracht haben" (AdC[2], 118 Anm. 20). Diese Formulierung ist insofern irreführend, als Troeltsch auch in den

zu sein, zeichnet Jesus aus. Das Wertvolle ist vielmehr seine Selbstzurück-
nahme gegenüber dem Offenbarungsgehalt: „Ja, gerade das macht den eigentümlichen Unterschied der Predigt Jesu und ihrer altchristlichen Darstellung im Gemeindeglauben aus, daß die große und freie *Naivetät* Jesu die
Absolutheit in der Sache, im Gottesreich, empfand und die um die Verehrung Jesu als Messias, als Sühnopfer und himmlisches Haupt gesammelte
Gemeinde sie auf die Person des Messias und Herrn übertrug. Damit war
die Person verabsolutiert ⟨…⟩"(AdC², 107; Hhg. v. Vf.). „Naiv" ist die
Selbstauffassung Jesu, weil sie eine rein innerliche Konsequenz der vertrete-
nen Sache ist und nicht dogmatisch fixiert wird, auch nicht mit Hilfe messianologischer Terminologie. Das Wort „naiv" beschreibt hier das unbe-
kümmerte Desinteresse Jesu gegenüber dogmatischer Positivierung seines
Selbstverständnisses und gegenüber der Formulierung exklusiver Offenba-
rungsprätentionen. „Messianität" ist für ihn kein selbständiges Thema. Sein
Anspruch ist ein vordogmatisches Gefühl der Notwendigkeit, nämlich der
„Glaube an seine Sendung durch den Vater in den Himmeln und seine Ge-
wissheit, dass der Wille des Vaters die alleinige sittliche Wahrheit und die
Verheissung des Vaters das alleinige Heil ist ⟨…⟩" (AdC, 113).

Die Messianologie der Urgemeinde als „der selbst noch naive Anfang
dogmatischen Denkens" (AdC, 115) stellt einen folgenreichen Bruch mit
der „Naivität" Jesu dar. Für Troeltsch ist die Messiasprätention keine Brücke
zwischen Jesus und der entstehenden Kirche, sondern der erste Schritt zur
dogmatischen Überformung des Evangeliums. Strenggenommen gehört der
Messiasgedanke nicht mehr in das Jesusbild, sondern schon in die Geschichte der Urgemeinde.

C. Paulus und der Christuskult

1. Einleitung

Wer das Bild einer geschichtsmächtigen Persönlichkeit zeichnen will,
muß auch ihre Wirkungsgeschichte erzählen. Um Jesus als historische Gestalt
zu rekonstruieren, muß man über die Schilderung seines eigentlichen Le-
bensweges hinaus die Nachgeschichte seines Evangeliums darstellen. Die Frage nach seinen Wirkungen läßt sich pointiert fassen als die Frage nach seinem Verhältnis zu Paulus, der zweiten herausragenden Figur des Urchristentums. An diesem Punkt haben die Thesen von Mitgliedern der Religionsgeschichtlichen Schule für eine ebenso heftige Debatte gesorgt wie ihre
eschatologische Jesus-Deutung. Auch an der Neubewertung der Mystik und

---

Frühschriften die Selbstauffassung Jesu nicht als Argument für christliche Absolutheitsprä-
tentionen umgemünzt hat. Die Differenz besteht darin, daß ihm aufgrund der historiographischen Lage ein vollmundiger Gebrauch des Begriffs „Anspruch" wie in den Frühschriften nicht mehr möglich ist.

des Kults in der Paulus-Deutung haben sich die historiographischen und theologischen Geister geschieden. Während die eschatologische Deutung aus Jesus einen apokalyptischen Wanderpropheten zu machen drohte, rückte die Kult-These Paulus in gefährliche Nähe zu magischen Mystagogen.

Obwohl eines der ersten literarischen Produkte aus der Religionsgeschichtlichen Schule, nämlich Gunkels Schrift „Die Wirkungen des heiligen Geistes nach den populären Anschauungen der apostolischen Zeit und nach der Lehre des Apostels Paulus" (1888), einen deutlichen Neueinsatz in der Paulus-Forschung markierte, begann die eigentliche Diskussion erst gut ein Jahrzehnt nach dem Streit um die Eschatologie Jesu. Troeltsch hat sich intensiv an dieser Debatte beteiligt.[277] Als Gliederungsprinzip für die Rekonstruktion seines Diskussionsbeitrags bietet sich der den „Soziallehren" zugrundegelegte methodische Dreischritt an. Es sollen also nach einer wissenschaftsgeschichtlichen Einführung Troeltschs Ausführungen zur religiösen Grundidee des paulinischen Christentums, zu dessen sozialer Selbstgestaltung und Sozialethik verhandelt werden. Abschließend wird die Frage der internen Pluralität des Urchristentums zu diskutieren sein.

2. Stationen der Diskussion über den Christuskult und die Christusmystik des Apostels Paulus

Das grundlegende Werk zur Geschichte des Urchristentums, das den Religionsgeschichtlern vorlag, war Carl Weizsäckers „Das apostolische Zeitalter der christlichen Kirche" (1886). Weizsäcker deutet die Entstehung des Christentums aus den Auferstehungsvisionen.[278] Die österliche Schau des Auferstandenen konstituiert die verstreute Jüngergruppe neu. Weizsäcker formuliert damit klassisch eine religionspsychologisch-immanente Deutung im Unterschied zu einer religionsgeschichtlich-vergleichenden Perspektive. Einflüsse von Fremdreligionen macht er kaum geltend. Analog deutet er Paulus aus der Bekehrungsaudition von Damaskus. Dieses Christus-Erlebnis ist das unableitbare Urdatum des paulinischen Christusglaubens.[279] Ohne vorpaulinisch-hellenistische Gemeinden zu berücksichtigen, stellt Weizsäcker Paulus als den Begründer des Heidenchristentums dar. In dessen Theologie erkennt er den entscheidenden Faktor für die Kirchenbildung. Diese Wertschätzung reflektierter Theologie ist neben der Bewertung der Christusaudition der zweite Pfeiler von Weizsäckers Konstruktion, die später von

---

[277] Seine historiographischen Verweise sind wieder zuweilen von einer gewissen Großzügigkeit. Man lese nur die Anmerkung zu Beginn des Paulus-Kapitels der „Soziallehren". Um sein Verständnis der religiösen Grundidee zu erläutern, verweist Troeltsch summarisch auf so unterschiedliche Autoren wie Wrede, Jülicher und Wernle (GS I, 58 Anm. 33).

[278] „Von hier an ist der Weg eröffnet, der zu dem Glauben an das übermenschliche Wesen des Christus führte" (C. WEIZSÄCKER: Das apostolische Zeitalter der christlichen Kirche, 16; vgl. aaO., 1–16).

[279] AaO., 66–79.

den Religionsgeschichtlern radikal kritisiert wurde. Weizsäcker macht in diesem Zusammenhang Äußerungen, die sich als vorweggénommene Anti-Kritk lesen: „Das Christenthum ist als Religion überhaupt nicht denkbar ohne Theologie."[280] Denn als Stiftungsreligion ist es an geschichtliches Wissen um den Stifter gebunden, und als Geistesreligion besitzt es einen höheren Reflexionsgrad als andere Religionen. Bei Paulus hat die Theologie noch eine besondere Bedeutung: „sie ersetzte ihm gewissermassen das, was ihm durch den Mangel der persönlichen Kenntniss Jesu abging; dieser Mangel der unmittelbaren Anschauung als Grundlage trieb ihn zur Rechtfertigung auf dem Wege des Gedankens."[281] Das paulinische Heidenchristentum ist also auch das Ergebnis intellektueller Anstrengung, die wiederum in engem Zusammenhang mit der Heidenmission steht. Reflexion und Praxis bilden eine Einheit: „Der Apostel Paulus hat daher mit seiner bahnbrechenden Gedankenarbeit einen ebenso grossen Beruf erfüllt, wie mit der thatsächlichen Befreiung von den Schranken der Nationalreligion. Eines hängt am anderen."[282] Die Hauptpfeiler der paulinischen Theologie sind Christologie und Soteriologie.[283] Sie werden von Weizsäcker auf dem Weg einer internen Klärung ohne religionsgeschichtliche Vergleiche entfaltet. Die Bedeutung der paulinischen Theologie besteht nun darin, die universalistische Tendenz der Botschaft Jesu explizit gemacht zu haben. Erst Paulus bringt die Weltreligion. Was nun das Verhältnis zu Jesus angeht, begnügt sich Weizsäcker mit knappen Formulierungen, etwa wenn er schreibt, daß bei Paulus „fast ein neues Christenthum"[284] entsteht. Obwohl er die Originalität von Paulus in Reflexion und persönlicher Frömmigkeit herausarbeitet, ist ihm die Kontinuität von Jesus zu Paulus kein besonderes Problem.[285]

Adolf von Harnack hat das Verhältnis von Jesus und Paulus auf die Formel vom doppelten Evangelium gebracht.[286] „Evangelium" bezeichnet zweierlei: die Predigt Jesu und die Predigt von Jesus Christus: „Diese beiden Bedeutungen sind ganz verschieden, und doch liegen eben in ihrem Neben- und Ineinander die Eigenart, die inneren Spannungen und der Reichthum der christlichen Religion beschlossen. Das Evangelium hat fast ⟨!⟩ von Anfang an Beides bedeutet, und es giebt eine Brücke von der einen Bedeutung zur anderen."[287] Diese Brücke ist das Messiasbewußtsein Jesu. Harnacks provokative These, daß nicht der Sohn, sondern nur der Vater ins

---

[280] AaO., 106.

[281] AaO., 105f.

[282] AaO., 106.

[283] AaO., 120–149.

[284] AaO., 79.

[285] „Und doch haben die Gegner des Apostels *nicht völlig* Unrecht gehabt, wenn sie ihn beschuldigten, dass er den Jesus der Geschichte nicht kenne und nicht verstehe" (AaO., 150; Hhg. v. Vf.).

[286] A. v. HARNACK: Lehrbuch der Dogmengeschichte I[4], 65–67.

[287] AaO., 67.

Evangelium gehöre[288], bezeichnet scharf die Differenz zwischen beiden Evangelien, ohne doch eine innere Kontinuität zu leugnen. Harnack deutet das Verhältnis zwischen Jesus und seinem Apostel ebenso wie Weizsäcker. Zwar markiert der Wechsel vom einen Evangelium zum andern einen der zwei großen „Uebergänge"[289] in der christlichen Frühgeschichte. Aber Paulus bleibt prinzipiell auf die Predigt Jesu bezogen. Er expliziert und exekutiert lediglich das, was dort angelegt ist: „Paulus hat das Evangelium, ohne seine wesentlichen, inneren Züge ⟨…⟩ zu verletzen, in die universale Religion verwandelt und den Grund zu der großen Kirche gelegt."[290]

Gegenüber diesem Interpretationsmodell, das sich auf die paulinische Theologie konzentriert und diese als legitime Konsequenz der Botschaft Jesu bestimmt, vollziehen die Arbeiten der Religionsgeschichtler einen grundlegenden Perspektivenwechsel. Die dunklen Seiten des Urchristentums werden Gegenstand der Forschung. Gunkels Schrift über den urchristlichen Enthusiasmus[291] findet ihre Fortsetzung in Heinrich Weinels Arbeit über „Die Wirkungen des Geistes und der Geister im nachapostolischen Zeitalter bis auf Irenäus" (1899)[292]. Stellvertretend für andere formuliert Weinel das Programm, über einen vortheoretischen Religionsbegriff die bisherige Ausrichtung auf Lehrtopoi zu überwinden, um zum Verständnis des religiösen „Lebens" zu gelangen: „Die Religion ist der theologischen Wissenschaft erster und eigentlicher Gegenstand; erst nach der Betrachtung des religiösen Lebens selbst darf sich die Theologie den Niederschlägen und Ausgestaltungen der Religion in Institut und Lehre, in Kirche und Theologie, zuwenden. Die Nachempfindung und Darstellung des religiösen und sittlichen Lebens in seiner Ursprünglichkeit ist demnach die erste Aufgabe des theologischen Geschichtsschreibers."[293] Die methodische Neuorientie-

---

[288] A. v. Harnack: Das Wesen des Christentums, 91.
[289] A. v. Harnack: Lehrbuch der Dogmengeschichte I⁴, 81.
[290] A. v. Harnack: Das Wesen des Christentums, 113. Zum paulinischen Universalismus vgl. Ders.: Lehrbuch der Dogmengeschichte I⁴, 96–99. Harnack hat diese Verhältnisbestimmung in dem Vortrag „Das doppelte Evangelium im Neuen Testament" (1910) entfaltet. Hier verweist er auf die inhaltliche Parallelität und die gegenseitige Verweisung beider Evangelien. Beide sind voneinander distinkt, bilden jedoch erst zusammen das Ganze des Christentums: „Durch die ganze Kirchen- und Dogmengeschichte gehen also die Ströme beider Evangelien; man kann sie unterscheiden, aber sie sind nicht getrennt, und die Lebenskraft des Christentums scheint darauf zu beruhen, daß keiner dieser beiden Ströme versiegt, die schließlich doch auch eine gemeinsame Quelle haben" (Ders.: Das doppelte Evangelium im Neuen Testament, 221f.). Jesus stiftet die christliche Religion ihrem ideellen Gehalt nach, während Paulus den Grundstein für ihre welthistorische Durchsetzung legt: „Das ,erste' Evangelium enthält die Wahrheit, das ,zweite' Evanelium enthält den Weg und beide zusammen bringen das Leben" (aaO., 224).
[291] Vgl. Troeltschs Bezugnahme in GS I, 853 Anm. 470.
[292] Troeltsch verweist auf diesen Text in GS I, 100 Anm. 49, 853 Anm. 470; die bibliographische Angabe ist ungenau.
[293] H. Weinel: Die Wirkungen des Geistes und der Geister im nachapostolischen Zeitalter bis auf Irenäus, V.

rung ist nicht notwendig mit der Ausblendung reflektierter und ethischer Momente verbunden. Weinel möchte in seinem Paulusbild beides miteinander kombinieren: „Es wäre eine starke Verkennung der Thatsachen, wenn man übersehen wollte, dass, von jener Kraft ⟨des neuen religiösen Lebens⟩ getragen, eine durchdringende Klarheit des Verstandes und ein bewusster, ernster sittlicher Wille, der ⟨…⟩ schlicht die Pflicht des Tages thut, sich mit jenen auffallenden Erscheinungen verbunden hat, und zwar nicht bloss in derselben Gemeinde vereint, sondern sehr oft in denselben Individuen, und vor allem in den grossen Persönlichkeiten, innig miteinander verknüpft."[294] Die methodische Richtungsänderung muß also nicht gleichbedeutend sein mit einer inhaltlichen Vorentscheidung.

Hatten Gunkel und Weinel auf den pneumatischen Enthusiasmus aufmerksam gemacht, so weist Paul Wernle in „Der Christ und die Sünde bei Paulus" (1897)[295] auf den ethischen Rigorismus von Paulus hin. Wernle stellt den Apostel als moralistischen Sektierer dem protestantischen Gnaden-Paulinismus gegenüber. Die paulinische Theologie ist für ihn „Missions- oder Bekehrungstheologie ⟨…⟩, und zwar als enthusiastische, vom Blick auf die Parusie beherrschte."[296] Paulus versteht die Bekehrung als Eintritt in das Reich der Sündlosigkeit. Das Hauptthema kirchlicher Gnadentheologie, wie in einer dauerhaften Religionsgemeinschaft der Rückfall der Gläubigen in die Sünde verarbeitet werden kann, liegt jenseits seiner Perspektive: „Die für uns so wichtige Frage: wie der Christ, wenn er sündigt, Frieden mit Gott findet, hat Paulus nicht einmal gestreift, weil er die Sünde von seiner Beschreibung des Christenlebens ausschloß. Dies Alles erklärt sich stets am einfachsten aus dem enthusiastischen Glauben an den Anbruch der messianischen Periode."[297]

Einen weiteren Verfremdungsschritt des Paulusbilds stellt Wilhelm Heitmüllers Arbeit zu „Taufe und Abendmahl bei Paulus" (1903)[298] dar, die Anregungen von Eichhorn[299] weiterentwickelt. Heitmüller versucht, Paulus ei-

---

[294] AaO., 229.

[295] Troeltschs Bezugnahme in GS I, 483 Anm. 220, 631 Anm. 326. Im Zusammenhang seiner Luther-Deutung bemängelt er an Wernles Rekonstruktion des paulinischen Kirchenbegriffs, daß der Zusammenhang zwischen der Bestimmung der Kirche als ethisch-rigoristischer Gemeinschaft und ihrem sozialethischen Desinteresse nicht hinreichend berücksichtigt sei (GS I, 483 Anm. 220). Damit schiebt Troeltsch Wernle eine fremde Fragestellung unter. Eine inhaltliche Differenz besteht nicht. Denn in Wernles teilweiser Zuordnung von Paulus zur perfektionistischen Sekte ist implizit das apolitische Moment enthalten. Vgl. Troeltschs Brief an Wernle vom 4. 4. 1897, in: Ernst Troeltschs Briefe und Karten an Paul Wernle, 100–102.

[296] P. WERNLE: Der Christ und die Sünde bei Paulus, 119.

[297] AaO., 90.

[298] Troeltschs Bezugnahme in GS I, 89 Anm. 40a und 853 Anm. 470 – hier hat Troeltsch allerdings den Verfassernamen vergessen.

[299] Vgl. Troeltschs Bezugnahme auf EICHHORNS Studie über „Das Abendmahl im Neuen Testament" (1898) im Brief an Bousset vom 5. 8. 1898 (E. Troeltsch: Briefe aus der Heidelberger Zeit an Wilhelm Bousset, 34).

nen objektivistischen Sakramentalismus nachzuweisen. Abendmahl und Taufe sind für Paulus „effektive, sakramentale Handlungen, sie wirken nicht ex opere operantis, sondern ex opere operato (im eigentlichen Sinn). ⟨...⟩ Die Wirkungen von Taufe und Abendmahl liegen in erster Linie auf der enthusiastisch-mystischen Seite des paulinischen Christentums, fast gar nicht auf der ethisch-persönlichen Seite."[300] Die Verwendung von Begriffen der klassischen Dogmatik soll den Graben zwischen paulinischem Sakramentalismus und spiritualisierendem Protestantismus ebenso markieren wie die Differenz zu Jesus. Für Paulus stiften die Sakramente ungeachtet der ethisch-religiösen Qualifikation des Kultteilnehmers reale Gemeinschaft mit Gott. Diese Vorstellung steht nicht nur im Gegensatz zum eigenen Glaubensbegriff, sie läßt sich auch nicht mit der ethischen Gesinnungsreligion Jesu koordinieren.[301] Sie gehört „der vor- und ausserchristlichen religiösen Gedankenwelt"[302] an. Heitmüllers These weist den Weg zur religionsgeschichtlichen Fremdableitung eines wesentlichen Bestandteils paulinischer Theologie.

Diesen Weg ist William Wrede mit seinem Paulus-Buch (1904)[303] radikal zu Ende gegangen. Er stellt Jesus und Paulus unvermittelt gegenüber.[304] Paulus ist „der zweite Stifter des Christentums".[305] Er kann nicht als „der theologische Ausleger und Fortsetzer Jesu"[306] betrachtet werden, wie Weizsäcker und Harnack wollten, sondern muß als Importeur fremdreligiöser Gedanken verstanden werden. Gesprächsweise konnte Wrede darum Paulus als den „Verderber des Evangeliums Jesu" bezeichnen.[307] Wrede nimmt die gängige Unterscheidung zwischen Jesus als dem naiv-religiösen Genie und Paulus als dem reflektiert-theologischen Genie auf, gibt ihr aber eine kritische Wendung. Denn in seiner Perspektive ist das Evangelium einer theologischen Positivierung nicht zugänglich.

---

[300] W. Heitmüller: Taufe und Abendmahl bei Paulus, 35. Wichtig ist, daß hier das mißverständliche Stichwort der paulinischen Mystik fällt: „Zugrunde liegt der Schätzung beider Akte eine mystisch-naturhafte Auffassung des religiösen Verhältnisses, in psychologischer Hinsicht eine primitive animistisch-spiritistische Vorstellungsweise" (aaO., 35f.).

[301] AaO., 38f.

[302] AaO., 51.

[303] Troeltschs Bezugnahme in GS II, 388 Anm. 25 (= WdC²; die bibliographische Angabe ist fehlerhaft), 639 Anm. 56 (= GdE²), GS I, 58 Anm. 33, 366 Anm. 164.

[304] Zur Kritik der Regnerschen These, Wredes Paulusbild sei vom spekulativen Antipaulinismus Lagardes abkünftig vgl. H. Rollmann: Paulus alienus, 33–38, 45. Regners Darstellung der Paulus-Debatte innerhalb der Religionsgeschichtlichen Schule („Paulus und Jesus" im 19. Jahrhundert, 147–205) leidet nicht nur unter einer zugrundeliegenden Option zugunsten der Dialektischen Theologie, sondern auch an der fehlenden Berücksichtigung so wesentlicher Beiträge wie derjenigen von Troeltsch und Deißmann.

[305] W. Wrede: Paulus, 104.

[306] AaO., 90.

[307] P. Wernle: ⟨Autobiographische Skizze⟩, 217.

Wrede konzentriert sich in seiner Paulus-Darstellung auf dessen „Lehre".[308] Diese zerfällt in zwei durch den Christusglauben zusammengehaltene Teile: die Erlösungs- und die Rechtfertigungslehre. Letztere wird von Wrede provokativ zurückgestuft. Sie ist nur ein Mittel im Kampf um die Heidenmission, eine zeitbedingte „Kampflehre"[309]. Das theologische Zentrum dagegen stellt die Soteriologie dar. Sie ist gegenüber dem Evangelium ein absolutes Novum und kann nicht als die Steigerung einer jesuanisch legitimen Verehrung der Stifterpersönlichkeit gedeutet werden.[310] Christus ist „eine übermenschliche, eine göttliche Gestalt"[311] ohne jeden sachlichen Zusammenhang mit Jesus. Er geht auf in seiner Funktion für die Erlösung. Im Anschluß an Heitmüller versteht Wrede Erlösung als objektivistisch und anti-individualistisch, ohne Berücksichtigung der Ethik. Woher stammt diese magische Soteriologie? „Aus dem Eindruck der Persönlichkeit Jesu ist dies Christusbild nicht entstanden."[312] Eine Ableitung aus dem Bekehrungserlebnis lehnt Wrede ebenfalls ab.[313] Hier schlägt die Degradierung der Rechtfertigungslehre durch. Denn die hohe Einschätzung des Damaskuserlebnisses etwa bei Weizsäcker beruhte auf der Konstruktion, daß das Entscheidende bei Paulus der Durchbruch zur universalen, christlichen Gnadenfreiheit sei. Wenn aber der Rechtfertigungsgedanke nur ein praktisch motivierter Folgegedanke ist, kann die antinomistische Bekehrung nicht die alles bestimmende Wende sein. Wrede leugnet, daß Paulus unter nomistischen Anfechtungen gelitten hat.[314] Statt dessen nimmt er eine fremdreligiöse Herkunft der paulinischen Christologie an: „Paulus glaubte bereits an ein solches Himmelswesen, an einen göttlichen Christus, ehe er an Jesus glaubte."[315] Eine jesuanische Modifikation der vorchristlichen Christologie liegt nur in der Integration des Kreuzes vor. Wrede kann jedoch den Herkunftsort der paulinischen Christologie nicht präzise angeben. Er beläßt es bei einem vagen Verweis auf die jüdische Apokalyptik[316], leitet also das Zentrum der Theologie des Apostels von einer unbekannten Größe ab. Wrede weiß von der religionsgeschichtlichen Bezugsgröße so wenig, daß er sie postulieren muß: „Hat er ⟨Paulus⟩ nun schon vor seiner Bekehrung von diesem göttlichen Christus gewußt, so *muß* es im Judentum Kreise gegeben haben, die denselben Glauben hatten."[317] Diese „Extrapolation der

---

[308] W. WREDE: Paulus, 47–88.

[309] AaO., 72.

[310] „Nichts liegt ihm ⟨Paulus⟩ ferner als religiöse Heroenverehrung" (aaO., 54).

[311] Ebd.

[312] AaO., 84.

[313] AaO., 82f.

[314] „Die Wahrheit ist: die Seelenkämpfe Luthers haben für dies Bild des Paulus Modell gestanden" (aaO., 83).

[315] AaO., 86.

[316] AaO., 87.

[317] Ebd.; Hhg. v. Vf. Ähnlich enigmatisch hatte WREDE schon 1896 auf nicht näher be-

Christologie ins Außerchristliche"[318] – durch gegenwartspraktische Motive mitbedingt – kann sich religionsgeschichtlich nicht ausweisen.

Die Plausibilität von Wredes Schrift reduziert sich damit auf die These der scharfen Differenz zwischen Jesus und Paulus. Die beiden Grundpfeiler des Evangeliums, Gottesbewußtsein und Ethik, finden sich nicht bei Paulus. Auch ist der Antinomismus – das Hauptargument für eine Kontinuität im Wandel – Wrede zufolge ein jeweils anderer.[319] Auch wenn Wrede zugestehen muß, daß Paulus eine welthistorische Funktion für die Entstehung des Christentums als eigenständiger Religion wahrgenommen hat, zieht er am Ende ein ablehnendes Resümee: Denn Paulus hat „den Größeren, dem er nur zu dienen meinte, ganz in den Hintergrund gedrängt."[320] Wrede kommt das Verdienst zu, das Problem deutlich gemacht zu haben. Aber seine Paulus-Deutung ist nicht nur religionsgeschichtlich fragwürdig, sie leidet zudem an einem methodischen Selbstwiderspruch. In seiner methodologischen Programmschrift „Über Aufgabe und Methode der sogenannten Neutestamentlichen Theologie" hatte er eine Ablösung der theologisch-lehrhaften Behandlung durch eine erweiterte religionsgeschichtliche Betrachtungsweise gefordert. Dieses Programm wird im Paulus-Buch nicht eingelöst. Wrede bietet eine bloß umgekehrte Hierarchie der theologischen Lehrstücke des Apostels. Soteriologie und Christologie werden der Rechtfertigungslehre vorgeordnet. Auch die religionsgeschichtliche These vom Christologie-Import verbleibt in den traditionellen Bahnen der Ideengeschichte.

Erst die kultgeschichtlichen Arbeiten von Adolf Deißmann haben hier eine Neuorientierung eingeleitet. Gegenüber den Religionsgeschichtlern ist Deißmann eine eigenständige Figur. Es mischen sich bei ihm innovative religionssoziologische Impulse mit historiographisch konservativen Einschätzungen und gegenwartspraktischen Optionen, die wiederum liberale und erweckliche Züge tragen. Im Einklang mit der Religionsgeschichtlichen Schule lehnt Deißmann die „doktrinäre Methode der neutestamentlichen Wissenschaft" ab.[321] Seine Hinwendung zu Kult und Mystik ist jedoch mitbedingt durch pietistische Prägungen.[322] Auch seine literaturgeschichtli-

---

zeichnete jüdisch-apokalyptische Kreise als Ursprung der Eschatologie Jesu hingewiesen; vgl. W. WREDE: ⟨Rez.:⟩ E. EHRHARDT: Der Grundcharakter der Ethik Jesu, 77.

[318] T. KOCH: Theologie unter den Bedingungen der Moderne, 103.

[319] „Man mag da eine gewisse Wahlverwandtschaft finden: der eigentliche Sinn bleibt wesentlich verschieden ⟨...⟩" (W. WREDE: Paulus, 92).

[320] AaO., 104.

[321] A. DEISSMANN: ⟨Autobiographische Skizze⟩, 61. Vgl. DERS.: Zur Methode der biblischen Theologie des Neuen Testaments.

[322] Vgl. sein Selbstzeugnis: „Anschauungen, die mir wohl von Kind auf im Blute lagen ⟨...⟩: ein Verständnis der empirischen Religion als einer zunächst nicht theoretischen, sondern praktischen Angelegenheit, ein Verständnis des Kultischen und Mystischen, insbesondere der zentralen Bedeutung des Christuskultes und der Christusmystik von der Apostelzeit bis heute ⟨...⟩" (A. DEISSMANN: ⟨Autobiographische Skizze⟩, 18; zum pietistischen Familienhintergrund vgl. aaO., 1–5).

chen Thesen tragen ein konservativ-progressives Doppelgesicht. Seinen Arbeitsschwerpunkt bilden sprachgeschichtliche und textarchäologische Arbeiten[323], die ihre Zusammenfassung in „Licht vom Osten" (1908) finden. Die Berücksichtigung unliterarischer Quellen bedeutet eine „Demokratisierung der Kirchengeschichte"[324]. Deißmann rechnet Jesus und Paulus sowie die Mitglieder der ersten Gemeinden der bildungslosen, mittleren Unterschicht zu. Die urchristlichen Texte sind Volks-, nicht Hochliteratur. Diese soziale Verortung, der auch ein Kautsky zugestimmt hätte, wird allerdings positiv ausgedeutet. Denn Deißmann bestimmt die Unterschicht als die religiös produktive Schicht.[325] „Unliterarisch" fungiert als Würdeprädikat für unentfremdete religiöse Lebendigkeit: „gerade in seiner unliterarisch urwüchsigen, prophetischen Genialität ragt Paulus um mehr als Haupteslänge über alle anderen durch ihre literarische Produktion bekannten Zeitgenossen empor, weil er das größere Maß persönlicher Kraft und die stärkere Leidenschaft des religiösen Wollens einzusetzen hatte."[326]

Die Mischung innovativer und konservativer Momente zeigt sich deutlich in der Konzentration auf Kult und Mystik. Gegenüber der Ächtung dieser Begriffe durch die Ritschl-Schule sind Deißmanns Ausführungen eine Provokation. Ebenso diametral stehen sie aber zu Wredes und Boussets Versuchen, das Urchristentum aus Fremdreligionen abzuleiten.[327] Ausführlich hat Deißmann die kultische Deutung in seiner „Paulus"-Monographie (1911) entfaltet.[328] Er setzt ein mit einer methodischen Kritik an Harnack: „Ich begreife die Gesamtentwicklung des jungen Christentums, die Adolf Harnack kürzlich unter dem Kennwort des ‚doppelten Evangeliums' ⟨...⟩ betrachtet hat, als den Fortschritt vom Evangelium Jesu zum Jesus-Christus-Kult, der seinerseits am Evangelium Jesu und an der Christus-Mystik genährt und orientiert ist."[329] Methodisch ist Deißmanns Kultgeschichte eine sozialgeschichtliche Erweiterung der überkommenen Ideengeschichte des Urchristentums. Inhaltlich bleibt sie jedoch bei einer konservativen Zuord-

---

[323] Vgl. A. DEISSMANN: Bibelstudien; DERS.: Neue Bibelstudien; DERS.: Das Neue Testament und die Schriftdenkmäler der römischen Kaiserzeit; DERS.: Die Urgeschichte des Christentums im Lichte der Sprachforschung; eine kulturpraktische Pointierung findet sich im Vortrag vor dem Evangelisch-sozialen Kongreß „Das Urchristentum und die unteren Schichten".

[324] Der Ausdruck stammt von A. JÜLICHER: Moderne Meinungsverschiedenheiten über Methode Aufgaben und Ziele der Kirchengeschichte, 17 u.ö.

[325] Nach dem Grundsatz: „Das Urchristentum lehrt eben, was jeder andere Frühling auch lehrt: der Saft steigt von unten nach oben" (A. DEISSMANN: Das Urchristentum und die unteren Schichten, 10).

[326] A. DEISSMANN: ⟨Autobiographische Skizze⟩, 56f.

[327] Vgl. die Vernachlässigung der Eschatologie in der Jesus-Deutung: A. DEISSMANN: Evangelium und Urchristentum, 106–111.

[328] Daß sie ihm gedanklich schon früher klar vor Augen stand, zeigen seine Ausführungen in dem populär gehaltenen Vortrag von 1905 „Evangelium und Urchristentum", bes. 113ff.

[329] A. DEISSMANN: Paulus, VII.

nung von Jesus und Paulus. Denn sie ist – in großer Nähe zu Weizsäckers Modell – eine religionspsychologisch-immanente Deutung.

Deißmann gliedert die christliche Urgeschichte in drei Epochen. Am Anfang war der persönliche Eindruck Jesu, der als solcher schon gemeinschaftsbildend wirkte. Den zweiten Schritt vollzieht der durch die Oster-Visionen ausgelöste Messias-Kult der Urgemeinde.[330] Hieran schließt sich mit Paulus das dritte Stadium an. Der Apostel vollendet den Christuskult; er entnationalisiert das Judenchristentum und sorgt mit seiner pneumatischen Christologie für neue religiöse Schwungkraft.[331] Bei Jesus ist es das Messiasbewußtsein, das eine präkultische Gemeinschaft stiftet. Im Fall der ersten Gemeinde rufen die Auferstehungsvisionen den Christuskult ins Leben.[332] Deißmann hebt ihn darum von der religiösen Umwelt ab. Denn im Unterschied zu hellenistischen Mysterienkulten wird im Urchristentum „ein Mensch von Fleisch und Blut"[333] als Kultobjekt verehrt. Da die Oster-Visionen religionspsychologisch als Folgen des Eindrucks Jesu zu verstehen sind, steht der neue Kult in Kontinuität zur Person Jesu. Der Kult ist kein Bruch mit Jesus, sondern die Fortsetzung seiner Botschaft mit neuen, aber ebenfalls genuin christlichen Mitteln. Die spezifische Leistung des paulinischen Kults erkennt Deißmann in der Durchsetzung des religiösen Universalismus. Er ist das Vehikel für den Aufbau einer christlichen Massenorganisation: „Das Christus-Christentum des Paulus ist die notwendige Form, in der die Gottesoffenbarung des Meisters der Menschheit allein assimilierbar war und fähig wurde, quellende Volksreligion und welthistorisch kraftvolle Völkerreligion zu schaffen."[334]

Deißmanns kultgeschichtliches Paulusbild ist weder mit demjenigen Wredes noch mit dem von Harnack und Weizsäcker vereinbar. Paulus ist für ihn nicht denkender Theologe, sondern „in erster Linie ein Heros der Frömmigkeit. Das Theologische ist das Sekundäre. Das Naive ist bei ihm

---

[330] Der neue Kult ist schon in Palästina entstanden. DEISSMANNs sprachgeschichtliches Argument für diese These ist das aramäische Marana tha, die erste „klassische Formel des Jesus-Kultes" (A. DEISSMANN: Die Urgeschichte des Christentums im Lichte der Sprachforschung, 27). Ihre Verwendung bei Paulus zeigt, daß der Kyrios-Kult des Apostels aus einer direkten Verbindung mit der Urgemeinde erwachsen ist: „Die blendende These, Paulus sei der eigentliche Stifter des Christentums, zerschellt an dem Granit der aramäischen Hieroglyphe Marana tha" (aaO., 28; vgl. DERS.: Paulus, 80). Zu den hellenistischen Mysterienkulten gibt es Analogien, aber keine Genealogie: „Es handelt sich hier um eine Parallele, schwerlich um eine Abhängigkeit" (DERS.: Licht vom Osten, 254).

[331] „Es ist die welthistorische Bedeutung des Paulus, dass er dem neuen Kult ⟨...⟩ beides gegeben hat, das religiöse Fundament und die Grundzüge der Organisation. Er ist nicht der Vater des neuen Kults ⟨...⟩ aber er ist sein Prophet und Propagator" (A. DEISSMANN: Evangelium und Urchristentum, 117).

[332] „Diese apostolischen Erlebnisse sind der *psychologische* Ausgangspunkt des älteren Jesuskultes in Palästina und die eigentliche Voraussetzung für die Entstehung der sich organisierenden christlichen Gemeinde" (A. DEISSMANN: Paulus, 78; Hhg. v. Vf.).

[333] AaO., 79.

[334] AaO., 155.

stärker als das Reflektierte, das Mystische stärker als das Dogmatische."[335]
Was die Intensität vortheoretischen, religiösen Erlebens betrifft, steht Paulus
mit Jesus auf einer Stufe. Dies zeigt sich für Deißmann im unliterarischen
Charakter seiner Schriften, in seiner Bezogenheit auf den Kult und in seiner
Christusmystik, die den religiösen Gehalt des Christuskults darstellt. Diese
Mystik-These ist neben der literatur- und kultgeschichtlichen Deutung die
dritte Säule von Deißmanns Paulusbild. Sie ist schon in der Licentiatenar-
beit über „Die neutestamentliche Formel ‚in Christo Jesu'" (1892) vorbereitet. Als Zentrum paulinischer Religiosität bestimmt Deißmann weder
Christologie noch Soteriologie, sondern das pneumatische Erleben des „lo-
kalen" In-Christus-Seins.[336] Diese Mystik leitet er aus der Damaskusauditi-
on ab. Hier erfährt Paulus die Initiation zu einem neuen Leben „im" Auferstandenen. Religionsgeschichtliche Ableitungen verbieten sich. Denn wenn
die visionäre Christus-Begegnung „das grundlegende mystische Erlebnis
des religiösen Genius"[337] ist, werden mögliche Fremdeinflüsse unwichtig.
Die paulinische Mystik ist für Deißmann – trotz eines „hellenistischen
Einschlag(s)"[338] – nicht nur genetisch, sondern auch inhaltlich spezifisch
christlicher Natur, denn sie wahrt die Überordnung des Ethischen und die
konstitutive Bezogenheit auf die Person Jesu. Darum schließt Deißmann
sein Paulus-Buch mit den Worten: „Das Christus-Christentum des Paulus
ist also kein Bruch mit dem Evangelium Jesu und auch keine Verfälschung
des Evangeliums Jesu, sondern es bedeutet die Sicherung des evangelischen
Gotteserlebnisses des Einen für die Seelen der Vielen durch die Veranke-
rung dieser vielen Seelen in der Seele des Einen."[339]
Die Stärke der Deißmannschen Konstruktion besteht darin, auf methodisch neuartige Weise die Verschiebungen im Urchristentum aus der Logik
eines neuen religiösen Lebens zu begreifen. Dennoch bleibt der Eindruck,
daß Deißmann die Kontinuität zwischen Jesus und Paulus mehr beschwört
als argumentativ erweist. Die inhaltlichen Differenzen diskutiert er nicht. Er
rechtfertigt den Kult nur über seine Funktion. Die paulinische Mystik hält
Deißmann schon darum für jesuanisch legitim, weil er in ihr ethisch-per-
sonalistische Momente entdeckt. Seine Ausführungen bleiben unbefriedi-
gend, weil der religionssoziologischen Erweiterung der Paulus-Deutung die
Ausblendung der religionsgeschichtlich vergleichenden Perspektive entge-
gensteht.
Wilhelm Bousset kommt in seiner kultgeschichtlichen Arbeit „Kyrios
Christos" (1913) trotz einer teilweisen methodologischen Übereinstimmung zu ganz anderen Ergebnissen als Deißmann.[340] Es sind drei für diesen

---

[335] AaO., 4.
[336] A. DEISSMANN: Die neutestamentliche Formel „in Christo Jesu", 81.
[337] A. DEISSMANN: Paulus, 83.
[338] AaO., 90.
[339] AaO., 156.
[340] Über Deißmanns Paulus-Buch äußert Bousset sich enttäuscht: „Wieder begegnet

Zusammenhang relevante Thesen, die Boussets Rekonstruktion der frühchristlichen Christologie tragen. Den Ausgangspunkt bildet die Skepsis hinsichtlich eines Messiasbewußtseins Jesu, so daß der jesuanische Anhaltspunkt
für die nachösterliche Christus-Verehrung fortfällt.[341] Lediglich für die palästinische Urgemeinde hält Bousset einen prägenden Einfluß des „Eindrucks" Jesu für wahrscheinlich. Hier bildet sich eine erste Christologie
nach dem Vorbild jüdisch-apokalyptischer Menschensohn-Vorstellun-
gen.[342] Doch diese ist für die weitere Geschichte der Christologie ohne Bedeutung. Denn nach Boussets zweiter Grundthese ist die Entstehung des
vorpaulinischen Heidenchristentums die eigentliche Epochenwende. Hatte
Deißmann das Wachstum der Christologie als kontinuierlichen Prozeß aufgefaßt, so beginnt für Bousset die eigentliche Christologie erst im hellenistischen Syrien: „Der große und entscheidende Einschnitt in die Entwicklung
des Christentums ist durch seinen Übertritt auf heidenchristliches Gebiet in
seinen *allerersten* Anfängen markiert."[343] Das Argument hierfür liefert die
kultgeschichtliche Betrachtung. Bousset zufolge hat sich ein Christuskult
erst in Syrien gebildet. Denn der Kyrios-Titel weist auf einen kultischen
Zusammenhang hin, der nur im griechischen Sprach- und Vorstellungsraum
entstehen konnte.[344] Der Kyrios-Kult der Heidenchristen ersetzt die Men-
schensohn-Dogmatik der Judenchristen und ist der eigentliche Motor der
Christologie. Die palästinische Urgemeinde ist ein irrelevantes Zwischen-

---

uns hier der verheißungsvolle richtige Einsatz, die Betonung, daß Paulus in seiner Fröm-
migkeit auf dem Hintergrunde des Jesuskultus der Gemeinde zu verstehen sei" (W.
Bousset: ⟨Rez.:⟩ A. Deissmann: Paulus, 780). Aber leider verfolge Deißmann diesen Ansatz nicht konsequent, sondern biege ihn durch die Rekonstruktion der paulinischen
Christusmystik aus dem Bekehrungserlebnis wieder zurück in konventionelle Bahnen.
Deißmann biete letztlich statt einer sozialpsychologischen doch wieder eine biographische
Deutung. In seiner Deißmann-Kritik legt Bousset die eigene, später in „Kyrios Christos"
ausgeführte Deutungsthese dar (aaO., 780f.). Methodisch kombiniert er die kultgeschichtliche Betrachtungsweise mit der von Wrede vorgetragenen religionsgeschichtlichen Erklärung. Inhaltlich knüpft er aber nicht bei Wrede an, sondern bei den Untersuchungen zum
synkretistischen Mysterienwesen von Reitzenstein und Gunkel.

[341] „Es liegt mir fern, die schwierige und nie ganz zu lösende Frage nach dem messianischen Selbstbewußtsein Jesu in diesem Zusammenhang aufzunehmen, in welchem sie
doch nur eine indirekte und sekundäre Bedeutung hat" (W. Bousset: Kyrios Christos, 11).

[342] AaO., 21. Bousset hält gegen Wellhausen und Lietzmann daran fest, daß der Menschensohn-Titel in der aramäisch sprechenden Urgemeinde Palästinas und nicht erst im
griechischen Sprachraum entstanden ist (aaO., 12–14). Zur Erklärung des urchristlichen
Menschensohn-Glaubens rekurriert Bousset religionspsychologisch auf den „Eindruck"
Jesu und die Bedeutung der Auferstehungsvisionen: „Der treibende Faktor war der mit
nichts zu vergleichende, gewaltige und unzerstörbare Eindruck, den Jesu Persönlichkeit in
den Seelen der Jünger hinterlassen hatte, und der mächtiger war als die öffentliche Schan-
de und Tod, Qual und Untergang" (aaO., 21). Nach einem „psychologischen Gesetz"
(ebd.) folgt bei den Jüngern auf die Depression des Kreuzes ein gesteigerter Enthusiasmus.

[343] AaO., VI; Hhg. v. Vf.

[344] Das ebenfalls kultische Marana tha lokalisiert Bousset gegen Weiß und Deißmann,
die es für palästinisch und damit für den Indikator eines palästinischen Christuskultus hiel-
ten, im syrischen Bereich (aaO., 107 Anm.1).

spiel.[345] Damit vergrößert sich der Abstand zwischen Jesus und Paulus erheblich.

Boussets dritte These besteht in der Ableitung des paulinischen Christuskults aus den synkretistischen Mysterienkulten.[346] Auch wenn ein Einfluß nicht mit letzter Sicherheit behauptet werden kann, so ist doch deutlich, daß der paulinische Christuskult sich nicht auf Jesus zurückführen läßt. Damit widerspricht Bousset ebenso wie Wrede allen Versuchen, Paulus aus dem Damaskuserlebnis zu deuten. Harnacks These von der Hellenisierung des Christentums durch die Integration griechischer Philosophie wird kultgeschichtlich reformuliert und radikal vordatiert. Die Hellenisierung ist kein sekundäres Phänomen, das erst mit der Gnosis und der Logos-Theologie einsetzt, sondern bestimmt die Entstehung des Christentums selbst. Schon der Kult, und nicht erst die Theologie, ist das Einfallstor für fremdreligiöse Einflüsse.

Inhaltlich versteht Bousset die paulinische Christusfrömmigkeit als kultische Erlösungsreligion, die auf einem schroffen Dualismus beruht. Das sich im Kult vergegenwärtigende Kyrios-Pneuma ist „die völlig supranatural gedachte göttliche Kraft, die den Menschen in der Ekstase ergreift und zum Wunder befähigt."[347] Die eigentliche Bedeutung von Paulus besteht darin, den populären Christus-Pneumatismus in eine Christusmystik integriert zu haben, die sich in den Formeln „in Christus sein" bzw. „im Kyrios sein" ausspricht.[348] Diese Mystik hat ihren Ort im Christuskult.[349] Beide verweisen auf einen synkretistisch-gnostizistischen Kontext. Nur in zwei Aspekten

---

[345] Aus diesem Grund fungieren die ersten beiden Kapitel über die palästinische Urgemeinde (aaO., 1–92) nur als „Einleitung" bzw. als „Auftakt" zur Rekonstruktion der Geschichte der Christologie (aaO., VI).

[346] Die Zurechnung fremdreligiöser Einflüsse bleibt bei BOUSSET etwas zweideutig. Einsinnige Kausalitätsverhältnisse will er nicht aufstellen. Zugleich möchte er sich aber nicht mit der Erhebung von Analogien begnügen. Er spricht deshalb von einer „Atmosphäre" (aaO., XIII), der auch kausale Relevanz zukommt: „Es handelt sich dabei andererseits nicht um verhältnismäßig irrelevante und nur interessante Analogien und Parallelen, sondern vielmehr um die Erkenntnis, daß eine auf eignem Boden gewachsene Frömmigkeit sich frühzeitig mit dem Evangelium Jesu amalgamiert hat und eine Neubildung mit diesem eingegangen ist, die uns unverständlich bleiben würde, so lange wir jene nicht kennen" (ebd.). Der Kyrios-Titel verweist auf die aus Syrien und Ägypten kommenden synkretistischen Mysterienreligionen. Diese Mysterienfrömmigkeit wird vom hellenistischen Urchristentum rezipiert: „In diesem Milieu hat sich die junge christliche Religion als Christuskultus gestaltet, und aus dieser Umgebung hat man denn auch für die dominierende Stellung Jesu im Gottesdienst die zusammenfasssende Formel kyrios ⟨i.O. in griechischer Schreibweise⟩ herübergenommen" (aaO., 119). Der Rezeptionsvorgang ist ein unbewußter und nicht bestimmt auf einen der Mysterienkulte gerichtet, sondern „das gab sich von selbst, es lag gleichsam in der Luft ⟨...⟩" (ebd.).

[347] AaO., 127; vgl. 134–148.

[348] AaO., 148–157.

[349] „Das alles ist aus dem Kultus herausgewachsen, aus dem kultisch gegenwärtigen Kyrios ist der das gesamte persönliche Leben des Christen regierende Herr geworden" (aaO., 148).

erkennt Bousset ein gewisses christliches Profil: zum einen kommt es nicht zur Vergottung des Gläubigen, der Unterschied zwischen Gott und Mensch bleibt gewahrt[350]; zum anderen ist die Kult-Mystik gemeinschaftsbezogen und darin zumindest teilweise ethisch bestimmt.[351] Dennoch: Paulus und Jesus stehen sich letztlich unvermittelbar gegenüber: „Und so tritt der Paulinismus in seiner ganzen Großartigkeit, mit der Glut und Innigkeit seiner Mystik, aber auch mit allen ihm spezifisch eignenden Gefahren als die einseitige Erlösungsreligion neben das Evangelium Jesu von der Sündenvergebung."[352]

Bousset hat die innovativen Momente von Deißmann und Wrede aufgenommen. Mit Deißmann führt er die kultgeschichtliche Perspektive ein, die den ideengeschichtlichen Ansatz Wredes hinter sich läßt. Mit Wrede ersetzt er die Konstruktion einer jesuanischen Genese des Christuskults durch eine religionsgeschichtliche Fremdableitung. Problematisch ist dabei – wie bei Wrede – die Koppelung von religionsgeschichtlichem Vergleich und theologischem Antipaulinismus. Die Deutung der paulinischen Christologie beschränkt sich auf die Zuordnung zu Fremdreligionen, ohne die Frage nach dem ihr eigenen Sinngehalt zu beantworten.[353]

3. Troeltschs Beitrag zur Paulus-Deutung

a.) Der mystische Christuskult

Im Vergleich zur Frage der Eschatologie hat sich Troeltsch relativ spät des Problems „Jesus – Paulus" angenommen.[354] Erst in den „Soziallehren" diskutiert er das Thema ausführlich. Zeitgleich mit dem Erscheinen von Deiß-

---

[350] AaO., 148–157.

[351] „Als das eigentliche Korrelat zu Christus erscheint bei dem Apostel streng genommen nicht der einzelne Gläubige, sondern die Gemeinde ⟨…⟩" (aaO., 152).

[352] AaO., 174. Etwas milder formuliert BOUSSET in seinem RGG-Artikel über Paulus: „Was Jesu Stimmung unausgesprochen, ja unbewußt zugrunde lag, das finden wir im paulinischen Universalismus zur hellen Erkenntnis und auf die klare Formel gebracht" (W. BOUSSET: Paulus, 1304). Hier geht BOUSSET in ganz anderer Weise als in „Kyrios Christos" auf den Antinomismus von Paulus ein und kann so eine wesentliche Kontinuität zu Jesus konstruieren, die durch Kult und Mystik nicht beeinträchtigt wird: „⟨…⟩ so sehen wir allerdings ganz deutlich, daß der Paulinismus in keiner Weise die einzige mögliche, auch nicht die für alle im wesentlichen zutreffende Ausprägung des Christentums darstellt. Aber sehen wir von hier noch einmal auf die bleibenden Grundlinien zurück, die P. ⟨Paulus⟩ mit Jesus verbinden, so werden wir ihm *das Ehrenprädikat des größten Jüngers seines Meisters* nicht vorenthalten" (aaO., 1308; Hhg. v. Vf.).

[353] Vgl. T. KOCH: Theologie unter den Bedingungen der Moderne, 113–147. KOCH hält dies für den Grundschaden der Paulus-Deutung der Religionsgeschichtlichen Schule: „Nicht wird danach gesucht, wie dieser Stoff in sich zu erklären ist, welches Denken sich in ihm materialisiert hat, was sein – wie immer durch Fremdartiges vermittelter – immanenter Sinn ist. Vielmehr scheint die Erklärung des Stoffes zureichend gegeben zu sein, wenn sein fremdes ‚Woher' erkannt ist ⟨…⟩" (aaO., 104).

[354] Lediglich in PE war Troeltsch im Kontext der Frage der Bipolarität christlicher

manns „Licht im Osten" und fünf Jahre vor Boussets „Kyrios Christos" stellt Troeltsch sein Modell einer kultgeschichtlichen Paulus-Deutung vor. Als wichtigsten Gewährsmann nennt er Deißmann: „Die Einsicht, daß der entscheidende Vorgang des Urchristentums die Entstehung eines Christus-Kultus aus dem Christus-Glauben ist und daß erst damit eine neue Religionsgemeinschaft, weil ein neuer Kult, entsteht, verdanke ich meinem Freunde Deißmann. Ich setze hier nur die soziologischen Konsequenzen auseinander" (GS I, 58 Anm. 33). Eine einseitige Abhängigkeit hat aber nicht vorgelegen. Denn zum einen beschränkt sich Troeltsch keineswegs auf systematische Folgeerwägungen, sondern formuliert eigenständige historiographische Thesen; zum anderen erscheinen die „Soziallehren" drei Jahre vor Deißmanns Paulus-Buch.[355] Vielmehr hat während der gemeinsamen Heidelberger Zeit ein intensiver mündlicher Gedankenaustausch stattgefunden, bei dem beide gegeben und genommen haben.[356] 1898 berichtet Troeltsch Bousset über die erfreuliche „wissenschaftliche Anregung und Aussprache" mit Deißmann.[357] Dieser wiederum weist auf Gespräche mit Troeltsch über „eine kultgeschichtliche Betrachtung des Urchristentums und seine präliterarische Naivität"[358] hin. Zudem waren beide als Mitglieder des Heidelberger Eranos-Kreises miteinander verbunden. Der Kontakt lockerte sich erst 1908 mit Deißmanns Wechsel nach Berlin.

In drei Punkten weiß sich Troeltsch mit Deißmann einig: in der soziologischen Verortung von Paulus in der ungebildeten, mittleren Unterschicht[359], in der kultgeschichtlichen Perspektive und in der Charakterisierung der paulinischen Religion als Christusmystik.[360]

Die soziologische Verortung bildet methodisch den Ausgangspunkt einer sozialgeschichtlich erweiterten Betrachtungsweise, inhaltlich den Grundstein einer anti-intellektualistischen Charakterisierung des Apostels. Als Mitglied einer „unliterarischen" Klasse ist Paulus kein Theologe, sondern „eine wesentlich organisatorisch schaffende, mystisch-religiöse Natur, die bei aller Reflexion in Wahrheit mehr kontemplativ ist und jedenfalls von je-

---

Ethik andeutungsweise auf Paulus als den urchristlichen Repräsentanten des zweiten Pols eingegangen (vgl. PE, 29).

[355] Die von Troeltsch aufgeführten Texte von A. DEISSMANN: Bibelstudien (1895), DERS.: Neue Bibelstudien (1897), DERS.: Das Neue Testament und die Schriftdenkmäler der römischen Kaiserzeit (1905) (GS I, 29 Anm. 18) stellen nur erste Ansätze vor. In GS I ist ein Verweis auf DEISSMANNS Paulus-Buch eingefügt (GS I, 853 Anm.470).

[356] Vgl. DEISSMANNS Verweise auf Troeltsch: A. DEISSMANN: Licht vom Osten, 289 Anm. 1; DERS.: Das Urchristentum und die unteren Schichten, 9; DERS.: Paulus², 90f. Anm. 1.

[357] E. Troeltsch: Briefe aus der Heidelberger Zeit an Wilhelm Bousset, 32.

[358] A. DEISSMANN: ⟨Autobiographische Skizze⟩, 20.

[359] Als erster hat F. OVERBECK: Über die Anfänge der patristischen Literatur (1882) die These vom unliterarischen Paulus aufgestellt; vgl. GS I, 29 Anm. 18. Zu DEISSMANNS OVERBECK-Rezeption vgl. A. DEISSMANN: Bibelstudien, 228ff.

[360] Es scheint, daß Troeltsch 1899 zum ersten Mal den Begriff „Christusmystik" gebraucht (E. Troeltsch: Richard Rothe, 20).

dem Geiste eigentlicher Wissenschaft, abwägender Kritik und höherer Weltkultur völlig fern ist" (GS I, 28f.). Gerade aufgrund seiner „Urwüchsigkeit" ist Paulus zur Bildung einer neuen Religionsgemeinschaft befähigt. Der Christuskult und die in ihm sich auslebende Christusmystik ist die neue religiöse Grundidee von Paulus. Zu seinem Verständnis blendet Troeltsch den religionsgeschichtlichen Kontext weitgehend aus.[361] Er hält in dieser Hinsicht am Deutungsmodell Weizsäckers fest: „Der noch unaufgehellte Punkt ist nur die Entstehung der paulinischen Christuslehre, die aber doch in Wahrheit nicht ein Produkt der Kirchenbildung, sondern ihre offenkundige Voraussetzung ist. An dem Faktum ihrer Entstehung aus der Bekehrung des Paulus ist nicht zu zweifeln, was man auch sonst zu ihrer Aufhellung aus der außerchristlichen Welt noch heranziehen mag" (GS I, 19 Anm. 10). Kultgeschichtliche und immanent-religionspsychologische Deutung sind für Troeltsch keine Gegensätze. Er steht somit zwischen Deißmann und Wrede, deren Stärken er aufnimmt und deren Mängel er vermeidet. Er koppelt die religionssoziologische Perspektive vom Religionsvergleich ab, um das Spezifische der historischen Individualität „Paulus" nicht aus den Augen zu verlieren. Wredes rein ideengeschichtliche Bestimmung des Verhältnisses von Jesus und Paulus läßt er hinter sich und versucht im partiellen Anschluß an Deißmann, die inhaltlich-theologischen Verschiebungen vor dem Hintergrund der religionssoziologischen und kulturethischen Transformation der Jüngergemeinde zu verstehen. Dabei bleibt er jedoch auf Distanz zu Harmonisierungsversuchen bei Deißmann und älteren Vertretern der Historischen Theologie. In deutlicher Abgrenzung aber auch vom Antipaulinismus Wredes sucht Troeltsch einen dritten Weg der Paulus-Deutung.[362]

Troeltsch zufolge kommt der Christusmystik gegenüber dem Christuskult zeitliche und sachliche Priorität zu, auch wenn von letzterem Rück-

---

[361] „⟨...⟩ wie weit dabei das Vorbild der Synagoge oder etwa auch Vorbilder der Mysterienkulte wirksam gewesen sein mögen, kann gleichfalls hier auf sich beruhen. Das Entscheidende ist, daß in dieser, wie immer historisch-genetisch zu verstehenden, Form *ein selbständiger, von den wesentlichen Tendenzen des Evangeliums erfüllter Strom der Ideen* und Kräfte entsteht, die dann auch Synagoge und Mysterienkulten gegenüber ihre eigene spezifische Dialektik entfalten" (GS I, 59; Hhg. v. Vf.).

[362] Sein Eintreten für eine immanente Deutung und seinen Widerspruch gegen Maurenbrecher, Gunkel und Wrede und deren These von einer „Aufpfropfung außerchristlicher Mysterienkulte" hat Troeltsch in GL explizit gemacht (GL, 101). Sein historiographisches Hauptargument ist, daß ein „aufzupropfender" außerjüdischer Erlösungskult bisher nicht nachgewiesen werden konnte (GL, 101f., 109–113). Ebenso urteilt er brieflich am 2. 2. 1912 gegenüber Bousset: „Allein die Erklärung des Christuskultes aus polytheistischem Mysterienkultus hat bis jetzt noch niemand plausibel gemacht. Mir scheint das ein von innen heraus erwachsener Vorgang der Gemeindebildung, die überall gegen das Heidentum spröde ist u⟨nd⟩ nichts weniger als auf Verschmelzung bedacht. Durchaus kann ich dagegen nicht den Punkt entdecken, wo der fremde Import des Maurenbrecherschen Mysteriengottes etc stattgefunden haben soll" (Niedersächsische Staats- und Universitätsbibliothek Göttingen; Transkription Ernst-Troeltsch-Forschungsstelle Augsburg).

wirkungen ausgehen: „Dieser Glaube ⟨an den Pneuma-Christus⟩ ist *die orga-nisierende* Kraft der neuen Gemeinde: er schafft den einzigen neuen Glau-bensartikel als den Glauben an den mit dem Gottesgeist identischen Chri-stus; er schafft den neuen Kultus ⟨…⟩; er schafft die neue Ethik ⟨…⟩" (GS I, 83; Hhg. v. Vf.). Es ist also nicht der Kult, der die Christologie hervorbringt, sondern umgekehrt der Christusglaube, der zu einem bestimmten Kult führt. Die Entstehung dieses Christusglaubens wiederum kann nicht als Fol-ge eines fremdreligiösen Einflusses verstanden werden, sondern muß als höchste Steigerung der Jesus-Verehrung auf die vorösterliche Situation und die Auferstehungsvisionen bezogen werden. Für diese Deutung sprechen nach Troeltsch aus der allgemeinen Religionsgeschichte bekannte „Analo-gien des Heiligenkultus, die Heroisierungen und Divinisierungen" (GS II, 38).[363] Die aus der frühchristlichen Heldenverehrung erwachsene Christus-mystik begründet also den neuen Christuskult, der in einem zweiten Schritt Einfluß auf die weitere Gestaltung des Christusglaubens nimmt.

Darum leuchtet die von Wernle und Althaus vorgebrachte Kritik nicht ein. Wernle sieht in Troeltsch das Opfer einer „Mode", die durch die exklu-sive Konzentration auf den Kult die religiöse Idee als eigenständigen Faktor ausblendet, indem er „im Lauf seiner Darstellung die Bedeutung des Kultus zuletzt zu der Ungeheuerlichkeit steigert, daß er das christliche Urdogma von der Göttlichkeit des Christus erst aus dem Christus-Kult entspringen läßt und den Christus-Kult zum Schöpfer des christlichen Dogmas stem-pelt."[364] Wenn Wernle in Antithese zu Troeltsch behauptet, daß umgekehrt der „Messiasglaube das Gemeinschaftsbildende ist, aus dem dann in der Fol-ge ein Kult entsprang"[365], dann hat er – ebenso wie Althaus[366] – die ange-führten Äußerungen Troeltschs überlesen. Auch wenn Troeltsch die Genese des neuen Christuskults nicht im einzelnen beschreibt, ist doch deutlich, daß ihm eine Vermittlung von ideengeschichtlicher und religionssoziologi-scher Rekonstruktion in einer solchen Weise vorschwebt, daß dem religiö-sen Faktor keineswegs die konstitutive Bedeutung geraubt wird. Er denkt nicht daran, die Herleitung der Christologie aus den Christusvisionen durch eine kultgeschichtliche Deutung zu ersetzen.[367] Er rückt nur gegenüber

---

[363] Die sachlich nächstliegende Analogie ist die Verehrung des heiligen Franziskus.

[364] P. WERNLE: Vorläufige Anmerkungen zu den Soziallehren der christlichen Kirchen und Gruppen von Ernst Troeltsch I, 339. Troeltschs – allzu gereizte – Reaktion auf WERNLES Kritik in: Ernst Troeltschs Briefe und Karten an Paul Wernle, 126–131.

[365] P. WERNLE: Vorläufige Anmerkungen zu den Soziallehren der christlichen Kirchen und Gruppen von Ernst Troeltsch I, 339f.

[366] Dieser moniert: „Und doch wird man es nie klar machen können, wie der Chri-stuskult den Christusglauben und die Christologie ⟨…⟩ zur Folge hatte, wenn nicht zuerst der Christusglaube als Wurzel des Christuskultes verstanden wird" (P. ALTHAUS: Unser Herr Jesus, 526).

[367] Hierin besteht die vielleicht wichtigste Differenz zwischen Troeltsch und Bousset in der Paulus-Deutung. Mit einer Mischung aus Zustimmung und Distanz äußert Troeltsch sich am 21. 11. 1913 brieflich gegenüber Bousset über dessen „Kyrios Christos".

Wernle die Genese von Kult und Glauben zeitlich und sachlich viel enger zusammen. Der unaufgehellte Punkt bei Troeltsch ist das Problem der Verbindung von Jesus-Verehrung und Christologie. Denn hinsichtlich des Messiasbewußtseins Jesu hatte er sich ebenso skeptisch wie Bousset geäußert. Wenn aber eine vorösterliche „Messianität" Jesu fraglich ist, dann bleibt offen, wie Auferstehungsvisionen religionspsychologisch zu verstehen sind und wie sich die nach seinem Tod einsetzende Verehrung Jesu begreifen läßt.

Wie versteht Troeltsch nun die paulinische Christusmystik und die Kultbildung im einzelnen? Die Christusmystik faßt Troeltsch in enger Anlehnung an Deißmann, aber auch an Heitmüller, als Glauben an eine kultisch vermittelte, objektive Einverleibung in den Herrn. Das Leben der Christen ist ein „Sein in Christo" (GS I, 60). Der neue Kult hat demgegenüber die Funktion, Christus als den Fokus der Gottesbeziehung zu vergegenwärtigen. Der Christuskult der jungen Kirche ist funktionales Äquivalent zur charismatischen „Führerstellung" Jesu innerhalb der Jüngergruppe.[368]

Zur weiteren Klärung muß der Vortrag „Die Bedeutung der Geschichtlichkeit Jesu für den Glauben" (1911) hinzugezogen werden. Hier setzt Troeltsch mit der Beschreibung der Anfänge des urchristlichen Kultus ein: „Der Gottesglaube der Christusgläubigen hatte zunächst *kein Dogma und keine Lehre,* er hatte nur die Darstellung alles Religiösen in dem durch den Auferstehungsglauben verklärten Jesus. Er hatte *keine Opfer und Riten, keine Magie und keine Mysterien,* sondern nur die Anbetung Gottes in Christo und *die Lebenseinigung mit Christus im Herrenmahl"* (BdG, 26; Hhg. v. Vf.). Im Abendmahl findet die Christusmystik ihre kultische Gestalt. Dieser Urkult und seine weitere Ausgestaltung sind nicht durch religionsgeschichtliche Fremdableitung verständlich, sondern folgen einer „inneren Logik der Sache"[369]. Damit meint Troeltsch nicht, daß die Kultbildung Konsequenz der inhaltlichen Bestimmtheit des Evangeliums Jesu ist, sondern einen allgemeinen, religionssoziologischen Sachverhalt: „Nun aber ist es eines der klarsten Ergebnisse aller Religionsgeschichte und Religionspsychologie, daß das

---

Übereinstimmung besteht in der kultgeschichtlichen Perspektive. Aber schon was die erste Wurzel der Christologie betrifft, bleiben für Troeltsch wichtige Fragen offen: „Ich finde den Abschnitt über die Urgemeinde und Menschensohn vortrefflich, nur fehlt mir hier die Frage, ob die Urgemeinde schon kultische Verehrung des Menschensohnes gekannt hat; Herrenmahl, Taufe, Namen Jesu? Sind das Ansätze zum Kultus?" (E. Troeltsch: Briefe aus der Heidelberger Zeit an Wilhelm Bousset, 47). Zwiespältig bleibt auch das Urteil über die Paulus-Deutung: „Sehr wichtig ist dann die hellenistische Urgemeinde und der Kyrioskult. Das leuchtet sehr ein. Höchst interessant ist Paulus, nur ist bei ihm die Ecclesia zu wenig betont. Er ist kein Gnostiker, sondern Missionar und Gründer der weltumfassenden Ecclesia. Übrigens im Ergebnis wunderschön" (ebd.). Trotz des Lobs ist eine Reserve gegenüber Boussets Fremdableitung unüberhörbar.

[368] Vgl. den Verweis auf Loisy GS I, 85 Anm. 37.

[369] „Was Mythologie und Mysterien, heidnische und gnostische Analogien beigesteuert haben mögen, sie haben nur einen Vorgang umkleidet und dem antiken Bewußtsein verständlich gemacht, der in der inneren Logik der Sache lag" (BdG, 27).

Wesentliche in aller Religion nicht Dogma und Idee, sondern Kultus und Gemeinschaft ist, der lebendige Verkehr mit der Gottheit, und zwar als ein Verkehr der Gesamtheit 〈…〉" (BdG, 25). Jede Religion zielt auf Gemeinschaftsbildung.[370] Da Religion ein vorreflexives Lebensphänomen ist, kann religiöse Sozialität nicht durch Dogmen gestiftet werden. In der Gründungsperiode ist es vielmehr der Stifter, der durch sein Charisma eine Menschengruppe um sich sammelt. Nach seinem Abtreten bedarf es einer neuen gemeinschaftsstiftenden Instanz. Dies ist der Kult. Die Gruppenidentität wird dadurch symbolisch zum Ausdruck gebracht, daß sich die Kultteilnehmer nicht über Lehrsätze, sondern durch gemeinsame Beziehung auf die im Kult präsente Erlöserfigur als Gruppe konstituieren. Der Kult stabilisiert die religiöse Gemeinschaft, modifiziert aber zugleich ihre Struktur.

Zur Näherbestimmung bezieht Troeltsch das sozialpsychologische „Gesetz" der religiösen Vergemeinschaftung auf die geschichtsphilosophische Unterscheidung von Natur- und Geistesreligion.[371] Während für Natur- und Volksreligionen soziale und religiöse Vergemeinschaftung zusammenfallen, benötigen die Geistesreligionen, die mit den materialen Vorgaben der Gesellschaft brechen, ein neues gemeinschaftsstiftendes Zentrum: „In den Geistesreligionen sind es die Propheten und Stifterpersönlichkeiten, die als Urbilder, Autoritäten, Kraftquellen, Sammelpunkte dienen und als Bilder persönlich konkreten Lebens jener unendlich beweglichen und anpassenden Deutung fähig sind, die keine bloße Lehre und kein bloßes Dogma hat, die zugleich eine Anschaulichkeit und Plastik besitzen, welche sich nicht an Theorie und Verstand, sondern an Phantasie und Gefühl wendet" (BdG, 27f.). Das religiös ausgestaltete Bild des Stifters ist geeignet, die religiöse Gemeinschaft zu stabilisieren, weil es den emotionalen Bedürfnissen der Gruppenmitglieder in besonderer Weise gerecht wird. Denn in der kultischen Verehrung des religiösen Helden wird der neue religiöse Inhalt symbolisch konkretisiert. Er erfährt eine Verdichtung und erlebnismäßige Unmittelbarkeit, die kein Lehrsatz erreichen kann. Im kultischen Glaubensbild des Stifters finden die beiden wichtigsten Momente des Religionsbegriffs ihre Erfüllung: dem vorreflexiv-emotionalen Aspekt wird ebenso Rechnung getragen wie der Tendenz nach Vergemeinschaftung. Auf das Urchristentum an-

---

[370] „Es ist ein sozial-psychologisches Gesetz, daß nirgends auf die Dauer lediglich parallel empfindende und denkende Individuen 〈…〉 ohne Wechselwirkung und Zusammenhang nebeneinander bestehen können, sondern daß sich aus tausendfachen Beziehungen überall Gemeinschaftskreise mit Ueber- und Unterordnungen erzeugen, die sämtlich eines konkreten Mittelpunktes bedürfen" (BdG, 27).

[371] Hier nimmt Troeltsch Gedanken auf, die er schon in RuK geäußert hat. Er unterscheidet zwischen dem ethnisch und politisch gebundenen Kult und der Kirche als der Form autonomer Institutionalisierung von geistigen Weltreligionen (RuK, 221–224): „Hier ist der einfache, selbstverständliche Rückhalt an der natürlichen Volksgemeinschaft weggenommen und damit das Bedürfniß gegeben, rein aus dem religiösen Motiv als solchem organisirte, Kultus, Predigt, Erziehung und Mission in die Hand nehmende Gemeinschaften zu bilden" (RuK, 223).

gewandt heißt dies: „Gemeinschaftsbedürfnis und Kultbedürfnis hatten kein anderes Mittel als die Sammlung um die Verehrung Christi als Offenbarung Gottes ⟨...⟩" (BdG, 26). Die Erhebung des Stifters zum Kultmittelpunkt konstituiert die Gemeinschaft und gestattet zugleich die Existenz von Divergenzen. Sie läßt Raum für eine Pluralität religiöser Stimmungslagen, die dennoch zentriert sind auf einen symbolischen, aber nicht theoretisch positivierten Einheitspunkt. Im Frühstadium geht die kultische Vergemeinschaftung noch nicht auf Kosten religiöser Freiheit, sondern verleiht ihr überindividuelle Erweiterung und Dauerhaftigkeit.[372]

Troeltsch hat der urchristlichen Kultgeschichte eine eigene Fassung gegeben. Boussets Verknüpfung von kultgeschichtlicher Beschreibung und religionsgeschichtlicher Fremdherleitung auf der Grundlage von sehr allgemeinen Analogien lehnt er ab. Im Unterschied zu Deißmann aber begreift er die Entstehung des Christuskults nicht als ein singuläres Ereignis, sondern deutet sie mit Hilfe einer sozialpsychologischen Regel. Die Entstehung der christlichen Kultgemeinde folgt nicht aus der Inhaltlichkeit des Evangeliums, sondern ist ein Prozeß, der sich bei anderen Geistesreligionen in ähnlicher Weise vollzieht. Gegenüber dem Deißmannschen Modell verschärft sich damit das Problem „Jesus – Paulus". Denn die funktionale Äquivalenz zwischen kultischem Christus und charismatischem Jesus in sozialpsychologischer Hinsicht besagt noch nichts über die Kontinuität der jeweiligen religiösen Gedanken. Dennoch stellt Troeltsch seine Form der Kult-These nicht im Gestus antipaulinischer Entlarvung vor. In seinen Augen wird dem Christentum kein Abbruch getan, wenn es nach allgemeinen Regelmäßigkeiten der Religionsgeschichte verstanden wird. Die Legitimität des paulinischen Christuskults kann auch anders als durch direkte Ableitung aus dem Evangelium aufgewiesen werden, nämlich dadurch, daß er als Resultat eines Umformungsprozesses begriffen wird, der in ähnlicher Weise bei allen höheren Religionen stattfindet.

b) Die Vergemeinschaftung und die Prädestination

Troeltsch hatte seine Jesus-Deutung in den „Soziallehren" in der Konstatierung eines Defizits auslaufen lassen: nach dem Tod Jesu bedurfte es „noch einer viel größeren Festigung und inneren Durcharbeitung des religiös-soziologischen Gedankens selbst, der im Evangelium nur wie ein strenges, aber wenig bestimmtes Ideal über dem Ernst der Bereitung für das bevorstehende Gottesreich erhaben schwebt ⟨...⟩" (GS I, 52). Jesus läßt das Problem der sozialen Selbstgestaltung des Christentums offen, das zu lösen die histori-

---

[372] Allerdings sieht Troeltsch auch in der ersten Aufwertung des Stifters Ansätze zur dogmatischen Positivierung: „Der soziologische Gedanke ⟨des religiösen Individualismus⟩ empfängt ⟨...⟩ eine unermeßlich wirksame kultische Vergegenwärtigung seines Beziehungsmomentes, aber auch eine engere und dogmatisch gebundene Knüpfung dieser Beziehungen selbst" (GS I, 59f.).

sche Aufgabe seines Apostels wird. Mit dem von diesem initiierten Kult beginnt die eigentliche Geschichte der christlichen Kirche. Troeltsch zeichnet Paulus als ihren ersten großen Missionar und Organisator. Daraus ergibt sich als ein interpretatorisches Problem des Paulus-Kapitels der „Soziallehren", daß Troeltsch im zweiten (religiöse Vergemeinschaftung) und dritten (Kulturethik) methodischen Schritt Paulus ganz in der Perspektive seiner Wirkungsgeschichte deutet, Paulusbild und Geschichte des Frühkatholizismus also eng miteinander verschränkt.

Mit dem Christuskult hat Paulus eine im Vergleich zum Jüngerkreis viel geschlossenere Gemeinschaft geschaffen. Die soziale Stabilisierung und Eingrenzung im Kult bleibt nicht ohne Folgen für die Ethik. Diese nimmt bei Paulus die dualistische Tendenz des Erlösungsglaubens auf und wird zur Heiligkeitsethik. Die Sittlichkeit Jesu wird eingeschränkt auf den kirchlichen Bereich. Aus dem Liebesgebot Jesu wird die innergemeindliche bzw. in der Mission partiell nach außen gewendete Pflicht zur Bruderliebe.[373] Gegenüber der Predigt Jesu vom Reich Gottes werden zudem die Gedanken des Individualismus und des Universalismus modifiziert. Zum einen verändert sich das jeweilige Verständnis der beiden Pole. Der Aspekt des Individualismus erfährt eine „Zuspitzung" und „Verengung" (GS I, 59). Die Kultbildung ist ein ambivalenter Prozeß, durch den der religiöse Individualismus einerseits stabilisiert wird, indem die kultische Vergegenwärtigung des religiösen Zielpunkts von der Idealität reiner, religiöser Gesinnungshaftigkeit entlastet. Andererseits wird die freie Gesinnung eingegossen in die objektiven Formen von Kult und Organisation. Entsprechend wird das universalistische Moment des Evangeliums zu „Mission und Bekehrung" (GS I, 60). Es wird institutionalisiert, praktisch wirksam, zugleich aber auf die kirchliche Organisaion begrenzt.

Troeltsch sieht bei Paulus zu dem Zugleich von Individualismus und Universalismus ein neues Moment hinzutreten: die Hierarchie. Die Gemeinschaft wird jetzt bestimmt durch die Spannung von Gleichheit und Ungleichheit.[374] Gleich sind die Kultteilnehmer in einem doppelten Sinn. In negativer Hinsicht stehen sie im selben Abstand vor Gott. In positiver Hinsicht sind sie alle gleichermaßen auf die Gnade Gottes bezogen und empfangen im Kult dasselbe unteilbare Heil.[375] Die Ungleichheit aber kommt durch die Ausformulierung eines religiösen Gedankens hinzu, der zwar nicht völlig neu ist, aber durch die Explikation und Durchführung bei Paulus bisher unbekannte Folgen zeitigt: die Idee der Prädestination. Die Originalität von Troeltschs Paulus-Deutung besteht darin, den Prädestina-

---

[373] Vgl. GS I, 59.
[374] Ansätze dazu hatte es wohl schon bei Jesus selbst gegeben, insofern er durch seine charismatische Autorität über seinen Jüngern stand (vgl. GS I, 60; zur „Autorität" Jesu GS I, 44).
[375] GS I, 61f.

tionsgedanken in den Mittelpunkt zu stellen.[376] Wie in der Propheten- und Jesus-Deutung liegt sein eigener Deutungsakzent in der Erhebung des voluntaristischen Gottesgedankens zum interpretatorischen Schlüssel. Die Idee der Prädestination ist ein Folgegedanke der Vorstellung einer Willensbestimmung Gottes[377] und darum mit dem Gottesgedanken Jesu und dem seiner prophetischen Vorläufer durchaus vereinbar: „Vielmehr ist die paulinische Lehre selbst nur eine Auswirkung des im ganzen Gottesgedanken des Evangeliums enthaltenen Willensmomentes, das im israelitischen Gottesgedanken stets besonders stark ausgeprägt war und ihm seine Gewalt der unendlichen, das Geschöpf überragenden Allmacht verliehen hatte" (GS I, 62f.). Der paulinische Prädestinatianismus ist dabei keine durchgebildete Lehre, die wie der spätere Calvinismus eine absolute, positive wie negative Vorherbestimmung aussagt. Die gegenwärtige Heilsdifferenz wird zwar auf den Willen Gottes zurückgeführt, zugleich aber in eine heilsgeschichtliche Sequenz gebracht und damit harmonisch umgebogen.[378]

Welcher Zusammenhang besteht nun für Troeltsch zwischen Prädestinationsgedanken und Hierarchisierung? Unter Aufnahme einer These von Georg Simmel[379] begreift Troeltsch Hierarchisierungen als notwendige Begleiterscheinung jeder dauerhaften Vergemeinschaftung. Insofern sind es allgemeine soziologische Gesetzmäßigkeiten und nicht zufällige Einfälle des Apostels, die zur hierarchischen Gliederung der christlichen Gemeinde führen. Die Leistung von Paulus besteht darin, für diesen Prozeß die geeigneten „Formeln" (GS I, 296, 297) bereitgestellt zu haben. Der Prädestinationsgedanke als wichtigste Deutekategorie ermöglicht es, die faktisch gegebenen Differenzen religiös zu bewältigen und ethisch fruchtbar zu machen. Die Ungleichheiten innerhalb und außerhalb der Gemeinde werden aus dem Willen Gottes abgeleitet. Sie werden ethisch relevant, denn: „diese Differenzierungen treten in inneren Zusammenhang mit dem religiösen Gemeinschaftsgedanken selbst, indem sie zu Mitteln der Entwickelung gerade religiös-ethischer Werte gemacht werden, indem sie die religiös motivierte Solidarität ⟨...⟩ gegenüber den jeweils Untergeordneten und die religiös motivierte Hingebung ⟨...⟩ gegenüber den jeweils Uebergeordneten behaupten" (GS I, 68f.). Die urchristliche Kleingruppe war in sich homogen. In der frühen Kirche jedoch machen sich bereits religiöse und soziale Differenzen bemerkbar. Dieser Eintritt von Ungleichheiten in die ursprüngliche Gleichheit aller vor Gott, wie sie in der Koordination von Individualismus und Universalismus im Gedanken Jesu vom Reich Gottes enthalten war, ist aber keine bloße Konzession an das vorreligiöse Gegebensein von Unterschie-

---

[376] GS I, 62–69.

[377] Vgl. E. Troeltsch: Prädestination III. dogmatisch, 1707f., 1711f.

[378] GS I, 63.

[379] Troeltschs Verweis auf SIMMELS Aufsatz „Soziologie der Ueber- und Unterordnung" in GS I, 68 Anm. 35b.

den. Er kann auch nicht verstanden werden als ein beklagenswerter Idealitätsverlust. Vielmehr macht Paulus die Differenzen zwischen den einzelnen Gruppenmitgliedern durch die Herleitung aus der göttlichen Vorherbestimmung zu ideal produktiven Faktoren, „zu Quellpunkten eigentümlicher ethischer Werte" (GS I, 66). Diese prädestinatianisch bestimmte Hierarchisierung ist für Troeltsch ein Modellfall religiöser Vergeistigung natürlicher Vorgaben. Die religiös koordinierten Momente der Gleichheit und Ungleichheit sind nun in ihrer paulinischen Fassung „auf Jahrhunderte grundlegende Koeffizienten des soziologischen und damit auch des sozialen Denkens geworden" (GS I, 62). Ihre Wirkungsgeschichte reicht allerdings nur bis zur Entstehung des neuzeitlichen Gedankens allgemeiner Gleichheit. Das paulinische Christentum war ebensowenig an aufklärerischer Egalität interessiert wie Jesus an einem abstrakten Universalismus.

c) Der sozialethische Konservativismus

Troeltschs Augenmerk richtet sich nun auf die sozialethischen Konsequenzen des paulinischen Modells christlicher Vergemeinschaftung. In „Politische Ethik und Christentum" hatte er die Gleichursprünglichkeit der demokratischen und der konservativen Tendenz innerhalb der christlichen Ethik behauptet[380], ohne dies historiographisch an der Geschichte des Urchristentums zu bewähren. Es ist die von Wrede in anderer Hinsicht erhobene Diastase von Jesus und Paulus, die ihm das Mittel an die Hand gibt, dies in den „Soziallehren" nachzuholen. Hier deutet Troeltsch Paulus als den in sozialethischer Hinsicht zweiten Stifter des Christentums.

Paulus ist der Begründer des christlichen Sozialkonservativismus. Er schafft mit seinem Prädestinatianismus den „Typus des christlichen Patriarchalismus" (GS I, 67). Der Prädestinationsgedanke ist im Vergleich zur Indifferenz Jesu gegenüber allen Faktizitäten ein Schritt zur religiösen Berücksichtigung der Wirklichkeit. Die „natürlichen" Ungleichheiten werden auf den Willen Gottes zurückgeführt, legitimiert und nicht mehr im eschatologischen Überschwang übersprungen. Indem sie aber zugleich zu Faktoren innergemeindlichen Handelns gemacht werden, werden sie auf eine ekklesiologische und ethische Ebene gehoben. Doch zu sozialreformerischen Ansätzen kommt es nicht. Die paulinische Kulturethik bleibt bestimmt durch die quietistische „Ergebung" in den Willen Gottes[381] und halbherzige Kompromisse mit der Außenwelt[382]. Der Staat wird geschätzt, der Besitz als Grundfaktor sozialen Lebens akzeptiert und die Familie – trotz sexualas-

---

[380] „⟨...⟩ es ist klar, daß es *von Hause aus* eine Doppelheit in der christlichen Ethik ist, die dieser Spaltung der politisch-christlichen Idee zugrunde liegt. Es ist einmal der Gedanke des absoluten Persönlichkeitswertes, und es ist andrerseits der Gedanke der Ergebung in Gottes natürliche Weltordnung" (PE, 31; Hhg. v. Vf.).
[381] GS I, 67.
[382] GS I, 69.

ketischer Neigungen des Apostels – stabilisiert[383]: „So ist von dieser Lehre des Paulus her der konservative Charakter des Christentums gegenüber allem politisch-sozialen Wesen auf lange Zeit hinaus entschieden. Es ist die merkwürdige Erscheinung, daß das an sich völlig radikale und revolutionäre Prinzip des unbedingten Individualismus und Universalismus doch eine so durchaus sozialkonservative Haltung einnimmt. Freilich ist trotz alledem seine revolutionäre Wirkung tatsächlich nicht ausgeblieben" (GS I, 72).[384]

---

[383] GS I, 70–72.

[384] Ein Hilfsargument für Troeltschs These vom konservativen Charakter des Paulinismus liefert OVERBECKS Nachweis der Tatenlosigkeit der frühen Kirche gegenüber der Sklaverei (GS I, 19 Anm. 10 u.ö.). Es ist nicht einfach, das Verhältnis der „Soziallehren" zu OVERBECK zu bestimmen. In einer Karte an Carl Neumann vom 7.11.1907 hat Troeltsch sein Werk in große Nähe zu OVERBECK und Burckhardt gerückt (vgl. F. W. GRAF: „endlich große Bücher schreiben", 32 Anm. 21). Dennoch fällt auf, daß Troeltsch nicht explizit auf dessen bekannteste Schrift „Über die Christlichkeit unserer heutigen Theologie" (1903²) und die darin enthaltene These von der eschatologisch bedingten Kulturunfähigkeit des Christentums verweist. In seiner Rezension dieses Pamphlets hatte Troeltsch sich zurückweisend geäußert (vgl. E. Troeltsch: ⟨Rez.:⟩ F. OVERBECK: Über die Christlichkeit unserer heutigen Theologie, 2475). Nur einmal in den „Soziallehren" nimmt er ausführlich Bezug auf die Deutung des Urchristentums der drei Basler OVERBECK, Burckhardt und Nietzsche. Diese hatten in der Askese den Kern des Urchristentums gesehen und dies mit der These verbunden, Christentum und Kultur seien prinzipiell inkompatible Größen (vgl. F. OVERBECK: Über die Christlichkeit unserer heutigen Theologie, 85–88 u.ö.). Troeltsch widerspricht: „Aber die Auffassung des Evangeliums rein als Askese ist eine Verkennung seines religiösen Grundgedankens und damit auch eine Unterschätzung der von diesem religiösen Grundgedanken ausgehenden soziologischen Kräfte ⟨...⟩" (GS I, 4 Anm. 2). Für sein Verständnis des Urchristentums und der Eschatologie Jesu hat Troeltsch von anderen Autoren gelernt. Troeltschs Distanz zum Askese-Begriff indiziert einen historiographischen und kulturtheoretischen Dissens mit OVERBECK. Diese Distanz ist später noch gewachsen, wie Troeltschs Rezension von OVERBECKS Reflexionen über „Christentum und Kultur" (1919) zeigt. Selbst seine große Wertschätzung der „glänzenden Abhandlung über die Sklaverei" von Overbeck nimmt Troeltsch nun zurück (E. Troeltsch: ⟨Rez.:⟩ F. OVERBECK: Christentum und Kultur, 287). Worin liegt aber der brieflich geäußerte, positive Bezug zu OVERBECK? Zum einen ist OVERBECK der patristische Gewährsmann Troeltschs. Was die soziologische Verortung und was die Politikferne der alten Kirche angeht, stützt sich Troeltsch auf OVERBECKS Untersuchungen, besonders auf seinen Aufsatz zur Sklaverei (vgl. GS I, 132 Anm. 66). Zum andern steht OVERBECK für die radikale Problematisierung der auch von Troeltsch kritisierten liberaltheologischen Bestimmungen des Verhältnisses von Christentum und Kultur. OVERBECK ist in dieser Hinsicht der Gegenpol zu Harnack, dem sich Troeltsch in krisendiagnostischer Absicht annähert, den er konstruktiv aber überwinden will. Für die Kulturtheorie Troeltschs ist OVERBECKS These also eine heuristisch wertvolle Vereinseitigung (s.u. III. C. 4.). Zum Verhältnis Troeltsch – OVERBECK vgl. H. FISCHER: Die systematische Funktion der Eschatologie für Troeltschs Verständnis von Ethik in den „Soziallehren", 280–284.

Der zweite wichtige Gesprächspartner Troeltschs neben OVERBECK ist WEINEL, der in seiner Jenaer Antrittsvorlesung drei Typen urchristlicher Staatsablehnung unterscheidet: 1. Jesus und seine rein religiös motivierte Weltüberlegenheit (H. WEINEL: Die Stellung des Urchristentums zum Staat, 6–10), 2. eine „radikale Unterströmung" proletaroider Urchristen (aaO., 17, 12–17), 3. das kirchliche Urchristentum, das einen religiösen Protest ohne sozialreformerische Intentionen gegen den römischen Staat formuliert (aaO., 17–25). Troeltsch stimmt mit WEINELS Auffassung überein, daß für Jesus und die frühe Kirche der

Ähnlich wie Wrede in theologischer Hinsicht Paulus eine im Vergleich zu Jesus größere, wenn auch höchst problematische Wirkungsgeschichte zuschreibt, sieht Troeltsch in sozialethischer Perspektive Paulus als den Begründer einer mächtigeren Tradition. Doch im Unterschied zu Wrede entdeckt Troeltsch Möglichkeiten einer Vermittlung des Abstands zwischen Jesus und Paulus. Die Kontinuität zeigt sich ihm im größeren Horizont der Gesamtgeschichte christlich-ethischer Reflexion und Theoriebildung. Denn für Jesus wie für Paulus ist das gleiche kulturethische Defizit bestimmend. Insofern kann Troeltsch sie beide der modernen Schätzung der Institutionen gegenüberstellen.[385] Die paulinische Ethik ist subversiv in ihrer Leugnung eines ethischen Werts der Kulturgüter: „Die konservative Haltung beruhte eben nicht auf Liebe und Schätzung für die Institutionen, sondern auf einer Mischung von Verachtung, Ergebung und relativer Anerkennung" (GS I, 72). In gleicher Weise ist Jesus und Paulus der Gedanke der Sozialkritik – geschweige denn der Sozialreform – fremd. Keiner von beiden hat die Intention, „die sozialen Ordnungen positiv als Unterlagen und Vorformen der Erreichung des höchsten religiös-ethischen Zieles zu gestalten ⟨…⟩" (ebd.). Insofern sind die beiden Stifter des Christentums gleichermaßen revolutionär und konservativ. Sie sind konservativ, weil die Institutionen für sie keinen Gegenstand einer Reform darstellen. Sie sind revolutionär, weil sie die Institutionen für religiös wertlos erklären. Darum steht der paulinische Konservativismus auch in der Nachfolge Jesu und transportiert letztlich dessen revolutionären Impuls: „Man wird, wie ich glaube, ohne Gefahr einer allzu gewalttätigen Konstruktion, in der Tat sagen dürfen, daß die paulinische Wendung des Gedankens in Bezug auf die sozialen Dinge dem Geist und Sinne des Evangeliums entspricht und die klassische Zusammenfassung der Grundtendenzen in dieser Hinsicht darstellt bis zum Beginne des modernen Lebens" (GS I, 76).

d) Die Pluralität des Urchristentums

Troeltsch reißt weder hinsichtlich der religiösen Grundidee noch hinsichtlich der soziologischen Idee[386] oder der Sozialethik[387] Paulus und Jesus auseinander, ohne doch einer falschen Harmonisierung das Wort zu reden.

Abstand zum staatlichen Leben sich weder als Konsequenz einer asketischen Grundhaltung (aaO., 28) noch als politischer Protest, sondern nur als Folge religiöser Überweltlichkeit verstehen läßt (vgl. GS I, 58 Anm. 32a, 69 Anm. 35c, 70 Anm. 35d, 94 Anm. 44b, 152 Anm. 71). WEINELS Rekonstruktion einer Gruppe urchristlicher Revolutionäre lehnt Troeltsch mit Blick auf verwandte Auffassungen bei Kautsky, Pöhlmann und Kalthoff ab (GS I, 28 Anm. 17, vgl. 17–19 Anm. 10).

[385] GS I, 72–82. Diese Passage ist zu weiten Teilen in GS I neu gegenüber SL eingefügt.

[386] In der paulinischen Formulierung des Problems der Ungleichheit, schreibt Troeltsch, „tritt nun aber eine weitere wichtige Eigentümlichkeit hervor, die zwar im Evangelium

Seine vermittelnde Position zeigt sich in „Was heißt ‚Wesen des Christentums'?". Einerseits konstatiert Troeltsch inhaltliche Kontinuitäten zwischen Jesus und Paulus.[388] Er sieht Paulus im Wirkungshorizont Jesu, weil der Apostel implizite Tendenzen des Evangeliums explizit macht und realisiert. Die partielle Diskrepanz zu Jesus wird also durchaus positiv bewertet. Jesus wird erst im Licht seiner paulinischen Wirkungsgeschichte voll erfaßt. Andererseits kann Troeltsch die Differenzen pointiert zum Ausdruck bringen: Paulus bringt „ein inhaltlich neues religiöses Element von höchster Bedeutung" (GS II, 416), den Gedanken gegenwärtigen Gnadenbesitzes, „der aus der Reichspredigt Jesu allein nicht hergeleitet werden kann" (GS II, 415). Troeltsch bestimmt entsprechend das Christentum als einen immer schon bipolaren Komplex: „So sind schon in den *beiden Hauptstücken* des Urchristentums verschiedene, wenn auch der Harmonisierung fähige Grundrichtungen, die auch durch die ganze Geschichte des Christentums hindurch verschieden gewirkt haben. Das Wesen des Christentums hat von Anfang an *zwei verschiedene Akzente,* wenn nicht geradezu *zwei verschiedene Elemente*" (GS II, 416; Hhg. v. Vf.). Troeltsch wendet sich deshalb sowohl gegen „konservative" wie „progressive" Vereindeutigungen des Urchristentums.

Wohl am eindrücklichsten hatte Harnack einen einheitlichen Ursprung des Christentums behauptet. Die Pluralität der Christentümer lastete er den sekundären, historischen Realisationen an – in seiner Metaphorik: den kontingenten Verschalungen des Kerns. Wrede und Bousset hatten dagegen jesuanischen Kern und paulinische Schale auseinandergerissen. Aber über den Weg einer kritischen Reduktion wollten auch sie wieder ein einheitliches Wesen des Christlichen konstruieren. In der Auffassung von der Einheit des Christlichen also waren sich die Antipoden weitgehend einig. Troeltsch setzt ihnen ein elliptisches Modell des Urchristentums entgegen, die Vorstellung einer Spannungseinheit zweier Pole, die weder aufeinander redu-

---

durchaus begründet ist und auch von Jesus gelegentlich ausgesprochen ist, die aber erst bei der Bildung eines geschlossenen ⟨...⟩ Kultkreises von Bedeutung wird" (GS I, 60).

[387] „Die beiden entgegengesetzten sozialen Konsequenzen ⟨Konservativismus und Revolution⟩ ⟨...⟩ sind dann *vielleicht* nicht zwei nebeneinanderliegende, gleich mögliche Anwendungen, sondern sie gehören *in Wahrheit vielleicht* zusammen und vereinigen sich in dem von hier ab ausgebildeten Grundgedanken selbst" (GS I, 74; neu gegenüber SL; Hhg. v. Vf.). Insofern der paulinische Konservativismus aus dem Prädestinationsgedanken folgt, der sich wiederum dem voluntaristischen Gottesbegriff Jesu verdankt, gilt, daß Paulus an diesem Punkt „aus dem Grundgedanken des Evangeliums" schöpft (GS I, 66).

[388] „Nun wird man gewiß sagen dürfen, daß, wenn auch vieles in diesem Glaubensbilde ⟨von Paulus⟩ sicherlich unhistorisch ist, doch der Geist und Sinn von Jesu Predigt, die Konsequenz und der Trieb seiner Persönlichkeit in diesem Bilde *mit* zum Ausdruck komme. Nach manchen Seiten beleuchtet sicherlich erst diese Entfaltung das, was die historische Persönlichkeit in Wahrheit gewesen ist; wir können die apostolische und vor allem die paulinische Verkündigung nicht entbehren zum Verständnis Jesu und damit zum Verständnis des Wesens des Christentums" (GS II, 415; geringfügige Modifikationen gegenüber WdC IV, 580; Hhg. v. Vf.).

ziert noch diastatisch gegeneinander gestellt werden können. Der Aufweis
der Differenz zwischen Jesus und Paulus ist bei Troeltsch von der Intention
getragen, die offenkundige Pluralität des Christlichen aus seinen Anfängen
her zu verstehen. Troeltsch war innerhalb der Jesus-Paulus-Debatte der einzige Pluralitätstheoretiker.

Dieses pluralitätstheoretische Interesse wird am offenkundigsten in
Troeltschs religionssoziologischer Deutung des Urchristentums. Bekannt-
lich hat Troeltsch in den „Soziallehren" die Christentumsgeschichte mit
Hilfe der drei Typen Kirche – Sekte – Mystik rekonstruiert. Was trägt diese
Differenzierung für das Verständnis von Jesus und Paulus aus?[389]

Bevor dieser Frage nachgegangen wird, ist auf eine interpretatorische
Schwierigkeit hinzuweisen. Sie hat ihren Grund in einer schon häufig fest-
gestellten Unklarheit der Troeltsch'schen Darstellung.[390] Die Typen werden
nicht gleichzeitig eingeführt. Die Kirche beherrscht den ersten Hauptteil.
Die Sekten werden erst mit ihrem massenhaften Auftreten im Hochmittel-
alter verhandelt[391], und noch später geht Troeltsch auf die Mystik ein. Sie
wird erst in der Buchfassung eingeführt.[392] Diese Ungleichzeitigkeit bringt
vor allem für den dritten Typus ernste Probleme.[393] Die methodologisch
koordinierten Typen werden in der Geschichte mit großen Abständen manifest. Die Mystik wird erst in der Morgendämmerung der Neuzeit relevant.
Troeltsch behauptet aber nicht nur das gleiche Recht von Kirche, Sekte und
Mystik, sondern auch ihre Gleichursprünglichkeit. Es muß sich also zeigen
lassen, daß Momente der drei Typen bei den Begründern des Christentums
auftauchen. Nun hatte Troeltsch das Jesus-Kapitel vor den Beginn der reli-

---

[389] Ihrem methodologischen Status nach sind „Kirche", „Sekte" und „Mystik" soziologische Idealtypen, d.h. Konstruktionen des deutenden Soziologen und Historikers, die es
nicht einfach „gibt", sondern die als hermeneutische Instrumente auf die Geschichte angewendet werden; zum Verständnis des soziologischen Idealtypus vgl. M. WEBER: Wirtschaft und Gesellschaft, 9–11, und DERS.: Die „Objektivität" sozialwissenschaftlicher und
sozialpolitischer Erkenntnis, 190–212. Die Zuordnung dieser Typen zu Jesus und Paulus
kann also nur darauf zielen, das erste Auftauchen von konstitutiven Merkmalen bzw. „Kei-
men" (GS I, 853) der später sich entfaltenden Gemeinschaftsformen aufzuspüren und die
Deutekategorien historisch einzuführen.

[390] Auf die Schwächen von Troeltschs Typologie und die besondere Problematik des
Mystik-Begriffs hat zuletzt T. RENDTORFF („Meine eigene Theologie ist spiritualistisch",
181f.) aufmerksam gemacht. H.-G. DRESCHER (Ernst Troeltsch, 396 Anm. 338) weist darauf hin, daß Troeltsch dies selbst gesehen und in seinen Vorarbeiten zur zweiten Auflage
von GS I nachgebessert habe. Vgl. K. FECHTNER: Volkskirche im neuzeitlichen Christentum, 79ff.

[391] GS I, 358ff. Zur historiographischen Kritik vgl. K. – V. SELGE: Max Weber, Ernst
Troeltsch und die Sekten und neuen Orden im Spätmittelalter; sowie R. E. LERNER: Waldenser, Lollarden und Taboriten.

[392] GS I, 418ff. bzw. als neuer Einschub in GS I, 380ff.

[393] Hier haben auch die ersten Kritiken sofort eingesetzt, am deutlichsten von F. TÖN-
NIES (⟨Rez.:⟩ E. Troeltsch: Die Soziallehren der christlichen Kirchen und Gruppen, 9–11),
der die Aufstellung dieses Typus überhaupt ablehnt.

gionssoziologischen Ausdifferenzierung gestellt.[394] Seine späteren Bemerkungen über Jesus vollziehen also nur im nachhinein eine Zuordnung Jesu zu Kirche, Sekte und Mystik.

Das geringste Problem bereitet Troeltsch der Aufweis eines jesuanischen Ursprungs der Sekte.[395] Diese wird im Kontrast zur Kirche definiert. Sie ist eine quantitativ kleine Gruppe, die durch Freiwilligkeit des Zutritts und ethischen Rigorismus gekennzeichnet ist, wogegen die Massenkirchen Heilsanstalten mit natürlicher bzw. Zwangsmitgliedschaft und laxer Moral sind.[396] Gegenüber dem soziologischen und religiösen Objektivismus der Kirche repräsentiert die Sekte das Prinzip religiöser Subjektivität.[397] Sozialethisch unterscheidet sie sich durch ihre schroffe Weltablehnung von der kulturschaffenden Kirche. Die Nähe zu Jesus ist offenkundig. Für Troeltsch geht die Sekte aus dem Evangelium „unzweifelhaft direkt" hervor (GS I, 360 Anm. 163).

Dieser Aussage scheint der folgende Satz zu widersprechen: „Die Frage aber ist dann weiterhin die nach dem Verhältnis des Sektentypus und des Kirchentypus überhaupt sowie nach ihrem gemeinsamen Verhältnis zum Evangelium, aus dem sie beide hervorgehen" (ebd.).[398] Behauptet Troeltsch, daß das Evangelium Jesu Ausgangspunkt einer doppelten soziologischen Wirkungsgeschichte ist? Oder meint er, daß es im Urchristentum mit Jesus und Paulus zwei Ursprungspunkte für Sekten- und Kirchenbildung gegeben hat? Für letzteres spricht, daß Troeltsch im Anschluß an Wrede die beiden Typen auf die beiden Stifterfiguren verteilen kann.[399] Gegenläufig hier-

---

[394] Dies zeigt sich sehr deutlich in der folgenden handschriftlichen Notiz Troeltschs für die zweite Auflage der „Soziallehren": „Insbesondere die Predigt Jesu liegt noch vor jeder soziologisch-christlichen Gemeindebildung und bewegt sich in so allgemeinen Idealen, daß sie völlig für sich genommen werden muß als der Ausgangspunkt verschiedener möglicher Gemeinschaftsbildungen, die alle irgendwie auf sie sich berufen können" (zitiert nach H.-G. Drescher: Ernst Troeltsch, 377 Anm. 305). W. Schluchter (Einleitung, 50–52) rückt demgegenüber die religionssoziologischen Typen zu nahe an das Evangelium heran, wenn er behauptet, Troeltsch zufolge habe der absolute Individualismus Jesu die Sekte erzeugt und sein Universalismus die Kirche geschaffen (aaO., 51). In Troeltschs Perspektive können die beiden sozialphilosophischen Grundkategorien in ihrer jesuanischen Fassung nicht in ein einfaches Kausalverhältnis zu den religionssoziologischen Typen gestellt werden.
[395] GS I, 374 Anm. 165a, 358ff. Die von Wernle behauptete Nähe von Paulus zur Sekte verhandelt Troeltsch in GS I nicht eigens, vgl. E. Troeltsch: Die Sozialphilosophie des Christentums, 36 (= A 1911/9!).
[396] GS I, 364 Anm. 164.
[397] „Die Kirche betont und objektiviert den Gedanken der Gnade, die Sekte betont und verwirklicht den des subjektiven Heiligkeit" (GS I, 371).
[398] „Und, wenn in der Tat beide sich auf das Urchristentum beziehen und beziehen können, so muß schon in diesem selbst der letzte Grund jener Ausbildung einer doppelten Struktur enthalten sein ⟨…⟩" (GS I, 364f.).
[399] Er schreibt, „daß der Sektentypus der synoptischen Predigt des auf die Zukunft gerichteten, entschlossene Anhänger sammelnden und die ‚Welt' auf ein Mindestmaß herabsetzenden Jesus entspricht, während der Kirchentypus dem auf einen religiösen Besitz der

zu spricht er aber auch von der Gegründetheit der Kirche im Evangelium. So behauptet er, „daß beide Typen in der Konsequenz des Evangeliums liegen und erst zusammen den Umkreis seiner soziologischen Wirkungen und damit auch indirekt seiner sozialen, stets an die religiöse Organisation anknüpfenden Konsequenzen erschöpfen. Die Kirche ist in der Tat nicht ein einfacher Abfall vom Evangelium, sosehr das zunächst bei dem Gegensatz von Hierarchie und Sakrament gegen die Predigt Jesu so scheinen mag" (GS I, 375). Neben der These von Paulus als dem soziologisch zweiten Stifter des Christentums steht die Gegenthese: „Beides ⟨Kirche und Sekte⟩ ist in den Grundtrieben des Evangeliums begründet" (GS I, 377). Troeltsch argumentiert hier gegen das Gefälle seiner eigenen Darstellung. Sein Interesse ist es, gegenüber einer kirchlich fixierten Theologie die Pluralität christlicher Gemeinschaftsformen zu betonen und in beabsichtigter Provokation Sekte und Mystik auf eine Ebene mit der etablierten Kirche zu heben.[400] Aber angesichts der großen Nähe des Evangeliums zur Sekte gelingt es Troeltsch nicht, die Kirche plausibel auf Jesus zu beziehen.[401] Hier zeigen sich wieder

---

Erlösung zurückblickenden und die Welt relativ akzeptierenden Missionsglauben der Apostel und vor allem des Paulus entspricht. Die von Wrede aufgedeckte Differenz zwischen Paulus und Jesus (Paulus 1905 ⟨!⟩, dem ich übigens nicht in allem zustimme) erweist sich auch nach dieser Seite als der Ursprung geteilter Motive, die durch die ganze Geschichte des Christentums bewußt und unbewußt als getrennte hindurchgehen" (GS I, 366 Anm. 164).

[400] Daß er seine Wirkung nicht verfehlt hat, zeigt WERNLES Kritik (P. WERNLE: Vorläufige Anmerkungen zu den Soziallehren der christlichen Kirchen und Gruppen von Ernst Troeltsch I, 361–363). WERNLES Einspruch verdankt sich jedoch einer vorausliegenden Option zugunsten des protestantischen Kirchenbegriffs. Er versteht die Sekte als ein sekundäres Phänomen, das kein eigenes Prinzip besitzt, sondern nur „Reaktion gegen die verweltlichte Kirche" (aaO., 362) ist. Als rigoristischer Protest macht die Sekte nur im Rahmen des Katholizismus Sinn. Sie ist darum wesentlich „eine katholische Erscheinung" (aaO., 363). Innerhalb der kirchlichen Protestantismus besitzt sie keine Berechtigung, vielmehr gilt, „daß Sekte auf protestantischem Boden einen Widerspruch zum religiösen Denken bedeutet, sobald mit dem Glauben an Christus protestantisch Ernst gemacht wird" (P. WERNLE: Vorläufige Anmerkungen zu den Soziallehren der christlichen Kirchen und Gruppen von Ernst Troeltsch II, 56). Troeltsch hat diese Kritik zu Recht als Exekution eines kirchlichen Vorurteils zurückgewiesen (GS II, 406 Anm. 29; = WdC²).

[401] Hier verfällt Troeltsch einfachen Äquivokationen: „Das Ganze ⟨der Kirchenbildung⟩ liegt dabei in der Konsequenz des Evangeliums, *sobald man das Evangelium als die Stiftung eines universalen, alle erlösenden Lebenszusammhanges auffaßt*, der zum Ausgangspunkt seiner Wirkungen die vom Evangelium geschenkte Erkenntnis und deren kirchliche Sicherstellung hat" (GS I, 369; Hhg. v. Vf.). Dieses „sobald" leuchtet nicht ein. Troeltsch schiebt dem historisch rekonstruierten Evangelium seine kirchliche Interpretation unter. Ähnlich undeutlich ist die Formulierung: „Wo nämlich das Evangelium *in erster Linie* als Gabe, Geschenk und Gnade *empfunden* wird und in dem Glaubensbilde des Christus als eine göttliche Stiftung *sich darstellt* ⟨...⟩ da wird man die Anstalt der Kirche als die naturgemäße Fortsetzung und Umwandlung des Evangeliums *betrachten*" (GS I, 375f.; Hhg. v. Vf.). Sein entscheidendes Argument für eine jesuanische Begründetheit der Kirche läuft über den Universalismusbegriff: „Zugleich enthält sie mit ihrem unbedingten Universalismus doch den Grundtrieb der evangelischen Predigt ⟨...⟩" (GS I, 376). Aber der kirchliche Universalismus ist ein anderer als derjenige Jesu. Er zielt auf die Einheit der religiösen In-

die eingangs erwähnten, grundlegenden Probleme von Troeltschs religionssoziologischer Typologie. Ungeachtet dessen besteht die Leistung seiner
Konzeption darin, über die Gleichstellung der drei Typen den Ekklesiozen-
trismus konventioneller Kirchengeschichtsschreibung aufzubrechen und auf
methodisch neue Weise die Einsicht in die legitime Pluralität des Christentums zu eröffnen.

Wie läßt sich nun die Mystik dem Urchristentum zuordnen? Ihren Ur-
sprungsort sieht Troeltsch im Pneumatismus, den auch Paulus geteilt hat.[402]
Diese Christusmystik ist wesentlich auf den Kult bezogen. Sie ist bei Paulus
das Moment, mit dem er den ersten Christuskult modifziert.[403] In diesem
Sinne sind die Sakramente in ihrer spezifischen Form bei Paulus „eine
Schöpfung der Mystik" (GS I, 851). Wieder ist eine Schwierigkeit in
Troeltschs historischer Zuordnung zu bemerken. Er versteht die paulinische
Mystik im Anschluß an Deißmann und Heitmüller[404] als magisch-mysteri-
enhaften Sakramentalismus: „So wurde das Herrenmahl ⟨…⟩ bei ihm zu ei-
nem mystischen Essen und Trinken, einer substanziellen Einigung. So wur-
de die Taufe zu einem realen Mitsterben und Mitauferstehen mit dem Chri-
stus" (GS I, 852). Dieser sakramentalistische Mystikbegriff ist mit dem soziologischen Typus „Mystik" kaum vereinbar. Denn jener bezeichnet einen
Spiritualismus, der „geschichtslos, kultlos, gemeinschaftslos" (GS I, 864) ist.
Lediglich in seinem Drängen auf unmittelbares Erleben des Kultischen kann
Paulus als Mystiker betrachtet werden.[405]

Troeltschs spätere Äußerungen über die Mystik modifizieren sein Paulusbild. Er unterscheidet nun beim Apostel eine mystische und eine kirchliche
Tendenz, die miteinander „in einer fortwährenden, wenn auch freilich nicht
als Gegensatz empfundenen Spannung" stehen (GS I, 852). Hier wird die

---

stitution und eine religiös bestimmte Einheitskultur. Der Universalismus Jesu dagegen
meint die freie Liebesgemeinschaft aller Gleichgesinnten, die weder institutionalisierbar ist
noch nicht-religiöse Bereiche betrifft.

[402] GS I, 850–853.

[403] „Paulus überkam den Christuskult der Urgemeinde als eine bereits in den ersten
Grundzügen durch Kult, Legende und Gemeinderegel objektivierte Religion. Aber er be-
lebte sie durch eine tiefsinnige und leidenschaftliche Mystik, die daher auch die antike
Mysteriensprache mitbenützt. Erst hier lag seine religiöse Originalität gegenüber der Urgemeinde ⟨…⟩" (GS I, 852).

[404] Ein Flüchtigkeitsfehler in GS I, 853 Anm. 470 verdeckt den Bezug auf HEITMÜL-
LER. Denn die aufgeführte Schrift „Taufe und Abendmahl bei Paulus" von 1903 stammt
nicht von Weinel, wie die Auslassung der Autorenangabe nahelegt, sondern von HEITMÜL-
LER.

[405] Es wäre wohl einleuchtender gewesen, den Verfasser des Johannes-Evangeliums als
ersten Vertreter christlicher Mystik einzuführen. Dann hätte jeder der drei Typen einen eigenen „Stifter". Vom Begriffsmerkmal der freien Gesinnungsgemeinschaft her wäre auch
eine Zuordnung der Mystik zu Jesus denkbar. Denn: „Das Evangelium Jesu war freie personalistische Religiosität mit dem Drang nach innerstem Verstehen und Verbinden der
Seelen, aber ohne jede Richtung auf kultische Organisation, auf Schaffung einer Religionsgemeinschaft" (GS I, 967).

grundlegende Problematik des Mystik-Begriffs der Religionsgeschichtlichen Schule manifest. Wenn Bousset, Weinel oder Heitmüller von Mystik sprechen, haben sie das antike Mysterienwesen vor Augen. Ähnlich, wenn auch ohne das Interesse an religionsgeschichtlicher Fremdableitung, verstehen Troeltsch und Deißmann die paulinische Mystik als enthusiastisch gesteigertes Kulterleben. Der Charakterisierung des Apostels als „mystisch" liegt also – darauf hat Wernle überzeugend hingewiesen – „die unglückliche Vermengung der Begriffe Mystik und Mysterien" zugrunde.[406] Was also die urchristliche Mystik angeht, hinterläßt die vorliegende Fassung der „Soziallehren" offene Fragen.

Es ist aber deutlich geworden, daß Troeltsch die Pluralität christlicher Vergemeinschaftungsformen nicht negativ beurteilt, sondern im Ursprung des Christentums selbst angelegt sieht. Er identifiziert bei Jesus Ansatzpunkte von Kirche, Sekte und Mystik, und noch eindeutiger kann er mit der zunehmenden Ausdifferenzierung[407] bei Paulus Momente der drei Typen aufweisen: „Die Gnadenlehre des Paulus macht die Kirche zu einer Anstalt, die Heiligungslehre desselben Apostels nähert sich der Sekte und die Christus-Mystik samt dem Enthusiasmus der Geistesgaben zeigt die Grundzüge der Mystik."[408] Die theologische Bipolarität des Christentums in seinen beiden Stiftern Jesus und Paulus erweitert sich in der soziologischen Perspektive zu einer Dreierkonstellation.

Mit diesen Ausführungen rückt Troeltsch die Debatte über Gunkels These, „dass das Christentum, aus dem synkretistischen Judentum geboren, starke synkretistische Züge aufweist"[409] in einen neuen Horizont.[410] Das

---

[406] P. WERNLE: Vorläufige Anmerkungen zu den Soziallehren der christlichen Kirchen und Gruppen von Ernst Troeltsch II, 69. „Die Schaffung der Mysterien bedeutet doch immer wieder die Schaffung objektiver gemeinschaftsbildender Zentren, denen gegenüber der reine mystische Drang sich alsbald aufs neue vor die Aufgabe des Rückzugs ins Innerliche und Gefühlsmäßige gestellt sieht. Die Mysterienkulte scheinen mir viel eher zum Sektenhaften als zur Mystik zu gehören ⟨...⟩" (aaO., 69f.). Der Zusammenschluß der Begriffe „Mystik" und „Mysterienkult" in der Paulus-Deutung findet sich bei Troeltsch besonders deutlich in GS. I, 851–856.

[407] „Die Selbstorganisation der christlich-religiösen Idee bewegt sich von Anfang an in drei verschiedenen Typen, die freilich zunächst noch ungeschieden durcheinandergehen und erst allmählich sich gegeneinander verselbständigen" (E. Troeltsch: Die Sozialphilosophie des Christentums, 34f.; = A 1911/9!).

[408] E. Troeltsch: Die Sozialphilosophie des Christentums, 36 (= A 1911/9!).

[409] H. GUNKEL: Zum religionsgeschichtlichen Verständnis des Neuen Testaments, 35. GUNKEL hatte drei Quellen des Urchristentums ausgemacht: spezifisch israelitische Gedanken, Ideen aus dem jüdisch-orientalischen Synkretismus und hellenistische Motive (aaO., 35f.). Der Synkretismus beginnt bei Paulus. „Nicht das Evangelium Jesu ⟨...⟩ aber das Urchristentum des Paulus und des Johannes ist eine synkretistische Religion" (aaO., 88).

[410] Troeltsch hat sich Gunkels Formulierung erst spät, nämlich am 31. 12. 1920 in einem Brief an Harnack unter Bezug auf dessen Marcion-Monographie, zu eigen gemacht: „Der synkretistische Charakter der Christusreligion ist mir längst kein Zweifel mehr, auch daß gerade in dieser Zusammenfassung aller Elemente u⟨nd⟩ dem Unterbau einer sich

Schlagwort „synkretistisches Christentum" verliert bei ihm seinen pejorativen Klang. In Troeltschs Terminologie kann man „synkretistisch" als „synthetisch" übersetzen. Seine Distanz zu Gunkels radikaler religionsgeschichtlicher Fremdableitung von Paulus ist darum kein Zeichen einer theologischen Befangenheit. Vielmehr manifestiert sich in der positiven Verwendung des Adjektivs „synkretistisch" das Interesse an soziologischer Differenzierung. Das Thema der Synthese taucht nicht erst im Zusammenhang der Verhältnisbestimmung von Religion und Kultur auf, sondern schon im Ursprung des Christlichen selbst. Das Christentum ist von seinen ersten Anfängen an in religiöser, ethischer und soziologischer Hinsicht eine synthetisierte Pluralität. Die Legitimität dieser Synthese erweist sich für Troeltsch schon durch einen Blick auf die Begrenztheit der Predigt Jesu. Ein reduktives „Zurück zu Jesus!" ist für ihn nicht nur aus religiösen, sondern auch aus religionssoziologischen und kulturtheoretischen Gründen unmöglich. Das Evangelium Jesu bleibt das grundlegende Wort, aber es kann nicht das letzte und einzige Wort sein. Trotz dieser prinzipiellen Einsichten, die die Bedeutung Jesu relativieren, ist für Troeltschs inhaltliche Aussagen zur Identität des Christentums weiterhin mit einem faktischen Vorrang der Person und Predigt Jesu zu rechnen.

---

selbst tragenden kirchlichen Gemeinschaft das Große und Siegreiche des alten Christentums lag. Die Idee, die ich Ihnen entnehme u⟨nd⟩ die ich so nicht gesehen habe, ist die Simplifikation dieser Masse bei Paulus, Marcion und Augustin, die Herausschälung des ‚Christentums' aus der Religionsmasse. Dann ist, so viel ich sehe, schon Marcion der Einzige, dem das gelungen ist u⟨nd⟩ ist er auch aus guten Gründen gescheitert, weil reine Simplifikation gar nicht im Interesse der Zeit lag." (Deutsche Staatsbibliothek Berlin; Hinweis und Transkription H.-G. DRESCHER, Dortmund, sowie Ernst-Troeltsch-Forschungsstelle Augsburg). Wichtiger als Gunkel waren für Troeltsch anscheinend Anregungen des klassischen Archäologen GERHARD LÖSCHKE (vgl. den Brief an Bousset vom 12. 10. 1894, E. Troeltsch: Briefe aus der Heidelberger Zeit an Wilhelm Bousset, 24). Zweimal (GS II, 639 f. Anm. 56; = GdE²; GS II, 388 Anm. 25; = WdC²) nimmt er betont Bezug auf LÖSCHKES These, daß „die Kirche nicht auf dem Boden des Evangeliums aufgebaut, sondern aus der hellenistisch-jüdischen Synagoge herausgewachsen ⟨ist⟩" (G. LÖSCHKE: Die Alte Kirche und das Evangelium, 3).

III. Systematische Aspekte des Jesusbildes

A. Die geschichtsphilosophische Deutung Jesu als des Höhepunkts der Religionsgeschichte

1. Jesus als geschichtsmächtige Persönlichkeit

Nachdem die historiographischen Fragen der Deutung des Urchristentums verhandelt worden sind, sollen nun die diesbezüglichen geschichtsphilosophischen Reflexionen von Troeltsch in den Blick genommen werden. Die systematische Fragestellung der Geschichtsphilosophie baut auf der Historiographie auf bzw. ist in dieser schon angelegt, bietet aber zugleich über diese hinaus etwas signifikativ Neues. Denn erst jetzt werden das begriffliche Instrumentarium und die positive Entfaltung des normativen Urteils über die Geschichte vorgestellt. Erst jetzt wird der direkte Vergleich zwischen den Religionen vorgenommen und die Gegenwartsbedeutung des Urchristentums explizit diskutiert.

Troeltsch hat sich – je nach argumentativem Zusammenhang – sehr unterschiedlich über die Bedeutung der Person und der religiösen Idee Jesu geäußert. Seine Einschätzungen schwanken zwischen polemischer Reduktion und emphatischer Affirmation. Die reduktionistischen Äußerungen richten sich gegen dogmatische Christologien des konservativen Typs sowie zeitgenössische Versuche der historisch-kritischen Theologie, Jesus in einem exklusiven und absoluten Sinn als Höhepunkt der Religionsgeschichte zu bestimmen. Gegen diese seiner Auffassung nach letztlich supranaturalistischen Betrachtungsweisen schärft Troeltsch die Perspektive eines konsequent historischen Denkens ein, die es generell verbietet, ein einzelnes geschichtliches Ereignis zu verabsolutieren: „Unser Planet besteht nach der Meinung einiger Gelehrter dreimal hunderttausend ⟨sic⟩ Jahre! Vor solche rasenden Zeiträume gestellt, wird es unendlich schwer, die Menschheit an dieses eine historische Moment, das wir Jesus nennen, zu binden und in alle Ewigkeit in ihm zusammengefaßt zu denken" (GL, 90). Dieser grundsätzliche Einwand wird um die entwicklungstheoretische Unterscheidung von Prinzip und Person[1] sowie die historiographische These von der Pluralität des Urchristentums[2] erweitert. Die religiöse Idee Jesu begreift nicht alle hi-

---

[1] S. o. I. C. 3.
[2] S. o. II. C. 3.d.).

storischen Ausprägungen des Christentums in sich, sondern ist vielmehr der ursprüngliche „Keim"[3], der in seiner Wirkungsgeschichte zur Ausbildung einer Mannigfaltigkeit höchst unterschiedlicher „Christentümer" führt. In diesem Sinn ist Jesus für Troeltsch „mehr das Saatkorn als der Stifter des Christentums ⟨...⟩."[4]

Andererseits beurteilt Troeltsch Jesus als den unüberbotenen Höhepunkt der Religionsgeschichte, der also auch für das neuzeitliche Christentum von grundlegender Bedeutung ist. Mit einer pathetischen, dem modernen Maschinenzeitalter entlehnten Metapher behauptet er, es sei unbezweifelbar, „daß der Herzschlag dieses gewaltigen Menschen durch das Ganze ⟨des Christentums⟩ hindurchgeht wie das Zittern der Schiffsmaschine durch den ganzen Schiffskörper, auch wo man sich keine Rechenschaft gibt" (GS IV, 71).[5] Troeltsch bezeichnet Jesus als die „Quelle und Kraft des Christusglaubens und damit des Christentums."[6] Der Bezug auf seine Person und religiöse Idee ist der entscheidende Faktor, der dieser Religion durch ihre wechselvolle Geschichte hindurch eine inhaltliche Identität und erkennbare Bestimmtheit verleiht: „Jedes Christentum ohne Christus verweht erfahrungsgemäß und ist wie eine Abendröte nach Sonnenuntergang" (GuM, 61f.). Mit solchen Aussagen will Troeltsch Vertretern einer nachchristlichen Vernunftreligion bzw. einer „Religion der Zukunft" entgegentreten, die das religiöse Bewußtsein vom historischen Ursprungspunkt des Christentums lösen.

Die komplizierte Mittelposition, die Troeltsch in der geschichtsphilosophischen Beurteilung Jesu einnimmt, soll nun interpretiert werden. Dabei stellt sich das Problem, daß seine Texte ein Mißverhältnis zwischen formaler Methodologie und materialer Durchführung aufweisen. Hatten die Frühschriften beides weitgehend miteinander verknüpft, so überwiegen in den späteren Werken die methodologischen Erwägungen. Der zweite Band seines abschließenden Werkes zum Historismus, der die inhaltliche Explikation bieten sollte, ist bekanntlich nie geschrieben worden. Er muß durch Äußerungen vor allem in der Vorlesung zur „Glaubenslehre" sowie durch die Vorträge „Die Stellung des Christentums unter den Weltreligionen"[7] und „Der Aufbau der europäischen Kulturgeschichte"[8] ersetzt werden. Belastend für ein Verständnis von Troeltschs Jesus-Deutung ist zudem die einseitige Wirkungsgeschichte des Vortrags über „Die Bedeutung der Geschichtlichkeit Jesu für den Glauben". Das darin vorgestellte sozialpsychologische

---

[3] S. o. I. C. 3.

[4] E. Troeltsch: Die Sozialphilosophie des Christentums, 6 (= A 1922/27a!).

[5] Vgl. E. Troeltsch: Über die Möglichkeit eines freien Christentums, 338.

[6] E. Troeltsch: Rückblick auf ein halbes Jahrhundert der theologischen Wissenschaft, 123.

[7] In HuÜ, 62–83.

[8] Stark überarbeitet und unter modifiziertem Titel als viertes Kapitel aufgenommen in GS III, 694–772.

Argument ist häufig als Verabschiedung der christologischen Reflexion gelesen worden.[9] Als seinen Hintergrund hat man eine radikale, historische Skepsis identifiziert. Demgegenüber läßt sich zeigen, daß Troeltschs Jesus-Deutung sich aus mehreren Argumenten zusammensetzt, die ineinandergreifen. Die geschichtsphilosophische Perspektive findet ihre Ergänzung und Fortführung in sozialpsychologischen Erwägungen, die wiederum auf sie zurückverweisen. Besonders die parallel zum genannten Vortrag entstandene „Glaubenslehre" zeigt, daß Troeltsch trotz deutlicher Restriktionen Jesus weiterhin als den Höhepunkt der Religionsgeschichte beurteilt hat.

Wenn Jesus nicht länger mit den begrifflichen Mitteln einer Christologie des Gottmenschen beschrieben wird, wie sollen dann seine historische Exzeptionalität und religiöse Dignität ausgesagt werden? Als gedankliches Instrument für eine Umformung der Christologie galt zur Zeit Troeltschs weithin der Begriff der geschichtsmächtigen Persönlichkeit. So zentral jedoch diese Kategorie für eine jede theologische Geschichtsphilosophie ist, so anfechtbar ist sie auch. Sie wurde von Vertretern der liberalen Theologie ebenso skrupellos ausgebeutet, wie sie einer heutigen Geschichtswissenschaft problematisch ist. Sie erscheint als Paradigma einer autoritären, bürgerlichen Ideologie. In welchem Sinn hat nun Troeltsch Jesus als „großen Mann"[10] verstanden? Ist auch er ein Vertreter „bourgeoiser Heldenverehrung", leidet sein Jesusbild also an einer ideologischen Überschätzung von Einzelgestalten[11], oder aber kritisiert er die überspannten Vorstellungen seiner Zeitgenossen?[12]

Der Begriff der geschichtsmächtigen Persönlichkeit steht bei Troeltsch für die Individualität historischer Innovationen. Er drückt pointiert die Unableitbarkeit des geschichtlich Neuen aus.[13] Die Einzigartigkeit einer geistigen Innovation wird dadurch ausgesagt, daß sie einem Individuum als der sie generierenden Instanz zugeschrieben wird. So zeigt sich Troeltsch die Eigengesetzlichkeit des Religiösen am eindrücklichsten an den großen Propheten und Religionsstiftern. Religionen entwickeln sich primär aufgrund religiöser Problemlagen. Diejenigen, die diese innovativ formulieren und bewältigen, sind kreative Einzelne – in der damaligen Terminologie „Helden" und „Genies".[14] Die Originalität der religiösen Idee Jesu kann weder

---

[9] Zur Diskussion dieser Auffassung s. u. III. D. 3.

[10] Vgl. F. SCHLEIERMACHER: Über den Begriff des großen Mannes.

[11] So M. MURRMANN-KAHL: Die entzauberte Heilsgeschichte, bes. 172f., 338 Anm. 96. Zur Kritik s. o. I. A. 3.

[12] Nach MEHLHAUSEN bezeichnet Troeltschs Reserve gegenüber einer Historiographie der „großen Männer" eine der wichtigsten methodologischen Differenzen zu Harnack (J. MEHLHAUSEN: Ernst Troeltschs „Soziallehren" und Adolf von Harnacks „Lehrbuch der Dogmengeschichte", 206–208).

[13] S. o. I. A. 3.

[14] Sie erscheinen dementsprechend erst ab einer gestiegenen Komplexitätsstufe der Religionsgeschichte, auf der die Differenz von Natur und Geist virulent wird.

aus einer begrifflich konstruierten Entwicklungsgeschichte noch als bloßer Reflex kulturell-sozialer Umstände verstanden werden.[15] Daß das Neue, das Jesus bringt, „etwas Inkommensurables und Irrationales" (GuM, 63) ist, wird dadurch ausgesagt, daß es seiner im letzten nicht aufhellbaren Kreativität zugeschrieben wird. Die Anwendung des Begriffs der geschichtsmächtigen Persönlichkeit auf Jesus soll also die unableitbare Eigenart seiner Verkündigung explizieren.

Dieser Sachverhalt wird von Troeltsch jedoch nicht gegen die Bedeutung überindividueller Zusammenhänge ausgespielt. Zum einen muß das historisch Neue keineswegs ein bisher völlig Unbekanntes sein. Bei Jesus besteht die innovative Leistung in der Konzentration und Reformulierung eines traditionellen Vorstellungsgehaltes. Seine Originalität liegt darin, ein bestimmtes Moment aus seinem Zusammenhang gelöst, ins Zentrum gestellt und mit neuem religiösen „Leben" versehen zu haben. Radikale Zuspitzungen sowie eine „primitive" Einseitigkeit sind – wie bei Jesus und Paulus[16] – generelle Charakteristika der Religionsstifter. Die heroische Komponente eines Religionsstifters hat darum nicht nur etwas Anziehendes, sondern trägt in sich zugleich das Moment einer schroffen Differenz. Naherwartung und Kulturdistanz sind nicht zufällig das Signum der Verkündigung Jesu. Zum anderen ist der Zeitraum, in der „große Menschen" auftreten können, eng begrenzt. Es sind Phasen der Krise. Allgemeine Bedürfnislage und individuelles Lösungsangebot müssen in einem wechselseitigen Verhältnis stehen. Im Fall des Urchristentums war die religiöse Lage Troeltsch zufolge durch die spürbar gewordene innere Aporetik des frühen Judentums und die Erlösungssehnsucht der hellenistischen Religionen gekennzeichnet. Die Zeit der Offenbarung ist also ebenso unverfügbar wie diese selbst: „Das Zusammentreffen solcher allgemeiner Massenerregungen und der großen Genies, welche das erlösende Wort finden, ist hier wie auf anderen Gebieten der Geschichte das eigentlichste und verehrungswürdigste Geheimnis der göttlichen Vernunft in der Geschichte" (SdR II, 99). Ist der Kairos der „großen Menschen" abgelaufen, treten wieder Traditionen und Institutionen in den Vordergrund.

Die Abkehr von einer isolierenden Betrachtung des Religionsstifters ist bei Troeltsch nicht nur Konsequenz einer methodologischen Einsicht, sondern hat auch inhaltliche Gründe. Seine an Wellhausen geschulte Deutung der Religionsgeschichte schlägt sich vor allem in den „Soziallehren" darin nieder, daß sich die Darstellung nicht ausschließlich mit den großen Protagonisten beschäftigt, sondern immer die spannungsvolle Beziehung von re-

---

[15] Vgl. die ausführliche Diskussion rein sozialgeschichtlicher Deutungen des Urchristentums in GS I, 15–27.

[16] So formuliert Troeltsch in Anknüpfung an Duhm: „Die religiösen Ideen wachsen nicht auf den Höhen der Bildung, sie wachsen aus der Tiefe des Völkerlebens und aus den großen, geheimnisvollen Naturen, die deren innere religiöse Wandelung auszusprechen und zu leiten vermögen" (SdR III, 186). Vgl. GS I, 26–29.

ligiöser Idee und ihrer Institutionalisierung mitthematisiert. Wellhausen hatte die Geschichte der israelitischen Religion als einen Prozeß der Institutionalisierung der prophetischen Entdeckung rekonstruiert.[17] Die Botschaft der Propheten kann von den priesterlichen Epigonen nur bei gleichzeitiger Entschärfung auf Dauer gestellt werden. Die Institutionalisierung, die allererst die breite Durchsetzung sichert, ist immer auch eine Entfremdung. Die eigentliche Innovation überdauert nur als ständiges Unruhemoment innerhalb der religiösen Institution. Troeltsch teilt Wellhausens Einsicht in die Ambivalenz der religiösen Entwicklung.[18] Er gibt ihr aber in seiner Jesus-Deutung dadurch einen anderen Akzent, daß er die Modifikation, die das Evangelium schon in der frühen Kirche erfährt, durch Defizite bei Jesus selbst bedingt sein läßt. Gerade das „Heroische" an Jesus, seine völlige Indifferenz gegenüber Fragen der Kultur und der Institutionalisierung religiöser Vergemeinschaftung machen es notwendig, über ihn hinauszugehen. Im Unterschied zu Wellhausen äußert sich Troeltsch nicht pejorativ über die Nachfolger der großen Gestalten. Die priesterliche Verfremdung ist nicht allein das Verschulden der Epigonen, sondern folgt aus der Radikalität und Einseitigkeit des Helden selbst. Die Innovation trägt den Keim ihrer partiellen Nivellierung in sich. In der materialen Ausführung unterscheidet sich Troeltschs Begriff der geschichtsmächtigen Persönlichkeit deutlich von einer unkritischen Helden-Historiographie.

Darum befindet sich Troeltschs Jesus-Deutung weniger in der Nähe zur Historik von Thomas Carlyle[19] als zu Max Webers Idealtypus des Propheten als des Trägers eines außeralltäglichen Charismas[20]. Von einer rein affirmativen Heldenverehrung kann deshalb bei Troeltsch nicht eigentlich die Rede sein.[21] Denn er sieht die Religionsgeschichte in dem Sinn durch die Polarität von Genie und Institution bestimmt, „daß jeder starke und inhaltreiche G. ⟨Glaube⟩ als Offenbarung religiöser Heroen *und* als gemeinschaftliches Werk ganzer Generationen an den Menschen herantritt ⟨...⟩".[22] Carlyles Grundthese, daß die Weltgeschichte mit der „Lebensgeschichte großer Männer"[23] zusammenfalle, präsentiert sich demgegenüber als vereinseiti-

---

[17] S. o. II. A. 2.

[18] Eine interessante Parallele zu dieser Beschreibung des Verhältnisses von Prophet und Priester bildet Troeltschs frühe Gegenüberstellung der mehr intuitiven, mystischen Ideen Luthers und ihrer systematischen „Fixierung" durch Melanchthon (E. Troeltsch: Vernunft und Offenbarung bei Johann Gerhard und Melanchthon, 193, bes. 190–194).

[19] Vgl. demgegenüber W. Bousset: Thomas Carlyle; H. Kahlert: Der Held und seine Gemeinde, 171–202.

[20] Vgl. M. Weber: Wirtschaft und Gesellschaft, 268–275.

[21] Gegen die entdifferenzierende Interpretation von H. Kahlert: Der Held und seine Gemeinde, 250–267.

[22] E. Troeltsch: Glaube: IV. Glaube und Geschichte, 1452; Hhg. v. Vf.

[23] T. Carlyle: Helden und Heldenverehrung, 16. Troeltsch hat Carlyle dementsprechend abschätzig unter die historiographisch irrelevanten „Epigonen der Geschichtsmetaphysik" subsumiert (GS III, 303, vgl. 465). Interessanterweise wendet Carlyle seinen Heldenbegriff nicht auf Jesus an (vgl. T. Carlyle: Helden und Heldenverehrung, 16).

gende Setzung. Der Begriff des „Heroischen" ist bei Troeltsch zudem inhaltlich keineswegs nur positiv besetzt, sondern besitzt auch eine problematische Seite. Diese wird sich besonders deutlich in kulturtheoretischer Hinsicht zeigen[24], im ambivalenten Verhältnis zwischen überweltlichem Helden
und kulturell verankerter Gemeinde.[25] Jesus ist für Troeltsch nicht darin
eine geschichtsmächtige Persönlichkeit, daß er das Christentum in allen seinen Aspekten gestiftet hätte, sondern darin, daß er einen entscheidenden
Anstoß gegeben hat, der nach seiner Institutionalisierung als kritischer Impuls für eine dauerhafte Dynamik sorgt. Die geschichtsphilosophische Beurteilung Jesu muß über ihn hinausgehen. Denn seine religiöse Idee knüpft an
Vorgegebenes an und wird bereits von seinen Jüngern modifiziert. Sie steht
in der Mitte einer Entwicklungsgeschichte, die mit den israelitischen Propheten einsetzt und von Paulus und anderen großen christlichen Theologen
weitergeführt wird. Es ist darum „die Persönlichkeit Jesu nicht isoliert auf-
zufassen, sondern einerseits stets anzusehen als Vollendung der Propheten,
aus deren Gottesglauben und Ethik sie vor allem zu deuten ist, andererseits
als der Gegenstand des apostolischen Glaubens ⟨...⟩" (GL, 20f.).

Die Leistung der altprotestantischen Christologie hatte darin bestanden,
die Verbindung zwischen der Heilsbotschaft und ihrem Träger gedacht zu
haben. Für die neuzeitliche Umformung der Christologie stellt sich die Frage, wie sie unter neuen Denkbedingungen die Verknüpfung von „Amt
Christi" und „Person Christi" explizieren kann. Hat Jesus einen religiösen
Inhalt gebracht, der von ihm selbst ablösbar wäre? Um die geschichtliche
Bedeutung zu beschreiben, die Jesus über seine eigene Lebensspanne hinaus
besitzt, rekurriert Troeltsch auf einen allgemeinen geschichtsphilosophischen Offenbarungsbegriff.[26] Dieser ist mit dem Typus des Propheten verknüpft. Ein Prophet verkündet Troeltsch zufolge nicht nur eine neue religiöse „Idee", sondern tritt immer auch mit dem Bewußtsein auf, ihr exemplarischer Repräsentant zu sein: „Man wird sie ⟨die Religion⟩ als etwas Ge-
heimnisvolles, schwer Ergründliches und Irrationales ansehen, das bei allen
Propheten und Sehern in allererster Linie mit dem Anspruch auftritt, daß
die Gottheit sich offenbart habe und habe schauen lassen ⟨...⟩" (ThL II,
653). Der Offenbarungsgehalt ist vom Propheten als dem Offenbarungsme-
dium nicht zu trennen. Höhere Religionen sind nicht nur „Glauben an

---

[24] S. u. III. C. 2. und 3.
[25] Hierin unterscheidet sich Troeltsch deutlich von R. EUCKEN: Die Lebensanschauungen der großen Denker, 170–173. Auch EUCKEN erkennt das Wesentliche am Christentum
in einer prinzipiellen Spannung zur Welt des Faktischen (aaO., 135–152). Doch Eucken
macht diesen Gedanken nicht für seine Jesus-Deutung fruchtbar. Vielmehr bleibt er in
konventionellen Bahnen, wenn er einen unproblematischen Anschluß an Jesus für möglich
hält. EUCKENS Schrift – 1918 immerhin in der zwölften Auflage erschienen – steht sehr
viel eindeutiger für eine bürgerliche Höchschätzung des „großen Mannes" Jesus als
Troeltschs Jesusbild.
[26] Zum folgenden bes. SdR I, 420–422, GuM, 59–62.

Gott, sondern auch Glauben an den 〈...〉, der ihn geoffenbart hat 〈...〉"
(ThL II, 655). Sie gehen nicht in kognitiv rezipierbaren Gehalten auf, sondern sind Bestimmungen des personalen „Lebens". Sie erhalten ihre beste
Darstellung darum in den herausragenden Stifterpersönlichkeiten. Religionen „sind Autorität und Offenbarung und verlangen Liebe oder Gehor-
sam, sie sind keine sich selbst tragenden und beweisenden philosophischen
Ideen" (GuM, 59). Die autoritative Veranschaulichung des christlichen
Prinzips in der Person Jesu hat keine nur transitorische Funktion, die sich
etwa auf die Zeit der Religionsstiftung beschränkte. Troeltsch begründet
dies mit einer religionsgeschichtlichen Regel, nach der der „Unterschied
zwischen einer überwiegend produktiven und einer überwiegend repro-
duktiven Gottesanschauung mit dem Höhengrade der Religionen sich verschärft" (SdR I, 420f.).[27] Der kreative Einzelne und die rezeptive Masse treten auseinander. Die religiöse Leistung des durchschnittlichen religiösen
Subjekts erschöpft sich darin, das Vorgegebene nachzuvollziehen. Zur spon-
tanen Produktion sind nur wenige Ausnahmegestalten befähigt, „denn je
höher eine Religion steht, um so mehr erfordert sie eine eigenartige, tief
und fein organisierte Persönlichkeit, die der Quellpunkt neuer Ideen werden kann, und umsomehr verzehrt sie alle Fassungskraft des Gläubigen in
dem Nachfühlen dieser Frömmigkeit" (SdR I, 421). Die dauerhafte Sonderstellung der Person Jesu ist also durch die besondere Qualität seines Evangeliums begründet. Er ist für Troeltsch aus dem Grund der letztgültige Offenbarer des christlichen Prinzips, weil es bisher niemanden gelungen ist
und – wie zu erwarten ist – auch kaum gelingen wird, seine Botschaft zu
überbieten bzw. sie überzeugender in Leben und Sterben zu verkörpern. In
seiner eigenen Person bietet Jesus die eindrücklichste Darstellung des von
ihm gepredigten Gottesbewußtseins: „Auch wenn wir die Unmöglichkeit
einer Ueberschreitung Jesu nicht abweisen können, so bleibt doch die Tatsache, daß wir alle zu schwach sind, um irgendeine höhere Gotteskraft in
unserem Herzen zu entdecken, vielmehr Ruhe und Frieden nur durch die
Unterordnung unter ihn und sein Geistesreich gewinnen" (AdC[2], 84). Hier
weist die geschichtsphilosophische Reflexion über sich hinaus auf eine reli-
gionpsychologische Funktionsbeschreibung. Diese soll später diskutiert
werden.[28]

Die „Geschichtsmächtigkeit" Jesu ist keine metaphysische Qualität, sondern ein an der konkreten Religionsgeschichte auszuweisender Sachverhalt.
Wie läßt sie sich inhaltlich explizieren? Inwiefern markiert Jesus die höchste
Entwicklungsstufe der Religionsgeschichte? Troeltsch antwortet auf diese
Fragen mit Hilfe einer methodischen Transformation christologischer Darstellung . Er bietet eine indirekte Beschreibung der Bedeutung Jesu durch
die Charakteristik der von ihm gestifteten Religion.

---

[27] Vgl. E. Troeltsch: III. Offenbarung, dogmatisch, 919f.
[28] S. u. III. D. 2. und 3.

2. Die Tendenzen der Religionsgeschichte

Um die welthistorische Stellung Jesu inhaltlich zu bestimmen, unternimmt es Troeltsch, die Haupttendenzen der Religionsgeschichte des antiken Europas zu erheben. Dafür geht er von der grundlegenden Unterscheidung von Natur- und Geistesreligion aus. Schon 1894 erkennt er „die allgemeinste Tendenz, das innere Wesen und Endziel der Religion" (ChrW II, 173) in der zunehmenden Übersteigung natürlicher Gegebenheiten zugunsten einer geistigen Welt. Diese Entwicklungslinie hat eine ethische und eine im engeren Sinn religiöse Seite. Zum einen vollzieht sich eine „Verschmelzung des Religiösen und des Sittlichen" (ebd.). Zum anderen wird die religiöse Vorstellungswelt immer mehr auf den Erlösungsgedanken ausgerichtet. Beide Momente gemeinsam ergeben die „Tendenz auf eine ethisch-religiöse Ueberweltlichkeit" (ChrW II, 174). In „Die Selbständigkeit der Religion" fächert Troeltsch diese allgemeine Beschreibung für die fünf wichtigsten religiösen Grundbegriffe auf.

(1) In seiner Analyse des Prozesses der Vergeistigung und Versittlichung stellt Troeltsch den Gottesgedanken voran (SdR III, 186–188). Dessen Vergeistigung vollzieht sich darin, daß Gott als willensbestimmte Persönlichkeit gedacht und so der Natur gegenübergestellt wird. Dieser „Voluntarismus" wird qualitativ gesteigert durch die Zunahme der ethischen Bestimmtheit des Gottesgedankens. Die Versittlichung dient „der Herausbildung der persönlichkeitsartigen Geschlossenheit in Gottes Wesen" (SdR III, 187). Entsprechend wandelt sich die Vorstellung des Gottesverhältnisses. Es wird individualisiert und universell entschränkt. Die Religion überschreitet die Begrenztheit der Natur- und Volksreligion. Aus der Vorstellung Gottes als eines ideal bestimmten, naturüberlegenen Willens erwächst zugleich eine überweltliche Ethik, deren Zentrum „das ideale Gebot der inneren Gemeinschaft mit dem allmächtigen und heiligen Gott und das sittliche Gut eines über alle endlichen, sittlichen Güter erhabenen, durch die Gottesgemeinschaft begründeten Persönlichkeitswertes" ist (SdR III, 188).

(2) Der Entwicklung des Gottesbegriffs entspricht, daß der religiöse Weltbegriff entzaubert und entgöttlicht wird (SdR III, 188–192).[29] Der Transzendierung Gottes geht die Versachlichung der Natur parallel. Hierin erblickt Troeltsch das entscheidende Ausgangsproblem der weiteren Religionsgeschichte. Denn die schmerzliche Erfahrung der Differenz zwischen überweltlichem Gott und gottferner Welt führt zur Frage der Theodizee und zur Notwendigkeit einer religiösen Kontingenzbewältigung: „Das Ziel der Religion muß daher die Herausstellung eines beruhigenden Verhältnisses zwischen dem völlig vergeistigten Gott und dem Leid der in ihm begründeten Welt sein" (SdR III, 191).

---

[29] Der Begriff der Entzauberung, der in der Religionssoziologie WEBERS Karriere gemacht hat (vgl. M. WEBER: Wirtschaft und Gesellschaft, 308; DERS.: Wissenschaft als Beruf, 594), findet sich schon 1896 bei Troeltsch (SdR III, 189).

(3) Der Seelenbegriff spiegelt diese Entwicklung der Gottesvorstellung (SdR III, 192–195). Durch die Begründung der Seele im überweltlichen Gott entsteht die Vorstellung menschlicher Personalität. Seele und Leib, Person und Natur treten auseinander. Für Troeltsch ist dies keineswegs ein harmonischer Fortschritt. Vielmehr wird die Seele dadurch in dieser Welt religiös heimatlos und erlösungsbedürftig.

(4) Der Begriff des religiösen Guts, das „eigentliche Herz der Religion" (SdR III, 195), bündelt die genannten Aspekte (SdR III, 195f.). Die Religionsgeschichte läuft auf die Konzeptionierung des höchsten Guts als der vollendeten Gemeinschaft zwischen überweltlichem Gott und menschlicher Seele zu. Hier finden die Tendenzen der Naturüberwindung, Versittlichung und Erlösung ihre höchste Ausformung.

(5) Die Ausbildung eines Erlösungsbegriffs markiert entsprechend das Erreichen der höchsten Stufe der Religionsgeschichte (SdR III, 196–199). Die Spannung zwischen Natur und Geist wird hier auf die höchste Spitze getrieben und zugleich ausgeglichen.

Es ist unverkennbar, daß Troeltschs Beschreibung der religiösen Entwicklungstendenzen zum einen seiner an Wellhausen gebildeten Sicht der Religionsgeschichte Israels sowie zum anderen der eigenen Deutung der Eschatologie Jesu folgt und die Geschichte der asiatischen Hochreligionen nicht berücksichtigt. Die prophetische Entdeckung eines universalen, ethischvoluntaristischen Monotheismus, dem zufolge Gott als Schöpfer und Gesetzgeber über der Welt steht, sowie die hieran anschließende Predigt Jesu vom Kommen des Gottesreiches erscheinen als Prototypen der allgemeinen Tendenzen. Dennoch erhebt Troeltsch in den hier diskutierten Frühschriften noch den Anspruch, daß die von ihm aufgeführten Momente auch die übrigen Religionen kennzeichnen. Um die Allgemeinheit seiner Beschreibung zu erweisen und zugleich das offenkundige Vorliegen von Differenzen zwischen „östlichen" und „westlichen" Religionen zu berücksichtigen, stellt er zwei Typen von Erlösungsreligionen einander gegenüber. Für beide Typen ist die Tendenz der Transzendierung und Ethisierung bestimmend. Beide bringen in ihrem jeweiligen Erlösungsgedanken die Differenz von Natur und Geist zum höchsten Ausdruck. Aber trotz identischer Tendenz sind die jeweiligen Soteriologien äußerst verschieden. Grund dafür ist ein jeweils anderes Gottesverständnis. Der mystische Typ, den Troeltsch durch Buddhismus und hellenistische Bildungsreligion repräsentiert sein läßt, bringt es zwar zu gesteigerter Erlösungsfrömmigkeit, bildet aber keine lebendige Gottesvorstellung aus. Vielmehr gelangt er durch die Kritik des volksreligiösen Gottesgedankens nur zur „Vorstellung eines unerforschlichen Urgrundes des Seiens" (SdR III, 196). Der Typ mystischer Erlösungsreligion stellt Gott nicht in voller Radikalität der Welt gegenüber. Darum bleibt seine Überwindung der Naturreligion unvollständig. Der theistische Typ dagegen, für den vornehmlich die altisraelitische, jüdische und christliche Religion stehen, gibt „dem Erlösungsglauben einen festeren Halt und ein klareres Ziel ⟨...⟩" (SdR III, 197). Er sieht im lebendigen, naturüberlegenen Gott den Garanten der Erlösung und im höchsten Gut der Gemeinschaft mit ihm ein positives ethisches Telos.

3. Der Konvergenzpunkt der Religionsgeschichte

Troeltsch beschreibt den Höhepunkt der antiken Religionsgeschichte Europas als Ziel und Zusammenfassung ihrer wichtigsten Tendenzen: Jesus und das Urchristentum sind der „Konvergenzpunkt aller erkennbaren Entwickelungsrichtungen der Religion" (AdC, 80).[30] Dieser Ausdruck war in der damaligen Diskussion durchaus gebräuchlich.[31] Im Rahmen von Troeltschs Geschichtsphilosophie dient er dazu, sowohl integrative wie komparative Aussagen zu ermöglichen.[32] Jesus wird dadurch, daß er als Zielpunkt verschiedener Tendenzen gedeutet wird, nicht in einseitiger Antithetik den übrigen Religionen entgegengesetzt. Die vorchristliche Religionsgeschichte wird nicht abgetan, sondern im positiven Sinn aufgehoben. Der religionsgeschichtliche Höhepunkt ist in eine lange Entwicklungsgeschichte eingebettet und in ihr vorbereitet. Das Neue, das Jesus bringt, ist sowohl Zusammenfassung wie Überbietung des Bisherigen. Im Konvergenzbegriff wird die Verbindung von Korrelativität und Originalität der „geschichtsmächtigen Persönlichkeit" explizit. Er reformuliert den alten christlichen Satz, daß sich in Jesus die Zeit „erfüllte".

Mit dem Konvergenzbegriff trägt Troeltsch dem historischen Befund Rechnung, daß einerseits Jesus nicht etwas schlechthin Neues bringt, sondern das prophetische Erbe zuspitzt, und daß andererseits die junge Kirche wesentliche Elemente hellenistischer Religiosität aufnimmt. Das Urchristentum wird nicht aus seinem Kontext herausgelöst, sondern als Konzentration der prophetischen Tradition gedeutet, die mit der griechischen Religionsgeschichte Parallelen aufweist. Diese „Wahlverwandtschaft"[33] ist die Voraussetzung dafür, daß das Christentum sich als neue Weltreligion durchsetzen kann.[34]

Der Konvergenzbegriff ist die zentrale geschichtsphilosophische Kategorie, die einen inhaltlichen und dynamischen Religionsvergleich vorzubereiten vermag. Die Verkündigung Jesu wird diesem Vergleich nicht dadurch

---

[30] Weiterhin vgl. SdR III, 198f. Anm.1; CuR, 435; GS II, 734; AdC, 78–80.

[31] Vgl. etwa F. NIEBERGALL: Ueber die Absolutheit des Christenthums, 56; oder WELLHAUSENS Rede von der „Convergenz" zwischen Judentum und Griechentum (J. WELLHAUSEN: Israelitische und jüdische Geschichte, 258, vgl. 182).

[32] Dazu im Unterschied ChrW II, 223–226.

[33] E. Troeltsch: Der Aufbau der europäischen Kulturgeschichte, 42.

[34] Die „Ausgleichung" des Christentums mit dem Hellenismus ist entsprechend keine Entfremdung: „Denn beide bewegten sich ja in gleicher Richtung auf eine religiös-ethische Weltanschauung, und es galt nur, diese Richtungen möglichst zusammenfallen zu lassen" (E. Troeltsch: Die wissenschaftliche Lage und ihre Anforderungen an die Theologie, 18).

entzogen, daß sie mit Hilfe eines exklusiven Offenbarungsbegriffs im Sinn des theologischen Supranaturalismus bestimmt wird oder aber daß ihr auf spekulativem Wege Absolutheit zugesprochen wird. Die Höchstgeltung des Christentums läßt sich nur dann aussagen, wenn es als tatsächliche Konvergenz der Tendenzen der allgemeinen Religionsgeschichte erwiesen ist. Das Christentum ist eine historische Individualgestalt neben anderen. Einen besonderen Wert besitzt es nur darum, weil „die allgemeine parallele Umwandelung der religiösen Grundstimmung in ihm ihren höchsten Ausdruck und ihren Halt gefunden hat" (SdR III, 198f. Anm. 1). Dabei denkt Troeltsch den Konvergenzpunkt nicht als Resultat einer harmonischen Entwicklung, in der die Tendenzen folgerichtig zu ihrem Ende geführt werden. Vielmehr bedeutet er auch einen Bruch mit der Vorgeschichte. Die bisherigen Ansätze werden gerade dadurch zu ihrer vollgültigen Realisation gebracht, daß bestimmte Aspekte von ihnen radikal ins Unrecht gesetzt werden. Der Konvergenzpunkt ist deshalb qualitativ von seiner Vorgeschichte abgehoben.[35] Ihr gegenüber besitzt er immer auch einen kritischen Aspekt.

Die Religionsgeschichte kommt im Konvergenzpunkt nicht zur Ruhe. Dies ist schon deshalb unmöglich, weil nach Troeltschs Auffassung das Urchristentum als Konvergenzpunkt durch die interne Differenzierung in Jesus und Paulus eine innere Komplexität besitzt.[36] Das Urchristentum als Konvergenzpunkt der Religionsgeschichte markiert keinen Abschluß. Als „zentrale Zusammenfassung" des Bisherigen ist die Stiftung des Christentums zugleich die „Eröffnung eines prinzipiell neuen Lebens" (AdC, 80). Troeltsch bezeichnet es darum lieber als „neuen Ausgangspunkt in der Religionsgeschichte" (CuR, 440) denn als deren Höhepunkt.[37] Die These von der inneren Dynamik des Christentums wird durch die geschichtsphilosophische Hierarchisierung nicht zurückgenommen.

Natürlich kann Troeltsch seine These, daß Jesus den Konvergenzpunkt der religiösen Entwicklungstendenzen darstellt, nur für die Religionsgeschichte des antiken Mittelmeerraums plausibel machen. Das Verhältnis zu ostasiatischen Religionen läßt sich auf diese Weise nicht angemessen beschreiben. Auch wenn Troeltsch diese Einschränkung seiner geschichtsphilosophischen Konstruktion in seinen Frühschriften nicht explizit gemacht hat, so hat er es doch zumindest unterlassen, die asiatischen Hochreligionen Jesus konstruktiv zuzuordnen. Statt dessen hat er sie der religiösen Idee Jesu alternativ gegenübergestellt. Erst in seinen Spätschriften wird Troeltsch ex-

---

[35] „Der Unterschied des Christentums von anderen Religionen ist nicht der des Mehr oder Minder, es ist ein prinzipieller Unterschied gegenüber allen anderen. Alle sind auch, wo sie in hohem Grade ethisiert waren, in der Naturreligion stecken geblieben" (SdR III, 204).

[36] S. o. II. C. 3. d.).

[37] Das Urchristentum hat der europäischen Spätantike „auch ganz neue Elemente zugeführt und dadurch, allen Ertrag der bisherigen Religionsgeschichte aufsammelnd, eine neue Entwickelungsreihe eröffnet" (SdR III, 199 Anm. 1; vgl. GS II, 747f.).

plizit den Anspruch fallen lassen, daß Jesus als Konvergenzpunkt der Religionsgeschichte überhaupt anzusehen sei.[38]

Als inhaltliches Spezifikum der Verkündigung Jesu, das sie zum Konvergenzpunkt der „westlichen" Religionsgeschichte macht, bestimmt Troeltsch den Gottesgedanken. Troeltsch entfaltet dies in „Die Selbständigkeit der Religion" anhand von vier religiösen Grundbegriffen.[39]

In der messianischen Autorität Jesu besitzt das Christentum erstens die „lebendigste und anpassungsfähigste Offenbarungsgrundlage" (SdR III, 200). Der Gottesbegriff des Christentums ist darin allen anderen – auch dem der israelitischen Religion – überlegen, daß er sowohl die Unterschiedenheit Gottes zur Welt wie seine Bezogenheit auf diese in voller Klarheit aussagt: „So vollendet dieser Gottesbegriff ⟨…⟩ die Ueberweltlichkeit zu einer rein geistigen Innerlichkeit, die von aller Schöpfung unterschieden doch ihr überall wirksam gegenwärtig ist" (SdR III, 201). Die Vergeistigung und Versittlichung schlägt nicht in einen Dualismus um, sondern wahrt die innere Einheit von Gott und Welt. In dieser Spannung von Differenz und Einheit steht zweitens auch der christliche Weltbegriff. Das Verständnis der Welt als Schöpfung führt zu einer ganz eigenen Mischung aus religiösem Pessimismus und Optimismus. Im christlichen Seelenbegriff drittens tritt besonders klar hervor, inwiefern Jesus und das Urchristentum der eigentliche Zielpunkt der Religionsgeschichte sind. Denn die Gottesvorstellung setzt aus sich die Idee einer naturüberlegenen, menschlichen Persönlichkeit heraus. Der christliche Seelenbegriff impliziert jedoch eine prinzipielle „Inkongruenz zur Wirklichkeit" (SdR III, 203), die eine spannungsvolle Nachgeschichte haben soll. Die Erlösungsvorstellung schließlich und viertens vereinigt auf höchster Stufe Gottes- und Seelenbegriff. Die Erlösung ist die Offenbarung der göttlichen Liebe sowie die Befreiung und Vollendung der Persönlichkeit, „die überall zugleich den innersten Lebenstrieb des Menschen entbindet und die Wesensverwandtschaft des göttlichen und menschlichen Geistes verwirklicht" (ebd.). Hier zeigt sich für Troeltsch am deutlichsten, daß nur das Christentum die allgemeine religionsgeschichtliche Tendenz zur Überwindung der natürlichen Welt prinzipiell vollzogen hat.

Diese in ihrer Komprimiertheit recht abstrakten Ausführungen gewinnen an Deutlichkeit, wenn sie auf den Vergleich zwischen Christentum und Buddhismus einerseits und zwischen Judentum und Christentum andererseits bezogen werden.

Die erste Unterscheidung ist diejenige von theistischen und nicht-theistischen Erlösungsreligionen. Auf den Seelen- und Erlösungsbegriff angewendet, ist dies die Unterscheidung zwischen personalistischen und nicht-

---

[38] S. u. III. A. 4.
[39] SdR III, 200–207. Troeltsch bietet hier eine andere Zählung als in SdR III, 186–200. Der Begriff des höchsten Guts wird dem Erlösungsgedanken eingeordnet, und ein neuer Aspekt wird vorangestellt: die besondere, prophetische Form der Begründung des Christentums.

personalistischen Religionen. Letztere, für die bei Troeltsch vor allem der Buddhismus steht, besitzen wegen des Fehlens eines theistisch-voluntaristischen Gottesbegriffs eine schwächere Erlösungsgewißheit. Menschliche Individualität findet im Absoluten keine transzendente Begründung, sondern ihre letzte Negation. Die Überweltlichkeit des Buddhismus ist darum in Troeltschs Perspektive lediglich eine privative. Sie beläßt darum den Menschen letztlich im Bereich der Natur: „Hier ⟨bei den indischen Religionen⟩ fehlt im Gegensatz der Welten die Wahrheit, die Kraft und das Leben der höheren Welt, die eben daher nicht den Menschen loszureissen und umzuwandeln vermag, sondern die von den Erleuchteten im Aufgebot eigenster Arbeit und natürlicher Seelenkraft gesucht werden muß" (AdC, 77).[40] Das Spezifische des christlich-israelitisch-jüdischen Gottesbegriffs im Gegensatz zu östlichen Vorstellungen des Absoluten erkennt Troeltsch in dessen „Personalitätscharakter" (GdE II, 154).[41]

Wie differenziert Troeltsch nun zwischen Judentum und Christentum? Vereinfacht ausgedrückt, greift er zunächst das konventionelle Schema Gesetzes- versus Gnadenreligion wieder auf. Die Gesetzesreligionen stellen zwar den ethisch-voluntaristisch verstandenen Gott der Natur gegenüber. Den Menschen aber, der sich durch ethische Leistungen emporarbeiten muß[42], belassen sie in dieser Welt: „Erst die Erlösungsreligionen vollenden den Bruch zwischen beiden Welten und reissen den Menschen innerlich los von der gesamten vorgefundenen Wirklichkeit, auch von seiner eigenen Seelennatur ⟨...⟩" (AdC, 75).

Eine größere Plausibilität und ein mehr systematisches Gewicht besitzt eine andere Argumentation, die Troeltsch besonders in der „Glaubenslehre"

---

[40] In „Grundprobleme der Ethik" begründet Troeltsch die These von der ethischen Überlegenheit des Christentums über den Buddhismus ausführlicher. Das Spezifikum der christlichen Ethik versteht er als Folge der besonderen Gottesvorstellung. Das höchste religiöse Gut ist eine rein geistige Größe, die den Menschen über die Natur erhebt und zugleich zu ethischem Handeln in dieser Welt motiviert. Es entspricht darum der personalistischen Gottesvorstellung, „daß jeder Rest der Naturreligion und damit jede Betrachtung des höchsten Gutes als eines fertig und dinglich seienden aufgehoben ist und alles in die Sphäre eines thätigen, lebendigen, persönlichen Werdens gezogen ist ⟨...⟩" (GdE II, 153). Damit ist der Gegensatz zum Buddhismus markiert: „ Nicht kontemplative Versenkung in das Seiende und quietistische Willensverneinung, sondern schaffende Hingabe des Willens an eine lebendige, positive Weltzwecke in sich tragende und eine unermeßliche Bewegung eröffnende Gottheit ist das Wesen der christlichen Ethik" (ebd.).

[41] „Im Gegensatz dazu ⟨zu den nicht-personalistischen Erlösungsreligionen⟩ ist die Religion Israels und das Christentum begründet auf die Gewißheit des naturunterschiedenen Gottes, der sein Wesen offenbarend auch den Menschen über die Natur erhebt" (SdR III, 205). Auch K. Tanner (Der lange Schatten des Naturrechts, bes. 99) weist in seiner immanent gehaltenen Troeltsch-Interpretation auf die Bedeutung des voluntaristischen Gottesgedankens Jesu hin, läßt aber den religionsgeschichtlichen Ort und den Zusammenhang mit der Idee des Gottesreiches weitgehend außer acht.

[42] „⟨...⟩ sie stellen die beiden Welten nebeneinander und verlangen den Aufstieg in die höhere durch das Aufgebot der in der Seelennatur liegenden Kräfte" (AdC, 75; Hhg. v. Vf.).

entfaltet. Er hatte ausgeführt, wie der ethisch-voluntaristische Monotheismus der Propheten die natur- und volksreligiösen Voraussetzungen der israelitischen Religion durchbricht. Die innere Grenze der prophetischen Religion nun im Vergleich zum Gottesbewußtsein Jesu besteht Troeltsch zufolge nicht primär in bleibenden partikularistischen Resten, sondern ist durch ihren Gottesgedanken selbst bezeichnet.[43] Dieser ist Fortschrittsmotor und retardierendes Moment zugleich. Die Propheten verkünden Gott als absoluten Willen, unterlassen aber eine qualitative Bestimmung dieses Willens. Er bleibt formal. Jesus übernimmt nun den prophetischen „Voluntarismus", verknüpft ihn aber in seiner Botschaft vom Gottesreich mit einer „inhaltlichen" Bestimmung. Er redet nicht nur vom Willen, sondern in besonderer Weise auch vom „Wesen" Gottes, „und gerade an diesem Punkt liegt der Schritt Jesu über den Prophetismus hinaus" (GL, 140). Das Wesen Gottes begreift Jesus als universale Liebe. Es ist diese Universalität der göttlichen Willensbestimmung, die die Gemeinschaft von Mensch und Gott allererst stiftet und begründet. Gott und Mensch werden nicht lediglich entgegengesetzt, sondern in solcher Weise in Beziehung gesetzt, daß dadurch eine neue Stufe der Überwindung der „Natur" erreicht wird. Der „Natur" stehen nun nicht nur Gott, sondern Gott und der von ihm berufene Mensch gegenüber. In Jesu Verknüpfung von Theismus und Erlösungsgedanken erfährt der Mensch seine letzte „Vergeistigung". In einem früheren Text formuliert Troeltsch dies so: „Aus dem Schooße des Judenthums entbunden hat es ⟨das Christentum⟩ dessen Gottesglauben vertieft zu dem Glauben an eine allen Seelen gegenwärtige und für alle bestimmte Offenbarung der göttlichen Liebe, die aus Sünde, Schwäche, Elend und Weltverlorenheit die Menschen zu dem erhebt, was allein ewigen Wert hat, zu der Gemeinschaft mit Gott" (RuK, 229). In ihrer Universalität ist die göttliche Willensbestimmung von allen kontingenten Bedingungen gelöst. Die religiöse Befreiung des Menschen ist nicht mehr bedingt durch „natürliche" Voraussetzungen wie etwa die Zugehörigkeit zu einer bestimmten Nation. Sie hat ihren Grund in einer rein „geistigen" Bestimmung des Absoluten. Gott ist kein willkürlich wählender Wille, seine Erlösung ist kein kontingentes Geschehen, sondern „die Verwirklichung von wesenhaften Willenszwecken" (GL, 141). Jesu Gottesbegriff besitzt also zwei Momente: den Willen und das Wesen. „Wille" ist der Ausdruck für die Freiheit der göttlichen Zwecksetzung, „Wesen" hingegen steht für die ethische Qualifiziertheit dieses freien Willens. Durch diese einander entgegengesetzten Momente gewinnt der Gottesbegriff eine eigene Dynamik. Gott ist souverän und hat sich dennoch festgelegt auf eine universale Liebe. Das Reich Gottes ist das Ziel, zu dem sich Gott „wesentlich" entschieden hat. Troeltsch erkennt die Bedeutung der jesuanischen

---

[43] „Vor allem aber ist es die Einseitigkeit des rein voluntaristischen Gottesgedankens, der Einheit und Zusammenhang des Weltlebens in den Gottesgedanken aufzunehmen kein Bedürfnis hat ⟨...⟩" (GL, 98).

Predigt vom Gottesreich darin, die Gedanken der Freiheit und der Zweck-
bestimmtheit Gottes zu einer höchsten Verknüpfung geführt zu haben: „Es
ist geradezu die Auszeichnung des christlichen Gottesbegriffs, daß er mit
den beiden Gliedern der Spannung diese selbst zur höchsten Steigerung gebracht hat" (GL, 142).[44] Dieser Gottesgedanke unterscheidet sich von allen
ruhenden Gottesbildern, allen Vorstellungen einer Aseität des Absoluten. Er
entläßt aus der eigenen Bipolarität eine dynamische Sicht von Welt und
menschlicher Existenz: „Seine ⟨Gottes⟩ eigentliche Kundmachung liegt
nicht im Sein, sondern im Werden, nicht in der Natur, sondern in der Geschichte" (GL, 139).

Die Überweltlichkeit Gottes erhält in der eschatologischen Predigt Jesu
eine neue Qualität. Sie besteht nicht in einem einfachen Weltgegensatz,
sondern in einer positiven Bezogenheit auf die Menschen. Der Theismus
Jesu ist darum von einem religiösen Dualismus ebenso unterschieden wie
von einem religiösen Monismus. Er erschöpft sich nicht in der Kontrastierung von „Natur" bzw. „Seiendem" und „absolutem Geist" bzw. „der Gottheit", sondern verkündigt die Erlösung der menschlichen Seelen durch einen ihnen zugewandten Gott. Jesus offenbart die Gottheit als „That und
Wille ⟨...⟩ im Gegensatz zu allem bloss Seienden, die die Seele entzweit mit
dem bloss Seienden und in dieser Entzweiung mit sich vereinigt, um sie ge-
borgen und getröstet wie von Schuld und Trotz gereinigt in der Welt wirken zu lassen zum Aufbau eines Reiches rein persönlicher Werte" (AdC,
80).

Auch das Judentum kennt natürlich den Begriff der göttlichen Liebe.
Ihm gegenüber aber sieht Troeltsch die Besonderheit Jesu darin, daß in seiner Ankündigung des nahenden Gottesreiches der Gedanke der Liebe Gottes vergrundsätzlicht und universal entschränkt wird. Seine Eschatologie hat
folglich den prophetischen Theismus vollendet.[45] Insofern liegt in ihr die
„Kraft" des Christentums.[46] Sie ist der „Kernpunkt" (AdC, 75), an dem
Jesus den Prophetismus überschreitet. Durch sie wird die Stufe einer be-
dingungslosen, religiösen Universalität erreicht. Die Universalität der jesuanischen Botschaft vom Gottesreich ist „eine nicht bloß thatsächlich behauptete Allgemeingiltigkeit, sondern sie fließt aus der inneren Wesensnothwen-
digkeit Gottes selbst, der aus Liebe die Welt schaffend, seine Geschöpfe aus
Welt und Irrthum, Schuld und Mißmuth zu sich zurückführen muß ⟨...⟩
Seine Gnade ist nicht Willkür und seine Gebote sind nicht bloße Satzung,
beide fließen aus seinem Wesen und verwirklichen sich von innen heraus

---

[44] „Der Wille bleibt die Voraussetzung des Wesens; aber der Zweckgedanke ist nicht
mehr die Ehre Gottes, sondern ein innerer Kreis, als dessen Zentrum das Gottesreich erscheint" (GL, 155).

[45] Zum Zusammenhang von Theismus und Eschatologie vgl. E. Troeltsch: Eschatologie IV. dogmatisch, 627ff.

[46] „Die Kraft der großen Religionen ist ihre Eschatologie. Wo ihnen der Glaube an
das Jenseits erlahmt, ist auch ihr Gottesbegriff gelähmt ⟨...⟩" (SdR III, 194).

durch die Liebe zu Gott, der seine Kinder zuerst geliebt hat" (CuR, 437).

Durch seinen Gottesgedanken unterscheidet sich Jesus für Troeltsch nicht nur graduell, sondern qualitativ von anderen religiösen Genies: „Es ist der einzige vollkommene Bruch mit den Grenzen und Bedingungen der Naturreligion ⟨...⟩" (AdC, 78). Begründet wird diese Aussage durch die Verschränkung eines weltanschaulichen Idealismus mit einer reformulierten reformatorischen Gnadentheologie: die menschliche Individualität wird durch das einseitige und bedingungslose Erlösungshandeln Gottes konstituiert und stabilisiert. Die Gottes- und Erlösungsvorstellung Jesu führen zu einer Befestigung des Persönlichkeitsgedankens, wie sie von keiner anderen Religion erreicht wird. Mit den Gesetzesreligionen verbindet Jesus der Glaube an einen weltunterschiedenen, voluntaristisch bestimmten Gott. Im Unterschied zu diesen aber hofft er, daß die menschliche Seele allein durch die Gnade Gottes vollständig dieser Welt entnommen werde. Mit den östlichen Religionen verbindet Jesus das tiefe Erlösungsbedürfnis. Anders als diese jedoch sieht er das Heil der Seele nicht in ihrer Auflösung, sondern in ihrer Erhöhung und transzendenten Befestigung. Mit seinen spezifischen Vorstellungsgehalten überwindet Jesus die innere Aporetik von Gesetzes- und nicht-personalistischer Erlösungsreligion. Beide Typen zielen auf eine Weltüberwindung und bleiben doch in den natürlichen Gegebenheiten befangen. Die Gesetzesreligionen machen die „natürliche", ethische Leistungsfähigkeit des Menschen zur Voraussetzung der Erlösung. Die nicht-personalistischen Erlösungsreligionen besitzen keine Vorstellung von Gott als einem naturüberlegenen Gegenüber und können sich darum Weltüberwindung nur als Weltflucht denken. Erst Jesus löst das grundlegende religiöse Problem der Differenz von Geist und Natur dadurch, daß er beide Prinzipien in der Gottesvorstellung zur klarsten Unterscheidung und zugleich zur höchsten Ausgleichung bringt: Gott der Erlöser entnimmt den Menschen der natürlichen Welt; aber Gott der Schöpfer weist ihm dort einen Ort und eine ethische Aufgabe zu. Die Religion Jesu steht Troeltsch zufolge jenseits des illusionären Optimismus der Gesetzesreligion, aus eigener Kraft das Heil zu erlangen, und jenseits des illusionären Pessimismus des religiösen Monismus, die Welt und sich selbst auflösen zu können. Von seiner Gottesvorstellung aus radikalisiert Jesus die Differenz von Geist und Natur und versöhnt sie zugleich: Die von ihm ausgesprochene „Verneinung und Bejahung ⟨der Welt⟩ zusammen bringen die wahre höhere Welt hervor in einer Kraft und Selbständigkeit, wie sie sonst nirgends erlebt wird" (ebd.).

Hieran schließt sich ein Argumentationsgang an, in dem Troeltsch die Religionen nach der Universalität ihres jeweiligen Geltungsanspruchs in ein Stufenverhältnis bringt.[47] An der erreichten Universalität bzw. der bleibenden Partikularität der Ansprüche läßt sich exemplarisch die jeweilige Überwindung natürlicher Gegebenheiten ablesen. Das Christentum als die höch-

---

[47] AdC, 105–113; vgl. HuÜ, 71–74.

ste Religion formuliert „den freiesten und innerlichsten Absolutheitsanspruch" (AdC, 112). Schon Jesus durchbricht alle partikularen Beschränkungen und richtet seine Botschaft vom kommenden Gottesreich an alle. Die letzte bleibende „Partikularität" ist er selbst und sein Offenbarungsanspruch. In diesem spricht sich die gewonnene geistige Höhenlage aus, in der es für den Heilsempfang keine natürlichen Bedingungen mehr gibt: „Wie das Christentum diese Gegenüberstellung ⟨gegen die Natur⟩ allein prinzipiell vollendet, so ist auch sein Absolutheitsanspruch der innerlich freieste und allgemeinste, der am innigsten bloss mit der Seele des Stifters und mit keinem Buchstaben verbundene ⟨...⟩" (AdC, 126).

Will man die bisher diskutierten Ausführungen Troeltschs beurteilen, genügt es nicht, auf ihre vereinseitigende Konstruktivität und die spätidealistische Terminologie hinzuweisen. Plausibel jedenfalls erscheint Troeltschs Anliegen, den „Erfolg" des Christentums als neuer Weltreligion aus dessen besonderen Inhalten einsichtig zu machen.[48] Die religionsgeschichtliche Wende der vorderasiatischen und europäischen Spätantike ist kein Zufall, sondern kann aus einem größeren religionsgeschichtlichen Kontext verstanden werden. Darum zeichnet Troeltsch Jesus und das Urchristentum in eine lange Problemgeschichte ein. Indem er die Gottes- und Erlösungsvorstellungen ins Zentrum rückt, kann er dem ihm vorliegenden historischen Befund Rechnung tragen und die Beziehung zur religiösen Umwelt und Vorgeschichte klären. Kontextgebundenheit wie Eigenart werden gleichermaßen reflektiert. So sieht Troeltsch Jesus einerseits fest im Erbe des prophetischen Gottesglaubens verwurzelt. Zugleich erkennt er in seiner Eschatologie ein Moment, das über die damalige, frühjüdische Religiosität hinausweist. Andererseits bezieht Troeltsch das Urchristentum konstruktiv auf die hellenistische Spätantike. Am Ende des Jesus-Kapitels der „Soziallehren" etwa beschreibt er die Analogie zwischen Jesus und der Stoa. Beide erreichen die Stufe der religiös-ethischen Überweltlichkeit, indem sie „ein auf reine religiöse Gedanken begründetes Menschheitsideal" (GS I, 57) vertreten. Im Urchristentum strömen diese Kräfte „zusammen und bauen gemeinsam ein neues soziologisches und dann auch sozial-politisches Ideal auf, das bleibend seine innere Spannung gegen die rein innerweltlichen Lebensformationen ⟨...⟩ behält ⟨...⟩" (ebd.). Troeltschs Perspektive ermöglicht es, Jesus und das Urchristentum mit den anderen „westlichen" Religionen in ein ebenso konstruktives wie kritisches Verhältnis zu setzen.

Einleuchtend ist, daß Troeltsch nicht nur die vorchristliche Religionsgeschichte, sondern auch die Wirkungsgeschichte Jesu als dynamischen Prozeß beschreibt. Die Stiftung des Christentums markiert nicht den abschließenden Höhepunkt der Religionsgeschichte, sondern die „Mitte der Zeit". Jesus setzt aus sich eine Geschichte heraus, die ihre Einheit und ihren ge-

---

[48] Mit dieser religiösen Deutung ist die Relevanz politischer und sozialer Faktoren selbstverständlich nicht negiert, sondern ihr untergeordnet.

schichtsphilosophischen Wert in einer profilierten inneren Spannung besitzt: „Es ⟨das Wesen der prophetisch-christlichen Religion⟩ hat eine unab-
geschlossene Bewegungsfähigkeit in sich, aber diese Bewegung geht doch
immer aus der einen Grundrichtung hervor; und auf diesem engen Zusammenhang aller Bewegungen, auf der Unerschöpflichkeit der Grundrichtung
und der in dieser enthaltenen inhaltlichen Eigentümlichkeit des Christentums beruht vor allem sein Gefühl, die Wahrheit für Alle, für die Menschheit zu sein" (ThL II, 656).

Der Gottesgedanke Jesu entfaltet nach der Deutung Troeltschs eine große
Wirkungsgeschichte. Er begründet ein eigentümlich dialektisches Verhältnis
zur Kultur.[49] Er entläßt aus sich ein neues Verständnis der sozialphilosophischen Prinzipien der Universalität und Individualität.[50] Er verknüpft sich
mit einer dauerhaften Verehrung Jesu als seines vorzüglichsten Mediums.[51]
Diese Aspekte haben Troeltsch zufolge ihren gemeinsamen systematischen
Grund in der Verbindung von Gottes- und Persönlichkeitsgedanken.

Troeltsch erkennt die primäre Bedeutung der jesuanischen Predigt vom
Reich Gottes darin, neben dem Universalismusgedanken[52] den Gedanken
der Individualität einer transzendenten Begründung zugeführt zu haben. Jesus hat den „unendlichen Wert der Menschenseele" verkündigt. Diese häufig von Troeltsch verwendete Formulierung[53], die auch von Harnack pointiert gebraucht wurde[54], geht auf Hegel zurück. Dieser hatte die universalhi-
storische Funktion des Christentums darin gesehen, den Individualitätsgedanken religiös grundgelegt zu haben: „Diese Idee ist durch das Christentum in die Welt gekommen, nach welchem das Individuum als solches einen
unendlichen Wert hat, indem es Gegenstand und Zweck der Liebe Gottes,
dazu bestimmt ist, zu Gott als Geist sein absolutes Verhältnis, diesen Geist in
sich wohnen zu haben, d.i. daß der Mensch an sich zur höchsten Freiheit
bestimmt ist."[55] Daran knüpft Troeltsch an. Die Überwindung der „Natur"
zugunsten einer Welt des „Geistes" versteht Troeltsch als Prozeß der Realisierung ethischer Freiheit: „Das Wesen dieses Geisteslebens ist die Freiheit
als Aufgabe der Selbstbestimmung durch die Ideen gültiger Wahrheiten und
unbedingter Werte ⟨...⟩" (GL, 287). Die ethische Freiheit, in der sich
menschliche Individualität vollendet, kann kein positiv Vorhandenes sein.
Sie ist ein vorausliegendes, ideales Telos: „Dieses Ich ist kein Gegebenes,
sondern ein Aufgegebenes" (GL, 294). Daß dieses Telos erreicht werden
kann, dafür steht der Gott Jesu. Sein personal gefaßter Gottesbegriff gibt

---

[49] S. u. III. C.
[50] S. u. III. B.
[51] S. u. III. D. 2. und 3.
[52] S. u. III. B.
[53] SdR III, 202; GS I, 28 Anm. 17, 36, 39; GL, 76, 111.
[54] A. v. HARNACK: Das Wesen des Christentums, 40, 40–45, vgl. DERS.: Lehrbuch der
Dogmengeschichte I⁴, 80.
[55] G. W. F. HEGEL: Enzyklopädie der philosophischen Wissenschaften III, § 482, 301 f.

dem Gedanken der Persönlichkeit überhaupt eine letzte Realität. Seine universale Entschränkung der Gottesbeziehung bildet den Grund für die Hoffnung, daß menschliche Individuen ihre „natürliche" Unfreiheit überwinden können. Dadurch, daß Jesus Gott jeden einzelnen als einzelnen in sein Reich berufen läßt, gibt er der menschlichen Individualität eine letzte, religiöse Steigerung. Darum ist das Christentum für Troeltsch „die entscheidende und prinzipielle Wendung zur Persönlichkeitsreligion gegenüber allem naturalistischen und antipersonalistischen Verständnis Gottes" (GL, 71).

Worin unterscheidet sich Troeltsch nun – um die Eingangsfrage dieses Kapitels wiederaufzunehmen – systematisch von einem „bürgerlichen Persönlichkeitskult", zu dem er zumindest in semantischer Nähe steht? Von einer klassenspezifischen Vereinnahmung des Individualitätsbegriffs trennt ihn vor allem dessen strikt religiöse Fassung. Unendlich ist der „Wert der Menschenseele" deshalb, weil er durch die Gottesbeziehung gestiftet wird. Er läßt sich in diesem Sinne weder individuell-personal noch gesellschaftlich-kulturell unmittelbar positivieren. Auch wenn seine Verwirklichung ethische Aufgabe wird, fällt sie darum niemals zusammen mit einer unbesonnenen Fortschrittsfreude im Sinn der neuzeitlichen Emanzipationsgeschichte des Individuums. Unendlich ist der „Wert der Seele" genau deshalb, weil er mit keinem anderen, innerweltlichen Wert abgegolten werden kann. Troeltschs Persönlichkeitsbegriff steht damit kritisch gegenüber einer naturrechtlich-ökonomischen Zivilisation, für die das Tauschprinzip oberste Geltung erlangt hat. Dies hat Troeltsch angesichts realer Einschränkungen und Entwertungen menschlicher Individualität in der Moderne in den unterschiedlichsten Zusammenhängen wiederholt eingeschärft.[56] Seine Deutung der transzendenten Begründung des Individualitätsgedankens bei Jesus ist darum nicht einfach eine Variante ideologischer Selbstverklärung des neuzeitlichen Subjekts, sondern bildet die Grundlage einer Ideologiekritik bürgerlicher Zivilisation.

In einer Miniatur hat Troeltsch seine geschichtsphilosophische Beurteilung Jesu zusammengefaßt: „Auf den Trümmern der antiken Volksreligionen erhebt sich aus dem kleinen jüdischen Volke die religiöse Kraft, die alle frei gewordenen religiösen Kräfte dieser zerstörten Welt und alle hier aufstrebenden, tiefsinnigen religiösen Neubildungen an sich zieht. Aus der Seele eines einzigen Menschen, der ganz im Gedankenkreise seines Volkes lebt und doch eine unvergleichliche schöpferische Originalität besitzt, der sein Leben an das Schwierigste und Grösste setzt, und bei dem doch das Einfachste das Gewaltigste ist, ergiesst sie sich in die Kreise der Namenlosen, der Kleinen und Gedrückten, der verborgenen Helden des Leidens und der Arbeit, der unphilosophischen und unlitterarischen Menschen, um aus ihnen emporsteigend eine ermattende Welt zu erneuen, Staat, Wissenschaft und Kunst, Familie und Gesellschaft mit neuen Kräften zu durchdringen und aller Zukunft das große Problem zu stellen, wie sie mit dem einzigen,

---

[56] S. u. III.C. 1. und 3.

wahrhaftigen und bleibenden Wert des Lebens, mit der Religion, die wechselnden und bedingten Werte der Kultur verbinden wolle" (AdC, 89f). Diese Passage ist ein gelungenes Beispiel für eine religiöse Ausdeutung der christlichen Religionsgeschichte. Die „Offenbarung", die Jesus bringt, entzieht sich nicht der konkreten religionsgeschichtlichen Betrachtung. Insofern ist sie auch ein nachvollziehbares, geschichtliches Ereignis. Und doch besitzt sie eine besondere – soteriologisch qualifizierte – „Kraft". Jesus vermittelt ein Gottesbewußtsein, das jedem einzelnen die Teilhabe an einer absoluten, transzendenten Freiheit verheißt und gerade dadurch die Bedingungen des kulturellen Lebens von Grund auf verändert. Insofern markiert Jesus den Höhepunkt der Religionsgeschichte. Voraussetzung dieses Urteils – und darin zeigt sich sein unhintergehbarer normativ-praktischer Aspekt[57] – ist allerdings, daß dem Individualitätsgedanken überhaupt ein besonderer religiöser Wert zugemessen wird.

4. Die Religion des europäischen Kulturkreises

Troeltschs Spätschriften bringen an der soeben vorgestellten Konzeption eine entscheidende Modifikation an.[58] Mit ihr wird eine neue Stufe der historischen Selbstkritik der Christentumsauffassung erreicht. Sie stellt keinen Bruch mit früheren Argumentationen dar, sondern ist das Ergebnis einer vertieften Klärung von den eigenen Voraussetzungen her.

Troeltsch formuliert eine radikale Kritik an universalhistorischen Deutungen vom Individualitätsgedanken aus.[59] Indem er die Einsicht in die unhintergehbare Einzigartigkeit positiver Religionen konsequent geltend macht, kann er Jesus und das Christentum nicht länger als Zielpunkt der allgemeinen Religionsgeschichte beschreiben. Er restringiert seine Entwicklungsdeutung auf die – in einem weiteren Sinn – europäische Religionsgeschichte. Denn nur hier liegt „ein wirklicher einmaliger, individueller und konkreter Werdezusammenhang auf das gemeinsame Kulturergebnis hin ⟨…⟩"[60] vor, auf den der Entwicklungsgedanke angewendet werden kann. Schon in seinen älteren Schriften hatte Troeltsch den Anfang des Christentums nur als Konvergenzpunkt der Religionsgeschichte der vorderasiatischen und hellenistischen Spätantike darstellen können. Die großen Religionen des Ostens hatte er eher alternativ gegenübergestellt, als daß er sie in eine Entwicklungssequenz mit dem Christentum als Abschluß integriert hätte. Nun läßt Troeltsch explizit den Anspruch fallen, daß das Christentum den Konvergenzpunkt aller religionsgeschichtlichen Tendenzen bilde.

---

[57] S. o. I. C. 4.
[58] Vgl. bes. „Über die Möglichkeit eines freien Christentums" (1910); „Ostern" (1918); „Der Aufbau der europäischen Kulturgeschichte"(1920); „Die Stellung des Christentums unter den Weltreligionen" (1923; in HuÜ, 62–83).
[59] Vgl. bes. HuÜ, 75.
[60] E. Troeltsch: Der Aufbau der europäischen Kulturgeschichte, 5.

Daß Troeltsch den Individualitätsgedanken in dieser Weise kritisch gegen das Projekt einer Universalhistorie ins Feld führt, ist auch bedingt durch eine stärkere Berücksichtigung der Kulturgeschichte. Religiöse Vorstellungen liegen immer nur innerhalb ihrer kulturellen Zusammenhänge vor, deren höchster Ausdruck sie sind. Troeltschs methodische Konsequenz lautet: „Will man sie ⟨die Hochreligionen⟩ einer Wertvergleichung unterziehen, so kann man nicht die Religionen für sich, sondern stets nur die ganzen Kultursysteme selbst vergleichen, zu denen die Religionen jedesmal als ihr unablösbares Ingrediens gehören" (HuÜ, 78f.). Die religiösen Gehalte des Christentums können nicht abstrakt gegen die anderer Religionen gesetzt werden, denn es selbst ist nur verstehbar und „möglich auf dem Boden der antiken Kultur und der romanisch-germanischen Völker" (HuÜ, 75). Da es aber unablösbar mit der „Individualität des Europäertums" (HuÜ, 76) verbunden ist, kann es nicht als Zielpunkt der außereuropäischen Religionen gedeutet werden.

Diese Beschränkung des geschichtsphilosophischen Urteils erscheint lediglich auf den ersten Blick als resignatives Scheitern. Troeltsch läßt den hypertrophen Anspruch seiner Frühschriften fallen, eine „Gottmenschlichkeit der Religionsgeschichte" (SdR II, 94) zu rekonstruieren und zu objektiven Wertaussagen von universaler Geltung zu gelangen. Im folgenden aber soll der Versuch unternommen werden, zu dieser Lesart eine Interpretationsalternative vorzustellen, die Troeltschs spätere Ausführungen konstruktiv deutet und als Klärung dessen versteht, was in seinen Frühschriften systematisch zumindest implizit auch angelegt war.

Religionsgeschichtliche Vergleiche und Entwicklungskonstruktionen werden mit der Beschränkung des geschichtsphilosophischen Urteils auf den europäischen Kulturraum nicht überflüssig, sondern übernehmen eine neue Funktion.[61] Die Aufgabe, die universale Höchstgeltung einer Religion zu erweisen, können sie nicht mehr erfüllen. Statt dessen dienen sie einer normativen und religiösen Selbsterfassung europäischer Kultur in historischer Perspektive. Die Entwicklungsgeschichte gibt genetischen Aufschluß über den eigenen Standort. Der religionsgeschichtliche Vergleich, bei Troeltsch weitgehend auf die Auseinandersetzung mit dem Buddhismus konzentriert, führt zur Profilierung des Eigenen in der Konfrontation mit dem Fremden.[62] Innerhalb einer geistigen Atmosphäre, die stark von einem

---

[61] Gegen R. BERNHARDT: Der Absolutheitsanspruch des Christentums, 145–149.

[62] Dies wird an einer Marginalie deutlich. Mit einer Mischung aus Sympathie und Skepsis erwähnt Troeltsch die damals heftige Kontroverse über den indischen Missionar Sundar Singh (HuÜ, 82). Gegenüber allen Hoffnungen auf eine Christianisierung Indiens hält Troeltsch daran fest, daß „die großen Offenbarungen der verschiedenen Kulturkreise trotz einiger Verschiebungen an den Rändern geschieden bleiben ⟨...⟩" (HuÜ, 82 f.). In dieser Äußerung zeigt sich, daß Troeltsch trotz anscheinend geringer Kenntnisse des sensationalistisch hochgespielten Falls eines christianisierten indischen Sadhu aufgrund seiner geschichtsphilosophischen Grundauffassung zu einer sehr realistischen Einschätzung gelangte. Zur damaligen Diskussion vgl. M. BIEHL: Der Fall Sadhu Sundar Singh.

weltanschaulichen Monismus und einer vor allem von Schopenhauer beein-
flußten Rezeption hinduistischer und buddhistischer Vorstellungselemente
bestimmt ist, dient der religionsgeschichte Vergleich der eigenen Herkunfts-
vergewisserung und der Einsicht in die eigene kulturelle Geprägtheit. Er
übernimmt darin eine ideologiekritische Funktion, daß er die Hoffnung auf
ein Überspringen der eigenen kulturellen Bedingtheit als Illusion entlarvt.

Die paradoxe Programmformel einer „Universalgeschichte der europäischen Kultur"[63] bezeichnet über weite Strecken eine Geschichtsphilosophie
der Religionen, die auf die normative Durchdringung der eigenen Kultur
zielt.[64] An die Möglichkeit einer freien Wahl zwischen den Religionen ist
nicht mehr gedacht. Die Hochreligionen bilden distinkte Kulturkreise und
Vorstellungswelten, die als letzte Alternativen nebeneinanderstehen. Eine
„Horizontverschmelzung" ist ausgeschlossen. Aber auch wenn die geschichtsphilosophische Deutung sich primär auf die eigene religiöse Welt
bezieht, werden die übrigen Religionen keineswegs bedeutungslos. Vielmehr werden sie wegen ihrer kontrastierenden Funktion für das eigene kulturelle Selbstverständnis auf neue Weise wichtig. Die Restriktion der Geschichtsphilosophie ist konstruktiv, weil sie von apologetischen Motiven
entlastet und auf das eigentliche Problem der Selbstdeutung konzentriert.
Das normative Urteil wird nicht ausgeschlossen, sondern transformiert. Der
christlichen Religion wird eine konstitutive Bedeutung für ihren Kultur-
kreis zugesprochen: „Die Geltung des Christentums besteht vor allem darin,
daß wir nur durch es geworden sind, was wir sind, und nur in ihm die religiösen Kräfte behalten, die wir brauchen" (HuÜ, 77).

Auch wenn seine Ausführungen gelegentlich an eine Ideologie des
„Abendlands" erinnern und kulturchauvinistische Vorbehalte vermuten lassen, möchte sich Troeltsch doch deutlich von einem nur philosophisch ver-
brämten „Europäerhochmut"[65] absetzen. Seine Geschichtsphilosophie des
„Europäismus" intendiert keinen affirmativen Eurozentrismus im Sinne einer normativen Verklärung imperialistischer Politik. In ihr artikuliert sich
die realistische Einsicht in unüberbrückbare Kulturunterschiede und ein
tiefer Respekt vor differenten Glaubensvorstellungen. In diesem Zusam-

---

[63] E. Troeltsch: Der Aufbau der europäischen Kulturgeschichte, 8.

[64] „Wir können die Religion nicht entbehren, aber die einzige, die wir vertragen können, ist das Christentum, weil es mit uns gewachsen ist und ein Teil unserer selbst ist"
(HuÜ, 77).

[65] E. Troeltsch: Der Aufbau der europäischen Kulturgeschichte, 6; vgl. HuÜ, 90. Die
europäische Konzentration der Geschichtsphilosophie hat auch eine imperialismuskriti-
sche Seite und ist hierin eine Selbstkorrektur gegenüber früheren Auffassungen Troeltschs.
In „Die Selbständigkeit der Religion" hatte Troeltsch den Missionserfolg des Christentums als Indiz seines besonderen Wertes angesehen: „Nur das Christentum ⟨…⟩ hat hoch-
stehende Kulturen und Religionen erobert und arbeitet noch gegenwärtig an allen Punkten der Erde mit größerem oder geringerem Erfolge" (SdR III, 200; ebenso CuR, 438).
Diese Ausdeutung der kolonialistischen Durchsetzungskraft des europäischen Christentums hat Troeltsch nun aufgegeben.

menhang steht Troeltschs Kritik der traditionellen Missionspraxis.[66] Zugleich aber versucht seine restringierte Geschichtsphilosophie, einen Beitrag für eine innereuropäische Verständigung zu leisten. Jenseits nationaler Sonderwege und konfessioneller Spaltungen soll die Besinnung auf gemeinsame religiöse Prinzipien reale Konflikte überwinden helfen.

Der neuen Aufgabenbestimmung der Geschichtphilosophie liegt der Gedanke einer pluralistischen Geschichtsteleologie zugrunde. Das ideele Telos der Geschichte ist keine unterschiedslose Einheit, sondern eine Vielzahl von Höhepunkten, in denen die individuellen Kulturen ihre je eigene Vollendung finden: „Das ist das allgemeine Gesetz der Geschichte, daß die göttliche Vernunft oder das göttliche Leben in der Geschichte sich in immer neuen und immer eigenartigen Individualisationen offenbart und eben deshalb überhaupt nicht auf Einheit und Allgemeinheit, sondern auf *Steigerung jedes individuellen Lebenskreises* zu seinen reinsten und höchsten Möglichkeiten in sich abzielt" (HuÜ, 69f.; Hhg. v. Vf.). Den „gemeinsamen Zielpunkt" (HuÜ, 81) der Religionsgeschichte verlagert Troeltsch in eine überzeitliche Zukunft. Eine Einheit der Geschichte kann er nur denken als deren metaphysischen Grund oder eschatologisches Ziel.[67] Der Bereich erkennbarer Geschichte dagegen zeigt in den verschiedenen Kulturräumen eine Mannigfaltigkeit von Konvergenzpunkten. Diesem Geschichtsbild liegt nicht allein der Gedanke historischer Individualität, sondern auch ein im engeren Sinn theologisches Motiv zugrunde. Hier zeigt sich das überkonfessionell-religiöse Profil von Troeltschs Geschichtsphilosophie. Denn Troeltsch möchte die prinzipielle Unterscheidung zwischen Gott und Mensch gewahrt sehen: das Absolute darf nicht durch die Identifizierung mit einer historischen Gestalt verdinglicht werden und muß doch auf die menschliche Geschichte bezogen werden können.[68]

Inwiefern sind Jesus und das Christentum höchster Ausdruck und unüberbietbare Steigerung der letzten Annahmen des europäischen Kulturkreises? Troeltschs Antwort schließt an die früheren Schriften an. Das gemeinsame Moment der europäischen Kultur benennt er mit dem Begriff der Persönlichkeit (HuÜ, 77). Dieser ist so weit gefaßt, daß er eine Fülle von inhaltlichen Ausgestaltungen umgreift. Eine profilierte Kontur gewinnt er erst, wenn er als unterscheidendes Merkmal nicht-personalistischen Religionen gegenübergestellt wird. Das Differenzmoment besteht darin, daß das

---

[66] Hierzu K. FECHTNER: Volkskirche im neuzeitlichen Christentum, 177ff.

[67] „Und wie so ein letztes gemeinsames Ziel im Unbekannten, Zukünftigen und vielleicht Jenseitigen liegt, so liegt ein gemeinsamer Grund in dem ans Licht und ins Bewußtsein drängenden göttlichen Geiste, der im endlichen eingeschlossen ist und aus dessen letzter Einheit mit dem endlichen Geiste die ganze vielfältige Bewegung erst hervorgeht" (HuÜ, 83).

[68] Vgl. die Schlußsätze: „Das göttliche Leben ist in unserer irdischen Erfahrung nicht ein Eines, sondern ein Vieles. Das Eine im Vielen zu ahnen, das aber ist das Wesen der Liebe" (HuÜ, 83).

Christentum den Gedanken einer transzendent begründeten Persönlichkeit formuliert hat, während Troeltsch den „östlichen" Persönlichkeitsbegriff weithin in einem weltanschaulichen Naturalismus verbleiben sieht. Durch den einerseits überweltlich ausgerichteten, andererseits ethisch qualifizierten Persönlichkeitsgedanken begründet das Christentum eine Dialektik von religiöser Weltüberwindung und ethischer Weltgestaltung, wie sie im Kulturraum der östlichen Hochreligionen Troeltsch zufolge keine Parallele besitzt. Die Differenz zwischen Natur und Geist, die allem Humanen zugrundeliegt, wird nicht durch die Vorstellung einer Weltüberwindung qua Auslöschung des Selbst bewältigt. Sondern die unterschiedlichen kulturellen Strömungen Europas zielen auf eine Weltüberwindung durch die Bildung einer naturüberlegenen, ethischen Individualität. Diese „Idee", vorbereitet im „Hebraismus"[69] und Hellenismus, findet ihre konsequente religiöse Formulierung bei Jesus. Seine voluntaristische Gottesvorstellung, seine Ethik und Erlösungshoffnung bieten eine letzte Begründung des Persönlichkeitsgedankens. Die Christentumsgeschichte, in der die Botschaft Jesu in unterschiedlichster Weise angereichert und ausgedeutet wird, besitzt darum eine prinzielle Bedeutung für die europäische Kultur. Das Christentum ist das „Schicksal"[70] Europas, denn es bietet die letzte Formulierung und Sicherung ihres diakritischen Prinzips. Insofern ist das Christentum „der tiefste Vereinigungspunkt unsrer weitverzweigten Geistigkeit"[71]. Es bietet die Voraussetzungen, die jede europäische Individualitätskultur in Anspruch nimmt, ohne sie selbst herstellen zu können: „Er ⟨der christliche Theismus⟩ bleibt heute wie immer der Mittelpunkt und Halt für jede Behauptung absoluter persönlicher Lebenswerte."[72]

Trotz seines gedanklichen Bemühens um Integration ordnet nun Troeltsch christliche Religion und europäische Kultur einander nicht in einem harmonistischen Modell zu. Schon seine Deutung der allgemeinen Religionsgeschichte ging von einer Grundspannung, nämlich der Differenz von Natur und Geist, aus. Seine Wesensbestimmung des Christentums konzentrierte sich auf dessen interne Polaritäten. Dementsprechend erkennt er das Spezifische der europäischen Kultur in einem Antagonismus, der eine besondere „Energie" (HuÜ, 77) freisetzt. Mit besonderer Rücksicht auf

---

[69] Da die christliche Gottesvorstellung sich weitgehend dem Erbe der Propheten Israels verdankt, besitzt der Hebraismus in Troeltschs Theorie des Europäismus eine nicht nur transitorische Funktion (vgl. bes. GS IV, 820f.). K. Nowak (Kulturprotestantismus und Judentum in der Weimarer Republik, 27–30) macht allerdings darauf aufmerksam, daß bei Troeltsch eine Spannung in der Bewertung des Hebraismus und des Judentums besteht. Während ersterer als dauerhaft relevante Kulturgröße erscheint, fällt letzteres aus der Betrachtung heraus. Nowaks Schrift bietet zudem einen Überblick über Troeltschs eindeutiges Eintreten gegen den Antisemitismus sowie seine latenten antijudaistischen Ressentiments.

[70] E. Troeltsch: Ostern, 4.

[71] Ebd.

[72] E. Troeltsch: Über die Möglichkeit eines freien Christentums, 337.

diesen Sachverhalt beschreibt Troeltsch in einer Oster-Meditation das Wesen des Christentums: „Die höchste Aufgipfelung zur Persönlichkeit durch die Hingabe an einen heiligen, gnadenvollen, vergebenden, höchste Willens- und Schaffenskraft einflößenden Gotteswillen und der Umschlag dieses höchsten Individualismus in die Liebe zu den mit uns in Gott geeinigten und zusammengeschmolzenen Brüdern, die rastlose Arbeit an der Welt im Dienste der Persönlichkeitsvollendung und der brüderlichen Persönlichkeitsgemeinschaft und der Umschlag dieser Arbeit in die innerlichste Ruhe und Stille, aus der sie ausströmt und in die sie zurückkehrt, als in eine ewige überirdische Wesenswelt, die schärfste Spannung zwischen der sinnlich-irdischen Welt der Selbstliebe und der Umschlag dieser Spannung in die innerste Einheit von Göttlichem und Menschlichem, Schöpfer und Schöpfung, Geist und Leib: das ist der Sinn der christlichen Religiosität."[73] Der Individualitätsgedanke ist ein dynamischer Impuls, der auf die Übersteigung jedes erreichten Fortschritts zielt. Er vollzieht sich in Aufbau und Kritik, ist kulturbestimmend und weist doch über jede soziale, künstlerische und politische Vergegenständlichung hinaus. Weil Jesus den Individualitätsgedanken zur höchsten Idealität steigert, hat er für den „Europäismus" eine ebenso konstitutive wie kritische Bedeutung. Seine Botschaft leistet eine religiöse Begründung menschlicher Individualität und überbietet zugleich jeden erreichten „Fortschritt" durch die Hoffnung auf eine letzte Überwelt. Der Konflikt zwischen Kultur und Religion ist darum ein Grundmerkmal europäischer Geschichte.

Von hier aus widerspricht Troeltsch Konzeptionen einer nach-christlichen, monistischen „Religion der Zukunft".[74] Ihnen gegenüber muß er keine prinzipielle „Unüberschreitbarkeit des Christentums" (GL, 41) statuieren, was angesichts der Unabgeschlossenheit der Geschichte auch unmöglich wäre. Er kann sich darauf beschränken, die inhaltliche Überlegenheit des Evangeliums und die religionspsychologische Notwendigkeit des Jesusbildes[75] nachzuweisen. Gegenüber sensationellen Programmen, die eine Perfektibilität der Religion und die Überwindung des jesuanischen Christentums proklamieren[76], reagiert Troeltsch mit begründeter Skepsis. Sein religionsgeschichtlicher Überblick läßt ihn religiösen Utopismen gelassen entgegensehen. Dem aggressiven Antijesuanismus eines Arthur Drews[77] etwa

---

[73] E. Troeltsch: Ostern, 4f.
[74] Vgl. SdR III, 218; SdR IV, 198f.; AdC, 30f.; BdG, 23; GS II, VII; GL, 91; E. Troeltsch: (Rez.:) T. KAFTAN: Ernst Tröltsch, 728; DERS.: Weiterentwicklung der christlichen Religion, bes. 1885.
[75] S. u. III. D. 2. und 3.
[76] Vgl. E. Troeltsch: Über die Möglichkeit eines freien Christentums, 340; sowie die informative Studie von G. KÜENZLEN: Der neue Mensch.
[77] DREWS sah im Jesus-Glauben das wichtigste Hindernis des religiösen Fortschritts (A. DREWS: Die Christusmythe, bes. XI). Um seinen an Eduard von Hartmann gebildeten religiösen Monismus zu plausibilisieren, versuchte er, die Historizität Jesu zu bestreiten. Dazu

begegnet er mit einer kritischen Konservativität und undogmatischen Herkunftstreue. Sein wichtigstes Gegenargument besteht darin, eine konstitutive Bezogenheit des Individualitätsgedankens auf die Botschaft Jesu aufzuzeigen. Dies ist der wesentliche systematische Gehalt der Auseinandersetzung mit einem weltanschaulichen Monismus, die sein gesamtes Werk durchzieht.[78]

Man kann sich häufig des Eindrucks nicht erwehren, daß Troeltsch bei der Vergleichung zwischen westlichen und östlichen Religionen weniger an einer wirklichen Durchdringung der asiatischen Hochreligionen interessiert ist als vielmehr an einem innereuropäischen Weltanschauungskampf. Seine Abgrenzung von Buddhismus und Hinduismus scheint vor allem durch das Motiv geprägt zu sein, Argumente gegen einen „westlichen" Monismus bereitzustellen. Troeltschs mitunter allzu grobflächliche Wahrnehmung der asiatischen Hochreligionen ist auch die Folge von gegenwartspraktischen Interessen. Die Tatsache, daß sich Troeltsch so wenig mit materialen Einzelfragen des west-östlichen Religionsvergleichs[79] befaßt, mag sich also auch daraus erklären, daß sein primärer Argumentationsgegner nicht eigentlich genuine Buddhisten und Hinduisten, sondern eben deren europäische Epigonen sind. In Troeltschs Perspektive erscheint diese Strömung einer nachchristlichen bürgerlichen Religion als Eskapismus vor steigender Differenzierung. Die Komplexität und Segmentierung der modernen Gesellschaftsstruktur führen dazu, „daß der moderne Mensch eine gewisse Hellhörigkeit für die Dinge der Allheit hat" (GL, 173). Eine negative Ganzheitlichkeitsideologie soll die reale Zersplitterung des Individuums kompensieren. Doch durch die monistische Vorstellung einer Auflösung der Persönlichkeit in einer nicht-personalistischen Gottheit wird die soziale Depersonalisierung nur religiös verdoppelt. Im Gottesbewußtsein Jesu erkennt Troeltsch eine wesentlich andere und bessere Antwort auf die Bedrohung individueller Freiheit. Dessen transzendente Begründung des Persönlichkeitsgedankens setzt realen Freiheitsbeschränkungen ein letztes Prinzip entgegen. Dies ist Troeltschs Begründung für die Behauptung, Jesus sei auch für das Europa

---

kehrte er die Grundthese der Historischen Theologie um. Diese hatte die Geschichte der Christologie als Vergöttlichung des Menschen Jesu gedeutet. DREWS will in Jesus ein sekundär als Person vorgestelltes Mythologem sehen. Die synoptische Tradition hat ihm zufolge „nur eine Vergeschichtlichung eines ursprünglichen religiösen Mythus" (aaO., 153) zum Inhalt. Vgl. H. WEINEL: Jesus im neunzehnten Jahrhundert, 315–325; B. GERRISH: Jesus, Myth, and History: Troeltsch's Stand in the „Christ-Myth" Debate. Troeltsch hat seine Ablehnung der Thesen von DREWS (GS II, 36–38) deutlich ausgesprochen.

[78] Vgl. ChrW II, 167–198; GS II, 440–448; GL, 130, 141, 148–150, 159 f., 169–176; E. Troeltsch: Über die Möglichkeit eines freien Christentums, 334 f. TANNERS kritische Äußerung, Troeltsch sei an einem „monistischen Persönlichkeitsideal" orientiert (K. TANNER: Von der liberalprotestantischen Persönlichkeit zur postmodernen Patchwork-Identität?, 98), ist schon darum diskussionsbedürftig, weil sie zwei Begriffe zusammenschließt, die für Troeltsch schroffe Alternativen bezeichnen.

[79] Man vergleiche nur, wie intensiv sich etwa Troeltschs Freund Rudolf Otto in die asiatische Religionsgeschichte eingearbeitet hat.

des 20. Jahrhunderts als unüberschrittener Höhepunkt der Religionsgeschichte anzusehen.

Eine aporetische Troeltsch-Deutung wird den großen Abstand zwischen
dem ursprünglichem Anspruch und seiner späteren materialen Durchführung hervorheben. Sie wird darauf hinweisen, wie wenig von der Intention
der Frühschriften, eine „Gottmenschlichkeit" der Religionsgeschichte zu
erweisen und die Höchstgeltung des Christentums objektiv und universal
zu bewähren, in den Spätschriften erhalten bzw. eingelöst ist. In dieser Perspektive erscheint die spätere Position Troeltschs als bloßer Rückzug auf
den eigenen Kulturraum, als bedenklicher Verlust universaler Weite. In dieser Untersuchung jedoch wurde eine hierzu alternative Lesart vorgeschla-
gen, die auf einen langen inneren Klärungsprozeß bei Troeltsch abhebt. Es
sollte gezeigt werden, daß Troeltsch mit guten Gründen eigene falsche Erwartungen an die Möglichkeiten der geschichtsphilosophischen Reflexion
überwunden hat. Und es sollte deutlich gemacht werden, daß Troeltsch mit
der wachsenden Skepsis zugleich neue konstruktive Ansätze erarbeitet hat,
um seiner christlichen Geschichtsphilosophie eine andere, aber ebenfalls
produktive Funktion zuzuweisen. Nach dieser Interpretation läßt sich
Troeltschs christliche Geschichtsphilosophie als Modell einer pluralistischen
Theorie der Religionen lesen. Die Einsicht in die Individualität positiver
Religionen beendet den dogmatischen Wunschtraum, die eigene Position
absolut zu setzen. Gleichwohl bleibt die normative Behauptung des eigenen
Standpunkts möglich, wenn sie denn inhaltlich plausibel ausgewiesen wird.
Dies leistet der Persönlichkeitsbegriff. Troeltschs Argumentation mag als
höchst plakativ erscheinen. Man kann ihr eine Nähe zu bürgerlicher Ideologie nachweisen und ihr eine sehr beschränkte Kenntnis fremder Hochreligionen anlasten. Dennoch besitzt sie eine hohe methodische und inhaltliche
Plausibilität. Wenn Troeltsch sowohl die Differenz zwischen europäischen
und asiatischen Religionen wie auch die Übereinstimmung unter den
christlichen Konfessionen über den Persönlichkeitsbegriff beschreibt, leitet
er methodisch einerseits zu einer Vertiefung, andererseits zu einer Entschränkung der Fragestellung an. Sein am Individualitätsgedanken orientiertes Modell des Religionsvergleichs begreift positive Religionen als um-
fassende Lebensformen. Ihr jeweiliges Verständnis vom Wert des Individuums basiert zum einen auf einer besonderen Auffassung vom Absoluten.
Zum anderen setzt es je eigene ethische Maximen und Kulturgestaltungen
aus sich heraus. Die Konzentration auf den Persönlichkeitsbegriff führt also
dazu, die Religionen mitsamt ihren jeweiligen kulturellen Umfeldern in
Beziehung zueinander zu setzen. Troeltsch stellt die Frage, wie sich das religiöse Subjekt jeweils in seinem Gottes- und Weltverhältnis begreift und
dieses ethisch-kulturell ausgestaltet. Diese Deutungsperspektive erreicht ein
prinzipielleres Niveau und besitzt eine größere kulturtheoretische Weite als
eine dogmatische Komparatistik. Denn es werden nicht einzelne Topoi unter Absehung ihres historisch-kulturellen Kontexts aneinandergehalten,

sondern es werden unterschiedliche Zuordnungen von Religion, Ethik und Kultur verglichen. Dadurch aber werden harmonistische Kurzschlüsse ebenso verhindert wie vorschnelle Überbietungsansprüche.

Inhaltlich ist Troeltschs Modell insofern einleuchtend, als der Persönlichkeitsbegriff eine größtmögliche Weite mit einer notwendigen Bestimmtheit verbindet. Er ist umfassend genug, um die vielfältigsten Formen europäischer Christentumsgeschichte in sich zu begreifen – und die Gemeinsamkeiten mit Judentum und Islam zu erhellen. Er ist aber eng genug, um den Unterschied zu den asiatischen Hochreligionen und an diese anknüpfende europäische Weltanschauungen eindrücklich vor Augen zu halten. Zudem führt er zu einer normativen Selbstaufklärung der europäischen Kultur in religiöser Perspektive. Er dient nicht nur der apologetischen Abgrenzung von Fremdreligionen, sondern zielt auf die normative Durchleuchtung von Defiziten der eigenen Kultur. Dies leitet zu ethischen Fragen und damit zu den nächsten beiden Kapiteln über.

B. Der Reich-Gottes-Gedanke Jesu als sozialphilosophisches Prinzip

1. Die religiöse Begründung eines unbedingten Individualismus und Universalismus

Georg Simmel hat die weltgeschichtliche Bedeutung des Christentums darin gesehen, die überzeugendste Verbindung der sozialphilosophischen Prinzipien „Individualismus" und „Universalismus" formuliert zu haben: „Der Gedanke der unsichtbaren Kirche ⟨…⟩ ist der großartigste Versuch – so fragmentarisch die geschichtliche Entwicklung des Christentums ihn gelingen ließ – zu einer Einheit ohne das Mittel der ⟨antagonistischen⟩ Differenzierung zu gelangen."[80] Während die Vergemeinschaftung von Individuen sich in der gesellschaftlichen Wirklichkeit stets über eine differenzierende Arbeitsteilung und eine mit dieser verknüpfte antagonistische Konkurrenz vollzieht, wird im christlichen Gedanken der unsichtbaren Kirche eine harmonische „Synthese vom Persönlichkeitsgefühl und Solidarität"[81] erreicht. Arbeitsteilung und Konkurrenz zwischen den Gliedern dieses spirituellen „Gemeinwesens" sind ausgeschlossen, weil erstens jeder für sich das ganze Heilsgut empfängt und dieses zweitens keiner Knappheit unterliegt.[82] Das Christentum spricht nach Simmels Deutung dem Einzelnen die Möglichkeit zu, „ein Ganzes zu sein und doch das Glied eines Ganzen, in

---

[80] G. SIMMEL: Die Religion, 152.
[81] Ebd.
[82] AaO., 143.

voller individueller Freiheit eine überindividuelle Ordnung bilden zu helfen."[83] Die unsichtbare Kirche ist das religiöse Symbol für eine Verhältnisbestimmung von Individualismus und Universalismus, nach der beide Prinzipien zu ihrer höchsten Entfaltung gelangen und doch unlöslich miteinander verknüpft sind.

In prägnanter Parallelität zu Simmels Verständnis der „unsichtbaren Kirche"[84] hat Troeltsch den jesuanischen Reich-Gottes-Gedanken interpretiert.[85] Im Jesus-Kapitel der „Soziallehren" entfaltet er die Auffassung, daß Jesus in seiner eschatologischen Predigt nicht nur einen unbedingten Individualismus, sondern auch einen unbedingten Universalismus religiös begründet hat.[86] Damit präzisiert Troeltsch die Kernthese seiner geschichtsphilosophischen Beurteilung der religiösen Idee Jesu[87] in sozialphilosophischer Hinsicht.

Troeltsch fragt danach, wie im Reich-Gottes-Gedanken Jesu „das Verhältnis von Individuum und Gemeinschaft überhaupt sich gestalte ⟨...⟩" (GS I, 34). Zur Beantwortung dieser Frage stellt er Jesus und das Urchristentum in den Kontext verschiedener Individualisierungs- und Universalisierungstendenzen der antiken Religionen und Kulturen ein.[88] Wie bereits ausgeführt, sieht Troeltsch in der religiösen Idee Jesu einen „unbedingten Wert der Menschenseele" ausgesagt.[89] Dieser radikale Individualismus, „der sein Maß rein in sich selber hat" (GS I, 39), übersteigt jede naturhafte Bedingtheit und verdankt sich ausschließlich der religiösen Begründungsdi-

---

[83] AaO., 149.

[84] Troeltsch gibt in den „Soziallehren" (vgl. GS I, 62 Anm. 34) nur sehr allgemein Auskunft über seine Rezeption von SIMMELS Schrift „Die Religion" (1906 bzw. 1912²). In seiner Rezension dieses Buches (1907) referiert Troeltsch SIMMEL folgendermaßen: „Die besondere christliche Idee einer völlig individuellen und doch zugleich alle Glieder umfassenden Seligkeit ist das reinere und vollendetere Gegenbild der sozialen Differenzierung, des Strebens, die Konkurrenzlosigkeit durch Arbeitsdifferenzierung zu erreichen" (E. Troeltsch: Zur modernen Religionsphilosophie, 840). Eine nähere Auseinandersetzung über die Deutung des sozialphilosophischen Prinzips des Christentums folgt nicht. Eine genauere Verhältnisbestimmung von Troeltsch und SIMMEL hat soeben F. VOIGT („Die Tragödie des Reiches Gottes"?) unternommen.

[85] Vgl. II. 2. C. b. In der bisherigen Sekundärliteratur ist die systematisch wichtige Frage, inwiefern in Troeltschs Deutung der Reich-Gottes-Gedanke Jesu ein sozialphilosophisches Prinzip enthält, nicht diskutiert worden (vgl. W. F. KASCH: Die Sozialphilosophie von Ernst Troeltsch; W. STEGEMANN: Zur Deutung des Urchristentums in den „Soziallehren"; B. LANNERT: Die Bedeutung der religionsgeschichtlichen Forschungen zur Geschichte des Urchristentums).

[86] Eine Vorstufe zu dieser Auffassung, die allerdings noch von größeren systematischen Undeutlichkeiten belastet ist, findet sich in „Grundprobleme der Ethik". Das leitende Begriffspaar ist hier allerdings nicht Individualismus – Universalismus, sondern Individualität-Sozialität (GdE II, 144–149).

[87] Darauf, daß Troeltsch in der jesuanischen Reich-Gottes-Predigt einen unbedingten Individualismus begründet sieht, weist auch H. LUTHER (Individuum/Individualismus II, Praktisch-theologisch, 124) pointiert hin. S. o. III. A. 3 und 4.

[88] Vgl. GS I, 26.

[89] Vgl. GS I, 39f.

mension. Doch darin, daß dieser Individualismus als ein „alle Naturschranken und Unterschiede durch das Ideal des religiösen Seelenwertes überwindender" (GS I, 39) gedacht wird, ist schon seine Allgemeinheit mitausgesagt. Alle realen Begrenzungen und Partikularisierungen werden angesichts des religiösen Ideals nivelliert. Vor dem einen, überweltlichen Gott wird der Wert des Individuums zur allgemeinsten Bestimmung. Aus dem unbedingten Individualismus folgt ein unbedingter Universalismus: „Wo solcher Individualismus Platz greift, sind *zugleich* in der alles befassenden und alle irdischen Unterschiede zum Nichts herabsetzenden göttlichen Allmacht und Liebesmacht alle sonstigen Unterschiede ausgelöscht ⟨...⟩" (GS I, 39; Hhg. v. Vf.). Die faktischen Differenzen in der ethischen Einlösung des Ideals widersprechen nicht der Allgemeinheit des Ideals selbst. Die Tatsache, daß einige wenige dem Ideal mehr entsprechen als andere, setzt seine universale Geltung nicht außer Kraft.[90]

Diese ersten Interpretationsschritte von Troeltsch bleiben in der Verhältnisbestimmung von Individualismus und Universalismus undeutlich. Denn sie erwecken den Eindruck, als sei der Universalismus ein bloßes Teilmoment des Individualismus. Doch dem widersprechen andere Aussagen Troeltschs, wonach beide Prinzipien gleichberechtigt sind. Diese systematische Unebenheit tritt besonders in folgender Äußerung zutage: „dieser absolute religiöse Individualismus ⟨...⟩ *enthält nun doch zugleich* einen starken Gemeinschaftsgedanken, *der auch seinerseits aus der spezifisch religiösen Grundidee hervorgeht*" (GS I, 40; Hhg. v. Vf.). Ist das zweite sozialphilosophische Prinzip lediglich ein Definitionsmerkmal des ersteren oder steht es gleichursprünglich neben diesem, weil es einen eigenen Anhalt an der religiösen Grundidee besitzt? Ist es nur eine Folgebestimmung oder aber ein gleichberechtigtes zweites Prinzip? Die schwankenden Bestimmungen des Jesus-Kapitels erklären sich dann am einleuchtendsten, wenn man sich vergegenwärtigt, daß Troeltsch einen gegenseitigen Verweisungszusammenhang zwischen zwei gleichgeordneten, aber polar entgegengesetzten Prinzipien beschreiben will.

Die für Jesus grundlegende Idee generiert nach Troeltschs Deutung zwei sozialphilosophische Prinzipien. Die Berufung zum Reich Gottes spricht einerseits dem Individuum einen absoluten Wert zu und stellt es andererseits in einen Zusammenhang von höchster Allgemeinheit ein: „so wird aus der gleichen Grundidee heraus der absolute Individualismus zu einer ebenso absoluten Liebesgemeinschaft der in Gott Verbundenen ⟨...⟩" (GS I, 40f.). Der Individualismus mag genetisch das erste sein, trotzdem ist er dem Universalismus keineswegs hierarchisch übergeordnet: „So entsteht aus dem absoluten Individualismus ein ebenso absoluter Universalismus, beide rein religiös begründet, ihren festen Halt in dem Gedanken des heiligen göttlichen Liebeswillens besitzend und sich gegenseitig mit völliger logischer

[90] Vgl. ebd.

Konsequenz fordernd ⟨...⟩" (GS I, 41). Das Evangelium trägt im strengen Sinne einen „soziologische⟨n⟩ Doppelcharakter" (ebd.)[91], weil es aus einem in sich einheitlichen göttlichen Akt, nämlich der Berufung des Einzelnen zur Gemeinschaft des Gottesreiches, eine unbedingte Wertschätzung von Individualität und Universalität folgen läßt.

Worin aber liegt nun die „logische Konsequenz" der gegenseitigen Verweisung? Individualismus und Universalismus, das hat Troeltsch gegenüber Adolf von Harnack eingeschärft, stehen im jesuanischen Reich-Gottes-Gedanken nicht nebeneinander „oder gar im Kontrast gegenüber" (GS I, 42 Anm. 24). Vielmehr bestimmen sie sich gegenseitig. In der ethischen Allgemeinheit der unbegrenzten Nächstenliebe vollendet sich der je eigene Wert des Individuums. Die Nächstenliebe ist die „Erfüllung des eigentlichsten Willens Gottes, in dessen Erfüllung gerade die Seele sich aus der Welt befreit und Gott übergibt" (ebd.). In der religiös-ethischen Allgemeinheitssphäre wird der Wert des Individuums nicht nivelliert, sondern ethisch qualifiziert. Der Universalismus wiederum bedarf des individualistischen Gegengewichts, um nicht zu einer differenzlosen Uniformität zu degenerieren.

Kritisch verhalten sich die beiden idealen Prinzipien gegenüber Versuchen ihrer jeweiligen Positivierung. Einer faktischen Allgemeinheit gegenüber, die für individuelle Entfaltung keinen Raum läßt, schärft das erste sozialphilosophische Prinzip den unhintergehbaren Wert des Einzelnen ein. Einen faktischen Individualismus, der sich selbst rücksichtslos durchsetzt, unterwirft das zweite sozialphilosophische Prinzip der ethischen Verallgemeinerungsmaxime. Die beiden polar entgegengesetzten Prinzipien ergänzen, qualifizieren und steigern einander. Diesen Zusammenhang sieht Troeltsch im Reich-Gottes-Gedanken Jesu in besonderer Weise aufgestellt. Die individuelle Berufung zum Reich Gottes als einer universalen Sozialitätsdimension ist das Symbol für eine harmonische Koordination von Individualismus und Universalismus. Daß es von Jesus im Medium der Eschatologie entwickelt und entfaltet wird, entspricht seiner über jeden geschichtlichen Verwirklichungsversuch hinausweisenden Idealität.

Troeltsch spricht der durch Jesu Reich-Gottes-Gedanken formulierten Gleichordnung von Individualismus und Universalismus einen epochalen Rang zu: „Das Beherrschende des Gedankenganzen ist ⟨...⟩ der ideale, von der religiösen Idee ausgehende Gedanke der soziologischen Struktur über-

---

[91] An dieser Stelle ist eine terminologische Klärung notwendig. Der Reich-Gottes-Gedanke Jesu enthält nach Troeltschs Auffassung kein „soziologisches" Prinzip in dem Sinn, daß er die Grundlage für eine bestimmte, empirische Form christlicher Vergemeinschaftung abgäbe. Folgt man dem Sprachgebrauch der beiden Schriften von Troeltsch über „Die Sozialphilosophie des Christentums", dann birgt Jesu Predigt auch kein „sozialphilosophisches" Prinzip im Sinne konkreter Formen christlicher Institutionenbildung und Kulturethik. Das Evangelium Jesu formuliert vielmehr ein sozialphilosophisches Meta-Prinzip, daß allen weiteren christlichen Sozialphilosophien im engeren Verständnis zugrundeliegt, ohne von diesen je eingelöst zu werden.

haupt. Ihm ist eine ungeheure historische Mission beschieden ⟨…⟩. Zur Macht gekommen, wird er überall das soziologische Grundschema verändern, in dem sich Mensch zu Mensch empfindet" (GS I, 51f.). Hier ist „ein neues Ideal des Menschentums" (GS I, 57) überhaupt grundgelegt, das die europäische Religions- und Kulturentwicklung auf eine neue Stufe hebt. Der jesuanische Universalismus, der die nationalreligiöse Begrenzung auch der israelitischen Prophetie hinter sich läßt, ist die eigentliche religiöse Entdeckung einer ethischen Allgemeinheit. Über die Grenzen von Volk, Kultur und religiöser Institution eröffnet sich ein unendlicher Horizont. Eine ideale Universalität wird gedacht, die alle realen Partikularisierungen entschränkt bzw. unter einen letzten Vorbehalt stellt. Damit begründet die religiöse Idee Jesu eine dauernde Spannung zwischen partikularer Kultur und universaler Ethik, ein Grundthema von Troeltschs Kulturtheorie.[92] Die besondere Bedeutung dieses religiösen Universalitätsideals besteht nun darin, daß sie sich mit einem gesteigerten religiösen Individualismus verträgt. In dem gegenseitigen Verweisungsverhältnis von Individualismus und Universalismus ist die Grundlage gelegt für eine ethisch qualifizierte und Pluralität zulassende religiöse Individualitätskultur.

In auffälliger Diskrepanz zur welthistorischen Stellung, die Troeltsch der sozialphilosophischen Doppelstruktur des Evangeliums Jesu einräumt, steht deren höchst gebrochene Wirkungsgeschichte, wie sich im weiteren Verlauf der „Soziallehren" zeigt.[93] Die jesuanische Zuordnung von Individualismus und Universalismus hat sich in der Christentumsgeschichte nur sehr bedingt durchhalten lassen. Troeltsch durchbricht seine historische Darstellung immer wieder an pointierten Stellen, um den jeweiligen Abstand zwischen der Reich-Gottes-Predigt Jesu und den späteren Ausgestaltungen christlicher Sozialphilosophie zu markieren.[94]

Einen wesentlichen Grund für diese Differenz erkennt Troeltsch in der soziologischen Unbestimmtheit des Evangeliums Jesu selbst: „Organisiert hat Jesus keine Gemeinde, sondern nur die Predigt, für die er Gehilfen sucht ⟨…⟩" (GS I, 44). Jede auf Dauer gestellte christliche Vergemeinschaftung verändert unweigerlich die Zuordnung von Individualismus und Universalismus. Dieser Prozeß beginnt schon bei Paulus.[95] Das sozialphilosophische

---

[92] S. u. III. C. 3.

[93] Wahrscheinlich verhandelt Troeltsch aus diesem Grund Jesus und seinen Reich-Gottes-Gedanken in dem zusammenfassenden Aufsatz „Die Sozialphilosophie des Christentums" (= A 1911/9) überhaupt nicht. Die Darstellung beginnt mit Paulus. Er begnügt sich damit einzuschärfen, daß die Botschaft Jesu soziologisch oder sozialethisch nicht positiviert werden kann: „Das ist eine völlig allgemeine Zukunfts-Utopie und kann mit keinen Mitteln in eine sozialphilosophische oder sozialtheologische Theorie für die Gegenwart verwandelt werden ⟨…⟩" (E. Troeltsch: Die Sozialphilosophie des Christentums, 7; = A 1922/27a).

[94] Vgl. bes. GS I, 68, 72, 86, 107, 368–377, 422–426.

[95] S. o. II. C. 3. b.). Der urgemeindliche „Liebeskommunismus" (GS I, 49) als erster

Ideal Jesu erhält beim Apostel ein neues „Beziehungsmoment" (GS I, 83): den Christuskult.[96] Das Jesusbild wird zum wichtigsten Instrument für den Aufbau einer religiösen Sondergemeinschaft, wobei die Weite des Reich-Gottes-Gedankens in den Hintergrund abgedrängt wird. So entsteht eine geschlossene christliche Gemeinschaft: „Der Universalismus ⟨...⟩ bleibt dies nach innen, wird aber nach aussen zur Mission und Bekehrung ⟨...⟩" (GS I, 60). Die grundsätzliche Gleichheit, wie sie in der jesuanischen Zuordnung von Individualismus und Universalismus enthalten war, wird durchbrochen durch den Eintritt eines Ungleichheitsmoments. Es entstehen erste Ansätze zu einer religiösen Hierarchie. Diese Differenzierung erscheint Troeltsch als unvermeidliche, aber dennoch höchst problematische Begleiterscheinung der Veralltäglichung des religiösen Ideals. Zudem zeitigt sie kulturethische Folgen, die im Ursprung nicht angelegt waren: der revolutionäre Impuls der jesuanischen Ethik wird bei Paulus in sozialkonservative Bahnen umgeleitet.[97]

Dieser Entfremdungsprozeß der sozialphilosophischen Idee Jesu findet seine Fortsetzung in der frühkatholischen Kirche. Die Etablierung einer religiösen Institution mit Sakrament, normativer Tradition und Episkopat versteht Troeltsch als „außerordentliche Verengung des ursprünglichen soziologischen Gedankens" (GS I, 86). Die kirchliche Heilsanstalt verdrängt als Mittlerin des Gottesverhältnisses die religiös-ethische Allgemeinheitsdimension. Dieser Prozeß sozialphilosophischer Einschränkung und Fixierung findet seinen vorläufigen Abschluß in der Etablierung des Universalepiskopats des Papstes.[98] Der Katholizismus versucht den jesuanischen Universalismus dadurch einzulösen, der er die ihm gegenüberstehende Kultur in einen kirchlich beherrschten „Organismus" (GS I, 297) integriert.

Das eigentliche Ideal Jesu überlebt nur in Teilen der kirchlichen Verkündigung, im Gedanken eines absoluten Naturrechts und im die Sekten vorwegnehmenden Mönchtum.[99] Die Sekte als zweiter Idealtypus christlicher Vergemeinschaftung belebt den radikalen ethischen Individualismus Jesu und den evangelischen Gleichheitsgedanken.[100] Sie bleibt aber insofern ebenfalls hinter dem in der Reich-Gottes-Predigt Jesu erreichten Universalitätsniveau zurück, als sie die Liebesgemeinschaft nur im engsten Rahmen vollzieht. In ihrer schroffen Kulturfeindlichkeit unterschreitet sie sogar den kirchlichen Universalismus. Die elitäre Konzentration auf die wahren Gläubigen ist immer auch ein Verlust an „geistiger Weite" (GS I, 371) und eine Begrenzung des evangelischen Allgemeinheitsanspruchs. Universalität kann

---

Versuch einer Umsetzung der sozialphilosophischen Ideen Jesu erscheint in den „Soziallehren" als unbedeutendes Zwischenspiel.

[96] S. o. II. C. 3. a.).
[97] S. o. II. C. 3. c.).
[98] GS I, 206ff.
[99] GS I, 175f.
[100] GS I, 359, 368.

die Sekte nur in eschatologischer Perspektive denken: „Soferne sie den urchristlichen Universalismus behauptet, kennt sie ihn wie das Evangelium
nur in eschatologischer Gestalt, weshalb sie überall schließlich die biblische
Eschatologie neubelebt" (GS I, 373). Darin erkennt aber Troeltsch eine Vereinseitigung des Evangeliums, die dessen prinzipiellen Gehalt nicht erfaßt.

Die soziologische Differenzierung des Christentums in Sekte und Kirche
stellt für Troeltsch eine Auflösung der jesuanischen Koordination der beiden sozialphilosophischen Prinzipien dar. Während die Kirche – allerdings
mit unangemessenen Mitteln – einen religiösen Universalismus zum Ziel
hat, konzentriert sich die Sekte auf die Ausbildung eines religiös-ethischen
Individualismus.[101] Kirche und Sekte sind in sozialphilosophischer Hinsicht
Vereinseitigungen, die den Verweisungszusammenhang und die Gleichursprünglichkeit beider Prinzipien nicht mehr transportieren.

Der dritte Idealtypus christlicher Vergemeinschaftung wird von Troeltsch
nicht viel positiver beurteilt. Die Mystik besitzt ja „an sich überhaupt kein
Gemeinschaftsprinzip" (GS I, 383) und kommt darum nur insoweit in den
Blick, als sie einerseits kirchliche wie sektenhafte Verengungen und Positivierungen aufbricht[102], andererseits sowie eine gewisse Nähe zu einem spezifisch modernen Individualitäts- und Humanitätsbegriff besitzt[103]. Doch ist
sie selbst nach Troeltschs Auffassung sozialphilosophisch zu unbestimmt, um
eine echte Alternative gegenüber Kirche und Sekte bieten zu können.

Das sozialphilosophische Doppelideal Jesu steht jenseits und über allen
Sozialphilosophien, die von den christlichen „Kirchen und Gruppen" ausgebildet wurden. Es ist eine ideale Bestimmung, die „keine christlich-religiöse Organisation je später so hat übernehmen und fortführen können
⟨…⟩" (GS I, 52). Sie verweigert sich jeder institutionellen Positivierung.
Darum aber ist sie keineswegs eine nutzlose Utopie, sondern fungiert als radikale Kritik jeder christlichen Vergemeinschaftung und als nicht ruhigzu-
stellender, teleologischer Impuls zu einer beständigen Steigerung und Ausgleichung von Individualismus und Universalismus. Zudem steht sie im
Hintergrund von Troeltschs eigenem ekklesiologischen Konzept einer „elastisch gemachten Volkskirche" (GS II, 105), das die sozialphilosophischen
Impulse der drei Idealtypen zu verknüpfen und darin der individualistisch-
universalistischen Doppelstruktur des Evangeliums Rechnung zu tragen
versucht.[104]

---

[101] GS I, 423f.
[102] GS I, 871.
[103] GS I, 931.
[104] Zu Troeltschs ekklesiologischem Konzept insgesamt vgl. K. FECHTNER: Volkskirche
im neuzeitlichen Christentum.

2. Troeltschs Jesus-Deutung vor dem Hintergrund der Sozialphilosophien Kants und Ritschls

Um das systematische Profil von Troeltschs sozialphilosophischer Interpretation der Reich-Gottes-Predigt Jesu klarer zu erfassen, ist es sinnvoll, nach den philosophie- und theologiegeschichtlichen Voraussetzungen zu fragen. Troeltschs wenige direkte Aussagen zeigen deutlich, daß er trotz eines starken Überbietungsanspruchs in dieser Frage sehr eng in den von Albrecht Ritschl gelegten Bahnen verbleibt.

Die Begriffe Individualität und Universalität verweisen bei Ritschl zurück auf die Begriffe der Rechtfertigung und des Gottesreiches. Die sozialphilosophische Fragestellung ist also eingebettet in sein epochales Unternehmen einer kritischen Umformung der altprotestantischen Soteriologie. Eine der wichtigsten Modifikationen, die Ritschl an dem zentralen Lehrstück der Reformation vornimmt, ist die Unterordnung des Rechtfertigungs- unter den Reich-Gottes-Begriff. Hiermit will er das ethische Defizit reformatorischer Theologie überwinden. Die Rechtfertigung betrifft nicht allein das seelische Innenleben, sondern hat im Aufbau eines ethischen Gemeinwesens ein positives, gemeinschaftliches Ziel. Die Rechtfertigung ist insofern das göttliche Instrument zur Gründung des Gottesreiches, als sie die gemeinschaftszerstörende Wirkung des Schuldbewußtseins aufhebt: „Wenn Versöhnung von Sünden durch Gott gedacht werden soll, so ist dieselbe als das *Mittel* zur Herstellung des Gottesreiches aus der Liebe Gottes ohne Widerspruch denkbar."[105] Es ist also nicht ganz präzise, wenn Ritschl schreibt, die Rechtfertigung finde ihr „Correlat"[106] in der Gemeinde. Vielmehr ist der Reich-Gottes-Gedanke ein ihr übergeordneter Begriff.

Wenn nun Individualität durch die Rechtfertigung religiös sanktioniert wird[107], letztere aber dem Reich Gottes und damit dem religiös sanktionierten, universalen Gemeinschaftsgedanken untergeordnet wird, stellt sich die Frage, ob nicht bei Ritschl der Individualismus letztlich zugunsten eines Kollektivismus funktionalisiert wird. Wird also der individualistische Zug seiner Rechtfertigungslehre durch seinen Organismusbegriff[108] wieder zurückgenommen? Läßt sich ein „unbedingter Wert der Menschenseele" behaupten, wenn die individuelle Rechtfertigung nur Mittel zur Gründung eines organischen Gemeinwesens ist? Diese Frage läßt sich negativ beantworten. Denn Ritschl entfaltet einen ethischen Begriff des gesellschaftlichen Ganzen, der nicht „durch den Unterschied des Theiles vom Gan-

---

[105] A.Ritschl: Die christliche Lehre von der Rechtfertigung und Versöhnung III, 309; Hhg. v. Vf.

[106] AaO., 124, vgl. aaO., 106–108.

[107] Vgl. Ritschls Aussage, daß nach christlicher Selbstbeurteilung „der einzelne Mensch mehr werth ist als die ganze Welt" (aaO., 201).

[108] Zum Organismusbegriff vgl. aaO., 132.

zen"[109] bestimmt wird. Das ethische Gemeinwesen ist im Unterschied zu anderen Sozialisierungsformen dadurch ausgezeichnet, daß es den einzelnen nicht zugunsten eines Gruppenzieles funktionalisiert. Hier ist der einzelne nie nur Mittel, sondern immer auch Selbstzweck und besitzt „die Bedeutung eines Ganzen in seiner Art."[110] Garantiert ist dies dadurch, daß die Liebe das Wechselwirkungsprinzip ist.[111] Sie ist die spezifische Form der Wechselseitigkeit, die eine vollständige Koordinierung individueller ethischer Zwecksetzungen leistet: „Die Liebe ist der stetige Wille, welcher eine andere geistige, also gleichartige Person zur Erreichung ihrer eigentlichen höchsten Bestimmung fördert, und zwar so, daß der Liebende darin seinen eigenen Endzweck verfolgt."[112] Das Reich Gottes ist also die vollständige Gemeinsamkeit der ethischen Zwecke. Darin unterscheidet es sich von allen innerweltlichen Gütern, innerhalb derer die Liebe nur zum Teil handlungsbestimmend ist. Denn diese bleiben „durch die natürliche Ausstattung des Menschen" mitbedingt und geben darum stets auch „Anlässe zur Selbstsucht"[113], d.h. zu einem Antagonismus differenter Zwecke. Das Reich Gottes ist darum ein allgemeiner ethischer Organismus, weil es auf dem Motiv der universalen Menschenliebe und der Achtung der Gleichwertigkeit aller beruht. Jeder Teil behält gerade durch seine Integration in ein überindividuelles Ganzes die Dignität einer Werttotalität. Das Reich Gottes steht bei Ritschl also für das sozialphilosophische Ideal eines vollkommenen Ausgleichs ethisch-religiöser Individualität und Universalität.

Troeltsch repräsentiert mit seinem Lehrer Ritschl eine Linie liberaler Theologie, die sich dem verbreiteten Klischee widersetzt, wonach eine auf den Individualismusgedanken ausgerichtete Theologie prinzipiell gemeinschaftsunfähig sei. Gerade sein Jesusbild zeigt ein tiefes systematisches Interesse an einer Vermittlung der beiden sozialphilosophischen Prinzipien. Dies hat Troeltsch bis in die Formulierung hinein in Anlehnung an Ritschl expliziert. Der ethische Individualismus findet bei Jesus ein Gegengewicht in einer unbedingten Wertschätzung des Allgemeinheitsgedankens. Die religiöse Konstituierung des Individuums wirkt gemeinschaftsbildend in dem Sinn, „daß die für Gott sich Heiligenden im gemeinsamen Ziel, in Gott, sich treffen; und da der obwaltende Gottesgedanke ⟨...⟩ der eines schaffenden Willens ist, so müssen die in Gott Geeinigten ⟨...⟩ den Liebeswillen Gottes betätigen" (GS I, 40). Es ist also gleichsam die religiöse Vertikale, die eine ethische Horizontale aus sich heraussetzt. Die Berufung und Eingliederung des einzelnen in das Reich Gottes führt zur ethischen „Wechselwirkung" (GL, 288) der Menschen untereinander. Diese wird von Troeltsch im Anschluß an Ritschl mit den ethischen Kategorien „Lieben" und „Dienen" (GS IV,

---

[109] AaO., 489.
[110] Ebd.
[111] AaO., 490, vgl. aaO., 482f., 486.
[112] A. RITSCHL: Unterricht in der christlichen Religion, § 12c, 20.
[113] AaO., § 8, 17.

168f.) expliziert.[114] Der Reich-Gottes-Gedanke bleibt bei Troeltsch ebenso wie bei Ritschl ein religiös-ethischer Doppelbegriff. Er beschreibt die religiöse Sanktionierung ethischer Individualität, die eine ethische Sozialität aus sich heraussetzt. Das Reich Gottes ist „sowohl die ethische Erhöhung des Individuums als die Verbindung der Individuen untereinander in sittlicher Liebesgesinnung" (GL, 140f.).[115] Die Individuen finden ihre volle Entfaltung nicht lediglich in sich, sondern allererst in einem idealen Gemeinwesen. Dieses wiederum findet seine Vollendung, wenn es die einzelnen integriert, ohne sie zu funktionalisieren. In sozialphilosophischer Hinsicht zeigt sich also besonders klar, warum Troeltsch Ritschl – in einem anderen Kontext – seinen „eigentlichen Meister"[116] nennen konnte.

In diesem Zusammenhang nimmt Troeltsch nun eine wichtige systematische Modifikation gegenüber Ritschl vor. Sie besteht darin, daß er den Rechtfertigungsbegriff fast vollständig ausfallen läßt. Bei ihm folgen Individualität und Universalität allein aus dem Reich-Gottes-Begriff und lassen sich nicht auf Rechtfertigung einerseits und Reich Gottes andererseits verteilen. Diese Veränderung ist aber mit Ritschls Konzeption nicht unvereinbar, sondern läßt sich als die konsequente Durchführung des schon bei Ritschl angelegten „Wechsel⟨s⟩ des Paradigmas von der Rechtfertigung zum Reich Gottes"[117] verstehen.

An einem Punkt jedoch hat sich Troeltsch markant von Ritschl abgesetzt. Er betrifft die von diesem behauptete Gegenwärtigkeit des Gottesreiches.[118] Nun ist allerdings keineswegs eindeutig, was genau Ritschl darunter verstanden hat. Denn neben Aussagen, wonach das Gottesreich in der christlichen Gemeinde positiv gegeben ist, findet sich bei Ritschl auch eine scharfe Kirchenkritik.[119] Danach hat Jesus das Reich Gottes als universale ethische Gemeinschaft verstanden. Aber schon die Apostel haben es einerseits kirchlich eingegrenzt, andererseits es seines ethischen Gehaltes entkleidet und kultisch verformt. Aus der universalen Liebesgemeinschaft ist die kirchliche

---

[114] Eine genuin religiöse Wechselwirkung der Berufenen benennt Troeltsch nicht. Sie hätte sich an Schleiermachers Theorie religiöser Kommunikation anschließen können, die Troeltsch selbst in seiner Schleiermacher-Interpretation hervorgehoben hat (vgl. E. Troeltsch: Schleiermacher und die Kirche, bes. 24f.).

[115] Ähnlich hatte Troeltsch schon in einem früheren Text formuliert. Aus der religiösen Konstitution von Individualität folgt ihre ethische und damit sozialphilosophische Bestimmung: „Es versteht sich von selbst, daß das so in dem sittlichen Wesen Gottes begründete Wesen der Persönlichkeit zugleich die allgemeinste, menschlichste und innerlichste Verbindung aller Persönlichkeiten untereinander vor Gott bedeutet" (SdR III, 203). Der Erlösungsbegriff beschreibt das gemeinsame Ziel einer „alle Seelen zu einer aller natürlichen Gemeinschaft überlegenen Gemeinschaft ⟨…⟩" (ebd.).

[116] Brief vom 8. 5. 1911 an A. v. Harnack; Deutsche Staatsbibliothek Berlin, Hinweis H.-G. Drescher, Transkription Ernst-Troeltsch-Forschungsstelle Augsburg.

[117] D. Korsch: Glaubensgewißheit und Selbstbewußtsein, 66.

[118] S. o. II. B. 2.

[119] Vgl. bes. A. Ritschl: Die christliche Lehre von der Rechtfertigung und Versöhnung III, 270.

Kultanstalt geworden. Diese Verzeichnung der Botschaft Jesu hält sich auch bei den Reformatoren durch.[120] Angesichts der Verkirchlichung des Reich-Gottes-Gedankens kreuzt Ritschl seine These von dessen Gegenwärtigkeit mit der Unterscheidung von sichtbarer und unsichtbarer Kirche. Beide werden ihrer Tätigkeit nach mit Hilfe von Schleiermachers Dual darstellendes/ symbolisierendes und hervorbringendes/organisierendes Handeln voneinander unterschieden.[121] Die sichtbare Kirche ist die Gemeinschaft der den Glauben kultisch Darstellenden. Die unsichtbare Kirche ist die Gemeinschaft der wechselseitig ethisch aufeinander Einwirkenden. Erstere läßt sich rechtlich positivieren, letztere steht jenseits jeder Rechtsordnung. Ritschl schärft ein, daß „die Kirche überhaupt nicht das Reich Gottes ist"[122]. Darum „ ⟨…⟩ ist das Vorhandensein des Reiches Gottes innerhalb der christlichen Gemeinde stets unsichtbar und Gegenstand des religiösen Glaubens".[123]

Kirche und Reich Gottes sind nun aber nicht schlechthin unterschieden, sondern stellen zwei distinkte Reflexionshinsichten auf denselben Gegenstand dar, nämlich so, „daß dasselbe Subject, die durch Christus gesammelte Gemeinde Kirche ist, sofern deren Glieder sich zu identischem Gottesdienste verbinden, weiterhin auch rechtliche Ordnungen zu diesem Zwecke verbinden, hingegen Reich Gottes wird, sofern die Glieder der Gemeinde in der Wechselwirkung des Handelns aus Liebe begriffen sind ⟨…⟩."[124] Beide Hinsichten sollen einander nun ergänzen. Die Kultgemeinde gibt den konkreten Rahmen, die empirische Voraussetzung. Die ethische Gemeinschaft hingegen stärkt und schützt die Kultgemeinschaft vor ethischem Verfall. „Wegen der Verschiedenartigkeit dieser Tätigkeiten können die Bestimmungen zur Kirche und zum Reiche Gottes an dem identischen Subjekt weder sich decken, noch ineinander aufgehen. Sie bedingen sich aber gegenseitig."[125]

„Reich Gottes" bezeichnet bei Ritschl also kein einfach Gegebenes, auch wenn er gelegentlich von der Tatsache „christliche Gemeinde" aus argumentiert.[126] Denn die Vorstellung einer Immanenz des Gottesreiches ist mit einer idealen Teleologie verschränkt. Das Christentum formuliert den Gedanken, „daß die Welt geschaffen ist auf das Reich Gottes hin, d.h. zu dem *Endzwecke,* daß ein Reich erschaffener Geister in der vollkommenen geistigen Verbindung mit Gott und untereinander bestehe."[127] Das Reich

---

[120] AaO., 274.

[121] AaO., 271.

[122] AaO., 275, vgl. A. Ritschl: Unterricht in der christlichen Religion, §9b, 17.

[123] AaO., §9, 17.

[124] A. Ritschl: Die christliche Lehre von der Rechtfertigung und Versöhnung III, 275; Hhg. v. Vf.

[125] A. Ritschl: Reich Gottes, 606.

[126] A. Ritschl: Unterricht in der christlichen Religion, §1, 13.

[127] AaO., §12, 19; Hhg. v. Vf.

Gottes als das höchste Gut ist der Zielpunkt der ethisch-religiösen Menschheitsgeschichte.[128] Es kann also nie in einer immanenten Kulturentwicklung aufgehen. Dennoch bleibt das Verhältnis von eschatologischer Teleologie und Aussagen der Gegenwärtigkeit in Ritschls Reich-Gottes-Begriff undeutlich. Die Ritschl-Rezeption allerdings, die ihn einseitig als theologischen Positivisten und bürgerlichen Kulturtheologen verstanden hat, vermittelt ein vereinfachtes Bild. Hier mag der Hinweis darauf genügen, daß auch Troeltsch die internen Spannungen in Ritschls Konzeption nicht genügend wahrgenommen hat. Darum fiel es ihm leicht, sich an diesem Punkt so klar von ihm abzugrenzen.

Troeltsch beanstandet bei Ritschl eine zu enge Verbindung von Reich-Gottes-Begriff und Ekklesiologie. Denn er versteht das Reich Gottes als eine rein transzendente Größe und setzt es strikt gegen alle „kirchliche⟨n⟩ Verfestigungen" (GS I, 45) ab. Sein Hauptvorwurf gegen seinen Lehrer in sozialphilosophischer Hinsicht lautet entsprechend: „Ritschl hat bei seiner Verwendung des Kantischen Reiches Gottes diesen Unterschied ⟨zwischen dem Gottesreich als einer Vernunftidee und der Kirche als seinem empirisches Vehikel⟩ garnicht beachtet, wie ja das Wesentliche der Kantischen Religionslehre, die Unterscheidung und Beziehung des Vernünftig-Apriorischen und des Zufällig-Historisch-Symbolischen, ⟨...⟩ für ihn garnicht gilt."[129] Damit verweist Troeltsch über Ritschl zurück auf Immanuel Kant.

Kant hatte das Reich Gottes als idealen Grenzbegriff konzipiert. Es nimmt in dieser Funktion eine zentrale Stellung in seiner Religions- und Geschichtsphilosophie ein – dies ist eine Einsicht, die Troeltsch erarbeitet hat.[130] In seiner Kant-Monographie stellt er die These auf, daß die Religionsphilosophie bei Kant die Aufgabe besitzt, Geschichtsphilosophie und Ethikotheologie miteinander zu verknüpfen.[131] Der Reich-Gottes-Gedanke bildet hierbei die abschließende Schnittstelle beider Reflexionshinsichten: „Das Reich Gottes in uns oder die unsichtbare Kirche, dieser rational verklärte pietistische Begriff von einer rein innerlichen Geisteseinheit und einer allen Eudämonismus ausschliessenden Gesinnungsreinheit, ist das Ziel der Geschichte. Die Religionsgeschichte ist die Vollendung und der tragende Grund der Geschichtsphilosophie zugleich."[132] Der Begriff des Gottes-

---

[128] In diesem Sinn schreibt Timm , daß Ritschl „eine universaleschatologische Theorie vom Reiche Gottes" konstruiert hat (H. Timm: Theorie und Praxis in der Theologie Albrecht Ritschls und Wilhelm Herrmanns, 74). In der unzureichenden Berücksichtigung der Unterscheidung von sichtbarer und unsichtbarer Kirche sowie des teleologischen Charakters des Gottesreiches liegt die Schwäche der Ritschl-Interpretation von D. Korsch: Glaubensgewißheit und Selbstbewußtsein, 62–73.

[129] E. Troeltsch: Das Historische in Kants Religionsphilosophie, 144 Anm.1.

[130] Hierzu grundlegend U. Barth: Troeltsch et Kant, 75–86.

[131] Troeltsch erweitert damit die Deutung der kantischen Religionsphilosophie. Sie ist nicht nur als Ethikotheologie die abschließende Reflexion des Freiheitsgedankens, sondern formuliert zugleich zentrale Kategorien der Geschichtsphilosophie.

[132] E. Troeltsch: Das Historische in Kants Religionsphilosophie, 128. Vgl.: „indem die

reiches ist die integrative Formel, die sowohl das höchste ethische Gut als auch das höchste Ziel der Kulturentwicklung in sich begreift. Er stellt „ein Gleichgewicht des individualistischen und des universalistischen Entwickelungsglaubens" auf.[133] Im Reich Gottes erfahren das ethische Subjekt ebenso wie die Menschheitsgattung insgesamt ihre volle Entfaltung.

In der Religionsschrift führt Kant den Begriff des Gottesreiches über den Begriff des Bösen ein. Das Böse ist im gesellschaftlichen Zusammenhang immer gegenwärtig, kann also nicht allein am Ort des Individuums bekämpft werden. Soll der individuell erreichte ethische Fortschritt über die Generationenfolge hinaus bewahrt werden, muß er in eine ethische Gemeinschaft integriert werden: „Die Herrschaft des guten Prinzips ⟨...⟩ ist also ⟨...⟩ nicht anders erreichbar als durch Errichtung und Ausbreitung einer Gesellschaft nach Tugendgesetzen und zum Behuf derselben ⟨...⟩".[134] Das Ethische ist also immer ein sozialphilosophischer Sachverhalt. Es verweist auf ein „absolutes ethisches Ganze⟨s⟩"[135]. Kant beschreibt dieses Reich der Tugend analog zum Gedanken einer unsichtbaren Kirche, die ihre nur partikulare, empirische Darstellung in den sichtbaren christlichen Kirchen findet. Seine „notae" sind erstens die Allgemeinheit und Einheit im Unterschied zur historischen Partikularisierung, zweitens die exklusiv ethische Bestimmtheit im Unterschied zu jedem kultischen Verständnis, drittens die Freiheit als inneres Konstitutionsprinzip im Unterschied zu jeder klerikalen Hierarchiebildung sowie viertens die Unveränderlichkeit im Unterschied zu statutarischen Veränderungen.[136] Dieses unsichtbare Reich verweigert sich als „freiwillige, allgemeine und fortdauernde Herzensvereingung"[137] jeder Positivierung. Es ist der überindividuelle, aber gesellschaftlich nicht eindeutig darzustellende Zusammenhang ethischen Handelns.

Das Reich der Tugend hat den Status einer regulativen Idee der praktischen Vernunft und steht für die Realisierung der ethischen Allgemeinheit i. S. einer unendlichen Annäherung.[138] Es bleibt ideal, hat aber die wichtige Funktion, die Geschichtsdeutung zu organisieren und damit die ethische Entwicklung selbst zu leiten. Die religiöse Kategorie des Reiches Gottes wird bei Kant zum Fundament einer ethischen Geschichtsphilosophie. In ihm konvergieren die ethischen, religiösen und kulturellen Entwicklungstendenzen. So kann Kant den Reich-Gottes-Gedanken auch kulturtheoretisch umformulieren: „Man kann die Geschichte der Menschengattung im

---

Religion diesen Gedanken des in der gemeinsamen sittlichen Vernunft oder in Gott vereinigten Ganzen hervorbringt, bringt sie geradezu den Abschluss und das Ziel der Geschichte, den letzten und höchsten Organisationspunkt überhaupt ⟨...⟩" (aaO., 127).

[133] AaO., 129.

[134] I. Kant: Die Religion innerhalb der Grenzen der bloßen Vernunft, 100.

[135] AaO., 103.

[136] AaO., 109 f.

[137] AaO., 110.

[138] AaO., 103.

großen als die Vollziehung eines verborgenen Plans der Natur ansehen, um eine innerlich 〈...〉 vollkommene Staatsverfassung zustande zu bringen, als den einzigen Zustand, in welchem sie alle ihre Anlagen in der Menschheit völlig entwickeln kann."[139] Denn die kulturelle Entwicklung ist ebenso wie die ethische darauf angewiesen, daß das individuell Erreichte sich gesellschaftlich darstellt. Die Endlichkeit des Einzelnen kann nur über die Unendlichkeit der Gattung ausgeglichen werden. Der Zielpunkt der Kulturentwicklung muß darum ein vollkommenes Gemeinwesen sein, nicht ein vollkommener Einzelner: „Am Menschen 〈...〉 sollten sich diejenigen Naturanlagen, die auf den Gebrauch seiner Vernunft abgezielt sind, nur in der Gattung, nicht aber im Individuum vollständig entwickeln."[140] Erst in einem idealen Gemeinwesen findet das Individuum die Möglichkeitsbedingung seiner vollen Entfaltung, weil alle sozialen Hemmungen seiner ethischen Betätigung hier ausgeschlossen sind. Im Reich Gottes findet das Individuum sein ethisch-religiöses Ziel.

In der Beschreibung dieser Zielbestimmung nun vermittelt Kant zwei unterschiedliche theologische Perspektiven. Gegenüber der Auffassung, daß Kant den Reich-Gottes-Gedanken vollständig in eine ethische Kategorie umgeformt habe, ist festzuhalten, daß er an einer gnadentheologischen Bestimmung des Begriffs festhält: „man muß mit allen Kräften der heiligen Gesinnung eines Gott wohlgefälligen Lebenswandels nachstreben, um glauben zu können, daß die 〈...〉 Liebe desselben zur Menschheit, sofern sie seinem Willen nach allem ihrem Vermögen nachstrebt, in Rücksicht auf die redliche Gesinnung den Mangel der Tat, auf welche Art es auch sei, ergänzen werde."[141] Der Reich-Gottes-Gedanke bleibt bei Kant gerade aufgrund seines rein idealen und teleologischen Charakters eine religiöse Kategorie, die unentbehrlich ist, um den Zusammenhang von ethischer Individualität und Sozialität aufzuklären.

In seinem Protest gegen Ritschls – allerdings in sich sehr differenzierte – These von der Gegenwärtigkeit des Gottesreiches rekurriert Troeltsch also nicht nur auf die historiographischen Arbeiten der Religionsgeschichtlichen Schule, sondern zugleich auf Ritschls eigenen systematischen Gewährsmann. Seinem Selbstverständnis nach will er mit Kant und gegen Ritschl – ohne allerdings dessen Konzeption vollständig wiederzugeben – die Idealität und Nichtpositivierbarkeit des Gottesreiches einschärfen.[142]

---

[139] I. KANT: Idee zu einer allgemeinen Geschichte in weltbürgerlicher Absicht, 16.

[140] AaO., 6f.

[141] I. KANT: Die Religion innerhalb der Grenzen der bloßen Vernunft, 132.

[142] Der umgekehrten Frage aber, inwiefern man das Reich Gottes als gegenwärtig denken und glauben können muß, stellt sich Troeltsch nicht. Kant könnte sie durch den Hinweis auf die „noumenale" Gegenwart des Gottesreiches als einer notwendigen Idee der praktischen Vernunft beantworten.

3. Die Reich-Gottes-Predigt Jesu und die sozialphilosophischen Prinzipien der Neuzeit

Im Sinn einer Zusammenfassung sollen Troeltschs Thesen zum sozialphilosophischen Gehalt der Reich-Gottes-Predigt Jesu in Beziehung gesetzt werden zu einer grundlegenden Frage gegenwärtiger evangelischer Ethik. Gemeint ist das Problem, wie sich der Begriff der Menschenwürde religiös und philosophisch begründen läßt. Troeltsch selbst verwendet den Begriff der Menschenwürde in seiner Jesus-Deutung nicht. Er spricht statt dessen vom „unbedingten Wert" des Einzelnen. Beide Termini aber lassen sich in eine enge Beziehung setzen. Im Anschluß an eine klassische Bestimmung Kants läßt sich „Würde" als dasjenige verstehen, wofür es kein Äquivalent gibt, was niemals nur als Mittel zu einem anderen Zweck gebraucht werden kann.[143] Die Würde des Menschen ist ein unbedingter Wert, der nicht gegen einen anderen Wert eingetauscht werden kann. In diesem Sinn erkennt Troeltsch die epochale Bedeutung Jesu darin, eine unbedingte Wertschätzung des Individuums sowie eines universalen Menschheitsgedankens religiös begründet zu haben. Das Individuum besitzt einen „unbedingten Wert", weil ihm innerweltlich nichts entspricht. In diesem Individualismus ist das Prinzip einer im Reich Gottes zu gewinnenden universalen Sozialisierungsdimension mitgesetzt. Jesu Predigt vom Gottesreich läßt sich zusammenfassen als die Botschaft „von einem in der Gottesgemeinschaft zu gewinnenden unendlichen Werte jeder, auch der kleinsten Seele ⟨...⟩" (SdR III, 202).

Diese Deutung der Predigt Jesu ist mehr als nur eine historische Detailthese, sondern besitzt für eine gegenwärtige ethische Theoriebildung fundamentale Bedeutung, auch wenn Troeltsch selbst es hier bei Andeutungen belassen und eine konsistente systematische Ausführung nicht geleistet hat. Dessen ungeachtet soll im folgenden versucht werden, in Anknüpfung an prinzipielle Einsichten Troeltschs die gegenwärtige Relevanz der Predigt Jesu in sozialphilosophischer Hinsicht zu klären. Dies soll dadurch geschehen, daß die jesuanische Fassung des Individualismus- und Universalismusgedankens, so wie Troeltsch sie gedeutet hat, mit demjenigen ethischen „Projekt" der Neuzeit in Beziehung gesetzt wird, das am eindrücklichsten an einer Humanisierung der Lebenswelt arbeitet.[144] Gemeint sind die Grundlegung und die allgemeine Durchsetzung individueller Menschenrechte. Hier können nicht die Menschenrechte im engeren Sinn themati-

---

[143] Vgl.: „das aber, was die Bedingung ausmacht, unter der allein etwas Zweck an sich selbst sein kann, hat nicht bloß einen relativen Wert, d.i. einen Preis, sondern einen inneren Wert, d. i. Würde" (I. KANT: Grundlegung zur Metaphysik der Sitten, 58).

[144] Durch diese Interpretationsperspektive könnte die Differenz deutlich werden, die zwischen Troeltschs Jesusbild und der traditionellen Reserve evangelischer Ethik gegenüber dem Begriff der Menschenwürde besteht. Zu letzterer vgl. T. KOCH: Menschenwürde als das Menschenrecht – Zur Grundlegung eines theologischen Begriffs des Rechts, 97–100.

siert werden, also diejenigen grund- und völkerrechtlichen Bestimmungen, die den faktischen Schutz der Menschenwürde gewährleisten sollen. Es wird vielmehr auf einem prinzipielleren Niveau nach der Begründung der Menschenwürde überhaupt gefragt.[145] Diese wird, da es sich um eine fundamentale Wertzuschreibung handelt, immer einen normativ-weltanschaulichen Charakter tragen. Natürlich kann der Begriff der Menschenwürde nicht allein von einer Weltanschauung aufgestellt werden[146], wenn er denn konsensfähig sein soll. Es ist also zu zeigen, inwiefern die Botschaft Jesu – nach Troeltschs Interpretation – in dem Zusammenspiel verschiedener Begründungsversuche einen eigenen Beitrag leistet.

Die klassischen neuzeitlichen Konzeptionen der Menschenwürde sagen ebenso wie der Reich-Gottes-Gedanke Jesu eine unbedingte Wertschätzung des Individuums im Horizont eines universalen Humanitätsgedankens aus. Doch sie sind deutlich anders, nämlich naturrechtlich, begründet.[147] Sie argumentieren von einer gleichen Ausstattung aller Menschen mit bestimmten Qualitäten – Rationalität und ethisches Bewußtsein – aus. Dagegen ist bei Jesus, wenn man Troeltschs Interpretation folgt, der Wert des Einzelnen nicht naturrechtlich-philosophisch, sondern religiös begründet. Dem Einzelnen wird sein Wert von Gott zugesprochen.

Theologische Grundlegungen der Menschenwürde sind zumeist schöpfungstheologisch konzipiert und basieren auf dem Begriff der imago dei.[148] Von diesen Modellen, die wiederum zum philosophischen Naturrecht in großer Nähe stehen, unterscheidet sich der jesuanische Reich-Gottes-Gedanke, weil er den unbedingten Wert des Einzelnen teleologisch begründet. Nicht weil der Mensch ein vernunftbegabtes und moralisches Wesen ist – und darin „Gott entspricht" –, sondern weil er zum zukünftigen Reich Gottes berufen ist, besitzt er einen durch nichts zu nivellierenden Wert. Dieser knüpft nicht an ein Gegebenes an, sondern folgt aus einer idealen Zielvorgabe. Denn weil jeder zu diesem Telos berufen ist, ist es unstatthaft, ihm durch Beschränkung seiner individuellen Entfaltungsmöglichkeiten – seiner ethischen wie religiösen Freiheit – den Weg zu diesem höchsten Gut zu versperren.

Was verändert sich nun, wenn man die Menschenwürde über den Reich-Gottes-Gedanken, also teleologisch konstruiert? Der unbedingte Wert eines Menschen ist, so wie ihn Troeltsch bei Jesus begründet sieht, kein statisches

---

[145] Zum Zusammenhang von Menschenwürde und Menschenrechten vgl. aaO., 100–103.

[146] Gegen einen christlichen „Monopolanspruch auf den Gedanken der Menschenwürde" argumentiert auch T. Koch (aaO., 96).

[147] Besonders deutlich ist dies im ersten Artikel der Allgemeinen Erklärung der Menschenrechte von 1948 formuliert. Dort heißt es: „Alle Menschen sind frei und gleich an Würde und Rechten geboren. Sie sind mit Vernunft und Gewissen begabt und sollen einander im Geiste der Brüderlichkeit begegnen" (zitiert nach: W. Huber: Menschenrechte/Menschenwürde, 578).

[148] Vgl. aaO., 578f.

Prädikat. Er ist unterschieden von einer „naturhafte⟨n⟩ Individualität" (GS I, 39) und ist gewissermaßen soteriologisch konstituiert: „die Gemeinschaft des Gottesreiches ist aus der natürlichen Menschheit erst hervorzubringen durch die Erlösung" (GL, 366). Grundlage des Individualismus- und Universalismusgedankens ist die religiöse Neukonstituierung des Individuums, in erbaulicher Terminologie: die „Umkehr, Erneuerung und Gewinnung des höheren göttlichen Lebens" (ebd.). In den fundamentalen Gegensatz von Geist und Natur eingespannt, kann der Mensch nur dadurch einen unbedingten Wert gewinnen und in einen universalen ethischen Zusammenhang eintreten, daß er von seinen naturhaften Bestimmungen befreit und „erlöst" wird. Diese Erlösung geschieht durch die Berufung ins Reich Gottes. Zwischen der individuellen Erlösung und der Stiftung einer allgemeinen Sozialisierungsdimension besteht ein unlöslicher Zusammenhang: „So ist die religiöse Gemeinschaft das Korrelat der Erlösung" (GL, 367).[149] Im markanten Unterschied zu allen naturrechtlichen Begründungen zeigt sich das spezifisch religiöse Profil dieser Konzeption darin, daß es von einer durch das Absolute gesetzten „Neuschöpfung" des Menschen aus argumentiert.

Doch diese Neukonstituierung muß praktisch vollzogen und bewährt werden durch die ethisch-religiöse Selbstentfaltung des Individuums innerhalb einer universalen Gemeinschaft. Dadurch gewinnt der Begriff des unbedingten Werts des Individuums eine eigentümliche Dynamik. Einerseits wird aus der Perspektive des Absoluten die Würdigkeit des Menschen ausgesagt, andererseits wird zugleich das faktische Zurückbleiben hinter der idealen Bestimmung festgestellt. Die Wertzuschreibung ist geknüpft an die Notwendigkeit von Gesinnungsänderung und stetiger ethischer Anstrengung. Der Einzelne gewinnt Anteil am „Wesen des Geisteslebens", indem er „die Freiheit als Aufgabe der Selbstbestimmung durch die Ideen gültiger Wahrheiten und unbedingter Werte ⟨...⟩" (GL, 287) begreift. Die Freiheit ist „nicht eine natürliche Anlage, sondern eine aus dem Wachstum des Geistes entspringende Aufgabe" (ebd.). Die eschatologische Perspektive des Reich-Gottes-Gedankens bringt diese ethische Teleologie zum Ausdruck.[150] Der „unendliche Wert der Seele" realisiert sich partiell im aktuellen Vollzug der Freiheit.[151] Die Würde des Einzelnen besteht in seiner ethischen Freiheit.[152]

Diese Begründung des Werts des Einzelnen leistet eine besonders deutliche Koppelung von Individualität und Universalität. In der Ausrichtung al-

---

[149] Man beachte die Anlehnung an Ritschls Verhältnisbestimmung von Rechtfertigung und Reich Gottes.

[150] Vgl. GL, § 20.

[151] Dieser Doppelcharakter der Menschwürde als Gabe und Aufgabe findet sein höchstes religiöses Symbol in der Bezeichnung Gottes als der „heiligen Liebe" (GL, 213f., 222f.).

[152] Vgl. T. KOCH: Menschenwürde als das Menschenrecht – Zur Grundlegung eines theologischen Begriffs des Rechts, 101.

ler auf ein transzendentes Gemeinwesen erschließt sich jedem einzelnen sein eigener Wert. Aus der Zweckbestimmung zum höchsten Gut, zur Gemeinschaft mit Gott, folgt der Gedanke der Solidarität: „Denn die Idee, daß wir alle Brüder und Schwestern sind, hat nur ihren Sinn durch den in Jesu Sinn verstandenen Vaternamen" (GL, 223).

Schließlich gewährleistet dieses Begründungsmodell die Berücksichtigung der historischen Positivität des Christentums. Der spezifische Gottesgedanke, wie ihn Jesus in seiner eschatologischen Predigt formuliert hat, ist diejenige Instanz, die den Wert des Einzelnen setzt. Im Vordergrund steht also das explizite Zentrum der Botschaft Jesu, und nicht der nur implizit mitgesetzte Schöpfungsgedanke. Dieser christentumstheoretische „Vorteil" ist allerdings mit dem Problem belastet, daß er sich im Zusammenhang einer interreligiösen Verständigung über die Menschenwürde schwieriger plausibilisieren läßt als eben der Schöpfungsgedanke.

Troeltsch hat diese Aspekte in seinem Vergleich zwischen Jesus und der Stoa aufgeführt. Ihm zufolge bietet die stoische Naturrechtslehre mit ihrer Begründung eines prinzipiellen Individualismus und Universalismus eine „volle Analogie zu dem soziologischen Gedanken des Christentums" (GS I, 53). Doch während Jesus die ideale Bestimmung des Menschen aus der Zukunft erwartet und somit der Menschenwürde eine besondere Dynamik verleiht, verlegt die stoische Urzeitlehre diese an den Anfang der Zeit. Dadurch ergeben sich markant unterschiedene Perspektiven.[153] Bei Jesus stellt die zukünftige Herrschaft Gottes den Menschen radikal über alle natürlichen Zusammenhänge. Diese grundsätzliche Differenz zwischen Mensch und Natur hat ihren Grund im theistisch-voluntativen Gottesgedanken. Bei der Stoa dagegen bleibt die Instanz, über die die Menschwürde behauptet wird, kosmologisch vermittelt. Der stoische Begriff der Menschenwürde ist darum einfacher „handhabbar". Er läßt sich besser mit gesellschaftlichen Gegebenheiten in Beziehung setzen und kann über den Gedanken des Naturrechts einsinniger mit Sätzen des positiven Rechts vermittelt werden. Der religiöse Individualismus Jesu dagegen widersetzt sich jedem Kompromiß mit natürlichen und gesellschaftlichen Voraussetzungen. Er steht in größerer Distanz zu rechtlichen Positivierungen. Darum setzt Troeltsch ihn – trotz aller Analogien – als ein revolutionäres Prinzip deutlich vom Individualitätsgedanken der nur reformorientierten Stoa ab.

Die Begründung der Menschenwürde in der Reich-Gottes-Predigt Jesu bedeutet Troeltsch zufolge eine Revolution der sozialphilosophischen Zuordnung von Individuum und Gesellschaft überhaupt. Sie ist keine bloß nachgängige Kompensation faktischer Freiheitsbeschneidung, sondern zielt auf eine radikale Umwertung der soziologischen Grundstruktur. Von hieraus stellt sich die Frage nach der Christlichkeit der Neuzeit neu. Die pauschale Entgegensetzung der individualistischen, pluralistischen Neuzeit ge-

---

[153] Vgl. GS I, 55.

genüber der christlichen Autoritätskultur der Vormoderne verliert ihre vordergründige Plausibilität. Denn es zeigt sich eine untergründige Kontinuität zwischen dem neuzeitlichen Individualitäts- und Universalitätsgedanken und der Predigt Jesu. Die Zersetzung einer kirchlich geleiteten Einheitsgesellschaft setzt die individualistischen Potentiale des Urchristentums wieder frei: „Das Christentum in der neuen Lage ist wieder die Botschaft vom unendlichen Wert der Seele und vom Gottesreich."[154] Das Jesusbild wird von Troeltsch in sozialphilosophischer Hinsicht zum Ausgangspunkt für eine Vermittlung der christlichen Religion mit den humanisierenden Potentialen der Neuzeit gemacht.

Doch die Vermittlung beider Größen, darauf weist Troeltsch eindringlich hin, bleibt notwendigerweise unvollständig. Das von Jesus verkündete Reich Gottes mag seinem Wesen nach „schlechthin universal und rein menschlich" (GL, 366) sein, stellt aber dennoch kein „Gattungs- und Menschheitsideal an und für sich" (GS I, 41) dar. Troeltsch setzt den Individualismus und Universalismus – besonders im Jesus-Kapitel der „Soziallehren" – schroff von einem allgemeinen Humanitätsideal ab: „Diese Gemeinschaft reicht aber nur so weit, als ihre religiösen Voraussetzungen reichen" (ebd.). Der höchst problematische Satz: „Jede Menschenseele bedeutet einen unendlichen Wert, nicht aber einen Wert an sich ⟨…⟩" (GL, 75f.)[155] kann nun aber nicht so verstanden werden, als besitze nur derjenige eine unverlierbare Würde, der der Berufung zum Gottesreich aktiv entspricht. Vielmehr gilt die Würde des Einzelnen schon aufgrund der bloßen *Berufung*. Der Wert des Individuums „hat seinen Grund und Recht in dem Berufensein des Menschen zur Gottesgemeinschaft ⟨…⟩" (GS I, 39; Hhg. v. Vf.). Es ist also auch nicht die faktische Zugehörigkeit zu einer bestimmten Religionsgemeinschaft oder die Befolgung spezifischer religiöser Gebote, die dem Individuum seine religiöse Stellung sichert, sondern das entscheidende Merkmal besteht in einer teleologischen Aussage. Dennoch bleibt der jesuanische Universalismus insofern „begrenzt", als seine Wissensform partikular ist. Die in der Predigt Jesu begründete Menschenwürde ist ihrem prinzipiellen Gehalt nach universal, basiert aber auf spezifischen religiösen Voraussetzungen, so daß eine allgemeine Plausibilität nicht erreicht wird.

Will man nun die Anregungen abschließend beurteilen, die Troeltschs sozialphilosophische Jesus-Deutung für eine theologische Begründung der Menschenwürde liefert, dann muß zuerst auf die Schwierigkeiten aufmerksam gemacht werden, die die partikulare Wissensform dieser Konzeption für eine interkulturelle und interreligiöse Verständigung über Menschenwürde und -rechte mit sich bringt. Allerdings darf nicht übersehen werden, daß auch der neuzeitliche Gedanke der Menschenwürde auf naturrechtlichen

---

[154] E. Troeltsch: Über die Möglichkeit eines freien Christentums, 344.

[155] Es ist allerdings zu beachten, daß dieser Satz aus dem freien Vortrag von Troeltsch stammt, wie ihn G. von le Fort in ihrer Nachschrift überliefert hat.

Argumentationsfiguren basiert, die ebenfalls keine universale und unmittelbare Evidenz beanspruchen können. Im Gegenüber jedoch zu einer weltanschaulichen Bestreitung der Menschwürde überhaupt müssen sich die „jesuanische" und die naturrechtliche Begründung nicht notwendig in Konkurrenz gegenüberstehen, sondern könnten als alternative Modelle durchaus in ein Kooperationsverhältnis treten.

Wie nun Troeltsch das Verhältnis zwischen der ethischen Idee Jesu und der neuzeitlichen Kultur im einzelnen bestimmt, soll das folgende Kapitel zeigen.

C. Der Gottesgedanke Jesu als kritisch-konstruktives Prinzip der Kultur

1. Die Gegenwartsdiagnose

Die Ethik gilt Troeltsch als die theologische Zentraldisziplin. Zu dieser Einschätzung steht in gewisser Diskrepanz, daß die Texte von Troeltsch, die sich exklusiv mit der Ethik befassen, zahlenmäßig geringer und in ihrem Charakter fragmentarischer sind als seine Schriften zur Geschichtsphilosophie.[156] Dennoch erkennt er in der Ethik den „Boden, von dem aus die Verständigung über das Wesen des Christentums zu suchen ist ⟨...⟩, seit die Religion nicht mehr eine geoffenbarte Lehre, sondern eine mit persönlicher Stellungnahme zum Grunde der Wirklichkeit gesetzte Richtung der letzten Lebensziele ist" (GdE I, 61). Es gehört demnach zur Signatur der Neuzeit, daß Religion nicht länger exklusiv auf einer dogmatisch-metaphysischen Ebene verhandelt wird. Vielmehr steht die handlungsleitende Relevanz der

---

[156] Am wichtigsten sind „Grundprobleme der Ethik" (1902), „Ethik und Geschichtsphilosophie" in „Der Historismus und seine Überwindung" (1923) sowie die „Soziallehren" (1908 ff.). Hinzuzuziehen sind die Vorlesungsmitschriften „Praktische christliche Ethik" (1911/12) und „Grundfragen der praktischen christlichen Ethik" (1905/6). Die Unabgeschlossenheit seiner Ethik ist wahrscheinlich der Grund dafür, daß die diesbezügliche Sekundärliteratur im Vergleich zur Geschichtsphilosophie weniger umfangreich ist. Neben den schon erwähnten Arbeiten ist hinzuweisen auf K. FELLNER: Das überweltliche Gut und die innerweltlichen Güter; W. WIESENBERG: Das Verhältnis von Formal- und Materialethik; H. BENCKERT: Ernst Troeltschs Beitrag zum ethischen Problem; W. F. KASCH: Die Sozialphilosophie von Ernst Troeltsch, bes. 9–84; W. PANNENBERG: Die Begründung der Ethik bei Ernst Troeltsch; H. G. ULRICH: Eschatologie und Ethik, 55–66; H. FISCHER: Die systematische Funktion der Eschatologie für Troeltschs Verständnis von Ethik in den „Soziallehren"; H. RUDDIES: Ernst Troeltsch und Friedrich Naumann. Weniger ergiebig für unsere Fragestellung sind W. F. BENSE: The Ethic of Jesus in the Liberal Christianity of Ernst Troeltsch; B. A. GAYHART: The Ethics of Ernst Troeltsch. Zur politischen Ethik von Troeltsch vgl. G. SCHMIDT: Deutscher Historismus und der Übergang zur parlamentarischen Demokratie, 184–226. Einen instruktiven Vergleich mit dem Ethikentwurf von Emanuel Hirsch bietet neuerdings M. LOBE: Die Prinzipien der Ethik Emanuel Hirschs, 126–157.

Religion in Frage, ihre historischen Gehalte werden deshalb vornehmlich im Rahmen der Ethik diskutiert. Doch Troeltsch hat nicht im affirmativen Sinn ein „Jahrhundert der Ethik" ausgerufen. Er deutet den Primat der Ethik als Indiz einer Kulturkrise.[157] Die Ethik ist kein konsensfähiger Ausgangspunkt, von dem aus eine Apologie des Christentums geleistet werden könnte. Sie ist für Troeltsch derjenige Reflexionsbereich, innerhalb dessen allererst die eigentliche Strittigkeit des Christentums deutlich wird. Die Frage nach der Bedeutung Jesu stellt sich hier als das Problem, inwiefern christliche Wertvorstellungen noch handlungsbestimmend und damit existentiell relevant sein können.[158]

Troeltsch gilt allgemein und zu Recht als einer der bedeutendsten theologischen Krisenanalytiker dieses Jahrhunderts.[159] Diesen Ruf haben ihm neben seinen geschichtsphilosophischen Erwägungen vor allem seine Reflexionen zur Ethik eingebracht. Im Zusammenhang dieser Untersuchung sollen nun aber nicht alle Aspekte seiner ethischen Krisentheorie, sondern nur einige für den Zusammenhang von Kulturtheorie und Jesus-Deutung relevante Gesichtspunkte vorgestellt werden. In dieser Hinsicht zeigt sich das Besondere von Troeltschs Ethik noch nicht darin, daß er früher als seine theologischen Kollegen die Einsichten soziologischer Zeitdiagnose rezipiert hat, auch nicht in der Tatsache, daß er anders als seine soziologischen Gesprächspartner weiterhin eine bleibende Kulturbedeutung des Christentums behauptet hat. Für unseren Zusammenhang wird Troeltschs Ethik durch zwei andere Gesichtspunkte interessant. Erstens bietet sie eine religionsphilosophische Vertiefung der soziologischen Krisenanalyse, insofern Troeltsch

---

[157] Vgl. die Eröffnungssätze von „Grundprobleme der Ethik": „Die Ethik hat in den prinzipiellen wissenschaftlichen Bemühungen der Gegenwart einen immer breiteren Raum erobert, weil die Zerfaserung und Aushöhlung allmählich aller überkommenen Kulturwerte ⟨...⟩ aufs dringendste eine Reorganisation unserer ethischen Grundbegriffe fordert" (GdE I, 44).

[158] Diesen Gesichtspunkt hat Troeltsch besonders im Anschluß an H. Weinel hervorgehoben: „Welches ist der wirkliche historische Sinn der Ethik Jesu, welches die Bedeutung dieser Ethik für Gegenwart und Zukunft, und welches die dauernde Verknüpfung der Person Jesu mit der christlichen Gegenwarts- und Zukunftsethik, die ja unter allen Umständen keineswegs unmittelbar identisch sein kann mit der vom historischen Christus gepredigten Ethik? Es sind das in der Tat die Kernfragen der gegenwärtigen religiösen Krisis, hinter denen die eigentlichen dogmatischen Fragen zurückgetreten sind" (E. Troeltsch: ⟨Rez.⟩: H. WEINEL: Jesus im neunzehnten Jahrhundert, 2991).

[159] Vielleicht als erster hat F. GOGARTEN diese Einschätzung ausgesprochen. Er hebt hervor, daß Troeltsch „wie keiner sonst die Lage, in der wir uns befinden, in ihrer ganzen Krisenhaftigkeit erkannt hat" (Brief vom 21. 4. 1923 an G. von Le Fort, zitiert nach F. W. GRAF: „Kierkegaards junge Herren", 186 Anm. 38). Vgl. W. BODENSTEIN: Neige des Historismus, bes. 206; vgl. ebenfalls die Äußerung von R. RUBANOWICE: „Troeltsch admirably represents the profound crisis in consciousness experienced by the European mind at the turn of the century" (R. RUBANOWICE: Crisis in Consciousness, 138). F. W. GRAF hat Troeltsch entsprechend als „Krisentheologe⟨n⟩ par excellence" bezeichnet (F. W. GRAF: Religion und Individualität, 218). Vgl. H. RUDDIES: Karl Barth und Ernst Troeltsch, 7–10; U. BARTH: Troeltsch et Kant, 65f.

die Spannung des Christentums zur modernen Kultur auch aus dessen besonderen Gehalten erklärt. Die gegenwärtige religiöse Krise schuldet sich in seiner Perspektive nicht einfach der Heraufkunft einer religionsfeindlichen Epoche, sondern hat ihren Grund in einer prinzipiellen Dialektik von Religion und Kultur, die bei Jesus ihre tiefste Fassung erhalten hat. Eigenständig ist Troeltschs Ethik zweitens darin, daß sie diese Dialektik nicht auflösen, sondern fruchtbar machen will. Das Programm eines gebrochenen Kulturprotestantismus, das mit dem Etikett „Kultursynthese" nur unzureichend beschrieben ist, weist der ethischen Überweltlichkeit, die dem Christentum durch Jesus eingestiftet ist, eine konstitutive Funktion zu.

Auch wenn die Differenz von Religion und Kultur jede Epoche des Christentums bestimmt hat, gewinnt sie doch mit dem Beginn der Neuzeit eine bisher unbekannte Virulenz. Troeltschs Ethik wird darum erst vor dem Hintergrund seiner Gegenwartsdeutung verständlich.[160]

Die Aufgabe, die eigene Epoche zu deuten, wirft gerade für einen historisch geschulten Denker große methodische Probleme auf.[161] Denn zur eigenen Zeit kann man nicht in einen objektivierenden geschichtlichen Abstand treten. Diese Schwierigkeit vergrößert sich für Troeltsch durch den spezifischen Charakter der Neuzeit. Sie läßt sich ihrem Wesen nach nicht auf einen einzigen Begriff bringen. Was sie auszeichnet, ist eine historisch einmalige Vielfältigkeit: „Sie ist ganz für sich schon ein durchaus kompliziertes Gebilde, so oft auch Fortschrittsbegeisterung oder konservative Polemik sie als Einheit schildern ⟨...⟩" (WdmG, 4). Um seine Zeit dennoch begrifflich zu erfassen, unternimmt Troeltsch zwei methodische Schritte. Der erste besteht in der negativen Kontrastierung zur Vor-Neuzeit. Der zweite legt die neuen kulturellen und sozialen Elemente der Gegenwart positiv dar.

Zunächst konzentriert sich Troeltsch auf die „Abhebung gegen die vorangehende Periode" (BdP, 9).[162] Er profiliert die in sich plurale Neuzeit dadurch, daß er sie als Bruch mit der altprotestantischen und altkatholischen Einheitskultur begreift. Seine vielfältigen Studien zur Christentumsgeschichte – und insbesondere die berühmte historiographisch-kategoriale

---

[160] Auf die prinzipielle Funktion der Neuzeitdeutung für Troeltschs Theoriebildung im allgemeinen haben bes. G. BECKER (Neuzeitliche Subjektivität und Religiosität, 48–60) und K.-E. APFELBACHER (Frömmigkeit und Wissenschaft, bes. 74) sowie in religionsphilosophischer und kulturtheoretischer Hinsicht F. W. GRAF (Religion und Individualität, 211) hingewiesen. Zur Neuzeitdeutung von Troeltsch vgl. E. STOLZ: Die Interpretation der modernen Welt bei Ernst Troeltsch, 96–213; K. FECHTNER: Volkskirche im neuzeitlichen Christentum, 28ff. Zur Gegenwartsdiagnose vgl. V. DREHSEN: Zeitgeistanalyse und Weltanschauungsdiagnostik in kulturpraktischer Absicht.
[161] Folgende Interpretation von Troeltschs Zeitdiagnose bezieht sich primär auf seinen Aufsatz „Das Wesen des modernen Geistes" (1907).
[162] Vgl. WdmG, 32–34.

Unterscheidung von Alt- und Neuprotestantismus[163] – explizieren diese Leitperspektive der Gegenwartsdeutung und besitzen große systematische Bedeutung, trotz ihrer teilweisen historiographischen Gewaltsamkeit.[164] Troeltsch deutet die Neuzeit im Sinne der Aufklärungsbewegung als Auflösung kultureller und sozialer Uniformität.[165] Mittelalter und Neuzeit stehen sich als Autoritäts- und Autonomiekultur gegenüber. Der neuzeitliche Subjektivitätsgedanke tritt als das Normativität generierende Prinzip an die Stelle der religiösen Institutionen, die vormals die kulturbestimmenden Faktoren waren. Der Autonomiegedanke ist jedoch nur ein formales Bestimmungsmerkmal, ein bloßer Differenzindikator. Denn: „über Art, Wesen und Begründung dieses Individualismus, über Sinn, Ziele und Werte dieser Diesseitigkeit, über die erkenntnistheoretische Selbstbesinnung dieses Rationalismus und über das Wesen der dann immer noch spontan bleibenden Wertbestimmungen ist damit nichts gesagt" (WdmG, 33).

Neben dem Individualismus, als dem ersten Prinzip der Neuzeit, nennt Troeltsch ein zweites Prinzip. Dieses verleiht der Neuzeit – trotz ihres Gegensatzes zur kirchlichen Kultur – eine eigene religiöse Dimension. Denn es bietet eine metaphysische Fundierung des Individualitätsgedankens. Es ist der Gedanke „der Immanenz des Göttlichen in der Welt, der Selbstwertigkeit der großen Kulturzwecke, des aufsteigenden Werdens durch die relativen Zwecke hindurch im Kampfe mit Sünde und Trägheit in der Richtung auf das vollendete religiöse Lebensziel ⟨...⟩".[166] Hatte der Supranaturalismus die Vormachtstellung der kirchlichen Heilsanstalt begründet, so besitzt die moderne Autonomie im Zusammenhang mit dem sie begründenden Metagedanken der Immanenz Gottes und damit der vermittelten Göttlichkeit autonomer Kulturbildungen eine religiöse Legitimation.

Im zweiten Schritt seiner Gegenwartsdeutung versucht Troeltsch, die wichtigsten „Komponenten", d.h. die positiven Neuerungen bzw. institutionellen Innovationen der Moderne aufzuführen (WdmG, 4). Er setzt bei den politisch-sozialen Institutionen ein, um danach zu den kulturellen In-

---

[163] Vgl. besonders BdP und PC. Vgl. vor allem H.-J. BIRKNER: Über den Begriff des Neuprotestantismus.

[164] Troeltschs Deutung des Altprotestantismus ist eingehend interpretiert und diskutiert worden, vgl. H. FISCHER: Die Ambivalenz der Moderne; DERS.: Luther und seine Reformation in der Sicht Ernst Troeltschs; W. SPARN: Preußische Religion und lutherische Innerlichkeit; L. SCHORN-SCHÜTTE: Ernst Troeltschs „Soziallehren" und die gegenwärtige Frühneuzeitforschung. Weniger erschlossen ist Troeltschs Mittelalterdeutung. U. KÖPF berücksichtigt die systematische Funktion des Mittelalterbilds für die Neuzeitdeutung nicht und kann darum in Troeltschs These von der mittelalterliche Einheitskultur nur das Vorliegen einer unbewußten und ungewollten Abhängigkeit von der neuthomistischen Mittelalter-Forschung erkennen (U. KÖPF: Die Idee der „Einheitskultur" des Mittelalters, 115–121).

[165] „Sie ⟨die Neuzeit⟩ ist der Bruch mit der kirchlichen Autoritätskultur, der katholisch-weltkirchlichen und der protestantisch-landeskirchlichen" (WdmG, 33). Vgl. bes. BdP[2], 9–16; E. Troeltsch: Aufklärung.

[166] E. Troeltsch: Luther und die moderne Welt, 96, vgl. 87, 89; PC, 268.

novationen zu gelangen. Der „Unterbau" der Moderne besteht aus drei Säulen, dem zentralisierten Staat mit seiner zweckrationalen Bürokratie, der modern-kapitalistischen Wirtschaftsordnung sowie dem formalisierten Rechtssystem.[167] Der kulturelle „Überbau" dagegen setzt sich aus fünf Sektoren zusammen.[168] Der erste ist die Wissenschaft, wobei Naturwissenschaft und Technologie eng mit der Wirtschaftsordnung verbunden sind. Als zweiten Sektor nennt Troeltsch die Kunst, als dritten unter der Überschrift „Weltanschauung" die philosophische Reflexionskultur. Hieran schließt sich die Ethik als eigener Bereich an.[169] Erst am Schluß kommt Troeltsch zur Religion als derjenigen Größe, die unter der Modernisierung am schwersten leidet. Im Unterschied zu den übrigen „Komponenten" entspricht hier der Auflösung des Vormodernen keine adäquate Innovation.

Die kulturellen Sektoren lassen sich nun im Anschluß an den ersten Deutungsschritt als Folgen der Emanzipation von kirchlicher Reglementierung verstehen. Troeltschs Urteil über sie ist darum ambivalent.[170] Er sieht in ihnen Ergebnisse eines Befreiungsprozesses, der eine ungeheure kulturelle Produktivität ausgelöst hat und darum auch religiös legitim ist, weil er das Christentum aus seiner vornehmlich kirchlichen Bestimmung gelöst und dadurch verdrängte Aspekte des Evangeliums von neuem ans Licht gebracht hat. Andererseits deutet Troeltsch die kulturelle Emanzipation der Neuzeit auch als Faktor der Destruktion kultureller Zusammenhänge und ethischer Verbindlichkeiten. Die Epochenwende zur Neuzeit wirft für ihn ein doppeltes ethisches Problem auf. Einerseits entsteht die Frage, wie die vielfältigen Wertvorstellungen in einen gesellschaftlichen Zusammenhang gebracht werden können. Andererseits muß die christliche Ethik nun versuchen, sich in ein neues Verhältnis zu den autonomen Kulturbildungen zu setzen. Angesichts dieser doppelten Fragestellung hat Troeltsch eine posttraditionale und doch christlich inspirierte Ethik zu erarbeiten gesucht. Bevor diese vorgestellt wird, muß noch ein zweiter Aspekt seiner Gegenwartsdiagnose untersucht werden. Ihn hat Troeltsch zwar zeitlich später und sehr viel fragmentarischer formuliert, aber er verschärft seine Analyse der ethischen Krise des Christentums wesentlich.

Denn Troeltsch hat sich über den „Unterbau" der Moderne sehr viel negativer geäußert als über die kulturellen Errungenschaften der Neuzeit. Der neuzeitliche Individualismus begründet nach seiner Deutung nicht nur eine emanzipative Kultur, sondern setzt auch eine Zweck-Mittel-Rationalität frei, die eine Gesellschaftsstruktur aus Kapitalismus, Bürokratie und Technik

---

[167] WdmG, 5–16.

[168] WdmG, 16–32.

[169] Wollte man diesen Aspekt aktualisierend aufgreifen, müßte man ihn als Oberbegriff für den gegenwärtig vornehmlich von den Massenmedien inszenierten Wertediskurs verstehen.

[170] Zur Ambivalenz der Moderne bei Troeltsch vgl. F. W. GRAF: Ernst Troeltsch, 133–135.

schafft, welche wiederum die Entfaltung der Individualität bedroht. In seiner an Max Weber geschulten Sicht[171] beschreibt Troeltsch diese neue „Superstruktur"[172] als ein stählernes Gehäuse, das das neuzeitliche Ideal einer autonomen Persönlichkeit gesellschaftlich ortlos werden läßt. Besonders deutlich wird dies beim Kapitalismus[173], der sich dialektisch gegen seinen mentalitätsgeschichtlichen Ursprung im neuzeitlichen Individualismus wendet: „Es ist sein Schicksal, diese seine Voraussetzungen fortwährend wieder aufzuheben" (WdmG, 13). Die moderne Gesellschaftsstruktur wirkt nach Troeltsch depersonifizierend. Sie führt zu einer Formalisierung der Lebensbezüge, die alles austauschbar macht. Das ökonomische Tauschprinzip erringt oberste Geltung und läßt die Entstehung von „unverwechselbarer" Individualität kaum mehr zu. Die gesellschaftliche Moderne wirkt abstrahierend. Die funktionale Ausdifferenzierung generiert einen „abstrakten" Individualismus an Stelle eines vormals konkreten Individualismus, der sich in kleinen personalen Zusammenhängen bildete (GS I, 244).[174] Der Einzelne steht nicht länger in einem überschaubaren Kontext, innerhalb dessen er unverwechselbar ist, sondern in einer unendlich erweiterten und durchrationalisierten Lebenswelt: „Er ⟨der moderne Kapitalismus⟩ macht in seiner Konsequenz alle Werte abstrakt, vertauschbar und meßbar, mobilisiert den Besitz und gruppiert in ungeahnter, den natürlichen Lebensabhängigkeiten überlegener Weise die wirtschaftlichen Werte und die daraus entspringenden Möglichkeiten. Er entpersönlicht die Werte, macht das Eigentum abstrakt, individualistisch, schafft ein rationalistisches Handels- und Besitzrecht, erhebt den Menschen über die naturgegebenen Lebensbedingungen, knüpft sein Schicksal an Voraussicht, Intelligenz und Berechnung, ersetzt die Vorsehung und die solidarische Aushilfe gegenseitiger Verbundenheit und Treue durch jederzeit dienstbereite, und verwertbare, auf Vorrat angehäufte Produkte ⟨…⟩" (GS I, 244). Es bildet sich ein totaler Tausch- und Verwertungszusammenhang, der nur durch wertrationale Setzungen aufgebrochen werden könnte. Aber innerhalb einer Struktur durchgebildeter Zweck-Mittel-Rationalität können wertrationale Erwägungen kaum noch relevant werden. Der neuzeitliche Freiheitsgedanke bzw. das Ideal einer Persönlichkeit, die sich ethisch aufbaut, drohen in der Moderne unterzugehen. Der Einzelne „gewinnt an abstrakter Freiheit und Besonderung und verfällt andererseits unbekannten Abhängigkeiten ⟨…⟩" (ebd.). Troeltsch prognostiziert der neuzeitlichen Emanzipationskultur ihren baldigen Untergang in einer neuen Autoritätskultur und gelangt zu der düsteren Einschätzung, „daß der liberale Individualismus oft nur wie eine Zwischen-

---

[171] Zum Verhältnis Troeltsch – Weber vgl. F. W. Graf: Fachmenschenfreundschaft.

[172] A. Gehlen: Anthropologische und sozialpsychologische Untersuchungen, 99 u.ö.

[173] Zu Troeltschs Kapitalismuskritik vgl. F. W. Graf und H. Ruddies: Ernst Troeltsch: Geschichtsphilosophie in praktischer Absicht, 138.

[174] Inwieweit Troeltsch diesen Aspekt der Lektüre von G. Simmel „Die Philosophie des Geldes" (vgl. GS I, 79 Anm. 36d) bzw. sozialistischen Theoretikern verdankt, bedürfte einer eigenen Untersuchung.

periode zwischen zwei Gebundenheitsperioden sich darstellen kann ⟨...⟩"
(GS I, 335; vgl. 966).

Um Troeltschs doppeltes Urteil über die eigene Gegenwart deutlicher zu
profilieren, soll hier versuchsweise – über Troeltsch hinaus – zwischen „Neuzeit" und „Moderne" begrifflich unterschieden werden. Der neuzeitliche
Pluralismus von Kultur und Weltanschauung ist abzusetzen von der modernen Gesellschaftsordnung. Während ersterer ethisch ambivalent beurteilt
wird, besitzt letztere weder religiöse noch ethische Dimensionen[175], sondern
läßt sich Troeltsch zufolge nur durch den Hinweis auf ihre Effizienz pragmatisch rechtfertigen. Wie kein anderes System kann sie die modernen Bevölke-
rungsmassen materiell versorgen.[176] Im Gegenüber von neuzeitlicher Individualisierung und moderner Depersonalisierung zeigt sich eine epochale
Spannung, die in Troeltschs Urteil über die eigene Zeit dazu führt, daß die
Ambivalenz der Neuzeit in eine Dialektik der Moderne umschlägt. Die
„neue Zeit" weist eine Zweistufigkeit auf: der aufklärerischen Emanzipationskultur steht die Superstruktur aus Kapitalismus, Bürokratie und Technik
gegenüber. Die von Troeltsch diagnostizierte „ethische Steuerungskrise"[177]
ist darum eine doppelte. Sie besteht aus dem neuzeitlichen Problem, wie die
differenten Wertvorstellung zu organisieren und in ein Verhältnis zur christlichen Ethik zu setzen sind, und dem modernen Problem, wie ethische Werte
gesellschaftlich überhaupt noch relevant werden können. Anfechtbar ist die
soeben vorgeschlagene – von Troeltschs Sprachgebrauch abweichende – Bemühung von Epoche-Etiketten insofern, als „Neuzeit" und „Moderne" nicht
in einer einfachen zeitlichen Folge stehen, sondern erstere in letztere hinein-
ragt. Dennoch könnte diese Differenzierung helfen, Troeltschs Abstand zu einer unkritischen Neuzeitaffirmation deutlicher zu markieren.[178]

2. Die ethischen Prinzipien der Kultur

Da sich für Troeltsch die traditionellen christlichen Ethiken als unfähig
erwiesen haben, den epochalen Umbrüchen zu begegnen, fordert er eine
radikale Neuorientierung: „Die protestantische Ethik steht damit vor der

---

[175] In diesem Urteil über die gesellschaftlichen Strukturen der Moderne hat Troeltsch
die humanisierende Tendenz des modernen, formalen Rechts nicht angemessen berücksichtigt. Gerade etwa die Integration von Grundrechten und damit des religiös und ethisch
fundamentalen Gedankens der Menschenwürde in die Verfassungen vieler westlicher Staa-
ten widerspricht einem pauschalen Urteil über die Moderne.

[176] Deshalb kann Troeltsch trotz seiner teilweise scharfen Kritik des Kapitalismus nicht
an dessen „Überwindung" durch reaktionäre Ideologien eines Ständestaats oder sozialisti-
sche Utopien einer klassenlosen Gesellschaft glauben; vgl. E. Troeltsch: Produktivität, jetzt
in: Ders.: Die Fehlgeburt einer Republik, bes. 82.

[177] F. W. GRAF: Ernst Troeltsch, 133.

[178] H. RUDDIES spricht in diesem Zusammenhang von Troeltschs besonderer „Wahr-
nehmungskapazität für die Dialektik der Neuzeit" (H. RUDDIES: Ernst Troeltsch und
Friedrich Naumann, 270).

Aufgabe einer neuen Erfassung und Formulierung ihrer selbst, die nicht tiftelige Neuanpassung einer alten Theorie, sondern entschlossene Einstellung auf die Gesamtlage der heutigen Kultur sein muß" (GS II, 668;=GdE²). Troeltsch selbst hat erste Ansätze einer modernitätstauglichen christlichen Ethik entworfen. Seine grundlegende These, in deren Rahmen Krisenanalyse und -bewältigung integriert sind, besteht im Aufweis einer Duplizität der Ethik.[179] Er unterteilt die Ethik in zwei gleichberechtigte Theoriehälften. Sollens- und Güterethik stehen sich − in einem vorläufigen Verständnis − als Strukturtheorie des sittlichen Bewußtseins und ethische Theorie der Kultur gegenüber.[180] Troeltsch nimmt damit die große Alternative der neuzeitlichen Ethikgeschichte zwischen den Konzeptionen Kants und Schleiermachers[181] auf und versucht, sie eigenständig zu vermitteln.[182]

Die Sollensethik bestimmt Troeltsch als Fundament der Ethik, denn sie leistet die prinzipielle Klärung des Begriffs des Guten. Es besteht für ihn „kein Zweifel, daß die Ethik mit einer allgemeinen Analyse des Sittlichen zu beginnen hat, und daß bei dieser Analyse sich in erster Linie der rein formale Begriff eines absoluten, notwendigen, durch sich selbst wertvollen Zweckes ergibt, der ⟨…⟩ seinen Wert und seine Kraft in einer apriorischen Notwendigkeit hat ⟨…⟩" (GdE II, 133f.). Troeltschs Modifikation von Kants Sollensethik besteht nun aber nicht erst in ihrer Erweiterung, sondern setzt schon bei ihrer Bestimmung ein. Denn im Unterschied zu Kant profiliert Troeltsch sie auf den Zweckbegriff hin.[183] Im Begriff des sittlichen Zwecks und nicht im Begriff eines sittlich bestimmten Willens zeigt sich, was „gut" ist. Troeltsch begründet dies durch eine Verknüpfung von Ethik und Handlungstheorie: „Man wird bedenken müssen, daß das Sittliche ein Handeln

---

[179] Die einschlägigen Texte von Troeltsch hierzu sind die Auseinandersetzung mit Wilhelm Herrmann in GdE und die ethischen Vorträge in HuÜ, bes. 1–41. Erste Ansätze finden sich aber schon in ChrW I, 515–528.

[180] In Troeltschs Terminologie: subjektive − objektive Ethik (GdE II, 138, 133–142) bzw. Persönlichkeits-/Gewissensmoral − Ethik der Kulturwerte (HuÜ, 1–41).

[181] Zu Schleiermachers Güterethik als dem Versuch, mit Hilfe eines modernen Neoaristotelismus Kants Ethik zu überbieten, vgl. M. Moxter: Güterbegriff und Handlungstheorie. Über den Einfluß der Güterlehre von Gustav Claß auf Troeltsch informiert H. Will: Ethik als allgemeine Theorie des geistigen Lebens, 191–196.

[182] Zur ethikgeschichtlichen Selbstverortung vgl. GdE I, 52–58. Troeltschs Kritik der strikt sollensethischen Konzeption von Herrmann spiegelt nur bedingt die ethische Differenz zwischen Schleiermacher und Kant. Zwar entsteht durch den polemisch aufgeladenen Gegensatz zu Herrmann ein Gefälle zugunsten der Güterethik. Dennoch muß beachtet werden, daß das eigentliche Ziel eine Synthese der bisher antithetischen Ethikkonzeptionen ist.

[183] Vgl. GdE II, 134. Bei Kant taucht der Zweckbegriff nicht innerhalb des Konstitutionszusammenhangs des Sittlichen auf, sondern wird im Begriff der Persönlichkeit erst im Zusammenhang der Theorie von den Triebfedern der reinen praktischen Vernunft, also innerhalb des Motivationszusammenhangs, bzw. im Begriff des Höchsten Guts als Gegenstand und nicht als Bestimmungsgrund der reinen praktischen Vernunft thematisiert (vgl. I. Kant: Kritik der praktischen Vernunft, 101f., 127, 154ff.). Vgl. hierzu H. Benkert: Ernst Troeltschs Beitrag zum ethischen Problem, bes. 32–35.

ist, daß alles Handeln ein Verwirklichen von Zwecken ist und daß daher auch seine Einheit nur aus dem Zweck konstruiert werden kann ⟨...⟩" (HuÜ, 9). Der ethische Zweck besteht in dem inhaltlich noch unbestimmten Begriff der Persönlichkeit als „eines einheitlichen, seines gesamten Inhaltes mächtigen und so die gesamten höheren Lebensinhalte zusammenfassenden Ich ⟨...⟩."[184] Mit der Ausrichtung der Sollensethik auf den Zweckgedanken will Troeltsch zeigen, wie ein unbedingtes Sollen Handlungen motiviert.[185] Der Zweckbegriff bildet die Brücke zwischen sittlichem Gebot und sittlicher Handlung. Die Sollensethik ist darum bei Troeltsch mehr als eine bloße Strukturtheorie, sondern weist bereits in den Bereich der Realisierung des Guten. Hiermit setzt sich Troeltsch bewußt von Kants Auffassung ab, nach der die prinzipielle Bestimmung des Guten von allen Zwecken absehen muß, will sie denn die reine Idealität des ethisch Guten wahren.

Aber auch in ihrer modifizierten Form kann die Sollensethik für Troeltsch die ethische Theoriebildung nicht erschöpfen. Um ihre Grenze zu markieren, nimmt Troeltsch einen klassischen Einwand gegen das kantische Modell auf: eine Ethik, die nur den Begriff des Sollens expliziert, bleibt formal. Sie ist beschränkt auf die menschliche Subjektivität und erfaßt nicht die Realisierung des Guten: „so würde der Begriff des Sittlichen lediglich subjektive Zwecksetzungen einschließen, die das Verhältnis des Subjekts zu sich selbst und zu dem analogen Verhältnisse anderer zu sich selbst betreffen, und es wäre völlig ausgeschlossen, daß an dem Charakter objektiver, formaler Notwendigkeit auch objektive Zwecke teilnehmen können" (GdE II, 135). Es ist darum notwendig, über die formale Willensbestimmung hinauszugehen und die Realisationsgestalten des Guten mitzubedenken, innerhalb derer sittliches Handeln sich vollzieht. Andernfalls würde die Ethik „zu einer wirklichen praktischen Regulierung des Handelns" untauglich (ebd.).

Troeltsch stellt deshalb der Sollensethik die Güterethik an die Seite. Diese klärt, wie sittliches Handeln, indem es auf die Natur einwirkt, ethische Institutionen aufbaut: „Aus dem Geschlechtstrieb bildet die sittliche Idee die Persönlichkeitsgemeinschaft der Familie, aus dem Socialtrieb die Persönlichkeitsgemeinschaft des Staates, aus dem Nahrungs- und Besitztrieb die Produktions- und Eigentumsordnung ⟨...⟩" (GdE II, 137). Aus anthropologischen Grundstrukturen, den „Trieben", werden Kulturgebilde, ethische Vermittlungsinstanzen zwischen Geist und Natur, in denen sich die Persön-

---

[184] So in seiner Ethikvorlesung vom Sommersemester 1899, zitiert nach H. BENCKERT: Ernst Troeltsch und das ethische Problem, 47. Analog hatte KANT die Persönlichkeit als „die Freiheit und Unabhängigkeit von dem Mechanismus der ganzen Natur" bestimmt (I. KANT: Kritik der praktischen Vernunft, 101).
[185] Dieses fundamentale ethische Problem, wie ein ideales Sollen die Handlungen eines empirischen Subjekts motivieren soll, hat W. WIELAND auf den Begriff der Motivationsaporie der praktischen Vernunft gebracht (vgl. W. WIELAND: Die Aporien der praktischen Vernunft, 25–33).

lichkeitsbildung vollzieht. Sie sind Beispiele dafür, wie der Geist die Natur zugleich überwindet und gestaltet. Die Kulturgüter sind aber nicht nur Instrumente des Sittlichen, sie setzen selbst neue ethische Imperative aus sich heraus. Darum ist die Güterethik weit mehr als eine bloße Realisationstheorie. Im Realisationszusammenhang zeigt sich vielmehr ein zweites Prinzip, das nicht auf das erste Prinzip der autonomen Willensbestimmung reduziert werden kann. Die Kulturgüter werden selbst zu sittlichen Zwecken. Sie besitzen eine eigene ethische Dignität: „Das Wesentliche dieser Werte ist, daß sie gesollte Werte oder objektive Zwecke sind, d.h. sachliche Werte von allgemeiner, überzufälliger und überindividueller Geltung, deren Anstrebung wir uns und anderen als Pflicht zumuten" (HuÜ, 22).[186] Dies bestätigt Troeltsch zufolge das sittliche Bewußtsein, das sich von den Kulturbildungen zu bestimmten Handlungen aufgerufen fühlt: „In der sittlichen Wirklichkeit unterscheiden wir *erfahrungsgemäß* die rein aus dem Verhalten des Subjektes an sich und zu andern Subjekten folgenden subjektiven Regeln ⟨…⟩ von den Zumutungen, objektive Werte ⟨…⟩ zu schätzen und zu erstreben" (GdE II, 136; Hhg. v. Vf.). Die Duplizität des Sollens erfordert eine doppelte ethische Theoriebildung. Die Aufgabe der Güterethik ist die systematische Erfassung faktischer Kulturbildungen in ethischer Hinsicht.[187] Als normative Institutionenlehre nimmt sie methodisch eine Mittelstellung zwischen ethischer Strukturtheorie und Geschichtsphilosophie ein.

Troeltsch spricht der Güterethik ein besonderes kulturkritisches Potential zu. Die ethische Qualifizierung der Kultur dient keiner Legitimierung bestehender Verhältnisse, sondern ist die Voraussetzung ihrer ethischen Kritik. Dieser Aspekt zeigt sich in Troeltschs Vorwurf gegen Wilhelm Herrmann, dessen Sollensethik sei „prinzipiell konservativ" (GdE I, 87), weil sie eine ethische Beurteilung der Kultur überhaupt nicht erwäge. Was ethisch irrelevant ist, kann auch nicht ethisch beurteilt, sondern muß als naturgegeben hingenommen werden.[188]

Der stärkste Einwand gegen die Güterethik, den man von einer reinen Sollensethik aus erheben kann, besteht im Aufweis ihrer kriteriologischen Unschärfe. Die Sollensethik kann den Begriff des Guten eindeutig bestimmen. Der Güterethik dagegen eignet eine besondere Ambivalenz, da die

---

[186] Vgl. GdE II, 136. Troeltsch macht allerdings nicht hinreichend deutlich, wie er die ethische Qualität der Kulturgüter versteht. Einerseits erkennt er in ihnen ein zweites ethisches Prinzip (vgl. GS II, 624; = GdE²), andererseits begründet er ihre ethische Qualität funktional, indem er sie als „Mittel der Persönlichkeitsbildung" (GdE II, 138) dem Zweckgedanken der Sollensethik unterordnet.

[187] Sie „muß die sittlichen Erfahrungsurteile ⟨…⟩ sammeln, klassificiren und auf ein System möglichst zutreffender Abstufung ihrer Richtigkeit bringen, wobei der Maßstab der jeweils geleistete Beitrag zur Tiefe und Kraft der Persönlichkeitsbildung ist" (GdE II, 139).

[188] GS II, 598, 604f.; = GdE². Vgl. T. KOCH: Theologie unter den Bedingungen der Moderne, 13f.

Kulturgüter ebenso sittlich wie unsittlich sein können. Sie können der Persönlichkeitsbildung dienen oder auf ihre „Trieb"-Struktur zurückfallen.[189] Troeltsch bestreitet nun, daß dies gegen die Güterethik gewendet werden darf. Die kriteriologische Unbestimmtheit schuldet sich keinem gedanklichen Fehler, sondern ist unvermeidlich, wenn auf die Realisierung des Guten reflektiert wird: „Allein die absolute Sicherheit ist eben überhaupt nur im Grundbegriff, nicht aber in der Anwendung möglich ⟨...⟩" (GdE II, 139). Demgegenüber entspricht die Unsicherheit des güterethischen Urteils „durchaus der sittlichen Wirklichkeit, die überall zuletzt Wagnis und Entschluß ist, beruhend auf Umsicht und Ueberlegung ⟨...⟩" (ebd.). Die Zweideutigkeit der Kulturgüter läßt sich nur durch deren konsequent ethische Bestimmung bewältigen, nicht durch einen Rückzug in die Sollensethik.

Troeltsch intendiert die Synthese beider ethischen Modelle, die „Ergänzung" (ebd.) der kantischen Sollensethik um Schleiermachers Güterethik. Zu einer vollständigen Theorie von Begriff und Wirklichkeit des Guten, zu einer „wirklichen Ethik" (GdE II, 138), glaubt er nur durch die Koordination von Sollens- und Güterethik zu gelangen.[190] Er beschreibt ihr Verhältnis als das einer wechselseitigen Bedingung. Die Sollensethik benötigt die Güterethik als Theorie der Realisation ihres Prinzips. Umgekehrt bedarf die Güterethik eines formalen Kriteriums, wie es die Sollensethik bereitstellt: „So fordert also die Persönlichkeitsmoral infolge ihrer Formalität einen idealen inhaltlichen Stoff, an dessen Verwirklichung sie selbst erst zur Auswirkung und Aktion kommen kann. Andererseits fordert der Inbegriff der ethischen Güter oder Kulturwerte eine Gesinnung und Kraft des Handelns, die auf Zusammenschluß der Persönlichkeit in etwas gerichtet ist, das sie über das gemeine Triebleben erhebt" (HuÜ, 27). Entsprechend entwirft Troeltsch eine zweistufige Ethik, die mit der Sollensethik einsetzt und zur Ethik der Kulturwerte fortschreitet.

Dieses Theorieprogramm hat er nicht ausgeführt. Sicherlich haben ihn auch konzeptionelle Schwierigkeiten daran gehindert.[191] Zudem hat ihn

---

[189] Diese Gefahr hat Troeltsch deutlich beschrieben: „Die Familie wird zur bloßen geregelten Geschlechtslust oder zur philisterhaften Bequemlichkeit, der Staat zum Polizeischutz materiellen Gedeihens, die Produktionsgenossenschaft zum Conkurrenzkampf und zur Jagd nach dem Geld, die Kunst zur Unterhaltung und zur Caprice, die Wissenschaft zum Zeitvertreib und zur Eitelkeit, die Religion zur Schwelgerei und Rechthaberei" (GdE II, 138).

[190] „⟨...⟩ beide können nur zusammen die Anwendung der sittlichen Idee eines an sich Notwendigen auf die Erfahrung darstellen" (GdE II, 136).

[191] Auf sie haben schon früh O. Ritschl (Die Ethik der Gegenwart in der deutschen Theologie, 465) und H. Benckert (Ernst Troeltsch und das ethische Problem, 44 f.) hingewiesen. Pannenberg bestreitet zu Recht, daß sich Troeltsch der systematischen Reichweite und Schwierigkeit seiner Konzeption bewußt war: „In Wirklichkeit handelt es sich um einen ganz anderen Ansatz. Die Argumentationslast einer solchen Neubegründung unterschätzte Troeltsch jedoch, weil er meinte, es handle sich um ein bloße ‚Ergänzung' der ‚subjektiven' Ethik Kants durch Schleiermachers ‚objektive' Güterethik" (W. Pannenberg: Die Begründung der Ethik bei Ernst Troeltsch, 74).

seine spezifische Fragestellung von einer konsequenten Behandlung der ethischen Prinzipientheorie abgehalten. Da die Frage nach der Möglichkeit christlicher Ethik in einer nach-kirchlichen Epoche für ihn im Vordergrund steht, hat er sich auf die Güterethik konzentriert. Ihr spricht Troeltsch für die Krisenanalyse und -bewältigung eine weitaus größere Bedeutung zu als der Sollensethik.[192] Darüber hinaus ist sie für ihn dasjenige Instrument, mit dem der systematische Ort religiöser Ethik am besten ermittelt werden kann. Dieser Gesichtspunkt soll nun entfaltet werden.

Troeltsch ordnet seine Deutung Jesu in das Konzept einer duplizitären Ethik ein. Die Güterethik ist für ihn das systematische Mittel für ein angemessenes Verständnis der christlichen Ethik. Ihren besonderen Charakter und den Grund für ihre konfliktive Stellung zur neuzeitlichen Kultur meint Troeltsch nur innerhalb dieses systematischen Rahmens erheben zu können. Diese Auffassung hat er vor allem in der Auseinandersetzung mit Wilhelm Herrmann und Albrecht Ritschl vorgetragen.[193]

Herrmanns [194] sollensethische Interpretation Jesu ist Teil des Versuchs, die Ethik zur Grundlage einer Verständigung über das Christentum zu machen.[195] Jesus ist in Herrmanns kantianischer Perspektive der Entdecker einer autonomen Moral des unbedingten Sollens. Da das Sittliche ein Allgemeines ist, kann Jesus es nur in besonderer Weise expliziert haben: „Ein neues Gesetz hat Jesus nicht gegeben. Er setzt überall voraus, dass die Menschen das eine ewige Gesetz kennen, aber es sich selbst zu verhüllen suchen. Nicht zu einem neuen Gesetz, sondern zu einer besseren Gerechtigkeit wollte er den Menschen verhelfen."[196] Jesu Ethik erschöpft sich im Autonomieprinzip, sie kennt dementsprechend nur „ein einziges Thema, die völlige Hingabe an Gott in sittlicher Selbständigkeit."[197] Weil Herrmann die

---

[192] Troeltsch glaubte, die Probleme der Sollensethik für „verhältnismäßig einfach" ansehen zu können (GdE II, 140).

[193] Zur Bedeutung dieses systematischen Gegensatzes für die historiographische Deutung der jesuanischen Ethik s. o. II. B. 3. b.).

[194] Grundlegend für die Herrmann-Interpretation: T. Koch: Theologie unter den Bedingungen der Moderne, 1–80. Die von W. Greive (Der Grund des Glaubens, bes. 34–47) vorgeschlagene Differenzierung zwischen Früh- und Spätwerk wird nicht berücksichtigt. Zur Einheit des Herrmannschen Oeuvres vgl. T. Koch: aaO., 1–8 und Anmerkungsband, 8. Vgl. neuerdings D. Korsch: Glaubensgewißheit und Selbstbewußtsein, 74–144.

[195] Herrmanns Ethik besteht aus zwei Grundannahmen. Die erste ist die sollensethische Deutung Jesu. Die zweite besteht in der These, daß das Spezifische bei Jesus in ethischer Hinsicht der Erlösungsgedanke sei, d.h. daß Jesus nur im Realisationszusammenhang des Ethischen durch die Vermittlung sittlicher Kraft einen eigenen Beitrag leiste (vgl. W. Herrmann: Ethik, 99–120). Troeltschs diesbezügliche Kritik ist eine bloße Konsequenz seiner Kritik der ersten These und zudem rein destruktiv. Darum soll sie hier nur angedeutet werden. Für Troeltsch ist Herrmanns Betonung des Erlösungsgedankens eine kirchen-christologische Verzeichnung und illegitime Vernachlässigung der spezifischen Inhaltlichkeit der Ethik Jesu (GdE II, 155–163; stark erweitert in GS II, 640–653; = GdE²).

[196] W. Herrmann: Ethik, 124.

[197] AaO., 125.

Ethik Jesu ganz im Licht des Gedankens der Selbstgesetzgebung deutet, läßt er ihre für den Kulturprotestantismus anstößige Inhaltlichkeit weitgehend unberücksichtigt. Wenn Jesus nur eine einheitliche, sittliche Willensbestimmung gefordert hat, dann stellen die materialen Gebote der Bergpredigt kein Problem dar. Denn sie sollen nur „aussprechen, dass der gerechte Wille aus sich selbst sich in einem bestimmten Moment solche Dinge als seine Schuldigkeit auferlegt, die in keiner Vorschrift als für alle Fälle giltig aufgestellt werden können."[198] Das Gebot radikaler Nächstenliebe ist keine inhaltliche Setzung, sondern nur „eine wunderbare Anleitung"[199] für die je eigene Entscheidung. Jesu Kulturindifferenz ist nicht eschatologisch[200] begründet, sondern folgt aus der sittlichen Autonomie und dem damit verknüpften Glauben an den die sittliche Weltordnung garantierenden Gott.[201] Sie läßt sich mit einer relativen Anerkennung kultureller Güter als „Mittel"[202] zur Realisation des Guten vereinbaren.

Herrmann kann so die volle Kontinuität des Kulturprotestantismus zu Jesus behaupten und die material-ethischen Differenzen positiv als Ausweis evangelischer Freiheit werten. Von beiden Seiten aus versteht Herrmann das Verhältnis von christlicher Ethik und neuzeitlicher Kultur als unproblematisch. Da das Christentum nicht an die Kulturindifferenz Jesu gebunden ist, entfernt sich die neuprotestantische Option für Kulturarbeit nicht von Jesus, sondern manifestiert in der gleichen Ausrichtung am Autonomieprinzip eine tiefere Übereinstimmung. Da Herrmann andererseits die Kulturgüter

---

[198] AaO., 131.

[199] AaO., 133.

[200] Ausführlicher geht HERRMANN – als Reaktion auf Troeltschs Kritik – im Vortrag über „Die sittlichen Gedanken Jesu in ihrem Verhältnis zu der sittlich-sozialen Lebensbewegung der Gegenwart" vor dem Evangelisch-sozialen Kongreß (1903) auf die Eschatologie ein. Der Leitsatz wiederholt die These der „Ethik": „Die sittlichen Gedanken Jesu stehen nirgends in Gegensatz zu der sittlich notwendigen Kulturarbeit" (W. HERRMANN: Die sittlichen Gedanken Jesu in ihrem Verhältnis zu der sittlich-sozialen Lebensbewegung der Gegenwart, 9). Im folgenden wird der Text nach seiner publizierten Fassung unter dem Titel „Die sittlichen Weisungen Jesu" (1904) zitiert; vgl. Troeltschs Kritik in GdE², 590f. Anm. 44. Zugleich aber rezipiert HERRMANN Troeltschs Erwägungen zur Eschatologie Jesu, allerdings in negativer Absicht. Er will hiermit Versuche abwehren, materiale ethische Entscheidungen aus dem Neuen Testament abzuleiten. Historisches Denken schafft heilsames Distanzbewußtsein: „Jesus sah den Anfang des Weltuntergangs gekommen, er lebte in der Nähe des Endgerichts. Er mußte deshalb über vieles hinwegblicken, was uns notwendig fesselt ⟨...⟩" (W. HERRMANN: Die sittlichen Weisungen Jesu, 218). Darum genügt beim Entwurf einer materialen christlichen Ethik ein inhaltlicher Rückgriff auf die Gebote Jesu nicht. Die eschatologisch bestimmten, materialen Weisungen Jesu sind nicht für alle Zeiten gültig (aaO., 230–232) – im Unterschied zum Formalprinzip der Autonomie, welches das sich durchhaltende Wesen christlicher Ethik darstellt. Die ethischen Kerngedanken der Autonomie und der Liebe sind von der Eschatologie ebensowenig berührt (aaO., 219) wie die Idee des Gottesreiches, das in der „Gottesherrschaft in der Seele" (vgl. HERRMANNs Debattenbeitrag in: Die Verhandlungen des vierzehnten Evangelisch-sozialen Kongresses, 44f.) besteht.

[201] W. HERRMANN: Ethik, 100.

[202] AaO., 126.

nur als Mittel zum ethischen Zweck begreift und ihnen keine eigene ethische Qualität zuerkennt, kann er sie der Sollensethik unterordnen. Den Widerstreit zwischen unbedingtem Sollen und Anforderungen der Kulturgüter läßt sich darum vom autonomen ethischen Subjekt verhältnismäßig einfach auflösen.

Indem Troeltsch demgegenüber die jesuanische Ethik dem Typus der Güterethik zuordnet, nimmt er – unausgesprochen – Bezug auf Albrecht Ritschl. In methodischer – nicht in inhaltlicher – Hinsicht ist Troeltsch der im Vergleich zu Herrmann bessere Ritschl-Schüler. Denn es ist Ritschl gewesen, der den Grund für eine güterethische Deutung der Ethik Jesu gelegt hat.[203] Unter Aufnahme von Schleiermachers Güterethik[204] und Kants Reichsgottes-Gedanken begreift er das Reich Gottes als höchstes Gut. Mit dem Gedanken des höchsten Guts als ethisch-religiöser Gemeinschaft will Ritschl die Formalität der Kantschen Sollensethik überwinden: „Die Aufgabe der sittlichen Verbindung aller Menschen als Menschen ist zwar als *allgemeine Regel* schon außerhalb des Christentums erkannt worden; dieselbe konnte aber als praktischer Grundsatz nur *wirksam* werden, wenn sie mit einem besonderen *Beweggrunde* verknüpft wurde. Diese Bedingung wird dadurch erfüllt, daß jene Aufgabe aus dem religiösen Beweggrunde der besonderen christlichen Gemeinde erzeugt worden ist ⟨...⟩.“[205] Das Reich Gottes konstituiert nicht das Prinzip des Sollens, ist aber als Triebfeder und Organisationsform des ethischen Handelns innerhalb des Realisationszusammenhangs des Guten die entscheidende Instanz. Der wichtigste Faktor für das Wirklich-Werden des Guten ist damit kein formales und allgemeines Prinzip, sondern wird nur in der material-christlichen Ethik begriffen. Die Realität des Guten, wie sie von der Sollensethik nicht beschrieben wird, ist im Gedanken des Gottesreiches so gedacht, daß der Idealität des Sittlichen kein Abbruch geschieht. Denn Ritschls Güterlehre ist streng hierarchisch aufgebaut. Dem überweltlichen Gut des Gottesreiches sind die nur bedingt idealen, partiell natürlichen Güter untergeordnet. Die reine Idealität des Gottesreiches besteht darin, daß in ihm die Liebe alleiniges Prinzip des Handelns ist. Innerhalb der innerweltlichen Güter ist die Liebe nur zum Teil handlungsbestimmend. Denn diese bleiben „durch die natürliche Ausstattung des Menschen" mitbedingt und geben darum stets auch „Anlässe zur Selbstsucht"[206]. Zudem sind sie immer auch historischen Veränderungen unterworfen, während das Reich Gottes von übergeschichtlicher Identität ist.[207]

---

[203] Vgl. hierzu R. Schäfer: Ritschl, 51; Ders.: Das Reich Gottes bei Albrecht Ritschl und Johannes Weiß, 81f. Anm. 47.

[204] R. Schäfer: Ritschl, 51.

[205] A. Ritschl: Unterricht in der christlichen Religion, § 19, 24; Hhg. v. Vf.

[206] AaO., § 8, 17.

[207] „Deshalb kann es auch fortbestehen, wenn die gegenwärtigen weltlichen Bedingungen des geistigen Lebens verändert werden" (ebd.).

Ritschl bleibt nicht beim Konstatieren einer Hierarchie der Güter stehen, sondern beschreibt das Verhältnis zwischen höchstem Gut und relativen Gütern als harmonische Kooperation: „Die sittliche Aufgabe des Reiches Gottes wird nur dann als die allgemeinste Aufgabe in der christlichen Gemeinde gelöst, wenn das Handeln aus der Liebe gegen den Nächsten der letzte Beweggrund des Handelns ist, welches man in den natürlich bedingten sittlichen Gemeinschaften engern Umfanges (Ehe, Familie, bürgerliche Gesellschaft, nationaler Staat) nach den auf jeder Stufe derselben geltenden besonderen Grundsätzen ausübt."[208] Die Liebe soll das Handeln auf der Stufe der untergeordneten sittlichen Institutionen so bestimmen, daß deren spezifische Erfordernisse nicht mißachtet werden. Die Kategorie des „Berufs" bezeichnet bei Ritschl die Verknüpfung der beiden ethischen Ebenen.[209] Im Beruf durchdringt das ethische Subjekt die innerweltlichen Güter mit dem Geist des höchsten Gutes. Der güterethisch konstruierte Versittlichungsprozeß bringt jedoch keineswegs die Superiorität des höchsten Guts zum Verschwinden. Denn die Überweltlichkeit des Gottesreiches hat ihren festen Grund in der Überweltlichkeit Gottes.[210]

Herrmanns reine Sollensethik ist demgegenüber eine methodische Vereinseitigung.[211] Herrmann reduziert die theoretische Weite der Position Ritschls, indem er sich auf die isolierte religiöse Subjektivität zurückzieht. Troeltsch dagegen teilt die materiale Zweckorientierung der Ethik Ritschls, auch wenn er inhaltlich ganz andere Akzente setzt. Die vordergründigste Differenz besteht in der eschatologischen Interpretation des Reich-Gottes-Gedankens. Aber hier stellt sich die Frage, ob diese inhaltliche Korrektur nicht zu einer methodischen Modifikation hätte führen müssen. Denn wenn man das Reich Gottes konsequent eschatologisch versteht, kann man es kaum in der Güterethik verorten. Ritschls Konzeption mag historiographisch zu kritisieren sein, systematisch ist sie stringenter als Troeltschs Modell.

Troeltsch scheint dies selbst gesehen zu haben, denn – wie gezeigt[212] – er richtet seine Deutung der Ethik Jesu in den „Soziallehren" am Zusammenhang von materialer Zweckethik und Gottesgedanken aus. Das Prinzip,

---

[208] AaO., § 27, 30.

[209] AaO., § 28, 30f.

[210] „An ihn ⟨den Gedanken des überweltlichen Gottes⟩ also und nicht an einen schwankenden Begriff von der Natur des Menschen wird die gemeinschaftliche Praxis der Humanität um so gewisser geknüpft sein, als die in ihr bezweckte Verbindung der Menschen als Menschen das Gepräge der Übernatürlichkeit und Überweltlichkeit an sich trägt ⟨...⟩" (aaO., § 10, 18).

[211] Die von Timm kritisierte Ausblendung der Sozialethik bei Herrmann läßt sich näher bestimmen als Konsequenz des sollensethischen Abrückens von Ritschl; vgl. H. Timm: Theorie und Praxis in der Theologie Albrecht Ritschls und Wilhelm Herrmanns, 124f., 149–153.

[212] S. o. II. B. 3. b.).

das die christliche Ethik zu einer inhaltlich besonderen macht, ist – wie bei Ritschl – der Gedanke des überweltlichen Gottes.[213] Der objektive Zweck, der aus dem christlichen Gottesgedanken folgt, ist die Gottesgemeinschaft. Dieser Zweck ist eine besondere inhaltliche Explikation des formalen Zweckgedankens, wie ihn die Sollensethik formuliert hat. Denn in der Vorstellung der Gottesgemeinschaft ist die religiöse Vollendung der Persönlichkeitsbildung gedacht, hier realisiert sich der „unendliche Wert der Seele". Parallel zur christlichen Religion versuchen aber auch die innerweltlichen Kulturgüter auf ihre Weise, den formalen Zweck der Persönlichkeitsbildung material auszufüllen. Die Differenz zwischen den materialen Zwecken ist die zweier unterschiedlicher Richtungssinne. Die Kulturgüter wollen die Persönlichkeitsbildung innerweltlich realisieren, die christliche Religion verweist sie in einen überweltlichen Zusammenhang. Die christliche Ethik muß jeden Versuch, die Persönlichkeitsbildung innerweltlich zu erreichen, überschreiten. Der materiale Zweck der Ethik Jesu steht quer zu den Kulturzwecken. Troeltsch wendet den – von Ritschl überkommenen – Begriff der Überweltlichkeit kritisch. Bei Ritschl war „Überweltlichkeit" ein antinaturalistisches Güteprädikat. Bei Troeltsch verliert der Terminus seinen affirmativen Charakter und dient dazu, die bleibende Spannung christlicher Ethik gegenüber der humanen Kultur herauszustellen. Ritschls Berufsbegriff erscheint in Troeltschs Perspektive entsprechend als altprotestantischer Rest, mit dessen Hilfe die Tatsache unterschlagen wird, daß für die Kulturgüter ethische Maximen gelten, die sich dem christlichen Liebesgedanken nicht unterordnen lassen.

Die Einsicht in den besonderen, inhaltlichen Charakter der christlichen Ethik – ob nun im Rahmen der Güter- oder der materialen Zweckethik rekonstruiert – ist bei Troeltsch immer mit seiner Neuzeitdeutung verknüpft. Das spezifisch Christliche ist in dieser Perspektive zugleich das Problematische. Die Spannung zwischen den materialen Zwecken ist zwar grundsätzlich, wird aber erst in der Neuzeit „zum Riß und Problem" (GdE I, 52). Alle Versuche, die Spannung vom religiösen Standpunkt aus einseitig aufzulösen, lehnt Troeltsch ab. Einen ethischen Christozentrismus, der das Sittliche auf die Ethik Jesu reduzieren will, hält er für einen sektiererischen Irrweg und alle Ansätze zu einer neuen kirchlichen Einheitsethik für illusionär. Der protestantische Berufsbegriff ist für ihn ein ebenso untaugliches Mittel wie das katholische Naturrecht. Die ethische Differenz von Religion und Kultur läßt sich Troeltsch zufolge nicht mehr durch solche „Fiktionen" verdecken.[214] Troeltschs These von der ethischen Eigengesetzlichkeit der christlichen Religion einerseits sowie der humanen Kultur andererseits ist

---

[213] „⟨...⟩ das Charakteristische der christlichen Ethik ⟨ist⟩ in dem spezifisch christlichen Gottesglauben und dem hierin eröffneten objektiven Zweck zu finden ⟨...⟩" (GdE II, 162).

[214] Zur „Fiktion eines christlichen Naturrechts" als dem Prinzip kirchlicher Einheitskultur vgl. GS I, 173.

Ausdruck einer realistischen Gegenwartsdiagnose und einer legitimen Verabschiedung kirchlicher Allmachtswünsche. Indem Troeltsch die christliche Ethik auf ihr inhaltliches Spezifikum begrenzt, vollzieht er eine theologische Anerkennung der neuzeitlichen Freiheitsbewegung. Damit werden jedoch – wie im folgenden zu zeigen ist – die materialen Vorgaben der christlichen Ethik nicht zugunsten einer nicht-religiösen, neuzeitlichen Kulturethik ausgesetzt. Auch wenn die Ethik als ganze für Troeltsch nur bedingt christlich sein kann, ist sie doch auf das religiöse Moment fundamental angewiesen.

3. Das selbstkritische Programm der „Kultursynthese"

Troeltschs ethische Konzeption besitzt zunächst krisenanalytische Funktion. Sie ist eine ethische Theorie des neuzeitlichen Pluralismus. In ihrem Rahmen kann Troeltsch den „Kampf der Werte" seiner Epoche als echtes ethisches Problem und nicht nur als historisches Phänomen entschlüsseln.[215] Innerhalb einer reinen Sollensethik kann es Konflikte zwischen sittlichen Zielbestimmungen legitimerweise nicht geben. Denn das ideale Sollen ist eins. Eine „Komplexität des ethischen Bewußtseins" (HuÜ, 7) kann hier nicht gedacht werden, sondern muß als Mangel an ethischer Bestimmtheit beurteilt werden. Dagegen integriert Troeltsch mit seiner Güterlehre den Sachverhalt des neuzeitlichen Wertepluralismus in die ethische Theorie. Nur innerhalb der Güterethik meint er aussagen zu können, „daß das Sittliche von Hause aus nichts Einheitliches, sondern etwas Vielspältiges ist, daß der Mensch in einer Mehrzahl sittlicher Zwecke heranwächst, deren Vereinheitlichung erst das Problem und nicht der Ausgangspunkt ist ⟨...⟩" (GS II, 657). Troeltschs Güterethik leistet eine ethische Standorterhellung, indem sie den lebensweltlich virulenten Pluralismus auf seinen ethischen Begriff bringt.[216]

Um den Wertepluralismus inhaltlich zu bestimmen, verfährt Troeltsch ähnlich wie in seiner Geschichtsphilosophie der Religionen. Er bildet die

---

[215] Als einer der ersten hat diesen Aspekt O. KIRN präzise beschrieben: „Denn darin ist ohne Zweifel Tröltsch gegen Herrmann im Recht, daß er den Konflikt der Kultur und des Christentums als einen innerhalb des sittlichen Gebiets selbst liegenden aufgefaßt wissen will" (O. KIRN: Grenzfragen der christlichen Ethik, 162).

[216] „Das Problem liegt in dem inhaltlichen Charakter der objektiven Zwecke, ist ein Problem der objektiven Sittlichkeit und von der subjektiven aus nicht zu lösen" (GdE II, 164). Indem Troeltsch die Güterethik auf diese Funktion ausrichtet, vollzieht er einen Überschritt über die güterethischen Modelle des deutschen Idealismus. Sowohl Schleiermachers Versuch, die ethischen Güter einheitlich aus dem Wesen der Vernunft abzuleiten, als auch Hegels Unternehmen, die Güter in den vorgestellten Entwicklungsgang des Geistes einzuzeichnen, bleiben der Leitvorstellung der Einheit des Sittlichen verhaftet und erweisen sich für Troeltsch als „hilflos gegenüber der Fülle und Kraft, aber auch der Spannungen und Kreuzungen der Kulturwerte im wirklichen Leben" (HuÜ, 36; vgl. GdE II, 139f.).

offenkundigen Mannigfaltigkeiten nicht einfach ab, sondern reduziert sie auf wenige Grundtypen. So ordnet er die divergenten Wertvorstellungen zwei Wertgruppen zu. Der ethische Pluralismus erfährt seine Zuspitzung in der Duplizität von religiös-überweltlichen und kulturell-innerweltlichen Wertsetzungen: „Diese Vielspältigkeit ⟨des Ethischen⟩ aber läßt sich dann noch genauer bestimmen als Polarität zweier im Wesen der Menschen liegenden Pole ⟨…⟩, als Polarität der religiösen und der humanen Sittlichkeit, von denen keine sittlich ohne Schaden zu entbehren ist und die sich doch nicht auf eine gemeinsame Formel bringen lassen" (GdE II, 167). Der Vorteil dieser Hermeneutik des Pluralismus besteht darin, den Oberflächeneindruck schierer Vielgestaltigkeit durch eine profiliertere Deutung zu ersetzen. Allerdings droht Troeltschs Ausrichtung auf das eigene, religiöse Problem zu einer zu schematischen Wahrnehmung und Unterbestimmung der internen Divergenzen der innerweltlichen Güter zu führen.

Im Unterschied nun zu seiner Geschichtsphilosophie endet Troeltschs ethische Pluralismusdeutung nicht in der alternativischen Gegenüberstellung letzter Gegensätze. Im allgemeinen theologiegeschichtlichen Bewußtsein ist mit dem Namen Ernst Troeltsch das Stichwort der „Kultursynthese" verknüpft. Dieser Begriff fungiert als Überschrift seines konstruktiven Versuchs, die divergenten ethischen Güter in eine höhere Einheit zu integrieren. Der Wertepluralismus ist für Troeltsch kein bloßes Faktum, sondern immer auch ein Problem. Sosehr Troeltsch ihn grundsätzlich affirmiert, so sehr kann er auch dramatische Visionen kultureller Auflösung inszenieren.[217] Pluralismus nicht als ästhetische Vielfalt oder als variationsreiche Individualitätskultur verstanden, sondern als ethisches und politisches Phänomen, ist für ihn ein Krisenfaktor. Hierin äußert sich nicht nur ein klassenspezifisches Ressentiment, eine bildungsbürgerliche Verunsicherung angesichts zunehmender Komplexität von Gesellschaft und Kultur – wie eine ideologiekritische Troeltsch-Deutung nahelegen würde. Dahinter steht auch die Einsicht, daß ohne einen basalen ethischen Konsens die sozialen und politischen Interessenkonflikte nicht mehr zu steuern sind, daß ohne – wie auch immer geartete – verallgemeinerungsfähige Wertvorstellungen auch der liberale Ordnungsrahmen und damit der gesellschaftliche Frieden nicht zu sichern sind. Hieran schließt sich für Troeltsch das theologische Problem an, wie im

---

[217] Dieses Moment verstärkt sich bei Troeltsch unter dem Eindruck realer politischer Destabilisierung. So schreibt er unter dem Eindruck des verlorenen Ersten Weltkriegs: „Wir theoretisieren und konstruieren nicht mehr unter dem Schutze einer alles tragenden und auch die kühnsten oder frechsten Theorien zur Harmlosigkeit machenden Ordnung, sondern mitten im Sturm der Neubildung der Welt, wo jedes ältere Wort auf seine praktische Wirkung oder Wirkungslosigkeit geprüft werden kann, wo Unzähliges Phrase und Papier geworden ist, was vorher feierlicher Ernst zu sein schien oder auch wirklich war. Da schwankt der Boden unter den Füßen und tanzen rings um uns die verschiedensten Möglichkeiten weiteren Werdens, selbstverständlich da am meisten, wo der Weltkrieg zugleich eine totale Umwälzung bedeutet hat, in Deutschland und in Rußland" (GS III, 6).

ethischen Pluralismus christliche Wertvorstellungen vor dem völligen Relevanzverlust bewahrt werden können.

Zur Bewältigung der doppelten Frage nach der Einheit der Kultur und der Einheit von Kultur und Religion entwickelt Troeltsch das Programm einer gebrochenen Kultursynthese. Es hat seinen Zielpunkt im Begriff des ethischen Kompromisses. Troeltsch geht aus vom Primat des Religiösen: „die Vereinheitlichung wird sich immer von der religiös-sittlichen Idee aus herstellen müssen" (GdE II, 168). Dem steht aber die ethische Eigenwertigkeit der Kulturgüter entgegen: „Die christliche Ethik findet sie als selbständige Zwecke von eigener Logik und selbstmächtiger Herrschaft über die Wirklichkeit, zugleich als Gegenstände eigener Wissenschaften vor und hat ihnen gegenüber nur die Möglichkeit einer Auseinandersetzung und Regulierung, aber nicht die einer selbständig von ihr ausgehenden Konstruktion" (GdE II, 165). Eine einfache, funktionale Unterordnung der Kulturgüter unter den religiösen Zweckgedanken ist damit ausgeschlossen.[218] Dennoch schwebt Troeltsch eine Einschränkung der autonomen Kultur durch die Zuordnung zum religiösen Zweck vor. Diese Verhältnisbestimmung hat aber auch für den religiösen Zweck Konsequenzen. Denn er wird nun um fremde Gehalte angereichert. Die ethische Verbindung von Religion und Kultur ist ein Kompromiß, bei dem beide Pole verändert werden. Die Kompromißhaftigkeit schuldet sich der nie ganz auszulöschenden Selbstwertigkeit der innerweltlichen Güter: „Der Grund liegt darin, daß die humanen Zwecke niemals aufgehen als einfaches Mittel der überweltlichen, sondern immer zuerst als Selbstzwecke auftreten und erst allmählich hinüberleiten zum höchsten Zwecke, und daß sie dann niemals restlos in ihrer Gestaltung von der christlichen Idee bestimmt werden, sondern im weiten Umfange durch die Notwendigkeiten und Voraussetzungen ihres selbständigen Wesens bedingt bleiben" (GdE II, 170).

Damit aber relativiert sich die Originalität dieses Entwurfs. Troeltsch selbst hat dies bemerkt und das Neue vor allem darin gesehen, den Kompromiß explizit gemacht zu haben.[219] Neu ist die konsequente Verabschiedung des Anspruchs, eine religiös durchgängig bestimmte Kultureinheit zu bilden. Die Synthese hat den Status eines unvollständigen Ausgleichs von nur individueller Gültigkeit und begrenzter Dauer: „Dieser Kompromiß wird

---

[218] Allerdings denkt Troeltsch selbst gelegentlich in diese Richtung. So etwa, wenn er die Kulturgüter beschreibt „als die *Vorschule*, an der der Mensch die Brechung des natürlichen Willens und die Hingabe an objektive Werte lernt, als die *Uebung*, in der er für die Erkenntnis eines letzten überweltlichen Zweckes durch Unterordnung unter ideale, aber *nicht letzte Zwecke* reift, als die Gaben, für die er Gottes Güte dankt ohne sein Herz an sie zu verlieren, als die großen *Vermittlungen*, durch die das göttliche Leben in die Welt hineingebildet werden kann 〈...〉" (GdE II, 169; Hhg. v. Vf.).

[219] „Im ganzen ist das alles – unter neuen begrifflichen Formen und in der Einstellung auf neue praktische Kulturverhältnisse – nichts anderes, als was die kirchlich-ethische Tradition seit der ersten Verschmelzung von Naturgesetz und Offenbarungsmoral auch gelehrt hat" (GS II, 662; = GdE²).

sich fernerhin nicht in Form einer seine Linie abstrakt festsetzenden Doktrin, sondern in der praktischen Verteilung des Ueberwiegens bald des einen, bald des anderen Zweckes je nach den individuellen und natürlichen Anlagen bekunden, die durch keine ethische Bearbeitung zu vollständiger Gleichheit bestimmt werden können" (GdE II, 171).[220] Die Instanz, die den güterethischen Konflikt austrägt, ist das ethische Subjekt. Damit lenkt die Güterethik zurück zur Gewissensethik. Nach dem Fortfall übergeordneter Instanzen, wie etwa der gesellschaftlich dominanten Kirche, kann die Synthese nur noch vom Einzelnen vollzogen werden.[221] Die Güterethik bleibt an ihrem systematischen Ende offen. Eine wirkliche Synthese kann sie nur in religiöser Ewigkeitsperspektive formulieren.[222] Im Bereich der Endlichkeit bleibt es bei einem „unaufheblichen Oszillieren" (GS II, 666 Anm. 59; = GdE[2]).

Vielleicht am gelassensten hat Troeltsch dieses Konzept einer gebrochenen Kultursynthese in seinem England-Vortrag „Der Gemeingeist" formuliert.[223] Dieser Text ist durchzogen von einer Kritik monistisch-totalitärer Syntheseprogramme.[224] Ihnen gegenüber markiert Troeltsch schon durch die durchgängige Hervorhebung des Kampfbegriffs die bleibende Bedeutung von Differenzen innerhalb seines Programms.[225] Dieses trägt einen

---

[220] Wenig einleuchtend ist Troeltschs Versuch, die Antinomik der Zwecke durch ihre „Verteilung auf die Stufen der Lebensentwicklung" (GdE II, 172) des Einzelnen auszugleichen.

[221] Troeltsch kann an diesem Punkt an die lutherische Unterscheidung von den zwei Reichen anknüpfen. Er versteht sie in ihrer ursprünglichen Fassung als den Versuch, die Polarität von religiösem und allgemein-ethischem Bewußtsein als prinzipielles Problem religiöser Existenz zu reflektieren, ohne sie zugunsten eines der beiden Pole zu harmonisieren: „Bei den Reformatoren war in dem Gegensatz der Amts- und Berufsmoral gegen die Personenmoral der Bergpredigt die Überweltlichkeit des Christentums erhalten geblieben" (GS II, 605 Anm. 46; vgl. GS II, 662f. und 642; = GdE[2]; HuÜ, 101). Von der Schematisierung dieser Differenzreflexion in der „Zwei Reiche-Lehre" des orthodoxen Luthertums allerdings hat sich Troeltsch scharf abgegrenzt. Ihr wirft er eine Verleugnung des Problems sowie einen strukturellen Konservativismus vor. Denn sie löst den Widerspruch zwischen religiösem Zweck und Kulturethik auf, indem sie beide Pole schiedlich auf zwei Bereiche verteilt, wobei die den Sachnotwendigkeiten folgende Amtsmoral im Zweifelsfall entscheidet (GS II, 560; = GdE[2]). Zum zeitgenössischen konservativen Luthertum bes. deutlich E. Troeltsch: Die Sozialphilosophie des Christentums, 51f. (= A1911/9!). Vgl. F. W. GRAF: Konservatives Kulturluthertum.

[222] „Wie sie ⟨die Duplizität material-ethischer Zwecke⟩ einen metaphysischen Grund hat, so kann sie nur eine metaphysische Auflösung finden, und darum steht vor ihr als letzte Lösung der Gedanke eines Lebens jenseits des Todes" (GdE II, 174).

[223] HuÜ, 41–61. So schätzt er in diesem Text die Differenz der ethischen Güter als „im allgemeinen längst nicht so problematisch ⟨...⟩, wie das die gequälte moderne Seele zu empfinden meint. Man muß sich nur entschließen sie zunächst unverwirrt nebeneinander gelten zu lassen und in jedem auf die durch ihn ⟨den geistigen Gehalt des jeweiligen Gutes⟩ geforderte Weise zu leben, ohne einen von ihnen monistisch zum alles tragenden Grund oder alles bestimmenden Akzent zu steigern" (HuÜ, 54f.).

[224] Bes. HuÜ, 52ff.

[225] Vgl. bes. GL, 321–325.

„unaustilgbare⟨n⟩ Kampf- und Arbeitscharakter" sowie einen „Kompro-
miß- und Individualitätscharakter" (HuÜ, 43). Zwischen Desintegration
und Einheitsideologie sucht Troeltsch einen dritten Weg, in dem Einheit
und Vielheit miteinander ausgeglichen werden. Er verlagert das allgemein-
gültig Eine in das Jenseits, um so jeden Versuch seiner gesellschaftlichen Positivierung zu unterbinden (HuÜ, 60f.). Die Pluralität der Güter kann darum nur in einer Pluralität je individuell geprägter Synthetisierungen bewältigt werden: „Eine monistische Gesellschaftseinheit wird es auch so nicht
geben" (HuÜ, 58). Das Individuum legt sich in unterschiedlichen Hinsichten ethisch verschieden aus. Es führt seine Existenz als Kombination differenter Handlungsprinzipien. Eine Einheit der eigenen ethischen Existenz
kann nur mittelbar gestiftet werden: „Im allgemeinen bleibt es dabei, daß
wir in verschiedenen, letztlich konzentrischen Gemeinschaftskreisen leben,
deren jeder seinen besonderen geistigen Gehalt hat" (HuÜ, 54). Für sich
selbst bestimmt Troeltsch den inneren „Kreis" christlich-religiös.

Eine vollgültige Versöhnung von Religion und Kultur ist damit offenkundig nicht geleistet. Es ist nun unbestreitbar, daß Troeltsch häufig hinter
diese Reflexionen zurückgefallen ist und in einer emphatischen Weise von
der „Kultursynthese" gesprochen hat, die ihn in die Nähe zu totalitären
„Buchbindersynthese⟨n⟩"[226] und wertkonservativen Ideologen rückt, die in
der Formel vom „Verlust der Mitte" die passende Parole gefunden haben. In
dieser Hinsicht firmiert der Begriff „Kultursynthese" als Überschrift für ein
hypertrophes Programm, das sich aus prinzipiellen Gründen nicht durchführen ließ. Will man aber die konstruktiven Elemente an den Tag bringen,
die in Troeltschs Kulturtheorie ebenfalls vorhanden sind, dann ist es interpretatorisch unerläßlich, seine Ausführungen zur Kultursynthese vor den
Hintergrund grundsätzlicher Differenzbeschreibungen zu stellen: der metaphysischen Differenz von Natur und Geist[227] sowie der hieraus folgenden
anthropologischen Einsicht in den Kampfcharakter menschlicher Existenz[228], der ethischen Differenzierung der Güter und Zwecke, der religionsphilosophischen Differenz von Kultur und Religion sowie ihrer Zuspitzung in der christlichen Überweltlichkeit.[229] Troeltschs Bemühungen

---

[226] E. Troeltsch: Der Aufbau der europäischen Kulturgeschichte, 9.

[227] Das ethische Problem „ist tief in der metaphysischen Konstitution des Menschen
begründet, die ihn zwischen die vergängliche und die ewige Welt stellt. Der Gegensatz der
ethischen Motive ist nur eine Erscheinung des allgemeinen Gegensatzes, der in der Dop-
pelstellung des Menschen zwischen dem Endlich-Sinnlichen und dem Unendlich-Ueber-
sinnlichen liegt" (GdE II, 173).

[228] „Das ist das Schicksal des Menschentums: Kampf nicht nur ums Dasein und um
politisch-soziale Selbstbehauptung, sondern vor allem auch Kampf zwischen dem natürlichen Leben und dem geistigen, das aus ihm aufsteigt und an es gebunden bleibt, indem es
sich gegen es wendet" (HuÜ, 105).

[229] Dies ist auch gegen Troeltsch selbst geltend zu machen, dessen Formulierungen
zum Teil den Anschein erweckt haben, er hege prinzipiell unrealisierbare Hoffnungen. Vgl.
die von TÖNNIES geäußerte Skepsis gegenüber Troeltschs Syntheseprogramm (F. TÖNNIES:

um den gedanklichen Aufbau einer kulturellen Einheit können nur als Annäherungsweisen, nicht als letztgültige Lösungen verstanden werden: keine Überwindung, sondern nur Überbrückungen der Gegensätze.[230]

Eine exakte inhaltliche Bestimmung des Einheitsprinzips hat Troeltsch nicht gegeben: „Die alten Ergänzungen ⟨der religiösen Ethik⟩ aber sind heute bei einer völlig neuen Kulturlage unmöglich geworden. Eine neue Ergänzung ist also nötig" (GS I, 975). Wie sie konkret auszusehen hat, sagt Troeltsch nicht. Das Fehlen dieser Auskunft schuldet sich vor allem der Autonomie ethischer Entscheidungen[231], die für jede Einheitsstiftung unhintergehbar ist: „Die Freiheit und Gesinnungsmäßigkeit einer Moral ⟨...⟩ wird dann überdies dafür sorgen, daß jede Individualität auf ihre eigene Weise jene Entwicklung vollziehe und auf ihre eigene Weise im Ergebnis die Synthese von innerweltlichem und überweltlichem Leben gestalte."[232]

Es fragt sich, welche Funktion ein in sich so stark gebrochenes Syntheseprogramm überhaupt noch besitzt. Ist diese Kulturtheorie lediglich die Schwundstufe eines ursprünglich viel weiter angelegten Programms, also das implizite Eingeständnis eigenen Scheiterns? Ist der Einheitsgedanke in diesem anscheinend durch und durch pluralistischen Ethik-Konzept ein vorneuzeitliches Rudiment? Will man die systematische Bedeutung des kulturtheoretischen Einheitsgedankens bei Troeltsch konstruktiv deuten, muß man nach seiner Funktion für eine Kultur des Pluralismus fragen. Dann zeigt sich, daß Troeltschs Konzept die Voraussetzung eines qualifizierten Pluralismusbegriffs formuliert. Pluralität lebt davon, daß sie auf Einheit als ihren Gegenpol bezogen wird. Die Kultursynthese fungiert als regulative Idee, als eine nicht positivierbare Zielvorstellung, die allererst die Beziehbarkeit des Differenten ermöglicht. In der gemeinsamen Ausrichtung auf einen ethischen Konsens lassen sich die lebensweltlichen Antagonismen als

---

Tröltsch und die Philosophie der Geschichte, bes. 419; sowie O. HINTZE: Troeltsch und die Probleme des Historismus, bes. 69f.).

[230] „Das Problem ist m. E. überhaupt nur annähernd zu lösen und bedeutet eines der großen immer offenbleibenden Lebensrätsel" (GdE II, 166). Besonders deutlich formuliert Troeltsch seinen Widerspruch gegen „monistische" Utopien gesellschaftlicher Einheit in E. Troeltsch: Die Zufälligkeit der Geschichtswahrheiten, 47–61. Im Gegenüber zu totalitären Einheitskonzepten wie dem bolschewistischen wird Troeltschs gebrochenes Synthesekonzept ideologiekritisch. Hier schärft er ein, „daß man zuallererst die wirklichen Tatsachen und Möglichkeiten sehen muß, um dann auf dieser Grundlage erst die Ideen zu bilden, die ihre fürchterlichen Spannungen und Schwierigkeiten, wenn nicht überwinden, doch mildern und überbrücken können. Sie werden in ihrem echten und gesunden Sinne stets Ausgleich und Kompromiß sein müssen, beruhend auf der Einsicht in die von der Lage gegebenen Gegensätze und auf der Liebe zu dem Volkstum, das sie in sich ausgleichen und vereinigen muß, wenn es leben will" (E. Troeltsch: Ideologien und reale Verhältnisse, zitiert nach: DERS.: Die Fehlgeburt einer Republik, 213).

[231] Daß auch eine systematische Unsicherheit ein Grund hierfür gewesen ist, zeigt folgende Äußerung: „Soll es eine christlich-soziale Bemeisterung der Lage geben, so werden hier neue Gedanken nötig sein, die noch nicht gedacht sind" (GS I, 985).

[232] E. Troeltsch: Über die Möglichkeit eines freien Christentums, 344.

ethische Konflikte deuten und austragen. Darin ist Troeltsch einem postmodernen Modell überlegen, daß er nicht bei einer Affirmation des faktischen – und meist nur ästhetisch verstandenen – Pluralismus stehenbleibt, sondern danach fragt, wie die differenten Wertvorstellungen in einen kritisch-konstruktiven Dialog gebracht werden können. Damit leistet er nicht nur einen Beitrag zur Entschärfung der Antagonismen, sondern legt die Voraussetzung dafür frei, daß aus dem bloßen Nebeneinander von Differenzen eine dynamische Spannungseinheit polarer Gegensätze wird. Um in eine fruchtbare, diskursive Konkurrenz zu treten, muß aus der bloßen Koordination von unterschiedlichen Wertvorstellungen eine profilierte Polarität werden. Diese Polarität entsteht aber nur durch den Aufbau einer dialektischen Einheit, die jede Position auf ihre Konsensfähigkeit befragt, ohne jedoch diesen Konsens dauerhaft gesellschaftlich zu positivieren. Insofern müssen „der Gedanke des ethischen Kompromisses und der Gedanke der kritischen Kompromißaufhebung gleichursprünglich begründet werden ⟨...⟩."[233] Die dialektische Kultursynthese, die Einheitsstiftungen herbeiführt und zugleich zurücknimmt, ist die nicht-pluralistische Voraussetzung des ethischen Pluralismus.[234] Sie garantiert seine Dynamik und ist alles andere als seine Stillstellung: „Auf dieser Polarität beruht aber der Reichtum unseres Lebens und seine Schwierigkeit, aus ihr geht aber auch immer von neuem das heiße Bestreben nach Vereinheitlichung hervor" (GdE II, 167).[235] Die Vorstellung einer Kultursynthese ist demnach ein Grundimpuls zu einer selbstkritischen und dennoch energischen ethischen Kulturarbeit.[236]

---

[233] H. Ruddies: Ernst Troeltsch und Friedrich Naumann, 273.

[234] E. Herms rückt Troeltschs Konzept der Kultursynthese eng an totalitäre Einheitskonzeptionen (E. Herms: ‚Kultursynthese' und ‚Geschichtswende', bes. 386–388). Ebenso wie bei Emanuel Hirsch vermißt Herms bei Troeltsch „eine Anerkennung der prinzipiellen Pluralisierung ⟨...⟩ von Fragen der Gesinnung und Weltanschauung und eines Begriffs des Politischen, der genau und erst dadurch definitiv antitotalitär ist, daß er das Politische auf Funktionen der Wahrung äußerer Rechtssicherheit konzentriert ⟨...⟩" (aaO., 387). Demgegenüber ist erstens einzuwenden, daß ein regulativer Einheitsgedanke, wie er Troeltschs „Kultursynthese" zugrundeliegt, keine Gleichschaltung des Wertepluralismus intendiert, sondern allererst die diskursive Beziehbarkeit des Differenten gewährleistet. Zweitens ist Herms entgegenzuhalten, daß ein rein funktionaler Begriff des Politischen die ethischen Bedingungen des liberalen Ordnungsrahmens ausblendet. Indem Troeltsch hiernach fragt, zielt er nicht auf die totalitäre Zurücknahme der liberalen Verfassungsidee, sondern auf ihre normative Begründung.

[235] „Der Gegensatz muß bestehen bleiben. Er ist die große Lebensspannung, in der alle Tiefe und Größe des Lebens liegt. Aber er muß zugleich innerlich überbrückt und überwunden werden" (E. Troeltsch: Über die Möglichkeit eines freien Christentums, 344).

[236] Auf diese konzeptionelle Stärke Troeltschs hat bes. O. Hintze hingewiesen. Trotz großer Skepsis gegenüber Troeltschs metaphysischen Erwägungen (O. Hintze: Ernst Troeltsch und die Probleme des Historismus, 64) und gegenüber der Realisierbarkeit einer neuen Kultursynthese (aaO., 69f.) kommt Hintze zu dem positiven Urteil: „Sie ⟨die Idee der Kultursynthese⟩ bewahrt vor Relativismus und kontemplativem Quietismus; sie führt – nicht zu einem geistigen Absolutismus ⟨...⟩, aber, um mich so auszudrücken, zu einem gesunden, willensmäßigen Resolutismus, zu einem resoluten Kulturwillen ⟨...⟩" (aaO., 70).

Welche Funktion besitzt die christliche Religion für die Kultursynthese? Dem Christentum ist von Jesus eine unhintergehbare Überweltlichkeit eingestiftet worden. Seine kulturtheoretische Bedeutung ist für Troeltsch „der Drang in die Zukunft, die Aufrichtung eines christlichen Ideals, das nicht Ausflickung und Besserung des Bestehenden, sondern eine immerdar von Grund aus neue, dem natürlichen Treiben entgegengesetzte Lebensordnung auf Grund des in Christus wurzelnden religiösen Gedankens ist."[237] Die Naherwartung ist in Troeltschs Jesus-Deutung nicht der zentrale religiöse Gehalt, sondern nur der Exponent des Gottesgedankens. Dieser ist die sachliche Mitte der Botschaft Jesu und des Christentums und begründet die Vorstellung einer überweltlichen Vollendung der Persönlichkeit und damit eine jede Kultur transzendierende, ethisch-religiöse Unbedingtheit.

Im Unterschied zu einer „konsequent" eschatologischen Deutung Jesu findet Troeltsch in dessen Gottesgedanken auch Ansätze für eine Vermittlung von Kultur und Religion.[238] In der Perspektive des Schöpfungsgedankens erscheint das christliche Ethos als „schaffende Hingabe des Willens an eine lebendige, positive Weltzwecke in sich tragende und eine unermeßliche Bewegung eröffnende Gottheit ⟨…⟩" (GdE II, 153). Die Vorstellung Gottes als des Schöpfers leitet zur ethischen Weltgestaltung an. Damit dies theologisch stringent formuliert werden kann, muß die jesuanische Gestalt der christlichen Idee modifiziert werden. Troeltsch stuft die Eschatologie zugunsten des Schöpfungsgedankens zurück: „Um Gottes willen, der der Gott der Schöpfung ist und von dem daher die Welt mit allen Gütern in ihr stammt, ist die Welt, sobald sie ein dauerndes Feld der Arbeit wird, auch positiv zu würdigen und sind ihre Zwecke mit dem letzten von Gott eröffneten Zwecke zu verschmelzen" (GdE II, 154). Dieser Gottesgedanke enthält beide ethischen Richtungssinne. In ihm ist sowohl eine schlechthinnige Naturüberlegenheit wie eine konstruktive Weltbezogenheit ausgesagt. Eine Diastase von Kultur und Religion, wie sie sich aus einer vereinseitigenden Hervorhebung der Naherwartung ergibt, ist durch die tiefergehende Interpretation des Gottesgedankens ausgeschlossen, ohne daß damit das Moment der Überweltlichkeit aufgehoben wäre. Denn auch in schöpfungstheologischer Perspektive bleibt die Ausrichtung auf den höchsten ethischen Zweck einer überweltlichen Vollendung der Persönlichkeit bestehen. Alle Versuche, den Persönlichkeitsgedanken innerweltlich zu realisieren, bleiben demgegenüber unvollständige Annäherungen.

Das nacheschatologische Christentum stellt Troeltsch in ein ebenso kritisches wie konstruktives Verhältnis zu Jesus. In einer auf Dauer gestellten Welt muß die christliche Ethik über Jesus hinausgehen und an einer kulturellen Durchsetzung des „unendlichen Werts der Menschenseele" mitwirken. Denn der christliche Zweck beschreibt nicht das Ganze des Sittlichen.

---

[237] E. Troeltsch: ⟨Rez.:⟩ H. WEINEL: Jesus im neunzehnten Jahrhundert, 2993.
[238] Vgl. ChrW II, 185ff.

Er ist angewiesen auf die Kulturgüter als ein ethisch Vorletztes, in dessen Rahmen er realisiert werden kann. Das Unbedingte muß durch das Bedingte hindurchgehen, um es zu überwinden: „Sie ⟨die christliche Ethik⟩ wird insbesondere die Diesseitigkeit und die Sinnenkultur in sich aufnehmen müssen, um aus der Weltarbeit heraus erst den Überdruß an der bloßen Weltarbeit zu lernen und um in der Veredelung der Sinne die Vergeistigung der Sinnlichkeit zu gewinnen."[239] Zwischen beiden ethischen Perspektiven besteht die Dialektik „eine⟨r⟩ durch den Gegensatz hindurchgehende⟨n⟩ innere⟨n⟩ Kontinuität."[240] Die tieferliegenden Prinzipien der Botschaft Jesu leiten dazu an, aktiv am Aufbau einer kulturellen Verwirklichung des Persönlichkeitsgedankens teilzunehmen. Aber seine Botschaft stellt zugleich jeden Kompromiß zwischen christlicher und kultureller Ethik unter den Vorbehalt der Überweltlichkeit. Soweit die Kulturgüter Medien der Persönlichkeitsbildung sind, haben sie in der christlichen Religion eine Verbündete. Sobald sie den höchsten Zweck verdrängen, finden sie in ihr die schärfste Kritikerin. Troeltsch sieht in der Differenz von Religion und Kultur den Grund einer ethischen Dynamik, die sich um die Realisierung des höchsten ethischen Zwecks bemüht und zugleich über jede Positivierung hinausgeht. Jesus ist für ihn der Exponent dieser Spannung von Kultur und Religion, die in den Begriff der christlichen Ethik selbst fällt. Er repräsentiert das Unbedingtheitsmoment und die Ewigkeitsperspektive. Er ist ein bleibendes Unruhemoment, der radikale Einschlag gegen jede kulturelle Befriedung christlicher Religion. Er steht quer zu jeder Christlichkeit, die in ihrer Gegenwart aufgeht. In seiner Botschaft findet die Inkommensurabilität des höchsten Wertes ihre grundsätzlichste Fassung.[241] Jesus repräsentiert den einen Pol der Dialektik einer christlichen Kultursynthese, der nicht das Ganze ausmachen kann, der aber nie fehlen darf, wenn die Spannungseinheit nicht aufgelöst werden soll. Er kann nicht für eine Vereindeutigung ethischer Fragen in Anspruch genommen werden, sondern hat seine Bedeutung in der Aufrechterhaltung einer ebenso problematischen wie produktiven Antinomik. Für eine an der Botschaft Jesu ausgerichtete Ethik − so ließe sich in Troeltschs Sinn paradox sagen − ist die Krise ein Dauerzustand. In diesem dialektischen Verständnis zeigt sich auch der ethische Sinn der Eschatologie. Der Gedanke des Gottesreichs ist ein aktivierender Impuls zu immer neu ansetzender ethischer Arbeit: er „entwertet nicht ⟨...⟩ Welt und Weltleben,

---

[239] E. Troeltsch: Über die Möglichkeit eines freien Christentums, 343.

[240] AaO., 343f.

[241] „Die in jeder Kultur hervortretende Sonderung höchster religiöser Lebenswerte und einer davon bestimmten Lebensführung von der den innerweltlichen Leistungen und Gütern und einer damit verbundenen innerweltlichen Ethik ist hier ⟨in einem frei an Jesus sich anschließenden, neuzeitlichen Christentum⟩ nur gesteigert und nach beiden Seiten hin zur letzten, jedenfalls zur letzten bis jetzt erkennbaren Konsequenz geführt" (aaO., 344).

sondern strafft die Kräfte und macht durch alle Durchgangsstufen hindurch die Seele stark in ihrer Gewißheit eines letzten, zukünftigen absoluten Sinnes und Zieles menschlicher Arbeit" (GS I, 979).

Troeltsch setzt das Christentum jenseits von Affirmation und Negation zur Neuzeit ins Verhältnis. Seinem religiösen Gehalt nach steht das Christentum über jeder Zeit. Besonders gegenüber einer Epoche, für die die Gedanken der Immanenz und der Eigenwertigkeit der Kultur zentral sind, steht das Christentum in grundsätzlicher Distanz – auch wenn diese theologisch vermittelt werden kann. Andererseits aber sieht Troeltsch den Wert der Neuzeit gerade darin, daß sie die Differenz zwischen Religion und Kultur freigelegt hat. In der Neuzeit kommt die christliche Ethik zum angemessenen Begriff ihrer selbst.

Troeltsch ist nun der Auffassung, daß der ethische Gedanke Jesu einen wesentlichen Beitrag für die neuzeitliche Kultur leisten kann. Er soll dazu helfen, den ethischen Pluralismus der Neuzeit angesichts gegenwärtiger Konformierungstendenzen aufrechtzuerhalten. Gegenüber vereinseitigenden Gestaltungen sichert die christliche Überweltlichkeitsperspektive eine grundsätzliche Differenz. Die Neuzeit als das Ende aller Einheitskulturen bedarf eines Gegenpols zum Immanenzgedanken, soll dieser nicht zu einem neuen Konformismus führen. Das von Jesus grundgelegte Moment der Überweltlichkeit sorgt dafür, daß die Antinomik der Neuzeit nicht zugunsten einer reinen Innerweltlichkeit aufgelöst wird. Dies ist der religiöse und zugleich neuzeittheoretische Grund für Troeltschs Einspruch gegen Sozialeudämonismus und technologisch bedingten Fortschrittsoptimismus, gegen „⟨..⟩ die von den ungeheueren praktischen Umwälzungen unseres Jahrhunderts ausgehenden Wirkungen äußerer Verhältnisse. Die Alles verwandelnden Leistungen der neuen Technik, die aus ihnen hervorgegangenen brennenden sozialen Fragen, die Wiedererweckung des nationalen Egoismus, nicht zum Mindesten die unter diesen Verhältnissen gesteigerte und besser erhaltene Population haben alles Interesse auf praktische Kulturfragen abgelenkt und das Problem innerweltlichen Glücks in den Mittelpunkt gerückt. Das Dogma vom Kulturfortschritt beherrscht die Meinung des Tages ⟨…⟩" (CuR, 445). Gegen diesen „Zeitgeist", der eine Deformierung des Wesens des neuzeitlichen Geistes darstellt, richtet sich die christliche Ethik.[242] In ihrer Ausrichtung auf ein überweltliches Ideal sichert sie dem Begriff der Neuzeit seine innere Polarität. Der Persönlichkeitsgedanke wird von einer an Jesu Gottesgedanken sich anschließenden, freien Christlichkeit auf seine Inkommensurabilität hin profiliert. Insofern trägt das Christentum dazu bei, der neuzeitlichen Kultur gegenüber ihrer Reduktion auf materiellen Fortschritt eine ethische Dynamik zu erhalten, die über alles Erreichte hinausstrebt.

---

[242] „Die christliche Moral widerspricht den Instinkten moderner Diesseitigkeit und moderner Vergöttlichung der Wirklichkeit" (aaO., 341f.).

Welche Bedeutung weist Troeltsch der christlichen Ethik nun für den zweiten Aspekt seiner Gegenwartsdiagnose zu, nämlich die ethische Problematik der Moderne? Der gesellschaftliche Modernisierungsprozeß im Übergang vom 19. zum 20. Jahrhundert drängt die christliche Ethik noch weiter ab, als dies die neuzeitliche Emanzipationsbewegung schon getan hat. Troeltsch sieht das Christentum jetzt nicht mehr nur mit einer Vielzahl autonomer Zwecke konfrontiert, sondern mit einer Gesellschaftsstruktur, die jenseits ethischer Reflexion zu stehen scheint. Eine verselbständigte Zweck-Mittel-Rationalität hat eine Struktur aufgebaut, die zu ethischen Vorgaben – ob inner- oder überweltlicher Art – kein Verhältnis mehr besitzt. Die Probleme einer christlichen Ethik stellen sich in der Moderne neu. Das Konzept einer dialektischen Synthese von Religion und Kultur kann hier kaum mehr greifen. Die Moderne repräsentiert in Troeltschs Perspektive „einen neuen Typus des sittlichen Lebens" (GdE II, 166) bzw. ein bisher unbekanntes ethisches Problem. Sie verlangt nach einem „Ethos, das mitten in der Arbeit des imperialistischen Machtstaates, der freien Konkurrenz und des Kapitalismus, der Technik und des Großbetriebes, des Klassenkampfes und Freiheitsstrebens, der modernen Wissenschaft und Kunst die höchsten Werte der religiösen Innerlichkeit und Liebe nicht vergißt, sondern ihnen einen Raum anzuweisen versteht" (GS II, 656f.;=GdE[2]). Die ethische Reflexion muß neu ansetzen und den Persönlichkeitszweck angesichts seiner radikalen Infragestellung verteidigen. Denn wenn sich die Gesellschaft ausschließlich nach Sachlogik und Funktionalität ordnet, droht die Vorstellung einer sittlichen Persönlichkeit zur hilflosen Ideologie zu werden. Mit skeptischem Realitätssinn hat Troeltsch nun alle Projekte einer Überwindung der Moderne abgelehnt. Die neue Struktur ist fest verankert. Eine weitere Epochenwende steht nicht zu erwarten.[243] Dennoch ist Troeltsch weit von einem Kulturpessimismus entfernt, der sich resignativ im „Untergang des Abendlands" einrichtet. In fragmentarischen Überlegungen hat er nach Wegen gesucht, den christlichen Zweckgedanken auch in der modernen Situation zur Geltung zu bringen.

Am aufschlußreichsten ist vielleicht das Schlußkapitel der „Soziallehren". Es bietet alles andere als ein konkretes Programm für eine christliche Gesellschaftsgestaltung. Vielmehr liegt seine systematische Funktion darin, die epochalen Brüche zwischen kirchlicher Einheitskultur und neuzeitlichem Pluralismus einerseits und zwischen aufklärerischer Emanzipationskultur und moderner Gesellschaftsstruktur andererseits zu markieren. Troeltsch schärft am Ende seiner Geschichte der christlichen Ethik die Unmöglichkeit ein, naiv an traditionelle Muster anzuknüpfen. Zugleich aber hat die

---

[243] „Das Handeln der sich selbst verstehenden Epoche aus sich selbst kann jetzt, wo wir von jeder Krisis und Auflösung und von allen wirklich original neuen religiösen Ideen sicherlich weit entfernt sind, nur darin bestehen, das Große zu fördern und die Gefahren zu erkennen" (WdmG, 39).

historische Perspektive auch eine konstruktive Funktion. Denn sie zeigt, welches religiöse Moment sich als bestimmender Faktor der bisherigen Entwicklung herausgestellt hat und auch in der Gegenwart eine zentrale Funktion übernehmen könnte. Die geschichtliche Besinnung leitet an ihrem Schluß zu einer Konzentration auf das Spezifikum christlicher Religion an.

In dieser Konzentration besteht Troeltschs Reaktion auf die Ethikkrise.[244] In Distanz zum eigenen Syntheseprogramm resümiert Troeltsch: „Es bleibt dabei ⟨...⟩ das Reich Gottes ist inwendig in uns" (GS I, 986). Der zentrale Gehalt des Christentums wird nicht mehr kulturell vermittelt. Aber dieser Rückgang auf die religiöse Überweltlichkeit und Innerlichkeit hat eine kulturpraktische Bedeutung. Denn Troeltsch setzt die christliche Vorstellung der Persönlichkeit kritisch und therapeutisch gegen die depersonifizierenden Tendenzen der Moderne. In seiner Zusammenfassung derjenigen christlichen Gehalte, die einen Beitrag für eine ethische Bewältigung der Moderne leisten, hebt er den Gottesgedanken und die Eschatologie hervor.[245] Die Vorstellung Gottes als Person und die Hoffnung darauf, in der Gemeinschaft mit ihm zur Persönlichkeit zu werden, sind für Troeltsch Bastionen eines nicht-instrumentellen Bewußtseins, das das Individuum davor bewahrt, im Mechanismus der Moderne unterzugehen: „Der Individualismus wird überall gebunden, und bald wird es nicht mehr zu viel, sondern zu wenig geben. Dann wird sich vielleicht wieder in der Religion neben der bei alledem fortschreitenden formellen politischen Demokratisierung das Asyl des Individualismus öffnen" (GS I, 847 Anm. 464). Gerade die dem Christentum von Jesus eingestiftete Überweltlichkeit ist das Mittel, den höchsten ethischen Zweck kontrafaktisch zu stabilisieren.[246] In ihrer Kulturabständigkeit, für die Jesus das Urbild abgibt, bildet die christliche Religion eine Instanz, die sich dem Totalitätsanspruch der modernen Superstruktur entzieht und dieser darum widersprechen kann. Der religiöse Personalismus als die „humanisierende Mitgift der rechtverstandenen Christentumsgeschichte"[247] baut eine nicht nivellierbare Gegenwelt zur gesellschaftlichen Wirklichkeit auf und sichert Reste von Individualitätskultur.

---

[244] „Eben deshalb erscheint mir das heute allein Mögliche zu sein, daß man die christliche Ideenwelt zunächst einmal in ihrem reinen Sinne für sich nimmt und dann aus ihr ⟨...⟩ gewisse Begrenzungen und Mäßigungen des wirklichen politisch-sozialen Lebens ableitet, das zunächst sein eigenes außerchristliches Ethos hat und mit jenem überhaupt nur sehr schwer zusammen zu bringen ist ⟨...⟩" (E. Troeltsch: Die ethische Neuorientierung als christlich-soziales Programm, 148).

[245] GS I, 978f.

[246] Auf diesen Aspekt der modernitätstheoretischen Thematisierung christlicher Religion bei Troeltsch hat vor allem F. W. Graf (Religion und Individualität, 221–230) hingewiesen. Allerdings konzentriert sich Graf stärker auf allgemein religionsphilosophische sowie metaphysische Erwägungen und nicht auf den besonderen, personalistischen Gottesgedanken, wie ihn das Christentum der Botschaft Jesu entnommen hat.

[247] V. Drehsen: Zeitgeistanalyse und Weltanschauungsdiagnostik in kulturpraktischer Absicht, 7.

Die kulturkritischen und -praktischen Potentiale des Christentums werden in der Moderne aber nur dann freigesetzt, wenn dieses sich auf seine spezifische Kompetenz konzentriert und nicht illusorische Projekte christlicher Gesellschaftsgestaltung entwirft.[248] Die in neuzeittheoretischer Perspektive entworfene Kultursynthese tritt in modernitätstheoretischer Hinsicht zurück. Aber sie wird nicht völlig funktionslos. Troeltschs modernitätskritischer Rückzug auf die religiöse Überweltlichkeit des Christentums bedeutet kein Auseinanderreißen von neuzeitlicher Kultur und christlicher Ethik. Vielmehr rücken beide im Horizont der neuen Epoche zusammen. Sie vertreten gemeinsam – wenn auch in unterschiedlicher Bestimmung – dasjenige als höchsten Wert, was die Moderne zu vernichten droht. Im Kampf um die Vorstellung einer sittlichen Persönlichkeit werden sie zu Verbündeten. Indem christliche Ethik ein kritisches Verhältnis zur modernen Gesellschaftsstruktur einnimmt, stellt sie sich konstruktiv zur neuzeitlichen Kultur. Sie mobilisiert mit Eschatologie und Theismus letzte Potentiale zur Stabilisierung des abendländischen Persönlichkeitsgedankens.[249] Sie stellt dem Individualitätsgedanken ein überweltliches Residuum bereit, das seine Konservierung für bessere Zeiten gewährleisten soll.

Exkurs I: Christliche Ideenpolitik im zweiten Kaiserreich

Die Kulturtheorie ist eine Schaltstelle zwischen ethischer Prinzipientheorie und konkreten politischen Optionen. Will man eine bestimmte Kulturtheorie auf ihre Plausibilität hin befragen, genügt es also nicht, nur ihre innere systematische Stringenz zu untersuchen. Zur Vervollständigung der Beurteilung sollte auch ihre mögliche Anwendung auf empirische Kon-

---

[248] Troeltschs besonderer Unwille richtet sich gegen ein christliches Engagement, das in Überschätzung der eigenen Möglichkeiten sowohl die reale Lage wie auch die spezifische Funktion der Religion verkennt. Die eigentlich drängenden sozialen Fragen lassen sich mit Mitteln christlicher Ethik nicht lösen, sondern erfordern fachliche Einsicht in die Funktionsweisen der modernen Gesellschaft: „Das große unserer Generation verordnete Problem des Sozialismus, d.h. die Eindämmung zügelloser individueller und nationaler Freiheit und die Schaffung einer Gesamt-Planwirtschaft der Kulturvölker kann überhaupt nicht von religiösen Ideen gelöst werden, sondern ist ein wissenschaftliches und praktisch-politisches Problem zugleich, das nur äußerste Sachkunde und überlegene politische Führung lösen kann" (E. Troeltsch: Die Sozialphilosophie des Christentums, 32; = A 1922/ 27a!). Eine zumindest teilweise Bestimmung der modernen Gesellschaftsstruktur durch christliche Ethik kann nur erfolgen, wenn diese sich auf die religiöse Unbedingtheitsdimension konzentriert: „Es gilt die rücksichtslose Selbstvergötterung und den als Herrentum oder Unternehmerkühnheit oder Nationalgefühl verkleideten schrankenlosen Selbstdurchsetzungstrieb zu dämpfen, Selbstbegrenzung, Rücksicht, Völkersolidarität und Menschenachtung in die Seelen zu pflanzen und den Geist der Verpflichtung gegen eine übermenschliche Wahrheit und Gerechtigkeit zu wecken" (aaO., 33f.).

[249] „Bewahren wir uns das religiös-metaphysische Prinzip der Freiheit, sonst möchte es um Freiheit und Persönlichkeit in dem Augenblick geschehen sein, wo wir uns ihrer und des Fortschritts zu ihr am lautesten rühmen" (BdP, 66).

flikte und Probleme bedacht werden. Deshalb sollen nun in den beiden folgenden Exkursen zwei Fallbeispiele vorgestellt werden, in denen Troeltsch sein Konzept einer christlichen Kulturtheorie auf eine konkrete politische Situation anzuwenden versucht hat. Diese beiden Fallbeispiele wurden darum ausgewählt, weil sich in ihnen besonders deutlich die Bedeutung von Troeltschs Jesus-Deutung für seine Kulturtheorie zeigt.

In einem vielbeachteten Vortrag vor dem Evangelisch-sozialen Kongreß[250] in Breslau 1904 hat Troeltsch sein ethisches Konzept sowie sein Verständnis der Ethik Jesu und des Urchristentums mit der politischen Situation des zweiten Kaiserreichs in Beziehung gesetzt.[251] Er nimmt seinen Ausgangspunkt bei einer güterethischen Bestimmung des Staats. Dieser ist kein bloßes Produkt des herrschaftssoziologischen Prinzips der Macht, sondern immer auch ein ethisches Gut. Hiermit richtet sich Troeltsch gegen eine vereinseitigte, spätwilhelminische Realpolitik (PE, 5–8). In welcher inhaltlichen Weise aber der Staat ethisch bestimmt ist, ist keineswegs eindeutig. Troeltsch entdeckt diesbezüglich im tagespolitischen Kampf prinzipielle Alternativen. Er reduziert die vielfältigen, politischen und weltanschaulichen Gegensätze auf vier mögliche Typen der Staatsethik. Zwei dieser Kandidaten verabschiedet er vorzeitig. Daß er den nationalistischen Gedanken nicht gelten läßt, mag weniger erstaunen als die Tatsache, daß er auch den „liberalen" Gedanken als ethische Bestimmung des Staats ablehnt (PE, 9–12). Er versteht ihn als eine nur abwehrrechtliche Verfassungskonzeption, die dem Staat keinen „inneren ethischen Wert" (PE, 13) zuspricht – Troeltsch zufolge auch ein Anzeichen bildungsbürgerlicher Politikferne.[252] Diese Distanzierung zur liberalen Staatsauffassung scheint jedoch nicht nur systematisch begründet, sondern auch eine Konsequenz der Einschätzung zu sein, daß der politische Liberalismus um die Jahrhundertwende seinen

---

[250] Zur historischen Orientierung über den Evangelisch-sozialen Kongreß vgl. V. DREHSEN: „Evangelischer Glaube, brüderliche Wohlfahrt und wahre Bildung"; E. I. KOURI: Der deutsche Protestantismus und die soziale Frage 1870–1919; H. LIEBERSOHN: Religion and Industrial Society, 6–43, 52–59; DERS.: Troeltsch's Social Teachings and the Protestant Social Congress; M. SCHICK: Kulturprotestantismus und soziale Frage, bes. 76–95; G. KRETSCHMAR: Der Evangelisch-Soziale Kongreß, bes. 9–43; T. NIPPERDEY: Religion im Umbruch, 106–118.
[251] Grundlegend R. v. THADDEN: Protestantismus und Demokratie. Die wegen ihrer Unanstößigkeit gewählten Titel des Vortrags („Die christliche Ethik und die heutige Gesellschaft") und der publizierten Fassung („Politische Ethik und Christentum") geben nicht die Brisanz und Problemorientierung des Textes wieder (vgl. PE, 3).
[252] Die liberale Staatsidee ist gegenüber dem demokratischen und dem konservativen Prinzip nicht nur in ethischer und politischer, sondern auch in religiöser Hinsicht defizitär. Denn sie besitzt nicht wie diese einen Anhalt am Christentum. Vgl. die aus dem Jahr 1904 stammende Äußerung von Troeltsch: „Max Weber verlangte von mir aktive Beteiligung an der Politik. Ich habe das mit der Begründung abgelehnt, daß ich nicht liberal bin trotz vielfacher Sympathien mit dem Liberalismus. Der Grund, warum ich nicht liberal bin, liegt in meiner Christlichkeit und ihrer Wirkung auf das politische Denken" (zitiert nach W. KÖHLER: Ernst Troeltsch, 292).

Zenit überschritten hat. Gesellschaftliche Modernisierungsschübe und entsprechend neue soziale Konflikte haben ihn von seiner beherrschenden Stellung verdrängt.[253] Den „Kern des ethisch-politischen Problems der Gegenwart" (PE, 3) erkennt Troeltsch in einem neuen Konflikt, dem Gegensatz von Konservativismus und Demokratie. Die Entscheidung, nur diese beiden Richtungen als Prinzipien der politischen Ethik anzuerkennen, folgt also nicht nur aus ethischen Erwägungen, sondern verrät zugleich ein gutes Gespür für aktuelle politische Frontlinien.

In seiner Darstellung des demokratischen und konservativen Staatsgedankens hebt Troeltsch auf die jeweiligen weltanschaulichen Grundlagen ab. Während für das demokratische Prinzip der Menschenrechte und der allgemeinen Gleichheit eine Metaphysik des Optimismus bestimmend ist (PE, 13–17), fußt das konservative Prinzip der Autorität und natürlichen Ungleichheit aller auf einer Metaphysik des Realismus (PE, 17–22).[254] Die historische und systematische Problematik dieser Gegenüberstellung ist offensichtlich. Denn Troeltschs eigentliche These, daß beide Prinzipien gleichberechtigt und -ursprünglich seien sowie einen je eigenen Anhalt am Christentum hätten, steht spröde zur Darstellung der jeweiligen ethischen Gehalte. Denn der Konservativismus setzt ein sekundäres Prinzip an die oberste Stelle. Es wäre also eine Überordnung des demokratischen Prinzips zu erwarten gewesen.

Aber diese Unstimmigkeit hat ein argumentationsstrategisches Motiv. Indem Troeltsch die die Gegenwart beherrschenden, politischen Gegensätze auf eine ethische Stufe stellt und die christliche Ethik in eine exakte „Äquidistanz"[255] zu ihnen bringt, bereitet er ihre Vermittlung vor. Troeltsch möchte den Konflikt zwischen den autoritären und progressiven Tendenzen nicht dadurch einseitig auflösen, daß er einen der beiden Pole eindeutig überordnet oder ein den Gegensatz aufhebendes Einheitsprinzip etabliert. Er glaubt, daß nur eine Verhältnisbestimmung, die beiden Seiten ihr jeweiliges Recht zugesteht, „eine sittlich höhere Entwicklung unseres Staates und ⟨...⟩ eine Versöhnung der sich innerlich immer fremder werdenden Gruppen ⟨...⟩" (PE, 43) erreichen kann.

Ein erster Schritt zu einer pluralistischen Kultur des Politischen besteht darin, die Auseinandersetzung aus dem Kontext des tagespolitischen Parteienstreits zu lösen und auf die Ebene prinzipieller Wertantagonismen zu heben. Erst hier kann das Recht jeder Position anerkannt und zugleich rela-

---

[253] Zur historischen Orientierung vgl. D. LANGEWIESCHE: Liberalismus in Deutschland, 128–232.

[254] Mit einer sehr ähnlichen Akzentsetzung hatte Naumann neun Jahre früher die politischen Gegensätze innerhalb des deutschen Protestantismus beschrieben (F. NAUMANN: Konservatives Christentum, bes. 56–60).

[255] Das Recht dieser von R. v. THADDEN (Protestantismus und Demokratie, 113) vorgeschlagenen Charakterisierung der Troeltsch'schen Position ist gegen H.-G. DRESCHER (Demokratie, Konservativismus und Christentum, 87–89) festzuhalten.

tiviert werden. Und erst hier kann ein mittelbarer, christlicher Einfluß auf
die politische Kultur der Gegenwart konstruiert werden. Denn auch wenn
das Christentum keine „direkte politische Ethik" (PE, 23) formulieren
kann, ist es doch nicht völlig funktionslos. Troeltsch hatte ja zu zeigen versucht, daß sowohl das demokratische wie das konservative Prinzip einen
echten Anhalt am Christentum haben. Indem er nun innerhalb des Christentums zwei ethische Pole ausmacht, die man abkürzend Jesus und Paulus
zuordnen kann, schafft er die Voraussetzung dafür, das Christentum als die
letzte Vermittlung beider Prinzipien zu denken. Weil Troeltsch das Christentum nicht auf die Botschaft Jesu reduziert, sondern neben dieser noch
einen anderen religiös-ethischen Gehalt gelten läßt, kann er die Differenz
zwischen Demokratie und Konservativismus theologisch einholen. Damit
bewahrt er das Christentum zugleich davor, von einer politischen Position
funktionalisiert zu werden. Als bipolares Prinzip muß das Christentum jede
politische Vereindeutigung einer religiösen Ideologiekritik unterziehen. Es
taugt nicht dazu, eine Partei letztgültig zu affirmieren. Denn es schärft die
relative Legitimität beider Hauptgegner aus einem letzten religiösen Standpunkt ein. Weil es den demokratischen und den konservativen Gedanken
gleichursprünglich begründet, kann es den Ausgleich beider formulieren:
„Kein Werden der Persönlichkeit ohne Fügung in die aristokratischen Ordnungen, keine aristokratische Ordnung ohne Dienst am Werte der Persönlichkeit: das ist die Formel für die vom Christentum inspirierte Gesinnung"
(PE, 37).

Es ist nicht einfach, diese komplizierte Konzeption politisch zu verorten.
Ein heutiger Leser mag sich darüber wundern, daß Troeltsch dem konserva-
tiven Prinzip, hinter dem auch ein sich cäsaristisch gebärdender Monarchis-
mus und das preußische Drei-Klassen-Wahlrecht standen, ein so großes
Recht eingeräumt hat. Aber in seinem eigenen historischen Kontext stellten
Troeltschs Thesen eine progressive Provokation dar und sind auch als solche
wahrgenommen worden.[256] Denn im konservativ ausgerichteten deutschen
Protestantismus war ein so klares Votum für die spezifische Legitimität der
Demokratie keineswegs mehrheitsfähig. Naumann hat in seinem Debattenbeitrag hieran angeknüpft und Troeltsch einseitig eine Option für das demokratische Prinzip unterstellt, weil „er die Sympathie mit diesen demokratischen Strömungen als das eigentliche Programmäßige dargestellt hat
⟨...⟩."[257] Dem hat Rade sogleich – und zwar mit kräftiger Unterstützung
von Troeltsch – widersprochen.[258] Insofern war Julius Kaftan im Recht, als

---

[256] Hierauf hat besonders R. v. THADDEN (Protestantismus und Demokratie, 113) hingewiesen. Er hebt hervor, Troeltsch habe mit diesem Vortrag die Demokratie entketzert,
Deutschlands politisches Verhältnis zu Westeuropa versachlicht und durch seine pragmati-
sche Herangehensweise doktrinäre Verhärtungen aufgelöst. Er habe zugleich den politischen
Horizont der Theologie erweitert und somit auch einer Kirchenreform vorgearbeitet.

[257] Die Verhandlungen des fünfzehnten Evangelisch-sozialen Kongresses, 48.

[258] „Was mir bei Naumann absolut selbstverständlich ist, ist mir bei Troeltsch gar nicht

er Troeltschs positive Bewertung des Konservativismus kritisch hervor-hob.[259] Troeltsch argumentiert dezidiert nicht-positionell. Sieht man von seinen konkreten politischen Optionen ab, dann zeigt sich, daß seine Güter-ethik sowohl progressive wie konservative Tendenzen vereinigt. Troeltsch hatte der Sollensethik von Herrmann eine prinzipielle Konservativität vor-geworfen, weil sie die gesellschaftlichen Strukturen als naturgegeben hin-nehme.[260] Demgegenüber sollte die Qualifizierung etwa des Staates als ei-nes ethischen Guts zu seiner „progressiven", sittlichen Gestaltung anleiten. Umgekehrt aber kann aus sollensethischer Perspektive eine radikale Infrage-stellung der Güter vorgenommen werden, wie sie Troeltsch unmöglich ge-wesen wäre. Gerade in krisenanalytischer Hinsicht gelangt Troeltsch zu „konservativeren" Aussagen, in denen er die Beharrungskraft und Eigenge-setzlichkeit der Güter betont. Die alternativen ethischen Modelle lassen sich also nicht einfach einer politischen Richtung zuordnen. Insbesondere Troeltschs Argumentation widersetzt sich einer schnellen Nutzanwendung. Statt sozialethische Direktiven auszusprechen, stellt Troeltsch ein christli-ches Modell für eine pluralistische Reflexion der Politik vor. Er plädiert nicht für die Gründung einer protestantischen Partei oder eine direkte An-wendung des Gebots der Nächstenliebe auf die „soziale Frage", sondern legt den Grund für eine höherstufige, ethische Betrachtung der Politik. Er wahrt die Distanz des Christentums zu den politischen Parteien und drängt es doch nicht in unpolitische Bereiche ab, sondern bezieht es als Ideologie-kritik und als Verständigungsfaktor auf aktuelle Auseinandersetzungen. Da-mit aber leistet er im Zusammenhang des Evangelisch-sozialen Kongresses einen wichtigen Beitrag zu einer überparteilichen, christlichen Ideenpolitik. Diese Ideenpolitik zielt allein in dem Sinne auf eine „Kultursynthese", als sie die einander bekämpfenden Weltanschauungsparteien in die übergeord-nete Perspektive ihrer religiösen Begründung stellt. Dabei gibt gerade seine in sich differenzierte Deutung der ethischen Potentiale des Urchristentums Troeltsch das Mittel an die Hand, die unterschiedlichen Parteien in ihrem je eigenen Recht zu würdigen und zugleich aufeinander zu beziehen.

---

so selbstverständlich, daß sein Herz unter allen Umständen auf der Seite der Demokratie schlägt, sondern ich bin überzeugt, daß er oft unendlich demokratisch empfindet und es darin mit jedem aufnimmt, daß er aber auch aristokratisch empfindet. ⟨...⟩ Ich habe die Auffassung, daß Troeltschs Vortrag, wenn nicht den von ihm zweifellos überaus hoch-geschätzten D. Naumann, so doch manche ihm in einer Richtung arbeitende Geister in unserer Mitte mit seinem Widerspruch treffen sollte. (Zwischenruf D. Troeltschs: Jawohl.)" (Die Verhandlungen des fünfzehnten Evangelisch-sozialen Kongresses, 52f.).

[259] „Mein Widerspruch richtet sich dagegen ⟨...⟩, daß überhaupt der Gedanke der de-mütigen Fügung in die natürlichen Ordnungen Gottes als ein zweiter, gleichberechtigter Gedanke neben den ersten ⟨der Persönlichkeit⟩ hingestellt wird" (Die Verhandlungen des fünfzehnten Evangelisch-sozialen Kongresses, 41).

[260] S. o. III. C. 2.

Exkurs II: Jesus-Deutung im Ersten Weltkrieg

Einen zweiten Versuch, christliche Ethik auf konkrete, politische Fragen der Gegenwart anzuwenden, stellt Troeltschs Kriegspublizistik dar. Der Erste Weltkrieg bedeutet für Troeltsch eine tiefe Zäsur. Er beginnt nun, ernsthaft politisch zu arbeiten. Den Kriegsbeginn begleitet er mit zwei großen Reden, die die patriotische Begeisterung teilen und den militärischen Aufbruch intellektuell unterstützen.[261] Aber sein Verhalten verändert sich merklich etwa seit dem Juli 1915. Troeltsch ist nach Berlin umgezogen und zur philosophischen Fakultät gewechselt. In der Hauptstadt stehen ihm völlig andere Informationsquellen zur Verfügung als in der badischen Provinz. Dies hat Folgen für sein politisches Urteil. Aus dem gemäßigten Nationalisten, der gewisse Annexionen für erstrebenswert hält, wird ein profilierter Liberaler, der sich außenpolitisch für einen Verständigungsfrieden ohne Annexionen und innenpolitisch für eine Demokratisierung sowie einen Ausgleich mit der Sozialdemokratie einsetzt. Höhepunkt dieses Engagements ist die Gründung des „Volksbundes für Freiheit und Vaterland" im Dezember 1917, eines breiten Bündnisses von Gewerkschaftlern, rechter Sozialdemokratie, linkem Zentrum, Linksliberalen, Wirtschaftsführern sowie hohen Beamten.[262]

Den vielleicht wichtigsten Teil von Troeltschs politischer Arbeit zu dieser Zeit stellt seine Kriegspublizistik dar.[263] Wie die meisten großen europäischen Gelehrten stellt er sich in den Dienst seiner Nation.[264] Mit seiner Weltkriegsphilosophie und -theologie nimmt er die volkspädagogische Aufgabe einer Sinndeutung des Krieges wahr. Zum einen geht es ihm darum, den Krieg zu begreifen und aus ihm ethische Imperative abzuleiten, zum anderen sieht sich Troeltsch genötigt, am ideologischen Kampf zwischen den Nationen teilzunehmen. Denn der Erste Weltkrieg wird auch als Kulturkrieg geführt. Troeltschs kulturtheoretische Ausführungen zum „Wesen des deutschen Geistes" und seinen Unterschieden gegenüber den Kulturen der Entente sollen den Vorwurf der Minderwertigkeit Deutschlands – der „deutschen Barbarei" – abwehren. Andererseits setzt sich Troeltsch von Ideologen eines deutschen Sonderwegs kritisch ab. Er führt die politischen und kulturellen Eigenarten Deutschlands geschichtlich zu-

---

[261] E. Troeltsch: Nach Erklärung der Mobilmachung; Ders.: Unser Volksheer.

[262] Zu Troeltschs Verhalten im Ersten Weltkrieg B. Sösemann: Das „erneuerte Deutschland". Zur Abgrenzung der beiden Phasen des politischen Engagements von Troeltsch im Ersten Weltkrieg aaO., 130; H. Ruddies: Karl Barth und Ernst Troeltsch, 150 Anm. 106 und 107. Vgl. J. H. Claussen: Nachwort, 310–315.

[263] Hierzu H. Lübbe: Politische Philosophie in Deutschland, 228–234. Eine ideologiekritische Untersuchung von Troeltschs Reflexionen über deutsche Gemeinschafts- und Individualitätsvorstellungen bietet L. Dumont: Individualismus, 144–159.

[264] Zur Weltkriegsphilosophie als einem gesamteuropäischen Phänomen vgl. H. Lübbe: Politische Philosophie in Deutschland, 173–178.

rück und läßt – darin ganz kritischer Historist – eine „Deutschtumsmetaphysik"[265] nicht aufkommen. Zugleich zeigen ihm soziologische Betrachtungen, wie der durch den Krieg beschleunigte Modernisierungsprozeß kulturelle Differenzen zwischen den europäischen Nationen nivelliert und eine politische Annäherung Deutschlands an Westeuropa unumgänglich macht. Es ist also seiner historischen und soziologischen Reflektiertheit zu verdanken, daß sich Troeltsch zunehmend von nationaler Erregtheit distanzieren und konstruktiv auf politische Umbrüche einstellen konnte.[266]

Troeltschs Entwicklung im Ersten Weltkrieg läßt sich nun auch anhand seiner theologischen Reflexionen zur Ethik Jesu darstellen. Er hat die ethische Problematik des Kriegs als Bestätigung seiner schon in Friedenszeiten erarbeiteten ethischen Konzeption verstanden: jetzt ist die Differenz von Christentum und Kultur „aus einer rein theoretischen zu einer praktischen Lebensfrage des Gewissens geworden und bringt eine innere Unruhe in unsere Gläubigkeit, die Viele mühsam und peinlich empfinden."[267] Um diese Verunsicherung klären zu helfen, hat Troeltsch einige religiöse Besinnungen verfaßt.[268] Dieser Seitenstrang seiner umfangreichen Kriegspublizistik gibt Aufschluß darüber, wie sich sein an der Jesus-Deutung gebildetes ethisches Konzept auf einen historischen Moment höchster Krisenhaftigkeit anwenden läßt. Allerdings stellt sich hier stärker als sonst der Eindruck historischer Fremdheit vor die Aufgabe der systematischen Rekonstruktion. Denn in seinen religiösen Essays hat Troeltsch sich direkter mitgeteilt als in mehr akademisch gehaltenen Arbeiten. Hier zeigen sich sehr viel klarer emotionale Momente, die hinter bestimmten politischen Optionen stehen, sowie eine ideologische Prägung, die auch dann nur schwer nachzuvollziehen ist, wenn man Troeltsch innerhalb seiner Zeit als einen gemäßigten Patrioten ausweist. Zugleich aber lassen diese Texte die systematischen Motive erkennen, die Troeltsch in seiner politischen Entwicklung mitbestimmt haben. Im

---

[265] H. LÜBBE: Politische Philosophie in Deutschland, 234.

[266] LÜBBE kommt entsprechend zu folgendem Urteil über Troeltschs Kriegspublizistik: „Unter den hervorragenden Philosophen der Weltkriegszeit ist es Troeltsch vor allem, der, im Horizont seiner universellen historischen Bildung, in diesem Sinne die Souveränität der politischen Urteilskraft gegenüber der einfangenden Gewalt des nationalen Bewußtseins durchgesetzt hat" (H. LÜBBE: Politische Philosophie in Deutschland, 228). Und SÖSEMANN resümiert: „Ernst Troeltschs Kriegspublizistik läßt eine souveräne historisch-politische Urteilskraft erkennen. Sie spiegelt den patriotischen Effekt des Augusterlebnisses, ist jedoch frei von nationaler Borniertheit" (B. SÖSEMANN: Das „erneuerte Deutschland", 142).

[267] E. Troeltsch: Der Völkerkrieg und das Christentum, 296. „Die Doppelheit beider Welten wird niemals fühlbarer, als wenn der latente Friedenskrieg der Diplomaten und der Wirtschaft übergeht in den offenen Völkerkrieg der Waffen" (aaO., 301).

[268] Es sind vornehmlich folgende Texte: E. Troeltsch: Deutscher Glaube und Deutsche Sitte in unserem großen Kriege; Ders.: Friede auf Erden; Ders.: Der Völkerkrieg und das Christentum; Ders.: Das dritte Kriegsweihnachten; Ders.: Ernste Gedanken zum Reformations-Jubiläum; Ders.: Ostern.

Licht seines Jesusbildes hat Troeltsch seine politischen Auffassungen pointiert ausgedrückt, aber auch korrigiert.[269]

Troeltschs geht von der Differenz zwischen der Ethik Jesu und den ethischen Anforderungen des Krieges aus. Besonders wird diese Differenz in den frühen Texten profiliert. Sie sind getragen vom Erlebniskomplex der „Ideen von 1914". Troeltsch erfährt den August 1914 als nationale Einigung, als eine durch die welthistorische Katastrophe gestiftete Kultursynthese.[270] Unter diesem Eindruck verblaßt die Ethik Jesu. Ein anderer Glaube mit einer im Moment wichtigeren Ethik drängt sich in den Vordergrund.

Sehr pathetisch hat Troeltsch dies in seiner Broschüre „Deutscher Glaube und Deutsche Sitte in unserem großen Kriege" (November 1914) ausgeführt. Entgegen seiner späteren, pragmatischen Erklärung des Kriegsausbruchs lädt er hier den Krieg ethisch auf. Er bezeichnet die Ideologisierung des militärischen Kampfs geradezu als deutsche Eigenheit: „Wir ⟨Deutsche⟩ bedürfen eines Glaubens, einer felsenfesten Gewißheit gegenüber dem sittlichen Recht dieser schreckensvollen Kämpfe und mit diesem Glauben einer sittlichen Regel unseres Handelns und unseres Hoffens auf die Zukunft."[271] Dieser Glaube ist nicht derjenige Jesu, sondern ein religiöser Patriotismus, der einerseits der Stabilisierung der Wehrkraft dient, andererseits aber auch eine gewisse ethische Formierung bewerkstelligen soll. Für diese beiden Anforderungen besitzt das Christentum Troeltsch zufolge keine Kompetenz: „die erhabene und milde Idee des Christentums zeigt wieder ihre volle Unfähigkeit, das organisierte Völkerleben und den Staat wirklich zu ergreifen, und muß wieder ihre Gedanken auf die eigentliche Uridee des Christentums, auf eine andere und jenseitige Welt richten, indem es mit den Leidenden und Trauernden betet und mit den Kämpfenden in die Unbegreiflichkeit der göttlichen Weltregierung mutig sich ergibt."[272] Innerhalb der militärischen Einigung der Nation hat das christlich-religiöse Element keinen Raum.

---

[269] Eigentlich müßte auf die Interpretation von Troeltschs religiös-ethischer Deutung des Ersten Weltkriegs ein weiterer Abschnitt folgen, der sich analog seiner Stellung zur jungen Weimarer Republik annimmt. Leider hat Troeltsch seinen Einsatz für ein neues Deutschland nicht im Licht des Jesusbildes reflektiert. Ein Grund hierfür ist sein – angesichts der ideologischen Aufgeladenheit des zeitgenössischen politischen Diskurses plausibles – Bemühen, die demokratische Ordnung vornehmlich pragmatisch zu begründen. Die Frage, inwiefern sein Kampf für eine bürgerliche Mitte sowie für eine soziale und zugleich konservative Demokratie auch eine implizit religiöse Dimension besitzt und sich auf die Ethik Jesu beziehen ließe, bedürfte einer eigenen Untersuchung. Zu Troeltschs politischer Arbeit in der Nachkriegszeit vgl. H. RUDDIES: Soziale Demokratie und freier Protestantismus; E. C. KOLLMAN: Eine Diagnose der Weimarer Republik; K. Nowak: Evangelische Kirche und Weimarer Republik; G. MEHNERT: Evangelische Kirche und Politik 1917–1919; J. H. CLAUSSEN: Nachwort, 315–322.

[270] Zur Auffassung, daß eine nationale Einheit im Krieg instinktiv erkennbar sei, vgl. E. Troeltsch: Der Geist der deutschen Kultur, 69 (1915).

[271] E. Troeltsch: Deutscher Glaube und Deutsche Sitte in unserem großen Kriege, 12.

[272] AaO., 16.

Hatte sich Troeltsch in seinen grundsätzlichen Reflexionen auf eine ethische Gegenüberstellung von Christentum und autonomer Kultur beschränkt, so fügt er nun – in nicht nur sprachlich geradezu barbarischer Form – eine Gegenüberstellung zweier Gottesbegriffe hinzu. Er integriert damit den religiös aufgeladenen Kriegsenthusiasmus in die ethische Reflexion. Den beiden ethischen Polen entsprechen zwei „Evangelien". Hinter der Liebesethik Jesu steht dessen Evangelium vom kommenden Reich Gottes. Hinter dem kriegerischen Staatsethos steht „das Männer-Evangelium der Kraft und des Sieges"[273] bzw. „der heilige Glaube des deutschen Volkes an sich selbst."[274] Der Patriotismus als Religion ist ein nicht-christlicher Vorsehungsglaube, „ein Glaube an die göttliche Weltregierung und Weltvernunft, die uns zu einem der großen Weltvölker hat werden lassen ⟨...⟩."[275] Sein eigentlicher Gegenstand ist der kulturtragende Nationalstaat als höchstes irdisches Gut. Ist dieser bedroht wie im Kriegsfall – von dem Troeltsch immer noch annimmt, er wäre ein bloßer Verteidigungskrieg –, dann wird der militärische Kampf zum unbedingten Gebot.

Über einen doppelten Gottesbegriff versucht Troeltsch, die pazifistische Ethik Jesu und die militärische Ethik des Staats zu vermitteln: „Überall führt von diesem Glauben eine Brücke zum Christentum und umgekehrt vom Christentum zu diesem Glauben. Denn wer an die göttliche Mission des Deutschtums um seiner inneren sittlichen Lebensgehalte willen glaubt, der glaubt auch an einen lebendigen, heiligen Gott, der sein Wesen den Menschen mitteilt und in seiner Weltregierung die nationalen Menschwerdungen des göttlichen Geistes schützt und behauptet."[276] Troeltsch läßt Luthers Unterscheidung der beiden Reiche und die Unterscheidung zweier Gottesgedanken anklingen. Lutherisches Profil besitzt Troeltschs Kriegstheologie darin, daß sie die christliche Existenz auf zwei differente, ethisch-religiöse Sphären verteilt. Dort steht der Gott der Liebe – „Hier wendet uns Gott sein Angesicht im Sturm und Feuer zu."[277] Anders als bei Luther aber werden diese Unterscheidungen nicht mit der Grunddifferenz von Gesetz und Evangelium gekoppelt. Luther hatte die zwei Begriffe des deus revelatus und des deus absconditus einander funktional zugeordnet bzw. in Grenzaussagen als höchste Fassung eines religiösen Zwiespalts koordiniert.[278] Troeltsch dagegen sagt die Gleichwertigkeit der beiden Gottesbegriffe aus und nivelliert die Priorität des deus revelatus. Er stellt nicht Gesetz und

---

[273] Ebd.

[274] AaO., 10.

[275] AaO., 19.

[276] AaO., 25.

[277] AaO., 28. Vgl. seinen Brief vom 21.12.1914 an Wernle: „Es bleibt aber eben doch die Scheidung zwischen dem nationalen Beruf und der Person, wie bei Luther, der die Berufsethik ja anders konstruiert als wir das können. Aber sein Dualismus ist schließlich auch für uns die Signatur unseres Denkens bei allen tieferen Menschen" (zitiert nach: Ernst Troeltschs Briefe und Karten an Paul Wernle, 135).

[278] Vgl. die Luther-Deutung von M. DOERNE: Gottes Ehre am gebundenen Willen.

Evangelium einander gegenüber, sondern zwei Evangelien.[279] Sein Interesse ist es, die spezifische Inkompetenz der christlichen Ethik im Krieg aufzuweisen und zugleich die ethische Dignität des Staats gerade dort festzuhalten, wo er sich mit brutaler Macht durchsetzt. Man mag Troeltsch zugute halten, daß er mit dieser Differenzierung dazu beiträgt, daß das Evangelium Jesu nicht von der eigenen Kriegspartei funktionalisiert wird.[280] Aber dies ist erkauft durch die Abdrängung der christlichen Ethik in die politisch irrelevante Innerlichkeit: „der eigentliche innerste christliche Glaube gehöre den Geheimnissen der Seele, dem letzten Kampf der Sterbenden, dem Trost der Weinenden, dem über alle Feinde sich breitenden Gemeinschaftsgefühl einer höheren Würde der Menschheit."[281] Der deus minor des kriegerischen Patriotismus mag religiös minderen Wert beanspruchen, beherrscht aber exklusiv die Ethik.

Weniger erregt in der Diktion, dafür stärker auf die eigene ethische Konzeption bezogen, trägt Troeltsch seine frühe Kriegstheologie in „Der Völkerkrieg und das Christentum" vor. Dieser Aufsatz erschien im April 1915 in der „Christlichen Welt", zwei Monate bevor Troeltsch die Wolff-Delbrück-Dernburgsche Denkschrift gegen annexionistische Kriegspolitik unterzeichnete. Er beginnt mit einer zwiespältigen religiösen Bestandsaufnahme. Der offenkundigen Unchristlichkeit des Kriegs steht in ganz Europa eine kriegsbedingte Konjunktur des Christentums gegenüber: „die Lage ist seltsam und widerspruchsvoll".[282] Trotz der beginnenden Einsicht, daß die Kämpfe Konsequenz einer imperialistischen Konkurrenzsituation sind,[283] hält Troeltsch daran fest, daß der Krieg eine ethische und religiöse Dimension besitzt. Um dies zu plausibilisieren, bestimmt er im Rahmen seiner Güterethik den Krieg als ethische Institutionalisierung der anthropologischen Grundfunktion „Kampf ums Dasein": „Der echte und edle Krieg ist die Vergeistigung und Versittlichung des Völkerkampfes ums Dasein durch den nationalen Gedanken und die ethische Auffassung der Nation als einer zur

---

[279] Die Gegenüberstellung des Evangeliums Jesu vom kommenden Gottesreich und des nationalen Evangeliums hat Troeltsch in seiner Weihnachtsbesinnung für die „Hilfe" unter dem Titel „Friede auf Erden" (Dezember 1914) weiter ausgeführt. Den beiden ethischen Sphären entsprechen zwei Gottesbegriffe: „Aus der ersten Göttlichkeit fließt das nationale Evangelium, aus der zweiten das Evangelium der Weihnacht" (E. Troeltsch: Friede auf Erden, 834; ebenso Ders.: Der Völkerkrieg und das Christentum, 297).

[280] „Daß der sittliche Gedanke an Staat und Vaterland im Grunde doch etwas anderes ist als die Religion der Erlösung und der Liebe, kann sich schwerlich ein klarer Kopf und ein feines Gefühl verbergen. Es kann sich also überhaupt nicht darum handeln, das Christentum ohne weiters für den deutschen Glauben und die deutsche Sitte in Anspruch zunehmen ⟨...⟩" (E. Troeltsch: Deutscher Glaube und Deutsche Sitte in unserem großen Kriege, 26). „Für Staat und Krieg gilt daher ein Gottesglaube, der sich in niedrigeren, darum aber auch realistischeren Höhenlagen bewegt als das unermeßlich hohe und darum so oft entstellte und zur Lüge oder Phrase gemachte Ideal des Christentums" (aaO., 27).

[281] AaO., 28.

[282] E. Troeltsch: Der Völkerkrieg und das Christentum, 295.

[283] Vgl. aaO., 296.

Selbstentfaltung berechtigten und verpflichteten Gesamtheit, wenn anders diese Gesamtheit einen geistigen und sittlichen Kulturinhalt besitzt, durch den sie sich als eine Offenbarung und Formung des göttlichen Weltgeistes betrachten kann."[284] Ebenso wie die Sexualität sich in der Familie eine ethisch bestimmte Institution schafft, wird der Kampfcharakter allen menschlichen Lebens im Krieg zum ethischen Gut und setzt eigene ethische Imperative aus sich heraus. Die Frage, ob der „Kampf ums Dasein" nicht ein anthropologischer Sachverhalt ist, der sich einer positiven ethischen Qualifizierung grundsätzlich entzieht, stellt sich Troeltsch nicht. Im angeführten Zitat versucht Troeltsch die güterethische Bestimmung des Kriegs über den Kulturgedanken zu retten, aber dies löst die Problematik seiner ethischen Überbewertung des Krieges nicht.

Von seinen eigenen Voraussetzungen her läßt sich noch eine zweite Kritik an Troeltsch formulieren. Seine Kriegsethik löst die von ihm herausgearbeitete ethische Spannungseinheit einseitig zugunsten eines der beiden Pole auf. Die Differenz, die Troeltsch nun beschreibt, ist keine ethische mehr, sondern die zwischen Kulturethik und religiöser Innerlichkeit. Die Zurücknahme der ethischen Impulse des Christentums mag sich vielleicht einer realistischen Einschätzung der Lage verdanken, unterschreitet aber das bereits gelegte systematische Niveau.

Mit seiner Formel der zwei Evangelien wendet sich Troeltsch polemisch gegen christliche Theologen, die aus dem Friedensgebot Jesu einen politischen Pazifismus ableiten. Dem kann er aus systematischen Gründen, von seiner politischen Option für einen Verständigungsfrieden der Stärke und von seiner nationalen Einstellung her nicht zustimmen. Den Pazifismus der religiösen Sozialisten in der Schweiz – und anderer „sorgenvolle⟨r⟩ Christen"[285], wie er mit Verachtung formuliert – kann er 1915 nur als einen unpolitischen Utopismus verstehen, der lediglich in der ungefährdeten Schweiz möglich ist.[286] Ihnen gegenüber sieht sich Troeltsch gezwungen, die Nachordnung der Ethik Jesu einzuschärfen. Die Situation zeige die Unmöglichkeit, den Liebeswillen Jesu umzusetzen. Hoffnungsträger für eine

---

[284] AaO., 297.

[285] E. Troeltsch: Privatmoral und Staatsmoral, 69.

[286] Zur gemeinsamen Frontstellung mit Paul Wernle gegen die pazifistische Gruppe um Hermann Kutter und Leonhard Ragaz vgl. E. Troeltsch: Der Völkerkrieg und das Christentum, 297; Ders.: Privatmoral und Staatsmoral, 66; Ernst Troeltschs Briefe und Karten an Paul Wernle, 132–137. Vgl. H. Ruddies: Karl Barth und Ernst Troeltsch, 246–252. Hier steht Troeltsch auch in einer deutlichen Distanz zu Martin Rade, die er später allerdings aufgibt. So schreibt er diesem am 29. 9. 1914: „Mir kommt es nicht auf das Christentum, sondern auf unser Volk und auf die primitiveren sittlichen Kräfte an, die noch unterhalb der Sublimität des noch stark utopischen Christentums liegen" (zitiert nach: G. Mehnert: Evangelische Kirche und Politik 1917–1919, 31). Zu Rades „realpazifistischer" Haltung im Ersten Weltkrieg vgl. A. Nagel: „Ich glaube an den Krieg" – „Ich freue mich auf den Frieden", 213; C. Schwöbel: Martin Rade, 175–190; J. Rathje: Die Welt des freien Protestantismus, 232–265.

ethische Begrenzung der Kriegshandlungen ist für Troeltsch die niederstufigere, aber einflußreichere Staatsethik und die mit dem Krieg verbundene sittliche und religiöse „Wiedergeburt."[287] Von der vermeinten sittlichen Wirkung des Krieges her versucht Troeltsch eine Vermittlung zur unbedingten Ethik. Der Krieg ist wie die anderen Güter eine ethische Vorbereitung auf eine höhere ethische Idealität: „Aber daß die beiden Welten trotzdem ineinanderfließen, das zeigt nichts deutlicher als der Umstand, daß eben derselbe Krieg ein Hebel religiöser Reinigung und Erhebung ist."[288] Troeltsch hat später einsehen müssen, wie wenig von einem Weltkrieg eine ethisch-religiöse Wiedergeburt zu erwarten ist. Im November 1917 stellt er seine „Ernste⟨n⟩ Gedanken zum Reformations-Jubiläum" unter die Frage: „Wo ist überhaupt die Religion des heutigen Deutschlands?"[289] Indem er jetzt die Marginalität echter Religiosität betont, revoziert er sein anfängliches Zutrauen in den Krieg. Er wertet ihn nicht mehr theologisch aus, sondern beläßt es bei einem ernüchterten Plädoyer für eine neue Ernsthaftigkeit der religiösen Reflexion.[290] Aber 1915 hegt Troeltsch noch die Hoffnung in eine pädagogische Wirkung des Kriegs. In diesem Sinn spricht er vom soldatischen „Heldentod"[291]: der Krieg erzieht dazu, die Selbstsucht zu überwinden und sich für andere aufzuopfern. Diese Verklärung des Soldatentods läßt sich nur als konventionelles Nachklappen einer atavistischen Ritterlichkeit deuten, die die Erfahrung des mechanisierten Massensterbens noch vor sich hat.

Dabei hätte seine Auffassung des Evangeliums Jesu ihn dazu anleiten müssen, konsequent und explizit die Rede vom Heldentod zu verabschieden. Denn indem Troeltsch das Evangelium Jesu ethisch zurückstuft, weist er ihm eine andere, im engeren Sinn religiöse Funktion zu: „In der christlichen Ethik dagegen handelt es sich um den letzten persönlichen Wert der Einzelseele vor Gott und um die gemeinsame Versenkung in Gott."[292] In dieser Aussage liegt eine kritische Pointe, die Troeltsch allerdings nicht zureichend deutlich gemacht hat. Über Troeltsch hinausgehend läßt sich zeigen, daß sein Verständnis des Evangeliums Jesu einen schroffen Gegensatz zu einer militaristischen Opfertheologie bilden kann. Angesichts der unmittelbaren Bedrohtheit eines jeden im Krieg kann für Troeltsch nur ein überweltliches und zugleich innerliches Reich Gottes dem Einzelnen religiöse Geborgenheit vermitteln. Eine individuelle Eschatologie vermittelt somit ein letztes Residuum der Sicherheit und Sinngebung. Sie widerspricht zugleich implizit allen Versuchen, die grausamen Kontingenzen des Kriegs durch eine kollektivistische Opferlogik zu bewältigen. Der Tod wird

---

[287] E. Troeltsch: Der Völkerkrieg und das Christentum, 300.
[288] AaO., 301.
[289] E. Troeltsch: Ernste Gedanken zum Reformations-Jubiläum, 88.
[290] AaO., 90 f.
[291] E. Troeltsch: Der Völkerkrieg und das Christentum, 301.
[292] AaO., 298.

als das Sterben eines Einzelnen in das Geheimnis Gottes genommen und religiös aufgehoben, ohne funktional für die Nation ausgedeutet zu werden. Der Einzelne stirbt für sich allein und in das Reich Gottes hinein, nicht „für das Vaterland". Diese argumentative Stärke seiner Deutung des jesuanischen Individualitätsgedankens hat Troeltsch nicht entschieden genug formuliert. Dennoch ist diese wichtige systematische Pointe wahrgenommen worden, wie eine Kritik in der „Christlichen Welt" zeigt.[293]

Etwa ein Jahr später rückt Troeltsch von einer vereinseitigten Staatsethik ab. In „Privatmoral und Staatsmoral" (Februar 1916) unterteilt er die nicht-christliche Ethik in drei Sektoren: im Sinne einer Linie wachsender Allgemeinheit unterscheidet er Privat-, Staats- und Völkergemeinschaftsmoral.[294] Die Priorität der Staatsmoral während des Kriegs beurteilt Troeltsch nun zwiespältig, auch wenn er sich genötigt sieht, sie als Faktum anzuerkennen.[295] Aber er versucht, sie mit Hilfe der beiden anderen ethischen Sektoren zu begrenzen.[296] Die Kritik des anfangs von ihm selbst absolut gesetzten Ethos des kriegerischen Staates setzt Troeltsch fort, indem er stärker als vorher die christliche Ethik ins Spiel bringt.

„Das dritte Kriegsweihnachten" (Dezember 1916), so der Titel eines Artikels für die „Hilfe", sieht Troeltsch durch eine neue religiöse Ernsthaftigkeit gekennzeichnet: „Die diesjährige Weihnacht ist christlicher geworden, schwerlich weil wir es mit tieferer christlicher Ueberzeugung feiern, sondern weil sein christlicher Sinn in den Brand und Wahn der augenblicklichen Welt greller und schärfer mit jedem Jahre hineintönt."[297] Das traditionsreiche Familienfest ist durch die wachsende Armut und den allgegenwärtigen Tod seiner spezifisch deutschen Stimmungshaftigkeit beraubt und auf seinen christlichen Sinn reduziert worden. Dieser aber ist eine „schwere Last"[298]. Denn der „Geist der Weihnacht" tritt als radikaler Widerspruch zur religiös verklärten Diesseitigkeit auf. Troeltsch läßt ihn ein vernichtendes Urteil sprechen: „Ich verkläre und entwickle nicht eure Welt, sondern ich verneine sie von Grund aus und von innen heraus."[299] Die Ernüchterung des auf Dauer gestellten Krieges, das Schwinden des nationalen Enthusiasmus im militärischen Alltag – sie finden in der Weihnachtsbotschaft ihre schärfste religiöse Antwort. Von einer ethischen Qualität des Krieges ist keine Rede mehr. Der Krieg ist nicht die Versittlichung des natürlichen Kampfs ums Dasein, sondern dessen Entfesselung als „unbedingter Herr-

---

[293] L. HEITMANN: Der Völkerkrieg und das Christentum, 362–364.

[294] E. Troeltsch: Privatmoral und Staatsmoral, 110.

[295] AaO., 111f.

[296] AaO., 112.

[297] E. Troeltsch: Das dritte Kriegsweihnachten, 835.

[298] Ebd.

[299] Ebd. Das Evangelium ist, „⟨....⟩ wo es, völlig in seiner Fremdheit erkannt, seinen eigentlichen Sinn offenbart, die Verneinung aller herrschenden Voraussetzungen" (aaO., 836).

schaftswille, brutalster Egoismus, heuchlerische Gemeinheit, verleumderische Bosheit, Grausamkeit und Spielerwut."[300] Auch gegen eigene, frühere Hoffnungen läßt Troeltsch den „Geist der Kriegsweihnacht" mit nüchterner Enttäuschungsfestigkeit sagen: „Ich bin vernünftiger als ihr, denn ich wundere mich nicht über all das Grauen und die Gemeinheit der sündigen Welt ⟨….⟩."[301] Wo die Verklärung des Krieges zerbricht, erweist sich die christliche Religion, die das Gute nur als überweltliche Größe kennt, als die realistischere Weltsicht.

Über die Ideologiekritik hinaus schreibt Troeltsch dem Evangelium nun eine neue konstruktive ethische Funktion zu. Es tritt aus dem Bereich der religiösen Innerlichkeit hinaus, erschöpft sich nicht in individueller Kontingenzbewältigung, sondern wird für die politische Weltgestaltung relevant. Troeltsch argumentiert nicht länger primär gegen christliche Utopisten, sondern gegen alldeutsche Gewaltpolitiker. Das Ziel ist die ethische Bändigung des Kriegs. Sie aber, glaubt Troeltsch nun, ist nur noch von außen möglich, nicht mehr aus einer ethischen Qualität des Krieges selbst. Der „Geist der Weihnacht" repräsentiert eine solche externe ethische Potenz: „So möchte sein eigentliches Ziel immerhin das Reich der Seele und das rätselhafte Jenseits sein, aber es flösse von ihm aus doch ein Strom von Licht und Kraft in die immer neuen Leiden der Menschenwelt. Gerade das Ueberirdische an ihm würde den irdischen Kampf mäßigen, läutern, begrenzen können."[302] Der Krieg als sittliches Gut, das nationale Evangelium als religiöse Kraft – diese Gedanken haben sich als ideologische Verkleidung nationaler Gewaltpolitik erwiesen und werden als ethische Gestaltungsprinzipien weitgehend verabschiedet. Das rein kontrafaktische Evangelium Jesu bleibt als letzte Instanz übrig, die gerade wegen ihrer Unvermittelbarkeit mit den Gesetzen des Krieges dessen ethisches Korrektiv sein kann. Die realistische Sicht des Krieges und der ihn tragenden Prinzipien führt Troeltsch dazu, die christliche Ethik in neuer Weise zur Geltung zu bringen.

Aber läßt sich auch im Fall eines Verteidigungskrieges – den Troeltsch immer noch als gegeben ansieht – das evangelische Gebot des Unrechtleidens aufrechterhalten? Troeltsch macht auf diesen möglichen Einwand hin die Differenz zwischen vorder-„asiatischem" Märtyrertum und „germanischem" Heldentum auf[303], um sie sogleich gegen die Vorstellung eines deutsch-christlichen Sonderwegs zu wenden: „In jener Weisheit Asiens steckt die Wurzel der Erneuerung ⟨...⟩"[304] – des germanischen Nordeuropas. Die mangelnde Praktikabilität spricht nicht mehr gegen den Gedanken

---

[300] AaO., 836.

[301] AaO., 835.

[302] AaO., 836.

[303] Ebd. Diese Differenzierung ist geographisch und kulturgeschichtlich gemeint, nicht rassen-„theoretisch". Zu Spuren eines weltanschaulichen Germanismus bei Troeltsch vgl. K. Nowak: Kulturprotestantismus und Judentum, 28 und 42 Anm. 66.

[304] E. Troeltsch: Das dritte Kriegsweihnachten, 837.

des stellvertretenden Martyriums – so hatte Troeltsch anfangs gegen christliche Pazifisten argumentiert –, sondern für ihn. Die Unbedingtheit des Glaubens ist für Troeltsch nun das Entscheidende. Aus ihr „strahlt die geistige Kraft und die grundlegende Gesinnung, die Lebensrichtung der Seele aus."[305] Sie allein gewährt eine feste Orientierung. Troeltsch läßt den christlichen Utopismus somit indirekt praktisch werden. Da er die Ausrichtung auf das eigentliche ethische Ziel gewährleistet, ist er der Quellpunkt, aus dem – vielleicht – ein neuer Friede erwachsen kann.

Diesen Gedanken führt Troeltsch in einer Besinnung zum folgenden Kirchenfest fort. In „Ostern" (April 1918), erschienen im „Kunstwart", wird der letzte Rest der Vorstellung eines nationalen Evangeliums ausgekehrt. Von seiner geschichtsphilosophischen Position aus bestimmt Troeltsch die christliche Religion als das eigentliche Band Europas. Eine religiöse Vertiefung der nationalen Gegensätze verbietet sich: „man muß die Religion und diesen Krieg auseinanderhalten."[306] Gegen die Politik der Gewalt und den Allmachtsanspruch des Staatsethos mobilisiert Troeltsch die sogenannte Sentimentalität[307] des Christentums. Eine Besserung der Verhältnisse kann Troeltsch nur noch im Licht der Osterbotschaft erhoffen: „Man glaubt es zu fühlen, wie der geistige Unterbau unsrer Existenz im verborgenen sich umwälzt. Die modernen Völker ⟨...⟩ werden auch beweisen, daß ihre geistige Entwicklung nicht zu Ende ist und daß aus ihren idealen Kräften auch andre Völkerordnungen hervorwachsen können, als die bisher unter dem Zeichen macchiavellistischer Politik und kapitalistischem Imperialismus stehende."[308] Troeltsch kehrt die Verhältnisbestimmung von Über- und Unterbau um. Die „idealen Kräfte", die ihre Wurzel in der Botschaft Jesu und ihr Symbol im Osterfest haben[309], sind der Grund, auf dem – wenn überhaupt – eine neue Friedensordnung erwachsen kann. Diese wird natürlich kein Reich Gottes auf Erden, aber zumindest ein Gegengewicht gegen das Reich des Todes sein.

Troeltsch hat damit die „Demobilisierung der Geister"[310] auch theologisch durchgeführt – und dies gegen die eigene Ausgangsposition.[311] Da-

---

[305] Ebd.

[306] E. Troeltsch: Ostern, 6.

[307] In Anführungszeichen gesetzt in: ebd.

[308] Ebd.

[309] AaO., 7.

[310] So Troeltschs Parole in seiner Rede zur Gründung des „Volksbundes für Freiheit und Vaterland"; vgl. E. Troeltsch: Freiheit und Vaterland, 76.

[311] Insofern ist seine Rechenschaftsabgabe aus dem Jahr 1917 einseitig: „Die Folge davon ⟨der Differenz der ethischen Sphären⟩ ist nun, daß ich mich in meiner Kriegspublizistik lediglich an das außerchristliche Ethos des politisch-sozialen Lebens gehalten und die christliche Ideenwelt überhaupt davon ferngehalten habe. Die Berührungs- und Beziehungspunkte habe ich in meinen Weihnachtsartikeln in der Hilfe und hier in der Christlichen Welt genau zu formulieren versucht. Sie sind vorhanden, stehen aber nicht im Vordergrunde" (E. Troeltsch: Die ethische Neuorientierung als christlich-soziales Programm, 149).

bei ist sein Jesusbild eines der entscheidenden systematischen Mittel gewesen, die es ihm erlaubt haben, in dem wohl problematischsten Bereich seiner Kulturtheorie, nämlich der ethischen Bestimmung von Nation und Krieg, ideologisch bedingte Fehlurteile zu überwinden. Hatte Troeltsch anfangs ein bedingungsloses, militärisches Staatsethos vertreten und zugleich die christlichen Ideengehalte in die Sphäre der Innerlichkeit abgedrängt, so findet er am Ende des Krieges zu einer neuen Wertschätzung der durch das Jesusbild repräsentierten christlichen Überweltlichkeit.[312] Er sieht in ihr ein letztes Gegenprinzip zur alles bestimmenden Wirklichkeit der Gewalt. Indem Troeltsch das dem Christentum durch Jesus eingestiftete Moment der Überweltlichkeit als letzte, ethische Richtungsmarke profiliert, setzt er seine eigene ethische Konzeption wieder ins Recht. Nach dieser nämlich hatte die Funktion der christlichen Ethik darin bestanden, im dauerhaften Antagonismus zu innerweltlichen Normen eine Dynamik freizusetzen, die jede ethische Befriedigung in der Gegenwart aufhebt.[313]

4. Der gebrochene Kulturprotestantismus

Troeltsch repräsentiert – gemeinsam mit Martin Rade, Otto Baumgarten und anderen Autoren der „Christlichen Welt" – einen eigenständigen Typ des deutschen Kulturprotestantismus.[314] Dessen klassische Gestalt hatte, wie sein theologischer Vordenker Richard Rothe formulierte, eine „Versöhnung

---

[312] Dieser Wandel zeigt sich auch in Troeltschs Korrespondenz mit Wernle. Hatte er im Dezember 1914 noch emphatisch von der ethischen und religiösen Valenz des Krieges geschrieben (vgl. Ernst Troeltschs Briefe und Karten an Paul Wernle, 133–136), so heißt es am 7. 3. 1916: „Gewiß steigt mir immer und insbesondere jetzt Jesus hoch empor über all die Menschengreuel. Es ist etwas Unverlierbar ⟨!⟩ Großes und Wahres daran. Es ist aber schwer zu den übrigen Gehalten des Lebens in feste Verbindung zu bringen. ⟨…⟩ Heute steigt es ⟨er⟩ wieder hoch über alles Menschenwesen hinaus und ist eigentlich mein letzter Trost" (zitiert nach: Ernst Troeltschs Briefe und Karten an Paul Wernle, 137).

[313] Troeltschs Deutung des Kriegs steht nah und doch asymmetrisch zu derjenigen des Kapitalismus. Es findet sich anfänglich dieselbe Zurückstufung und Funktionsbeschreibung des Christentums, wenngleich mit dem großen Unterschied, daß Troeltsch dem Krieg eine güterethische Qualität zuspricht, die er der modernen Wirtschaftsordnung nicht zuerkennt. Später allerdings nimmt er die ethische Qualifizierung des Kriegs weitgehend zurück und nähert diesen damit implizit an das wertindifferente, moderne Gesellschaftssystem an. Gegenüber dem Krieg – in seinem entideologisierten Verständnis – mobilisiert Troeltsch ethische Potentiale der Botschaft Jesu, die er gegenüber dem Kapitalismus nicht benannt hatte. Von seiner späten Kontrastierung von Krieg und Evangelium Jesu her könnte man seine Gegenüberstellung von Kapitalismus und christlicher Ethik neu durchdenken und in letzterer einen Faktor zur Brechung der Allgewalt des modernen „Supersystems" sehen.

[314] Zur Begriffsgeschichte grundlegend F. W. GRAF: Kulturprotestantismus. Zum Wortfeld Liberalismus, Protestantismus, Bildungsbürgertum vgl. G. HÜBINGER: Kulturprotestantismus und Politik, 7–19. Zu den Gemeinsamkeiten mit Rade, Baumgarten und anderen Autoren der „Christlichen Welt" vgl. F. W. GRAF: Kulturprotestantismus, 36–43.

von Religion und Kultur"[315] angestrebt. Und als dieser Bildungsprotestantismus 1863 in der Gründung des Protestantenvereins seine wichtigste institutionelle Form fand, wurde die „Erneuerung der protestantischen Kirche im Geiste evangelischer Freiheit und im Einklang mit der gesamten Kulturentwicklung unserer Zeit" als Zielbestimmung ausgegeben.[316] Etwa eine Generation später tritt mit Troeltsch ein anderer, krisenbewußt und selbstkritisch gewordener Kulturprotestantismus auf. Er bricht mit dem Programm einer zivilreligiös und bildungselitär geprägten Kulturhegemonie des Protestantismus.[317] Dieser Bruch ist doppelt begründet. In zeitdiagnostischer Hinsicht ist er motiviert durch die Einsicht in den Eigenwert neuzeitlicher Kultur und in die Wertindifferenz der modernen Gesellschaft. Aber der Abschied vom liberaltheologischen „Kulturtaumel"[318] ist nicht nur das Resultat kritischer Gegenwartsanalyse, ist nicht lediglich „von außen" erzwungen, sondern besitzt auch einen christentumstheoretischen Grund. Die fundamentale Veränderung des Jesusbildes, wie sie die Neubewertung der Eschatologie bewirkte, ist das theologische Motiv, aus dem die Hoffnung auf einen harmonischen Ausgleich von Religion und Kultur aufgegeben wird. In der Botschaft Jesu erkennt Troeltsch die herausragende Gestaltung einer religiösen Überweltlichkeit und Kulturdistanz, einer prinzipiellen Unterscheidung von Religion und Kultur.[319]

Troeltsch nun begnügt sich nicht damit, diese Differenz zu konstatieren und den Traum seiner theologischen Väter zu begraben. Er sucht im Rahmen eines gebrochenen Kulturprotestantismus nach einer dialektischen Verhältnisbestimmung beider Größen, der „Herstellung des richtigen Gleichgewichtes" (GdE II, 141), wie er 1902 formuliert. Er will die Selbständigkeit der christlichen Religion dadurch erweisen, daß er sie ins rechte Verhältnis zur Kultur setzt – nicht dadurch, daß er sie aus ihren weltlichen Bezügen herausnimmt. Wenn nämlich christliche wie kulturelle Zwecke polare Gegensätze darstellen, können sie nicht das Ganze des Sittlichen ausmachen, sondern sind auf das ihnen jeweils Gegenüberliegende angewiesen: „Die religiöse Zwecksetzung wird ohne Weltbeziehung das Sittliche verengen und verdüstern, die innerweltliche Zwecksetzung wird ohne Beziehung auf einen letzten, alles andere in sich befassenden und von sich aus bestimmenden Zweck verflachen und ziellos werden" (ebd.). Nur der Aufbau einer Spannungseinheit kann das jeweils Spezifische von Religion und Kultur bewahren, ohne daß es zu ethischen Depravationen kommt.

---

[315] Zitiert nach F. W. GRAF: Kulturprotestantismus, 24.

[316] So der erste Paragraph des Vereinsstatuts; zitiert nach: ebd.

[317] Mit diesen drei Begriffen versucht G. HÜBINGER (Kulturprotestantismus und Politik, 41) den klassischen Kulturprotestantismus zu beschreiben.

[318] H. WEINEL: Jesus im neunzehnten Jahrhundert, 127.

[319] Vgl. H. RUDDIES: Soziale Demokratie und freier Protestantismus, 151 Anm. 30.

Die Eschatologie Jesu besitzt darum für Troeltsch einen ebenso positiven wie problematischen Aspekt.[320] Sie ist das religionsgeschichtlich wirkungsvolle Vehikel eines vollendeten Gottesglaubens und zugleich eine nicht perpetuierbare Vereinseitigung: „Er ⟨der religiöse Zweck⟩ mochte nur unter dieser Bedingung als der höchste und alles beherrschende erkannt werden können und mochte nur aus der Eschatologie geboren werden können. Aber er kann bestehen bleiben, auch wenn diese unmittelbare Vergegenwärtigung in die Zukunft rückt, und belebt sich nur neu aus der Versenkung in das Bild der klassischen Urzeit, wo er als alleiniger mit der Macht der Gegenwart vor dem Herzen stand" (GdE II, 154). Die Eschatologie Jesu wird gegenüber dem Gottesgedanken zurückgestuft, aber nicht verabschiedet. Sie fungiert als dauerhafter Impuls religiöser Unbedingtheit. Ein Christentum, das unter anderen Bedingungen lebt, kann diese Radikalität nicht vollständig teilen, darf sie aber auch nicht verdrängen. Denn für Troeltsch zeigt sich in der Kulturabständigkeit des Christentums sein gegenwärtiger Kulturwert: „Die Größe der Religion besteht gerade in ihrem Kulturgegensatz ⟨...⟩."[321] Es ist die Vorstellung einer überweltlichen Vollendung menschlicher Persönlichkeit, die die neuzeitliche Kultur auf den höchsten ethischen Zweck ausrichtet und innerhalb der modernen Gesellschaft Reste individueller Freiheit bewahrt. Darum darf christliche Ethik keine Harmonisierungen betreiben, sondern ihre Aufgabe besteht in der „Herausdifferenzierung der innerweltlichen und überweltlichen Werte zu ihrem vollen Gegensatz" und der „Ueberspannung dieser Gegensätze durch einen ihnen überlegenen religiösen Gedanken" (GS II, 445;=WdC²). Um für die innerweltliche Kultur einen eigenen Beitrag leisten zu können, muß das Christentum seine Überweltlichkeit einerseits festhalten und andererseits ergänzen. Jenseits aller kulturhegemonialen Illusionen weist Troeltsch das Christentum als partikularen, aber inhaltlich profilierten Faktor in einer pluralisierten Kultur aus.

Mit diesem Modell macht Troeltsch die Einsicht in die Unmöglichkeit einer Versöhnung von neuzeitlicher Kultur und protestantischer Frömmigkeit für die Theorie des Christentums fruchtbar. Er muß es gegenüber einer doppelten Argumentationsfront verteidigen. Zum einen wendet er sich gegen kulturtheologische Vermittlungsversuche. Seine exegetischen Auseinandersetzungen mit Harnack und seine ethische Kritik an Herrmann etwa treffen die beiden wichtigsten und eigenständigsten Ritschl-Schüler. Gegen sie und den in seiner Perspektive von ihnen repräsentierten, kulturprotestantischen „main-stream" mobilisiert er eine Phalanx kulturkritischer Einzelgänger: Tolstoi und Kierkegaard, Nietzsche und Overbeck. Troeltsch ist an der Provokation interessiert, die sich mit diesen Namen verbindet, ohne

---

[320] Gegen PANNENBERG, der Troeltschs Einschätzung der Eschatologie Jesu undialektisch liest und die krisentheoretischen Momente weitgehend unberücksichtigt läßt (W. PANNENBERG: Die Begründung der Ethik bei Ernst Troeltsch, bes. 79–84).
[321] E. Troeltsch: Die Kirche im Leben der Gegenwart, 450.

jedoch deren jeweilige Positionen zu teilen.[322] Diese Namen bezeichnen bei Troeltsch nicht wirkliche systematische Anknüpfungspunkte, sondern fungieren als Abkürzungen für das von ihm analysierte Problem. Er führt sie als Gegenpole zu einem harmonistischen Kulturprotestantismus auf, der den tiefen Graben zwischen christlicher Überweltlichkeit und kultureller Diesseitigkeit verkennt.

Andererseits widersetzt sich Troeltsch allen Versuchen, die christliche Religion aus ihren kulturellen Bezügen zu lösen. Als die religiöse Kulturkritik einiger Einzelgänger mit der aufkommenden Dialektischen Theologie mehrheitsfähig zu werden scheint, plädiert Troeltsch für den zweiten Pol der ihm vorschwebenden Spannungseinheit.[323] Das Christentum läßt sich nicht auf Eschatologie und Überweltlichkeit reduzieren. Gegenüber dem theologischen Flügel der Kulturkritik der zwanziger Jahre schärft Troeltsch darum die Notwendigkeit von Vermittlungen ein. Das Auseinanderreißen von Religion und Kultur erscheint ihm als ebenso große Simplifikation wie ihre unkritische Synthese. Insofern er auf dem gleichen Recht der beiden Pole und der Aufgabe beharrt, eine Einheit immer wieder herzustellen und aufzuheben, erweist sich sein gebrochener Kulturprotestantismus im Vergleich zur Theologie der Folgegeneration als sehr viel dialektischer.

Konzeptionell am nächsten stand Troeltsch der politische Anführer des theologischen Liberalismus, Friedrich Naumann.[324] Übereinstimmung und Differenz werden anschaulich im Vergleich ihrer Jesusbilder. In seiner kur-

---

[322] Zu Tolstoi, Kierkegaard und Nietzsche GS II, 603, 654 Anm. 58, 664f.; = GdE². Zur Abgrenzung zu Tolstoi vgl. E. Troeltsch: ⟨Rez.:⟩ H. WEINEL: Jesus im neunzehnten Jahrhundert, 2993. Von Overbeck rückt Troeltsch im Laufe der Zeit immer weiter ab. In GdE wird sein Pamphlet gegen den Neuprotestantismus nur einmal positiv genannt (GdE 163 Anm. 1). Die Hauptdifferenz sieht Troeltsch in Overbecks ausschließlich historischem Interesse am Christentum (E. Troeltsch: ⟨Rez.:⟩ F. OVERBECK: Über die Christlichkeit unserer heutigen Theologie, 2474). Darum muß Overbeck das Christentum auf eine eschatologisch-asketische Urgestalt reduzieren und kann tiefere Kontinuitäten sowie das Recht von Umformungen nicht begreifen. Troeltschs abschließendes Urteil über Overbecks Angriff auf den Neuprotestantismus ist gerade in seiner Milde vernichtend: „Und so werden sie ⟨die gegenwärtigen Theologen⟩ auch diesmal nicht viel mehr sagen können als das, was Ov. ⟨Overbeck⟩ als sicherstes Zeichen des ‚Unverständnisses' und als ‚Hinauskomplimentieren aus dem heiligen Kreise der Mitsprechenden' empfindet, nämlich, dass man ‚von dem Schriftchen sehr viel lernen' könne" (aaO., 2475). In der Rezension der posthum erschienenen Sammlung von Overbecks Notizen deutet Troeltsch diesen als charakterlich problematischen Nietzsche-Epigonen (E. Troeltsch: ⟨Rez.:⟩ F. OVERBECK: Christentum und Kultur, 281) und hebt erneut die konzeptionelle Dürftigkeit von dessen negativer Theologie hervor (aaO., bes. 287). Deutlich ist die Ablehnung von Overbecks These der Unvermittelbarkeit von moderner Historiographie und christlicher Theologie auch in: E. Troeltsch: Rückblick auf ein halbes Jahrhundert der theologischen Wissenschaft, 103.

[323] Wichtigstes Zeugnis für die kritische Stellung zur Dialektischen Theologie ist Troeltschs Aufsatz „Ein Apfel vom Baume Kierkegaards", eine Replik auf Friedrich Gogarten; vgl. F. W. GRAF: „Kierkegaards junge Herren".

[324] Grundlegend H. RUDDIES: Ernst Troeltsch und Friedrich Naumann, sowie DERS.: Karl Barth und Ernst Troeltsch, bes. 241–243.

zen und wirkungsvollen Schrift „Jesus als Volksmann" (1894) hatte es Naumann unternommen, Jesus im Horizont der „sozialen Frage" zu vergegenwärtigen. Ohne ihn vorschnell für das eigene christlich-soziale Programm
zu vereinnahmen[325], präsentiert er ihn als Urbild einer konsequenten Option für die Armen.[326] Er arbeitet zum einen die besondere Sensibilität Jesu
für soziales Unrecht sowie seine brüderliche Liebe zu den Armen heraus.
Und zum anderen profiliert er Jesu Wunderhandeln als Modell unermüdli-
cher karitativer Arbeit. Aus diesem Jesusbild folgert Naumann: „Christentum ist Armenhilfe."[327]

Diese Auffassung kann Naumann nicht durchhalten. Es sind – wahrscheinlich vorbereitet durch politische Enttäuschungen – die Eindrücke einer Palä-
stinareise, die sein christlich-soziales Jesusbild umstürzen.[328] Im Unterschied
zu Troeltsch, dem die Distanz zu Jesus durch religionsgeschichtliche Arbeit
aufging, ist für Naumann die konkrete Anschauung der orientalischen Welt
der entscheidende Faktor. Dem durch bürgerlich-protestantische Arbeitsmo-
ral geprägten Pastor und Politiker erscheint die Bedürfnis- und Kulturlosig-
keit, der er in Palästina begegnet, als etwas schlechthin Fremdes. Und in dieser
exotischen Welt muß er die Heimat der Botschaft Jesu erkennen.[329]

Nähere Auskunft über seinen inneren Konflikt zwischen evangelischer
Frömmigkeit und politischer Arbeit gibt Naumann in essayistischen Reflexionen, den „Briefe⟨n⟩ über Religion" (1903).[330] Hier formuliert er scharf
das Problem, „daß wir praktisch keine Christen im genauen Wortsinne des
Evangeliums sein können ⟨...⟩."[331] Besonders plakativ wird die ethische
Differenz in der Gegenüberstellung des jesuanischen Antimammonismus
zum Geist des modernen Kapitalismus.[332] Beide scheinen sich in kein Verhältnis mehr bringen zu lassen. Diesem ebenso von Troeltsch beschriebenen
Grundproblem christlicher Ethik gibt Naumman eine eigenständige Wendung. Er beschreibt die Differenz zwischen Christentum und moderner Sozialarbeit auch als ein sozialpsychologisches Problem.[333] Beide Formen der

---

[325] F. NAUMANN: Jesus als Volksmann, bes. 376.

[326] AaO., bes. 380.

[327] AaO., 385.

[328] F. NAUMANN: Asia, bes. 111– 115.

[329] In seinem Reisebericht „Asia" (1899) stilisiert NAUMANN den Bruch, den sein Jesusbild erfährt, als negatives Bekehrungserlebnis. Besonders eindrücklich ist die Schilderung einer nächtlichen „Begegnung" mit dem Geist des heiligen Franziskus als dem Sach-
walter des evangelischen Armutsideals (aaO., 6–8).

[330] Troeltsch emphatische Zustimmung zu den „Briefe⟨n⟩" GS II, 626 Anm. 55, 653
Anm. 58; = GdE²; vgl. GS II, 667 Anm. 59; = GdE²; zur Entwicklung Naumanns GS I, 13
Anm. 7, 592f. Anm. 293. Vgl. H. WEINEL: Jesus im neunzehnten Jahrhundert, 214–218; T.
HEUSS: Friedrich Naumann, 133–148; H. TIMM: Friedrich Naumanns theologischer Wi-
derruf, 45–56.

[331] F. NAUMANN: Briefe über Religion, 56.

[332] AaO., 56–58.

[333] In seiner Analyse der modernen Entfremdung christlicher Nächstenliebe erinnert
Naumann an A. GEHLENS „Anthropologische und sozialpsychologische Untersuchungen".

Ethik konfligieren nicht nur inhaltlich, sondern erfordern auch unterschiedliche Mentalitäten. Indem die Karität der historischen Situation gemäß umgeformt wird, erleidet sie zugleich eine tiefe Entfremdung: „Alle innere Mission ⟨…⟩ wird den Druck nicht los, daß sie persönliche Gefühle erweckt, die sich dann nicht recht ausleben können."[334] Gefühl und Handeln treten auseinander. Der „Geist" des Evangeliums, die emotionalen Momente der Nächstenliebe können im Rahmen einer effektiv und bürokratisch gewordenen Sozialarbeit nicht mehr erlebt werden, sondern werden zu „heimatlosen Gefühle⟨n⟩."[335]

Durch die Kontrastierung von Jesusbild und Gegenwartsdiagnose kommt Naumann wie Troeltsch zum Eingeständnis der Begrenztheit der christlichen Ethik. Auch er formuliert eine doppelte Ethik, hinter der er einen zweifachen Gottesbegriff statuiert.[336] Aber während Troeltsch in neuzeittheoretischer Perspektive Wege zu einer ethischen und theologischen Vermittlung sucht, beläßt es Naumann bei dem Glauben an eine letzte Einheit des doppelten Gottesbegriffs.[337] Allerdings nähert sich Troeltsch in modernitätstheoretischer Hinsicht wieder Naumann an. Troeltschs knappe, diesbezügliche Zusammenfassung der Position des Freundes liest sich wie eine Darstellung der eigenen Auffassung: „Im übrigen betont er ⟨Naumann⟩ nun wieder zunehmend die indirekte Bedeutung des religiösen Elements für Freiheit und Wert der Persönlichkeit gegenüber dem zu erwartenden Druck eines bureaukratisierten Kapitalismus" (GS I, 593 Anm. 293).

Troeltschs Kulturprotestantismus erweist sich als dialektische Mittelposition, die die Differenz von Kultur und Religion theologisch und ethisch konstruktiv wendet. Im Interesse einer Spannungseinheit, die das Spezifische der beiden Größen wahrt, verteidigt Troeltsch in unterschiedlichen argumentativen Lagen eigenwillig den jeweils gegenüberliegenden Pol. Es mag sein, daß diese Uneindeutigkeit der theologiepolitischen Durchsetzung abträglich war. Die besondere Bedeutung und Aktualität von Troeltschs kulturtheoretischer Konzeption jedoch liegt genau darin, daß sie keine vermeintlich eindeutige Orientierung gibt, sondern in einer unübersichtlichen kulturellen Situation eine dialektische Reflexion des ethischen Pluralismus eröffnet.

---

[334] F. NAUMANN: Briefe über Religion, 24.

[335] AaO., 29.

[336] „Die Nachfolge des Weltgottes ergibt die Sittlichkeit des Kampfes ums Dasein, und der Dienst des Vaters Jesu Christi ergibt die Sittlichkeit der Barmherzigkeit" (aaO., 70).

[337] „Es sind aber nicht zwei Götter, sondern einer. Irgendwie greifen ihre Arme ineinander. Nur kann kein Sterblicher sagen, wo und wie das geschieht" (ebd.). Entsprechend sieht Ruddies die Hauptdifferenz zwischen Troeltsch und Naumann darin, daß letzterer „systematisch kein Mittel an die Hand gibt, um eine Brücke des christlichen Glaubens zur modernen Lebenswelt zu schlagen" (H. RUDDIES: Ernst Troeltsch und Friedrich Naumann, 266).

D. Jesus-Frömmigkeit unter den Bedingungen der Neuzeit

1. Die Umformung der Dogmatik zur Glaubenslehre

Nachdem die historiographischen, geschichtsphilosophischen, sozialphilosophischen sowie kulturtheoretischen Aspekte von Troeltschs Jesusbild verhandelt wurden, soll nun dessen im engeren Sinn religiöse Funktion diskutiert werden. Welche Bedeutung erkennt Troeltsch dem Jesusbild für eine neuprotestantische Frömmigkeitspraxis zu? Diese Frage wurde in der bisherigen Troeltsch-Forschung nur am Rande thematisiert.[338] Troeltschs Einwände gegen eine dogmatische Christologie scheinen seine diesbezüglichen konstruktiven Ansätze allzusehr in den Hintergrund gedrängt zu haben. Aber Troeltsch ist mehr als nur ein christologischer Reduktionist gewesen. Im Rahmen einer kritischen Umformung traditioneller Dogmatik hat er versucht, dem Jesusbild eine neue Funktion für die religiöse Selbstauslegung des einzelnen Christen und für den Aufbau einer christlichen Gemeinschaft zuzuweisen. Die Neugestaltung der Christologie steht bei Troeltsch exemplarisch für den Umbau dogmatischer Theologie überhaupt. Hier muß sich zeigen, ob seine Fassung liberaler Theologie den Anforderungen eines veränderten Frömmigkeitsstils gerecht wird.

Die neuzeitliche Geschichtswissenschaft und Metaphysikkritik haben die traditionellen Modelle der Christologie destruiert. Die historische Kritik hat den mythologischen Charakter biblisch-dogmatischer Christusbilder erwiesen und gezeigt, daß eine lehrmäßige Christologie traditionellen Zuschnitts kein angemessenes Verständnis der vielfältigen geschichtlichen Ausgestaltungen des Christentums eröffnet. Aber das historische Bewußtsein der Neuzeit zielt nicht allein auf eine inhaltliche Revision der Christusbilder, sondern stellt im Verbund mit der Metaphysikkritik die dogmatische Christologie überhaupt in Frage. Als Wahrnehmung der unendlichen Weite und Vielgestaltigkeit menschlichen Lebens sowie als Einsicht in die Relativität religiöser Werte steht das Aufkommen des historischen Bewußtseins für das Ende einer Denkweise, die einem einzigen Ereignis absolute und universale Geltung zuschreibt. Das Verhältnis von tradierter Geschichte und gegenwärtigem Geltungsbewußtsein erfährt einen tiefen Bruch. Der Relativierung des Historischen korrespondiert eine neue Wertschätzung des gegenwärtigen religiösen Bewußtseins. Die Relativierung einer normativen Tradition, wie sie die neuprotestantische Bibel- und Dogmenkritik vollzieht, führt dazu, daß das je eigene religiöse Bewußtsein als Instanz der Geltungssetzung entdeckt wird. Diesen Sachverhalt hat Kant in der klassischen Formel ausgedrückt: „Der Geschichtsglaube ist ‚tot an ihm selber‘〈…〉.“[339]

---

[338] Einen ersten Versuch hat S. COAKLEY (Christ without Absolutes) unternommen. Zur Kritik an ihrer Deutung s. o. Einleitung und s. u. III. D. 3. und 4.

[339] I. KANT: Die Religion innerhalb der Grenzen der bloßen Vernunft, 122.

In seiner Analyse neuzeitlicher Religiosität erkennt Troeltsch, daß sich das Begründungsverhältnis zwischen Geschichte und gegenwärtigem religiösen Bewußtsein tiefgreifend verändert hat. Eine fraglose normative Bedeutung der Geschichte wird nicht mehr behauptet.[340] Troeltsch beobachtet, wie sich das religiöse Bewußtsein in seiner neuprotestantischen Gestalt nicht primär auf eine Heilstat in der Vergangenheit, sondern auf ein gegenwärtiges Erleben der Gegenwart Gottes bezieht.[341] Die Erlösung wird verstanden „als ein immer neues Werk Gottes an der Seele durch die Wirkung des Gottesglaubens" (BdG, 5). Mit dem historischen Denken der Neuzeit hat sich deshalb untrennbar eine neue Form des christlich-religiösen Bewußtseins verbunden. Das traditionale, an objektive Institutionen gebundene Glaubensverständnis hat sich weitgehend individualisiert und spiritualisiert.

Diese Deutung spezifisch neuzeitlicher Religiosität gibt nun aber nicht Troeltschs eigene Position vollständig wieder. Sie markiert vielmehr den Problemhorizont, vor dem Troeltsch eine Neubegründung der Christologie versucht. Einerseits will er das Drängen neuzeitlicher Religiosität auf ein gegenwärtiges Geltungsbewußtsein aufnehmen. In dieser Hinsicht übernimmt er Kants rationalistische Kritik des geschichtlichen Kirchenglaubens in historistischer Modifikation.[342] Auf der anderen Seite aber sieht er die Gefahr, daß die Subjektivierung des Glaubens die Beziehung zum historischen Ursprung vollständig löst. Radikal zu Ende geführt, bedeutet die neuzeitliche Relativierung des Historischen, daß ein notwendiger Bezug des Glaubens auf Jesus nicht mehr gegeben ist. Als Repräsentanten einer solchen Gegenwartsreligion nennt Troeltsch Paul de Lagarde[343] und Georg Simmel[344]. Ersterer hat besonders markant die von Troeltsch problematisierte Position formuliert. Nach de Lagarde ist Religion „⟨...⟩ *unbedingt Gegenwart,* Hoffnung auf die Zukunft nur insoferne, als der Umgang mit dem Ewigen Jedem, der ihn übt, unumstößliche Gewißheit gibt, daß auch er selbst ewig ist. *Mit dieser Einsicht völlig unverträglich ist es, historische Ereignisse in wesentliche Beziehung zur Frömmigkeit zu setzen.*"[345]

Troeltsch hat sich dieser Konsequenz verweigert, auch wenn der Zusammenhang von historischer Kritik und spiritualisierender Auflösung des dogmatischen Christusglaubens eine Voraussetzung seiner eigenen christologi-

---

[340] Vgl. BdG, 7.

[341] „Er ⟨der neuere Protestantismus⟩ kann das Verhältnis von Glaube und Geschichte nicht mehr in den Formen der Inkarnations-Christologie deuten und muß *das gegenwärtig Erlebbare über die Geschichte stellen.* Nur aus diesem Grunde fällt die alte Christologie für ihn weg und versuchte er das Verhältnis zur Geschichte neu zu formulieren ⟨...⟩" (GS II, 444; = WdC²; Hhg. v. Vf.).

[342] Vgl. bes. E. Troeltsch: Das Historische in Kants Religionsphilosophie, 150–154.

[343] Vgl. GS I, 932f. Anm. 504.

[344] Vgl. GS I, 934 Anm. 504.

[345] P. DE LAGARDE: ueber das verhältnis des deutschen staates zu theologie, kirche und religion, 65; Hhg. v. Vf.

schen Versuche darstellt.[346] Troeltsch kann Jesus nicht als „das eigentliche und unmittelbare Objekt des Glaubens" (GS II, 512) verstehen. Dennoch ist es sein Argumentationsziel, dem Jesusbild eine unverlierbare Bedeutung für den Glauben zuzuschreiben. Troeltsch möchte die neuzeitliche Befreiung des Glaubens von dogmatischen Zwängen bewahren, zugleich aber ergänzen um eine bleibende Verwiesenheit an die geschichtlichen Grundlagen. Gerade sein Jesusbild zeigt, wie er Gegenwartsbewußtsein und Geschichtsgebundenheit auszugleichen sucht.

Für sein Projekt einer neuen Christologie meint Troeltsch, auf die Mittel traditioneller Dogmatikmodelle, wie sie im Ausgang des 19. Jahrhunderts immer noch im Gebrauch waren, nicht zurückgreifen zu können. Diese Form der Dogmatik ist für ihn „eine Wissenschaft, die heute nur in engsten theologischen Kreisen existiert und auch da kaum wirklich vorhanden ist" (BdG, 21). Sie ist in akademischer wie religiöser Hinsicht irrelevant. Doch das in ihr transportierte Problem, wie Glaube und Geschichte aufeinander zu beziehen sind, will Troeltsch, der mit dem Programm einer Vermittlung von Religionsgeschichte und Dogmatik angetreten ist[347], auf methodisch neue Weise verhandeln. Hierfür knüpft er an Schleiermachers epochale Umformung der Dogmatik zur Glaubenslehre an.[348] In der Schrift „Die Dogmatik der ‚religionsgeschichtlichen Schule'" (1913) hat Troeltsch methodologisch Rechenschaft abgelegt. Er entwirft das Programm einer Glaubenslehre, zu dessen Ausführung die dogmatischen Artikel im Lexikon „Die Religion in Geschichte und Gegenwart" sowie die posthum veröffentlichte Vorlesung erste Ansätze darstellen. Eine extensive Diskussion des methodischen Konzepts der Glaubenslehre würde den Rahmen dieses Kapitels sprengen.[349] Hier sollen darum im Sinn einer Einleitung die methodischen Grundlagen von Troeltschs Neubegründung der Christologie nur umrissen werden. Dabei soll schlaglichtartig der besondere modernitätstheoretische Charakter von Troeltschs Dogmatikprogramm herausgestellt werden. Inwiefern seine allgemeinen Thesen zur Glaubenslehre Plausibilität beanspruchen können, muß sich später in der Diskussion der materialen Durchführung der Christologie erweisen.

Troeltsch versucht eine Glaubenslehre zu erarbeiten, die den Individualisierungs- und Pluralisierungstendenzen der Neuzeit Rechnung trägt und vor den Standards moderner kritischer Reflexion besteht. Die grundlegen-

---

[346] Vgl. E. Troeltsch: Glaube IV: Glaube und Geschichte, bes. 1451f.

[347] Vgl. E. Troeltsch: Rückblick auf ein halbes Jahrhundert der theologischen Wissenschaft, 129ff.

[348] „Das einzige ungefähre Beispiel für sie ⟨die neue theologische Konzeption⟩ ist Schleiermachers Glaubenslehre, die freilich in vieler Hinsicht schon veraltet ist" (GS II, 524). Zum Unterschied zwischen Troeltschs und Schleiermachers Konzept der Glaubenslehre vgl. H.-J. BIRKNER: Glaubenslehre und Modernitätserfahrung, 335–337.

[349] Hierfür sei auf die einschlägigen Studien von H.-J. BIRKNER (Glaubenslehre und Modernitätserfahrung) und W. E. WYMAN JR. (The Concept of Glaubenslehre) verwiesen.

de Unterscheidung von religiöser Ursprungsgeschichte und gegenwärtigem
Geltungsbewußtsein versucht er dadurch methodisch einzuholen, daß er
alle Aussagen der Glaubenslehre in „gegenwartsreligiöse" und „historisch-
religiöse" Sätze aufteilt (GS II, 513). Nur erstere sind unmittelbar religiöse
Sätze. Diese Differenzierung theologischer Aussagen impliziert für die hi-
storisch-religiösen Sätze offenkundig eine markante Nachordnung.[350] Es
läßt sich fragen, ob sie die Christologie, die ihrem Typus nach unter die
Form historisch-religiöser Sätze fällt[351], in die systematische Bedeutungslo-
sigkeit führt. In diesem Kapitel soll anhand von Troeltschs Behandlung des
Jesusbilds exemplarisch gezeigt werden, daß seine methodische Grundunterscheidung nicht notwendig zu einer Vernachlässigung der historisch-reli-
giösen zugunsten der gegenwartsreligiösen Sätze führen muß. Vielmehr intendiert sie, auf neue Weise die unverlierbare Bedeutung der historischen
Grundlagen für ein gegenwärtiges religiöses Leben des einzelnen Christen
wie der christlichen Gemeinschaft auszusagen. Ob Troeltsch diesen Anspruch eingelöst hat und ihm die Verhältnisbestimmung der beiden systematischen Aussageformen gelungen ist, muß sich in der Diskussion seiner
materialen Christologie erweisen.[352]

Die dogmatisch nicht reduzierbare Individualisierung und Pluralisierung
religiöser Vorstellungen nimmt Troeltsch dadurch in seine Glaubenslehre
auf, daß er diese durch eine pluralistische Wesensbestimmung des Christentums fundiert.[353] Im Rahmen dieser pluralistischen Strukturtheorie von
Wesensbestimmungen ist notwendigerweise jede positive Entfaltung des
„Wesens" des Christentums individuell verschieden und zugleich doch auf
ein Einheitsmoment bezogen. Im Gegenüber zu Schleiermachers Glaubenslehre ist bei Troeltsch ein großer Schritt zu einer weitergehenden Individualisierung zu beobachten.[354] Während Schleiermacher beständig darum
bemüht ist, seine Umformung der Dogmatik mit den klassischen Grundla-
gentexten der evangelischen Kirchen und der theologischen Tradition in
konstruktive Beziehung zu setzen und damit einen argumentativen Allge-
meinheitsgrad zu erreichen, fehlt dieser Ausgleich mit transsubjektiv gülti-
gen kirchlichen Lehrbeständen bei Troeltsch weitgehend.[355] Troeltschs

---

[350] E. Troeltsch: Glaube: IV. Glaube und Geschichte, 1456; vgl GL, 71f.; zur „Dogmatik" des Neuprotestantismus vgl. DERS.: Dogmatik, 108f.

[351] GL, 72f.

[352] S. u. III. D. 2. und 3.

[353] S. o. I. C. 4. und II. C. D. d.).

[354] GRÄB erkennt die Differenz zu Schleiermacher vor allem in der Konsequenz, mit
welcher Troeltsch „durch die Einordnung der Dogmatik in die Praktische Theologie dem
Sachverhalt Rechnung getragen hat, daß eine Bestandsaufname des dem kirchlichen Ganzen gemeinsamen religiösen Besitzes und damit die Aufstellung transsubjektiv verbindli-
cher kirchlicher Lehrgrundlagen inzwischen unter erheblich erschwerten Bedingungen
steht" (W. Gräb: Dogmatik als Stück der Praktischen Theologie, 490).

[355] Hier ist allerdings der fragmentarische Charakter von Troeltschs Vorlesungen zur
Glaubenslehre zu berücksichtigen.

Glaubenslehre erscheint im Vergleich zu Schleiermachers „Unionsdogmatik" geradezu als „Privatdogmatik"[356]. Heißt dies aber, daß Troeltsch lediglich vor faktischen Pluralisierungstendenzen kapituliert und, indem er sich auf einen rein subjektiven Standpunkt zurückzieht, die eigene Marginalisierung als Dogmatiker ratifiziert? Man kann Troeltschs Individualisierung der Glaubenslehre auch konstruktiv lesen. Seine Glaubenslehre ist nämlich darin mehr als eine bloße „Privatdogmatik", als sie sich um die gedankliche Klärung der jeweiligen Wertentscheidungen bemüht und die religiöse Subjektivität auf die ihr zugrundeliegenden objektiven Gehalte bezieht. Durch die Inszenierung eines hermeneutisch kontrollierten Kommunikationsprozesses zwischen jeweils individuell geprägten Glaubenslehren zielt Troeltschs Konzept auch auf eine „Heilung der Uneinigkeiten" (GS II, 523). Auf die Christologie gewendet heißt dies, daß die Glaubenslehre keine Allgemeingültigkeit beanspruchende Einheitschristologie konstruiert, sondern ein individuelles Jesusbild im kritisch-konstruktiven Dialog mit anderen, möglichen Jesusbildern entfaltet und erst in der gemeinsamen Bemühung um die Erfassung eines identischen Gegenstandes ein Einheitsmoment in sich birgt. Troeltschs Christologie argumentiert nicht von transsubjektiven Verbindlichkeiten aus, die sich nicht mehr voraussetzen lassen. Aber ihr Ziel ist es, durch die argumentative Abgleichung verschiedener Jesusbilder in normativer Hinsicht zu einer neugefaßten intersubjektiven Plausibilität zu kommen. Darin besitzt Troeltschs Christologie eine auf den ersten Blick überraschende „kirchliche Brauchbarkeit"[357]. Denn sie leitet einerseits zur Wahrnehmung der Fülle individueller Vorstellungsformen an, um andererseits diese Mannigfaltigkeit unter einer normativen Fragestellung auf ihren Einheitspunkt hin zu befragen.

Der epochalen neuzeitlichen Unterscheidung von Religion und Theologie versucht Troeltsch dadurch gerecht zu werden, daß er der Glaubenslehre eine originelle enzyklopädische Bestimmung zuteil werden läßt. Während Schleiermacher die Dogmatik der historischen Theologie zuordnete[358], heißt es bei Troeltsch: „So ist die Dogmatik ein Stück der praktischen Theologie und keine eigentliche Wissenschaft" (GS II, 515).[359] Die Glaubenslehre verhält sich nicht wie die Dogmatik gegenüber dem religiösen

---

[356] H.-J. BIRKNER: Glaubenslehre und Modernitätserfahrung, 337.

[357] „Ihre kirchliche Brauchbarkeit dokumentiert diese Dogmatik nun damit, daß sie die Vielfalt der kirchlich-gesellschaftlich vorkommenden, individualisierten religiösen Einstellungssyndrome, die real existierende Pluralität privater Dogmatiken wahrnimmt und in den Prozeß gegenseitiger Verständigung und dann möglicherweise auch in ein konsensfähiges Konzept kirchlich-verbindlicher Lehrbildung zu überführen versucht" (W. GRÄB: Dogmatik als Stück der Praktischen Theologie, 490).

[358] Vgl. F. SCHLEIERMACHER: Kurze Darstellung des theologischen Studiums zum Behuf einleitender Vorlesungen, §§ 196–231, 74–88.

[359] Troeltsch hat diese These schon in seiner zwölften Promotionsthese vertreten: „Das wissenschaftliche Moment der Dogmatik liegt bei der Prinzipienlehre; bei der Darlegung des Glaubensinhaltes selbst kann von Wissenschaft im strengen Sinne nicht mehr die Rede

Bewußtsein normativ. Ihre Aufgabe ist eine primär deskriptive. Sie stellt die Gehalte des christlich-religiösen Bewußtseins systematisch dar. Als Instanz der theoretischen Klärung gewinnt sie gegenüber der religiösen Praxis zugleich eine kritische Funktion. Kritisch ist die Glaubenslehre nicht dadurch, daß sie die Glaubensäußerungen mit einer normativen Tradition abgleicht, sondern durch drei andere Reflexionsschritte. Erstens befragt sie jeden Glaubenssatz, ob er adäquater Ausdruck eines authentischen, religiösen Erlebnisses ist; zweitens achtet sie auf formale Systematizität und Widerspruchsfreiheit; drittens bemüht sie sich um einen Ausgleich mit dem allgemeinen Wahrheitsbewußtsein, wie es von den modernen Wissenschaften repräsentiert wird.[360] Auch wenn sich Troeltsch hier sehr eng an Schleiermachers Bestimmungen anlehnt, ist offenkundig, daß seine Glaubenslehre nicht denselben Anspruch auf Allgemeingültigkeit erhebt.

Die Glaubenslehre ist aber mehr als nur systematische Deskription und kritische Selbstklärung des christlich-religiösen Bewußtseins. Indem sie einen individuellen Standpunkt bezieht und positiv darlegt, wird sie selbst zu einem Moment religiöser Praxis, „ein Glied in der nie ruhenden religiösen Produktion" (GL, 5). Troeltschs Überführung der Dogmatik in die Praktische Theologie bedeutet zunächst das ehrliche Eingeständnis, daß sich eine objektive und allgemeingültige Plausiblität für die systematische Entfaltung christlicher Glaubensvorstellungen nicht mehr erzielen läßt. Sie hat aber darüber hinaus eine konstruktive Absicht. Für die Dogmatik soll die Verknüpfung mit der Praktischen Theologie zu einer größeren Erfahrungsoffenheit und zu einem Gewinn an neuer Relevanz führen. Wenn Troeltsch die Glaubenslehre der Praktischen Theologie zuordnet, meint er damit nicht nur den Sachverhalt, daß diese Disziplin eine praxisorientierende Funktion etwa für Pfarrer und Religionslehrer besitzt.[361] Als „eine Anleitung zur Erzeugung einer eigenen Glaubenseinsicht" (GL, 4) gewinnt sie darüber hinaus eine eminent produktive Funktion. Dadurch, daß der Dogmatiker als Einzelner die „Lehre seines Glaubens" verfaßt und verantwortet, ohne Traditionsbestände quasi-objektiv auszulegen und sich an normativen Institutionen rückzuversichern, soll er einen Impuls für andere geben, in gleicher Weise ein individuelles Bekenntnis ihres je eigenen Glaubens abzulegen. Die Glaubenslehre soll, so hofft Troeltsch, für den Rezipienten zur Anregung einer eigenen religiösen Produktivität werden. Als Faktor im Bildungsprozeß einer lebendigen Frömmigkeitspraxis soll eine in diesem Rahmen konzipierte Christologie den Aufbau theologisch verantworteter und religiös lebendiger Jesusbilder fördern. Die neue enzyklopädische Verortung ist die methodische Grundlage für eine Reform der Dogmatik, die dieser einen verstärkten Bezug zur gelebten Religion verleihen will.

---

sein" (E. Troeltsch: Thesen zur Erlangung der theologischen Lizentiatenwürde an der Georg-Augusts-Universität in Göttingen 1888–1893, 300).

[360] Vgl. GL, 55.

[361] So W.E. Wyman Jr.: The Concept of Glaubenslehre, 109.

Für die Praktische Theologie wiederum impliziert die Verkoppelung mit der Glaubenslehre ihre normative Ausrichtung. Sie ist nun nicht mehr bloß die nachgeordnete Wissenschaft von der praktischen Durchführung ekklesiologischer Grundsätze. Sie ist nicht nur die Dienerin einer vorgeordneten autoritativen Dogmatik, sondern ist in der reflektierenden und gestaltenden Durchdringung gelebter christlicher Religion selbst eine eigenständige normative Orientierungswissenschaft.[362]

Das gegenüber der modernen Historie und Metaphysikkritik zentrale Problem einer rationalen Begründung schließlich lagert Troeltsch der eigentlichen Glaubenslehre vor. Er versucht, den Anfragen der Religionskritik mit einem großangelegten, aber nicht ausgeführten Programm einer erkenntnistheoretisch reflektierten Religionsphilosophie Genüge zu tun.[363] Wegen dieses – geplanten – rationalen Vorbaus bzw. dieser „Arbeitsteilung"[364] zwischen Religionsphilosophie und Dogmatik glaubt er, letzterer unbefangen ein gewisses Maß an Irrationalität zugestehen und sie wissenschaftstheoretisch als Mischgebilde bestimmen zu können: „Eine solche Dogmatik setzt wissenschaftliche Kenntnisse und Methoden voraus, ist aber selbst keine Wissenschaft. Sie ist ein Bekenntnis und eine Zergliederung dieses Bekenntnisses als Anleitung für Predigt und Unterricht ⟨...⟩" (GS II, 514). Die Glaubenslehre bedient sich wissenschaftlicher Kategorien und Kenntnisse, enthält als Teil der Praktischen Theologie aber zugleich ein starkes Moment persönlicher Beteiligung und Intuitivität.[365] Entsprechend urteilt Troeltsch über die Christologie: „Die ‚Christologie' ist nur für eine streng supranaturalistische Auffassung eine Wissenschaft, für jede andere ist sie ein Gegenstand des Glaubens und der Phantasie" (GuM, 63f.).

---

[362] Was „⟨...⟩ Troeltsch programmatisch ausformuliert hat, das zielte auf eine die Dogmatik nicht verabschiedende, sondern sie sich zum Zwecke der ihr unumgänglich eigenen normativen Orientierungsfunktion integrierende Praktische Theologie. Nicht an eine anderweitig inhaltlich ausformulierte und kirchlich-autoritativ in Geltung gesetzte Dogmatik muß die Praktische Theologie sich um den Preis ihrer Erfahrungsoffenheit gebunden wissen. Im Gegenteil, sie selber, hinsichtlich der ihr eigenen Orientierungsfunktion für das Leben der Kirche und der Christen in ihr, nötigt zur Ausbildung einer Dogmatik" (W. GRÄB: Dogmatik als Stück der Praktischen Theologie, 487).

[363] W. E. WYMAN JR. versteht „Glaubenslehre" als Oberbegriff von Troeltschs Gesamtprogramm einer wissenschaftlichen Theologie und konzentriert sich auf die Frage der rationalen Begründung (Troeltschs Begriff der Glaubenslehre, 368–373; The Concept of Glaubenslehre, bes. XI). Darüber vernachlässigt er die Glaubenslehre im engeren Sinne als die positive Darlegung christlicher Glaubensgehalte und andere Aspekte ihres spezifisch neuzeitlichen Profils. Da WYMAN in Troeltschs Glaubenslehre Spuren einer problematischen Metaphysik findet, kommt er zu einem ambivalenten Urteil über ihre Gegenwartsrelevanz (aaO., bes. 56f., 140, 171–203). Die vorliegende Untersuchung dagegen konzentriert sich auf ein inhaltliches Problem, nämlich die Christologie, und versucht von hier aus, die Bedeutung von Troeltschs „Glaubenslehre" für die gegenwärtige systematische Theologie zu diskutieren.

[364] W. GRÄB: Predigt als Mitteilung des Glaubens, 238 Anm. 5.

[365] Vgl. GS II, 516.

Im Rahmen einer so konzeptionierten Glaubenslehre expliziert
Troeltsch die religiöse Bedeutung Jesu. Er versucht, trotz der markanten Zurückstufung der dogmatischen Christologie, dem Jesusbild eine notwendige
Funktion für die Ausbildung des christlichen Glaubens zuzuweisen. Darin
zeigt sich das konstruktive Verhältnis seiner modernitätsbewußten Glaubenslehre zu den historischen Grundlagen des Christentums. Mit einer ent-
schlossenen Einstellung auf die Neuzeit geht das Bemühen einher, sich des
geschichtlichen Ursprungs zu versichern. Troeltschs durchgängiges Argumentationsziel ist es, die Notwendigkeit einer Beziehung auf das Jesusbild
einzuschärfen. Auf diese Weise will er dem neuzeitlichen Auseinanderbre-
chen von tradierter Geschichte und gegenwärtigem Geltungsbewußtsein
begegnen: „Schließlich werden wir mit einer solchen Glaubenslehre frei
von der Last des Historischen, ohne die Kraft und den Segen der Geschichte
zu verlieren" (GS II, 522f.).

In zwei Begründungsschritten, einem individual- und einem sozialpsychologischen, weist Troeltsch die unaufgebbare Bedeutung des Jesusbildes
nach. Sie sollen im folgenden nacheinander vorgestellt werden.

2. Das Jesusbild als Symbol des Glaubens

Schon in frühen Texten erläutert Troeltsch die Glaubensbedeutung Jesu
innerhalb einer religionspsychologischen Theorie über die „Medien" des
religiösen Bewußtseins. Ihre Voraussetzung ist die Auffassung, daß Religion
sich durch das Bewußtsein einer Offenbarung aufbaut.[366] Da menschliches
Bewußtsein aber endlich und auf sinnliche Affizierung angewiesen ist, kann
der göttliche Offenbarungsgehalt nur über Vermittlungen rezipiert werden.
Für die Religion ist daher Troeltsch zufolge der Sachverhalt grundlegend,
„daß die Gottesanschauung niemals rein für sich stattfindet, sondern immer
nur durch das Medium der uns umgebenden und auf uns wirkenden Wirklichkeit" (SdR I, 417). Die Religionsgeschichte zeigt eine Fülle verschiedener Medien, die eine konkrete Faßlichkeit und anschauliche Vergegenwärtigung der Offenbarung gewährleisten. Die unterschiedlichsten Gegenstände
der Erfahrungswelt können zu „Werkzeugen für die Selbstvergegenwärti-
gung, Darstellung, Wiedererweckung und Mitteilung jener idealen Erlebnisse" (SdR I, 386) werden.[367] Troeltsch deutet die Genese positiver Religionen nach dem jeweiligen Aufbau spezifischer Vermittlungsinstanzen.[368]
Dasjenige Medium, das einer Geistesreligion am angemessensten ist, ist das
„Erinnerungsbild"[369] ihres Stifters. Aufgrund seiner geschichtsphilosophi-

---

[366] Vgl. SdR I, 379, 396.
[367] Ein Medium wird „durch die Assoziation bestimmter Bilder und Eindrücke mit
dem idealen Inhalt des menschlichen Gemütes das Ausdrucksmittel eben dieses Inhaltes"
(SdR I, 386).
[368] SdR I, 386; CuR, 433.
[369] SdR I, 417; CuR, 432f.

schen Reflexionen[370] ist Troeltsch zufolge „für das Christentum die Persönlichkeit Jesu das dauernde Medium" (SdR I, 417).

Troeltsch beurteilt die Ausbildung von Medien nicht als Verlust religiöser Idealität. Denn dieser Vorgang entspricht der endlich-sinnlichen Verfaßtheit menschlichen Bewußtseins. Medien sind keine Entfremdungsfaktoren, sondern religionspsychologisch notwendig, weil „die Religion keine rein innerlich in sich gegen alle übrige Wirklichkeit abgeschlossene, unmittelbare und jedesmal sich ganz spontan neuerzeugende Einwirkung Gottes auf das Gemüth sein kann" (CuR, 431). Kants Diktum „Das Historische dient nur zur Illustration, nicht zur Demonstration" – von Troeltsch in einem späteren Text zustimmend zitiert[371] – muß demnach nicht als rationalistische Degradierung des Geschichtlichen gelesen werden. Denn es benennt in Troeltschs Perspektive eine keineswegs transitorische Funktion. Die Hoffnung auf einen reinen Vernunftglauben ohne alle Vermittlung ist illusionär, weil das menschliche Bewußtsein seine endlich-sinnliche Verfaßtheit nicht abstreifen kann. Darum ist auch der christliche Glaube dauerhaft auf das ihm angemessenste Medium, das Jesusbild, angewiesen.[372]

Der Unterschied zwischen Troeltschs religionspsychologischem Argument und einem religionstheoretischen Rationalismus zeigt sich besonders in der außerordentlich positiven Bewertung der Phantasie.[373] Sie ist einer der entscheidenden Faktoren für die Konstruktion der Medien – ein Gedanke der besonders für die Frage der Pluralität von Jesusbildern wichtig wird.[374] Aber Troeltsch versteht die „symbolisirende Phantasie" (SdR I, 418) nicht als völlig freie Gestaltungskraft. Sie ist auf einen Gegenstand bezogen, der ein bestimmtes inhaltliches Profil trägt und der doch zugleich nach Maßgabe der eigenen Kreativität und Bedürfnislage ausgedeutet werden kann. In der Konstruktion des Erinnerungsbildes eines Religionsstifters kommt es im idealen Fall zu einer engen Koordination von subjektiver, phantasievoller Produktivität und historischer Objektivität.

Troeltsch beschreibt mit seiner Theorie der religiösen Medien nicht nur den individualpsychologischen Sachverhalt, daß das einzelne religiöse Subjekt „Anregungen"[375] benötigt. Er verweist damit zugleich auf sozialpsychologische Fragen. Denn die Medien der höherentwickelten Religionen sind so geartet, daß sie nicht in beliebiger Eigenständigkeit konstruiert werden können, sondern vornehmlich reproduktiv angeeignet werden müssen. Die höhere Komplexität der Geistesreligionen schränkt die kreative Eigenmächtigkeit des durchschnittlichen Gläubigen ein (SdR I, 420f.). Das Jesusbild als Veranschaulichung des christlichen Prinzips verweist so auf eine Ge-

---

[370] S. o. III. A. 1. und 4.
[371] E. Troeltsch: Das Historische in Kants Religionsphilosophie, 151.
[372] Vgl. E. Troeltsch: Glaube: IV. Glaube und Geschichte, 1448.
[373] Vgl. SdR II, 102–105.
[374] S. u. III. D. 4.
[375] E. Troeltsch: III. Offenbarung, dogmatisch, 919f.

meinschaft, die es in langer Geschichte geformt hat. Dieser Gesichtpunkt wird dann auch für Troeltschs spätere, sozialpsychologische Umformung der Christologie relevant.[376]

Um zunächst sein Verständnis der individualpsychologischen Funktion des Jesusbildes auszuführen, gebraucht Troeltsch – durchgehend in seinem Werk – wechselweise die beiden Begriffe „Symbol"[377] und „Urbild"[378]. Sie ersetzen die traditionellen christologischen Hoheitstitel. In Bezug auf beide Termini ist Troeltsch abhängig von theologiegeschichtlichen Voraussetzungen, die darum im folgenden mitverhandelt werden müssen.[379]

(1) Ein Symbol ist mehr als nur ein „inadäquater Ausdruck eines sehr wohl verständlichen Erfahrungsgehaltes" (ChrW II, 174), wie Troeltsch noch 1894 schreibt. Die „unentbehrliche⟨n⟩ Symbole" (SdR I, 386) sind im Unterschied zu Begriffen evokative Sprachgestalten, die gleichermaßen inhaltliche Bestimmtheit wie emotionale Variabilität besitzen. Dies zeigt sich deutlich, wenn als Symbol das Bild einer Person gewählt wird. Die religiöse Idee wird in einem historischen Individuum anschaulich. Das Prinzip des Christentums erscheint in seiner symbolischen Darstellung nicht als fixierte Lehre, sondern als Lebensmacht. Das Jesusbild weist die Plastizität einer persönlichen Lebensgeschichte auf. Es läßt sich nicht auf eindeutige Begriffe reduzieren und bleibt doch inhaltlich identifizierbar.

Seine Deutung des Jesusbildes als eines Symbols hat Troeltsch in seinem Vortrag „Über die Möglichkeit eines freien Christentums" wiederaufgenommen und mit einem eigenständigen Mystik-Begriff verbunden. Die „christologische" Passage des Textes vollzieht eine doppelte Abgrenzung. Einerseits richtet sie sich gegen eine gegenstandslose Mystik. Troeltsch bekräftigt die Notwendigkeit religiöser Symbole und der auf ihnen sich aufbauenden positiven Religionen.[380] Andererseits wendet er sich gegen undynamische, dogmatische Christologien. Im Unterschied zu diesen vermag ein symbolisches Verständnis sowohl die Kontinuität wie die Weiterentwicklung der Jesus-Frömmigkeit begreiflich zu machen. Das Jesusbild als

---

[376] S. u. III. D. 3.

[377] Vgl. GuM, 62; GL, 44; E. Troeltsch: Glaube: III. Dogmatisch, 1440; Ders.: Das Historische in Kants Religionsphilosophie, 94.

[378] Vgl. SdR IV, 200; GL, 22, 104; GS I, 934; BdG, 24; E. Troeltsch: Glaube: IV. Glaube und Geschichte, 1448f.

[379] Der Begriff des Bürgen, den Troeltsch der Christologie Wilhelm Herrmanns verdankt (vgl. GuM, 62) und ebenfalls durchgängig verwendet, unterscheidet sich gegenüber dem Symbol- und Urbildbegriff nur durch eine größere Nähe zu „erbaulicher" Redeweise. Vgl. SdR IV, 200; GuM, 62; AdC, 9; GdE II, 157f.; E. Troeltsch: Glaube: IV. Glaube und Geschichte, 1448f.; BdG, 37, 39; GL, 22. Nur am Rande gebraucht Troeltsch den Begriff des „Helden" bzw. des „Heros" (GuM, 62; E. Troeltsch: Glaube: III. Dogmatisch, 1440).

[380] „Irgend welche Symbole und Verkörperungen, persönliche Darstellungen und Verwirklichungen überlegener religiöser Kraft braucht im Durchschnitt jede darüber ⟨über die gegenstandslose Mystik⟩ hinausgehende Religiosität ⟨...⟩" (E. Troeltsch: Über die Möglichkeit eines freien Christentums, 338).

„die von den Jahrhunderten *immer neue* ausgemalte Verkörperung überlegener religiöser Kraft"[381] ist ein Exponent der Lebendigkeit des christlichen Prinzips. Troeltsch möchte mit Hilfe seines Symbolbegriffs Fixierungen auflösen, die traditionelle Christologien vorgenommen haben, und zugleich eine Instanz aufstellen, die inhaltliche Identifizierbarkeit gewährleistet.

Die Funktionsbeschreibung des Jesusbildes als Symbol ist für Troeltsch ein spezifisch neuzeitlicher bzw. neuprotestantischer Sachverhalt. Denn ihre Voraussetzung ist die metaphysische Selbstbegrenzung eines postdogmatischen Christentums.[382] Insofern ist es keine bloße historische Reminiszenz, wenn Troeltsch an diesem Punkt den Anschluß an Kant sucht.[383] In dessen Begriff des religiösen Symbols sieht er die „Einheit des Vernünftigen und Psychologischen"[384] gewahrt. Er entdeckt in Kants Religionsphilosophie ein „Plus psychologischer Art".[385] Kant schreibt den positiven Religionen die Funktion zu, Symbole bereitzustellen, durch die der vernünftige Gehalt der Religion allererst „mitteilungsfähig, motivationskräftig, organisatorisch und belebend"[386] wird. Kants Religionsphilosophie ist gegenüber einem dogmatischen Verständnis reduktiv, als sie den historischen Gehalten des Christentums nur den Status eines Symbols zugesteht. Sie ist kritisch durch ihre Forderung, daß das Symbol immer „durchsichtig genug"[387] für die religiöse Idee sein müsse und sich nicht selbst zum eigentlichen Inhalt des Glaubens machen dürfe. Aber auch wenn Kant das Historische dem Rationalen unterordnet, opfert er es nach Troeltschs Meinung nicht einem ungeschichtlichen Kritizismus, wie ein gängiges Klischee der Kantschen Religionsphilosophie suggeriert, sondern versucht durchaus, die empirischen Züge des Jesusbildes zur Geltung zu bringen und einer religionspsychologischen Funktionszuweisung des Geschichtlichen vorzuarbeiten.

(2) Der Urbildbegriff verdankt seine zentrale Stellung innerhalb der neuzeitlichen christologischen Reflexion Kant und Schleiermacher. Bei Kant verweist er zurück auf den Begriff des Ideals. Ein Ideal definiert Kant als eine Idee „in individuo, d.i. als ein einzelnes, durch die Idee allein ⟨…⟩ bestimmtes Ding."[388] Es kann in dreifacher Hinsicht als Urbild/prototypon zur Bestimmung von Nachbildern/ectypa fungieren. In erkenntnistheoreti-

---

[381] AaO., 338; Hhg. v. Vf.
[382] E. Troeltsch: Die wissenschaftliche Lage und ihre Anforderungen an die Theologie, 37f.; Ders.: Glaube: III. Dogmatisch, 1440.
[383] E. Troeltsch: Das Historische in Kants Religionsphilosophie, 140.
[384] Ebd.
[385] AaO., 142 Anm.1.
[386] AaO., 140. Hier findet Troeltsch bei Kant auch Ansätze zu einer Berücksichtigung der sozialpsychologischen Funktion des Symbols: „Die organisierte Religionsgemeinschaft oder sichtbare Kirche kommt aber nun bloss zu Stande, wenn die Erregung der Phantasie und der Enthusiasmus durch energische Symbolisierung die Macht eines Gesamtwillens erlangt" (aaO., 143, vgl. 142).
[387] AaO., 142.
[388] I. Kant: Kritik der reinen Vernunft, 549.

scher Hinsicht dient das Ideal eines allerrealsten Wesens – im Sinn eines regulativen Prinzips[389] – als die oberste und materiale Bedingung der Möglichkeit der durchgängigen Bestimmung eines Begriffs.[390] In ästhetischer
Hinsicht fungiert das Ideal – verstanden als kreativer Einfall eines Künstlers
– als geistiges Modell des herzustellenden Artefakts.[391] In ethischer Hinsicht
schließlich dient das Ideal als „Richtschnur des sittlichen Verhaltens und zugleich zum Maßstabe der Vergleichung."[392] Das ethische Urbild hat Vor-
bildfunktion.[393] Es besitzt objektive Realität im Sinn der praktischen Vernunft, nicht aber im Sinn der theoretischen Vernunft: „Diese Idee hat ihre
Realität in praktischer Beziehung vollständig in sich selbst."[394] Kant gebraucht den Urbildbegriff in der Religionsschrift, um den Übergang von
der reinen Vernunftreligion zum historischen Christentum herzustellen.
Die Idealität des Urbilds schließt aus, daß ihm jemals ein Erfahrungsgegen-
stand adäquat ist. Dennoch kann es als Deuteschema auf empirische Gegenstände bezogen werden. Es wird einem Menschen „unterlegt"[395], um so
Annäherung oder Abstand zum Ideal der durchgängigen Bestimmtheit
durch das Sittengesetz zu messen. Wenn ein Mensch so „vorgestellt"[396] werden kann, „*als ob* das Ideal des Gutes in ihm leibhaftig (in Lehre und Wandel) dargestellt würde ⟨...⟩"[397], darf er als empirisches „Beispiel"[398] des idealen Urbilds gelten. In dieser Weise kann dann in der Tat Jesus die Stellung
eines „göttlichen Menschen" einnehmen. Jedoch muß Kant den orthodoxen Glauben, daß Jesus das Urbild in Erscheinung sei, als eine Verkennung
des idealen Charakters des Urbilds kritisieren. Auch wenn er seine Urbild-
lehre mit traditionell christologischen Motiven einfärbt, bleibt die Differenz
zwischen historischem und moralischem Christusglauben gewahrt. Jesus ist
nicht das Urbild selbst, sondern ein – allerdings rechtmäßig – als urbildge-
mäß gedeuteter Mensch.[399] In diesem Sinn aber besitzt er eine große Bedeutung für die Realisierung des Sittlichen. Denn die Darstellung des Urbilds in Jesus „sollte und konnte auch für seine, ja sie kann für jede Zeit vom
größten Einflusse auf menschliche Gemüter sein; indem es die Freiheit der

---

[389] AaO., 587.
[390] AaO., 555.
[391] AaO., 550f.
[392] I. Kant: Kritik der praktischen Vernunft, 147 Anm.; vgl. Ders.: Kritik der reinen
Vernunft, 550.
[393] I. Kant: Die Religion innerhalb der Grenzen der bloßen Vernunft, 63f.
[394] AaO., 65.
[395] AaO., 67, 131.
[396] AaO., 81, 89, 143.
[397] AaO., 69; Hhg. v. Vf.
[398] AaO., 66.
[399] Es ist also nicht präzise, wenn Troeltsch schreibt, daß für Kant die Anwendung des
Urbildbegriffs auf Jesus „die Behauptung eines irgendwie gearteten *Verwirklichungsfalles*
dieses Ideals sei", E. Troeltsch: Das Historische in Kants Religionsphilosophie, 92; Hhg. v.
Vf.).

Kinder des Himmels und die Knechtschaft eines bloßen Erdensohnes in dem allerauffallendsten Kontraste sehen läßt."[400]

Schleiermachers Urbildbegriff unterscheidet sich vor allem in drei Punkten von demjenigen Kants.[401] Erstens nimmt Schleiermacher inhaltlich eine andere Bestimmung vor. Gemäß seiner Unterscheidung von Religion und Moral versteht er das Urbild eines „göttlichen" Menschen primär nicht ethisch. Das Urbildliche an Jesus ist die Stetigkeit und Kräftigkeit seines Gottesbewußtseins.[402] Zweitens schreibt Schleiermacher dem Urbild eine doppelte Funktion zu. Es ist nicht nur das Modell, sondern auch die erzeugende Kraft seiner Nachbilder.[403] Im Hintergrund dieser Auffassung steht das platonische Verständnis der Idee als der Einheit von Begriff und Kraft.[404] Mit jener doppelten Funktionszuweisung überbietet Schleiermacher den christologischen Erörterungszusammenhang der Aufklärung, von dem auch Kant beeinflußt ist.[405] Jesus ist kein bloßes Vorbild, das prinzipiell überholbar wäre. Seine Bedeutung geht nicht darin auf, Beurteilungsmaßstab für mögliche Nachbilder zu sein. Vielmehr eignet ihm eine spezifische „Produktivität"[406]. Das Urbild ist in seiner „gemeinschaftstiftenden Wirksamkeit"[407] der genetische Ursprung der Erlösung. Die dritte Differenz zu Kant besteht in Schleiermachers Auffassung von der Geschichtlichkeit des Urbilds. Während Kant das Urbild weit von seinen geschichtlichen Beispielen abrückt, um seine Idealität zu wahren, bezeichnet Schleiermacher Jesus als das geschichtliche Urbild selbst.[408] Diese These ist in einem eigenständigen Urbildbegriff begründet. Das Urbild ist für Schleiermacher keine rationale Idee in individuo, sondern die in einem geschichtlichen Individuum verwirklichte Einheit von Idealität und Historizität.[409] Diese Geschichtlich-

---

[400] I. KANT: Die Religion innerhalb der Grenzen der bloßen Vernunft, 89. Vgl. hierzu E. Troeltsch: Das Historische in Kants Religionsphilosophie, 94.

[401] Vgl. vor allem F. SCHLEIERMACHER: Der christliche Glaube II, § 93, 34–43. Vgl. E. HIRSCH: Geschichte der neuern evangelischen Theologie V, 331–342; D. LANGE: Historischer Jesus oder mythischer Christus, bes. 147–157, 169–172; neuerdings M. SCHRÖDER: Die kritische Identität des neuzeitlichen Christentums, bes. 71–74.

[402] F. SCHLEIERMACHER: Der christliche Glaube II, § 93.2, 35.

[403] Hierzu bes. M. SCHRÖDER: Die kritische Identität des neuzeitlichen Christentums, 72f.

[404] Vgl. aaO., 92 Anm. 188. Zum platonischen Hintergrund des Urbild-Begriffs bei KANT vgl. den Hinweis in I. KANT: Kritik der reinen Vernunft, 349.

[405] SCHLEIERMACHERS Christologie besitzt eine doppelte Frontstellung. Einerseits richtet sie sich gegen aufklärerische Vorbild-Christologien (bes. F. SCHLEIERMACHER: Der christliche Glaube II, § 93.2, 35). Andererseits stellt sich die subjektivitätstheoretische Rekonstruktion der religiösen Bedeutung Jesu gegen orthodoxe Christologien vom Gottmenschen.

[406] AaO., § 93.2, 36.

[407] AaO., § 93.1, 34.

[408] „Soll daher der Mensch Jesus urbildlich gewesen oder soll das Urbild in ihm geschichtlich und wirklich geworden sein – der eine Ausdruck gilt was der andere ⟨...⟩" (aaO. § 93.3, 38).

[409] Vgl. D. LANGE: Historischer Jesus oder mythischer Christus, 31f. Zur Bedeutung ei-

keit des Urbilds ist für Schleiermacher allererst die Voraussetzung dafür, daß es seine doppelte Funktion als Modell und Ursprung wahrnehmen kann.[410] Troeltsch reformuliert Schleiermachers subjektivitätstheoretische Rekonstruktion der Christologie als religionspsychologische Funktionsbeschreibung des Jesusbildes. Er übernimmt Schleiermachers Überbietung von Kants Urbildbegriff in allen wesentlichen Aspekten.[411] Die Urbildlichkeit Jesu bezieht Troeltsch mit Schleiermacher auf dessen Gottesbewußtsein, nicht nur auf eine ethische Qualität. Besonders deutlich hebt Troeltsch Schleiermachers Bezeichnung Jesu als „produktives Urbild" (GL, 345) hervor, ohne daß jedoch der dazugehörige platonische Hintergrund präsent wäre. Am christologischen Urbild zeigt sich für Troeltsch besonders deutlich das Verhältnis von religiöser Produktivität und Rezeptivität. Das Urbild als die produktive Offenbarung bewirkt im religiösen Subjekt eine reproduktive Offenbarung.[412] Aufgrund der „Bindung der nacherlebenden religiösen Kräfte an das große und *mächtige* Urbild"[413] kann dieses nicht nur als Modell des Glaubens verstanden werden.[414] Ebensowenig ist das Urbild ein nur historischer Ursprung des christlichen Gottesbewußtseins. Es ist dauerhaft produktiv darin, daß es zu jeder Zeit Glauben weckt. Diese Produktivität wird von Troeltsch – im Anschluß an Schleiermacher – soteriologisch qualifiziert. Voraussetzung hierfür ist, daß Erlösung als ein Bewußtseinsvorgang verstanden wird: „Der Glaube ⟨...⟩ ist selbst die Erlösung" (GdE II, 157). Wenn Troeltsch den Begriff der Erlösung dem Gottesbewußtsein als eine Unterbestimmung subordiniert[415], versucht er die soteriologische Be-

---

nes romantischen Individualitätsgedankens für Schleiermachers Urbild-Christologie aaO., 169–172.

[410] Vgl. M. SCHRÖDER: Die kritische Identität des neuzeitlichen Christentums, 73.

[411] Vgl. Troeltschs briefliche Äußerung gegenüber Wernle vom 16. 3. 1904: „Dagegen meine ich Vertiefung des Satzes von der Veranschaulichung: Der an sich nur durch sich selbst wirksame religiöse Gedanke gewinnt Kraft, Leben, Zuversicht durch seine urbildliche Verwirklichung. Schleiermacher setzt hier Kants Gedanken fort. Der Beweis selbst aber, soweit ein solcher möglich ist, liegt in dem Gedanken und seiner praktischen Erprobung. Die Person Jesu giebt der Wahrheit Kraft und Leben, aber begründet nicht die Wahrheit. Die begründet sich, einmal dargeboten, lediglich selbst" (Ernst Troeltschs Briefe und Karten an Paul Wernle, 117). Troeltschs Urbildbegriff kann also sinnvollerweise nicht mit C. G. Jungs Archetypenlehre in Verbindung gebracht werden, wie S. COAKLEY (Christ without Absolutes, 144; sowie DIES.: „Christologie auf Treibsand"?, 346f.) es versucht.

[412] GL, 49f.

[413] E. Troeltsch: Über die Möglichkeit eines freien Christentums, 339; Hhg. v. Vf.

[414] Zum Gegensatz zur Vorbildchristologie: „Es liegt doch für jeden auf der Hand, dass die Bedeutung Jesu für die christliche Religion je und je vor allem die der zwingenden, Glauben schaffenden oder stärkenden Autorität, der irrationalen geheimnisvollen Bürgschaft von der oberen Welt gewesen ist und nicht die eines klaren, rationalen Vorbildes ⟨...⟩" (E. Troeltsch: ⟨Rez.:⟩ A. SABATIER: Esquisse d'une philosophie de la religion, 741).

[415] In Abgrenzung gegenüber der altprotestantischen Fassung der Christologie betont Troeltsch, daß „die Erlösungskraft eben aus dem Gottesglauben quelle, wie nicht besondere Vornahmen und Thatsachen die Seele erlösen, sondern der Glaube an den Vater Jesu, der uns in Jesus als die Macht des Guten mit einer sonst nirgends fühlbaren Gewalt entge-

deutung Jesu genauer zu bestimmen: „Dann ist der Erlöser im eigentlichen Sinne Gott in seinem gegenwärtigen Wirken und Tun an uns, und die Person Jesu und die christliche Gemeinschaft kommt dabei nur insoferne in Betracht, als durch ihre Vermittelung und Verbürgung die Gotteserkenntnis und der Glaube möglich wird, in dem Gott uns erlöst."[416] Jesus ist in dem Sinn Erlöser, daß sein Bild das Modell und der Ursprung des erlösenden christlichen Gottesbewußtseins ist.[417]

Troeltschs Symbol- und Urbildbegriff signalisieren eine eigentümliche Verknüpfung von historischer Objektivität und religiöser Subjektivität, von Wissen und Phantasie. Es ist die besondere Bedeutung des Jesusbildes, die Genese des Glaubens nicht mit einer dogmatischen Lehre oder einem rationalen Begriff zu verknüpfen, sondern dem Glauben seinen Ursprung in der individuellen Ausdeutung jener Person zuzuweisen. Das Jesusbild präsentiert sich als Totaleindruck einer individuellen Lebensgeschichte.[418] Seine besondere „Lebendigkeit" wird dadurch gesteigert, daß es „als das alles in sich aufgipfelnde Moment" (GL, 86) in einer Reihe von anderen Urbildern exponiert wird. Hiermit wendet sich Troeltsch gegen Schleiermachers Beschränkung des Urbildbegriffs auf Jesus.[419] Troeltsch zufolge gewinnt das Jesusbild an Anschaulichkeit, Farbe und evokativer Kraft, wenn es über die begrenzte Lebensspanne Jesu hinaus die dazugehörige Vor- und Nachgeschichte integriert. Wenn man es in eine Entwicklungssequenz von den großen Propheten bis zu den Protagonisten der Christentumsgeschichte stellt, dann kann man „sehr frei und beweglich das Bild Christi deuten aus allem, was in ihm zusammenströmte und aus allem, was in ihn hineingelebt und hineingeliebt worden im Laufe der Jahrtausende" (BdG, 39). Mit dieser These versucht Troeltsch, seine historiographischen und geschichtsphilosophischen Einwände gegen einen dogmatischen Christozentrismus reli-

---

gen trete und in der Lebensarbeit Jesu uns als der sündenvergebende Vater berühre" (GdE II, 157).

[416] E. Troeltsch: Erlösung II. Dogmatisch, 485.

[417] „Dieser ⟨christliche⟩ Glaube, der in erster Linie auf Gott und das von ihm uns gezeigte Ziel gerichtet ist, ist zugleich auf Jesus gerichtet, als auf den, der uns diesen Glauben gebracht und verbürgt hat, und dessen Bild ihn in Schwankungen, Versuchungen und Ermattungen stärker wieder aufrichtet als alle selbstquälerischen Belebungsversuche, der eben deshalb der *Erlöser* ist, weil er der Bringer, das Urbild und die Stütze des Glaubens an Gott ist" (GdE II, 157 f.; Hhg. v. Vf.). Von Schleiermacher unterscheidet sich Troeltsch darin, daß er das Jesusbild nicht als die einzige Quelle des christlichen Gottesbewußtseins verstehen kann. Neben Jesus nennt Troeltsch noch die je eigene ethische Erfahrung sowie die Erfahrung der christlichen Gemeinschaft als Quellen des Glaubens (E. Troeltsch: Erlösung II. Dogmatisch, 487).

[418] „Auch bei Jesus ist uns heutigen Menschen nicht die Lehre oder das sittliche Vorbild das erste, sondern der imponderabile Kern seiner Gesinnungsganzheit und Lebenseinheit" (GL, 26).

[419] An Troeltsch müßte die Rückfrage gestellt werden, wie sich mit einem an Schleiermacher anknüpfenden Urbildbegriff die These von einer Mehrzahl der Urbilder in Übereinstimmung bringen ließe. An diesem Punkt liegt jedenfalls eine wichtige begriffliche

gionspsychologisch fruchtbar zu machen. Durch die Einbettung des Jesus-bildes in größere historische Zusammenhänge erweitert sich der Spielraum für die Imaginationskraft des religiösen Subjekts. Dieses ist nicht ausschließ-lich gebunden an die Ergebnisse einer kritischen Jesus-Forschung, sondern kann das Jesusbild dem eigenen Erleben und dem damit verbundenen Ge-schichtsbild gemäß ausgestalten. Vorausgesetzt ist, daß religiöse und histori-sche Jesus-Deutung sich nicht unmittelbar ausschließen – wie im Fall einer dogmatischen Deutung des Christentums. Für ein neuprotestantisches Je-susbild gilt es lediglich, „das Historische subjektiv zu wandeln ⟨...⟩" (GL, 92). Historische und religiöse Betrachtung können zusammenbestehen, wenn die spezifische Kompetenz der jeweiligen Perspektive beachtet wird. Das heißt für die kritische Wissenschaft, daß sie die im Rahmen des histo-risch Wißbaren frei ausgemalten Jesusbilder nicht von vornherein unter Ideologieverdacht bzw. unter das Verdikt der Beliebigkeit stellt, sondern als Ergebnisse einer kreativen Deutungsleistung anerkennt. Dadurch wird die Unterscheidung von Religion und Theologie berücksichtigt und zugleich die Legitimität einer – inhaltlich qualifizierten – Pluralität von Jesusbildern eingeschärft.[420] Troeltschs programmatische „Auseinanderscheidung des rein Historischen und des Glaubensurteils" (GL, 100) zielt also nicht auf die Abkoppelung einer unkontrollierten Jesus-Frömmigkeit von einer positivi-stischen Historiographie, sondern will beiden Polen der Jesus-Deutung ihr Recht sichern.

Das religiöse Moment des Jesusbildes besteht in einer auf die historische Forschung aufbauenden Sinndeutung[421]: „Wir beziehen uns auf den Sinn des Faktums, der aber nie vom Faktum selbst abzulösen ist" (GL, 93). Diese Sinnerfassung zielt auf eine Vergegenwärtigung des historisch Fernen, nicht auf eine anempfindende Gleichzeitigkeit. Das religiöse Verhältnis zum Ge-genstand des eigenen Jesusbildes ist keine „Berührung von Mensch zu Mensch" (BdG, 14). Die Person Jesu wird nicht ohne Berücksichtigung ihres geschichtlichen Abstands zu einem Faktor des gegenwärtigen reli-giösen Erlebens. Troeltsch will den geschichtlichen Graben nicht über-springen, sondern er traut gerade „dem in der Geschichte an uns kommen-den Christus die Kraft zur Schaffung neuen Lebens auch in uns ⟨...⟩" zu (WdC VI, 681). Die Vergegenwärtigung Jesu ist ein Aneignungsprozeß, der darauf zielt, einen explizit „fremden Stoff in das eigene Leben ⟨zu⟩ überfüh-ren" (GL, 92). Eine solche vergegenwärtigende Sinnerfassung besitzt für Troeltsch auch eine eminent ästhetische Dimension. Wenn er die Schönheit

---

Abweichung von Schleiermacher vor, die Troeltsch allerdings nicht weiter thematisiert hat.

[420] „Es gilt hier nur das Glaubensbild Jesu auf die historische Forschung einzurichten, was naturgemäß in sehr verschiedener Weise geschehen wird" (E. Troeltsch: Der Offenba-rungsbegriff in der gegenwärtigen Weltanschauung, 10).

[421] Vgl. GL, 102f., 113f. Troeltsch spricht auch von der Anknüpfung an einen „inneren Sinn" (GL, 97).

der christologischen Ausführungen von Richard Rothe oder Wilhelm Herrmann hervorhebt[422], dann gibt er damit der Einsicht Ausdruck, daß die Ausgestaltung des Jesusbildes einer eigenen kreativen Anstrengung bedarf.

3. Das Jesusbild als Mittelpunkt des Gottesdienstes

In deutlichem zeitlichen Abstand, aber in sachlicher Anknüpfung an seine individualpsychologische Funktionsbeschreibung des Jesusbildes hat Troeltsch ein zweites, sozialpsychologisches Explikationsmodell entwickelt. Es hat seine prominente Fassung in dem Vortrag „Die Bedeutung der Geschichtlichkeit Jesu für den Glauben" erhalten. Ausgangspunkt ist die These: „Nun aber ist es eines der klarsten Ergebnisse aller Religionsgeschichte und Religionspsychologie, daß das Wesentliche in aller Religion nicht Dogma und Idee, sondern Kultus und Gemeinschaft ist ⟨...⟩" (BdG, 25).[423] Troeltsch nimmt damit seine historiographischen Thesen zum urgemeindlichen und paulinischen Christusglauben wieder auf und macht sie für eine gegenwärtige Umformung der Christologie fruchtbar. In der Beschäftigung mit den Anfängen des Christentums hatte sich ihm der Kult als der eigentliche Sitz im Leben der Christologie erwiesen.[424] Nicht durch philosophische oder dogmatische Reflexion hatte sich die junge Religion formiert. Sie war durch eine bestimmte religiöse Praxis, nämlich die gemeinsame „Anbetung Gottes in Christo und die Lebenseinigung mit Christus im Herrenmahl" (BdG, 26) entstanden. Troeltsch sieht in der Kultbestimmtheit eine grundsätzliche Charakterisierung auch der christlichen Religion, die es gegenwartspraktisch zu bewähren gilt.[425]

In sozialpsychologischer Perspektive betrachtet Troeltsch das Jesusbild nach seiner Funktion für den Aufbau christlicher Gemeinschaften. Auf die-

---

[422] Über eine Predigt ROTHES mit dem Titel „Der Kampf zwischen Glauben und Unglauben an Jesum in den Herzen der Kinder unsrer Zeit" urteilt Troeltsch: „Der Glaube an Jesus ist auch von Herrmann nirgends schöner und wahrer in seinem innersten Wesen dargestellt worden" (E. Troeltsch: Rotheliteratur, 19; = A 1899/1!). Zur ästhetischen Qualität des Herrmannschen Jesusbildes vgl. GdE II, 158; GS II, 517. Mit einer Mischung aus Herablassung und ehrlicher Anerkennung bezeichnet Troeltsch Herrmann als einen „unserer lebendigsten Erbauungsschriftsteller" (GS II, 768). Herrmann wird darin sicherlich keine angemessene Beurteilung seiner selbst gesehen haben.

[423] Die These vom Primat des Kults unter den Realisationsfaktoren der Religion ist kein für Troeltsch neuer Gedanke. Schon 1895 hatte er den Kult als „die wichtigste Erscheinungsform der Religion" (SdR I, 424) bezeichnet, in der sich sowohl das Gottesverhältnis als auch die religiöse Gemeinschaftsbildung vollziehe (vgl. SdR I, 426).

[424] Vgl. BdG, 26.

[425] Trotz teilweise heftiger Polemik gegenüber den sogenannten Vermittlungstheologen Ritschl und Herrmann hebt Troeltsch diesbezüglich eine grundsätzliche Übereinstimmung hervor: „Wenige haben so stark wie Ritschl und Herrmann die Bedeutung des Christusglaubens für Gemeinde, Kultus und Gottesreich betont. Es ist nur notwendig, dies tatsächlich beherrschende Motiv auch als den sachlichen Grund und die innere Notwendigkeit der Jesus-Verehrung erscheinen zu lassen" (BdG, 46).

se Weise versucht er, die vorreflexiven Gründe für die Ausbildung des Christusglaubens aufzuspüren.[426] Troeltsch rekurriert auf ein „sozialpsychologisches Gesetz" (BdG, 27), wonach alle Religionen einen Kult ausbilden. Denn wie jede menschliche Bewußtseinstätigkeit drängt auch die Religion nach Vergemeinschaftung. Religion ist auf Sozialisierung angewiesen, wenn sie auf Dauer gestellt werden und eine überindividuelle Identität erlangen will. Die ihr gemäße Vergemeinschaftungsform ist die Kultgemeinde. Diese aber bedarf angesichts der Mannigfaltigkeit individueller Erlebnisweisen eines „konkreten Mittelpunktes" (ebd.). Der kultische Mittelpunkt der christlichen Religion ist das Bild ihres Stifters.[427] Troeltsch greift den individualpsychologischen Symbolbegriff wieder auf und weist ihm eine sozialpsychologische Funktion zu. Das Symbol hat nicht nur die Aufgabe, das individuelle religiöse Bewußtsein zu stärken, es ist zudem der kultische „Sammelpunkt" (BdG, 51) der Gemeinde, der die divergierenden religiösen Subjekte zusammenbindet und gemeinschaftsfähig macht. Erst durch die gemeinsame, praktische Beziehung auf das Jesusbild entstehen christliche Gemeinschaften.

Das Faktum, daß das Jesusbild im Urchristentum zum Mittelpunkt des christlichen Kults gemacht wurde, läßt sich in der Perspektive von Troeltschs Religionsbegriff insofern rechtfertigen, als durch die Ausrichtung der christlichen Gemeinschaft auf den Jesus-Kult der vorreflexiven Lebendigkeit des religiösen Bewußtseins entsprochen worden ist. Denn anders als ein dogmatischer Lehrsatz oder ein rationaler Begriff besitzt der Totaleindruck einer individuellen Gestalt eine innere Vielschichtigkeit und Beweglichkeit, die dem Glauben eine große Freiheit des Erlebens eröffnet und ihn nicht auf eine einzige Ausformung beschränkt. Im Horizont des „unendlich konkreten und doch unendlich vieldeutigen Christusbilde⟨s⟩" (BdG, 25) kann sich jeder Einzelne auf einen objektiven Grund beziehen, ohne doch die eigene religiöse Subjektivität zu unterdrücken. Anders als begrifflich bestimmte Lehrartikel über Person und Werk Christi läßt das Jesusbild als Kultmittelpunkt eine große Pluralität unterschiedlicher Ausgestaltungen des Christlichen zu. Es verbindet pluralistische Offenheit und anschauliche Konkretheit. Denn es kann Differentes als Differentes vereinen und muß es nicht in eine letzte Uniformität zwingen. Damit begründet es eine Sozialform, die individuelle Freiheit und überindividuelle Gemeinsamkeit miteinander ausgleicht.

Das Jesusbild sorgt aber auch für basale inhaltliche Bestimmungen, die für eine Vergemeinschaftung unabdingbar sind. In seinen historiographischen und geschichtsphilosophischen Reflexionen hatte Troeltsch als solche inhaltlichen Bestimmungen des Jesusbildes vor allem die religiöse Idee einer transzendenten Begründung von Individualismus und Universalismus sowie

---

[426] S. o. II. C. 3. a.) und b.).
[427] Vgl. GL, 81f.; E. Troeltsch: Glaube: IV. Glaube und Geschichte, bes. 1449.

die eschatologisch begründete Kulturindifferenz hervorgehoben. Das Jesusbild ist für ihn darum mehr als nur ein formaler Einheitspunkt. Es ist auch
ein inhaltliches diakritisches Prinzip. Trotz der Möglichkeit zur freien Ausmalung muß das Jesusbild Troeltsch zufolge historisch orientiert bleiben.
Nur so läßt sich ein inhaltliches Minimum aufbauen, das die Scheidung von
Wesensgemäßem und Wesenwidrigem innerhalb der christlichen Gemeinde erlaubt. Im Rahmen des christlichen Kults muß sich jede Form religiösen Erlebens danach befragen lassen, ob sie sich in irgendeiner Weise mit
dem Bild des historischen Jesus in Übereinstimmung bringen läßt: „Die
Christlichkeit und damit überhaupt die Bestimmtheit des Prinzips wird sie
⟨die Ausdeutung des Jesusbildes⟩ dadurch wahren, daß sie alles das doch immer wieder bezieht auf den einen Sammelpunkt, auf die Persönlichkeit
Jesu" (BdG, 39f.). Die sozialpsychologische Funktionsbeschreibung ist bei
Troeltsch also mit kriteriologischen Reflexionen verknüpft. Sie schließt an
die Debatte um das „Wesen des Christentums" an. Das Jesusbild ist für
Troeltsch kein inhaltlich leerer Fluchtpunkt, sondern als wichtigster Faktor
der Gemeinschaftsbildung ist es zugleich Garant der Positivität des christli-
chen Glaubens überhaupt: „Solange es ein Christentum in irgend einem
Sinne überhaupt geben wird, wird es mit der kultischen Zentralstellung
Christi verbunden sein" (BdG, 29).

Indem Troeltsch auf diese Weise die sozialpsychologische Funktion des
Jesusbilds expliziert, rekurriert er implizit auf seine Deutung des paulinischen Christuskults. Im Unterschied zur eigenen Paulus-Deutung allerdings
legt Troeltsch seinem Kultverständnis keine sakramtentalistische Auffassung
von einem realen „Sein in Christo" zugrunde. Die kultische Zentralstellung
des Jesusbildes zielt auf eine spirituelle Vergegenwärtigung, nicht auf eine
mysterienhafte Einverleibung. Dennoch fällt auf, daß der Begriff der Christusmystik in „Die Bedeutung der Geschichtlichkeit Jesu für den Glauben"
keine Rolle spielt. Vielmehr ist der Text geprägt von einer durchgehenden
Abgrenzung von der „Mystik" – ganz im Gegensatz zu anderen Schriften
Troeltschs.[428] In der Auseinandersetzung mit der modernen religiösen Individualisierung, die alle geschichtlichen Bezüge und traditionalen Gehalte bis
zur Unsichtbarkeit zu verflüssigen droht, gewinnt Troeltschs sozialpsychologisches Argument eine zeitkritische und -therapeutische Dimension. Es soll
dazu helfen, „die eigentliche Krankheit des modernen Christentums und
der modernen Religiosität" (BdG, 25) zu heilen. Troeltsch charakterisiert
Mystik, sofern sie einseitig verstanden wird als Repräsentantin religiöser In-

---

[428] So kann Troeltsch seine eigene Konzeption explizit als Christusmystik bezeichnen:
„Eine Christusmystik, in der ⟨...⟩ die Gläubigen sich immer neu verbinden in der religiösen Deutung und Verehrung Jesu ⟨...⟩ das wird immer der Kernpunkt aller echten und
wahren Christlichkeit bleiben, so lange es eine solche gibt. Ohne das würde auch der personalistische Gottesglaube selbst verwehen und absterben" (E. Troeltsch: Über die Möglichkeit eines freien Christentums, 338).

dividualisierung[429], als Zersetzungsfaktor religiöser Sozialisierung. Wo „der *innere Christus* oder die freie mystische Gegenwart Gottes in den Seelen" (BdG, 45; Hhg. v. Vf.) das Bild des historischen Jesus verdränge, da würden Gemeinschaft und Kult – also die eigentlichen Säulen der Religion – zerstört. Indem Troeltsch eine Stärkung des Gedankens religiöser Gemeinschaft und der sie tragenden objektiven Gehalte fordert, setzt er sich bewußt in „Gegensatz gegen religiöse Lieblingsstimmungen der Zeit, die wohl dem kult- und geschichtslosen Idealismus der Mystik und der protestantischen Spiritualisten sich verwandt fühlt ⟨…⟩" (BdG, 46).

Diese antimystische Polemik könnte dem Mißverständnis Vorschub leisten, als propagiere Troeltsch ein antimodernes Modell christlicher Gemeinschaft. Sie verdunkelt den Sachverhalt, daß der ihm vorschwebende Christuskultes selbst ein modern-mystisches Gepräge besitzt. Mystisch ist Troeltschs Konzeption darin, daß sie keine objektive Heilsvermittlung denkt, sondern die Erlösung in der freien, inneren Gegenwart Gottes erblickt. Weder selbstwirksames Sakrament und orthodoxe Lehre wie im Fall des Kirchentypus noch ethisches Wohlverhalten und gesetzliche Glaubensstrenge wie im Fall des Sektentypus konstituieren Religion, sondern das je eigene unmittelbare Erleben. Dem modernen christlichen Spiritualismus ist Troeltsch dadurch verpflichtet, daß er den Kultmittelpunkt als Symbol auffaßt. Dadurch wird dem jeweiligen religiösen Bewußtsein ein Höchstmaß an innerer Freiheit der Ausdeutung und Bezugnahme gelassen. Antimystisch im Sinn des soziologischen Idealtyps ist Troeltschs Entwurf eines Christuskults durch den Gegensatz zu einer „völlig gemeinschafts- und kultlosen, zugleich völlig einzelpersönlichen und inhaltsarmen Mystik" (GL, 84). Nun hatte Troeltsch aber schon in seiner Paulus-Deutung eine gegenstands-, kult- und gemeinschaftsbezogene Form von Mystik vorgestellt, die den Rahmen seines eigenen, soziologischen Terminus verläßt. Der pointierte Doppelbegriff Christus-Mystik[430] beschreibt am klarsten Troeltschs Konzeption eines Spiritualismus, der dadurch zur modernen religiösen Individualisierung eine besondere Affinität besitzt, daß er das freie, je eigene Erleben in den Vordergrund rückt, der aber zugleich einen gewissermaßen konservativen Charakter trägt, insofern er an der Bezugnahme auf geschichtliche Gegenstände und an der Notwendigkeit der Gemeinschaftsbildung festhält.[431] Die im gemeinsamen Gottesdienst praktizierte Christus-

---

[429] Vgl. GS. I, 926–939.

[430] Der vielleicht auch mögliche Begriff der Jesus-Mystik wird hier vermieden, weil Troeltsch seine These von der sozialpsychologischen Funktion des Jesusbildes bewußt vor dem historiographischen Horizont seiner Paulus-Deutung entwickelt hat.

[431] APFELBACHER hat in seiner verdienstvollen Arbeit versucht, Troeltsch als Mystiker zu erweisen. Er hat dabei aber die z.T. schroff antimystischen Äußerungen Troeltschs zu stark vernachlässigt und darum das eigene Profil seines „Spiritualismus" nicht angemessen beschrieben. Es ist nicht ausreichend, zur Näherbestimmung von Troeltschs Position ihren nicht-quietistischen und nicht-individualistischen Charakter hervorzuheben (K.-E. APFEL-

mystik, für die Paulus das erste historische Beispiel liefert, ist darum keine schroffe Alternative zu einer spezifisch modernen Frömmigkeitsform, sondern intendiert deren Festigung und Erweiterung. Die kultische Ausrichtung auf das Jesusbild soll der „unsichtbaren Religion"[432] zu inhaltlicher Identifizierbarkeit sowie sozialer Stabilität und damit zu einer gewissen Sichtbarkeit verhelfen.

Troeltschs sozialpsychologische Begründung der Zentralstellung des Jesusbildes ist häufig als theologischer Reduktionismus verstanden worden, als der hilflose Versuch, sich den Konsequenzen der historischen Kritik zu entziehen.[433] Nicht der historische Jesus stehe hier im Vordergrund, sondern ein inhaltlich entleertes Kultsymbol als reine Projektionsfläche. Zu dieser Auffassung kann nur gelangen, wer das neue Argument isoliert sieht und die Verbindung zu Troeltschs individualpsychologischen und geschichtsphilosophischen Reflexionen außer acht läßt. Das sozialpsychologische Explikationsmodell löst die individualpsychologische Begründung nicht ab, sondern nimmt sie auf und erweitert sie. Dies zeigt schon die bewußte Verwendung der religionspsychologischen Leitbegriffe „Symbol"[434], „Urbild"[435] und „Bürge"[436] in „Die Bedeutung der Geschichtlichkeit Jesu für den Glauben". Wenn Troeltsch das Jesusbild nach seiner Funktion für die christliche Vergemeinschaftung betrachtet, flieht er nicht vor dem historiographischen Problemdruck. Die Schwierigkeit, der er sich im behandelten Text

---

BACHER: Frömmigkeit und Wissenschaft, 8f.). Damit wird das „Dogmatische" bei Troeltsch undifferenziert als mystisch, das „Ethische" zu pauschal als nicht-mystisch beschrieben. Troeltschs „Mystik" ist aber gerade in ihrem „dogmatischen" Gehalt darin eigenständig, daß sie sich als gegenstands- und gemeinschaftsbezogen versteht. Zur Kritik an APFELBACHER vgl. bes. H. RUDDIES: Mystische Theologie?.

[432] Vgl. T. LUCKMANN: Die unsichtbare Religion, bes. 108–150.

[433] So etwa SCHWEITZER, der meint, daß Troeltsch nach der Erstauflage der Absolutheitsschrift aufgrund historischer Zweifel Jesus nicht mehr als Offenbarer Gottes beschrieben habe. In der sozialpsychologischen Interpretation sieht SCHWEITZER eine Schwundstufe der geschichtsphilosophischen Reflexion: „Es hat den Anschein, als ob die geschichtliche Anschauung von Jesus, zu der sich Troeltsch anno 1911 bekennen muß, ihm nicht mehr erlaubt, was die von 1901 zu ermöglichen schien, und daß der Wirklichkeitssinn, der ihn auszeichnet, ihn nötigte, entsprechende Konsequenzen zu ziehen" (A. SCHWEITZER: Geschichte der Leben-Jesu-Forschung, 522 Anm. 2). Ebenso M. MURRMANN-KAHL: Die entzauberte Heilsgeschichte, 420. MURRMANN-KAHL behauptet, daß sich bei Troeltsch der historische Jesus ins „Symbolische" verflüchtige; ebenso S. COAKLEY: Christ without Absolutes, 126. GERRISH kritisiert Troeltschs Verknüpfung von christlichem Glauben und Geschichte Jesu. Er verkennt dabei die von Troeltsch ins Auge gefaßte Bedeutung Jesu für eine inhaltliche Bestimmtheit des Christentums, wenn er schreibt: „What is crucial for the picture of Christ, if it is to qualify as a historical symbol, is not that it corresponds to the life once lived by a particular individual, but that it exists, embodied in the corporate life of the Christian community, as the sacramental word by which the community is continually re-created" (B. GERRISH: Jesus, Myth, and History: Troeltsch's Stand in the „Christ-Myth" Debate, 28f.).

[434] BdG, 31–33.

[435] BdG, 24, 28.

[436] BdG, 37.

stellt, ist nicht die Leugnung der Erkennbarkeit Jesu durch eine radikale historische Kritik. Sein Problem ist grundsätzlicherer Natur. Es ist die neuzeitliche Frage, wie überhaupt ein gegenwärtiges, religiöses Erleben sich auf einen – wie auch immer rekonstruierbaren – geschichtlichen Gegenstand beziehen lassen kann.[437] Hierauf gibt Troeltsch die Antwort, daß das Jesusbild für die Ausbildung eines christlich-religiösen Bewußtseins in zweifacher – individual- wie sozialpsychologischer – Hinsicht eine wesentliche Funktion erfüllt. Für diese doppelte Funktionalität muß nicht jede exegetische Einzelheit zweifelsfrei festgestellt werden: „Es bedarf nur eines grundsätzlichen Gesamtbildes" (BdG, 38). Dieses jedoch darf keinesfalls durch historische Kritik unmöglich gemacht werden.

Aus drei Gründen ist der christliche Kult auf historisches Wissen über Jesus angewiesen. Erstens bedarf das Kultsymbol einer inhaltlichen Bestimmtheit, um seiner kriteriologischen Funktion nachkommen zu können. Es muß sich beschreiben lassen, was als zentraler Gehalt der Botschaft Jesu zu gelten hat und darum in jedem Jesusbild enthalten sein muß. Zweitens schärft die historische Begründung des Jesusbildes die Menschlichkeit Jesu ein. Dadurch gewinnt das Symbol eine Nachvollziehbarkeit, Konkretheit und Plastizität, die dem nacherlebenden religiösen Bewußtsein sehr viel näherkommt als die dogmatische Konstruktion eines Gottmenschen.[438] Drittens bedarf ein neuzeitliches Wahrheitsbewußtsein der Sicherheit, daß sich das Jesusbild nicht aus historischen Fiktionen zusammensetzt. Das Kultsymbol braucht „einen festen und starken inneren Grund" (BdG, 33) in der historischen Faktizität Jesu.[439] Darum bezeichnet Troeltsch das Jesusbild als „wirkliches Symbol" (BdG, 32), im Unterschied zu einem „mystische⟨n⟩ Symbol" (BdG, 31). Der Mittelpunkt des christlichen Kults ist nicht als geschichtsloser, inhaltlich entleerter Fluchtpunkt gedacht, sondern als wirklichkeitsgesättigter Fokus, der seine Konturen einer individuellen historischen Person verdankt.[440] Damit ist klar, daß das sozialpsychologische Argument das Jesusbild nicht der prinzipiellen historischen Strittigkeit des Christentums entnimmt.[441] Denn es expliziert auf innovative Weise den

---

[437] Vgl. BdG, 7.

[438] Vgl. BdG, 28.

[439] In diesem Zusammenhang kann Troeltsch erstaunlicherweise Herrmanns Rede von der „Tatsache Christus" positiv aufnehmen (BdG, 32), die er vorher als Ausdruck einer theologischen „Gewaltsamkeit" und als „für einen historisch-kritisch denkenden Menschen nahezu unverständlich" (BdG, 20) bezeichnet hat. Wogegen Troeltsch sich wendet, ist der Versuch Herrmanns, Jesus zwar als geschichtliche Gestalt zu verstehen, zugleich aber sein Jesusbild der Überprüfung durch die historische Wissenschaft prinzipiell zu entziehen. Was Troeltsch an Herrmanns Begriff jedoch als sinnvoll erachtet, ist der darin enthaltene pointierte Hinweis auf die geschichtliche Sachhaltigkeit des Jesusbildes.

[440] Das „Zentralsymbol" des Christentums ist „kein Dogma, sondern eine lebendige *historische Persönlichkeit,* die jede Zeit sich neu deuten und jede in den ihr eigentümlichen Zusammenhang *geschichtlicher Gesamtauffassung* einfügen kann" (GS II, 816; Hhg. v. Vf.).

[441] Auf diesen Gesichtspunkt hat bes. W. HERRMANN (⟨Rez.:⟩ Die Bedeutung der Geschichtlichkeit Jesu für den Glauben, 288f.) aufmerksam gemacht.

Gedanken „eines Haltes für die religiöse Subjektivität an der durch alle geschichtliche Vermittelung hindurch noch spürbaren religiösen Größe und
Kraft einer wirklichen Persönlichkeit ⟨...⟩" (BdG, 41).

4. Die Pluralität und Einheit der Jesusbilder

Im Rahmen einer nicht-dogmatischen Christentumstheorie, die von der
Unterscheidung zwischen geschichtlichem Gegenstand und gegenwärtigem
Geltungsbewußtsein ausgeht, lesen sich Troeltschs Ausführungen als eindeutiges Plädoyer für einen Geschichtsbezug des Glaubens. Dieser soll zwar
nicht als hinreichende, wohl aber als notwendige Bedingung für die Ausbildung eines erfüllten, religiösen Bewußtseins gelten.

Troeltschs individual- und sozialpsychologisches Explikationsmodell läßt
sich in dreifacher Hinsicht als spezifisch neuzeitlich charakterisieren. Erstens
entspricht es der prinzipiellen Unterscheidung von geschichtlichem Gegenstand und gegenwärtigem Glauben. Zweitens trägt es der Differenz von
Praxis und Theorie dadurch Rechnung, daß es die Glaubensbeziehung zu
Jesus nicht als begriffliche Notwendigkeit erweist, sondern aus den Bedürfnissen gelebter Religiosität folgert. Damit wird der religiösen Praxis gegenüber der reflektierenden Theologie ein freier Gestaltungsraum eröffnet, wie
er im Rahmen einer auf lehrmäßige Korrektheit zielenden Dogmatik undenkbar wäre. Drittens wird in Troeltschs Modell der religiöse Pluralismus
der Neuzeit in die christologische Reflexion integriert. Dieser Aspekt bedarf einer eigenen Diskussion.

Troeltsch zielt auf die Verabschiedung dogmatischer Einheitschristolo-
gien zugunsten eines Pluralismus der Jesusbilder. Dieser Pluralismus läßt
sich in seiner Perspektive mit drei Argumenten als legitim erweisen. Eine
Vielzahl gleichberechtigter Jesusbilder muß es erstens dann geben, wenn
man der subjektiven Aneignungsweise ein eigenes Recht zuspricht. Da die
religiösen Subjekte unterschiedlich sind, weisen auch ihre jeweiligen Jesusbilder, in denen sie sich selbst religiös deuten, Differenzen auf. Die einzelnen Lebensgeschichten, die ethischen Optionen, ästhetischen Präferen-
zen, geschlechtsspezifischen Erlebnisunterschiede sowie emotionalen Be-
dürfnislagen manifestieren sich in entsprechenden Jesusbildern. Dieser
Sachverhalt muß dann nicht als Beliebigkeit denunziert werden, wenn
man das Jesusbild als das im Rahmen einer grundsätzlichen historischen
Orientierung subjektiv auszugestaltende Symbol versteht und in einer
pluralisierten Frömmigkeitspraxis einen integralen Bestandteil echter Individualitätskultur erkennt. Es wird nicht deshalb leichtfertig die Auflösung der Christologie zum Programm erhoben, nur weil die systematischen Mittel für eine transsubjektiv plausible Bestimmung der religiösen
Bedeutung Jesu fehlen. Vielmehr soll der Raum geöffnet werden, innerhalb dessen sich ein qualifizierter religiöser Individualismus ausbilden
kann. Dadurch, daß jeder sich einen je eigenen Zugang zu Jesus erarbeitet,

kann er ein Wirklichkeits- und Gottesverständnis ausbilden, das die eigene
Lebensführung wirklich durchdringt und zugleich auf die allgemeine
Grundlage des Christentums bezogen ist.

Zweitens besitzt die Pluralität der Jesusbilder nach Troeltsch einen christentumstheoretischen Grund. Sie ist also nicht etwa nur einer kontingenten
Zeitlage geschuldet. Troeltsch hatte sich zu zeigen bemüht, daß das Christentum kein in sich einheitliches Wesen besitzt, sondern eine Spannungseinheit unterschiedlicher Pole darstellt, die verschieden akzentuiert werden
können. Darum kann sich das Jesusbild, auch wenn es als Repräsentation des
christlichen Prinzips ein Einheitsmoment in sich trägt, nicht in einem einzigen Begriff oder einer uniformen Lehre erschöpfen. Je nachdem, welchen
Pol des christlichen Prinzips man hervorhebt, wird man auch das Jesusbild
in einer besonderen Weise akzentuieren.[442]

Drittens gibt es Troeltsch zufolge eine religionssoziologische Ursache für
die Pluralität der Jesusbilder. Das Christentum vergemeinschaftet sich nicht
in einer einzigen allein legitimen Sozialform, sondern in einer Vielzahl solcher, die nach der religionssoziologischen Dreiertypologie „Kirche – Sekte
– Mystik" gedeutet werden können. Jeder Idealtypus beruht auf einer spezifischen Fassung des christlichen Prinzips und damit auch des Jesusbildes.
Besonders markant hat Troeltsch dies in den „Soziallehren" gezeigt.[443] Hier
zählt er die jeweiligen Jesusbilder von Kirche, Sekte und Mystik auf. „Der
Christus der Kirche ist der Erlöser 〈...〉", dessen vollbrachtes Heilswerk in
der Heilsanstalt und ihren Sakramenten positiv vorliegt (GS I, 968). „Der
Christus der Sekte ist der Herr, das Vorbild und der Gesetzgeber von göttlicher Würde und Autorität 〈...〉", dessen Erlösung erst im Jenseits zugeeig-
net wird (ebd.). „Der Christus der Mystik ist ein innerlich geistiges, in jeder
Erregung frommen Gefühls 〈...〉 gegenwärtiges Prinzip 〈...〉", das aber über
jede Positivierung hinausgeht (ebd.). Diese drei Jesusbilder besitzen jeweils
einen eigenen Anhalt an der historischen Botschaft Jesu. Aber keines bringt
sie in ihrer Gänze zum Ausdruck. Das kirchliche Jesusbild vermittelt die
Universalität Jesu, verschränkt sie aber mit Sakrament und Institution, was
sich nicht unmittelbar mit der Verkündigung Jesu überbringen läßt. Das
Jesusbild der Sekte vergegenwärtigt die religiös-ethische Unbedingtheit
Jesu, allerdings in einer dogmatisch verfestigten Weise, die zu seiner inneren
Freiheit quersteht. Das mystische Jesusbild schließlich stellt die religiöse Lebendigkeit Jesu dar, blendet aber sein Festhalten an traditionalen religiösen
Gehalten aus. Jedes dieser Jesusbilder hat sein eigenes Recht und seine spezifische Grenze. Zu einem einzigen Jesusbild lassen sie sich nicht zusam-
menschließen. Denn die Aufspaltung des Christentums in verschiedene

---

[442] Eine christentumsgeschichtliche Bestätigung dieser These bietet schon der Hinweis
auf das Nebeneinander verschiedener Christologien im Neuen Testament.
[443] Vgl. E. Troeltsch: Die Sozialphilosophie des Christentums, 35f., 60–63 (= A 1911/
9!).

Vergemeinschaftungsformen kann Troeltsch zufolge nicht rückgängig gemacht werden. Die Hoffnung auf eine allgemeingültige, in sich differenzlose Christologie ist auch in soziologischer Hinsicht illusionär.

Es ist demnach legitim, wenn die Frömmigkeitspraxis ein Kaleidoskop von Jesusbildern aufweist: Jesus als Sozialrevolutionär oder Pazifist, Jesus – der jüdische Rabbi, der liberale oder der charismatische Jesus, der spirituelle Meister oder der neue Mann, Jesus als Freund der Sünder und Außenseiter, der Sohn Marias, der Angefochtene als Urbild menschlichen Leidens: diese Aufzählung ließe sich weiterführen. Troeltschs funktionale Deutung des Jesusbildes läßt sich als Strukturbeschreibung gegenwärtiger protestantischer Religiosität lesen, die einen von dogmatischen Vorgaben freien Anschluß an Jesus sucht.

Aber Troeltsch hat mehr geleistet als nur eine nachgängige Affirmation faktisch gegebener Differenzierungen. Er hat Ansätze für eine Hermeneutik des christologischen Pluralismus entwickelt, nach der die mannigfaltigen Jesusbilder geordnet und normativ beurteilt werden können. Troeltsch erliegt nicht dem Oberflächeneindruck bunter Vielfalt. Einen unendlichen Pluralismus von Jesusbildern hat er aus zwei Gründen für unmöglich gehalten. Zum einen verweist er auf die Begrenztheit kreativer Möglichkeiten in einer ausgebildeten Geistesreligion. Wie er in seiner Geschichtsphilosophie gezeigt hat, nimmt mit der Höherentwicklung die Gestaltungsfreiheit des einzelnen ab und dessen Rezeptivität zu.[444] Die Schaffung völlig neuer Jesusbilder steht realistischerweise nicht zu erwarten. Vielmehr muß man sich darauf einrichten, daß bekannte Elemente aus ihren ursprünglichen Kontexten gelöst, variiert, neu kombiniert und gemischt werden.[445] Zum andern kann man angesichts der soziologischen Bedingtheit jedes Gläubigen nicht annehmen, daß Jesusbilder nur nach Maßgabe der je eigenen Kreativität geschaffen werden. Die Jesus-Deutung des einzelnen ist auch dadurch bestimmt und begrenzt, wie dieser religiös sozialisiert ist. Je nach Zugehörigkeit zu einer Gemeinschaft, die dem Kirchen-, Sekten- oder Mystiktyp entspricht, wird das Jesusbild ausfallen. Die Konstruktion von Jesusbildern unterliegt also dem konformierenden Druck sozialer Bedingungen.

Troeltsch hat nun einen unbegrenzten Pluralismus nicht nur für unmöglich, sondern auch für unrechtmäßig gehalten. Als erstes normatives Kriterium läßt sich das eingangs erwähnte Merkmal der Angemessenheit aufführen.[446] Jedes Jesusbild muß sich danach befragen lassen, ob es ein authentischer Ausdruck religiösen Erlebens oder aber Ergebnis erlebnisfremder Interessen ist. Ein zweites und einfacher handhabbares Kriterium ist die hi-

---

[444] S. o. III. A. 2. und 3.

[445] Als Beispiel hierfür ließe sich auf den zu Troeltschs Zeiten noch weitgehend unbekannten freien Umgang mit konfessionstypischen Mustern der Jesus-Deutung hinweisen. Es läßt sich gegenwärtig beobachten, wie vormals spezifisch katholische oder orthodoxe Elemente mit traditionell protestantischen verknüpft werden.

[446] S. o. III. D. 1.

storische Rückfrage. Die historische Rekonstruktion der Person und Predigt Jesu bildet eine wichtige, kritische Instanz für alle subjektiv ausgemalten Jesusbilder. Indem man diese an das historisch Wißbare bindet, kann man sie auf einen minimalen inhaltlichen Konsens beziehen. Ein Jesusbild, das in keiner Weise Jesu personalen Theismus, seine ethische Überweltlichkeit, die unbedingte Wertschätzung des Einzelnen ungeachtet seiner nationalen, sozialen oder kulturellen Zugehörigkeit sowie seinen religiösen Universalismus zum Ausdruck bringt, kann in Troeltschs Perspektive nicht als christlich anerkannt werden. Innerhalb dieses Minimalkonsenses aber sind die verschiedensten Ausgestaltungen denkbar.

Eine Theorie des Jesusbildes, die den Anschluß an Troeltsch sucht, kann sich also nicht darin erschöpfen, den neuzeitlichen Pluralismus lediglich christologisch zu rezipieren.[447] Einer theologischen „Orientierungskultur"[448] angesichts der Pluralität von Jesusbildern geht es nicht allein um die Anerkennung von Differenzen, sondern auch um ihre Deutung. Dazu könnte sie – im Anschluß an Troeltschs geschichtsphilosophische und ethische Reflexionen – die Mannigfaltigkeit der Jesusbilder typisierend und klassifizierend reduzieren. Im Interesse einer kritischen Diskussion der Jesus-Deutungen sind dann aber auch normative Kriterien in Anschlag zu bringen. Dies muß keineswegs dazu führen, daß die bunte und lebendige Vielfalt in ein dogmatisches Einheitsgrau überführt und dadurch stillgestellt würde. Denn welches Jesusbild als christlich oder nicht-christlich gelten kann, ist nicht im vorhinein zu entscheiden, sondern Resultat eines hermeneutisch qualifizierten Kommunikationsprozesses. Dessen Voraussetzung ist

---

[447] Den Pluralismus der Christusbilder hebt in ihrer Troeltsch-Deutung S. COAKLEY (Christ without Absolutes, 192–197) positiv hervor. Sie erkennt bei Troeltsch den Ansatz zu einer „phenomenology of faith in Christ" (aaO., 194) und fordert eine Anbindung der dogmatischen Christologie an die Frömmigkeitspraxis, um so zu einer „christologie totale" (ebd.) zu gelangen. Aber die dabei entstehenden hermeneutischen Fragen stellt sich COAKLEY nicht. Im Anschluß an COAKLEY plädiert auch F. W. GRAF für die Anerkennung der Tatsache, daß sich „unter der Decke der dogmatischen Normalchristologie ein breiter Pluralismus unterschiedlicher Milieuchristologien gebildet ⟨...⟩" hat (F. W. GRAF: Erlösung durch Satisfaktion?, 106). GRAF schlägt vor, „diese ‚many christs', die vielen unterschiedlichen, je individuellen Christus-Bilder der Frommen als christologisch legitim anzuerkennen und darauf zu verzichten, sie dogmatisch uniformieren zu wollen" (aaO., 106). Gegen GRAF wäre stärker darauf hinzuweisen, daß es nicht nur darauf ankommt, den christologischen Pluralismus anzuerkennen, sondern daß er auch gedeutet werden muß. Eine kritische Deutung der pluralistischen Jesus-Frömmigkeit muß nicht notwendig uniformierend wirken, sondern könnte diese in einem ersten Schritt nach Typen sondern und in einem zweiten Schritt zu einer vorsichtigen normativen Beurteilung anleiten. Eine solche hermeneutische Anstrengung wäre zumindest eher im Sinne von Troeltsch als eine fraglose Zustimmung zu faktischer Mannigfaltigkeit. An GRAF wäre zudem die Frage zu stellen, ob tatsächlich von einer sehr großen Zahl gänzlich verschiedener Jesusbilder gesprochen werden kann. Der Blick auf den – profilierungs- und differenzbedürftigen – theologischen Buchmarkt (aaO., 105 Anm. 37f.) ist insofern irreführend, als er das Bewußtsein für konformierende Typenbildungen und Trivialisierungen eher schwächt als stärkt.
[448] Dieser Begriff ist H. RUDDIES (Liberale Theologie, 193) entlehnt.

eine größtmögliche innergemeindliche Toleranz: „Das gegenseitige Dulden muß daher um jeden Preis möglich gemacht werden" (GL, 18).[449] Eine christologische Toleranz ist nur möglich, wenn sich jede Position bewußt ist, daß ihr Jesusbild den Status eines Symbols besitzt. Dann aber ließe sich die Perspektivität der Deutungen produktionsästhetisch fruchtbar machen. Die vielfältigen Jesusbilder, von denen jedes einzelne nur partiell den „ganzen" Jesus und das „ganze" Christentum erfaßt, könnten sich in ihrer Fülle und in ihrer kritischen Konkurrenz gegenseitig bereichern und den religiösen Horizont erweitern. Die Pluralität der Jesusbilder könnte gerade dann eine Dynamik entfalten, wenn sie gekoppelt ist mit einer auf normativen Kriterien aufbauenden Streitkultur. Vielfältigkeit und innere Übereinstimmung in der Jesus-Deutung müssen sich also nicht notwendig ausschließen. Denn der Pluralismus der christlichen Frömmigkeitspraxis ist von sich aus auf eine höhere Einheit ausgerichtet, weil er sich auf den gemeinsamen Zielpunkt „Jesus" bezieht. Zwischen Einheitstendenz und Differenzierung entfaltet sich ein dialektischer Prozeß. Der Pluralismus der Jesusbilder erschöpft sich nicht in einer Mannigfaltigkeit isolierter Positionen, sondern tendiert auf eine übergeordnete Einheit, ohne sie jedoch jemals positiv darstellen zu können.

Hier zeigt sich die Parallelität von Troeltschs religiöser Funktionsbeschreibung des Jesusbildes und seinem Programm einer Kirchenreform.[450] Seine pluralistische „Christologie" ist gleichsam die religiöse Innenseite des Konzepts der „elastisch gemachten Volkskirche" (GS I, 105). Eine Kirche, die in sich die drei Vergemeinschaftungstypen und vor allem den modernen religiösen Individualismus integriert, läßt sich nicht durch eine einheitliche dogmatische Christologie religiös definieren. Soll ein legitimer religiöser Pluralismus so in die Struktur der Kirche aufgenommen werden, daß deren Einheit nicht zerstört wird, kann das nur über eine „elastisch gemachte Christologie" geschehen. Das subjektiv ausgedeutete, aber historisch orientierte und im Gottesdienst gemeinsam verehrte Jesusbild stiftet Identitätsbewußtsein bei gleichzeitiger Wahrung individueller Differenzen. Die kirchliche Einheit wird nicht durch dogmatische Reflexion vorgegeben, sondern in der religiösen Praxis immer wieder neu hergestellt. Der Zusammenhang zwischen der Modernisierung der Kirche und der Umformung der Christologie erweist die besondere Praxisrelevanz von Troeltschs Ausführungen zum Jesusbild.[451] Seine kritische Transformation der Christologie ist keine

---

[449] Vgl. Troeltschs Appell für einen kircheninternen Pluralismus GL, 14–19. Sein praktisches Eintreten hierfür zeigt am eindrücklichsten seine Stellungnahme zum „Fall Jatho" (E. Troeltsch: Gewissensfreiheit, 1911).

[450] Zum Praxisbezug des von Troeltsch repräsentierten Typs liberaler Theologie vgl. W. Gräb: Liberale Theologie als Theorie volkskirchlichen Handelns; sowie K. Fechtner: Volkskirche im neuzeitlichen Christentum, bes. 146ff.

[451] Vgl.: „Selbständige Gemeinden sind dann das *Korrelat* dieser stark variierenden Glaubenslehre" (GL, 16; Hhg. v. Vf.).

lediglich „von außen" erzwungene Reduktion, sondern die angemessene theologische Reaktion auf eine sich verändernde religiöse Lage.

5. Das religiöse Profil von Troeltschs Jesusbild

In seinem eigenen Jesusbild spiegelt sich Troeltschs religiöse Existenz, deren Charakter abschließend skizziert werden soll. Das hervorstechendste Merkmal von Troeltschs Jesusbild ist das einer spannungsvollen Distanz. Gegenüber dogmatischen Christologien schärft Troeltsch mit reduktionistischem Pathos den Abstand ein, der zwischen einem heutigen Christen und Jesus liegt. Dies ist die natürliche Konsequenz einer historischen Umformung der Christologie.[452] Eine Vergegenwärtigung der Person Jesu ohne Wahrnehmung der historischen Distanz läßt sich nur auf dogmatischer Grundlage aufbauen. Versteht man dagegen Jesus als geschichtliche Gestalt, wird das Bewußtsein der Entfernung zu ihm integraler Bestandteil des christlichen Glaubens. Dies wird dadurch nicht zurückgenommen, daß Troeltsch das Jesusbild als Symbol des Glaubens und als Mittelpunkt des Gottesdienstes begreift. Indem er ihm eine doppelte religionspsychologische Funktion zuschreibt, hebt er es nicht auf eine übergeschichtliche Ebene, auf der eine unmittelbare und differenzlose Bezugnahme möglich wäre. Denn auch für diese Hinsicht ist die historische Wahrnehmung Jesu grundlegend.

Der Graben zwischen der Geschichte Jesu und dem gegenwärtig Glaubenden besteht nicht allein in der ungeheuren Zeitspanne, die zwischen ihnen liegt. Er ist vor allem inhaltlicher Natur. Troeltsch kann weder seine religiösen Vorstellungen noch seine ethischen Optionen mit denen des historischen Jesus zur völligen Deckung bringen. Weil er die Geschichte des Christentums als eine wirkliche Entwicklung begreift, kann er diese inhaltlichen Unterschiede nüchtern benennen. So markiert die ethische Einseitigkeit Jesu, seine konsequente Ausblendung kultureller Normen, für Troeltsch eine unüberbrückbare Differenz. Dieser Sachverhalt[453] gibt der religiösen Selbstdeutung Troeltschs eine tiefe Gebrochenheit: „ich habe zuviel intellektuell-ästhetische Kultur in mir, um ein reiner Christ im Sinne des Evangeliums zu sein."[454] Über diesen Sachverhalt hinaus bestehen aber auch im engeren Sinn religiöse Unterschiede. Die Naherwartung Jesu, als die Zuspitzung seiner Botschaft, bleibt Troeltsch fremd, auch wenn er die Eschatologie in besonderer Weise systematisch akzentuiert.[455] Troeltsch un-

---

[452] Troeltsch ist insofern ein Vorläufer von Albert Schweitzer, dessen Bedeutung für die Christologie KOCH darin erkannt hat, das Verhältnis zu Jesus „als eine Beziehung in Konfrontation" expliziert zu haben (T. KOCH: Die sachgemäße Form einer gegenwärtigen Beziehung auf den geschichtlichen Jesus, 62).

[453] S. o. II. B. 3. b.).

[454] Brief vom 4. 5. 1913 an Paul Wernle; Ernst Troeltschs Briefe und Karten an Paul Wernle, 130.

[455] Vgl. E. Troeltsch: Eschatologie: IV. Dogmatisch.

ternimmt keinen Versuch, das religiöse Weltbild Jesu aus seiner historischen Abständigkeit zu befreien, sondern ersetzt es durch spezifisch neuzeitliche Elemente. Den Immanenzgedanken etwa, als die Aufhebung eines metaphysischen Zwei-Welten-Schemas, nimmt er explizit als ein nicht mit der Botschaft Jesu identisches Moment auf. Durch diesen Gedanken aber verändert sich das Verständnis des göttlichen Gnadenwirkens grundlegend. Gnade versteht Troeltsch entsprechend nicht als ein den Menschen von außen treffendes Wunderhandeln Gottes, sondern als einen von göttlicher Kraft initiierten und getragenen Prozeß der Realisierung ethischer Freiheit.[456]

Eine vollständige Deckungsgleichheit mit der Verkündigung Jesu ist Troeltsch zufolge gar nicht erforderlich. Im Gegenteil, wenn die Funktion des Jesusbildes in der Veranschaulichung des christlichen Prinzips besteht, gewinnen Differenzen eine eigene Bedeutung.[457] Das Jesusbild fungiert nicht nur dann als Urbild des Glaubens, wenn es als zu erreichendes Vorbild verstanden wird, sondern auch dann, wenn es eine Provokation darstellt. Veranschaulichung heißt auch Kritik. In der Auseinandersetzung mit den fremden Elementen des Jesusbildes wird das religiöse Subjekt in besonderer Weise seiner selbst ansichtig. Es entdeckt Kontinuitäten, aber auch unüberschreitbare Unterschiede, die ihm erst die eigene Geschichtlichkeit vor Augen führen. In einer echten Gegenüberstellung zum Jesusbild gewinnt das religiöse Subjekt Individualität. In diesem Sinne besteht eine „Nachfolge" Jesu nicht in dem Versuch, mit ihm identisch zu werden, sondern darin, daß man sich in der Bezugnahme auf Jesus beständig an den Differenzen zu ihm abarbeitet. Christliche Existenz wäre dann keine imitatio Christi, sondern eine ebenso produktive wie kritische Auseinandersetzung mit der Person und Verkündigung Jesu. So hatte Troeltsch seine Kulturethik durch die Integration eines eschatologisch bestimmten Jesusbildes dialektisch gebrochen. In ähnlicher Weise verändert sich sein religiöses Selbstverständnis durch den Bezug auf das Jesusbild.

Troeltsch hat seine religiöse Lebensposition als mystisch-spiritualistisch bezeichnet. Mystisch ist die Verflüssigung objektiver Vorgaben und das Insistieren auf eigenem Erleben, die Auffassung der Religion als eines „vitalen" Bewußtseinsprozesses. Im Sinne einer weiten, nicht religionssoziologischen Definition beschreibt Troeltsch Mystik als „das Drängen auf Unmittelbarkeit, Innerlichkeit und Gegenwärtigkeit des religiösen Erlebnisses" (GS I, 850).[458] Troeltschs mystische Frömmigkeit lebt von dem Einspruch gegen die Positivierungen des Absoluten in dogmatischer Lehre und kirchlicher

---

[456] Vgl. bes. E. Troeltsch: Gnade Gottes: III. Dogmatisch, 1470f.

[457] „Die geschichtliche Person Jesu und das gegenwärtige Selbstverständnis des Christlichen müssen mithin auseinandertreten, gerade wenn jene eine aktuelle Bedeutung haben soll; denn solche Bedeutung kann Jesus nur in einer Bezugnahme haben, die durch Konfrontation und Provokation bestimmt ist" (T. KOCH: Die sachgemäße Form einer gegenwärtigen Beziehung auf den geschichtlichen Jesus, 64).

[458] Vgl. GS I, 854.

Institution. Sie stellt sich bewußt in den Raum des Relativen. Hier sucht Troeltsch nach Spuren des Absoluten: „Aber man konstruiert es ⟨das Absolute⟩ nicht mehr als das Fertige, sondern als das Ziel, dem wir entgegenwachsen und dessen Ewigkeit auch schon in allen Annäherungen als deren Triebkraft enthalten ist. Wir suchen uns mit Ahnung und Intuition einzustellen in den vorwärtsdrängenden Auftrieb des Lebens und sind gewiß, damit in der jeder Lage konkret möglichen Weise am Absoluten Teil zu haben" (GS II, 520).[459] Troeltschs postdogmatischer Relativismus ist eine Form, den Abstand zwischen Mensch und Gott zu wahren: „Das Absolute ist bei Gott, alle menschliche Wahrheit ist etwas Relatives, aber durch irgendeinen Zug auf das Absolute bezogen. Wir leben in Annäherungswerten und überwinden gerade darin den Unterschied des Relativen und Absoluten; und ⟨...⟩ meine Theologie lebt von dem Absoluten, das in ihren Annäherungswerten enthalten ist."[460]

Die Posttraditionalität von Troeltschs Religiosität zeigt sich besonders deutlich in seiner Dante-Rezeption.[461] Troeltsch erklärt – anscheinend mit einer gewissen Freude an der Provokation –, daß die „Göttliche Komödie" ihm die Bibel als „Erbauungsbuch"[462] ersetzt habe, weil sie in neuzeitkonformer Weise die Gedanken von Eschatologie und Erlösung mit dem Gedanken der ethischen Entwicklung verknüpfe. Sie erzählt die Geschichte einer stufenweisen Läuterung, die nicht supranaturalistisch als von außen kommender Eingriff gedacht ist: „Nein, die Läuterung ist eins mit dem Leben selbst ⟨...⟩."[463] Diese Soteriologie trägt zudem so deutlich einen rein symbolischen Charakter, daß nicht wie im Fall der Bibel ein wörtliches Verständnis erzwungen werden kann.

Trotz ihres idealistischen Gepräges besitzt Troeltschs Religiosität eine „dunkle" Seite. Entgegen dem Klischee, nach welchem der theologische Liberalismus ein harmonistisches Gottes- und Weltverständnis besitzt, läßt sich zeigen, daß Troeltschs neuprotestantische Soteriologie und Eschatologie den negativen Aspekten menschlicher Existenz und der Abgründigkeit des Gottesgedankens eine zentrale Stellung einräumen. Nicht umsonst hat Troeltsch schon früh den Eschatologiebegriff in dogmatischer Hinsicht wieder zur Geltung bringen wollen.[464] Zwar schenkt er der Passion Jesu

---

[459] Dieser Glaube an eine graduelle Höherentwicklung verweist auf die Tradition eines christlichen Neuplatonismus; vgl. GS II, 668; = GdE², E. Troeltsch: ⟨Rez.:⟩ T. KAFTAN: E. Tröltsch, 727.

[460] AaO., 728.

[461] Vgl. E. Troeltsch: Der Berg der Läuterung (1921).

[462] E. Troeltsch: Zum Dante-Jubiläum, 326 (1921).

[463] E. Troeltsch: Der Berg der Läuterung, 14.

[464] So lautet seine 13. Promotionsthese: „Soweit es sich überhaupt empfiehlt die christlichen Glaubensvorstellungen zu systematisieren, muss die Eschatologie den Mittelpunkt der Beziehungen bilden" (zitiert nach Troeltsch-Studien I, 300). Vgl. E. Troeltsch: Eschatologie: IV. Dogmatisch.

kaum Beachtung[465], weil ihre theologische Deutung vom Sühnopfergedanken belastet ist. Aber indem er die stufenweise ethische Entwicklung als ein Kampfgeschehen zwischen Geist und Natur auffaßt, muß er das Leiden als integralen Bestandteil der Erlösung verstehen.[466] Auch in seiner Durchdringung der Prädestinations- und Theodizeegedanken durch das Prinzip des personalen Theismus[467] manifestiert sich alles andere als eine optimistische Theologie: „Die Religion ist nicht das Glück, sondern die Tiefe, die Größe, das Geheimnis des Menschen ⟨...⟩."[468]

Es wäre eine starke Verkürzung, wollte man Troeltschs religiöse Lebensposition einsinnig als mystisch bezeichnen.[469] Seine zentrale Selbstauskunft weist pointiert auf eine religiöse Ambivalenz hin: „Meine eigene Theologie ist sicherlich spiritualistisch, sucht aber eben deswegen dem historischen und dem damit verbundenen kultisch-soziologischen Moment Raum zu schaffen" (GS I, 936 Anm. 504a). Gerade durch den Bezug zum Jesusbild erhält seine spiritualistische Position Züge, die dezidiert nicht-mystisch sind. Troeltschs Religiosität ist durch eine besondere Zwiespältigkeit gekennzeichnet. Sie ist selbst eine spannungsgeladene Synthese zweier unterschiedlicher Pole. Ihre spiritualistische Seite erhält durch die Konfrontation mit dem Jesusbild ein Gegengewicht. Dieses Zugleich divergenter Elemente gibt Troeltschs Religiosität ein traditionell-modernes Doppelgesicht. Der Bezug auf das Jesusbild bringt gegenüber einer reinen Mystik folgende Modifikationen. Erstens erhebt er den voluntativen Theismus zum Grundgedanken und weist darum alle Vorstellungen der Persönlichkeitsauflösung in einer unio mystica ab. Zweitens durchbricht er die Gesinnungsimmanenz und richtet das religiöse Bewußtsein auf einen geschichtlichen Gegenstand aus, der „dem Subjekt über die Schranken seines Selbst hinaushilft ⟨...⟩."[470] Zugleich ist dadurch eine im Vergleich zur reinen Mystik sehr viel festere Sozialisierung des religiösen Bewußtseins angebahnt. Diese soll eine größere „ethische Kraft" (GL, 90) begründen, als sie innerhalb einer vita passiva denkbar wäre.[471] Troeltschs mystische Frömmigkeit ist gegenstands- und gemeinschaftsbezogen. Sie ist begründet in einem personalen Theismus und

---

[465] Vgl. GL, 350.
[466] E. Troeltsch: Erlösung II. Dogmatisch, 485.
[467] Vgl. E. Troeltsch: Theodizee: II. Systematisch; Ders.: Prädestination: III. dogmatisch.
[468] E. Troeltsch: Religiöser Subjektivismus, 700f. „Mir verbleiben tiefe Spannungen, Gegensätze und Rätsel, aus denen nur der Sprung ins Unbegreifliche und dennoch Erlösende befreit" (E. Troeltsch: ⟨Rez.:⟩ A. DORNER: Die Metaphysik des Christentums, 87).
[469] So K.-E. APFELBACHER: Frömmigkeit und Wissenschaft, bes. 43, 43–53.
[470] E. Troeltsch: Glaube: IV. Glaube und Geschichte, 1452.
[471] Zu einem antimystischen „Gegenschlag nötigte in irgend einer Art doch das eigentliche Wesen des Christentums selbst, das nie lediglich individualistische Mystik, sondern immer zugleich ethische Triebkraft, zur Gemeinschaft verbindende Anerkennung des göttlichen Willens ist und das als Religion nur von einem lebendigen Kultus genährt werden kann. Der Kultus kann aber kein anderer als die Verehrung Jesu als Gottesoffenbarung in irgend einem Sinne sein" (GS I, 937).

dringt auf eine ethische vita activa: „Es gibt eine Mystik, die dem Unfrieden entrückt ist und die doch aktiv zu Kampf und Arbeit und zur Gemeinschaft leitet, ohne sich in dem voll zu verausgaben. Sie behält das beste für sich und die unsichtbare Kirche."[472]

Neuprotestantisch ist diese ambivalente Frömmigkeitsgestalt durch einen gebrochenen Anschluß an die reformatorische Theologie. Die klassischen, dogmatischen Topoi des Altprotestantismus kommen bei Troeltsch systematisch nicht mehr vor. Die Rechtfertigungslehre wird ausgeklammert, weil er sie unlösbar mit einer vorneuzeitlichen Opferlogik verknüpft sieht. Darum kann Troeltsch Versuchen ihrer aktualisierenden Reformulierung nichts abgewinnen. Er zielt statt dessen stärker auf „eine Neubelebung des Gnadenbegriffes und der sola fides als ⟨auf⟩ eine solche der Rechtfertigungslehre, die doch ihren genuinen Sinn nur in der engen Verbindung mit dem Dogma vom Strafleiden des Gottmenschen, von dessen forensischer Anrechnung bei Gott und von dessen Zueignung an uns durch die inspirierte Bibel hat."[473] Seine Distanz zu Luther beschreibt Troeltsch deutlich in einem Brief an Wernle: „Für meine Person rücke ich von der ‚Bekehrungslehre' dem paulinisch-pietistischen Element Luthers immer stärker ab. Eine tiefe Wandelung ist nötig, aber sie ist die Verzehrung der Eigensucht in das göttliche Element, das wir in uns tragen u⟨nd⟩ das von aller ‚Offenbarung' nur entzündet wird. Kurz ich rücke der Liebe im Stile von Seb. Frank immer näher."[474] Indem Troeltsch aber zwischen mystischen und biblizistischen Zügen bei Luther selbst unterscheidet, kann er sich im Hinblick auf erstere konstruktiv an den Reformator anschließen.[475] Im Hinblick auf die Mystik hat Troeltsch Luther eine besondere Nähe zur Neuzeit zugesprochen. Während der Calvinismus in ethischer Hinsicht neuzeitbildend wirkte, ist die spiritualistische Seite Luthers ein Schritt zum modernen religiösen Individualismus gewesen.[476] Wie dieser will auch Troeltsch einen mystischen Religionsbegriff mit einem personalen Theismus verbinden. Bei der Verinnerlichung des Glaubens und der Ablösung von Sakrament und Kirche „hat ihm ⟨Luther⟩ die Mystik den Weg gewiesen, von der er sich wieder durch seine Fassung Gottes als Wille und durch seine Anlehnung an die Kundgebung dieses Willens in der Geschichte und vor allem in der Person Jesu un-

---

[472] Brief an Friedrich von Hügel vom 25. 2. 1912; E. Troeltsch: Briefe an Friedrich von Hügel 1901–1923, 94.

[473] E. Troeltsch: ⟨Rez.:⟩ K. HOLL: Die Rechtfertigungslehre im Licht der Geschichte des Protestantismus, 1103.

[474] Brief an Paul Wernle vom 18. 9. 1918; Ernst Troeltschs Briefe und Karten an Paul Wernle, 138.

[475] Wenn W. BODENSTEIN (Neige des Historismus, 99) Troeltsch also einseitig Erasmus zuordnet und Luther gegenüberstellt, dann hat dies auch ein einseitiges Lutherbild zur Voraussetzung.

[476] GS I, 860f., 931.

terschied."[477] Diese Lutherdeutung ist auch ein theologisches Selbstporträt von Troeltsch.

Wollte man die Christlichkeit von Troeltschs religiöser Lebensposition charakterisieren[478], so würde es nicht genügen, sie mit dem altprotestantischen Lehrsystem zu vergleichen. Troeltsch vertritt eine Position, die sich der Differenz zu älteren Gestaltungen des christlichen Prinzips bewußt ist. So schreibt Troeltsch an Rudolf Otto, „daß ich meinerseits vollständig fest bin in einem religiös-theistischen Glauben, der mir immer seine Hauptwurzel im Christentum zu haben scheint, daß ich aber diesen Glauben für meine Person sehr frei u⟨nd⟩ unabhängig vom eigentlich biblischen Christentum habe. Ich kann Glaubenslehre vortragen, weil ich einen Glauben wirklich besitze, aber ich gestehe, daß *dieser Glaube nicht unbedingt, sondern nur bedingt christlich ist.*"[479] Diese Formulierung richtet sich ideologiekritisch gegen eine biblizistische Dogmatik, die die eigene Zeitgeprägtheit und damit die Brüche innerhalb der Christentumsgeschichte verdrängt. Von der orthodoxen Fiktion einer zeitlos identischen und ungebrochenen Christlichkeit verabschiedet sich Troeltsch. Statt dessen stellt er sich und seine besondere Religiosität in den Strom der Geschichte: „In ihrer ⟨der neuzeitlichen Synthese aus Christentum und Philosophie⟩ freien Beweglichkeit und ihrer Einverleibung der christlichen Offenbarung in den Prozeß der Selbstoffenbarung des göttlichen Geistes macht sie vollends die Christlichkeit zu einer stets neu zu lösenden Aufgabe, zum Zentrum immer neu zu bildender Synthesen."[480] Zugleich aber versichert sich Troeltschs Theologie des Bezugs zum historischen Ausgangspunkt. Die ständige Rückbesinnung auf das Jesusbild garantiert eine identifizierbare Kontinuität − jenseits aller dogmatischen Festlegungen: „Im übrigen ist die Christlichkeit ⟨der eigenen Glaubenslehre⟩ auch dadurch ganz konkret gewahrt, daß die ganze Lebens- und Gedankenfülle auf das Urbild der Person Jesu bezogen bleibt und an dem Bekenntnis zu ihm das alleinige Bindemittel der Gemeinschaft hat" (GS II, 519).

In seinem Historismus-Konzept verbindet Troeltsch die beiden in der Neuzeit auseinandergetretenen Momente. Das gegenwärtige, subjektive Geltungsbewußtsein erfährt seine volle Anerkennung, wird aber sogleich zurückgebunden an die Geschichte als das „Reservoir" der es bestimmenden Inhalte. Der christliche Glaube ist frei von der Geschichte, zugleich aber speist er sich aus ihr. Die Geschichte ist in diesem Verständnis keine Verdrängung der Gegenwart, keine zwanghafte Fixierung des religiösen Be-

---

[477] E. Troeltsch: Gnade Gottes: III. Dogmatisch, 1472.

[478] Hierzu bes. K.-E. Apfelbacher: Frömmigkeit und Wissenschaft, 59–62.

[479] Brief an Rudolf Otto vom 17. 11. 1904; Universitätsbibliothek Marburg, Hinweis und Transkription H.-G. Drescher sowie Ernst Troeltsch-Forschungsstelle Augsburg; Hhg. v. Vf.

[480] E. Troeltsch: ⟨Rez.:⟩ T. Kaftan: Ernst Tröltsch, 727.

wußtseins an Vergangenes, sondern der Rahmen, innerhalb dessen ein aktueller Glaube sich entfalten kann. Sein Historismusbegriff dient Troeltsch zur Explikation eines neuprotestantischen Glaubensbegriffs, der die Unhintergehbarkeit religiöser Subjektivität mit einer undogmatischen Herkunftstreue verbindet. Darum muß Troeltsch den Historismus nicht allein als Faktor der religiösen Krise bestimmen, sondern kann ihn auch – an einer entlegenen Stelle – in religiös aufgeladener Sprache vorstellen: „Der Historismus in diesem Sinne ist nichts Totes und Lähmendes, sondern etwas Lebendiges und Stärkendes. Er ist die Anerkennung Gottes und der Gottesoffenbarung im menschlichen Werden und zugleich die eigene, schaffende Arbeit auf der von ihm gelegten Grundlage, die Hingebung an die heute aus der Geschichte sprechende und fordernde Gottesstimme."[481]

---

[481] E. Troeltsch: Der moderne Atheismus, 138.

Schluß

Die vorliegende Arbeit hat sich zu zeigen bemüht, welch zentrale Bedeutung das Jesusbild für Troeltsch besitzt. Damit hat sie versucht, den Nachweis zu unternehmen, daß von dieser Themenstellung aus Troeltschs Theologie als Beispiel eines reflexiv gewordenen Kulturprotestantismus gelesen werden kann. Das Jesusbild ist bei Troeltsch dasjenige Medium, innerhalb dessen sich das Krisenbewußtsein des neuzeitlichen Christentums theologisch auslegt. Dadurch gewinnt es für Problemanalyse und -bewältigung einen prinzipiellen Rang. Es ist einerseits – besonders in kulturtheoretischer Hinsicht – das Fundament einer ernsten kulturprotestantischen Selbstkritik. Andererseits liegen in ihm entscheidende Impulse für eine Neuformulierung evangelischer Theologie. Hier zeigen sich besonders prägnant die Chancen und Grenzen eines Christentums, das sich zur Moderne in ein konstruktives Verhältnis setzen und das christliche Prinzip für eine neue Zeit verantworten will.

Diese Interpretationsperspektive möchte dazu beitragen, Troeltschs Werk als Modell für eine neu- und kulturprotestantische sowie historistische Theologie zu profilieren. Dadurch soll ein differenzierteres Urteil über seine Bedeutung für die gegenwärtige theologische Theoriebildung ermöglicht werden. Mit ihrer Konzentration auf das Jesusbild stellt sich die vorliegende Untersuchung als ein Diskussionsbeitrag neben alternative Deutungen, die Troeltsch von anderen thematischen Schwerpunkten oder aber von seiner Gesamtkonzeption her in den Blick nehmen.

Es wäre eine Vereinseitigung, wollte man Troeltsch in einer verfallsgeschichtlichen Perspektive ausschließlich als theologischen Reduktionisten deuten. Vielmehr weist sein Oeuvre ein doppeltes Profil auf: Reduktion und Rekonstruktion, Kritik und Apologie gehen eine besondere Verbindung ein. Darum kann Troeltsch als ein Repräsentant derjenigen epochalen Neuorientierung des modernen Protestantismus verstanden werden, die mit dem Begriff „kritische Umformung" am präzisesten beschrieben ist. Hiermit ist zweierlei gemeint: erstens die kritische Sichtung der vorgegebenen Traditionen in Lehre, Kirche und Frömmigkeitspraxis und zweitens der Neuaufbau einer Gestalt von Christentum, die sich auf der Höhe ihrer Zeit befindet, ohne doch in dieser unterzugehen. Getragen ist das Projekt der kritischen Umformung einerseits von dem Bewußtsein, in „überhaupt eine neue Phase des Christentums selbst"[1] eingetreten zu sein. Andererseits ent-

---

[1] So Ernst Troeltsch in einem Brief vom 23. 3. 1900 an A. v. Harnack; Deutsche Staats-

hält es den programmatischen Anspruch, daß die spezifischen religiösen Ideen des Christentums, wie sie ihm durch Jesus von Nazareth eingestiftet sind, auch in der neuen Epoche nicht an Bedeutung verloren haben.

Die kritische Umformung der Christologie verfolgt Troeltsch im Gang durch eine Vielzahl von methodologischen, historiographischen und systematischen Fragestellungen. Die Fülle an innovativen Einsichten und Ansätzen, die sich mit Troeltschs Jesusbild verbindet, soll nun zum Schluß noch einmal pointiert zusammengefaßt und vorgestellt werden.

(I) In methodologischer Hinsicht markiert Troeltsch den konsequenten Eintritt der evangelischen Theologie in das Zeitalter des Historismus. Seine diesbezüglichen Erwägungen zielen darauf, den Bedingungen des historischen Bewußtseins auch im Bereich der theologischen Theoriebildung Geltung zu verschaffen. Dies bedeutet für die Christologie, daß die religiöse Idee und die Person Jesu ohne dogmatische Vorbehalte in die allgemeine Religionsgeschichte integriert werden. Damit aber ist unweigerlich eine Reduktion derjenigen christologischen Werturteile verbunden, wie sie dogmatische Theologien und spekulative Geschichtsphilosophien treffen zu können meinten. Eine universale Geltung und Absolutheit der Verkündigung und Person Jesu wird von Troeltsch schon aus methodischen Gründen bestritten. Die Grundprinzipien historischen Bewußtseins lassen es nicht zu, ein singuläres historisches Ereignis in einer solchen Weise zu bewerten, daß es schlechthin über aller Geschichte zu stehen kommt. Zugleich aber leitet die Einstellung Jesu in die Entwicklungsgeschichte der europäischen und vorderasiatischen Religionen dazu an, das Jesusbild zu bereichern und ihm eine größere Plastizität zu verleihen. Zudem ermöglicht es Troeltschs methodische Neuorientierung, Struktur und Charakter des eigenen normativen Urteils über Wesen und Gegenwartsbedeutung des Christentums zu klären und es damit in neuer Weise zu profilieren sowie diskursiv zu bewähren. Troeltsch treibt die Aufgabe einer gegenwärtig verantworteten Wesensbestimmung des Christentums zu einer höheren Komplexität. Er weist den unhintergehbar subjektiven Charakter eines normativen Urteils über das christliche Prinzip auf und versucht doch zugleich, durch den grundsätzlichen Bezug auf das Jesusbild, das nötige Maß an überindividueller Objektivität zu wahren.

(II) In der historiographischen Arbeit hat Troeltsch seine methodischen Thesen zu konkretisieren gesucht. Dies führt ihn in die exegetischen Umbrüche seiner Zeit. In Auseinandersetzung mit seinen Lehrern der Historischen Theologie sowie Freunden der Religionsgeschichtlichen Schule entwirft er die Grundzüge seines Jesusbildes. Dieses besitzt – verglichen mit den Jesusbildern seiner theologischen Lehrer – eine starke kritische Brechung und eigentümliche Ambivalenz. Es widerspricht gängigen Klischees

---

bibliothek Berlin, Hinweis H.-G. Drescher; Transkription Ernst Troeltsch-Forschungsstelle Augsburg.

über liberaltheologische Jesus-Deutungen. Für gegenwärtige Bemühungen um eine angemessene Jesus-Deutung sind vor allem vier Gesichtspunkte von Troeltschs Jesusbild interessant.

Erstens ist auffällig, daß Troeltsch im markanten Unterschied zu einer breiten Tradition protestantischer Exegese und Theologie nicht den Konflikt mit den Pharisäern zum interpretatorischen Generalschlüssel macht. Er nimmt den Ausgang bei der Eschatologie, einem Moment, das Jesus nicht in schroffe Antithese, sondern in große Nähe zu seinem jüdischen Kontext stellt. Damit entspricht er der methodischen Forderung, den Stifter des Christentums vorbehaltlos in die Religionsgeschichte einzustellen. Indem Troeltsch mit der elementaren Einsicht Ernst macht, daß Jesus ein Jude war, kann er diesen in ein konstruktives Verhältnis setzen zur altisraelitischen Prophetie und zu zeitgenössischen Strömungen des Judentums. Der Aufweis der Originalität und Singularität Jesu wird in Troeltschs Deutung komplexer, aber keineswegs unmöglich.

Denn zweitens gelingt es Troeltsch durch eine besondere Fragestellung, das Spezifische der Ethik Jesu zu profilieren. Angesichts der ethischen Krise der eigenen Zeit untersucht Troeltsch, inwiefern die sittlichen Gehalte der Verkündigung Jesu sich auf eine theologische Kulturtheorie beziehen lassen. In dieser gegenwartspraktisch motivierten Perspektive leitet Troeltsch zu einer Wahrnehmung des Sperrigen und Fremden am Evangelium Jesu an. Er hebt vernachlässigte und verschüttete Momente des historischen Jesus ans Licht. Die Akzentuierung der radikalen Naherwartung und schroffen Kulturindifferenz verleiht Troeltschs Jesusbild eine eigentümliche Gebrochenheit.

Drittens aber erklärt Troeltsch – anders als einige Weggefährten aus der Religionsgeschichtlichen Schule – die Eschatologie nicht zum ausschließlichen Signum der Verkündigung Jesu. Vielmehr bezieht er diese auf den Gottesgedanken als das eigentliche organisierende Zentrum der Predigt Jesu. Dessen Glaube an einen personalen Gott ist einerseits ein Erbe des alten Prophetismus. Andererseits aber erfährt der voluntaristische Theismus bei Jesus seine letzte Klärung. Er gewinnt eine neue Qualität, weil es Jesus in ausgezeichneter Weise gelingt, im Gottesbild personalen „Willen" und ethisches „Wesen" als verbunden zu denken. Über den Gottesgedanken Jesu kann Troeltsch zeigen, wie auch für ein nacheschatologisches Christentum der Bezug zum „Stifter" grundlegend bleibt.

Viertens hat Troeltsch eine vertiefte Auffassung von der inneren Pluralität der frühen Christenheit begründet. Er erweitert die Urchristentumsgeschichte und modifiziert die Einschätzung der historischen Bedeutung Jesu von Nazareth erheblich. Jesus erscheint nicht länger als isolierter Stifter des Christentums. Vielmehr werden unterschiedliche Strömungen für die Entstehung der neuen Weltreligion namhaft gemacht – allen voran die paulinische Christusmystik. Der Apostel Paulus legt mit seiner Verbindung von mystischen und kultischen Elementen das Fundament der Kirche. Mit ihm setzt die soziale Differenzierung innerhalb der christlichen Gemeinschaft ein. Paulus gibt der christlichen Ethik eine stärker sozialkonservative Tendenz. Aus seiner Paulus-Deutung folgert Troeltsch – in seltener Klarheit und Stringenz –, daß dem Christentum eine interne Pluralität eignet, die sich einem differenzierungsfähigen Einheitsprinzip verdankt. Damit verweist seine historiographische Arbeit zurück auf die methodologischen Reflexionen über das christliche Prinzip als Keimprinzip. Die qualifizierte Vielgestaltigkeit des Christentums verdankt sich also nicht lediglich einer kontingenten Wirkungsgeschichte, sondern ist im Ursprung selbst schon angelegt und darum unhintergehbar.

(III) Die methodischen und historiographischen Aspekte von Troeltschs Jesusbild sind durchgängig mit systematischen Fragestellungen verwoben. Gegenüber Deutungen, die Troeltsch vorwiegend als einen resignativ gescheiterten Theologen verstehen, sollte in dieser Arbeit versucht werden, vom Jesusbild her Troeltschs Theologie einer Neubewertung zu unterziehen. Im Sinne eines profilierten Diskussionsbeitrags wurde nach denjenigen Impulsen gefragt, die Troeltschs Werk für eine heutige christologische Reflexion bereithält. Es ergaben sich vier systematische Perspektiven, durch die sich bei Troeltsch konstruktive Neuansätze von weniger plausiblen Argumentationsfiguren kritisch sondern lassen.

(1) Die Geschichtsphilosophie bildet bei Troeltsch den systematischen Rahmen für eine Neubestimmung der Geltung der religiösen Idee und Person Jesu. Troeltsch konstruiert seine religiöse Geschichtsphilosophie als eine pluralistische Theorie der Religionen, innerhalb derer die eigene protestantische Position neu ausgesagt werden kann. Die Geschichtsphilosophie ist die Grundlage für eine tolerante und unbefangene Wahrnehmung anderer Religionen, zugleich aber läßt sich in ihrem Horiont das spezifische Profil der eigenen Religiosität, das sich besonders am Jesusbild zeigt, diskursiv bewähren. Im Religionsvergleich konzentriert sich Troeltsch auf den Gottesgedanken Jesu und dessen Funktion für den Aufbau einer religiösen und ethischen Persönlichkeitskultur. Indem er in dieser Interpretationsperspektive der religiösen Idee Jesu eine unüberbotene Bedeutung zuerkennt, erhebt er sie zum Mittelpunkt eines Kulturverständnisses, für das die Gedanken von Persönlichkeit und Individualität das Fundament bilden. Diese Argumentationsfigur wird von Troeltsch in seinen Spätschriften weiter durchdacht und geklärt. Dort formuliert er die Einsicht, daß das Werturteil über die Bedeutung Jesu sich nur für den eigenen europäischen Kulturraum treffen läßt. Es gilt nicht universal für alle anderen Kulturen, die ja sehr differente Auffassungen von der prinzipiellen Bestimmung des Menschen besitzen können. Diese Restriktion der geschichtsphilosophischen Argumentation, die nach einer gängigen Deutung vornehmlich als Verlust an theologischer Entschiedenheit erscheint, läßt sich allerdings auch positiv würdigen. Denn sie ermöglicht eine geschärfte Wahrnehmung des eigenen Kulturraums und damit eine vertiefte Selbsterfassung in religös-ethischer Perspektive. Im

Durchgang durch die materiale Geschichtsphilosophie gelangt Troeltsch zurück zur Pointe seiner methodischen Erwägungen, daß nämlich ein ge-
schichtsphilosophisches Urteil immer auch ein existentiell-ethisches Urteil
und letztlich eine individuell verantwortete „Tat" bleibt. Troeltsch opfert
also christliche Wertvorstellungen keinem weltanschaulichen Relativismus,
sondern versucht sie unter veränderten geistigen Bedingungen neu zur Geltung zu bringen. Das Werturteil wird sektoral begrenzt, für diesen eigenen
„Sektor" aber inhaltlich entfaltet und dadurch mit neuer Dringlichkeit eingeschärft. Die geschichtsphilosophische Reflexion wird bei Troeltsch zum
integralen Bestandteil einer christlichen Existenz, die im Rahmen des historischen Bewußtseins das „Wesen des Christentums" für die eigene Zeit neu
auszusagen unternimmt. Geschichtlich Vorgegebenes und gegenwärtig Ver-
antwortetes gehen dabei eine eigentümliche Verbindung ein: „Viel Treue in
der historischen Versenkung und Hingabe, *vor allem in der Hingabe an Jesus,*
aber auch das Wagnis, aus dem Historischen die lebendige Idee für die Gegenwart hervorzuholen und es mit dem Mut des in Gott gebundenen Gewissens in die Gedankenwelt der Gegenwart hineinzustellen: das macht die
Arbeit am Wesen des Christentums aus" (WdC VI, 683; Hhg. v. Vf.).

(2) Mit dem Individualitätsbegriff verknüpft Troeltsch eine zweite, sozialphilosophische These. Er sieht in der Verkündigung Jesu nicht nur eine unbedingte Wertschätzung der Individualität, sondern auch einen religiösen
und ethischen Universalismus begründet. Beide Prinzipien stehen weder in
Konkurrenz zueinander, noch ist eines dem anderen untergeordnet. Vielmehr sind sie gleichursprünglich, ergänzen und befördern einander. Im jesuanischen Reich-Gottes-Gedanken erkennt Troeltsch dasjenige religiöse
Symbol, das in unüberbotener Weise die Gleichursprünglichkeit der beiden
sozialphilosophischen Prinzipien auszusagen vermag. Das grundsätzliche
soziale Problem, das in der Moderne besonders virulent wird, wie nämlich
Einzelner und Allgemeinheit zusammenbestehen können, erhält im Licht
des Jesusbildes eine eigene christliche Antwort. Kritisiert wird hier sowohl
ein faktischer Individualismus, der die rücksichtslose Selbstdurchsetzung
zum Programm erhebt, als auch ein Gemeinschaftsgedanke, der die Würde
des Einzelnen mißachtet und zugunsten der Gemeinschaft opfert. Das
Reich Gottes, wie es Jesus verkündigt hat, ist das Symbol für einen höchsten
Ausgleich von Individualität und Universalität, der die gesellschaftliche
Wirklichkeit einer prinzipiellen Kritik unterzieht, zugleich aber auch den
Impuls für eine neue und bessere Zuordnung von Einzelnem und Allge-
meinheit in sich trägt.

(3) Im Zusammenhang von Kulturtheorie und Jesusbild zeigt sich besonders deutlich das doppelte Profil der Troeltsch'schen Verbindung von reduk-
tiver Selbstkritik und konstruktiver Innovation. Angesichts der radikalen
Kulturindifferenz Jesu einerseits und des Abstands der modernen Gesellschaft gegenüber religiösen Werten andererseits muß Troeltsch das kulturprotestantische Programm einer harmonischen Versöhnung beider Größen

aufgeben. Er kann die neuzeitliche Kultur in ihrer Pluralität nicht mehr auf christliche Grundgedanken zurückführen. Da er auch explizit nichtchristliche Kulturwerte als ethisch legitim anerkennt, muß er zu der Auffassung gelangen, daß das Christentum nicht alle ethischen Prinzipien für eine neuzeitliche Kultur bereitstellt: „Ich empfinde wohl Größe und Tiefe des Evangeliums, kann aber nicht meine ganze geistige Welt in ihm unterbringen, folglich es nicht bedingungslos bejahen."[2] Die eschatologische Predigt Jesu firmiert für Troeltsch als Grund einer unauflöslichen Spannung zwischen Kultur und Religion. Zugleich aber versucht Troeltsch, beide Größen miteinander in eine dialektische Beziehung zu setzen. Im Lauf der Untersuchung hat sich gezeigt, daß der Begriff der „Kultursynthese", der eng mit dem Namen Troeltschs verknüpft ist, das produktive Potential seiner Kulturtheorie eher verdeckt, als daß er es entdecken hilft. Dieser Terminus, den Troeltsch zu seiner Programmformel erhoben hat, ist unglücklich gewählt, weil er insinuiert, daß es eine differenzlose Synthetisierung von Kultur und Religion geben könnte. Aber in der Durchführung seiner Kulturtheorie hat gerade Troeltsch selbst erfolgreich den Nachweis geführt, daß dies nicht nur eine unrealistische Hoffnung ist, sondern vor allem auf einer mangelnden Berücksichtigung des überkulturellen Wertes der christlichen Religion beruht. Gerade in seinem Jesusbild hat Troeltsch gezeigt, daß die gegenwärtig sich verstärkende Differenz von Religion und Kultur in der spezifischen Inhaltlichkeit der christlichen Religion ihren letzten Grund besitzt. Sein Jesusbild deckt also mit eigener Prägnanz das ethische Zentralproblem eines kultur- und zugleich krisenbewußten Protestantismus auf. Hier wird eine in der „Sache" des Christentums selbst angelegte Dialektik deutlich, von der aus Troeltschs Kulturtheorie in einem anderen Licht erscheint. Denn das Verhältnis von Kultur und Religion ist nach Troeltschs Deutung der religiösen Idee Jesu ein prinzipieller Antagonismus, der sich nicht letztgültig ausgleichen läßt. Gleichwohl muß dieser Antagonismus keineswegs zu einer völligen Trennung beider Bereiche führen, sondern läßt sich in ein produktives dialektisches Verhältnis überführen. Innerhalb dieser Dialektik stellt die christliche Religion dasjenige Moment dar, das die Entwicklung einer Persönlichkeitskultur begründet und zugleich über jede gesellschaftliche Positivierung hinaus vorantreibt. Die religiös-ethische Idee Jesu ist gewissermaßen das dynamische und konfliktive Unruhemoment, das jede Befriedung in der gesellschaftlichen Gegenwart unmöglich macht. Indem die historische Kritik das Abständige an der Verkündigung Jesu, nämlich ihr mit neuzeitlicher Kultur kaum in Einklang zu bringendes eschatologisches Profil, zur Geltung bringt, stellt sie die Person Jesu in neuer Weise in das Zentrum der ethischen Reflexion. Darum kann Troeltsch schreiben: „Unter den seit den letzten Jahrhunderten zunehmenden Einwirkungen beider Gruppen ⟨Sekte und Mystik⟩, deren Einfluß durch die historische Bibelfor-

---

[2] E. Troeltsch: ⟨Rez.:⟩ P. WERNLE: Jesus, 56.

schung, die *Hervorhebung des geschichtlichen Jesus* neben dem paulinischen Christus und dem kirchlichen Gottmenschen, noch verstärkt wurde, ist die christliche Ethik in der Neuzeit immer mehr dem Einfluß Jesu an Stelle der kirchlichen ethischen und dogmatischen Tradition unterstellt worden. *Der wirkliche Jesus hat erst spät den entscheidenden Einfluß auf das christliche Ethos gewonnen*" (GS II, 644;=GdE²; Hhg. v. Vf.).

(4) Auch für die Praktische Theologie hat Troeltsch die Bedeutung des Jesusbildes dargelegt. Hier versucht er, der problematischen Transformation der Reich-Gottes-Predigt Jesu in die kultorientierte Kirche des frühen Christentums einen produktiven Gesichtspunkt abzugewinnen. Er setzt ein bei der religionspsychologischen Grundeinsicht in die Notwendigkeit von visualisierenden Symbolen und Medien. Das Jesusbild fungiert für das religiöse Subjekt als Medium zur lebendigen Veranschaulichung der christlich-religiösen Idee und stellt für die christliche Kultgemeinschaft das organisierende Zentrum dar. Diese doppelte, individual- und sozialpsychologische Funktion des Jesusbildes aber soll Troeltsch zufolge nicht nur für die frühe Christenheit gelten, sondern auch für die gegenwärtige Frömmigkeitspraxis fruchtbar gemacht werden. Im Gegenüber zur dogmatischen Christologie, die ein uniformes, lehrmäßig fixiertes Christusbild präsentiert, und im Gegenüber zu einem modernen Spiritualismus, der jede Verbindung des religiösen Bewußtseins zur Person Jesu löst, will Troeltsch zeigen, wie das Jesusbild zum Zentrum für den Aufbau von individuellem Glauben und gottesdienstlicher Gemeinschaft werden kann. Das Jesusbild gibt nämlich einerseits die Möglichkeit der individuellen, freien Ausgestaltung, andererseits aber stiftet es über die Differenzen hinweg eine praktische, im kultischen Vollzug erfahrbare Einheit. Diese Einheit im Bezug auf das Jesusbild läßt Pluralität und Differenzen zu und verweigert sich jeder lehrmäßigen oder institutionellen Positivierung. Das Jesusbild erweist sich damit als die religiöse Innenseite von Troeltschs Programm einer freien, die individuelle Entfaltung fördernden Volkskirche. Auch wenn Troeltsch nicht mehr im Sinn der klassischen Rechtfertigungs- und Sühnopferlehre der Person Jesu eine exklusive soteriologische Funktion zuschreiben kann, versteht er es doch, das Jesusbild als zentrales Mittel für den Aufbau eines erlösenden christlichen Gottesbewußtseins zu erweisen.

Troeltschs christologische Reflexionen können als exemplarischer Versuch gelesen werden, ein historisch orientiertes Jesusbild zu gewinnen und systematisch für die Theologie fruchtbar zu machen. Bei Troeltsch kann man sehen, wie die Themen der destruierten dogmatischen Christologie nicht einfach verschwinden, sondern auf anderen Ebenen wiederkehren. Zwar werden einige traditionelle Fragestellungen, die sich zeitbedingten, metaphysischen Denkschemata verdanken, einfach irrelevant. Aber das eigentliche christologische Grundproblem, wie nämlich der Verkündigung und Person Jesu für die eigene Gegenwart eine fundamentale religiöse Bedeutung zugesprochen werden kann, wird in einen neuen Zusammenhang transponiert und dort in originärer Weise neu verhandelt. Doch es werden in Troeltschs kritischer neuprotestantischer Theologie nicht nur alte Fragen auf neue Art gestellt. Es tauchen auch bisher unbekannte bzw. nur beiläufig beachtete Problemstellungen auf, wie die genannten vier systematischen Aspekte gezeigt haben.

Auch wenn die Durchführungen häufig von systematischen Problemen belastet sind, uneindeutig bleiben bzw. nicht vollständig geleistet werden, läßt sich doch Troeltsch darin – zumindest konzeptionell – als ein kritischer Theologe im besten Sinne erweisen, als er die Ergebnisse der Kritik selbst zu Ansatzpunkten der produktiven Konstruktion macht. Die religionsgeschichtliche Einordnung Jesu, die Einsicht in die eschatologische Prägung seiner Botschaft und seiner Kulturdistanz, die Thesen zur Pluralität des Urchristentums und zum Christuskult – aus ihnen wird das Potential für einen Neuaufbau der Theologie gewonnen. Troeltsch will die von ihm analysierte Krise der Christologie nicht gewaltsam durch neue dogmatische Setzungen „überwinden", sondern gleichsam aus sich selbst heraus bewältigen. Da seine Lösungsmodelle den eigenen kritischen Einsichten Ansätze für einen Neuaufbau abzugewinnen versuchen, fallen sie nicht hinter diese zurück. Krisenanalyse und Krisenbewältigung bilden einen gedanklichen Zusammenhang. Hieraus ergibt sich der ambivalente Charakter seiner Theorie des Christentums. Seine Krisendiagnose ist immer auch konstruktiv, seine konstruktiven Modelle sind immer auch problemorientiert. Dieses Schwanken muß nicht ausschließlich als Symptom systematischer Schwäche gelesen werden, sondern kann auch als notwendiges Merkmal einer echten kritisch-konstruktiven Theologie gewürdigt werden. Diejenigen Faktoren, die die Krise herbeigeführt haben, sollen – wie in Wagners „Parsifal" dem Speer gleich, der die von ihm geschlagene Wunde auch schließen wird – den Weg aus der Krise weisen. Dies ist kein bloßes Mythologem, sondern zielt auf eine systematische Verknüpfung von Problembeschreibung und Problemlösung. Zudem ist diese progressiv-konservative Argumentationsfigur integraler Bestandteil einer verantwortlichen theologischen Wahrnehmung der Neuzeit. Die positiven Möglichkeiten der neuen Epoche werden im Licht des Jesusbildes ebenso konstruktiv auf das christliche Prinzip bezogen und von hier aus gewürdigt, wie auch die problematischen, destruktiven Züge der Moderne vom Jesusbild aus einer scharfen christlichen Kritik unterzogen werden. Jenseits von ungeschichtlicher Negation oder selbstvergessener Affirmation sucht Troeltsch innerhalb seiner kritischen Umformung der Christologie sowohl die legitimen wie auch die krisenhaften Elemente der eigenen Epoche zu erfassen. Auch wenn ihm eine letzte, vollständige und in allen Punkten plausible Durchführung nicht gelungen sein mag, so ist sein Jesusbild doch hierin ein eindrückliches Zeugnis für eine theologisch verantwortete Deutung der Doppelgesichtigkeit der Neuzeit.

Literaturverzeichnis

I. Hilfsmittel

Ernst Troeltsch Bibliographie, FRIEDRICH WILHELM GRAF und HARTMUT RUDDIES (Hgg.), Tübingen 1982.

II. Quellen

A. Schriften von Ernst Troeltsch*

1. Gesammelte Schriften

Die Soziallehren der christlichen Kirchen und Gruppen. Gesammelte Schriften I, Tübingen 1912 (A 1912/2).
Zur religiösen Lage, Religionsphilosophie und Ethik, Gesammelte Schriften II, Tübingen 1913 (A 1913/13).
Der Historismus und seine Probleme. Erstes Buch: Das logische Problem der Geschichtsphilosophie, Gesammelte Schriften III, Tübingen 1922 (A 1922/22).
Aufsätze zur Geistesgeschichte und Religionssoziologie, Gesammelte Schriften IV, HANS BARON (Hg.), Tübingen 1925 (H 1924/6).

2. Monographien, Aufsätze und Lexikonartikel

Die Absolutheit des Christentums und die Religionsgeschichte. Vortrag gehalten auf der Versammlung der Freunde der Christlichen Welt zu Mühlacker am 3. Oktober 1901, Tübingen/Leipzig 1902 (A 1901/23); 1912².
Adolf v. Harnack und Ferd. Chr. v. Baur, in: Festgabe von Fachgenossen und Freunden A. von Harnack zum siebzigsten Geburtstag dargebracht, KARL HOLL (Hg.), Tübingen 1921, 282–291 (A 1921/8).
Die alte Kirche. Eine kulturphilosophische Studie, in: Logos 6. Bd. 3. H. (1916/17), 265–314 (A 1917/10); zweite Fassung in: GS IV, 65–121.
Ein Apfel vom Baume Kierkegaards, in: Die Christliche Welt 35. Jg. 11. Nr. (1921), 186–190 (A 1921/5).
Atheistische Ethik, in: Preußische Jahrbücher 82. Bd. 2. H. (1895), 193–217 (A 1895/3); zweite Fassung in: GS II, 525–551.
Der Aufbau der europäischen Kulturgeschichte, in: Schmollers Jahrbuch für Gesetzgebung, Verwaltung und Volkswirtschaft im Deutschen Reiche 44. Jg. 3. H. (1920), 1–48 (A 1920/18); zweite Fassung in: GS III, 694–772.
Aufklärung, in: Realencyklopädie für protestantische Theologie und Kirche II, ALBERT HAUCK (Hg.), Leipzig 1897, 225–241 (A 1897/14); zweite Fassung in: GS IV, 338–374.

---

* Den Titeln ist das entsprechende Sigel aus der Ernst Troeltsch Bibliographie in Klammern hinzugefügt.

Autonomie und Rationalismus in der modernen Welt, in: Internationale Wochenschrift für Wissenschaft Kunst und Technik 1. Jg. 19. H. (1907), 199–210 (A 1907/11).

Die Bedeutung der Geschichte für die Weltanschauung, Berlin 1918 (A 1918/20); zweite Fassung als „Das Wiedererwachen der Geschichtsphilosophie" in: GS III, 1–110.

Die Bedeutung der Geschichtlichkeit Jesu für den Glauben, Tübingen 1911 (A 1911/5b).

Die Bedeutung des Begriffs der Kontingenz, in: Zeitschrift für Theologie und Kirche 20. Jg. 6. H. (1910), 421–430 (A 1910/20); zweite Fassung in: GS II, 769–778.

Die Bedeutung des Protestantismus für die Entstehung der modernen Welt. Vortrag gehalten auf der IX. Versammlung deutscher Historiker zu Stuttgart am 21. April 1906, in: Historische Zeitschrift 3. Folge 1. Bd. 1. H. (1906), 1–66 (A 1906/11); zweite Fassung als eigenständige Veröffentlichung: München/Berlin 1911.

Der Berg der Läuterung. Rede zur Erinnerung an den 600jährigen Todestag Dantes gehalten im Auftrag des Ausschusses für eine deutsche Dantefeier am 3. Juli 1921 in der Staatsoper zu Berlin, Berlin 1921 (A 1921/11).

Bericht über die im Jahre 1893 ausgeführte Reise des Biarowskyschen Stipendiums, FRIEDRICH WILHELM GRAF (Hg.), in: Mitteilungen der Ernst-Troeltsch-Gesellschaft VI (1991), Augsburg, 92–107.

Christentum und Religionsgeschichte, in: Preußische Jahrbücher 87. Bd. 3. H. (1897), 415–447 (A 1897/10); zweite Fassung in: GS II, 328–363.

Die christliche Weltanschauung und die wissenschaftlichen Gegenströmungen, in: Zeitschrift für Theologie und Kirche 3. Jg. 6. H. (1893), 493–528 (A 1893/2) und 4. Jg. 3. H. (1894), 167–231 (A 1894/1); zweite Fassung in: GS II, 227–327.

Zum Dante-Jubiläum, in: Kunstwart und Kulturwart 34. Jg. 2. Hälfte 12. H. (1921), 321–327 (A 1921/18).

Deutscher Glaube und Deutsche Sitte in unserem großen Kriege, Berlin 1914 (A 1914/10).

Dogmatik, in: Die Religion in Geschichte und Gegenwart II, FRIEDRICH MICHAEL SCHIELE und LEOPOLD ZSCHARNACK (Hgg.), Tübingen 1910, 106–109 (A 1907/4a).

The Dogmatics of The „Religionsgeschichtliche Schule", in: The American Journal of Theology XVII. Vol. 1. Nr. (1913), 1–21 (A 1913/2); zweite Fassung als „Die Dogmatik der ‚religionsgeschichtlichen Schule'" in: GS II, 500–524.

Das dritte Kriegsweihnachten, in: Die Hilfe 22. Jg. 51. Nr. (1916), 834–837 (A 1916/27).

Nach Erklärung der Mobilmachung. Rede gehalten bei der von Stadt und Universität einberufenen vaterländischen Versammlung am 2. August 1914, Heidelberg 1914 (A 1914/4).

Erlösung: II. Dogmatisch, in: Die Religion in Geschichte und Gegenwart II, FRIEDRICH MICHAEL SCHIELE und LEOPOLD ZSCHARNACK (Hgg.), Tübingen 1910, 481–488 (A 1907/16 und 21a).

Ernste Gedanken zum Reformationsjubiläum, in: Deutscher Wille. Des Kunstwarts 31. Jg. 1. Viertel 1. H. (1917), 87–91 (A 1917/23).

Eschatologie: IV. Dogmatisch, in: Die Religion in Geschichte und Gegenwart II, FRIEDRICH MICHAEL SCHIELE und LEOPOLD ZSCHARNACK (Hgg.), Tübingen 1910, 622–632 (A 1908/3 und 5a).

Ethik und Kapitalismus. Grundzüge einer Sozialethik von Lic. Georg Traub, Heilbronn 1904, in: Die Christliche Welt 19. Jg. 14. Nr. (1905), 320–326 (A 1905/6).

Die ethische Neuorientierung als christlich-soziales Programm, in: Die Christliche Welt 31. Jg. 8. Nr. (1917), 146–152 (A 1917/6).

Das Ethos der hebräischen Propheten, in: Logos 6. Bd. 1. H. (1916/17), 1–28 (A 1916/13); zweite Fassung als „Glaube und Ethos der hebräischen Propheten" in: GS IV, 34–65.

Die Fehlgeburt einer Republik. Spektator in Berlin 1918 bis 1922, JOHANN HINRICH CLAUSSEN (Hg.), Frankfurt/M. 1994.

Friede auf Erden, in: Die Hilfe 20. Jg. 51. Nr. (1914), 833–834 (A 1914/11).

Der Geist der deutschen Kultur, in: Deutschland und der Weltkrieg, Otto HINTZE (Hg.), Leipzig/Berlin 1916, 53–99 (A 1915/9 b).

Die Geisteswissenschaften und der Streit um Rickert. Aus Anlaß von Erich Becker, Geisteswissenschaften und Naturwissenschaften, in: Schmollers Jahrbuch für Gesetzgebung, Verwaltung und Volkswirtschaft im Deutschen Reiche 46. Jg. 1. H. (1922), 35–64 (A 1922/5).

Geschichte und Metaphysik, in: Zeitschrift für Theologie und Kirche 8. Jg. 1. H. (1898), 1–69 (A 1898/2).

Gesetz: II. Dogmatisch, in: Die Religion in Geschichte und Gegenwart II, FRIEDRICH MICHAEL SCHIELE und LEOPOLD ZSCHARNACK (Hgg.), Tübingen 1910, 1381–1384 (A 1910/9).

Gesetz: III. Ethisch, in: Die Religion in Geschichte und Gegenwart II, FRIEDRICH MICHAEL SCHIELE und LEOPOLD ZSCHARNACK (Hgg.), Tübingen 1910, 1384–1387 (A 1910/10).

Gewissensfreiheit, in: Die Christliche Welt 25. Jg. 29. Nr (1911), 677–682 (A 1911/4).

Glaube: III. Dogmatisch, in: Die Religion in Geschichte und Gegenwart II, FRIEDRICH MICHAEL SCHIELE und LEOPOLD ZSCHARNACK (Hgg.), Tübingen 1910, 1437–1447 (A 1907/22a).

Glaube: IV. Glaube und Geschichte, in: Die Religion in Geschichte und Gegenwart II, FRIEDRICH MICHAEL SCHIELE und LEOPOLD ZSCHARNACK (Hgg.), Tübingen 1910, 1447–1456 (A 1908/6a).

Glaubenslehre. Nach Heidelberger Vorlesungen aus den Jahren 1911 und 1912, GERTRUD VON LE FORT (Hg.), Aalen 1981² (F 1925/2).

Gnade Gottes: III. Dogmatisch, in: Die Religion in Geschichte und Gegenwart II, FRIEDRICH MICHAEL SCHIELE und LEOPOLD ZSCHARNACK (Hgg.), Tübingen 1910, 1469–1474 (A 1907/10a).

Grundfragen der praktischen christlichen Ethik. Heidelberg, Winter 1905/6, FRIEDRICH WILHELM GRAF (Hg.), in: Mitteilungen der Ernst-Troeltsch-Gesellschaft VII, Augsburg 1993, 66–127.

Grundprobleme der Ethik. Erörtert aus Anlaß von Herrmanns Ethik, in: Zeitschrift für Theologie und Kirche 12. Jg. 1. H. (1902), 44–94 (A 1902/2) und 2. H., 125–178 (A 1902/4); zweite Fassung in: GS II, 552–672.

Historiography, in: Encyclopedia of Religion and Ethics VI. Vol., JAMES HASTINGS (Hg.), Edinburgh/New York 1913, 716–723 (A 1913/35).

Das Historische in Kants Religionsphilsophie. Zugleich ein Beitrag zu den Untersuchungen über Kants Philosophie der Geschichte, in: Kantstudien IX (1904), 21–154 (A 1904/4); Sonderabdruck 1904 (A 1904/4b).

Ueber historische und dogmatische Methode der Theologie, in: Theologische Arbeiten aus dem rheinischen wissenschaftlichen Predigerverein NF 4. H. (1900), 87–108 (A 1900/9); zweite Fassung in: GS II, 729–753.

Die historischen Grundlagen der Theologie unseres Jahrhunderts. Vortrag auf der Versammlung des wissenschaftlichen Predigervereins zu Karlsruhe am 2. Juli 1895, Karlsruhe 1895 (A 1895/4).

Der Historismus und seine Überwindung. Fünf Vorträge, eingeleitet von FRIEDRICH VON HÜGEL, Berlin 1924 (E 1923/7a).

Ideologien und reale Verhältnisse. Berliner Brief, in: Kunstwart und Kulturwart 34. Jg. 2. Hälfte 11. H. (1921), 287–293 (A 1921/15).

Kirche: III. Dogmatisch, in: Die Religion in Geschichte und Gegenwart III, FRIEDRICH MICHAEL SCHIELE und LEOPOLD ZSCHARNACK (Hgg.), Tübingen 1912, 1147–1155 (A 1911/2).

Die Kirche im Leben der Gegenwart, in: Weltanschauung, MAX FRISCHEISEN-KÖHLER (Hg.), Berlin 1911 (A 1911/8); zweite Fassung in: GS II, 91–108.

Die „kleine Göttinger Fakultät" von 1890, in: Die Christliche Welt 34. Jg. 18. Nr. (1920), 281–283 (A 1920/8).

Luther und die moderne Welt, in: Das Christentum. Fünf Einzeldarstellungen, PAUL HERRE (Hg.), Leipzig 1908, 69–101, 160–164 (A 1908/9).

Über Maßstäbe zur Beurteilung historischer Dinge. Rede zur Feier des Geburtstages Seiner Majestät des Kaisers und Königs gehalten in der Aula der Königlichen Friedrich-Wilhelms-Universität zu Berlin am 27. Januar 1916, Berlin 1916 (A 1916/10); zweite Fassung als „Ueber Massstaebe zur Beurteilung historischer Dinge und ihr Verhaeltnis zu einem gegenwärtigen Kulturideal" in: GS III, 111–220.

Meine Bücher, in: Die deutsche Philosophie der Gegenwart in Selbstdarstellungen II, RAYMUND SCHMIDT (Hg.), Leipzig 1921, 161–173 (A 1921/29); zweite Fassung in: GS IV, 3–18.

Der moderne Atheismus, in: Die Hilfe 27. Jg. 9. Nr. (1921), 136–139 (A 1921/6).

Moderne Geschichtsphilosophie, in: Theologische Rundschau 6. Jg. 1. H (1903), 3–28 (A 1903/1) und 2. H., 57–72 (A 1903/2) und 3. H., 103–117 (A 1903/4); zweite Fassung in: GS II, 673–   728.

Zur modernen Religionsphilosophie, in: Deutsche Literaturzeitung 28. Jg. 14. Nr. (1907), 837–841 (A 1907/5).

Über die Möglichkeit eines freien Christentums, in: Fünfter Weltkongress für Freies Christentum und Religiösen Fortschritt, MAX Fischer und FRIEDRICH MICHAEL SCHIELE (Hgg.), Berlin 1910, 333–349 (C 1910/11).

Naturrecht und Humanität in der Weltpolitik. Vortrag von Ernst Troeltsch bei der zweiten Jahresfeier der Deutschen Hochschule für Politik, Berlin 1923 (A 1922/23a).

Neunzehntes Jahrhundert, in: Realencyklopädie für protestantische Theologie und Kirche, ALBERT HAUCK (Hg.), Leipzig 1913³, 244–260 (A 1913/36); zweite Fassung in: GS IV, 614–649.

III. Offenbarung, dogmatisch, in: Die Religion in Geschichte und Gegenwart IV, FRIEDRICH MICHAEL SCHIELE und LEOPOLD ZSCHARNACK (Hgg.), Tübingen 1913, 918–922 (A 1907/1b).

Der Offenbarungsbegriff in der gegenwärtigen Weltanschauung. Thesen für den Vortrag im wissenschaftlichen Predigerverein Hannover am 27. September 1905, HORST RENZ (Hg.), in: Mitteilungen der Ernst-Troeltsch-Gesellschaft III, Augsburg 1984, 8–12.

Ostern, in: Deutscher Wille. Des Kunstwarts 31. Jg. 3. Viertel 13. H. (1918), 2–7 (A 1918/11).

Politische Ethik und Christentum, Göttingen 1904 (A 1904/6).

Prädestination III. dogmatisch, in: Die Religion in Geschichte und Gegenwart IV, FRIEDRICH MICHAEL SCHIELE und LEOPOLD ZSCHARNACK (Hgg.), Tübingen 1913, 1706–1712 (A 1907/19 und 20a).

Praktische christliche Ethik. Diktate zur Vorlesung im Wintersemester 1911/12, ELEONORE VON LA CHEVALLERIE und FRIEDRICH WILHELM GRAF (Hgg.), in: Mitteilungen der Ernst-Troeltsch-Gesellschaft VI, Augsburg 1991, 129–174.

Prinzip, religiöses, in: Die Religion in Geschichte und Gegenwart IV., FRIEDRICH MICHAEL SCHIELE und LEOPOLD ZSCHARNACK (Hgg.), Tübingen 1913, 1842–1846 (A 1913/18).

Privatmoral und Staatsmoral, in: DERS.: Deutsche Zukunft, Berlin 1916, 61–112 (A 1916/5a).

Produktivität, in: Der Kunstwart und Kulturwart 32. Jg. 4. Viertel 24. H. (1919), 252–256 (A 1919/32).

Protestantisches Christentum und Kirche in der Neuzeit, in: Die christliche Religion mit Einschluss der israelitisch-jüdischen Religion. Die Kultur der Gegenwart. Ihre Entwicklung und ihre Ziele 1. Teil 4. Abteilung 1. Hälfte: Geschichte der christlichen Religion, PAUL HINNEBERG (Hg.), Berlin/Leipzig 1906, 253–458 (A 1906/4).

Religiöser Individualismus und Kirche, in: Protestantische Monatshefte 14. Jg. 7. H. (1910), 275f. (A 1910/17).

Religiöser Subjektivismus, in: Die Hilfe 25. Jg. 49. Nr. (1919), 697–701 (A 1919/41).

Religion und Kirche, in: Preußische Jahrbücher 81. Bd. 2. H. (1895), 215–249 (A 1895/1); zweite Fassung in: GS II, 146–182.

Religionsphilosophie und theologische Principienlehre, in: Theologischer Jahresbericht 15. Bd. (1896), 376–425 (A 1896/5).

Religionsphilosophie und theologische Principienlehre, in: Theologischer Jahresbericht 16. Bd. (1897), 498–557 (A 1897/13).

Religionswissenschaft und Theologie des 18. Jahrhunderts, in: Preußische Jahrbücher 114. Bd. (1903), 30–56 (A 1903/21).

Richard Rothe. Gedächtnisrede gehalten zur Feier des hundertsten Geburtstags in der Aula der Universität, Heidelberg 1899 (A 1899/4).

Rotheliteratur, in: Die Christliche Welt 13. Jg. 1. Nr. (1899), 18–19 (A 1899/1).

Rückblick auf ein halbes Jahrhundert der theologischen Wissenschaft, in: Zeitschrift für wissenschaftliche Theologie 51. Jg. 2. H. (1909), 97–135 (A 1909/18); zweite Fassung in: GS II, 193–226.

Schleiermacher und die Kirche, in: Schleiermacher der Philosoph des Glaubens, MAX APEL (Hg.), Berlin 1910, 9–35 (A 1910/16).

Die Selbständigkeit der Religion, in: Zeitschrift für Theologie und Kirche 5. Jg. 5. H. (1895), 361–436 (A 1895/2) und 6. Jg. 1. H. (1896), 71–110 (A 1896/1) und 2. H. (1896), 167–218 (A 1896/2).

Die Soziallehren der christlichen Kirchen, in: Archiv für Sozialwissenschaft und Sozialpolitik 26. Bd. 1. H. (1908), 1–55 (A 1908/2) und 2. H., 292–342 (A 1908/7) und 3. H., 649–692 (A 1908/8) und 27. Bd. 1. H. (1908), 1–72 (A 1908/10) und 2. H., 317–348 (A 1908/11) und 28. Bd. 1. H. (1909), 1–71 (A 1909/2) und 2. H., 387–416 (A 1909/3) und 3. H., 621–653 (A 1909/12) und 29. Bd. 1. H. (1909), 1–49 (A 1909/23) und 2. H., 381–416 (A 1909/26) und 30. Bd. 1. H. (1910), 30–65 (A 1910/1) und 3. H., 666–720 (A 1910/6).

Die Sozialphilosophie des Christentums, in: Jahrbuch des Freien Deutschen Hochstifts 1911, 31–67 (A 1911/9).

Die Sozialphilosophie des Christentums, Gotha und Stuttgart 1922 (1922/27a).

Theodizee: II. Systematisch, in: Die Religion in Geschichte und Gegenwart V, FRIEDRICH MICHAEL SCHIELE und LEOPOLD ZSCHARNACK (Hgg.), Tübingen 1913, 1186–1192.

Theologie und Religionswissenschaft des 19. Jahrhunderts, in: Jahrbuch des Freien Deutschen Hochstifts (1902), 91–129.

Die theologische Lage der Gegenwart, in: Deutsche Monatsschrift für das gesamte Leben der Gegenwart 4. Bd. 3. H. (1903), 385–398 (A 1903/16); zweite Fassung als „Die theologische und religiöse Lage der Gegenwart" in: GS II, 1–21.

Zur theologischen Lage, in: Die Christliche Welt 12. Jg. 27. Nr. (1898), 627–631 (A 1898/8) und 28. Nr. (1898), 650–657 (1898/12).

Thesen zur Erlangung der theologischen Lizentiatenwürde an der Georg-Augusts-Universität in Göttingen 1888–1893, c.) Ernst Troeltsch (Predigtamtskandidat), in: Troeltsch-Studien I, Untersuchungen zur Biographie und Werkgeschichte, FRIEDRICH WILHELM GRAF und HORST RENZ (Hgg.), Gütersloh 1982, 299f. (A 1891/1).

Vernunft und Offenbarung bei Johann Gerhard und Melanchthon. Untersuchung zur Geschichte der altprotestantischen Theologie, Göttingen 1891 (A 1891/3).

Der Völkerkrieg und das Christentum, in: Die Christliche Welt 29. Jg. 15. Nr. (1915), 294–303 (A 1915/7).

Was heißt „Wesen des Christentums"?, in: Die Christliche Welt 17. Jg. 19. Nr. (1903), 443–446 (A 1903/11) und 21. Nr., 483–488 (A 1903/13) und 23. Nr., 532–536 (A

1903/14) und 25. Nr., 578–584 (A 1903/15) und 28. Nr., 650–654 (A 1903/17) und 29. Nr., 678–683 (A 1903/18); zweite Fassung in: GS II, 386–451.

Weiterentwickelung der christlichen Religion, in: Die Religion in Geschichte und Gegenwart V, FRIEDRICH MICHAEL SCHIELE und LEOPOLD ZSCHARNACK (Hgg.), Tübingen 1913, 1881–1886.

Das Wesen des modernen Geistes, in: Preußische Jahrbücher 128. Bd. 1. H. (1907), 21–40 (A 1907/8); zweite Fassung in: GS IV, 297–338.

Die wissenschaftliche Lage und ihre Anforderungen an die Theologie. Vortrag gehalten auf der Versammlung der sächsischen kirchlichen Konferenz zu Chemnitz am 9. Mai 1900, Tübingen, Freiburg i.Br./Leipzig 1900 (A 1900/7).

Die Zufälligkeit der Geschichtswahrheiten, in: Der Leuchter IV, Darmstadt 1923, 31–61 (A 1923/2).

Die Zukunftsmöglichkeiten des Christentums, in: Logos 1. Bd. 2. H. (1910/11), 165–185 (A 1911/1); zweite Fassung in: GS II, 837–862.

3. Rezensionen

⟨Rez.:⟩ C. A. BERNOULLI: Die wissenschaftliche und die kirchliche Methode in der Theologie. Ein encyklopädischer Versuch, Freiburg i.Br. und Leipzig 1897, in: Göttingische gelehrte Anzeigen 160. Jg. 1. Bd. 6. Nr. (1898), 425–435 (A 1898/7).

⟨Rez.:⟩ A. DORNER: Die Metaphysik des Christentums, Stuttgart 1917, in: Theologische Literaturzeitung 42. Jg. 4. Nr. (1917), 84–87 (A 1917/4).

⟨Rez.:⟩ A. D. DORNER: Grundriß der Dogmengeschichte. Entwickelungsgeschichte der christlichen Lehrbildungen, Berlin 1899, in: Göttingische gelehrte Anzeigen 163. Jg. 1. Bd. 4. Nr. (1901), 265–275 (A 1901/12).

⟨Rez.:⟩ A. GROTENFELT: Die Wertschätzung in der Geschichte. Eine kritische Untersuchung, Leipzig 1903, in: Theologische Literaturzeitung 29. Jg. 23. Nr. (1904), 643–644 (A 1904/12).

⟨Rez.:⟩ K. HOLL: Die Rechtfertigungslehre im Licht der Geschichte des Protestantismus, Tübingen 1906, in: Deutsche Literaturzeitung 27. Jg. 18. Nr. (1907), 1101–1103 (A 1907/9).

⟨Rez.:⟩ Th. KAFTAN: Ernst Tröltsch. Eine krit. Zeitstudie, Schleswig 1912, in: Theologische Literaturzeitung 37. Jg. 23. Nr. (1912), 724–728 (A 1912/8).

⟨Rez.:⟩ F. OVERBECK: Christentum und Kultur. Gedanken und Anmerkungen zur modernen Theologie, CARL ALBRECHT BERNOULLI (Hg.), Basel 1919, in: Historische Zeitschrift 3. Folge 26. Bd. 2. H. (1920), 279–287 (A 1920/19).

⟨Rez.:⟩ F. OVERBECK: Über die Christlichkeit unserer heutigen Theologie, Leipzig 1903[2], in: Deutsche Litteraturzeitung 24. Jg. 41. Nr. (1903), 2472–2475 (A 1903/20).

⟨Rez.:⟩ H. RICKERT: Kulturwissenschaft und Naturwissenschaft, Tübingen 1910[2], in: Theologische Literaturzeitung 38. Jg. 14. Nr. (1913) , 440 (A 1913/22).

⟨Rez.:⟩ A. SABATIER: Die Religion und die moderne Kultur. Vortrag auf dem ersten religionswissenschaftlichen Kongreß in Stockholm, Freiburg i.Br. 1898 u.a., in: Theologische Literaturzeitung 24. Jg. 13. Nr. (1899), 398–400 (A 1899/9).

⟨Rez.:⟩ H. WEINEL: Jesus im neunzehnten Jahrhundert, Tübingen 1903, in: Deutsche Literaturzeitung 24. Jg. 49. Nr. (1903), 2990–2993 (A 1903/22).

⟨Rez.:⟩ P. WERNLE: Jesus, Tübingen 1916, in: Theologische Literaturzeitung 41. Jg. 3. Nr. (1916), 54–57 (A 1916/3).

4. Briefe

Veröffentlichte Briefe:

Ernst Troeltsch: Briefe an Friedrich von Hügel 1901–1923, KARL-ERNST APFELBACHER und PETER NEUNER (Hgg.), Paderborn 1974.

Ernst Troeltsch: Briefe aus der Heidelberger Zeit an Wilhelm Bousset 1894–1914, ERIKA DINKLER-VON SCHUBERT (Hg.), in: Heidelberger Jahrbücher 20 (1976), 19–52.
Ernst Troeltschs Briefe an Heinrich Rickert, FRIEDRICH WILHELM GRAF (Hg.), in: Mitteilungen der Ernst-Troeltsch-Gesellschaft VI, Augsburg 1991, 108–128.
Ernst Troeltschs Briefe und Karten an Paul Wernle, FRIEDRICH WILHELM GRAF (Hg.), in: Zeitschrift für neuere Theologiegeschichte 2. Bd. 1. H. (1995), 85–147.

Bisher nur teilweise oder unveröffentlichte Briefe:

Brief an Wilhelm Bousset vom 1. 10. 1892 (Niedersächsische Staats- und Universitätsbibliothek Göttingen).
Brief an Wilhelm Bousset vom 4. 9. 1893 (Niedersächsische Staats- und Universitätsbibliothek Göttingen).
Brief an Wilhelm Bousset vom 5. 8. 1898 (Niedersächsische Staats- und Universitätsbibliothek Göttingen).
Brief an Wilhelm Bousset vom 2. 12. 1912 (Niedersächsische Staats- und Universitätsbibliothek Göttingen).
Brief an Adolf von Harnack vom 23. 3. 1900 (Deutsche Staatsbibliothek Berlin).
Brief an Adolf von Harnack vom 19. 5. 1907 (Deutsche Staatsbibliothek Berlin).
Brief an Adolf von Harnack vom 8. 5. 1911 (Deutsche Staatsbibliothek Berlin).
Brief an Adolf von Harnack vom 31. 12. 1920 (Deutsche Staatsbibliothek Berlin).
Brief an Rudolf Otto vom 17. 11. 1904 (Universitätsbibliothek Marburg).

B. Schriften anderer Autoren

ALTHAUS, PAUL: Unser Herr Jesus. Eine neutestamentliche Untersuchung. Zur Auseinandersetzung mit W. Bousset, in: Neue kirchliche Zeitschrift 26. Jg. H. 6 (1915), 440–457, 514–545.
BALDENSPERGER, WILHELM: Die neueste Forschung über den Menschensohn, in: Theologische Rundschau 3. Jg. (1900), 201–210, 243–255.
–: Das Selbstbewusstsein Jesu im Lichte der messianischen Hoffnungen des Judenthums, Strassburg 1888.
–: Das spätere Judenthum als Vorstufe des Christenthums, Giessen 1900.
–: ⟨Rez.:⟩ W. Wrede: Das Messiasgeheimnis in den Evangelien, 1901, in: Theologische Literaturzeitung 27. Jg. (1902), 393–400.
BERNOULLI, CARL ALBRECHT: Die wissenschaftliche und die kirchliche Methode in der Theologie. Ein encyclopädischer Versuch, Freiburg i.B. und Leipzig 1897.
BIEDERMANN, ALOIS EMANUEL: Christliche Dogmatik I. Der principielle Theil, Berlin 1884[2]; II. Der positive Theil, Berlin 1885[2].
BOUSSET, WILHELM: Die Bedeutung der Person Jesu für den Glauben. Historische und rationale Grundlagen des Glaubens (Abhandlungen des V. Weltkongreß für freies Christentum I), Berlin 1910.
–: Jesu Predigt in ihrem Gegensatz zum Judentum. Ein religionsgeschichtlicher Vergleich, Göttingen 1892.
–: Jesus, Religionsgeschichtliche Volksbücher 1. R. 2/3. H., Tübingen 1907[2] (zuerst Halle 1904).
–: Kyrios Christos. Geschichte des Christusglaubens von den Anfängen des Christentums bis Irenäus, Göttingen 1913.
–: Das Messiasgeheimnis in den Evangelien, in: Theologische Rundschau 5. Jg. (1902), 307–316, 347–362.
–: Die Mission und die sogenannte religionsgeschichtliche Schule, in: Zeitschrift für Missionskunde und Religionswissenschaft 1907, 321–335, 353–362.

–: Paulus, in: Die Religion in Geschichte und Gegenwart IV, FRIEDRICH MICHAEL SCHIELE und LEOPOLD ZSCHARNACK (Hgg.), Tübingen 1913, 1276–1309.

–: Das Reich Gottes in der Predigt Jesu, in: Theologische Rundschau 5. Jg. (1902), 397–407, 437–449.

–: Der religiöse Liberalismus, in: Was ist liberal?, LEONARD NELSON u.a., München 1910, 21–36.

–: Die Religion des Judentums im neutestamentlichen Zeitalter, Berlin 1903.

–: Thomas Carlyle. Ein Prophet des neunzehnten Jahrhunderts, in: Die Christliche Welt 11. Jg. (1897), 249–253, 267–271, 296–299, 324–327.

–: Was wissen wir von Jesus?, Halle 1904.

–: Das Wesen des Christentums, in: Theologische Rundschau 4. Jg. (1901), 89–103.

–: ⟨Rez.:⟩ A. DEISSMANN: Paulus, 1911, in: Theologische Literaturzeitung 36. Jg. (1911), 778–782.

–: ⟨Rez.:⟩ J. WEISS: Die Predigt Jesu vom Reiche Gottes, 1900², in: Theologische Literaturzeitung 21. Jg. (1901), 563–568.

CAIRD, EDUARD: The Evolution of Religion I und II, Glasgow 1899³.

CARLYLE, THOMAS: Helden und Heldenverehrung. Sechs Vorträge, Halle 1898.

COHEN, HERMANN: Julius Wellhausen. Ein Abschiedsgruß, in: DERS.: Jüdische Schriften II, Zur jüdischen Zeitgeschichte, BRUNO STRAUSS (Hg.), Berlin 1924, 463–468.

DALMAN, GUSTAF: Die Worte Jesu mit Berücksichtigung des nachkanonischen jüdischen Schrifttums und der aramäischen Sprache I. Einleitung und wichtige Begriffe, Leipzig 1930² (zuerst 1898).

DEISSMANN, ADOLF: Bibelstudien. Beiträge zumeist aus den Papyri und Inschriften zur Geschichte der Sprache, des Schrifttums und der Religion des hellenistischen Judentums und des Urchristentums, Marburg 1895.

–: Evangelium und Urchristentum. Das Neue Testament im Lichte der historischen Forschung, in: Beiträge zur Weiterentwicklung der christlichen Religion, München 1905, 77–138.

–: Licht vom Osten. Das Neue Testament und die neuentdeckten Texte der hellenistisch-römischen Welt, Tübingen 1908.

–: Zur Methode der biblischen Theologie des Neuen Testaments, in: Das Problem der Theologie des Neuen Testaments, GEORG STRECKER (Hg.), Darmstadt 1975, 67–80 (zuerst 1893).

–: Neue Bibelstudien. Sprachgeschichtliche Beiträge, zumeist aus den Papyri und Inschriften zur Erklärung des Neuen Testaments, Marburg 1897.

–: Das Neue Testament und die Schriftdenkmäler der römischen Kaiserzeit, in: Jahrbuch des Freien Deutschen Hochschulstifts, Frankfurt/M. 1905, 80–95.

–: Die neutestamentliche Formel „in Christo Jesu", Marburg 1892.

–: Paulus. Eine kultur- und religionsgeschichtliche Skizze, Tübingen 1911 und 1925².

–: Das Urchristentum und die unteren Schichten, in: Die Verhandlungen des neunzehnten Evangelisch-sozialen Kongresses abgehalten in Dessau vom 9. bis 11. Juni 1908, Göttingen 1908, 8–28.

–: Die Urgeschichte des Christentums im Lichte der Sprachforschung, Tübingen 1910.

–: ⟨Autobiographische Skizze⟩ in: Die Religionswissenschaft der Gegenwart in Selbstdarstellungen I, ERICH STANGE (Hg.), Leipzig 1925, 43–78.

DIETERICH, ALBRECHT: Eine Mithrasliturgie, Leipzig und Berlin 1903.

DREWS, ARTHUR: Die Christusmythe, Jena 1909.

DROYSEN, JOHANN GUSTAV: Historik I: Rekonstruktion der ersten vollständigen Fassung der Vorlesungen (1857). Grundriß der Historik in der ersten handschriftlichen (1857/58) und der letzten gedruckten Fassung (1882). PETER LEYH (Hg.), Stuttgart/Bad Cannstatt 1977.

DUHM, BERNHARD: Die Entstehung des Alten Testaments, Freiburg 1896.

–: Das Geheimnis in der Religion, Freiburg i.Br./Leipzig 1896.

–: Das kommende Reich Gottes, Tübingen 1910.

–: Kosmologie und Religion, Basel 1892.

–: Die Theologie der Propheten als Grundlage für die innere Entwicklungsgeschichte der israelitischen Religion, Bonn 1875.

–: Ueber Ziel und Methode der theologischen Wissenschaft, Basel 1889.

EHRHARDT, EUGEN: Der Grundcharakter der Ethik Jesu im Verhältniss zu den messianischen Hoffnungen seines Volkes und zu seinem eigenen Messiasbewusstsein, Freiburg i.B./Leipzig 1895.

EICHHORN, ALBERT: Das Abendmahl im Neuen Testament, Hefte zur Christlichen Welt Nr. 36, Leipzig 1898.

EUCKEN, RUDOLF: Lebensanschauungen der großen Denker. Eine Entwicklungsgeschichte des Lebensproblems der Menschheit von Plato bis zur Gegenwart, Leipzig 1918[12].

Glanz und Niedergang der deutschen Universität. 50 Jahre deutscher Wissenschaftsgeschichte in Briefen an und von HANS LIETZMANN (1892–1942), KURT ALAND (Hg.), Berlin/New York 1979.

GRESSMANN, HUGO: Albert Eichhorn und die Religionsgeschichtliche Schule, Göttingen 1914.

GUNKEL, HERMANN: Zum religionsgeschichtlichen Verständnis des Neuen Testaments, Göttingen 1903.

–: Schöpfung und Chaos in Urzeit und Endzeit. Eine religionsgeschichtliche Untersuchung über Gen 1 und Ap Joh 12, Göttingen 1895.

–: Die Wirkungen des heiligen Geistes nach den populären Anschauungen der apostolischen Zeit und nach der Lehre des Apostels Paulus. Eine bilisch-theologische Studie, Göttingen 1888.

–: ⟨Rez.:⟩ E. ISSEL: Die Lehre vom Reiche Gottes im Neuen Testament, 1891; O. SCHMOLLER: Die Lehre vom Reiche Gottes in den Schriften des Neuen Testaments, 1891; J. WEISS: Die Predigt Jesu vom Reiche Gottes, 1892, in: Theologische Literaturzeitung 18. Jg. (1893), 39–45.

HARNACK, ADOLF VON: Die Aufgabe der theologischen Fakultäten und die allgemeine Religionsgeschichte, nebst einem Nachwort, in: DERS.: Reden und Aufsätze II, Gießen 1904, 159–187 (zuerst 1901).

–: Das Christentum und die Geschichte, in: DERS.: Reden und Aufsätze II, Gießen 1904, 1–21 (zuerst 1896).

–: Das doppelte Evangelium im Neuen Testament, in: DERS.: Aus Wissenschaft und Leben, Reden und Aufsätze NF II, Gießen 1911, 213–224.

–: Die evangelisch-soziale Aufgabe im Lichte der Geschichte der Kirche, in: DERS.: Reden und Aufsätze II, Gießen 1904, 23–76, (zuerst 1894).

–: Lehrbuch der Dogmengeschichte I. Die Entstehung des kirchlichen Dogmas, Freiburg i.B. 1886; Nachdruck der vierten Auflage Tübingen 1990.

–: Die Mission und die Ausbreitung des Christentums in den ersten drei Jahrhunderten, Leipzig 1906[2].

–: Sprüche und Reden Jesu. Die zweite Quelle des Matthäus und Lukas, in: Beiträge zur Einleitung in das Neue Testament II, Leipzig 1907.

–: Das Urchristentum und die sozialen Fragen, in: DERS.: Aus Wissenschaft und Leben, Reden und Aufsätze NF II, Gießen 1911, 251–276 (zuerst 1908).

–: Das Wesen des Christentums, Akademische Ausgabe Leipzig 1902 (zuerst 1900).

–: ⟨Rez.:⟩ W. ANZ: Zur Frage nach dem Ursprung des Gnostizismus, 1897, in: Theologische Literaturzeitung 22. Jg. (1897), 483f.

–: ⟨Rez.:⟩ W. BOUSSET: Hauptprobleme der Gnosis, 1907, in: Theologische Literaturzeitung 33. Jg. (1908), 10–13.

–: ⟨Rez.:⟩ W. BOUSSET: Kyrios Christos, 1921[2], in: Theologische Literaturzeitung 47. Jg. (1922), 145–147.

–: ⟨Rez.:⟩ H. USENER: Religionsgeschichtliche Untersuchungen T. 1, 1889, in: Theologische Literaturzeitung 8. Jg. (1889), 199–212.

–: ⟨Rez.:⟩ H. WEINEL: Die Wirkungen des Geistes und der Geister im nachapostolischen Zeitalter bis auf Irenäus, 1899, in: Theologische Literaturzeitung 24. Jg. (1899), 513–515.

HEGEL, GEORG WILHELM FRIEDRICH: Enzyklopädie der philosophischen Wissenschaften, 3 Bde., Frankfurt/M. 1970 (zuerst 1830).

HEITMANN, LUDWIG: Der Völkerkrieg und das Christentum. Eine Erwiderung, in: Christliche Welt 29. Jg. (1915), 360–364.

HEITMÜLLER, WILHELM: Zum Problem Jesus - Paulus, in: Zeitschrift für die neutestamentliche Wissenschaft 13. Jg. (1912), 320–337.

–: Taufe und Abendmahl bei Paulus. Darstellung und religionsgeschichtliche Beleuchtung, Göttingen 1903.

HERRMANN, WILHELM: Ethik, Tübingen und Leipzig 1901 sowie Tübingen 1921[6].

–: Die sittlichen Gedanken Jesu in ihrem Verhältnis zu der sittlich-sozialen Lebensbewegung der Gegenwart, in: Die Verhandlungen des 14. Evangelisch- sozialen Kongresses abgehalten in Darmstadt am 3. und 4. Juni 1903, nach dem stenographischen Protokoll, Göttingen 1903, 10–29.

–: Die sittlichen Weisungen Jesu, in: DERS.: Schriften zur Grundlegung der Theologie I, PETER FISCHER-APPELT (Hg.), München 1966, 200–241 (zuerst 1904).

–: ⟨Rez.:⟩ Die Bedeutung der Geschichtlichkeit Jesu für den Glauben. Eine Besprechung des gleichnamigen Vortrags von ERNST TROELTSCH, in: DERS.: Schriften zur Grundlegung der Theologie II, PETER FISCHER-APPELT (Hg.), München 1967, 282–289 (zuerst 1912).

HINTZE, OTTO: Troeltsch und die Probleme des Historismus. Kritische Studien, in: DERS.: Zur Theorie der Geschichte, Gesammelte Abhandlungen II, FRITZ HARTUNG (Hg.), Leipzig 1958, 20–70.

JÜLICHER, ADOLF: Die Gleichnisreden Jesu II. Auslegung der Gleichnisreden der ersten drei Evangelien, Freiburg i.B. 1899.

–: Moderne Meinungsverschiedenheiten über Methode Aufgaben und Ziele der Kirchengeschichte. Rede gehalten zum Antritt des Rektorats, Marburg 1901.

–: Die Religion Jesu und die Anfänge des Christentums bis zum Nicaenum, in: Kultur der Gegenwart. Ihre Entwicklung und ihre Ziele Teil I Abt. IV/1. Die christliche Religion mit Einschluß der israelitisch-jüdischen Religion, 1. Hälfte: Geschichte der christlichen Religion, PAUL HINNEBERG (Hg.), Leipzig/Berlin 1906, 41– 128.

KAFTAN, JULIUS: Erwiederung. 1) Die Methode; 2) der Supranaturalismus, in: Zeitschrift für Theologie und Kirche 8. Jg. (1898), 70–98.

–: Die Selbständigkeit des Christenthums, in: Zeitschrift für Theologie und Kirche 6. Jg. (1896), 373–394.

KALTHOFF, ALBERT: Die Entstehung des Christentums. Neue Beiträge zum Christusproblem, Leipzig 1904.

KANT, IMMANUEL: Grundlegung zur Metaphysik der Sitten, Philosophische Bibliothek 41, KARL VORLÄNDER (Hg.), Hamburg 1965[3] (zuerst 1785).

–: Idee zu einer allgemeinen Geschichte in weltbürgerlicher Absicht, in: DERS.: Kleinere Schriften zur Geschichtsphilosophie, Ethik und Politik, Philosophische Bibliothek 471, KARL VORLÄNDER (Hg.), Hamburg 1973 (zuerst 1784).

–: Kritik der praktischen Vernunft, Philosophische Bibliothek 38, KARL VORLÄNDER (Hg.), Hamburg 1985 (ergänzter Nachdruck von 1929[9]; zuerst 1788).

–: Kritik der reinen Vernunft, Philosophische Bibliothek 37a, RAYMUND SCHMIDT (Hg.), Hamburg 1976 (zweiter Nachdruck von 1930 [2]; zuerst 1787).

–: Die Religion innerhalb der Grenzen der bloßen Vernunft, Philosophische Bibliothek 45, KARL VORLÄNDER (Hg.), Hamburg 1990[9] (zuerst 1793).

KATTENBUSCH, FERDINAND: In Sachen der Ritschlschen Theologie, in: Die Christliche Welt 12. Jg. (1898) 59–62, 75–81.

KAUTSKY, KARL: Die Sozialdemokratie und die katholische Kirche, Berlin 1902.

–: Die Vorläufer des neueren Sozialismus. Von Plato bis zu den Wiedertäufern, in: Die Geschichte des Sozialismus in Einzeldarstellungen I/1, Stuttgart 1895.

KIRN, OTTO: Grenzfragen der christlichen Ethik, in: DERS.: Vorträge und Aufsätze, Leipzig 1912, 131–175.

KÖHLER, WALTHER: Ernst Troeltsch, Tübingen 1941.

–: Idee und Persönlichkeit in der Kirchengeschichte, Tübingen 1910.

KUENEN, ABRAHAM: Volksreligion und Weltreligion. Fünf Hibbert-Vorlesungen, Berlin 1883.

KRACAUER, SIEGFRIED: Die Wissenschaftskrisis. Zu den grundsätzlichen Schriften Max Webers und Ernst Troeltschs, in: DERS.: Das Ornament der Masse. Essays, Frankfurt/ M. 1991[10], 197–208 (zuerst 1923).

DE LAGARDE, PAUL: ueber das verhältnis des deutschen staates zu theologie, kirche und religion. ein versuch nicht-theologen zu orientieren, in: DERS.: Deutsche Schriften. Gesamtausgabe letzter Hand, Göttingen 1920[5], 40–83 (zuerst: 1873).

LIETZMANN, HANS: Der Menschensohn. Ein Beitrag zur neutestamentlichen Theologie, Freiburg i.B. 1896.

–: Zur Menschensohnfrage, in: Theologische Arbeiten aus dem rheinischen wissenschaftlichen Prediger-Verein, NF 2. H., Leipzig/Tübingen 1898.

LOESCHKE, GERHARD: Die alte Kirche und das Evangelium, in: DERS.: Zwei kirchengeschichtliche Entwürfe, Tübingen 1913, 3–11.

MANNHEIM, KARL: Historismus, in: Archiv für Sozialwissenschaft und Sozialpolitik 52. Jg. (1924), 1–60.

MEINECKE, FRIEDRICH: Ausgewählter Briefwechsel, Werke VI, LUDWIG DEHIO und PETER CLASSEN (Hgg.), Stuttgart 1962.

–: Ernst Troeltsch und das Problem des Historismus, in: DERS.: Zur Theorie und Philosophie der Geschichte, Werke IV, EBERHARD KESSEL (Hg.), Stuttgart 1965[2], S. 367–378 (zuerst 1923).

MEYER, ARNOLD: Jesu Muttersprache. Das galiläische Aramäisch in seiner Bedeutung für die Erklärung der Reden Jesu und der Evangelien überhaupt, Freiburg i.B./Leipzig 1896.

–: ⟨Rez.:⟩ F. KROP: La pensée de Jésus sur le Royaume de Dieu, 1897, in: Theologische Literaturzeitung 10. Jg. (1898), 271f.

NAUMANN, FRIEDRICH: Asia, Berlin 1899.

–: Briefe über Religion, Berlin 1904[3] (zuerst 1903).

–: Jesus als Volksmann, in: DERS.: Werke I. Religiöse Schriften, WALTER UHSADEL (Hg.), Köln/Opladen 1964, 371–388 (zuerst 1894).

–: Konservatives Christentum, in: DERS.: Was heißt Christlich-Sozial? 2. H., Leipzig 1896, 48–63 (zuerst 1895).

NIEBERGALL, FRIEDRICH: Ueber die Absolutheit des Christenthums, in: Theologische Arbeiten aus dem rheinischen wissenschaftlichen Predigerverein 1900, 46–86.

NIETZSCHE, FRIEDRICH: Unzeitgemäße Betrachtungen II. Vom Nutzen und Nachtheil der Historie für das Leben, in: Nietzsche Werke III/1, GIORGIO COLLI und MAZZINO MONTINARI (Hgg.), Berlin/New York 1972, 239–330 (zuerst 1874).

OVERBECK, FRANZ: Über die Anfänge der patristischen Literatur, in: Historische Zeitschrift 48. Jg. (1882), 417–472.

–: Christentum und Kultur. Gedanken und Anmerkungen zur modernen Theologie, CARL ALBRECHT BERNOULLI (Hg.), Basel 1919.

–: Über die Christlichkeit unserer heutigen Theologie, Darmstadt 1989[3] (Nachdruck von Leipzig 1903[2]; zuerst 1873).

–: Über das Verhältniss der alten Kirche zur Sclaverei im römischen Reiche, in: DERS.: Studien zur Geschichte der alten Kirche, Schloss-Chemnitz 1875.

PÖHLMANN, ROBERT: Geschichte des antiken Kommunismus und Sozialismus I, München 1893, II, München 1901.

RADE, MARTIN: Religionsgeschichte und Religionsgeschichtliche Schule, in: Die Religion in Geschichte und Gegenwart IV, FRIEDRICH MICHAEL SCHIELE und LEOPOLD ZSCHARNACK (Hgg.), Tübingen 1913, 2183–2200.

RICKERT, HEINRICH: Die Grenzen der naturwissenschaftlichen Begriffsbildung. Eine logische Einleitung in die historischen Wissenschaften, Tübingen/Leipzig 1902 (Tübingen 1921[4]).

–: Kulturwissenschaft und Naturwissenschaft, Freiburg i.B. 1899.

RITSCHL, ALBRECHT: Die christliche Lehre von der Rechtfertigung und Versöhnung II. Der biblische Stoff der Lehre, Bonn 1882[2]; III. Die positive Entwickelung der Lehre, Bonn 1895[4].

–: Reich Gottes, in: Real-Enzyklopädie für protestantische Theologie und Kirche XII, ALBERT HAUCK (Hg.), Leipzig 1883[2], 599–606.

–: Unterricht in der christlichen Religion, GERHARD RUHBACH (Hg.), Gütersloh 1966 (zuerst 1875).

RITSCHL, OTTO: Die Ethik der Gegenwart in der deutschen Theologie, in: Theologische Rundschau 6. Jg. (1903), 399–414, 445–461, 491–505.

ROTHE, RICHARD: Der Kampf zwischen Glauben und Unglauben an Jesum in den Herzen der Kinder unsrer Zeit, in: HEINRICH JULIUS HOLTZMANN: Richard Rothe, in: Bilder aus der evangelisch-protestantischen Landeskirche des Großherzogtums Baden V, Heidelberg 1899, 25–40.

SCHLEIERMACHER, FRIEDRICH DANIEL ERNST: Über den Begriff des großen Mannes. Akademierede vom 24.1.1826, in: Friedrich Schleiermacher's Sämtliche Werke III/3, Berlin 1835, 73–84.

–: Der christliche Glaube nach den Grundsätzen der evangelischen Kirche im Zusammenhange dargestellt, Kritische Ausgabe der 2. Auflage von 1830/31, MARTIN REDEKER (Hg.), 2 Teilbände, Berlin 1960[7].

–: Kurze Darstellung des theologischen Studiums zum Behuf einleitender Vorlesungen. Kritische Ausgabe, HEINRICH SCHOLZ (Hg.), Darmstadt 1982[5].

SCHMOLLER, GUSTAV: Grundriß der allgemeinen Volkswirtschaftslehre I, Leipzig 1900.

SCHÜRER, EMIL: Geschichte des jüdischen Volkes im Zeitalter Jesu Christi I. Einleitung und politische Geschichte, Leipzig 1890; II. Die inneren Zustände Palästina's und des jüdischen Volkes im Zeitalter Jesu Christi, Leipzig 1886 (zweite Auflage des „Lehrbuch⟨s⟩ der neutestamtentlichen Zeitgeschichte"; 1907[4]).

SCHULTZ, HERMANN: Alttestamentliche Theologie. Die Offenbarungsreligion auf ihrer vorchristlichen Entwickelungsstufe, Göttingen 1889.

–: Grundriß der christlichen Apologetik. Zum Gebrauche bei akademischen Vorlesungen, Göttingen 1894.

SCHWEITZER, ALBERT: Geschichte der Leben-Jesu-Forschung, Tübingen 1933[3].

SIMMEL, GEORG: Vom Heil der Seele, in: DERS.: Gesammelte Schriften zur Religionssoziologie, HORST JÜRGEN HELLE (Hg.), Sozialwissenschaftliche Abhandlungen der Görres-Gesellschaft XVIII, Berlin 1989, 61–66.

–: Die Religion, in: DERS.: Gesammelte Schriften zur Religionssoziologie, HORST JÜRGEN HELLE (Hg.), Sozialwissenschaftliche Abhandlungen der Görres-Gesellschaft XVIII, Berlin 1989, 110–171.

–: Zur Soziologie der Religion, in: DERS.: Gesammelte Schriften zur Religionssoziologie, HORST JÜRGEN HELLE (Hg.), Sozialwissenschaftliche Abhandlungen der Görres-Gesellschaft XVIII, Berlin 1989, 36–51.

–: Soziologie der Ueber- und Unterordnung, in: Archiv für Sozialwissenschaft und Sozialpolitik XXIV (1907) 477–546.

Tillich, Paul: Ernst Troeltsch. Versuch einer geistesgeschichtlichen Würdigung, in: Begegnungen. Paul Tillich über sich selbst und andere, Gesammelte Werke XII, Renate Albrecht (Hg.), Stuttgart 1971, S.166–174 (zuerst 1924).

–: Der Historismus und seine Probleme. Zum gleichnamigen Buch von Ernst Troeltsch, in: Begegnungen. Paul Tillich über sich selbst und andere, Gesammelte Werke XII, Renate Albrecht (Hg.), Stuttgart 1971, S.204–211 (zuerst 1924).

–: Das System der Wissenschaften nach Gegenständen und Methoden, in: Frühe Hauptwerke, Gesammelte Werke I, Renate Albrecht (Hg.), Stuttgart 1959[2], 109–293 (zuerst 1923).

–: Zum Tode von Ernst Troeltsch, in: Begegnungen. Paul Tillich über sich selbst und andere, Gesammelte Werke XII, Renate Albrecht (Hg.), Stuttgart 1971, S. 175–178 (zuerst 1923).

Titius, Artur: Wie lassen sich die sittlichen Ideale des Evangeliums in das gegenwärtige Leben überführen? in: Die Verhandlungen des zweiundzwanzigsten evangelisch-sozialen Kongresses abgehalten in Danzig, Göttingen 1911, 11– 33.

Tönnies, Ferdinand: Tröltsch und die Philosophie der Geschichte, in: Ders.: Soziologische Studien und Kritiken, Zweite Sammlung, Jena 1926, S. 381–429.

–: 〈Rez.:〉 E. Troeltsch: Die Soziallehren der christlichen Kirchen und Gruppen, 1912, in: Theologische Literaturzeitung 39. Jg. (1914), 8–12.

Die Verhandlungen des vierzehnten Evangelisch-sozialen Kongresses abgehalten in Darmstadt am 3. und 4. Juni 1903, Göttingen 1903.

Die Verhandlungen des fünfzehnten Evangelisch-sozialen Kongresses abgehalten in Breslau am 25. und 26. Mai 1904, Göttingen 1904.

Die Verhandlungen des zweiundzwanzigsten Evangelisch-sozialen Kongresses abgehalten in Danzig vom 6.–8. Juni 1911, Göttingen 1911.

Weber, Max: Gesammelte Aufsätze zur Religionssoziologie III, Marianne Weber (Hg.), Tübingen1988[8] (zuerst 1917–18).

–: Die „Objektivität" sozialwissenschaftlicher und sozialpolitischer Erkenntnis, in: Gesammelte Aufsätze zur Wissenschaftslehre, Johannes Winckelmann (Hg.), Tübingen1988[7], 146–214 (zuerst 1904).

–: Wirtschaft und Gesellschaft. Grundriß der verstehenden Soziologie, Studienausgabe, Johannes Wickelmann (Hg.), Tübingen 1985[5] (zuerst 1922).

–: Wissenschaft als Beruf, in: Ders.: Gesammelte Aufsätze zur Wissenschaftslehre, Johannes Winkelmann (Hg.), Tübingen 1988[7], 582–613 (zuerst1919).

Weinel, Heinrich: Jesus im neunzehnten Jahrhundert, Tübingen 1914[3].

–: Die Stellung des Urchristentums zum Staat, Tübingen 1908.

–: Die Wirkungen des Geistes und der Geister im nachapostolischen Zeitalter bis auf Irenäus, Freiburg i.B. 1899.

Weiss, Johannes: Die Predigt Jesu vom Reiche Gottes, Göttingen 1892 (1900[2]).

–: 〈Rez.:〉 W. Baldensperger: Die messianisch-apokalyptischen Hoffnungen des Judentums, 1903, in: Theologische Literaturzeitung 28. Jg. (1903), 537–541.

–: 〈Rez.:〉 E. Haupt: Die eschatologischen Aussagen in den synoptischen Evangelien, 1895, in: Theologische Literaturzeitung 20. Jg. (1895), 642–646.

Weizsäcker, Carl: Das apostolische Zeitalter der christlichen Kirche, Freiburg i.Br. 1892[2] (zuerst 1886).

Wellhausen, Julius: Abriss der Geschichte Israels und Juda's, in: Ders.: Skizzen und Vorarbeiten 1. H., Berlin 1884.

–: Einleitung in die drei ersten Evangelien, Berlin 1911[2].

–: Geschichte Israels I, Berlin 1878 (ab 2. Auflage: Prolegomena zur Geschichte Israels, Berlin 1883).

–: Israelitische und jüdische Geschichte, Berlin 1894.

–: Die israelitisch-jüdische Religion, in: Kultur der Gegenwart. Ihre Entwicklung und ihre Ziele. Teil I Abt. IV. Die christliche Religion mit Einschluß der israelitisch- jüdischen Religion, 1. Hälfte: Geschichte der christlichen Religion, PAUL HINNEBERG (Hg.), Leipzig und Berlin 1906, 1–40.

–: Des Menschen Sohn, in: Skizzen und Vorarbeiten 6. H., Berlin 1899, 187–215.

–: Die Pharisäer und die Sadduzäer. Eine Untersuchung zur inneren jüdischen Geschichte, Göttingen 1967[3] (zuerst 1874).

–: ⟨Rez.:⟩ B. DUHM: Die Theologie der Propheten als Grundlage für die innere Entwicklungsgeschichte der israelitischen Religion, 1875, in: Jahrbücher für Deutsche Theologie 21. Jg. (1876), 152–158.

WERNLE, PAUL: Die Anfänge unserer Religion, Tübingen und Leipzig 1901 (1904[2]).

–: Der Christ und die Sünde bei Paulus, Freiburg i.B./Leipzig 1897.

–: Jesus, Tübingen 1916.

–: Jesus und Paulus. Antithesen zu Boussets Kyrios Christos, in: Zeitschrift für Theologie und Kirche 25. Jg. 1./2. H. (1915), 1–92.

–: Die Reichsgotteshoffnung in den ältesten christlichen Dokumenten und bei Jesus, Tübingen/Leipzig 1903.

–: Vorläufige Anmerkungen zu den Soziallehren der christlichen Kirchen und Gruppen von Ernst Troeltsch, in: Zeitschrift für Theologie und Kirche 22. Jg. (1912), 329–368 und 23. Jg. (1913), S.18–80.

–: ⟨Autobiographische Skizze⟩ in: Die Religionswissenschaft in Selbstdarstellungen V, ERICH STANGE (Hg.), Leipzig 1929, 207–251.

WINDELBAND, WILHELM: Geschichte und Naturwissenschaft, Straßburg 1894.

WREDE, WILLIAM: Über Aufgabe und Methode der sogenannten Neutestamentlichen Theologie, Göttingen 1897.

–: Das Messiasgeheimnis in den Evangelien. Zugleich ein Beitrag zum Verständnis des Markusevangeliums, Göttingen 1963[3] (zuerst 1901).

–: Paulus, Tübingen 1904.

–: Die Predigt Jesu vom Reiche Gottes, Vorträge beim Ferienkurs in Breslau am 9., 10. und 11. Oktober 1894, in: DERS.: Vorträge und Studien, Tübingen 1907, 84–126.

–: ⟨Rez.:⟩ E. EHRHARDT: Der Grundcharakter der Ethik Jesu im Verhältniss zu den messianischen Hoffnungen seines Volkes und zu seinem eigenen Messiasbewusstsein, 1895, in: Theologische Literaturzeitung 21. Jg. (1896), 75–79.

–: ⟨Rez.:⟩ H. GUNKEL: Schöpfung und Chaos in Urzeit und Endzeit, 1895, in: Theologische Literaturzeitung 21. Jg. (1896), 623–631.

–: ⟨Rez.:⟩ A. JÜLICHER: Einleitung in das Neue Testament, 1894, in: Göttingische gelehrte Anzeigen 158. Jg. (1896), 513–531.

III. Sekundärliteratur

ALBERCA, IGNACIO ESCRIBANO: Die Gewinnung theologischer Normen aus der Geschichte der Religion bei E. Troeltsch. Eine methodologische Studie, München 1961.

APFELBACHER, KARL-ERNST: Frömmigkeit und Wissenschaft. Ernst Troeltsch und sein theologisches Programm, Paderborn 1978.

ASENDORF, ULRICH: Eschatologie VII. Reformations- und Neuzeit, in: Theologische Realenzyklopädie X, Berlin/New York 1982, 310–334.

BARTH, ULRICH: Die Christologie Emanuel Hirschs. Eine systematische und problemgeschichtliche Darstellung ihrer geschichtsmethodologischen, erkenntniskritischen und subjektivitätstheoretischen Grundlagen, Berlin/New York 1992.

–: Troeltsch et Kant. A priori religieux et philosophie de l'histoire, in: Histoire et théologie chez Ernst Troeltsch, PIERRE GISEL (Hg.), Genf 1992, 63–99.

BAUMGARTNER, HANS MICHAEL: Kontinuität und Geschichte. Zur Kritik und Metakritik der historischen Vernunft, Frankfurt/M. 1972.

BECKER, GERHOLD: Neuzeitliche Subjektivität und Religiosität. Die religionsphilosophische Bedeutung von Heraufkunft und Wesen der Neuzeit im Denken von Ernst Troeltsch, Regensburg 1982.

BENCKERT, HEINRICH: Der Begriff der Entscheidung bei Ernst Troeltsch. Ein Beitrag zum Verständnis seines Denkens, in: DERS.: Theologische Bagatellen. Gesammelte Aufsätze, GOTTFRIED HOLTZ und MARTIN KUSKE (Hgg.), Berlin 1970, 11–23.

–: Ernst Troeltschs Beitrag zum ethischen Problem, Göttingen 1931.

BENSE, WALTER F.: The Ethic of Jesus in the Liberal Christianity of Ernst Troeltsch, in: Unitarian Universalist Christian 29. Jg. (1974), 16–26.

BERGER, KLAUS: Exegetische Anmerkungen zu einigen Disputationsthesen aus der Promotion von Wilhelm Bousset und Ernst Troeltsch, in: Mitteilungen der Ernst-Troeltsch-Gesellschaft III, Augsburg 1984, 78–93.

BERNHARDT, REINHOLD: Der Absolutheitsanspruch des Christentums. Von der Aufklärung bis zur pluralistischen Religionstheorie, Gütersloh 1990.

BIEHL, MICHAEL: Der Fall Sadhu Sundar Singh. Theologie zwischen den Kulturen, Frankfurt/M. 1990.

BIRKNER, HANS-JOACHIM: Über den Begriff des Neuprotestantismus, in: Beiträge zur Theorie des neuzeitlichen Christentums (FS Wolfgang Trillhaas), DERS. und DIETRICH RÖSSLER (Hgg.), Berlin 1968, 1–15.

–: Glaubenslehre und Modernitätserfahrung. Ernst Troeltsch als Dogmatiker, in: Troeltsch-Studien IV. Umstrittene Moderne. Die Zukunft der Neuzeit im Urteil der Epoche Ernst Troeltschs, HORST RENZ und FRIEDRICH WILHELM GRAF (Hgg.), Gütersloh 1987, 325–337.

–: „Liberale Theologie", in: Kirche und Liberalismus im 19. Jahrhundert, MARTIN SCHMIDT und GEORG SCHWAIGER (Hgg.), Göttingen 1976, 33–42.

BODENSTEIN, WALTER: Neige des Historismus. Ernst Troeltschs Entwicklungsgang, Gütersloh 1959.

BOSSE, HANS: Marx – Weber – Troeltsch. Religionssoziologie und marxistische Ideologiekritik, München 1970.

COAKLEY, SARAH: Christ Without Absolutes. A Study of the Christology of Ernst Troeltsch, Oxford 1988.

–: Christologie auf „Treibsand"?, in: Troeltsch-Studien IV. Umstrittene Moderne. Die Zukunft der Neuzeit im Urteil der Epoche Ernst Troeltschs, FRIEDRICH WILHELM GRAF und HORST RENZ (Hgg.), Gütersloh 1987, 338–351.

CLAUSSEN, JOHANN HINRICH: Nachwort, in: ERNST TROELTSCH: Die Fehlgeburt einer Republik. Spektator in Berlin 1918 bis 1922, DERS. (Hg.), Frankfurt/M. 1994, 303–322.

COLPE, CARSTEN: Bemerkungen zu Adolf von Harnacks Einschätzung der Disziplin „Allgemeine Religionsgeschichte", in: DERS.: Theologie, Ideologie, Religionswissenschaft. Demonstration ihrer Unterscheidung, München 1980, 18–39.

–: Der Wesensbegriff Ernst Troeltschs und seine heutige Anwendbarkeit auf Christentum, Religion und Religionswissenschaft, in: Troeltsch-Studien III. Protestantismus und Neuzeit, FRIEDRICH WILHELM GRAF und HORST RENZ (Hgg.), Gütersloh 1984, 231–239.

DOERNE, MARTIN: Gottes Ehre am gebundenen Willen. Evangelische Grundlagen und theologische Spitzensätze in De servo arbitrio, in: Luther-Jahrbuch 20. Jg. (1938), 45–92.

DREHSEN, VOLKER: „Evangelischer Glaube, brüderliche Wohlfahrt und wahre Bildung". Der Evangelisch-soziale Kongreß als sozialethisches und praktisch-theologisches Forum des Kulturprotestantismus im Wilhelminischen Kaiserreich (1890–1914), in: Kulturprotestantismus. Beiträge zu einer Gestalt des modernen Christentums, HANS MARTIN MÜLLER (Hg.), Gütersloh 1992, 190–229.

–: Neuzeitliche Konstitutionsbedingungen der Praktischen Theologie. Aspekte der

theologischen Wende zur sozialkulturellen Lebenswelt christlicher Religion, Gütersloh 1988.

–: Zeitgeistanalyse und Weltanschauungsdiagnostik in kulturpraktischer Absicht. Ein exemplarischer Kommentar Ernst Troeltschs zur theologischen und religiösen Lage seiner Zeit, in: Mitteilungen der Ernst-Troeltsch-Gesellschaft VIII, Augsburg 1994, 3–31.

DRESCHER, HANS-GEORG: Demokratie, Konservativismus und Christentum. Ernst
Troeltschs theologisches Konzept zum Umgang mit politischer Ethik auf dem Evangelisch-sozialen Kongreß 1904, in: Zeitschrift für evangelische Ethik 30. Jg. (1986),
84–98.

–: Zur Entstehung von Troeltschs „Soziallehren", in: Troeltsch-Studien VI. Ernst
Troeltschs Soziallehren. Studien zu ihrer Interpretation, FRIEDRICH WILHELM GRAF
und TRUTZ RENDTORFF (Hgg.), Gütersloh 1993, 11–26.

–:Entwicklungsdenken und Glaubensentscheidung. Troeltschs Kierkegaardverständnis
und die Kontroverse Troeltsch-Gogarten, in: Zeitschrift für Theologie und Kirche
79. Jg. (1982), 80–106.

–: Ernst Troeltsch. Leben und Werk, Göttingen 1991.

–: Ernst Troeltsch und Paul de Lagarde, in: Mitteilungen der Ernst-Troeltsch-Gesellschaft III, Augsburg 1984, 95–115.

–: Das Problem der Geschichte bei Ernst Troeltsch, in: Zeitschrift für Theologie und
Kirche 57. Jg. (1960), 186–230.

DUMONT, LOUIS: Individualismus. Zur Ideologie der Moderne, Frankfurt/M. 1991.

ENGELMANN, HARTMUT: Spontaneität und Geschichte. Zum Historismusproblem bei
Ernst Troeltsch, Frankfurt/M. 1972 (masch. Diss.).

ERBE, MICHAEL: Das Problem des Historismus bei Ernst Troeltsch, Otto Hintze und
Friedrich Meinecke, in: Troeltsch-Studien IV. Umstrittene Moderne. Die Zukunft
der Neuzeit im Urteil der Epoche Ernst Troeltschs, FRIEDRICH WILHELM GRAF und
HORST RENZ (Hgg.), Gütersloh 1987, 73–91.

FECHTNER, KRISTIAN: Volkskirche im neuzeitlichen Christentum. Die Bedeutung Ernst
Troeltschs für eine künftige praktisch-theologische Theorie der Kirche, Troeltsch-Studien VIII, HORST RENZ und FRIEDRICH WILHELM GRAF (Hgg.), Gütersloh 1995.

FELLNER, KARL: Das überweltliche Gut und die innerweltlichen Güter. Eine Auseinandersetzung mit Ernst Troeltschs Theorie über das Verhältnis von Religion und Kultur, Leipzig 1927.

FISCHER, HERMANN: Die Ambivalenz der Moderne. Zu Troeltschs Verhältnisbestimmung von Reformation und Neuzeit, in: Troeltsch-Studien III. Protestantismus und
Neuzeit, FRIEDRICH WILHELM GRAF und HORST RENZ (Hgg.), Gütersloh 1984, 54–
77.

–: Christlicher Glaube und Geschichte. Voraussetzungen und Folgen der Theologie
Friedrich Gogartens, Gütersloh 1967.

–: Luther und seine Reformation in der Sicht Ernst Troeltschs, in: Neue Zeitschrift für
systematische Theologie 5. Jg. (1963), 132–172.

–: Die systematische Funktion der Eschatologie für Troeltschs Verständnis von Ethik in
den „Soziallehren", in: Troeltsch-Studien VI. Ernst Troeltschs Soziallehren. Studien
zu ihrer Interpretation, FRIEDRICH WILHELM GRAF und TRUTZ RENDTORFF (Hgg.),
Gütersloh 1993, 276–292.

–: Systematische Theologie. Konzeptionen und Probleme im 20. Jahrhundert, Stuttgart,
Berlin, Köln 1992.

–: Systematische Theologie in liberaler Perspektive. Zu den Prinzipien der Dogmatik als
Glaubenslehre, in: Troeltsch-Studien VII. Liberale Theologie. Eine Ortsbestimmung,
FRIEDRICH WILHELM GRAF (Hg.), Gütersloh 1993.

–: Das Wahrheitsbewußtsein in seiner dogmatischen Funktion, in: Beiträge zur Theorie
des neuzeitlichen Christentums (FS Trillhaas), HANS-JOACHIM BIRKNER und DIET-
RICH RÖSSLER (Hgg.), Berlin 1968, 53–71.

FÜLLING, ERICH: Geschichte als Offenbarung. Studien zur Frage Historismus und Glaube von Herder bis Troeltsch, Berlin 1956.

GAYHART, BRYCE A.: The Ethics of Ernst Troeltsch. A Commitment to Relevancy, Lewiston, Queenston, Lampeter 1990.

GEHLEN, ARNOLD: Anthropologische und sozialpsychologische Untersuchungen, Hamburg 1986.

–: Moral und Hypermoral. Eine pluralistische Ethik, Wiesbaden 1986⁵.

GERRISH, BRIAN A.: Jesus, Myth and History: Troeltsch's Stand in the „Christ-Myth" Debate, in: The Journal of Religion 55. Jg. (1975), 13–35.

GRÄB, WILHELM: Dogmatik als Stück der Praktischen Theologie. Das normative Grundproblem in der praktisch-theologischen Theoriebildung, in: Zeitschrift für Theologie und Kirche 85. Jg. (1988), 474–492.

–: Liberale Theologie als Theorie volkskirchlichen Handelns, in: Troeltsch-Studien VII. Liberale Theologie. Eine Ortsbestimmung, FRIEDRICH WILHELM GRAF (Hg.), Gütersloh 1993, 127–148.

–: Predigt als Mitteilung des Glaubens. Studien zu einer prinzipiellen Homiletik in praktischer Absicht, Gütersloh 1988.

GRAF, FRIEDRICH WILHELM: Die „antihistoristische Revolution" in der protestantischen Theologie der zwanziger Jahre, in: Vernunft des Glaubens. Wissenschaftliche Theologie und kirchliche Lehre (FS Wolfhart Pannenberg), JAN ROHLS und GUNTER WENZ (Hgg.), Göttingen 1988, 377–405.

–: „endlich große Bücher schreiben". Marginalien zur Werkgeschichte der „Soziallehren", in: Troeltsch-Studien VI. Ernst Troeltschs Soziallehren. Studien zu ihrer Interpretation, DERS. und TRUTZ RENDTORFF (Hg.), Gütersloh 1993, 27–50.

–: Ernst Troeltsch. Kulturgeschichte des Christentums, in: Deutsche Geschichtswissenschaft um 1900, NOTGER HAMMERSTEIN (Hg.), Stuttgart 1988, 131–152.

–: Fachmenschenfreundschaft. Bemerkungen zu „Max Weber und Ernst Troeltsch", in: Max Weber und seine Zeitgenossen, WOLFGANG MOMMSEN und WOLFGANG SCHWENTKER (Hgg.), Göttingen 1988, 313–336.

–: „Kierkegaards junge Herren". Troeltschs Kritik der „geistigen Revolution" im frühen zwanzigsten Jahrhundert, in: Troeltsch-Studien IV. Umstrittene Moderne. Die Zukunft der Neuzeit im Urteil der Epoche Ernst Troeltschs, HORST RENZ und DERS. (Hgg.), Gütersloh 1987, 172–192.

–: Konservatives Kulturluthertum. Ein theologiegeschichtlicher Prospekt, in: Zeitschrift für Theologie und Kirche 85. Jg. (1988), 31–76.

–: Kulturprotestantismus. Zur Begriffsgeschichte einer theologiepolitischen Chiffre, in: Kulturprotestantismus. Beiträge zu einer Gestalt des modernen Christentums, HANS MARTIN MÜLLER (Hg.), Gütersloh 1992, 21–77.

–: Liberale Theologie, in: Evangelisches Kirchenlexikon III., Göttingen 1992³, 86–98.

–: Religion und Individualität. Bemerkungen zu einem Grundproblem der Religionstheorie Ernst Troeltschs, in: Troeltsch-Studien III. Protestantismus und Neuzeit, DERS. und HORST RENZ (Hgg.), Gütersloh 1984, 207–230.

–: Der „Systematiker" der „Kleinen Göttinger Fakultät". Ernst Troeltschs Promotionsthesen und ihr Göttinger Kontext, in: Troeltsch-Studien I. Untersuchungen zur Biographie und Werkgeschichte, DERS. und HORST RENZ (Hgg.), Gütersloh 1982, 235–290.

–: Weltanschauungshistoriographie. Rezensionen zur Erstausgabe der „Soziallehren", in: Troeltsch-Studien VI. Ernst Troeltschs Soziallehren. Studien zu ihrer Interpretation, DERS. und TRUTZ RENDTORFF (Hgg.), Gütersloh 1993, 216–229.

–: ⟨Rez.:⟩ G. BECKER: Neuzeitliche Subjektivität und Religiosität, Regensburg 1982, in: Philosophisches Jahrbuch 93. Jg. (1986), 217–220.

GRAF, FRIEDRICH WILHELM und RUDDIES, HARTMUT: Ernst Troeltsch: Geschichtsphilosophie in praktischer Absicht, in: Grundprobleme der großen Philosophen. Philosophie der Neuzeit IV, JOSEF SPECK (Hg.), Göttingen 1986, 128–164.

GREIVE, WOLFGANG: Der Grund des Glaubens. Die Christologie Wilhelm Herrmanns, Göttingen 1976.

GRIENER, GEORGE E. Jr.: Ernst Troeltsch and Herman Schell: Christianity and the World Religions. An Ecumenical Contribution to the History of Apologetics, Frankfurt/M. 1990.

HERMS, EILERT: „Kultursynthese" und „Geschichtswende" Zum Troeltsch-Erbe in der Geschichtsphilosophie Emanuel Hirschs, in: Kulturprotestantismus. Beiträge zu einer Gestalt des modernen Christentums, HANS MARTIN MÜLLER (Hg.), Gütersloh 1992, 339–388.

HEUSS, THEODOR: Friedrich Naumann. Der Mann, das Werk, die Zeit, Stuttgart/Tübingen 1949².

HEUSSI, KARL: Die Krisis des Historismus, Tübingen 1932.

HIRSCH, EMANUEL: Geschichte der neuern evangelischen Theologie im Zusammenhang mit den allgemeinen Bewegungen des europäischen Denkens, 5 Bde., Münster 1984.

HJELDE, SIGURD: Das Eschaton und die Eschata. Eine Studie über Sprachgebrauch und Sprachverwirrung in protestantischer Theologie von der Orthodoxie bis zur Gegenwart, München 1987.

HUBER, WOLFGANG: Menschenrechte/Menschenwürde, in: Theologische Realenzyklopädie XXII, Berlin/New York 1992, 577– 602.

HÜBINGER, GANGOLF: Kulturprotestantismus und Politik. Zum Verhältnis von Liberalismus und Protestantismus im wilhelminischen Deutschland, Tübingen 1994.

IGGERS, GEORGE G.: Deutsche Geschichtswissenschaft. Eine Kritik der traditionellen Geschichtsauffassung von Herder bis zur Gegenwart, München 1972².

ITTEL, GERHARD WOLFGANG: Die Hauptgedanken der „Religionsgeschichtlichen Schule", in: Zeitschrift für Religions- und Geistesgeschichte 10. Jg. (1958), 61–78.

JAEGER, FRIEDRICH und RÜSEN, JÖRN: Geschichte des Historismus. Eine Einführung, München 1992.

KÄSEMANN, ERNST: Das Problem des historischen Jesus, in: DERS.: Exegetische Versuche und Besinnungen I, Göttingen 1965⁴, 187–214 (zuerst 1954).

–: Sackgassen im Streit um den historischen Jesus, in: DERS.: Exegetische Versuche und Besinnungen II, Göttingen 1965², 31–68.

KAHLERT, HEINRICH: Der Held und seine Gemeinde. Untersuchungen zum Verhältnis von Stifterpersönlichkeit und Verehrergemeinschaft in der Theologie des freien Protestantismus, Frankfurt/M., New York, Bern, Nancy 1984.

KASCH, WILHELM F.: Die Sozialphilosophie von Ernst Troeltsch, Tübingen 1963.

KLATT, WERNER: Hermann Gunkel. Zu seiner Theologie der Religionsgeschichte und zur Entstehung der formgeschichtlichen Methode, Hamburg 1966 (masch. Diss.) und Göttingen 1969.

KOCH, TRAUGOTT: Geschichte als Wahrheitsnorm?, Acht Thesen wider die hermeneutische Naivität der Christologie, in: Gegenwart des Absoluten. Philosophisch-theologische Diskurse zur Christologie, KLAUS MICHAEL KODALLE (Hg.), Gütersloh 1984, 68f.

–: Menschenwürde als das Menschenrecht - Zur Grundlegung eines theologischen Begriffs des Rechts, in: Zeitschrift für Evangelische Ethik 35. Jg. (1991), 96–112.

–: Die sachgemäße Form einer gegenwärtigen Beziehung auf den geschichtlichen Jesus. Erwägungen im Anschluß an Albert Schweitzers Kritik des christologischen Denkens, in: Gegenwart des Absoluten. Philosophisch-theologische Diskurse zur Christologie, KLAUS MICHAEL KODALLE (Hg.), Gütersloh 1984, 37–67.

–: Theologie unter den Bedingungen der Moderne. Wilhelm Herrmann, die „Religionsgeschichtliche Schule" und die Genese der Theologie Rudolf Bultmanns, München 1970 (masch. Habil.; Text- und Anmerkungsband).

KÖNIG, GISBERT: Die systematische Funktion der historischen Forschung bei Wilhelm Herrmann, Ernst Troeltsch und Karl Barth, Bonn 1979 (masch. Diss.).

KÖPF, ULRICH: Die Idee der „Einheitskultur" des Mittelalters, in: Troeltsch-Studien VI.

Ernst Troeltschs Soziallehren. Studien zu ihrer Interpretation, FRIEDRICH WILHELM GRAF und TRUTZ RENDTORFF (Hgg.), Gütersloh 1993, 103–121.

KOLLMAN, ERIC C.: Eine Diagnose der Weimarer Republik. Ernst Troeltschs politische Anschauungen, in: Historische Zeitschrift 182. Jg. (1956), 291–319.

KORSCH, DIETRICH: Glaubensgewißheit und Selbstbewußtsein. Vier systematische Variationen über Gesetz und Evangelium, Tübingen 1989.

KOURI, E. I.: Der deutsche Protestantismus und die soziale Frage 1870–1919. Zur Sozialpolitik im Bildungsbürgertum, Berlin und New York 1984.

KRETSCHMAR, GOTTFRIED: Der Evangelisch-Soziale Kongreß. Der deutsche Protestantismus und die soziale Frage, Stuttgart 1972.

KÜENZLEN, GOTTFRIED: Der neue Mensch. Eine Untersuchung zur säkularen Religionsgeschichte der Moderne, München 1993.

KUSCHE, ULRICH: Die unterlegene Religion. Das Judentum im Urteil deutscher Alttestamentler. Zur Kritik theologischer Geschichtsschreibung, Berlin 1991.

LACHENMANN: EHRHARDT, 1. Eugen, in: Die Religion in Gegenwart und Geschichte II, HERMANN GUNKEL und LEOPOLD ZSCHARNACK (Hgg.), Tübingen 1928[2], 43f.

LANGE, DIETZ: Historischer Jesus oder mythischer Christus. Untersuchungen zu dem Gegensatz zwischen Friedrich Schleiermacher und David Friedrich Strauß, Gütersloh 1975.

–: Das Prinzip der Wahrhaftigkeit in der Theologie der Jahrhundertwende, in: Zeugnis und Dienst (FS Günter Besch), GOTTFRIED SPRONDEL (Hg.), Bremen 1974, 63–85.

LANGEWIESCHE, DIETER: Liberalismus in Deutschland, Frankfurt/M. 1988.

LANNERT, BERTHOLD: Die Bedeutung der religionsgeschichtlichen Forschungen zur Geschichte des Urchristentums, in: Troeltsch-Studien VI. Ernst Troeltschs Soziallehren. Studien zu ihrer Interpretation, FRIEDRICH WILHELM GRAF und TRUTZ RENDTORFF (Hgg.), Gütersloh 1993, 80–102.

–: Die Wiederentdeckung der neutestamentlichen Eschatologie durch Johannes Weiß, Tübingen 1989.

LERNER, ROBERT E.: Waldenser, Lollarden und Taboriten. Zum Sektenbegriff bei Weber und Troeltsch, in: Max Webers Sicht des okzidentalen Christentums. Interpretation und Kritik, WOLFGANG SCHLUCHTER (Hg.), Frankfurt/M. 1988, 326–354.

LESSING, ECKHARD: Die Geschichtsphilosophie Ernst Troeltschs, Hamburg-Bergstedt 1965.

LEVENSON, JON D.: Warum Juden sich nicht für biblische Theologie interessieren, in: Evangelische Theologie 51. Jg. (1991), 402–430.

LIEBERSOHN, HARRY: Religion and Industrial Society. The Protestant Social Congress in Wilhelmine Germany, in: Transactions of the American Philosophical Society 76/6, Philadelphia 1986.

–: Troeltsch's Social Teachings and the Protestant Social Congress, in: Troeltsch-Studien VI. Ernst Troeltschs Soziallehren. Studien zu ihrer Interpretation, FRIEDRICH WILHELM GRAF und TRUTZ RENDTORFF (Hgg.), Gütersloh 1993, 241–257.

Little, H. Ganse jr.: Ernst Troeltsch on History, Decision and Responsibility, in: Journal of Religion 48. Jg.(1968), 205–234.

–: Ernst Troeltsch and the Scope of Historicism, in: Journal of Religion 46. Jg. (1966), 343–364.

LOBE, MATTHIAS: Die Prinzipien der Ethik Emanuel Hirschs, Berlin/New York 1996.

LUCKMANN, THOMAS: Die unsichtbare Religion, mit einem Vorwort von HUBERT KNOBLAUCH, Frankfurt/M. 1991.

LÜBBE, HERMANN: Liberale Theologie in der Evolution der Moderne, in: Troeltsch-Studien VII. Liberale Theologie. Eine Ortsbestimmung, FRIEDRICH WILHELM GRAF (Hg.), Güterloh 1993, 16–31.

–: Politische Philosophie in Deutschland. Studien zu ihrer Geschichte, Basel und Stuttgart 1963.

LÜDEMANN, GERD: Die Religionsgeschichtliche Schule, in: Theologie in Göttingen, BERND MÖLLER (Hg.), Göttingen 1987, 325–361.

–: Das Wissenschaftsverständnis der Religionsgeschichtlichen Schule im Rahmen des Kulturprotestantismus, in: Kulturprotestantismus. Beiträge zu einer Gestalt des modernen Christentums, HANS MARTIN MÜLLER (Hg.), Gütersloh 1992, 78–107.

LÜDEMANN, GERD und SCHRÖDER, MARTIN: Die Religionsgeschichtliche Schule in Göttingen. Eine Dokumentation, Göttingen 1987.

LUTHER, HENNING: Individuum/Individualismus II. Praktisch-theologisch, in: Theologische Realenzyklopädie XVI, Berlin/New York 1987, 124–127.

MEHLHAUSEN, JOACHIM: Ernst Troeltschs „Soziallehren" und Adolf von Harnacks „Lehrbuch der Dogmengeschichte". Eine historisch-systematische Skizze, in: Troeltsch-Studien VI. Ernst Troeltschs Soziallehren. Studien zu ihrer Interpretation, FRIEDRICH WILHELM GRAF und TRUTZ RENDTORFF (Hgg.), Gütersloh 1993, 193–211.

MEHNERT, GOTTFRIED: Evangelische Kirche und Politik 1917–1919. Die politischen Strömungen im deutschen Protestantismus von der Julikrise 1917 bis zum Herbst 1919, Düsseldorf 1959.

MOMMSEN, WOLFGANG J.: Die Geschichtswissenschaft jenseits des Historismus, Düsseldorf 1971.

MOXTER, MICHAEL: Güterbegriff und Handlungstheorie. Eine Studie zur Ethik F. Schleiermachers, Kampen/Holland 1992.

MÜLLER, KARLHEINZ: Das Judentum in der religionsgeschichtlichen Arbeit am Neuen Testament. Eine kritische Rückschau auf die Entwicklung einer Methodik bis zu den Qumranfunden, Frankfurt/M./Bern 1983.

MÜLLER, KLAUS: Theologie als Theorie der Gegenwart. Die theologische Relevanz der Geschichtsphilosophie Ernst Troeltschs, Innsbruck 1974 (masch. Diss.).

MURRMANN-KAHL, MICHAEL: Die entzauberte Heilsgeschichte. Der Historismus erobert die Theologie 1880–1920, Gütersloh 1992.

NAGEL, ANNE: „Ich glaube an den Krieg" - „Ich freue mich auf den Frieden". Der Marburger Theologe, Publizist und Politiker Martin Rade in der Auseinandersetzung mit dem Pazifismus, in: Hessisches Jahrbuch für Landesgeschichte 40. Jg. (1990), 193–217.

NIPPERDEY, THOMAS: Historismus und Historismuskritik heute. Bemerkungen zur Diskussion, in: DERS.: Gesammelte Aufsätze zur neueren Geschichte, Göttingen 1976, 59–73.

–: Religion im Umbruch. Deutschland 1870–1918, München 1988.

NOWAK, KURT: Die „antihistoristische Revolution". Symptome und Folgen der Krise historischer Weltwahrnehmung nach dem Ersten Weltkrieg, in: Troeltsch-Studien IV. Umstrittene Moderne. Die Zukunft der Neuzeit im Urteil der Epoche Ernst Troeltschs, FRIEDRICH WILHELM GRAF und HORST RENZ (Hgg.), Gütersloh 1987, 133–171.

–: Bürgerliche Bildungsreligion? Zur Stellung Adolf von Harnacks in der protestantischen Frömmigkeitsgeschichte der Moderne, in: Zeitschrift für Kirchengeschichte 99. Jg. (1988), 326–353.

–: Evangelische Kirche und Weimarer Republik. Zum politischen Weg des deutschen Protestantismus zwischen 1918 und 1932, Göttingen 1981.

–: Geschichte des Christentums in Deutschland. Religion, Politik und Gesellschaft vom Ende der Aufklärung bis zur Mitte des 20. Jahrhunderts, München 1995.

–: Kulturprotestantismus und Judentum in der Weimarer Republik, Göttingen 1993.

–: Protestantismus und Judentum in der Weimarer Republik. Überlegungen zu einer Forschungsaufgabe, in: Theologische Literaturzeitung 113. Jg. (1988), 562–578.

OEXLE, OTTO GERHARD: „Historismus". Überlegungen zur Geschichte des Phänomens und des Begriffs, in: Braunschweigische wissenschaftliche Gesellschaft, Jahrbuch 1986, 119–155.

OGLETREE, THOMAS W.: Christian Faith and History. A Critical Comparison of Ernst Troeltsch and Karl Barth, New York 1965.

PANNENBERG, WOLFHART: Die Begründung der Ethik bei Ernst Troeltsch, in: DERS.: Ethik und Ekklesiologie, Göttingen 1977, 70–96.

–: Heilsgeschehen und Geschichte, in: DERS.: Grundfragen systematischer Theologie I, Göttingen 1967 22–78.

–: Wissenschaftstheorie und Theologie, Frankfurt/M. 1973.

PAULSEN, HENNING: Traditionsgeschichtliche Methode und religionsgeschichtliche Schule, in: Zeitschrift für Theologie und Kirche 75. Jg. (1978), 20–55.

PERKINS, DARRELL DAVIS: Explicating Christian Faith in a Historically Conscious Age. The Method of Ernst Troeltsch's „Glaubenslehre", Chicago 1981 (masch. Diss.).

PERLITT, LOTHAR: Vatke und Wellhausen. Geschichtsphilosophische Voraussetzungen und historiographische Motive für die Darstellung der Religion und Geschichte Israels durch Wilhelm Vatke und Julius Wellhausen, Berlin 1965.

PFLEIDERER, GEORG: Theologie als Wirklichkeitswissenschaft. Studien zum Religionsbegriff bei Georg Wobbermin, Rudolf Otto, Heinrich Scholz und Max Scheler, Tübingen 1992.

PYE, MICHAEL: Ernst Troeltsch and the end of the problem about „other" religions, in: Ernst Troeltsch and the Future of Theology, JOHN POWELL CLAYTON (Hg.), Cambridge 1976, 172–195.

RATHJE, JOHANNES: Die Welt des freien Protestantismus. Ein Beitrag zur deutsch-evangelischen Geistesgeschichte dargestellt an Leben und Werk von Martin Rade, Stuttgart 1952.

REGNER, FRIEDEMANN: „Paulus und Jesus" im 19. Jahrhundert. Beiträge zur Geschichte des Themas „Paulus und Jesus" in der neutestamentlichen Theologie, Göttingen 1977.

RENDTORFF, ROLF: Die jüdische Bibel und ihre antijüdische Auslegung, in: Auschwitz – Krise der christlichen Theologie. Eine Vortragsreihe, DERS. und EKKEHARD STEGEMANN (Hgg.), München 1980, 99–11.

RENDTORFF, TRUTZ: „Meine Theologie ist spiritualistisch". Zur Funktion der ,Mystik' als Sozialform des modernen Christentums, in: Troeltsch-Studien VI. Ernst Troeltschs Soziallehren. Studien zu ihrer Interpretation, DERS. und FRIEDRICH WILHELM GRAF (Hgg.), Gütersloh 1993, 178–192.

–: Religiöser Pluralismus und die Absolutheit des Christentums, in: DERS.: Troeltsch-Studien V. Theologie in der Moderne. Über Theologie im Prozeß der Aufklärung, Gütersloh 1991, 72–90.

–: Das Verhältnis von liberaler Theologie und Judentum um die Jahrhundertwende, in: DERS.: Troeltsch-Studien V. Theologie in der Moderne. Über Theologie im Prozeß der Aufklärung, Gütersloh 1991, 59–71.

RENZ, HORST: Troeltschs Theologiestudium, in: Troeltsch-Studien I. Untersuchungen zur Biographie und Werkgeschichte, FRIEDRICH WILHELM GRAF und HORST RENZ (Hgg.), Gütersloh 1982, 48–59.

RINTELEN, FRITZ- JOACHIM VON: Der Versuch einer Überwindung des Historismus bei Ernst Troeltsch, in: Deutsche Vierteljahrsschrift für Literaturwissenschaft und Geistesgeschichte 8. Jg. (1930), 324–372.

RÖHRICHT, RAINER: Zwischen Historismus und Existenzdenken. Die Geschichtsphilosophie Ernst Troeltschs, Tübingen 1954 (masch. Diss.).

ROLLMANN, HANS: Paulus alienus. William Wrede on Comparing Jesus and Paul, in: From Jesus to Paul. Studies in Honour of Francis Wright Beare, PETER RICHARDSON und JOHN C. HURD (Hgg.), Waterloo 1984, 23–45

–: Theologie und Religionsgeschichte. Zeitgenössische Stimmen zur Diskussion um die religionsgeschichtliche Methode und die Einführung religionsgeschichtlicher Lehrstühle in den theologischen Fakultäten um die Jahrhundertwende in: Zeitschrift für Theologie und Kirche 80. Jg. (1983), 69–84.

–: Zwei Briefe Hermann Gunkels an Adolf Jülicher zur religionsgeschichtlichen und formgeschichtlichen Methode, in: Zeitschrift für Theologie und Kirche 78. Jg. (1981), 276–288.

RUBANOWICE, ROBERT J.: Crisis in Consciousness. The Thought of Ernst Troeltsch, Tallahasee 1982.

RUDDIES, HARTMUT: Ernst Troeltsch und Friedrich Naumann. Grundprobleme der christlichen Ethik bei der Legitimation der Moderne, in: Troeltsch-Studien VI. Ernst Troeltschs Soziallehren. Studien zu ihrer Interpretation, FRIEDRICH WILHELM GRAF und TRUTZ RENDTORFF (Hgg.), Gütersloh 1993, 258–275.

–: Ernst Troeltsch und Paul Tillich. Eine theologische Skizze, in: Unterwegs für die Volkskirche (FS Dieter Stoodt), WILHELM-LUDWIG FEDERLIN und EDMUND WEBER (Hgg.), Frankfurt/M. 1987, 409–422.

–: Karl Barth und Ernst Troeltsch. Aspekte eines unterbliebenen Dialogs, in: Troeltsch-Studien IV. Umstrittene Moderne. Die Zukunft der Neuzeit im Urteil der Epoche Ernst Troeltschs, FRIEDRICH WILHELM GRAF und HORST RENZ (Hgg.), Gütersloh 1987, 230–259.

–: Karl Barth und Ernst Troeltsch. Ein Literaturbericht, in: Verkündigung und Forschung 34. Jg. (1989), 2–20.

–: Liberale Theologie. Zur Dialektik eines komplexen Begriffs, in: Troeltsch-Studien VII. Liberale Theologie. Eine Ortsbestimmung, FRIEDRICH WILHELM GRAF (Hg.), Gütersloh 1993, 176–203.

–: Mystische Theologie? Bemerkungen zur Troeltsch-Interpretation Karl-Ernst Apfelbachers, in: Mitteilungen der Ernst-Troeltsch-Gesellschaft II, Augsburg 1983, 95–108.

–: Soziale Demokratie und freier Protestantismus. Ernst Troeltsch in den Anfängen der Weimarer Republik, in: Troeltsch-Studien III. Protestantismus und Neuzeit, FRIEDRICH WILHELM GRAF und HORST RENZ (Hgg.), Gütersloh 1984, 145–174.

SCHÄFER, ROLF: Das Reich Gottes bei Albrecht Ritschl und Johannes Weiß, in: Zeitschrift für Theologie und Kirche 61. Jg. (1964), 68–88.

–: Ritschl. Grundlinien eines fast verschollenen dogmatischen Systems, Tübingen 1968.

SCHELSKY, HELMUT: Ist Dauerreflexion institutionalisierbar?, in: DERS.: Auf der Suche nach Wirklichkeit. Gesammelte Aufsätze, Düsseldorf/Köln 1965, 250–275.

SCHICK, MANFRED: Kulturprotestantismus und soziale Frage. Versuche zur Begründung der Sozialethik, vornehmlich in der Zeit von der Gründung des Evangelisch-sozialen Kongresses bis zum Ausbruch des 1. Weltkrieges (1890–1914), Tübingen 1970.

SCHLUCHTER, WOLFGANG: Einleitung. Max Webers Analyse des antiken Christentums. Grundzüge eines unvollendeten Projekts, in: Max Webers Sicht des antiken Christentums. Interpretation und Kritik, DERS. (Hg.), Frankfurt/M. 1985, 11–71.

SCHMIDT, GUSTAV: Deutscher Historismus und der Übergang zur parlamentarischen Demokratie. Untersuchungen zu den politischen Gedanken von Meinecke – Troeltsch – Max Weber, Lübeck/Hamburg 1964.

SCHNÄDELBACH, HERBERT: Geschichtsphilosophie nach Hegel. Die Probleme des Historismus, München 1974.

–: Philosophie in Deutschland 1831–1933, Frankfurt/M. 1983.

SCHORN-SCHÜTTE, LUISE: Ernst Troeltschs „Soziallehren" und die gegenwärtige Frühneuzeitforschung. Zur Diskussion um die Bedeutung von Luthertum und Calvinismus für die Entstehung der modernen Welt, in: Troeltsch-Studien VI. Ernst Troeltschs Soziallehren. Studien zu ihrer Interpretation, FRIEDRICH WILHELM GRAF und TRUTZ RENDTORFF (Hgg.), Gütersloh 1993, 133–151.

SCHREIBER, JOHANNES: Wellhausen und Wrede: eine methodische Differenz, in: Zeitschrift für neutestamentliche Wissenschaft 80. Jg. (1989), 24–41.

SCHRÖDER, MARKUS: Die kritische Identität des neuzeitlichen Christentums. Schleiermachers Wesensbestimmung der christlichen Religion, Tübingen 1996.

SCHWÖBEL, CHRISTOPH: Martin Rade. Das Verhältnis von Geschichte, Religion und Moral als Grundproblem seiner Theologie, Gütersloh 1980.

SELGE, KURT-VICTOR: Max Weber, Ernst Troeltsch und die Sekten und neuen Orden im Spätmittelalter (Waldenser, Humiliaten, Franziskaner), in: Max Webers Sicht des okzidentalen Christentums. Interpretation und Kritik, WOLFGANG SCHLUCHTER (Hg.), Frankfurt/M. 1988, 312–325.

SIEMERS, HELGE: „Mein Lehrer Dilthey"? Über den Einfluß Diltheys auf den jungen Troeltsch, in: Troeltsch-Studien I. Untersuchungen zur Biographie und Werkgeschichte, FRIEDRICH WILHELM GRAF und HORST RENZ (Hgg.), Gütersloh 1982, 203–234.

SINN, GUNNAR: Christologie und Existenz. Rudolf Bultmanns Interpretation des paulinischen Christuszeugnisses, Tübingen 1991.

SMEND, RUDOLF: Deutsche Alttestamentler in drei Jahrhunderten, Göttingen 1990.

–: Wellhausen in Greifswald, in: Zeitschrift für Theologie und Kirche 78. Jg. (1981), 141–176.

–: Wellhausen und das Judentum, in: Zeitschrift für Theologie und Kirche 79. Jg. (1982), 249–282.

–: Wellhausen und die Kirche, in: Wissenschaft und Kirche (FS Eduard Lohse), KURT ALAND und SIEGFRIED MEURER (Hgg.), Bielefeld 1989, 225–231.

SÖSEMANN, BERND: Das „erneuerte Deutschland". Ernst Troeltsch politisches Engagement im Ersten Weltkrieg, in: Troeltsch-Studien III. Protestantismus und Neuzeit, FRIEDRICH WILHELM GRAF und HORST RENZ (Hg.), Gütersloh 1984, 120–144.

SPARN, WALTER: Preußische Religion und lutherische Innerlichkeit. Ernst Troeltschs Erwartungen an das Luthertum, in: Troeltsch-Studien VI. Ernst Troeltschs Soziallehren. Studien zu ihrer Interpretation, FRIEDRICH WILHELM GRAF und TRUTZ RENDTORFF (Hgg.), Gütersloh 1993, 152–177.

SPIECKERMANN, HERMANN: Exegetischer Individualismus. Julius Wellhausen (1844–1918), in: Profile des neuzeitlichen Protestantismus II/2, FRIEDRICH WILHELM GRAF (Hg.), Gütersloh 1993, 231–250.

SPRANGER, EDUARD: Das Historismusproblem an der Universität Berlin seit 1900, in: DERS.: Kulturphilosophie und Kulturkritik, Gesammelte Schriften V, HANS WENKE (Hg.), Tübingen 1969, 430–446.

STEENBLOCK, VOLKER: Transformation des Historismus, München 1991.

STEGEMANN, EKKEHARD: Der Jude Paulus und seine antijüdische Auslegung, in: Auschwitz – Krise der christlichen Theologie. Eine Vortragsreihe, DERS. und ROLF RENDTORFF (Hgg.), München 1980, 117–139.

STEGEMANN, WOLFGANG: Zur Deutung des Urchristentums in den „Soziallehren", in: Troeltsch-Studien VI. Ernst Troeltschs Soziallehren. Studien zu ihrer Interpretation, FRIEDRICH WILHELM GRAF und TRUTZ RENDTORFF (Hgg.), Gütersloh 1993, 51–79.

STOLZ, EGBERT: Die Interpretation der modernen Welt bei Ernst Troeltsch. Zur Neuzeit- und Säkularisierungsproblematik, Hamburg 1979 (masch. Diss.).

SYKES, S. W.: Ernst Troeltsch and Christianity's essence, in: Ernst Troeltsch and the Future of Theology, JOHN POWELL CLAYTON (Hg.), Cambridge 1976, 139–171.

TANNER, KLAUS: Der lange Schatten des Naturrechts. Eine fundamental-ethische Untersuchung, Stuttgart/Berlin/Köln 1993.

–: Von der liberalprotestantischen Persönlichkeit zur postmodernen Patchwork-Identität?, in: Protestantische Identität Heute, DERS. und FRIEDRICH WILHELM GRAF (Hgg.), Gütersloh 1992, 96–104.

THADDEN, RUDOLF VON: Protestantismus und Demokratie, in: Troeltsch-Studien III. Protestantismus und Neuzeit, FRIEDRICH WILHELM GRAF und HORST RENZ (Hgg.), Gütersloh 1984, 103–119.

THEISSEN, GERD und MERZ, ANNETTE: Der historische Jesus. Ein Lehrbuch, Göttingen 1996.

TIMM, HERMANN: Friedrich Naumanns theologischer Widerruf. Ein Weg protestantischer Sozialethik im Übergang vom 19. zum 20. Jahrhundert, in: Theologische Existenz Heute 141. Bd., München 1967.

–: Theorie und Praxis in der Theologie Albrecht Ritschls und Wilhelm Herrmanns. Ein Beitrag zur Entwicklungsgeschichte des Kulturprotestantismus, Gütersloh 1967.

ULRICH, HANS G.: Eschatologie und Ethik. Die theologische Theorie der Ethik in ihrer Beziehung auf die Rede von Gott seit Friedrich Schleiermacher, München 1988.

ULRICH, PETER: Hermann Schultz' „Altestamentliche Theologie" im Zusammenhang seines Lebens und Werkes, Göttingen 1988 (masch. Diss.).

VERHEULE, ANTHONIE F.: Wilhelm Bousset. Leben und Werk. Ein theologiegeschichtlicher Versuch, Amsterdam 1973.

VOIGT, FRIEDEMANN: „Die Tragödie des Reiches Gottes"? Ernst Troeltschs Rezeption von Soziologie und Kulturwissenschaft Georg Simmels, München 1996 (masch. Diss.).

WIELAND, WOLFGANG: Aporien der praktischen Vernunft, Frankfurt/M. 1989.

–: Entwicklung, in: Geschichtliche Grundbegriffe II. Historisches Lexikon zur politisch-sozialen Sprache in Deutschland, OTTO BRUNNER, WERNER CONZE, REINHART KOSELLECK (Hgg.), Stuttgart 1975, 199–228.

WIESENBERG, W.: Das Verhältnis von Formal- und Materialethik, erörtert an dem Streit zwischen Wilhelm Herrmann und Ernst Troeltsch, Königsberg 1934.

WILL, HERBERT: Ethik als allgemeine Theorie des geistigen Lebens. Troeltschs Erlanger Lehrer Gustav Claß, in: Troeltsch-Studien I. Untersuchungen zur Biographie und Werkgeschichte, HORST RENZ und FRIEDRICH WILHELM GRAF (Hgg.), Gütersloh 1982, 175– 202.

WITTKAU, ANNETTE: Historismus. Zur Geschichte des Begriffs und des Problems, Göttingen 1992.

WYMAN, WALTER EDUARD Jr.: The Concept of Glaubenslehre. Ernst Troeltsch and the Theological Heritage of Schleiermacher, Chico/California 1983.

–: Troeltschs Begriff der Glaubenslehre, in: Troeltsch-Studien IV. Umstrittene Moderne. Die Zukunft der Neuzeit im Urteil der Epoche Ernst Troeltschs, FRIEDRICH WILHELM GRAF und HORST RENZ (Hgg.), Gütersloh 1987, 352–373.

VON ZAHN-HARNACK, AGNES: Adolf von Harnack, Berlin 1936.

⟨ohne Autorenangabe⟩: A la mémoire de Guillaume Baldensperger (1856–1936), in: Recherches Théologiques 1 (1936), 2–6.

Personenregister

Alberca, I.E. 51
Althaus, P. 141
Anz, W. 35
Apfelbacher, K.-E. 5, 9f., 24, 205, 271f.,
    282, 284
Asendorf, U. 83

Baldensperger, W. 86–91
Barth, K. 79
Barth, U. 14, 16, 24, 59, 70, 195, 204
Baumgarten, O. 246
Baumgartner, H.M. 17
Baur, F.C. 2
Becker, G. 5, 9f., 17, 24, 205
Becker, J. 3
Benckert, H. 9, 52, 203, 210f., 213
Bense, W.F. 203
Berger, K. 3, 120
Bernhardt, R. 14, 177
Biedermann, A.E. 48, 63
Biehl, M. 177
Birkner, H.-J 11, 206, 254, 256
Blenkinsopp, J. 70
Bodenstein, W. 9f., 204, 283
Bornemann, W. 29
Bosse, H. 14, 22, 105
Bousset, W. 7, 29–32, 35f., 44, 64, 80, 86,
    89–92, 98, 104, 115, 120–123, 129, 133,
    135–138, 140–142, 144, 155f., 161
Bultmann, R. 3, 79
Burckhardt, J. 148

Caird, E. 45–47
Carlyle, T. 90, 161, 115
Claß, G.210
Claussen, J.H. 236, 238
Coakley, S. 6f., 252, 265, 272, 277
Cohen, H. 70
Colpe, C. 35, 45
Crossan, J. D. 3f.

Dalman, G. 121f.
Dante 281

Deißmann, A. 29, 130–140, 154f.
Delbrück, H. 240
Dernburg, B. 240
Dieterich, A. 123
Dilthey, W. 8, 38, 54
Doerne, M. 239
Dorner, A.D. 48, 282
Drehsen, V. 6, 205, 230, 232
Drescher, H.-G. 5, 32, 50, 52, 81, 91,
    151f., 156, 193, 233, 284, 287
Drews, A. 181f.
Droysen, J.G. 79
Duhm, B. 31–33, 65, 67, 73, 75, 85f., 95,
    99, 124, 160
Dumont, L. 236

Ehrhard, A. 92
Ehrhardt, E. 86, 92–94, 99, 131
Eichhorn, A. 29, 32, 129
Engelmann, H. 14, 22
Erasmus 283
Erbe, M. 14
Eucken, R. 162

Fechtner, K. 6, 151, 179, 190, 205, 278
Fellner, K. 203
Fichte, J.G. 23
Fischer, H. 3, 5, 10, 14, 79, 148, 203, 206
Fort, G. von le 202, 204
Frank, S. 283
Fülling, E. 14, 50

Gayhart, B.A. 203
Gehlen, A. 77, 208, 250
Gerrish, B.A. 182, 272
Gogarten, F. 204, 249
Gräb, W. 254, 256, 258, 278
Graf, F.W. 3, 5, 9, 11, 14, 17, 21, 27–30,
    59, 79, 82, 92, 96, 107, 148, 204f., 207–
    209, 222, 230, 246f., 249, 277
Graf, K.H. 66
Greive, W. 214
Gressmann, H. 29–31

Nagel, A. 241
Naumann, F. 105, 114, 233–235, 249–251
Neumann, C. 148
Niebergall, F. 17–20, 58, 166
Nietzsche, F. 58, 148, 1248f.
Nipperdey, T. 15, 23, 232
Nowak, K. 3, 5, 70, 79, 102, 180, 138, 244

Oexle, O.G. 14
Ogletree, T.W. 14
Otto, R. 29, 182, 284
Overbeck, F. 116, 139, 148, 248f.

Pannenberg, W. 18, 90, 203, 248
Paulsen, H. 35
Perkins, D.D. 52
Perlitt, L. 68
Pfleiderer, G. 45
Pfleiderer, O. 29.
Pöhlmann, R. 116, 149
Pye, M.E. 14

Rade, M. 31, 35, 241, 246
Ragaz, L. 241
Rahlfs, A. 29
Rathje, J. 241
Regner, F. 130
Reimarus, H.S. 2
Reitzenstein, R. 136
Rendtorff, R. 70
Rendtorff, T. 14, 70, 151
Renz, H. 63, 85
Reuß, E. 31, 66
Rickert, H. 24–26
Rintelen, F.-J. von 14
Ritschl, A. 8, 17–20, 30f., 37, 63, 76, 79,
  83f., 86–89, 95, 133, 191–197, 200,
  214–218, 268
Ritschl, O. 213
Röhricht, R. 52
Rollmann, H. 35
Rothe, R. 246, 268, 276
Rubanowice, R.J. 294
Ruddies, H. 5, 10, 14, 21, 27, 59–61, 203f.,
  208f., 225, 236, 238, 241, 247, 249, 251,
  272, 277
Rüsen, J. 15

Sabatier, A. 111, 265
Schäfer, R. 79, 83, 88, 216
Schelsky, H. 52
Schick, M. 232
Schleiermacher, F.D.E. 23, 31, 79, 159,

193f., 210, 213, 216, 219, 254–257,
  262–267
Schluchter, W. 152
Schmidt, G. 203
Schmoller, G. 115
Schmoller, O. 88
Schnädelbach, H. 14f., 20, 54
Schorn-Schütte, L. 206
Schröder, Markus 79, 264f.
Schröder, Martin 8, 29
Schürer, E. 36, 63f., 84f.
Schultz, H. 63, 76f.
Schweitzer, A. 33, 78–80, 82f., 101, 272,
  279
Schwöbel, C. 241
Selge, K.-V. 151
Semler, J.S. 2
Siemers, H. 38
Simmel, G. 8, 146, 184f., 208, 253
Sinn, G. 30
Smend, R. 31f.
Smend, R. 66, 70
Söderblom, N. 111
Sösemann, B. 236f.
Sparn, W. 206
Spieckermann, H. 66
Spranger, E. 5, 9, 52
Steenblock, V. 14
Stegemann, E. 70
Stegemann, W. 100, 106f., 185
Stolz, E. 6, 205
Strauß, D.F. 2, 31
Sundar Singh 177
Sykes, S.W. 59

Tanner, K. 115, 169, 182
Thadden, R. von 232–234
Theissen, G. 4
Tillich, P. 9f., 25, 61
Timm, H. 195, 217, 250
Titius, A. 105
Tönnies, F. 14, 60, 151, 223
Tolstoi, L. 248f.

Ulrich, H.G. 203
Ulrich, P. 63
Usener, H. 31f., 36

Vatke, W. 66
Verheule, A. F. 8, 86
Voigt, F. 185

Wagner, R. 293

Sachregister

Beiträge zur historischen Theologie

Alphabetisches Verzeichnis

ALKIER, STEFAN: Urchristentum. 1993. *Band 83.*

AXT-PISCALAR, CHRISTINE: Der Grund des Glaubens. 1990. *Band 79.*

–: Ohnmächtige Freiheit. 1996. *Band 94.*

BAUER, WALTER: Rechtgläubigkeit und Ketzerei im ältesten Christentum. 1934, ²1964. *Band 10.*

BAYER, OSWALD / KNUDSEN, CHRISTIAN: Kreuz und Kritik. 1983. *Band 66.*

BETZ, HANS DIETER: Nachfolge und Nachahmung Jesu Christi im Neuen Testament. 1967. *Band 37.*

–: Der Apostel Paulus und die sokratische Tradition. 1972. *Band 45.*

BEUTEL, ALBRECHT: Lichtenberg und die Religion. 1996. *Band 93.*

BEYSCHLAG, KARLMANN: Clemens Romanus und der Frühkatholizismus. 1966. *Band 35.*

BONHOEFFER, THOMAS: Die Gotteslehre des Thomas von Aquin als Sprachproblem. 1961. *Band 32.*

BRANDY, HANS-CHRISTIAN: Die späte Christologie des Johannes Brenz. 1991. *Band 80.*

BRECHT, MARTIN: Die frühe Theologie des Johannes Brenz. 1966. *Band 36.*

BRENNECKE, HANNS CHRISTOF: Studien zur Geschichte der Homöer. 1988. *Band 73.*

BURGER, CHRISTOPH: Aedificatio, Fructus, Utilitas. 1986. *Band 70.*

BURROWS, MARK S.: Jean Gerson and »De Consolatione Theologiae« (1418). 1991. *Band 78.*

BUTTERWECK, CHRISTEL: ›Martyriumssucht in der alten Kirche? 1995. *Band 87.*

CAMPENHAUSEN, HANS VON: Kirchliches Amt und geistliche Vollmacht in den ersten drei Jahrhunderten. 1953, ²1963. *Band 14.*

–: Die Entstehung der christlichen Bibel. 1968. *Band 39.*

CLAUSSEN, JOHANN HINRICH: Die Jesus-Deutung von Ernst Troeltsch im Kontext der liberalen Demokratie. 1997. *Band 99.*

CONZELMANN, HANS: Die Mitte der Zeit. 1954, ⁷1993. *Band 17.*

–: Heiden – Juden – Christen. 1981. *Band 62.*

DIERKEN, JÖRG: Glaube und Lehre im modernen Protestantismus. 1996. *Band 92.*

ELLIGER, KARL: Studien zum Habakuk-Kommentar vom Toten Meer. 1953. *Band 15.*

EVANG, MARTIN: Rudolf Bultmann in seiner Frühzeit. 1988. *Band 74.*

FRIEDRICH, MARTIN: Zwischen Abwehr und Bekehrung. 1988. *Band 72.*

GESE, HARTMUT: Der Verfassungsentwurf des Ezechiel (Kapitel 40-48) traditionsgeschichtlich untersucht. 1957. *Band 23.*

GESTRICH, CHRISTOF: Neuzeitliches Denken und die Spaltung der dialektischen Theologie. 1977. *Band 52.*

GRÄSSER, ERICH: Albert Schweitzer als Theologe. 1979. *Band 60.*

GROSSE, SVEN: Heilsungewißheit und Scrupulositas im späten Mittelalter. 1994. *Band 85.*

GÜLZOW, HENNEKE: Cyprian und Novatian. 1975. *Band 48.*

HAMM, BERNDT: Promissio, Pactum, Ordinatio. 1977. *Band 54.*

–: Frömmigkeitstheologie am Anfang des 16. Jahrhunderts. 1982. *Band 65.*

HOFFMANN, MANFRED: Erkenntnis und Verwirklichung der wahren Theologie nach Erasmus von Rotterdam. 1972. *Band 44.*

HOLFELDER, HANS H.: Solus Christus. 1981. *Band 63.*

HÜBNER, JÜRGEN: Die Theologie Johannes Keplers zwischen Orthodoxie und Naturwissenschaft. 1975. *Band 50.*

HYPERIUS, ANDREAS G.: Briefe 1530-1563. Hrsg., Übers. und Komment. von G. Krause. 1981. *Band 64.*

JACOBI, THORSTEN: »Christen heißen Freie«: Luthers Freiheitsaussagen in den Jahren 1515–1519. 1997. *Band 101.*

JETTER, WERNER: Die Taufe beim jungen Luther. 1954. *Band 18.*

JØRGENSEN, THEODOR H.: Das religionsphilosophische Offenbarungsverständnis des späteren Schleiermacher. 1977. *Band 53.*

KASCH, WILHELM F.: Die Sozialphilosophie von Ernst Troeltsch. 1963. *Band 34.*

KAUFMANN, THOMAS: Die Abendmahlstheologie der Straßburger Reformatoren bis 1528. 1992. *Band 81.*

KLEFFMANN, TOM: Die Erbsündenlehre in sprachtheologischem Horizont. 1994. *Band 86.*

KNUDSEN, CHRISTIAN: siehe BAYER, OSWALD

KOCH, DIETRICH-ALEX: Die Schrift als Zeuge des Evangeliums. 1986. *Band 69.*

KOCH, GERHARD: Die Auferstehung Jesu Christi. 1959, ²1965. *Band 27.*

KÖPF, ULRICH: Die Anfänge der theologischen Wissenschaftstheorie im 13. Jahrhundert. 1974. *Band 49.*

–: Religiöse Erfahrung in der Theologie Bernhards von Clairvaux. 1980. *Band 61.*

KORSCH, DIETRICH: Glaubensgewißheit und Selbstbewußtsein. 1989. *Band 76.*

KRAFT, HEINRICH: Kaiser Konstantins religiöse Entwicklung. 1955. *Band 20.*

KRAUSE, GERHARD: Studien zu Luthers Auslegung der Kleinen Propheten. 1962. *Band 33.*

–: Andreas Gerhard Hyperius. 1977. *Band 56.*

KRAUSE, G.: siehe HYPERIUS, ANDREAS G.

KUHN, THOMAS K: Der junge Alois Emanuel Biedermann. 1997. *Band 98.*

KRÜGER, FRIEDHELM: Humanistische Evanglienauslegung. 1986. *Band 68.*

LERCH, DAVID: Isaaks Opferung, christlich gedeutet. 1950. *Band 12.*

LINDEMANN, ANDREAS: Paulus im ältesten Christentum. 1979. *Band 58.*

MÄDLER, INKEN: Kirche und bildende Kunst der Moderne. 1997. *Band 100.*

MARKSCHIES, CHRISTOPH: Ambrosius von Mailand und die Trinitätstheologie. 1995. *Band 90.*

MAUSER, ULRICH: Gottesbild und Menschwerdung. 1971. *Band 43.*

MOSTERT, WALTER: Menschwerdung. 1971. *Band 57.*

OHST, MARTIN: Schleiermacher und die Bekenntnisschriften. 1989. *Band 77.*

–: Pflichtbeichte. 1995. *Band 89.*

OSBORN, ERIC F.: Justin Martyr. 1973. *Band 47.*

PFLEIDERER, GEORG: Theologie als Wirklichkeitswissenschaft. 1992. *Band 82.*

RAEDER, SIEGFRIED: Das Hebräische bei Luther, untersucht bis zum Ende der ersten Psalmenvorlesung. 1961. *Band 31.*

–: Die Benutzung des masoretischen Textes bei Luther in der Zeit zwischen der ersten und zweiten Psalmenvorlesung (1515-1518). 1967. *Band 38.*

–: Grammatica Theologica. 1977. *Band 51.*

SCHÄFER, ROLF: Christologie und Sittlichkeit in Melanchthons frühen Loci. 1961. *Band 29.*

–: Ritschl. 1968. *Band 41.*

SCHRÖDER, MARKUS: Die kritische Identität des neuzeitlichen Christentums. 1996. *Band 96.*

SCHRÖDER, RICHARD: Johann Gerhards lutherische Christologie und die aristotelische Metaphysik. 1983. *Band 67.*

SCHWARZ, REINHARD: Die apokalyptische Theologie Thomas Müntzers und der Taboriten. 1977. *Band 55.*

SENFT, CHRISTOPH: Wahrhaftigkeit und Wahrheit. 1956. *Band 22.*

STRÄTER, UDO: Sonthom, Bayly, Dyke und Hall. 1987. *Band 71.*

–: Meditation und Kirchenreform in der lutherischen Kirche des 17. Jahrhunderts. 1995. *Band 91.*

THUMSER, WOLFGANG: Kirche im Sozialismus. 1996. *Band 95.*

WALLMANN, JOHANNES: Der Theologiebegriff bei Johann Gerhard und Georg Calixt. 1961. *Band 30.*

–: Philipp Jakob Spener und die Anfänge des Pietismus. 1970, ²1986. *Band 42.*

WEINHARDT, JOACHIM: Wilhelm Herrmanns Stellung in der Ritschlschen Schule. 1996. *Band 97.*

WERBECK, WILFRID: Jakobus Perez von Valencia. 1959. *Band 28.*

ZIEBRITZKI, HENNING: Heiliger Geist und Weltseele. 1994. *Band 84.*

ZSCHOCH, HELLMUT: Klosterreform und monastische Spiritualität im 15. Jahrhundert. 1988. *Band 75.*

–: Reformatorische Existenz und konfessionale Identität. 1995. *Band 88.*

ZURMÜHLEN, KARL H.: Nos extra nos. 1972. *Band 46.*

–: Reformatorische Vernunftkritik und neuzeitliches Denken. 1980. *Band 59.*

*Den Gesamtkatalog schickt Ihnen der Verlag
Mohr Siebeck, Postfach 2040, D-72010 Tübingen.*

Ernst Troeltsch

Die Soziallehren der christlichen Kirchen und Gruppen

Ernst Troeltsch untersuchte die sozialethischen Aufgaben und Möglichkeiten des Christentums in der Neuzeit. Sein Ansatz war dabei, von der Unterscheidung der sozialen Selbstgestaltung der religiösen Idee und ihren Beziehungen zurück zu gehen auf die profanen sozialen Bindungen. Er deckte auf, daß diese Beziehungen sich sehr verschieden gestalten je nach der besonderen Fassung der christlichen Idee und der dieser Fassung entsprechenden organisatorischen Selbstgestaltung. So verfolgte Troeltsch die verschiedenen Kirchen- und Gruppenbildungen und die ihnen jeweils entsprechende Sozialethik. Schließlich zeigte sich, daß alle diese Bindungen von den allgemeinen Kulturverhältnissen abhängig sind.

Teilband 1 (Neudruck der Ausgabe von 1912): 1994. XVI, 426 Seiten (UTB 1811). Broschur.
Teilband 2 (Neudruck der Ausgabe von 1912): 1994. 427-994 Seiten (UTB 1812). Broschur.

Mohr Siebeck